Dames de Lettres

Mit einem herzlichen Gruß an Kian Harald Karimi, der mir nach langen Bonner Jahren unvergessen bleiben wird

Renate Baader

Romanistische Abhandlungen 5

Abraham BOSSE, Les femmes à table en l'absence de leurs maris

Renate Baader

Dames de Lettres

Autorinnen des preziösen, hocharistokratischen und »modernen« Salons (1649–1698): Mlle de Scudéry – Mlle de Montpensier – Mme d'Aulnoy

Mit 21 Abbildungen

J. B. Metzlersche Verlagsbuchhandlung
Stuttgart

CIP-Kurztitelaufnahme der Deutschen Bibliothek

Baader, Renate:
Dames de lettres: Autorinnen d. preziösen,
hocharistokrat. u. »modernen« Salons (1649–1698):
Mlle de Scudéry – Mlle de Montpensier – Mme d'Aulnoy /
Renate Baader. – Stuttgart: Metzler, 1986
(Romanistische Abhandlungen; 5)
ISBN 3-476-00609-3

NE: GT

Als Habilitationsschrift auf Empfehlung der philosophischen Fakultät
der Universität des Saarlandes gedruckt mit Unterstützung
der Deutschen Forschungsgemeinschaft.

ISBN 3-476-00609-3

Fotosatz: Satzherstellung Karlheinz Stahringer, Ebsdorfergrund
Druck: Gulde-Druck GmbH, Tübingen
Printed in Germany

Marguerite Madeleine Stechern
Hans Robert Jauß
und dem Andenken meines Vaters, Alfred Hitze,
in Dankbarkeit gewidmet

Habent sua fata libelli. Dieses Buch schuldet sein Entstehen und seine Vollendung der über die Jahre wirksamen Unterstützung einer Reihe von Menschen, die an das Thema und die Bearbeiterin glaubten.

Hans Mayer, Dietmar Rieger, Jürgen v. Stackelberg und Karlheinz Stierle haben als auswärtige Gutachter dazu beigetragen, daß die Deutsche Forschungsgemeinschaft mir ein zweijähriges, später um fünf Monate verlängertes Forschungsstipendium gewährte. Der Minister für Wissenschaft und Forschung des Landes Nordrhein-Westfalen hat mich, zur Wahrnehmung dieses Stipendiums, von meinen Dienstpflichten freigestellt.

Die wissenschaftliche Bestätigung erfuhr ich an der philosophischen Fakultät der Universität des Saarlandes, die im Dezember 1983 die Untersuchung als Habilitationsschrift annahm und mich 1984 habilitierte. Hans-Jörg Neuschäfer hat nicht erst zu diesem Zeitpunkt mit seinem fachlichen Rat und Engagement sich meiner Arbeit angenommen. Schon 1977 hatte er mich dazu ermutigt, dieses große Thema anzugehen und ist fortan nie müde geworden, in Phasen der Ermattung oder auftauchender Schwierigkeiten mir mit wissenschaftlicher und menschlicher Unterstützung den Weg zu weisen. Hans Robert Jauß hat mir bei der Endredaktion des Manuskripts mit wertvollem Rat und geduldigem Zuspruch beigestanden. Erst im Dialog mit ihm fand die Studie ihr jetziges Gesicht.

Sigrid Baudisch hatte bei ihrer bibliothekarischen Tätigkeit mein Thema regelmäßig im Auge und gab mir kostbare Hinweise. Maria Neubauer schließlich war mit der maschinenschriftlichen Manuskripterstellung nicht selten bis zur Grenze des Zumutbaren belastet.

Jedem einzelnen von den Genannten gilt mein aufrichtiger Dank.

Bonn, im März 1986 Renate Baader

Inhalt

Vorwort: Zu Forschungsstand und Problemstellung

Wenn es im 16. Jahrhundert darum ging, in der »Querelle des femmes« dem misogynen Diskurs zu begegnen, so war es der Mann, den es reizte, im Paradoxon die faktische und die postulierte Inferiorität der Frau mit brillanter Gelehrsamkeit ins Gegenteil zu verkehren (Cornelius Agrippa ab Nettesheim, Jean Bouchet, François de Billon, Guillaume Postel). Allein Marie de Romieu (1581) stimmt in den Chor derer ein, die für das weibliche Geschlecht den *Vorrang* über das männliche beanspruchen. Bereits Marie de Gournay (1622) scheint die Unverbindlichkeit des rhetorischen *mundus inversus* erkannt zu haben, denn, wie die meisten Schriftstellerinnen nach ihr, plädiert sie für die *Gleichwertigkeit* von Mann und Frau. [1] Gleichwohl sind die Apologeten nicht allein als ritterliche Sprecher eines zum Schweigen verurteilten Geschlechts anzusehen. Zum einen mindert das Vergnügen an der Schwierigkeit, eine derart verlorene Sache beweiskräftig zu verteidigen, den Eindruck von großmütiger Selbstverleugnung, zum anderen gibt es bereits eine Reihe von Dichterinnen und Erzählerinnen, über die sich weibliches Bewußtsein in der Renaissance zumindest in Ansätzen mitteilt. »Diana oder Lukretia?« betitelt E. Sullerot das ihnen gewidmete Kapitel ihrer *Histoire et mythologie de l'amour,* doch die schreibenden unter den Frauen des 16. Jahrhunderts sind gemeinhin alles andere als bereit, den an Griseldis (Lukretia) orientierten Frauenspiegel und Tugendkodex auf sich zu beziehen. Sie entdecken und besingen die als schicksalhaft begriffene Leidenschaft, die Schönheit des eigenen und des männlichen Körpers, und sie fürchten das Alter, weil es Lust und Sinnlichkeit ausschließen wird. [2]

Gewiß, Olympe Liébaut antwortete auf Desportes' *Stances de mariage* mit den *Misères de la femme mariée,* einer Reihe gereimter Kurzportraits tyrannischer Gatten und ihrer Opfer. Marguerite de Navarre läßt eine Ehefrau, die die Untreue des Gatten in gleicher Münze heimzahlt, sich mit dem Anspruch auf Gleichheit der Gesetze und der Ehrzumessung rechtfertigen. Verharrt dabei die eine, wie Hélisenne de Crenne oder Jeanne Flore, im exemplarischen Cliché der »disconvenance des mariés«, so nimmt die andere wiederum mit der Verurteilung der »devisants« dem Aufbegehren jede Legitimation. [3]

Erst im folgenden Jahrhundert wurde es den Frauen möglich, weiterreichende Fragen zu stellen, im Gespräch freilich mit dem Mann, der sie zu formulieren half. I. Maclean beschreibt die erste Jahrhunderthälfte als Weg zur *Woman triumphant,* C. C. Lougee als den zum *Paradis des femmes.* Nachtridentinischer Marianismus, weibliche Regentschaften und der weltlich-gesellige und christliche Heroinenkult, dazu das gewandelte Frauenbild der Literatur, der Erziehungstraktate und des preziösen Salons sind für den einen wie für die andere die Anhaltspunkte dafür, daß nun die »Querelle des femmes« endgültig zugunsten der

Frauen entschieden war. Dabei ist die Beschränkung auf das, was M. Albistur und D. Armogathe »le féminisme élitaire« [4] nennen, offensichtlich.

In der Tat war, angesichts des allein in dieser Schicht relativ geringen Bildungsgefälles der Geschlechter, nur bei den Frauen des Adels und hohen Bürgertums zu erwarten, daß sie der Widersprüche bewußt werden konnten, die nicht zuletzt durch die Neufassung der sie betreffenden tridentinischen Canones verstärkt zutage traten. Erst in der jüngeren historisch-soziologischen oder kirchen- und rechtsgeschichtlichen Forschung (P. Chaunu, A. Lottin, R. Mousnier, F. Lebrun, J.-L. Flandrin, J. Gaudemet u.a.) zeichnen sich die Rahmenbedingungen weiblichen Bewußtwerdens und Schreibens und damit dessen zu erwartende Gegenstände ab. Diese aber lassen die summarischen Überblicke zur »Geschichte der Frau« (A. Decaux, M. Bardèche) zwangsläufig ebenso unberücksichtigt wie die allein auf literarische Belege gestützten Arbeiten von F. Baumal, G. Fagniez, C. C. Lougee und letztlich auch I. Maclean.

Wenn diesen allen auch das Interesse an den Voraussetzungen einer Kultur zuzugestehen ist, die weitgehend von den Frauen bestimmt war, so stellen sie doch die Frage nach den Inhalten femininer Selbstbesinnung und den Formen, in denen diese sich – nicht allein, aber doch vor allem – literarisch niederschlug, nicht. Dies gilt insbesondere auch für die Untersuchungen, die der Salongeselligkeit gewidmet sind. M. Magendie hatte diese als Brennpunkt der das Grand siècle charakterisierenden »politesse mondaine« beschrieben, und die ihm weitgehend verpflichtete – und unvollendete – Studie von R. Lathuillère führte, trotz der thematischen Eingrenzung auf das Preziösentum, in dieser Hinsicht ebensowenig weiter wie die eher essayistisch-deskriptiven Darstellungen von R. Picard und G. Mongrédien.

Zum einen verstellte diesen gelehrten Nachfahren der Französischen Revolution ein unreflektiertes ständisches Credo den Blick für das fortwährende Vergeistigungsstreben und den hohen ideellen Anspruch des alten Adels, der zwischen Bürgertum und zentralistischem Absolutismus zerrieben zu werden drohte. Zum anderen hatten sie Aufmerksamkeit und Verständnis für jene gesellige Gesellschaft auch in bezug darauf verloren, wie in ihr die Frauen im Schutz der bewußt und offensiv erneuerten Chevalerie als einzelne oder als Gemeinschaft zum Sprechen und Schreiben fanden. Wie der Salon als Institution dem bedrängten Stand ein Refugium war, so eröffneten ihm die dort gepflegten Formen kunstvoll ritualisierter Konversation und der zwanglosen literarischen Improvisation der Gesprächsspiele Möglichkeiten der Abgrenzung zum Bürgertum der Schreiber und Schriftsteller, der Gelehrten und Humanisten. Diese »jeux d'esprit« allererst sind es, die die Frauen der Salons von Beargwöhnungen und Zwängen befreiten, die einer literarischen Betätigung ihres Standes und mehr noch ihres Geschlechts nahezu formelhaft assoziiert wurden.

Der literarhistorische Kanon hingegen verblieb im Bann der – im Salon freilich geächteten – humanistischen Erudition und einer normativen Poetik, die mit dem Universalismus des Klassischen und der in ihm begründeten Ästhetik der »Meisterwerke« die bürgerliche Wissenschaft nicht anders zu nobilitieren verhieß als zuvor die »Anciens« des 17. Jahrhunderts. Es nimmt darum nicht wunder, daß dem ewa von M. Magendie und R. Lathuillère durchaus registrierten Handbuch von Ch. Sorel, *La maison des ieux* (1642), ebensowenig Bedeutung beigemessen wurde wie den mit ihm offensichtlich initiierten literarischen oder Gesprächsspielen, die G. Mongrédien kurzerhand als »miettes poétiques« abtat. [5] In Analogie dazu haftete dem »bel esprit«, der dieser Geselligkeitskultur sich verschrieben hatte, das Odium effeminierter Unernsthaftigkeit an, gerieten die antiakademischen Ausfälle in De Pures *Prétieuse* (1656) zusammen mit der Aufwertung (männlicher) momenthafter Brillanz und (weiblicher) von Wissen unbelasteter Plauderkunst in den Verdacht satirischer Karikatur. [6]

Hatte F. Nies am Beispiel der Sévigné-Briefe den aristokratisch-geselligen Hedonismus und das ihn begründende »Haltungsideal des Unernst-Unverbindlichen« dargestellt [7], so stand bislang eine Untersuchung des Gewinns aus, den der Salon als Raum und Rahmen für die Frauen bedeutete: ein Kontinuum der intellektuellen und literarischen Bildung und Kreativität, das über die Mündlichkeit sie mündig werden ließ. Damit ist für diese Arbeit der Horizont neuer Fragen umrissen.

Mit den Zirkelbildungen vom Hôtel de Rambouillet bis zum Salon der Modernisten verfolgt die Studie die in den Wellenbewegungen der Mode einander ablösenden Konversationsspiele und deren Niederschlag in den literarischen Formen, die sich die Damen erschließen: Schlüsselroman oder -erzählung, »portrait mondain«, Maxime, Lehrgespräch und Feenmärchen. Die latente Misogynie mancher »Anciens« (La Bruyère, Boileau u.a.), auf die die Autorinnen antworten, war zuvor den Literarhistorikern ebensowenig zum Problem geworden wie die Kontinuität eines »modernen« Frauenkults, der in der »Chambre bleue« beginnt und über die »Querelle« des Jahrhundertendes an die Aufklärung vermittelt wird. Die von A. Adam [8] geforderte Untersuchung der Frage, inwieweit der Salon der »Modernes« der preziösen Vergangenheit verhaftet ist, war noch immer ein Desiderat.

In der bisherigen wissenschaftlichen Behandlung der »préciosité« ist das Scudérysche Oeuvre allenfalls isoliert betrachtet worden. Damit blieben das Widerspiel von (gelebter) Literatur und (literarischem) Leben, das dieses spiegelt, die wechselnden Übergänge von Mündlichkeit und Schriftlichkeit, die progressive Vermittlung von Lektüre *(Rosenroman, Astrée, Amadis)*, kollektiver Improvisation (die erotische Topographie des »Tendre«) und Verdichtung im geschriebenen Text *(Clelie)* gleichermaßen verborgen. Unbekannt war die Vorarbeit der Autorin für die Entstehung der Maximen und »maximes d'amour«, für die Kunst des Portraitierens und das liebes- und moralkasuistische Raffinement (»anatomie du coeur«), das dies Jahrhundert der Affektendebatte auszeichnet. In welchem Maße sie und ihr Werk zum Angelpunkt einer Einheit von Preziösentum und Modernismus wurde, konnte ebensowenig bemerkt werden. Komplementär zur traditionellen Darstellung des Grand Siècle tritt hier nun ein anderer – nicht nur – literarischer Geschmack der Zirkel und ihrer Mitglieder ans Licht. Er reicht von Voiture bis Houdar de la Mothe, von Mlle de Scudéry bis

Mme d'Aulnoy; von der (affichierten) Mündlichkeit und den frühen »Recueils collectifs« bis zu der des *Mercure galant* oder von De Vertrons *Nouvelle Pandore;* von der chiffrierten Chronik bis zum Feenmärchen. Mit der Dichotomie von »salon« und »cabinet«, aristokratischem Spiel und humanistischem Ernst, gerät jene Seite des Diptychons zum ersten Mal zusammenhängend in den Blick, die in einem an Boileau oder Voltaire orientierten Kanon keine vorurteilsfreie Würdigung finden konnte. Im zeitlichen Nacheinander und in der ständischen und ideologischen Besonderheit lassen sich zuletzt auch die Salons selbst in anderer Weise darstellen.

Der Revision bedürftig war zunächst die Gattungsbeschreibung der beiden Scudéry-Romane [9], nachdem bis zu H. Coulet die literarische Kritik nicht bereit oder imstande war, von den – der Autorin im übrigen weitgehend eigenen – normklassischen Maßstäben abzurücken und sie dieser damit den vermeintlichen Zerfall der erzählerischen Großform anlasten mußte. Der älteren Forschung galten der *Cyrus* und die *Clelie* als Zeugnis für die chiffrierte Lebenswirklichkeit oder als Handbuch geselliger Erziehung. Wenn V. Cousin dabei sein Interesse auf die Schlüssel zu den Portraits konzentrierte, so wandte sich jüngst A. Niderst denen der Haupthandlung und vor allem der Binnenerzählungen zu, doch keiner von ihnen begriff Portrait und »histoire« als »jeux d'esprit«, die, zusammen mit anderen, schriftlich erhaltenen literarischen Spielen, den Roman als Salonchronik, als Epos des 17. Jahrhunderts konstituieren. Hier bewies, wie in der übrigen Scudéry-Kritik, die Barock- und Frauenfeindlichkeit Boileaus über die Jahrhunderte hinweg ihre zählebige Wirksamkeit. Die Häßlichkeit der Autorin, die vermeintliche Unlesbarkeit ihrer Romane und das »Kindische« der bei ihren »Samedis« praktizierten Spiele blieben mit Genugtuung wiederholte Gemeinplätze (Tallemant, Sainte-Beuve, G. Mongrédien, M. Magendie u.a.).

Weder Tingle Keating noch J. Plantié, der die vorzügliche Gesamtdarstellung des »portrait mondain« zu danken ist, erkannte Ch. Sorel als die eigentliche Vorlage der Scudéryschen Portraits: Bereits zwei Jahrzehnte vor J. Plantiés frühestem Beleg empfahl dieser das in Worte gefaßte Menschenbildnis als aufzugebende Spielstrafe. M. Kruse entging Sorels Anregung für ein weiteres Spiel: das »Banquet des sept Sages« (*Cyrus* IX). [10] Die 46 Binnen- und Exempelerzählungen beider Romane, die auf den in ihnen entfalteten preziösen »code tendre« hin zu untersuchen waren, sind in der im übrigen sachdienlichen Untersuchung von R. Godenne hinsichtlich ihrer Funktion innerhalb des Romangefüges beschrieben worden. Eine vorgängige Oralität der Form wurde dabei jedoch ebensowenig zum Problem wie insgesamt die Verwurzelung der Romane in der Salonkultur.

A. Niderst begnügte sich mit der – von J. Plantié teilweise korrigierten – Aufdeckung der durch vielfache Verschränkungen verfremdeten zeitgenössischen Wirklichkeit, ließ aber kompositorische Fragen dabei außer acht. Er verkannte einmal, wie zuvor C. Aragonnès oder R. Picard, die zirkelstiftende Funktion der mythologisch-historischen Camouflage, deren Adressaten damit zu literarischen Subjekten wurden, und zum anderen den Rätselcharakter des Romans selbst, für den der vielfach irregeführte Leser als dechiffrierender der Instanz des Autors gleichrangig wird. Das Verwirrspiel der Uneindeutigkeit und Travestie in den verschlüsselten Personen- oder Raumbeschreibungen ließ bereits hier die Berührung mit den Allegorien des barocken Gesamtkunstwerks (Gartenlandschaft, Schloßarchitektur, höfisches Fest) erkennen, die in den Portraits im Kreis der Grande Mademoiselle oder dem Feenmärchen des Salons der »Modernes« wiederkehren wird.

J. Plantié ist der Frage nicht nachgegangen, inwieweit die Gleichsetzung weiblicher Schönheit mit der Inferiorität der Frauen in der Humoralpathologie und Physiognomik die Betroffenen provozieren mußte. Mlle de Scudérys Kritik am (männlichen) galanten Portrait und der Unverbindlichkeit einer petrarkistisch-topischen Metaphorik (»lys & roses«), die die Autorin seit dem *Cyrus* durchgängig und wiederholt mit Voiture assoziiert, und ihr darin begründetes Plädoyer für das den Frauen als literarischen *Subjekten* angemessenere moralische Abbilden in den *Femmes illustres* (1642–1644) sind von ihr unbemerkt geblieben. Die Untersuchung des »portrait moral«, das nur als verallgemeinerndes satirische Züge annehmen darf, und der »portraits à clef«, die bisweilen in der verschlüsselten »Galerie« zusammengefaßt sind, versprachen darüber hinaus aufschlußreiche Informationen zur Vorgeschichte der großen Moralisten. Dasselbe gilt von den zahllosen liebes- und moralkasuistischen Gesprächen, die besonders für die *Clelie* und deren geselligen Rahmen, die »Samedis«, charakteristisch sind. Die Auswertung dieser Unterhaltungen, die nahezu alle das Jahrhundert beschäftigenden Fragen – von der »raison des bêtes« über die Kunst des Briefeschreibens bis zur Temperamentenlehre – berühren, blieb auch nach B. Beugnots Hinweis auf die Forschungslücke anhaltendes Desiderat: Ph. Wolfe nahm sich allein – und dies in summarischer Oberflächlichkeit – der später isoliert veröffentlichten Konversationsbände der Autorin an, unterließ dabei jedoch die – dornige – Einbeziehung der Romane und blieb die Antwort auf die Frage von Nachdruck, Umarbeitung oder Neufassung schuldig. [11] Diese war darum in dem den »Entretiens« gewidmeten Kapitel zu geben.

Ebensowenig wie in formaler waren in ideengeschichtlicher Hinsicht *Le Grand Cyrus* und *Clelie* hinlänglich und mit der gebotenen Redlichkeit ausgewertet worden. [12] Obwohl sich die Forschung darin einig ist, daß Mlle de Scudéry den vielfach karikierten Sozialtypus der »précieuse« wie keine andere vertritt, ist ihr – von A. Adam über Y. Fukui bis R. Lathuillère – der Vorwurf nicht zu ersparen, daß sie, in unreflektierter Berufung auf die zeitgenössische Preziösenkritik, sich von dem Zerrbild der Satire nicht zu lösen bereit war. Auch W. Zimmer, der diese zum Gegenstand einer umfassenden Untersuchung machte, unterließ jedes relativierende Urteil oder den Versuch, die psychologischen und sozialen Beweggründe des manifesten Widerstands zu analysieren. Wohl nicht zufällig überlebte auch in der Gegenwart die Berührungsangst gegenüber dem ersten, hier nun detailliert beschriebenen, weiblichen Entwurf einer märchenhaften Utopie. Diese reicht von der Erneuerung geschlechtsspezifischer Leitbilder über die – erstmalig und in der Korrektur an den bislang allein männlich besetzten »codes«

von einer Frau formulierte – andere Liebeskonzeption bis hin zu allgemeineren sozialen und moralischen Postulaten. Die Kritik der Autorin am römischen Recht und der mit ihm legitimierten allein männlichen Verfügungsgewalt über die Frauen, an dem als latent misogyn enthüllten Schönheitskult des neuplatonischen Idealismus, an der versäumten oder verfehlten Mädchenerziehung, die Auseinandersetzung mit der kriegerischen Rhetorik des männlichen »code galant«, der restriktiven weiblichen »bienséance« oder den verstiegenen Deformationen des Preziösentums selbst mußten dabei unbemerkt bleiben. Dasselbe gilt für den nicht minder aufklärerischen Entwurf einer von der tyrannischen Monarchie befreiten Gesellschaft der religiösen Toleranz und der den König beratenden Philosophen, für die zugleich regressive und fortschrittliche Evokation des Amazonenstaats oder der keltischen freien Gattenwahl, die Berührungspunkte des »code tendre« mit Jansenismus oder pythagoreischer Katharsis und zuletzt dessen stufenweise vollzogene Herausforderung an die allgemeingültige Moral.

J.-M. Pelous hat in jüngerer Zeit die beiden »codes« vorbildlich dokumentiert, doch auch ihm verstellen offensichtlich die Vorbehalte angesichts der vermeintlichen Grausamkeit weiblicher Verweigerung, die er »matriarchalischem Imperialismus« assoziiert, den Blick für die Notwendigkeit einer preziösen Kasuistik, die allein in der Märchenlösung die gespaltene weibliche Identität zur Selbstfindung zu führen versprach; den Blick aber auch dafür, daß Mlle de Scudéry mit der Selbstbindung des Mannes auch die Besinnung der Frauen auf neue Werte und Lebensentwürfe gebot und gegenüber den vielfachen Gefährdungen ihres Geschlechts, darunter der Koketterie, der geschwätzigen Oberflächlichkeit oder der spröden »cruauté«, alles andere als verblendet war. Während ihm der »code tendre« erst den »Aufstand der Ungeliebten« hervorzurufen schien, ließ dieser sich vielmehr, im Zusammenhang mit der – bewußten und betroffenen – literarhistorischen Wertung der Renaissancelyrik bei Mlle de Scudéry, als weibliche *Antwort* auf den »code galant« erweisen.

Auch wo Teilaspekte des Scudéryschen Werks wissenschaftlich rezipiert wurden, geschah diesem als Ganzen gemeinhin Unrecht. Die »Histoire de Sapho« (*Cyrus* X) etwa wurde – in der Tradition von Boileau, Tallemant und Sainte-Beuve – von G. Mongrédien, C. Aragonnès oder A. Niderst zum peinlich glorifizierenden Selbstportrait verkürzt, das die physischen Mängel zu tarnen hätte. Die literarische Verpflichtung gegenüber dem – biographisch zu erklärenden – Vorbild der 15. Heroide von Ovid wurde indes hier stets übersehen. H. Rüdiger wiederum, der unter anderem die Wirkungsgeschichte der »Sappho Phaoni« verfolgte, entging dieses wichtige Zeugnis des französischen 17. Jahrhunderts, mit dem in der Tat der (weibliche) Einbruch in eine Rezeptionsgeschichte der Sappholegende vollzogen wurde, die Rüdiger für die Epoche zu Recht als durchweg hämisch beschreibt. [13]

Vergeblich würde man schließlich in den eingangs erwähnten Darstellungen zur Geschichte der Frau, ihrer Erziehung, Bildung und Leitwerte, nach den vielfachen und hierfür unverzichtbaren Stellungnahmen von Mlle de Scudéry zu einem weiteren Problemkomplex suchen: dem des Alterns und, im Zusammenhang damit, des falschen, akzidentellen Werts weiblicher Schönheit, der letztlich dem Selbstverlust der Frauen gleichkommt. Dasselbe gilt für das Verhältnis der Geschlechter selbst und die Scudérysche Ablehnung jener Gleichheit, wie sie von männlichen und weiblichen Frauenapologeten (Poullain de la Barre, Mlle de Gournay u.a.) immer wieder postuliert wurde.

Wenn der literarische Kanon sich einem Werk beharrlich versperrte, das nach der Bibel zu den meistgelesenen des 17. Jahrhunderts gehört, so war um so weniger ein vorurteilsfreies Interesse an der Frage zu erwarten, welche ideologische Entwicklung sich in den beiden monumentalen Romanen selbst vollzogen haben könnte. Die Ablösung der barocken Wunder, der Märchenlösungen und der regressiven Utopien des *Cyrus* durch die rationalistische, lehrhafte Kasuistik der *Clelie* ist nicht zufällig. Hier werden die Berührungspunkte der »préciosité« und der Frühaufklärung deutlich. Bezeichnenderweise ist es eine Frau, die dem Ende einer Unterdrückung und Entmündigung das Wort redet, als deren Opfer sie nicht allein ihr Geschlecht begreift. W. Krauss hat schon auf einige der vielfältigen Aspekte der preziösen Bewegung hingewiesen, die in dem verfälschten, an Molières Satire orientierten Bild fehlen mußten. [14] Die Scudéry-Romane lassen nun in der Tat erkennen, in wie hohem Maße das Preziösentum die französische Aufklärung antizipiert.

Während die Scudéry-Romane als integrative Chronik des Hôtel de Rambouillet und der »Samedis« zu deuten sind – Salons, die durch ihre ständische Differenz anders, als bisher gemeinhin angenommen, nicht so sehr voneinander abgegrenzt wie sie durch die Spielkultur verbunden sind –, eröffnet sich mit dem Kreis um Mlle de Montpensier ein neues Beispiel jenes geselligen Zaubers, den die Frondeuse auch ins Exil zu retten verstand. Die Romanhaftigkeit ihrer Existenz, die an die d'Aulnoyschen Märchenprinzessinnen denken läßt, war den Zeitgenossen und Biographen offenbar bewußter als ihr selbst. Ihr scharfer Verstand, dem die »fausse dévotion«, die Unwahrscheinlichkeiten des Barockromans oder unangemessene preziöse Manier gleichermaßen zum Opfer fielen, erinnert an die großen Klassiker des Jahrhunderts. Der Bourbonenstolz, den J. Plantié ihr anlastet, ließ sie zwar verkennen, wie weit das von ihr und Mme de Motteville entworfene erotische Arkadien dem »Royaume de Tendre« der Autorin ähnelt, der sie zur Rivalin werden wollte. Zugleich aber befähigte gerade er sie dazu, das literarische Portrait aus den Fesseln topischer Unverbindlichkeit und dem Odium der Käuflichkeit zu befreien.

Die monumentale Studie von J. Plantié beschreibt die Entwicklung des »portrait mondain« bis zum endenden 17. Jahrhundert in Frankreich. Für dessen Berührungspunkte mit Physiognomik und Temperamentenlehre, mit Topik und Tradition der Malerei und Literatur stellt sie kostbares Material bereit, über das hier ausführlicher berichtet wird, da die maschinenschriftliche Thèse schwer zugänglich ist. Das gleiche gilt für J. Plantiés Ausführungen zu Mlle de Scudéry und Mlle de Montpensier, die im Wettstreit miteinander dem Portrait neue und wirkungsgeschichtlich bedeutsame, der vorangehenden Forschung indes unbekannte Formen eröffnen. Im Rahmen dieser Gattungsgeschichte war jedoch kaum zu erwarten, daß die meisterlichen Varianten des literarischen Abbildens bei der Grande Mademoiselle in Verbindung gebracht wurden mit deren übrigen Schriften oder mit der Tradition der »jeux d'esprit«, der sie alle entspringen. Bei dem Vergleich der rivalisierenden Autorinnen wurde von J. Plantié damit auch die Frage nicht gestellt, was es für sie beide als Frauen bedeutet, sich – und dies in so entschieden antagonistischer Weise – dieselben im Salon gepflegten Genres zu erschließen, die für die Schriftstellerinnen der nächsten Generation zu Vorbild oder Herausforderung werden: chiffrierte Verewigung und idealtypischer, erzieherischer Entwurf bei der einen; Ulk, Satire und spöttische Distanz, der »königlich« selbstgewisse Blick derer, der das Urteilen zusteht und die der mythologischen Camouflage nicht bedarf, um die Zeitgeschichte – als anekdotische – zu offenbaren, bei der anderen. Mme de Villedieu etwa, bürgerliche und berufsmäßige Erfolgsautorin der Epoche, steht in ihrer beider Nachfolge, erwirbt mit der verschlüsselten Huldigung einer Scudéry die Gunst der Grande Mademoiselle und damit die Freiheit, wie diese, die konkrete und jüngere Historie selbst zu sentimentalisieren und Anekdote oder galante Hofgeschichte als ganz vorrangig »feminines« Genre an das 18. Jahrhundert zu vermitteln. [15]

Die Verhaftung im normativ-selektiven Kanon des Klassischen versperrte J. Plantié auch den Blick für die Ästhetik des barocken Gesamtkunstwerks, für den flüchtigen Zauber der »divertissements« und der allegorischen Exegese, der das humanistisch-bürgerliche *aere perennius* ironisch übergeht. Reiterspiel, Devise, »Entrée«, Hofballett und Fest, Gartenlandschaft, Schloßarchitektur, Bühnenmaschinerie und Salonmärchen, Schlüsselroman, Memoiren, Korrespondenz und Portrait – dies alles bildet den Hintergrund der Lebenserfahrungen einer in den Salon exilierten Feudalaristokratie und – über diesen – der bürgerlichen Spielemacher (Voiture, Sarasin, Segrais) und Chronisten (Mlle de Scudéry), die sich, gegen den Hof des Undanks und der Käuflichkeit, deren Fahnen verschrieben haben. Als restaurierende Architektin gab Mlle de Montpensier dieser Kultur den Rahmen. Die Sammlerin füllte ihn mit der Galerie der Gemälde und Portraits, welche sie im *literarischen* Abbilden und in jenen Memoiren belebte und verewigte, die auch in der Nachwelt sich der Aneignung durch jede bestellte, antifeudalistische Historiographie mit gewollter und spielerischer Unvollständigkeit verweigern.

Die Ansätze neuerer Forschung, die der Grande Mademoiselle für die Baugeschichte oder die Memorialistik des 17. Jahrhunderts gerecht zu werden versuchten [16], führten mit den jeweiligen formspezifischen Fragestellungen nicht weiter als J. Plantiés Würdigung ihrer Portraitkunst. Die schreibende Frau schließlich, die von dem Bewußtsein ihres Geblüts sich herausgefordert fühlen mußte, Tassos *Discorso della virtù femminile e donnesca* im Sinne der letzteren einzulösen und dies zugleich in einer Weise, die ihr Schreiben als befreiende Kompensation für das vergangene Wirken einsetzte, konnte in keiner dieser Untersuchungen zum Problem werden. Wie für Mlle de Scudéry verwischten sich für diese hochmütige Außenseiterin die Grenzen zwischen Literatur und Leben, und wie die Marquise de Rambouillet suchte sie, im Spiel des Augenblicks die seelischen Bewegungen der Anwesenden einem tänzerischen Ritual zu unterwerfen, das den Blick der anderen auf sich gerichtet weiß und zwischen gesellschaftlichem Selbstverlust und selbstverlorener Introspektion den Weg zum Ich zu finden vermag. In ihrem Zirkel und unter ihrer Führung ist dieses Ich allerdings vorwiegend ein weibliches.

Die beiden Sammelbände von 1659, die *Divers portraits* der Mademoiselle und ihres Kreises und das rivalisierende Buchhändlerprodukt, der *Recueil des portraits et éloges,* sind in ihrer Entstehungsgeschichte von J. Plantié beschrieben und auf einzelne Unterschiede hin untersucht worden. Wertvoll sind daneben die überzeugenden Vorschläge zur Entschlüsselung einiger anonymer Portraits und die Zuschreibung der poetologisch wichtigen Einleitung des *Recueil* an Saint-Évremond. Daß die Frage nach Geschlechtsdifferenzen hier gar nicht gestellt wurde, ist allerdings um so erstaunlicher, als sich das moralische »portrait d'autrui« und das Selbstportrait als eindeutig weibliche Gattungen bestimmen lassen und gerade die Feminisierung des ersten im Vergleich mit dem zweiten Band mit Händen zu greifen ist.

Zwei Frauen bringen das gesellige Spiel aus dem Holland des Calvinismus und des »clair-obscur« ins Exil der Mademoiselle, die bald die Mode beherrscht und mit der Vielfalt origineller Abwandlungen ihrem Zirkel, aber auch den – wenigen – Frauen des zweiten Bandes, zum Formimpuls wird. Die *Divers portraits* sind für eine Geschichte weiblichen Bewußtwerdens insofern von unschätzbarer und bislang nicht registrierter Bedeutung, als im Schutz feudalaristokratischer Sicherheit hier erstmalig eine *Gruppe* von Frauen zum literarischen Subjekt wird. Die erwartete, von Mlle de Scudéry begonnene und aufgegebene feminine Replik auf den männlichen Schönheitskult und erotischen Diskurs des Petrarkismus und Neuplatonismus, die Enthüllung der Ambivalenz der Galanterie also, wurde hier ebenso geleistet wie die Abgrenzung gegenüber all jenen frauenfeindlichen aber auch apologetischen Traktaten, mit denen seit Jahrhunderten in der »Querelle des femmes« über die Frauen verfügt worden war.

Es ist das Verdienst von I. Maclean, die Entwicklung der männlichen Frauenapologie bis zum 17. Jahrhundert nachgezeichnet zu haben, das von C. C. Lougee, dabei die Verfahren der Aufwertung traditionell negativer weiblicher Eigenschaften (Empfindungsfähigkeit, Irrationalität, Intuition) zu ermitteln. Lougee betonte zugleich die voraufklärerischen Interessen dieser Autoren, die mit der geselligen Nobilitierung durch die verehrte Dame soziale Mobilität im Auge hatten und dem Erbadel zur Bedrohung werden mußten. Darauf antwortete das kollektive Selbstportrait der Frauen des Hochadels, das in beiden Arbeiten unberücksichtigt blieb, mit Widerspruch und Korrektur. Der statistische Vergleich der (wenigen) männlichen und der weiblichen Selbstportraits ergab eine deutliche Differenzierung hinsichtlich der Werte, zu denen man sich jeweils bekannte. Zu beobachten war daneben die Auseinandersetzung aber auch mit der misogynen Topik der Traktate, in denen mit der phlegmatischen Natur der Frau, den Tugenden der »mulier domestica« oder dem Kodex weiblicher Schönheit die alte Vorstellung des existentiell minderrangigen »mas mutilatus« in verbrämter Form weitergetragen wurde.

Auch im Portrait eines Dritten behaupten sich die Frauen gegen das männliche »portrait galant«. Nun hatte Mlle de Montpensier, auch hierin fortan meisterliches Vorbild, sich an Mlle de Scudéry zu messen, und die ständische Sicherheit eröffnete ihr Freiheiten des psychologisch-moralischen Abbildens, die der anderen verwehrt waren. Da im Maße der Vertrautheit sich der gesellschaftliche Abstand minderte, da die Überlegenheit sie vor peinlicher Panegyrik bewahren konnte, waren gerade hier die wegweisenden Schritte zur unverhüllten, liebevollen oder kritischen Entdeckung des vereinzelten und einmaligen menschlichen Gegenübers möglich. M. Gerlach Nielsen, deren statistisch-strukturelle Analyse der Portraits bereits im Ansatz das Ergebnis ideologischer Bedeutungslosigkeit vorwegnahm, verschloß sich diese Perspektive [17]; nicht anders J. Plantié, die mit dem Vergleich von Stand und Geschlecht auch die Auskunft darüber schuldig blieb, ob überhaupt und unter welcher Feder die Gattung sich aus den Fesseln topischer Unaufrichtigkeit und Typologie befreien könne. Die Rückbindung an die Konventionen von Rhetorik und Buchgeschichte (»cabinet«) sollte das kommerzielle Interesse der Verleger des *Recueil* und die modische Eitelkeit derer befriedigen, denen im »Familienalbum der Grande Mademoiselle« (J. Plantié), in der kleinen Gruppe von etwa 30 Wahlverwandten, kein Platz beschieden war. Bedeutete die Öffnung der Gattung für jedwede Zirkel und Individuen die verheißungsvolle Teilhabe an einer Mode, die sich ihrerseits spielerisch aus dem gemeinschaftlichen Besitz schriftlicher Traditionen gelöst hatte, so führte sie indes die Frauen, deren betroffene Mitwirkung an der formgeschichtlichen Entwicklung des Portraits für J. Plantié an keiner Stelle zum Problem wird, einen beträchtlichen Schritt zurück. Erneut verwiesen auf die Stilisierungen der männlichen selbstverhafteten Projektion genußvoll erfahrener erotischer Unerfülltheit, verstummen sie – im *Recueil* – als literarische Subjekte, da für dessen Autorinnen der Salon als Rahmen mündlicher Mündigkeit nur noch ausnahmsweise befreiender und schützender Fluchtraum war.

Der herausfordernde literarische Dialog von Mlle de Montpensier und Mlle de Scudéry findet mit den Novellen der letzteren (1661, 1667 und 1669) seine Fortsetzung. Die drei Texte wurden jüngst in Nachdruck oder Neuausgabe wieder zugänglich gemacht und von A. Niderst und R. Godenne mit Vorworten versehen, denen nicht vorbehaltlos zuzustimmen ist. [18] A. Niderst wiederholte dabei die Entschlüsselungen aus seiner früheren Scudéry-Monographie, ohne deren Korrekturen durch J. Plantié einzubeziehen. Gegenüber der behaupteten Wende der Autorin zu einem wissenschaftlichen, an La Mothe le Vayer orientierten anticartesianischen Libertinismus gebieten weiterreichende frühere Belege aus *Cyrus* VIII und *Clelie* VI, VII und X ebenso große Skepsis wie die sehr nuancierte Auseinandersetzung mit Descartes im Gespräch »De l'incertitude« (1686). Der sich hier behauptende aufklärerische Optimismus, der die Hoffnung auf moralische Selbstbindung und Erneuerung dem scharf kritisierten libertinen Zweifel entgegenhält, wird geteilt von Mme de Sablé und den Damen ihres Salons in Port-Royal, von Saint-Cyr und seiner Stifterin und von allen Frauen schließlich, die in der Nachfolge von Mme de Maintenon als Erzieherinnen zu Schriftstellerinnen werden.

Eine literarische Würdigung der *Celinte* – der märchenhaften sentimentalen Wunschwirklichkeit zum einen, der Öffnung zu den »Relations« und damit der galanten Maskierung der historischen Wahrheit im Hofbericht zum anderen – wurde von Niderst nicht erbracht. Bei R. Godenne war sie durch Vorurteile der Scudérykritik verstellt. Die in die *Mathilde* aufgenommenen »Jeux« und das Gespräch zu deren Verteidigung, wahrlich ein Schlüssel zum Gesamtwerk der Autorin, blieben unbeachtet, die Frage nach den Gründen für die Exilierung der Spielkultur und Salongeselligkeit in das Mittelalter der »Cours d'Amour« oder das Italien Petrarcas unterblieb. Dasselbe gilt für die neue Hofkritik, die in der Verfremdung den absoluten Monarchen selbst als Dramaturgen höfischer Unaufrichtigkeit enthüllt.

Die verpflichtende Huldigung der früheren Schlüsselportraits gilt in *La promenade de Versailles* dem König und dem Fürstendienst des Schwertadels (»Cleandre«), dem der Höfling zum aufrichtigen Freund werden kann. B. Bray hatte die Novelle als Beispiel jener dialogischen Formen beschrieben, die den didaktischen Traktat spielerisch ablösten. H.-L. Scheel interessierte an ihr »Versailles als dichterisches Thema und als Symbol« [19], vor allem also die Beschreibung von Palast- und Gartenarchitektur. Der fiktionale Zusammenhang mit dem früheren Werk der Autorin war in diese Fragestellungen nicht einbezogen. Der Rekurs vom aufklärerischen Rationalismus in der *Clelie* zu der Willkür der Zufälle und jenen märchenhaften Wundern, denen im Absolutismus die Lösung überantwortet ist, wurde damit nicht zum Problem.

Das bewegte Widerspiel von Literatur und Kunst haben für *Clelie* X und die verschlüsselte Abbildung von Vaux-le-Vicomte R. Sayce und G. Goebel in allen Stufen und Übergängen nachgezeichnet. Für Mlle de Scudéry war dies eines der kontinuierlichen, in Erzählsituationen eingebundenen »jeux d'esprit«, die sie auch in den Novellen des Alters beibehielt. In der chiffrierten, detailgetreuen Nachzeichnung der Ballettauftritte Saint-Aignans gibt sie der »description à clef« eine neue Variante, die unsere Kenntnisse vom »ballet de cour« durchaus ergänzen. [20] Ballett und Palastarchitektur sind es, in denen die imaginären Wunder der Dichtung und Mythologie Wirklichkeit werden – zu einer Zeit, als der Absolutismus die Geselligkeit der Spiele und der adligen Frauenkultur nur noch in Vergangenheit und Ferne zu projizieren erlaubt, Boileaus 10. Satire und der Unmut seiner Heroen über die Aneignung der Antike durch die preziöse Liebeskasuistik an Boden gewinnen können.

Mit der Aufarbeitung einer Geschichte der »jeux d'esprit« und der mit ihnen mündig werdenden Frauen mußte neues Licht auf den Salon der Mme de Sablé, sowohl auf dessen Bedeutung wie auf die der Gastgeberin, für die Maximen und das Werk La Rochefoucaulds fallen. M. Kruse hatte hier einzuschränken versucht, doch da für sie nicht auszumachen war, wie man die Neigung zu der neuen Mode erklären und wie man die Mitwirkung von Mme de Sablé einschätzen solle [21], war die Frage erneut zu stellen. In Port-Royal war sie, wie zuvor die Marquise de Rambouillet und die Grande Mademoiselle, umgeben von der – nunmehr jansenistisch verdüsterten – Gesellschaft des Frondeadels. Die Gespräche galten ernsthafteren Themen, doch im Spiel um die Maximen, ihre Entstehung, Lektüre und Überarbeitung erhielt sich vieles, wenn auch im Briefwechsel aufgehoben, von gemeinschaftlicher Mündlichkeit, Mitteilung und dialogischer Kurzweil. Wie sehr jedoch die kleinen Schriften der Mme de Sablé in Themen und Bekenntnis den Grundanschauungen des preziösen Salons verpflichtet sind, ist in keiner der ihr gewidmeten Arbeiten angedeutet worden. Konsequent vertritt die Autorin – neben der jansenistischen Abkehr vom Theater oder einer auf Molière vordeutenden Kritik an der Medizin – den Glauben an menschliche Bildungsfähigkeit und moralische Selbstbestimmung, und dies gegen die Jansenisten und La Rochefoucauld, dessen Skepsis sie bezeichnenderweise gerade bei einer Maxime über die Freundschaft – mit einer eigenen – entgegentrat. Wie sie im »honnêteté«-Ideal den Weg zu kontrollierter Selbsterkenntis und -korrektur gewiesen sieht, läßt ihr christlicher Tugendoptimismus sie pädagogische Anweisungen aussprechen, die, wie erwähnt, in ein Kontinuum nun beginnender weiblicher Erziehungsliteratur gehören. Diesen teilt sie mit den Damen ihres Kreises, die als Leserinnen La Rochefoucaulds die zweite *Gruppe* von Frauen darstellen, über die sich Ansätze weiblichen Wertbewußtseins und Bekenntnisses der Nachwelt vermitteln. Obwohl die Briefe, mit denen sie das von dem Autor und Mme de Sablé erbetene Urteil abgeben, leicht zugänglich sind, ist der gemeinschaftliche Dissens zu dem der männlichen Leser und zu La Rochefoucauld allenfalls registriert, nicht aber begründet worden.

Was Mme de Sablé forderte, eine Pädagogik des Lehrgesprächs, hat Mlle de Scudéry mit ihren Konversationsbänden der achtziger Jahre eingelöst. Daß auch Mme de Maintenon den Genres ihrer erzieherischen Schriften die »jeux d'esprit« der eigenen Salonvergangenheit zugrundelegte, schien ihren Monographen keiner Anmerkung würdig. Die – wie erwähnt – kaum rezipierten geselligen Gespräche der Scudéry, in denen sich u.a. kostbare Zeugnisse über den preziösen literarischen Kanon (*De la poésie françoise* – die Replik auf Boileaus *Art poétique*) verbargen, trugen in plaudernder Ungelehrtheit die Moral- und Affektenlehre (Plutarch, Montaigne, Descartes) oder andere Bereiche des Wissens nach Saint-Cyr, wo sie den jungen Mädchen eine Bildungsteilhabe eröffneten, die die Frauen des Salons ihnen erobert hatten. Die Spielkultur war endgültig im Schreiben aufgehoben, doch dieses blieb an die Regeln der Konversation gebunden. Deren emanzipatorischer Wert konnte freilich nicht erkannt werden, solange die Frage nach dem Gewinn für die Frauen nicht gestellt war. Im Gespräch nämlich hat die intellektuelle Selbstbegrenzung des Mannes den neuen ritterlichen Frauendienst des heroischen Romans abgelöst.

Nach der preziösen erotischen Topographie und der Ethik des »Tendre«, die als erzieherischer Entwurf in der Unverbindlichkeit utopischer Idealität oder Uneinlösbarkeit ihre Grenze fanden, bringt Mlle de Scudéry die Wirksamkeit der Salonkultur in die literarische Reihe zurück, aus der sie ihren Anfang nahm. Indem sie sie an das Neuzeitbewußtsein der »Modernes« bindet, sichert sie ihr Überleben für den Salon der (Früh-)Aufklärung und bezieht in der Geschichte des weiblichen Bildungsfortschritts, den auch ihr zunächst nur der biographische

Zufall eröffnet hatte, eine Schlüsselstellung. Eine solche wurde ihr von der dezidierten Modernistin, Mlle Lhéritier, nicht aber von der literarischen Kritik zuerkannt. Was die jüngere Autorin gegen Boileaus *Héros de romans* und die »Anciens« insgesamt als überlegene Leistung der »Sapho nouvelle« in Erinnerung rief – die verhüllende Einkleidung der Gegenwart in vielfachen Verschlüsselungen –, war in den Konversationsbänden ebensowenig mehr zu finden wie in der zeitgenössischen gesellschaftlichen Wirklichkeit. Allein in der »Histoire« (de Belinde) – einem der wenigen »jeux d'esprit«, dem sie treu bleibt –, beschwor Mlle de Scudéry, etwa ein halbes Jahrhundert nach den »Samedis« und der Epoche Ludwigs XIII., in der die Geschichte angesiedelt ist, den »code tendre« und das Modell gestufter Formen der Freundschaft und menschlicher Vollendung. Schreibend suchte sie die Erinnerung an das Wertbewußtsein des alten Schwertadels und damit *seiner* Art der Frauenverehrung lebendig zu erhalten. Zugleich geht diese Rückbestimmung ein in das Bekenntnis zum »modernen« Fortschritt, der für sie und die Frauen an die Geselligkeit der »Cours d'Amour«, der Höfe der Renaissance und der Salons des Vorabsolutismus gebunden war.

Während die Namen von Mlle de Scudéry oder Mme Deshoulières die ungebrochene Wirksamkeit preziöser Liebespsychologie und Weltsicht von den »Samedis« bis zum *Mercure Galant* verbürgen, lebte bei den »Modernes« die Frauenverehrung des Hôtel de Rambouillet und mit ihm eine neue Vorliebe für die unterhaltsame Kleinkunst auf. Hier sollte sich weibliches, aus geselliger Mündlichkeit geborenes Schreiben im 17. Jahrhundert vollenden. In der Mode des Feenmärchens, die von den Damen beherrscht wird, verdichten sich alle bisher verfolgten ständischen, geschmacklichen oder ästhetischen Zusammenhänge. Ihre Würdigung blieb sowohl die kanonbildende Literarhistorie wie auch weitgehend die Märchenforschung schuldig: die eine mit dem Apriori normklassischer Wertzumessung, das jede »Subliteratur« ausgrenzen mußte, die andere, weil hier das Urteil der Brüder Grimm gültig blieb. Diese vermißten bei Mme d'Aulnoy »etwas Natürliches und Frisches, das Einfache und Bürgerliche, das bei Perrault immer durchscheint«, und gaben seinen Märchen »bei geringerer Kunst den Vorzug«, weil sie den Stoffkern in reiner Form zu übermitteln schienen. [22]

Die Ausgrenzung dessen, was die Grimm befremdete – u.a. das Vorherrschen »weibliche[r] Eigenschaften« und damit von Liebe und Galanterie, »das überfeine und vornehme Wesen aus dem Zeitalter Ludwigs XIV.« – hatte mit der zeitgenössischen Kritik des Abbé de Villiers (1699) begonnen. Daß und in welcher Weise Frauen – als Autorinnen, fiktive Erzählerinnen und Adressatinnen der Widmung – dem Salonmärchen die Form gaben, mißbilligte er ausdrücklich. Der in der Märchenmode eher isolierte Ch. Perrault hingegen, der seine geschickten und erfolgreichen Einzelgänger – Chat Botté, Petit Poucet – aus der pikaresken Ausgangssituation herausführt [23] und die märchenhafte Wunscherfüllung im Sinne vertikaler (bürgerlicher) Integration der (männlichen) »Ellenbogenkinder« entwirft, schien bereits für de Villiers klassischer Vorbildlichkeit zu entsprechen.

Während sich jedes der Salonmärchen formelhaft zu dem neuen Erzählmodus der affichierten Mündlichkeit, zur kleinen Form und zur Einfachheit der »Gouvernanten und Ammen« bekannte, die bei den »gens délicats« den Maßstab der »ernsten Dinge« nicht zu fürchten brauchte, füllten gerade und nur die Damen den imaginierten Spielraum jenseits der Wirklichkeit mit einer die Regeln der Hochklassik, aber auch die der gesellschaftlichen Ordnung überschreitenden Phantasie. Wie einmal Boileau – und die »doctrine classique« seit Chapelain – die Wahrheit der normierten (und normierenden) Wahrscheinlichkeit unterordnete, läßt etwa Mme de Murat nun das Wunderbare über das Wahre triumphieren. Während in Perraults *Parallèle* »durch den Präsidenten Simplizität und Naivität stets als Vorzug der *Anciens* in Feld geführt werden« [24], eben jene Werte, die dem Märchenautor selbst auch für W. Preisendanz den klassischen Kanon offen lassen, ironisiert das feminine Salonmärchen mit der spielerischen Regression in die archaische und prälogische Welt des Mittelalters und mit der grenzenlosen Phantastik des Wunderbaren, in der klassische Mythologie (»fable«) und keltische Magie (»féerie«) zusammenfinden, die Lehrlinge Boileaus.

Mehr noch als die früheren Autorinnen konnte Mme d'Aulnoy, die »reine de la féerie« (J. Barchilon), der Ächtung solcher Nachfahren gewiß sein. Die Biographie tat ein übriges, um sie der »chronique scandaleuse« ihres Jahrhunderts zuzuordnen und sie allenfalls über das spanische Lokalkolorit (*Relation du voyage d'Espagne,* 1691) literarisches Zeugnis ablegen zu lassen.

Die Brüder Grimm hatten den Weg zur *ästhetischen* Würdigung ihrer »contes de fées« implizit gewiesen, die immerhin, mit denen anderer Damen, zur unmittelbaren Vorlage von Wielands »auserlesenen Feen- und Geistermärchen« wurden. Das »Wunderbare der Poesie« und damit auch das der »Feyenmärchen«, die sich »mit dem gesunden Menschenverstand oder mit der Tugend entzweyt zu haben schienen«, ist von den wenigen modernen Literarkritikern allenfalls angedeutet, nie aber mit der Entschiedenheit eines Johann Adolf Schlegel verteidigt worden. [25] J. Tucker Mitchell bemerkte eine »female dominance« in den d'Aulnoy-Märchen, doch sie unterließ die Untersuchung der entscheidenden femininen Perspektivierung der gesellschaftlichen, sozialen und psychischen Erfahrung, die diesen Texten die weibliche »Kulturfärbung« verleihen. Der Märchenforschung wiederum, die für das Volksmärchen das Fehlen jeder eigentlichen Erotik (M. Lüthi), dabei aber dessen »mögliche Entwicklung zur kunstvollen Liebesnovelle hin« (L. Röhrich) angemerkt hatte, konnte die sentimentalisierende Entfernung von der »reinen« Überlieferung nicht zum Problem oder auch nur zum Gegenstand des Interesses werden. Allein die eingangs zitierte E. Sullerot entdeckte die Feenmärchen als Dichtung femininer Wunscherfüllung. Für sie verbirgt sich in Mme d'Aulnoys *Oiseau bleu* »le mythe de l'amant qui jamais ne se lasse de nous *parler* et de nous *entendre*«, und in den Märchenwundern selbst die »illusions de femmes sujets trouvant dans l'amour un pouvoir nouveau, illusions d'être fées«. [26] Diesem Gedanken galt es nachzugehen. Dabei war implizit all das aufzuarbeiten, was in der klassisch orientierten Poetik oder in der Volksmärchenforschung auf der Strecke geblieben war. Dazu gehörte der von den Grimm angedeutete, nie aber verfolgte Verweisungszusammenhang zwischen den d'Aulnoy-Märchen und dem proteischen Pomp von Hofballett, Oper und höfischem Fest, von Wasserspielen, Feuerwerk und den Wundern der Bühnenmaschinerien, Kulissen und Maskeraden. H.-L. Scheel und J. Rousset beschrieben am Beispiel der Thetisgrotte und des Latonabrunnens in Versailles die zirkulare Bewegung von Literatur und bildenden Künsten [27]: Mit Mlle de Scudéry und La Fontaine kehrten Skulptur und Architektur in die Dichtung zurück, von der sie ihren Ausgang genommen hatten. An den Märchen von Mme d'Aulnoy läßt sich zeigen, daß die Fülle und Farbigkeit der bewegten Bilder die Wunderwelt barocker Gesamtkunst literarisch verewigen: das Märchen vom höfischen Leben.

Die Metamorphose, die als »jeu d'esprit« bis zu Mlle de la Force (1701) nicht vergessen ist, eröffnet dem Märchen nicht allein den Horizont neuer bildhafter Imagination. Die Feenwunder erlösen das junge Mädchen und das liebende Paar von einer Wirklichkeit sozialer und psychischer Bedrohung. Die wenigen und angesichts der Fülle der Texte und Vielzahl der Namen notwendig oberflächlich bleibenden Untersuchungen der »contes de fées« (M. E. Storer, T. di Scanno, J. Barchilon) lassen die Mode zum Jahrhundertende beginnen. Bereits 1667 aber war das Erzählen eines Märchens von Mlle de Scudéry als eine Spielaufgabe genannt worden. Auch dies ist damit als eines der »jeux d'esprit« zu begreifen, mit denen vorzugsweise Frauen die Feder zu führen lernten. Daß Mme d'Aulnoy preziösem Gedankengut nahestand, konnte angesichts der »préciosité«-Forschung bislang nur angedeutet werden. [28] Gerade an der ironischen Verfremdung von Motiven des Volksmärchens (Dämonenverschreibung, Opferung, Tierverwandlung), vor allem aber ihren Variationen des Psychemythos, ließ sich hier nun verfolgen, wie die Feenmärchen zur Dichtung weiblicher Wunscherfüllung werden. [29] War es K. Krüger darauf angekommen, die Quellen, Stoffkerne und Motive (Straparola, Basile und La Fontaine) im Salonmärchen der Mme d'Aulnoy auszumachen [30], so waren nunmehr die Formen höfischer aber auch femininer Umdeutung und Veränderung darzustellen und zu begründen. Dabei geriet die Auseinandersetzung der Autorin mit der zoomorphen Symbolik La Fontaines neu in den Blick und damit ihre Erwiderung auf die Bilderwelt des traditionell misogynen »bestiaire féminin«.

Auf die »Psyche«-Märchen ließ sich E. Neumanns [31] psychologische Deutung des Mythos in vollem Maße übertragen. Wie in den Binnennovellen der Scudéry-Romane durchmißt der Mann in gestufter Verwandlung und Erlösung die Landschaft des »Tendre«. Doch der »code« preziöser Erziehung gerät, wie alle von Mme d'Aulnoy anverwandelten Momente der literarischen Tradition, zusehends ins Licht ironischer Brechung. Das Mittelalter der Feen und Ritter, Zweikämpfe und Liebesorden wird in Erinnerung gerufen und im Pastiche des Altfranzösischen zugleich jeder Verbindlichkeit enthoben. Ausgegrenzt ist auch bei ihr jeder humanistische Ernst, und dies nicht aus Unvermögen, wie die Racineparodie erkennen läßt. Im Bekenntnis zum Geschmack und zur bunten Vielfalt des höfischen Barock bleibt sie in der Linie der Salonautorinnen vergangener Jahrzehnte.

Die preziöse Liebeskasuistik, die bereits bei Mlle de Scudéry allein in utopischer Unwirklichkeit sich erfüllte, paßt sie mit spielerischer Leichtigkeit in die Märchenstoffe ein. Der »code tendre« und die Misogamie sind nicht literarische Reminiszenz, sondern konsequentes Korrelat und weibliche Replik auf die von Genealogie und Vermögensinteressen bestimmte Konvenienzehe des Ancien Régime. Anders als Mme de Lafayette oder Mlle Bernard, die mit der Verweigerung sich gegen die »désordres inouis de l'amour« abschirmen [32], entwirft Mme d'Aulnoy parallel zur Dämonisierung der Heirat – der säkularisierten Opferung der jungen Psyche an die verfügenden sozialen Instanzen – die im Schutze der Feen begründete Liebeserfüllung.

Was die Grimm befremdet hatte – die aristokratische und feminine Färbung –, versprach aus umgekehrter Sicht eine neue Dimension märchenhafter Glücksdichtung zu eröffenen. Empfahl sich Perrault der Erwartung bürgerlicher Wunscherfüllung, die in der vertikalen Linie des sozialen Aufstiegs, aber auch im Frauenideal der Griseldis sich niederschlug, so wurde die Comtesse d'Aulnoy zur Anwältin ihrer Prinzessinnen, für die die Märchenwunder sich allein auf der Ebene des liebenden Paars vollziehen sollten. Perraults ratlose Frage nach dem Sinn des ihm unergründlichen Psyche-Mythos –

> Je sais bien que Psyché signifie l'Ame; mais je ne comprends point ce qu'il faut entendre par l'Amour qui est amoureux de Psyché, c'est-à-dire de l'âme [...] –

findet bei Mme d'Aulnoy ihre – kaum vernommene – Antwort. Evelyne Sullerot wiederum gab jüngst die Frage an Perrault und die Tradition der Griseldisnovelle zurück. [33]

Barocke Synästhesie und lebendiges Mittelalter, »jeux d'esprit«, »divertissement« und der »code« preziösen Liebens stellen Mme d'Aulnoy in die unmittelbare Nachfolge der Salonautorinnen vor ihr und vor allem von Mlle de Scudéry. Metamorphose und Travestie – literarisches Spiel im Hôtel de Rambouillet und gelebte Wirklichkeit bei den »Amazones de la Fronde« – stiften in der produktiven Aufnahme bei der »modernen« Autorin einen Horizont psychischer und sentimentaler Uneindeutigkit. M. Lüthis Anmerkung, daß die gleitenden Übergänge von Sein und Schein zu den fundamentalen Zügen des Volksmärchens zum einen, der barocken Kunst und Lebensformen zum anderen gehören [34], ließ sich an ihren Salonmärchen bestätigen. Mit den Schäfer- und Inselidyllen schließlich greift sie das von Mlle de Montpensier und Mme de Motteville imaginierte »weibliche« Arkadien ebenso auf wie die Kritik am höfischen Absolutismus bei Mlle de Scudéry. Wie diese versetzt sie die Könige ihrer Märchen in eine Welt der Unaufrichtigkeit und falschen Freunde, stellt ihre Macht als Folge gewissenloser Usurpation und sie selbst als identitätslos und schwach gegenüber Intriganten und herrschsüchtigen Frauen dar. Mit dem Schäferkönig und Philosophen Sublime entwirft sie die Utopie politischer Idealität, die die erotische Erlösung der benachteiligten weiblichen »Ellenbogenkinder« durch den »prince charmant« auf höherer Ebene vollendet. Auch für sie ist der »code tendre« ein nicht allein liebespsychologisches Ideal, sondern ein weiterreichender moralischer Anspruch, den sie nach der Schwere des barocken Romans und der komplizierten Chiffrierung bei Mlle de Scudéry im heiteren Spiel der Phantasie und der Anmut des Rokoko mit den Feenwundern sich erfüllen läßt. [35] Nach dem Selbstportrait der Hocharistokratinnen, dem Mlle de Montpensier die Richtung weist, den Vorbehalten der Frauen gegenüber La Rochefoucauld, die in Urteil und Vermittlung von Mme de Sablé wirksam werden, steht Mme d'Aulnoy in der Mitte einer weiblichen Gruppe, der der geschlossene Schutz- und Fluchtraum des Salons die Freiheit des Schreibens, aber auch die der unangefochtenen Selbstreflexion und Wunschentwürfe eröffnet. Die alte Selbstverständlichkeit adliger Frauenverehrung, auf die der bedrängte Schwertadel sich um die Jahrhundertmitte als einen der ihn traditionell auszeichnenden Werte besann, sicherte den einzelnen und den vielen eine – fortan verlorene – Aufmerksamkeit für die weiblichen Entwürfe eines idealen Menschen- und Weltbildes.

Erster Teil

Feudalismus und Frauenkultur im Grand Siècle

I. Zwischen Tridentinum und Aufklärung: »Condition féminine« und elitäre weibliche Praxis

Schon 1623 merkt der päpstliche Nuntius an, daß in Frankreich zunehmend alle entscheidenden Ereignisse von Frauen bestimmt seien, ein Eindruck, den die Princesse Palatine zum Jahrhundertende verärgert bestätigt. [1] Nie aber war zugleich der Widerspruch zwischen Gesetz und Sitten größer, klafften rechtliche Beschneidung und gesellschaftliche Wirksamkeit weiblicher Lebensform offensichtlicher auseinander. Die Literatur der Frauen, der Gruppen ebenso wie der herausragenden Persönlichkeiten, die mit der Jahrhundertmitte erstmalig die Vereinzelung überwindet, spiegelt als Erscheinungsform elitären femininen Bewußtseins die Reflexion dieser Gegensätze wider. In den Themen nimmt sie Bezug auf die Gesamtheit der gesellschaftlichen und privaten, psychologischen und moralischen Erfahrung der Frauen, auf Entwicklung und Veränderung aber auch der sie betreffenden Leitbilder und Normierungen und der an ihre Geschlechtsrolle gerichteten sozialen, juridischen oder moraltheologischen Erwartungen.

Das von der sozial-, rechts- und kirchengeschichtlichen Forschung verfügbar gemachte Wissen ist darum auf eben diese Inhalte hin neu auszuwerten. Damit rückt zunächst die Frage nach der Stellung der Frau im kanonischen und säkularen Eherecht in den Blick. Der Widerstreit zwischen dem Rom des Tridentinum und der französischen Monarchie berührt darüber hinaus auch das Erbrecht, den elterlichen Erziehungsauftrag oder die väterliche Autorität. Demographische Befunde über Heiratsalter, Geburtenrate, Müttersterblichkeit oder Geburtenkontrollen lassen einmal Kriterien für schichtenspezifische Differenzierungen erwarten und versprechen zum anderen Aufschlüsse über das Entstehen weiblicher utopischer Fluchträume wie der Misogamie und der preziösen Vergeistigung.

In der Folge ist eine Untersuchung der pädagogischen Institutionen – »petites écoles«, Klostererziehung, Lehrorden – und der in ihnen wirksam werdenden Unterrichtsprogramme im Hinblick auf den Fortschritt weiblicher Bildung geboten, auf den sich das Frankreich der Gegenreformation verpflichtet sieht. In eins damit ist der Wandel des Frauenbildes selbst darzustellen, der sich in den Schriften des zum Protestantismus konvertierten Cartesianers Poullain de la Barre nicht weniger als in Werk und Wirken der Mme de Maintenon niederschlägt. Mme de Lambert schließlich bewahrt in ihren pädagogischen *Avis* und den *Réflexions sur les femmes* die Erinnerung an das aufklärerische Vermächtnis des 17. Jahrhunderts, wie es für die Frauen und weitgehend auch von ihnen dem Vorurteil abgetrotzt worden war. Indem sie die verlorene Spielkultur des Hôtel de Rambouillet beschwört, eröffnet sie dem neuen Zeitalter den Blick auf eine bedeutsame Stätte vergangener elitärer Geselligkeit, in der die Frauenverehrung des politisch entmachteten Adels in einzigartiger Weise die geschlechtsspezifische Bildungsdifferenz aufzuheben vermochte.

1. Die Stellung der Frau im Kirchen- und im Zivilrecht

Das späte 16. und frühe 17. Jahrhundert sind geprägt von der zunehmend sich verschärfenden Auseinandersetzung zwischen der Kirche in Rom und der – schließlich mächtigeren – säkularen Gewalt in Frankreich um Begriff und Form der Ehe und indirekt damit auch über Stellung und Bestimmung der Töchter und Frauen. Das kanonische Recht fixierte zwar deren Gehorsam gegenüber dem Gatten, verstand sich aber zugleich als Instanz, die ihre Rechte mehrte, ihnen Schutz vor sexueller und anderer Gewalt des Mannes sicherte. Bis zur Mitte des Jahrhunderts wiederholte die katholische Moraltheologie, daß ein in Eifersucht, Kritik oder Widerpruch sich manifestierendes Aufbegehren der Frau gegen die ihr gebotene Unterwerfung unter den Ehemann als Sünde gelte. Andererseits aber hatte die Kirche die väterliche Autorität beschnitten, als sie im 12. Jahrhundert die Ehe als ein von den Gatten einander gegebenes Sakrament definierte, dem der Tausch der Willenserklärung auch ohne elterlichen Konsens Gültigkeit verlieh, wenn der Mann dreizehneinhalb, die Frau elfeinhalb Jahre alt war. In der zivilen Gesetzgebung wurde zwischen dem 13. und 18. Jahrhundert mit dem Einfluß des römischen Rechts die Macht des Mannes gestärkt (Bestätigung der patrilinearen Geschlechterfolge im 13. Jahrhundert, Verwendung des Patronyms und Ausschluß der Frau von der Thronfolge nach dem salischen Erbrecht im 14. Jahrhundert u.a.). Zwar verlangte nach dem 16. Jahrhundert, im Unterschied zum Mittelalter, das Gewohnheitsrecht vom Manne nicht mehr ausdrücklich, seine Autorität auch mit körperlicher Züchtigung durchzusetzen. Doch gemeinhin blieb die häufig praktizierte physische Gewaltanwendung in der bürgerlichen Rechtsordnung noch im 17. Jahrhundert folgenlos [2], wohingegen sie mit der Neufassung der Canones zur Ehe im Konzil von Trient anhaltend vom Kirchenrecht geahndet wurde.

A. Lottin untersuchte dessen Wirksamkeit in dem erst 1677 annektierten Cambrai, wo bis dahin, eindeutiger als im übrigen Frankreich, die tridentinischen Dekrete Anwendung fanden und sich in einer in dieser Form einzigartigen Verfahrenspraxis niederschlugen, die man, um Begriffsverwirrungen auszuschließen, tunlich aber nicht als Scheidung (»divorce«) bezeichnen sollte: 75% der vorgebrachten Trennungsbegehren gingen demnach von Frauen, überwiegend der höheren und mittleren Schichten, aus; mit 80% führten Verbalinjurien und Gewalt, oft in Verbindung mit Alkohol, die Reihe der Gründe gegen den Ehemann an, denen Ehebruch oder Verschuldung folgten. Bei 80% aller Anträge verfügte das Kirchengericht ständige oder zumindest zeitweilige Trennung, in zwei Dritteln der Fälle entschied es zugunsten der Frau und verhängte gegebenenfalls wirksame Strafen über den Gatten. [3] Für das restliche Frankreich hatte der König die Verbreitung der tridentinischen Canones und Dekrete dadurch wesentlich erschwert, daß er deren vorherige Registrierung durch die Parlamente zur Auflage machte. Noch im 17. Jahrhundert wirkten dieser aber die gallikanischen Juristen entgegen. [4] Es gab mithin wenige solcher Prozesse, deren Ausgang die Inferiorität der Frau, die die Mißhandlungen als göttlichen Willen hinzunehmen habe, jeweils neu bestätigte; lediglich der Nachweis akuter Lebensgefahr galt als Grund einer Trennung von Tisch und Bett. Auch der Ehebruch des Mannes berechtigte, ganz im Sinne des römischen Rechts, die juristisch Schwächere nicht zur Kontrolle dessen, von dem sie abhängig war – und weniger noch zu gerichtlichem Vorgehen. Im umgekehrten Fall konnte der Mann die eheliche Untreue der Gattin zwar nicht mehr mit Tötung, wohl aber bis zum 18. Jahrhundert mit Klostereinweisung und Entzug der Mitgift ahnden. Eine derartige soziale und sexuelle Diskriminierung der Frau, wie sie die französischen Juristen bis zum Kaiserreich fortschreitend festigten, läuft den Prinzipien des kanonischen Rechts indes erkennbar zuwider. [5]

In einer Reihe von Edikten und Ordonnanzen suchte die französische Monarchie ab 1556, und vermehrt im 17. Jahrhundert, gegen das berühmte tridentinische Dekret *Tametsi* den Vertragscharakter der Ehe und damit den Zugriff weltlicher Gerichtsbarkeit zu stärken, um wirksam die von der Mésalliance bedrohte Reinheit der »lignages« und damit die Unbeweglichkeit der sozialen Schichten (»strates«) zu garantieren. In der Tat enthielt das kanonische Recht auch nach dem Konzil von Trient, das immerhin neu die öffentliche Zeremonie der Eheschließung, die Anwesenheit eines Priesters und zweier Zeugen verlangte und die heimliche Heirat verbot (»prohibuit«), aber eben nicht aufhob (»tametsi non annullavit«), für den »lignage« wenig konkrete Sicherungen. Wegen der ständigen Zunahme solcher Heiraten hatten die Vertreter der französischen Krone bei dem Konzil vergeblich auf Nichtigerklärung anders geschlossener Ehen gedrängt. Das französische Straf- und Zivilrecht trat darum stellvertretend zugunsten der Familie und der sie führenden väterlichen Autorität ein.

Die königliche Gesetzgebung erhöhte zunächst die Ehemündigkeit auf 30/25 Jahre (Mann/Frau). Allen ohne elterlichen Konsens heiratenden Paaren drohte die Enterbung (Edikt Heinrichs II. von 1556). Die Zahl der Zeugen wurde auf vier erhöht, mehrfach war ein Aufgebot zu veröffentlichen, der Priester hatte, was zur Grundlage der Zivilregister wurde, die Heirat registermäßig zu erfassen. Alle anders geschlossenen Ehen wurden als »rapt« definiert und damit von den Parlamenten annulliert (Ordonnanz von Blois, 1579, von Heinrich IV. 1606 bestätigt). Der Pfarrer mußte der Gemeinde entstammen, in der einer der Gatten mindestens seit sechs Monaten ansässig war (»proprius parrochus«). Die heimliche Heirat wurde unter Strafe gestellt. Als nach dem Vorbild von Gilbert Gaulmin die Fälle gewaltsamer Entführung des Priesters durch gekaufte Zeugen sich mehrten (»mariage à la Gaulmine«), wurden derartige Eheschließungen für ungültig erklärt und zudem die freiwillige Handlung des Geistlichen gesetzlich festgelegt (Edikte von 1639, 1674 und 1697). Indem die Heirat ohne Einwilligung der Eltern als »rapt de séduction« definiert und dieser dem »rapt de violen-

Abraham BOSSE, La famille

ce« gleichgestellt wurde, war die Liebesheirat da, wo sie eine Mésalliance schien, nach kanonischem und zivilem Recht vollends unmöglich geworden. So war es den gallikanischen Juristen ohne die Gefahr der Häresie gelungen, definitorisch die Voraussetzungen herzustellen, nach denen auch im kanonischen Recht die Ehe aufzuheben war, doch drohte zusätzlich auf ziviler Seite den »Entführern« die Todesstrafe, die bis ins 18. Jahrhundert auch noch vollstreckt wurde. In völliger Verkehrung der tridentinischen Grundsätze leisteten also die französischen Parlamente eine dem Schutz von »lignage« und Staat dienende Ehekontrolle, die anverwandelt in den »Code civil« Eingang fand.

Wo den Kindern, die, nach der Konsultation eines Familienrates, die königlichen Gerichte gegen den elterlichen, letzten Endes den väterlichen Willen anriefen, von diesen recht gegeben wurde, sind übergeordnete soziale Absichten vorauszusetzen. Für die parlamentarische Rechtspraxis gilt, wie andererseits für die Legislative, daß sie gemeinhin beide Geschlechter gleichbehandelt: Nur wenige Entscheidungen sind ausdrücklich gegen die Frauen gerichtet. Das familiäre und gesamtgesellschaftliche Interesse überwog auch da, wo im Einzelfall der Witwe bei der Wiederverheiratung die freie Gattenwahl, der Ehefrau zum Freikauf ihres Mannes aus der Sklaverei die Verfügung über ihre Mitgift oder der Tochter beim Fehlen eines Sohnes die Erbfolge gestattet wurde. [6]

Wenn kirchlicherseits die väterliche Autorität beschnitten wurde, war hierfür wiederum nicht so sehr die Achtung vor dem Kind wie die Verteidigung und Verbreitung christlicher Wertvorstellungen maßgebend. So sollte die Tochter sich dagegen etwa verwahren können, von dem Vater zur Prostitution angehalten zu werden. Ebenso hatte, während das Frankreich des 17. Jahrhunderts von der Praxis des väterlich verfügten »mariage forcé« und der »vocation forcée« bestimmt ist, das Trienter Konzil mit dem Sakramentscharakter der Ehe auch die Freiheit religiöser Berufungen bestätigt. Nachdem im Dekalog nur die Gehorsamspflicht der Kinder betont worden war, übertrug die kirchliche Ethik – gemäß einer auf Willensfreiheit und damit Entscheidungsfähigkeit gründenden Gnadenlehre – im frühen 17. Jahrhundert den Eltern die Pflicht des Beistandes bei deren moralischer, religiöser und fortschreitend auch weltlicher Erziehung. Gleichzeitig trat sie dem seit dem Mittelalter geltenden, in der zweiten Jahrhunderthälfte verstärkten Ältestenrecht entgegen, das für den Adel die Vererbung des Feudalbesitzes zugunsten der Töchter oder jüngeren Söhne ausschloß oder weitestgehend beschränkte und nur eine geldliche Ausstattung vorsah. Das Gewohnheitsrecht kannte lediglich Ausnahmen, nach denen beim Fehlen eines direkten Erben an die Stelle des üblichen Verfahrens fortgesetzter männlicher Substitutionen auch die Erbnachfolge der älteren Tochter oder aller Töchter treten konnte. Der Besitz bürgerlicher Familien allerdings wurde im allgemeinen gleichmäßig aufgeteilt. [7]

Um also die religiöse Berufung und das Sakrament der Ehe als von Gott geheiligt zu erhalten und keines zum gefügigen Instrument erbrechtlicher Sicherung der adligen Geschlechterfolge abwerten zu lassen, verfocht die katholische Morallehre eine relative vermögensmäßige Gleichbehandlung der Kinder, damit nicht zum Glanz des Ältesten der oder die Jüngste in ein Unglück gezwungen werde, das Kloster und Ehe entweiht. Konsequenterweise sieht man darum später Bourdaloue, Fléchier und die Preziösen Seite an Seite.

Mit der Verpflichtung zu geistlicher und säkularer Unterweisung der Kinder verband der kirchliche Katechismus in der zweiten Hälfte des 17. Jahrhunderts auch die der Gattenliebe. Die Entdeckung des erzieherischen Auftrags der Eltern, der mit analoger Begründung auch von der zivilen Gesetzgebung unterstützt wurde und zu einem entscheidenden Prozeß pädagogischen Umdenkens führte, ließ, wie Ph. Ariès beschrieb, eben diese Epoche erstmalig des Kindes und der Kindheit gewiß werden und damit die Grundlagen dafür schaffen, daß der traditionelle Begriff des »lignage« von dem modernen der Familie abgelöst werden konnte. [8] Gerade weil, wie noch auszuführen ist, die Mädchenerziehung im Vergleich zu der der Knaben um ein Jahrhundert hinter der hier beginnenden Entwicklung zurückblieb – R. Mandrou spricht von »le monopole d'un sexe« [9] –, war die gebildete weibliche Elite um so mehr der die Frauen betreffenden Kontroversen, Widersprüche und reformerischen Impulse bewußt. Ob als Sakrament oder Vertrag mußte den Schreibenden unter ihnen die Ehe als eine über sie verfügte und verfügende Institution erscheinen, die – zeitlich verschoben und in widerstreitender Absicht – ihre gottgewollte und juristische Inferiorität gegenüber dem Mann unwiderruflich bestätigte.

Es wäre folglich verfehlt, die von den fortschrittlichsten Frauengestalten in den Scudéry-Romanen formulierte Ehekritik zur Randerscheinung einer bereits marginalisierten Minderheit zu verkürzen. Das Gegenteil ist der Fall, was beispielhaft sich in der Korrespondenz von Mme de Motteville mit eben jener Mlle de Montpensier (1660) niederschlägt, deren spöttische Distanz zum Preziösentum und zu deren Sprecherin vielfach bezeugt ist. Der Erörterung wert scheint für beide Frauen vor allem die Frage, ob Verheiratete in der von ihnen entworfenen schäferlichen Idylle eines neuen Lignon Einlaß finden sollten. Mme de Motteville teilt und belegt die Ansicht der »belle Amelinte«, daß die Ehe nichts als ein gewohnheitsmäßig legitimierter »Irrtum« sei und genießt für sich selbst die Freiheit früher Witwenschaft, die erfahrungsgemäß den Frauen den allein möglichen Weg zu eigener Entfaltung oder gar vorbildlichem Heroismus eröffne. Da nur über die von Familieninteressen diktierte Ehe der Mann die Frau zur Schwächeren habe erklären und als Sklavin sich habe unterwerfen können, ist der Verzicht auf Heirat und Wiederverheiratung für Mlle de Montpensier Voraussetzung für die Teilhabe an einer arkadisch-geselligen Kultur und Freundschaft, in der usurpierte männliche Vorrechte ihre Gültigkeit verloren hätten. [10] Die Wiederverheiratung der Witwen ist nach F. Lebrun zu dieser Zeit in der Tat merklich seltener und erfolgt nach größerem Abstand als die der Witwer. [11]

Was von den Preziösen des Abbé de Pure und den Wortführerinnen bei Mlle de Scudéry in die Negativformel der »suittes facheuses du mariage« gekleidet wird, empfindet auch die Frau des hohen Adels, wie deren Selbstportraits oder die besorgten Briefe von Mme de Sévigné an ihre Tochter erkennen lassen, nicht als beglückende Auszeichnung ihres Geschlechts. Gerade in der Erfahrung von

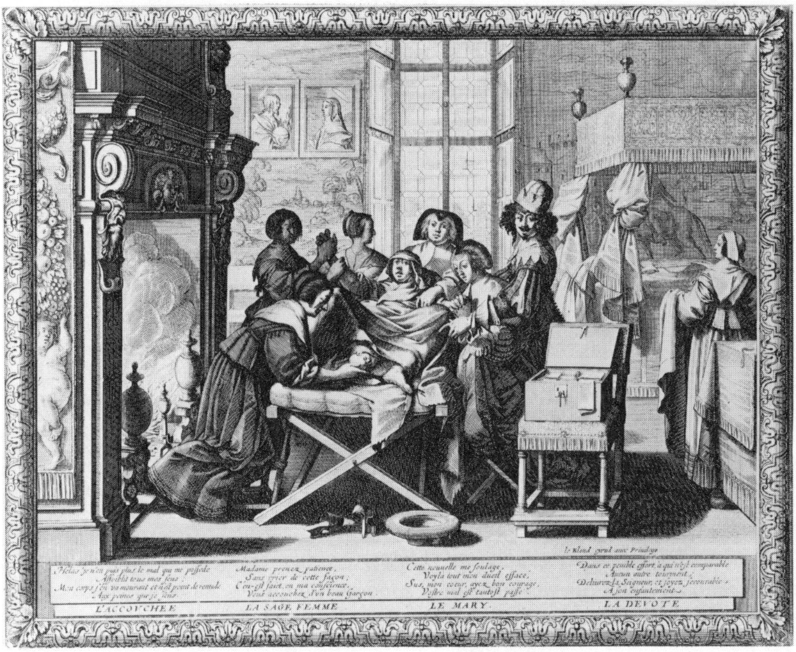

Abraham BOSSE, L'enfantement

Schwangerschaft und Geburt sieht sie sich, besonders auch seitens kirchlicher Eheapologeten, mit Erwartungen konfrontiert, durch die sich ihr die Mutterschaft zur unfreiwilligen Pflichterfüllung verkehren konnte.

Verantwortliche Entscheidungen bei der Erziehung der Kinder waren ihr – auch wenn für die familiäre Wirklichkeit eine gewisse Aufgabenverteilung anzunehmen ist – im 16. und zunehmend im 17. Jahrhundert, als die Einheit der patriarchalischen Familie zum symbolischen Modell der erstarkten Monarchie erklärt wurde, im Ernstfall verboten: Wie im römischen Recht steht dem Vater, auch gegenüber dem mehr als 30-jährigen Sohn, die Amtshilfe der Justiz zur Verfügung. [12] Doch es sind andere von der historischen Soziologie rekonstruierte Daten und Befunde, in denen die Gründe für die in der weiblichen Elite des späteren 17. Jahrhunderts so häufige Abneigung gegen die Mutterrolle zu vermuten und die der hier gestellten Frage nutzbar zu machen sind. [13]

Die Säuglingssterblichkeit lag um 1670 bei annähernd 30%, und nur 50 (P. Goubert) oder allenfalls 60% (P. Chaunu) der Kinder erreichten das 20. Lebensjahr. Ein Edikt von 1692, das den Hebammen eine bessere Ausbildung vorschrieb, blieb so gut wie folgenlos. Während der König den Chirurgen Julien Clément, Geburtshelfer seiner Mätressen, in den Adelsstand erhob, erschien noch 1708 von ärztlicher Seite die aufschlußreiche Abhandlung *De l'indécence des hommes d'accoucher les femmes*. Von schweren Gewändern behindert, war und blieb die Gebärende, wie ein Kupferstich von Abraham Bosse (zwischen 1635 und 1640) bezeugt, kaum mehr als der Wirksamkeit frommer Gemälde oder ermutigender Gesten der sie umgebenden Frauen überantwortet. Die schwer zu schätzende Sterblichkeit der Mütter im Kindbett wird mit 10% angenommen. Entscheidende Fortschritte sind dabei allein dem Jahrhundert der Aufklärung zu danken.

Statistische und demographische Untersuchungen lassen für die Frauen des Adels und des Großbürgertums ein besonders komplexes Zusammenwirken verschieden rückführbarer Sozialfaktoren erkennen. In Paris ist im 17. Jahrhundert die allgemeine Geburtenrate niedriger als auf dem Land. In der Masse der Bevölkerung liegt sie, mit sinkender Tendenz zum 18. Jahrhundert hin, zwischen fünf und vier Geburten pro Familie, während für die Eliten ein Durchschnitt von acht Kindern angesetzt wird. P. Chaunu kann insofern von einer »démographie des dominants et des dominés« sprechen, als das mittlere Heiratsalter der Aristokraten (18/21) von dem des übrigen Frankreich, wo es von 1620–1670 ständig sich erhöhte (23/26–27/29), merklich abweicht. Da zudem die Neugeborenen der Betreuung von Ammen anvertraut wurden, verminderten sich bei den Frauen dieser Schicht, innerhalb einer von vornherein längeren Phase der Fruchtbarkeit, die Geburtsintervalle selbst.

Nach der strengen katholischen Dogmatik war die eheliche Sexualität allein für die Fortpflanzung, nicht aber die von ihr abgelöste Sinnenfreude erlaubt. Sie war dem kirchlichen Kalender anzupassen, und jede Art der Empfängnisverhütung oder gar Schwangerschaftsunterbrechung war verboten. Diese Regeln blieben insbesondere für die Landbevölkerung, aber auch das Paris des 17. Jahrhunderts gültig. Mit der Hinauszögerung der Eheschließung leistete die Masse der Bevölkerung angesichts vielfältig sich manifestierender demographischer Krisen (Epidemien, Hungersnöte, Kriegsfolgen u.a.) jedoch eine wirksame Geburtenkontrolle, die P. Chaunu in der sozialgeschichtlich erfolgreichen Formel der vormalthusianischen Revolution zusammenfaßte.

Im Maße des ständisch und städtisch bedingten Fortschritts von Bewußtsein und Sozialisation konnten gerade die Frauen einer elitären Minderheit ihre spezifischen Erwartungen und Hoffnungen nachhaltig formulieren. Die Sozialhistoriker nämlich vermuten, angesichts des auch in Adel und Großbürgertum mit der zweiten Hälfte des 17. Jahrhunderts sich merklich abzeichnenden tendenziellen Geburtenrückgangs, die Wirksamkeit einer von den Frauen den Ehegatten auferlegten, in den Modalitäten durchaus fortgeschrittenen kontrazeptiven Praxis. Dabei ist es müßig, darüber zu spekulieren, ob, wie P. Chaunu annimmt, die »malthusianische Wende« kleiner Kreise des französischen Hochadels um 1680/90 erst weit später auf die sozial geringeren Schichten übergegriffen hat. Die hierfür und für diesen Zeitraum genannten Gründe erschöpfen sich nicht im Nachlassen des gegenreformatorischen Eifers und damit der klösterlichen Ehelosigkeit der Frauen, in der Beschneidung des Anteils der alten Aristokratie bei der Heeresreform von Louvois, der Kontrolle der die Privilegien erhaltenden Dienste und Pflichten (»non-dérogeance«) und der strikten Anwendung des Ältestenrechts. Vor allem sind sie um die Einsicht der Frauen zu vermehren, daß eine Geburtenbeschränkung sie selbst vor der Ignoranz der Ärzte, der rückschrittlichen Medizin und damit dem frühen Tod bewahrte. Trotz einer relativen Liberalisierung des katholischen Ehekatechismus kam diese Erkenntnis dem Bruch mit dem kirchlicherseits kodifizierten Rollenbild der Geschlechter gleich. Schließlich konnte in der weiblichen Elite die Abneigung gegen Heirat und Mutterschaft bis zu einer vor- oder außerehelichen, wo nicht latent ehebrecherischen Form zweckfreien, »reinen« Liebens vorgetrieben werden – jenem Preziösentum, in dem sich für J.-L. Flandrin gewissermaßen der Geist des Andreas Capellanus erneuerte. Mit der Sensibilisierung für eine vergeistigte Geschlechterbeziehung, die ihnen ihr ungeteiltes Selbst zu finden versprach, war es jenen Frauen zumindest ebenso sehr aber zur Gewißheit geworden, daß es die versäumte Erziehung und Bildung einzuholen galt.

2. Der nachtridentinische Bildungsimpuls und der Beginn der Mädchenerziehung

2.1. Von den »petites écoles« zu den Frauenorden

Bis zum Beginn des 17. Jahrhunderts wurden die Mädchen noch erzogen wie im Mittelalter, blieben bei der Mutter oder einer Verwandten, um in der täglichen Erfahrung sich in die Pflichten einzuüben, die der Ehefrau zukamen. Obwohl diese häuslichen Aufgaben, wie nicht zuletzt aus Fénelons *De l'éducation des filles* (1687) hervorgeht, Vermögensverwaltung oder Vertragsabschlüsse, Aufsicht über Domestiken und Pächter, Führung der Bücher, Kornverkäufe oder Prüfung der Renten einschließen konnten, fehlte es an der schulischen Systematisierung entsprechender Lerninhalte in den ersten nachtridentinischen Bildungsinstitutionen. [14]

Zu diesen gehörten die den Pfarrgemeinden unterstellten, oft von privaten Stiftungen (Nicole, Comte de Grignan u.a.), überwiegend jedoch von der Compagnie du Saint-Sacrement getragenen »petites écoles«, die den Erziehungs- und Evangelisierungsauftrag des Konzils für die breite Bevölkerung einlösen sollten. Das Tridentinum reagierte auf die von den Protestanten in England und Frankreich – dort insbesondere nach dem Toleranzedikt – zur Glaubenspropagierung betriebenen Schulgründungen mit der Auflage an alle Kirchengemeinden, durch einen Grammatiklehrer Gratisunterricht erteilen zu lassen. Mit den »petites écoles« begann der Unterricht in französischer Sprache, der für die Mädchen anhaltend auf die Primarstufe beschränkt blieb. Kirchliches und theologisches Interesse bedingten zwar eine erdrückende Übermacht der religiösen Unterweisung, doch die etwa in Port-Royal von Jacqueline Pascal entwickelten neuen Methoden kamen schließlich und langfristig auch der Vermittlung des elementaren Sachunterrichts zugute.

Gleichzeitig begann – ab 1630 – die französische Krone (Séguier und Richelieu) mit der restriktiven Anwendung des Edikts von Nantes und einer Reihe von Maßnahmen zur Auslöschung des Protestantismus, die sich vor und vermehrt nach der definitiven Aufkündigung der religiösen Toleranz in der auch staatlicherseits betriebenen Gründung katholischer Schulen niederschlugen. 1698 ordnete Ludwig XIV. die Einrichtung von »petites écoles« in allen Pfarrbezirken Frankreichs und verstärkt in den Gebieten der »Religion prétendue réformée« (R. P. R.) an. Da für Frauen die Lehrtätigkeit schlechter dotiert wurde als für Männer, die ihrerseits auch auf Verdienste aus anderen Berufen angewiesen waren, war die Zahl der Mädchenschulen überall geringer. Auf dem Land standen allenfalls für 10% der – meist einklassigen – Schulen Gebäude bereit. Die Alphabetisierung, die, angesichts ungeregelter Öffnungszeiten und häufig fehlender Aufsicht, kaum Fortschritte machte, erreichte die Frauen noch weniger als die Männer. [15]

Das mit der sozialen Degression zunehmende, allein in der Elite überwundene Bildungsgefälle der Geschlechter (»dimorphisme sexuel«) wurde für das endende 17. Jahrhundert in zwei Untersuchungen bestätigt, die der Namenszeichnung in Ehekontrakten und Testamenten galten. [16] Wie vergleichsweise bescheiden doch auch in den höchsten Rängen die Grundkenntnisse waren, machen – zur immer neuen Erheiterung späterer Gelehrter – die orthographischen Launen einiger der Frauen offenbar, die aus der Masse der Ignorantinnen und Namenlosen heraustraten. [17]

Der im Wettstreit liegende religiöse Eifer von Protestantismus, Jansenismus und katholischer Reform kam dem allgemeinen Bildungsfortschritt im Maße zu-

Abraham BOSSE, Le maistre d'escole

nehmender hauptstädtischer Konzentration zugute, dem der Frauen dabei indes allein gemäß der Zugehörigkeit zur Elite des Adels und gehobenen Bürgertums. Angesichts etwa der in manchen Primarschulen verbreiteten, unkontrollierten Promiskuität konnte diesen Frauen der reformatorische und nachtridentinische allgemeine Bildungsimpuls nur von indirektem Nutzen sein, dies wiederum aber in umso bedeutenderem Maße: Erst mit dem 17. Jahrhundert nämlich begegneten die Töchter höherer Stände pädagogischen Instanzen, wie es sie vorher kaum gegeben hatte: dem anspruchsvollen Privatlehrer, Mentor oder Sekretär, der besonnenen Verantwortung einer Mutter wie Mme de Sévigné oder jener Klostererziehung, die letzterer zwar nicht weniger unzuträglich schien als Mme de Maintenon oder dem König selbst, die aber als wesentliche Vorstufe künftiger Reformen der Mädchenerziehung historische Würdigung verdient. Die christlich-rigorose Orthodoxie eines L. Chabaud, dessen Frauenbild in nichts über den vielzitierten »os surnuméraire« Bossuets hinausgeht, oder die Anerkennung »feministischer Siege« derselben Zeit durch den modernen Soziologen P. Chaunu konvergieren in dem Respekt vor einem Fortschritt, dem durch die theologische Aufwertung der Frau und die Erneuerung der Frauenorden wiederum das Konzil von Trient die Wege eröffnet hatte. [18]

Während berufene kirchliche Autoritäten bis zum Jahrhundertende nicht müde wurden, die gottgewollte Inferiorität der Frau und ihren damit folgerichtig begründeten Ausschluß von Bildung und Wissen zu wiederholen, erkennen geistliche Autoren wie Grenaille, Du Bosc oder Le Moyne gerade hierin mögliche Ursachen einer Schwächung christlichen Bewußtseins, da das Unwissen die Sünde begünstigen, die krasse Ungleichheit der Rechte im Sinne ungleicher Pflichten ausgelegt werden könnte. In der Tat bildet dieser »féminisme religieux« (B. Magné) ein gewisses Gegengewicht zu der traditionellen klerikalen Misogynie. [19]

Bei der Reform und Neugründung der Frauenorden zunächst in Italien und Spanien und, mit dem Beginn des 17. Jahrhunderts, auch in Frankreich [20], war für die Theologen des Konzils der Bildungsauftrag bestimmendes Ziel. In Frankreich jedoch scheiterte die ursprüngliche Absicht, mit den Ursulinen eine den Jesuiten oder Oratorianern vergleichbare Institution der Mädchenerziehung zu schaffen, zunächst daran, daß den Nonnen untersagt blieb, die Klöster zur Ausübung des Unterrichts zu verlassen. Erst zum Jahrhundertende konnten die Lehrorden in Stadtschulen wirken. Auch dem von François de Sales und Jeanne de Chantal ins Leben gerufenen, in der Armenpflege tätigen Orden der Visitation wurde, nach der Verlagerung des Hauses von Annecy nach Lyon (1612), der Ausgang verboten. Als dem Aufruf von Vincent de Paul zu wirksamer Hilfe an Kranken und Armen die Gründung der »Compagnie des Dames de la Charité de l'Hôtel-Dieu« – mit zunächst etwa 200, dann immerhin noch 50 Frauen des Hochadels und Bürgertums – folgte, und er schließlich (1633) mit Mlle Le Gras (Soeur Louise de Marillac) die »Confrérie de la Charité des servantes des pauvres malades de la paroisse« (Filles de la Charité) schuf, verzichtete er auf klösterliche Reglementierung und Gelübde, um damit kirchliche Autorisierun-

Abraham BOSSE, Les vierges sages

gen zu umgehen. Nachdem die Gemeinschaft bereits über ganz Frankreich verbreitet war, wurde ihr schließlich über die Intervention von Anne d'Autriche die Billigung zum weltlichen Wirken erteilt, in deren Folge auch den Lehrorden die Bewegung innerhalb der Diözesen gestattet werden konnte.

Die Reihe eindrucksvoller Namen und Zahlen wirft ein Licht auf den von der Gegenreformation ausgelösten Wandel in Bild und Wirklichkeit der Ordensfrau, der in Zivil- und Eherecht vergleichbare Parallelen nicht hat:

> En fait ce sont de véritables carrières féminines que l'Église propose désormais à celles de ses filles qui ont prononcé les voeux traditionnels ... L'engagement des religieuses constitue en ce sens un tournant décisif dans l'histoire de la promotion féminine comme dans celle de l'Église. [21]

Die im Mittelalter noch wenig verbreiteten Frauenorden stiegen im Spanien des 16. und Frankreich des 17. Jahrhunderts sprunghaft an, und die Zahl der Nonnen erreichte hier gegen dessen Ende etwa 60% von der der Mönche. Zwischen 1600 und 1639 entstanden in Paris 55 neue Klostergemeinschaften, darunter nur 23 männliche. Die Ursulinen, die, von Italien kommend, 1592 in Avignon und 1610 in Paris zu wirken begannen und wesentlich zur Missionierung Kanadas beitrugen, gründeten bis zum Anfang des 18. Jahrhunderts 350 Häuser in Frankreich mit 9.000 Nonnen und unterrichteten in drei Jahrzehnten mehr als 4.000 Schülerinnen. Jeanne de Lestonnac, eine Nichte Montaignes, gründete das »Collège de Notre-Dame« (1606–1608), aus dem die – 1630 auf 30 Häuser angewachsene – »Congrégation de Notre-Dame« hervorging. Sie schloß, eine rare Ausnahme, den Lateinunterricht für Mädchen ein und wirkte, wie die nach P. Fouriers Anregung entstehenden augustinischen Kongregationen, darunter ab 1625 die »Filles de la Croix« der Mme de Villeneuve (Marie L'Huillier), die »Soeurs du Bon-Pasteur« oder die »Augustines de Notre-Dame« der Alix Le Clerc (ab 1603), auf eine Schulung der Erzieherinnen selbst hin. Ab 1638 widmeten sich die »Filles de la Providence« unter Mme de Pollalion dem Unterricht an Pariser Waisenmädchen. Unter der geistlichen Führung von Olier, Barré oder Vincent de Paul bildeten und verbreiteten sich, gestützt von einzelnen besonders tätigen Pfarrgemeinden (Saint-Sulpice, Saint-Louis-en-l'Île, Saint-Germain) und initiiert wiederum von Frauen (Anne de Croze, Mme de Miramion), weitere Institutionen, die konkrete Armenhilfe mit Lehrtätigkeit an Schülerinnen und Unterrichtenden verbanden, Vorstufen der späteren Seminare ebenso wie einer praxisbezogenen, zum Broterwerb befähigenden Berufsausbildung. Über das stoff- und nahrungsverarbeitende Handwerk, in das sie hier eingewiesen wurden und das bald ein Monopol der Frauen war, erreichten sie, gegen den Widerstand männlicher Arbeitsverbände, Zusammenschlüsse in Korporationen.

Neben den Ordensbegründerinnen wie Jeanne de Chantal (Visitation) oder Mme Acarie (Karmel) ist nicht zuletzt die Reformerin von Maubuisson zu nennen, Jacqueline Arnauld, die spätere Mère Angélique, deren Namen stellvertretend ist für den Widerstand der Frauen gegen die Verfolgung Port-Royals, aber auch für die Selbstverständlichkeit ihrer Teilhabe an den dort ausgetragenen theologischen Kontroversen.

Wenn auch die von Reformation, Gegenreformation und Jansenismus ausgelöste christliche Erneuerung in degressiver Stufung der Geographie, Stände und Geschlechter das ganze Frankreich einschloß, sind die Namen der Frauen, die in geistlichem Stand oder gläubiger Praxis, in Reform und Führung religiöser Gemeinschaften, als Lehrende und als Schreibende, als Stifterinnen und als tätige Anwältinnen der Hilflosen bekannt wurden, auf die Elite beschränkt. Als Objekte des neuen Bildungsimpulses gewannen sie wiederum allenfalls mittelbar von der Einrichtung der weiblichen Lehrorden. Die Benachteiligung gegenüber der Erziehung der Brüder und Gatten blieb unvermindert bestehen. Bedeutete, wie R. Duchêne bemerkt, für diese die Schule die geöffneten Kollegien der lateinischen Kultur und der Rhetorik, der Literatur und der Zitatensammlungen, denen die Universität wie selbstverständlich folgte, waren die häusliche oder Klostererziehung gemeinhin die alternative Erwartung der Töchter, da der spät erst zugelassene externe Unterricht mit Rücksicht auf Stand und Geschlecht von Adel und hohem Bürgertum für die Mädchen gemieden wurde. Das Lehrprogramm der Ursulinen zu Beginn des Jahrhunderts, das »Règlement pour les Enfants de Port-Royal« (1657) von Jacqueline Pascal oder die Statuten der »Dames de Saint-Maur« von 1685, die zum Vorbild der pädagogischen Reform von Saint-Cyr wurden, beschränken die Unterrichtsinhalte, ebenso wie die Traktate von Fleury und Fénelon, auf die allenfalls methodisch variierte Vermittlung sprachlichen, rechnerischen und geschichtlichen Grundwissens. Moralische und religiöse Festigung fern der Familie, Einübung in haushaltliche und soziale Pflichten, bei verantwortlicher Zuwendung der Älteren (»dizainières«) zum kleineren Kind und mit einer Erziehung der Aufmerksamkeit und Güte, Schutz vor der Gefährdung durch falsche Lektüren und Bildung einer standes- und geschlechtsgemäßen Schicklichkeit sind die Leitvorstellungen klösterlicher und christlicher Mädchenerziehung im Grand Siècle. Die Gründung von Saint-Cyr (1686), in dem die politischen und religiösen Interessen des absolutistischen und gallikanischen Frankreich konvergieren und das, ohne in seinen Lehrinhalten oder Methoden originell zu sein, den Bildungsauftrag der katholischen Reform symbolisch krönt, verweist auf die Grenzen, die auch und gerade mit diesem gesetzt und bekräftigt werden. [22] Selbst der Elite der jungen Mädchen aus dem verarmten Adel, dem der König sich verpflichtet wußte und dem er mit einer Reihe weiterer Stiftungen beistand, blieb noch zu dieser Zeit eine dem Sekundarunterricht der Kollegien entsprechende Wissensvermittlung verwehrt. Nach dem die moralische und pädagogische Literatur des Jahrhunderts gemeinhin tragenden Glauben an eine unwandelbare menschliche Natur gilt die Frau weitgehend als die intellektuell, moralisch, psychisch und physisch Schwächere, die durch die Öffnung der Wissenschaften einer sie überfordernden und gefährdenden Prüfung ausgesetzt würde. Die Differenzierung der Bildung und Erziehung – Kollegien und Universität mit Externat gegen Primarunterricht mit Internat –, entspricht demnach einer vorgegebenen und unverrückbaren hierarchischen Stufung der Geschlechter. Selbst Mme de Maintenon hat, nach B. Magné, R. Duchêne oder G. Snyders, diese Überzeugung offensichtlich derart verinnerlicht, daß sie sie in Briefen und Gesprächen den Schülerinnen und Lehrerinnen in Saint-Cyr weitergibt. [23]

2.2. Vom Cartesianismus zur Frauenapologie: Poullain de la Barre

Mit Recht spricht B. Magné von dem radikalen Bruch des – später zum Protestantismus konvertierten – kämpferischen Cartesianers Poullain de la Barre mit einem konservativen pädagogischen System und den kultur- und sozialgeschichtlichen Bedingungen, die es entstehen ließen. Die Ungleichheit der Geschlechter und die den Frauen nachgesagten Schwächen sind für Poullain und die spätere Aufklärung – etwa d'Alembert oder Condorcet – Folge und nicht Ursache einer ungleichen Erziehung. Durch eine solche nämlich erst seien die ursprünglich gleichen Fähigkeiten zugunsten des Mannes verkehrt worden, ebenso wie die natürliche Gleichheit unter den Menschen schlechthin zugunsten der akzidentellen Privilegien von Stand und Vermögen aufgehoben worden sei. Unterworfen durch das Recht des Stärkeren, den Wissenschaften ebenso ferngehalten wie den hohen Ämtern und dadurch doppelt außerstande gesetzt, von der Gleichwertigkeit ihrer Begabungen zu überzeugen, sähen die Frauen selbst sich mit den Augen des Mannes, seien sie sich so entfremdet, daß die Abhängigkeit von ihm und die Inferiorität ihrer gesellschaftlichen Funktionen ihnen den naturgegebenen moralischen und geistigen Mängeln zu entsprechen schienen. [24]

Die kühne Vorreiterin der literarischen Frauenapologie, Marie de Gournay, die 1622 dazu aufrief, die »Egalité des hommes et des femmes« über den Zugang beider Geschlechter zu Wissen und Rängen wiederherzustellen, findet 1673 in Poullain de la Barre einen vehementen Propagandisten der von ihr entworfenen besseren Zukunft der Frauen. In dem pädagogischen »Discours de la méthode«, wie B. Magné die *Education des dames* nennt, zeichnet sich der Fortschritt in der Diskussion um Bild und Bildung der Frauen in dem halben Jahrhundert ab, das beide Texte trennt. Die Verdrängung der Frau aus der ursprünglichen Gleichheit und ihren Ausschluß von den Wissenschaften und den – auch theologischen und königlichen – Würden suchte erst Poullain aus ihren gesellschaftlichen und ideologischen Gründen zu erklären. [25] Wie Stasimaque, der Wortführer in der *Education,* konnte der Autor nach der Begegnung mit der »neuen Philosophie« jenen Autoritäten das Vertrauen entziehen, die über Jahrtausende hinweg im undurchbrochenen Zirkel gläubiger Rezeption das historisch Gewordene (»coutume«) zur natürlichen Gegebenheit erklärt hatten. Seine Gespräche über die Erziehung der Frauen lehren darum den Zweifel und die Prüfung, und sie beginnen bei den Erwachsenen, die in Widerspruch und Kritik bestärkt und damit befähigt werden sollen, als Lehrende ihre Ehrfurcht gebietende Rolle abzulegen oder als befragbar erscheinen zu lassen.

Der »Modernismus« Poullain de la Barres machte vor der Tradition berufener Autoritäten nicht halt. Die allgemeine Verantwortung der Rhetorik und Dichtung, Historie, Jurisprudenz und Philosophie (besonders der »École«) dafür, daß die übliche Geringschätzung der Frau die deren Natur gemäße Haltung scheinen konnte, wurde von dem Autor ebenso aufgedeckt wie die misogynen Vorurteile jener antiken Weisen, die für ihn aufhörten, »Orakel« zu sein. [26] Die sich hier abzeichnende Einheit von »Moderne«, politischer Aufklärung und Korrektur am überkommenen Bild der Geschlechter drückt eine Erfahrung aus, die manche Autorin, und dies auch weit vorher, mit ihm teilt. Gleichwohl gehen feminine Selbstdarstellung, Kritik oder Wunschprojektion weder ganz noch auch nur überwiegend in den hier skizzierten Modellen auf. Die von Poullain radikalisierte und aus dem schulbuchmäßigen Widerstreit der Paradoxa und Exempel endgültig herausgeführte Frauenapologie, mit dem die rhetorische »Querelle des femmes« gegen Mitte des Jahrhunderts zugunsten der Frauen entschieden wurde, berührt Themen, die in deren Literatur wiederkehren. Im Bewußtsein einiger von ihnen wachsen, zumindest bei den Parteigängerinnen der »Modernes«, Anerkennung und Dank für ein geistiges Bündnis und die konkrete Unterstützung bei den Schritten in die literarische Mündigkeit. Gemeinhin aber bleiben, wie noch zu zeigen ist, die tastenden Versuche der Selbstfindung losgelöst oder abgehoben von der Vielfalt männlicher Entwürfe, die, wiewohl diesmal im Sinne einer Aufwertung der Frauen, erneut über sie zu verfügen drohten.

2.3. Von der pädagogischen Reform zum scheinbaren Reformismus: Mme de Maintenon

Solche von Frauen geschriebenen Texte sollten folglich mit einer für ihre Voraussetzungen sensibilisierten Behutsamkeit gelesen und nicht leichtfertig in eine Ordnung zurückverwiesen werden, der sie nie zugehörten und aus deren historischer Reihe sie heraustreten mußten oder wollten. Wenn Mme de Maintenon und Fénelon in Warnungen und Empfehlungen die Mädchenerziehung in gleicher Richtung orientieren, durfte nicht die eine zur legitimierenden Zeugin des anderen berufen werden. Mehr als durch die eigene leidvolle Biographie hatte sie in Saint-Cyr die engen Grenzen erkannt, die ihr selbst, den ihr anvertrauten jungen Mädchen und damit auch ihrem Geschlecht eine von der Öffentlichkeit der höfischen Gesellschaft und Kirche ständig latent beargwöhnte Schicklichkeit setzte. [27] Ihre Erfahrungen stiften einen Bezugsrahmen der Differenz, den auch ein der Realpolitik und Orthodoxie zunehmend sich entfremdender Geistlicher wie Fénelon nicht als den seinen empfinden konnte. Weit häufiger als die Eingeständnisse geschlechtsbedingter Gefährdungen, die zudem erst der Zeit entstammen, nachdem, auf den direkten und indirekten Druck devoter und klerikaler Kreise hin, Saint-Cyr »reformiert« worden war, sind im Rahmen erzieherischer Vorbereitung Aussagen über die Ehe und die die Schützlinge seitens der Gatten erwartende Wirklichkeit, die in ihrer düsteren und resignativen Skepsis kaum zu überbieten sind. [28] Wenn ein Satz wie der folgende – »c'est cet amour de liberté qui perd et qui déshonore toutes les personnes de notre sexe« – vordergründig auch denen recht gibt, die, wie R. Duchêne, G. Snyders oder B.

Louis XIV rend visite aux jeunes filles de Saint-Cyr, 1704

Magné, Mme de Maintenon selbst als Richterin ihres Geschlechts benennen, so macht doch erst die anschließende Begründung verständlich, wie er gemeint ist. Ihn um diese zu verkürzen, verbietet sich damit ebenso wie der bequeme und weit verbreitete Rückgriff auf die von »Sapho«/Scudéry propagierte Abgrenzung von weiblicher Gelehrsamkeit. Von beidem wird noch zu reden sein.

Les hommes – so fährt Mme de Maintenon fort – qui ont fait les lois, n'ont pas voulu que nous en [de la liberté] eussions, il l'ont toute prise pour eux. Je ne vous dirai point qu'ils n'en ont pas, car c'est eux qui sont libres: ils vont seuls où il leur plaît; on les voit monter à cheval et courir la nuit et le jour. Comme ils se sont mis au-dessus des bienséances, on ne leur saurait rien dire. Mais pour nous, nous sommes pour obéir toute la vie. S'il y a quel-/que liberté dans le monde, c'est pour les vieilles veuves, car les jeunes mêmes n'en ont point, et si elles veulent conserver leur honneur, il faut qu'elles se remettent de nouveau sous le joug. [29]

Die Freiheit, nach der sie begehren, würde die Frauen entehren, da ihnen für sie kein Raum gegeben ist:

Il n'y a apparemment que l'amour de la liberté qui vous fasse envisager comme un bonheur de demeurer sans établissement. Si vous ne voulez dépendre de personne, faire votre volonté depuis le matin jusqu'au soir, et enfin n'avoir ni contrainte, ni assujetissement, c'est vouloir l'impossible. Il n'y a point d'état où l'on ne dépende de quelqu'un: si vous vous mariez, vous dépendrez de votre mari; si vous êtes religieuses, il faudra vous soumettre à votre règle et à votre supérieure; si / vous n'êtes ni l'un ni l'autre, vous dépendrez de votre père, de votre mère, ou de quelque autre parent; si vous n'en avez point, il faudra que vous cherchiez quelque personne de probité pour vous servir de chaperon, car une fille ne peut demeurer seule; si vous vous mettez avec une dévote, il faudra vous accoutumer à ses manières et à son humeur, qui ne reviendra pas toujours à la vôtre, l'accompagner dans la visite des hôpitaux et autres bonnes oeuvres, ne la point quitter un moment. Voilà la conduite que doit tenir une fille qui veut conserver sa réputation ... [30]

Mit diesem Aufriß der Möglichkeiten weiblicher Lebensformen, der mehr dem ihrer Grenzen gleichkommt, tritt auch die eines so gefälligen Reformismus verdächtige Reformerin in die Reihe derer ein, die als Schreibende ihrem zu schweigender Unzufriedenheit bestimmt scheinenden Geschlecht eine Stimme verleihen. Im Salon lernten sie, in der Utopie verkehrter Welten, dem hochmütigen Rückzug in die melancholische Verweigerung oder der Idylle märchenhafter Regression jene unbekannten Räume zu imaginieren, die ihnen die Lebenswirklichkeit vorenthielt. Mme de Maintenon hatte versucht, in der Person der Oberin Mme de Brinon diese gesellige Tradition, von der sie selbst entscheidend geprägt war, mit der ihr von König und Klerus übertragenen Verantwortung zu vereinen. Auch nach der erzwungenen Entlassung dieser preziösen Ursuline (1688), die nach dem Vorbild von Mlle de Scudérys *Conversations* die jungen Mädchen zum Schreiben anregte, blieb Mme de Maintenon dem Salon verpflichtet. Die Form, in der sie ihre erzieherischen Einsichten vermittelt, ist die der »jeux d'esprit«, über deren pädagogische Nützlichkeit und praktische Anwendung sie sich selbst in einem ihrer Gespräche ausläßt. [31] Der von P. Rousselot rekonstruierte »cours de pédagogie pour les institutrices« [32] läßt sich ebenso wie die unmittelbare Unterweisung der Schülerinnen auf solche Gesprächsspiele zurückführen: Unterhaltungen mit den »Dames de Saint-Louis«, die von diesen später aufgezeichnet wurden (»entretiens«), Briefe an die Klassen und Lehrerinnen, von ihr selbst verfaßte Gespräche (»conversations«), die die älteren Mädchen auswendig lernten und rezitierten, Maximen, die sie als Schriftbeispiele und Themen ihnen ins Heft schrieb, und szenische Proverbien, die von den jüngeren improvisierend dargestellt werden und das Sprichwort erraten lassen sollten. Sie alle übten spielerisch in Bewegung, Geste und sprachliche Wendigkeit ein, bereiteten die Schülerinnen auf Rollen und Erfahrungen vor, denen sie in der »Welt« begegnen würden, und festigten Glauben, Moral und weibliches Wohlverhalten. Die liebevolle Zuwendung zu den jungen Mädchen, auf die Mme de Maintenon die Lehrerinnen verpflichtete, Vertrauen, Nachsicht und einfühlsame Aufmerksamkeit, die sie selbst ihnen entgegenbrachte, sollten diese das Gefühl mütterlichen Schutzes erfahren und sie einmal in der Hingebung an das Kind die eigentliche Erfüllung finden lehren. [33]

Mit der Entdeckung des Mädchens in seiner Schutzbedürftigkeit, das berufene Erzieherinnen brauche und verdiene, eröffnete Mme de Maintenon den Frauen im Jahrhundert der Aufklärung eine Bahn des Fortschritts, die über die pädagogischen Ansätze der Autorinnen ihrer Zeit hinausführte. Hier fanden Theorie und Praxis weiblicher Bildung, Jugendliteratur und Unterrichtsprogramme, vor allem auch die Ausbildung der Lehrerinnen selbst, im Lebenswerk mehrerer Frauen vollendet zusammen. [34]

2.4. Von der »modernen« Erfahrung zur nostalgischen Evokation: Mme de Lambert

In das pädagogische Werk von Mme de Maintenon münden gegenreformatorische und absolutistische Bildungsimpulse ebenso ein wie die Wirksamkeit der – parallel, autonom oder auch gegenläufig sich entwickelnden – Institution des Salons. Mehr als dem theoretischen Bekenntnis der Apologeten und Reformer, mehr auch als der eindrucksvollen Tätigkeit der Stiftungen und Orden, sind die Frauen der geselligen Elite Frankreichs diesem verpflichtet, wofern sie selbst ihrer Unmündigkeit gewiß zu werden bereit waren. Jenseits der von Mme de Maintenon skizzierten Abhängigkeiten – von Gatte oder Vater, Oberin oder »dévote« – barg diese Stätte ein mögliches Reich der weltlichen (»mondänen«) Freiheit, das allererst die bislang Betroffenen zum Sprechen, Fragen, Infragestellen und, in dessen Folge, zu einem Schreiben der Veränderung, Aufkündigung und immer fordernder werdenden Selbstdarstellung befähigte. Saint-Cyr und das Wirken seiner Gründerin bezeugen, mit der Zäsur der oktroyierten »Reform«, wie zum Jahrhundertende die Interessen von Klerus, Krone, vor allem aber auch Bürgertum gegen einen Freiraum sich behaupteten, in dem eine eigenwillige Allianz sich herausgebildet hatte. Ihrer politischen Kräfte beraubt, hatte sich die alte Aristokratie ihrer ständischen Differenz besonnen und die Chevalerie einem neuen Frauendienst eigener Art dienstbar gemacht. Diesen verlorenen Fortschritt einer Kaste und einem Geschlecht zu restituieren, die nach der bürgerlichen Revolution gleichermaßen einer endgültigen Umwertung anheimfielen, scheint an der Zeit. Mit der Jahrhundertwende ist in der Tat eine Zäsur vollzogen. Was den einen das neue Zeitalter eröffnete, ließ die anderen melancholisch zurückblicken. Beispielhaft bekundete diese Erfahrung Mme de Lambert.

In ihrem Salon gehörte die Erziehung zu den beliebtesten Themen. [35] Sie selbst war es, die schreibend den uneingelösten Auftrag des 17. Jahrhunderts den Jüngeren weitergab. Wohlweislich benannte sie nicht Mlle de Scudéry als Kronzeugin gegen die weibliche Gelehrsamkeit, da diese, anders als später oft suggeriert, nicht das Wissen selbst, sondern den falschen Umgang mit ihm angeprangert hatte. Wie in Spanien – so fährt Mme de Lambert fort – mit dem *Don Quijote* der Mannesmut lächerlich gemacht und damit der von diesem getragenen Monarchie der moralische Boden entzogen worden sei, habe Molières Spott über die *Femmes Savantes* den »unschuldigen Freuden« weiblichen Bildungsbemühens fortan den Makel schändlicher Verfehlungen angeheftet und die Frauen den Verirrungen ungestrafter libertiner Vergnügungen ausgeliefert. [36] Hier wird die Kritik an der vom Mann usurpierten Autorität – wie bei Poullain – zur Anklage gegen eine Gewalt, die als geistige Beraubung zum weiblichen Selbstverlust führt:

> Les hommes ont un grand intérêt à rappeler les femmes à elles-mêmes ... Le divorce que nous faisons avec nous-mêmes est la source de tous nos égaremens ... / Quel droit avez-vous de nous défendre les sciences et les beaux-arts? [37]

Die Erziehung der Tochter nimmt die Autorin darum selbst in die Hand:

> On a dans tous les tems négligé l'éducation des filles, l'on n'a d'attention que pour les hommes; et comme si les femmes étoient une espèce à part, on les abandonne à elles-mêmes, sans secours, sans penser qu'elles composent la moitié du monde. [38]

Nach so polemischem Beginn kann sie ihr empfehlen, Latein zu lernen, um sich die Wissenschaften zu eröffnen, wie sie es am Beispiel von Mme de La Sablière selbst erlebt hat. Doch eines vermißt sie in ihrer Zeit, die doch von der Salongeselligkeit geprägt ist: jene Stätten, wie einst das Hôtel de Rambouillet es war –

> ... où il était permis de parler et de penser: où les Muses étaient en société avec les Grâces. On y alloit prendre les leçons de politesse et de délicatesse: les plus grandes Princesses s'y honoroient du commerce des gens d'esprit ... Un *Hôtel de Rambouillet,* si honoré dans le siècle passé, seroit le ridicule du nôtre. On sortoit de ces maisons comme des repas de Platon, dont l'ame étoit nourrie et fortifiée. Ces plaisirs spirituels et délicats ne coûtoient rien aux moeurs, ni à la fortune; car les dépenses d'esprit n'ont jamais ruiné personne, –

Orte eben der vergangenen »amusemens innocens« [39], zu denen Mme de Lambert auch die Gedichte und Romane der Frauen rechnet, die sie als Auszeichnung dieses Jahrhunderts und Frankreichs selbst betrachtet.

Im Salon war die Bildungsdifferenz der Geschlechter aufgehoben, galten – für den Abbé Cotin etwa – die Frauen sogar als diejenigen, die erst den Mann bildeten und formten, lösten, wie R. Duchêne schreibt, die spielerische Improvisation und die »Pirouetten« Voitures (»art de séduire«) Balzacs Eloquenz der »schweren Schritte zu den vorbereiteten Schlußfolgerungen« (»art de dire«) ab: »C'est à terme toute une esthétique qui peut se trouver compromise.« R. Duchêne sieht in der Zugehörigkeit zu derselben Schicht einer privilegierten Elite, die sich hier begegnete, das erstaunliche Phänomen erklärt, daß die klassische Kultur der einen und der ungelehrte Modernismus der anderen (»la culture ›sauvage‹ féminine«) als gleichwertig galten, wofern nicht letztere den Ausschlag gab und das Gefälle sich umkehrte. [40]

Jahrzehntelang hatten die »Princes du sang« und der Hochadel Widerstand geleistet gegen Richelieu und Mazarin, die neuen Administratoren der Macht, deren zentralistische und absolutistische Politik Besitz und Rechte der alten Geschlechter empfindlich berührte. Dabei hatten die Frauen an der Seite der Männer und mindestens ebenso sehr im heldenmütigen Alleingang für die Privilegien ihres Standes, an den sie die Monarchie rückbinden wollten, für das Ansehen ihrer Häuser und für die Vorfahren, die dieser Politik bereits geopfert worden waren, nahezu fanatisch gekämpft. [41] Indem sie die Freiheiten der Generalstände und Parlamente verteidigten, nahmen sie, erstmalig zu mehreren und zum letzten Mal vor der Französischen Revolution, Freiheiten für ihr Geschlecht in Anspruch, die vor den Augen der Zeitgenossen den amazonenhaften Heroismus zum einen, die literarische Fiktion der *Astrée* zum anderen Wirklichkeit werden ließen. Mme de Longueville, Inkarnation des Aufstands und der ihn tragenden Ideale und Wertvorstellungen, war auch der gesellige Mittelpunkt des Hôtel de Rambouillet, dessen Glanzzeiten vor dem Ende der Fronde liegen. Den Geist dieses Widerstandes gegen den neuen Hof brachten die Gäste in die hocharistokratischen Salons der nächsten Jahrzehnte (Mademoiselle de Montpensier, Mme de Sablé), und auch der *Grand Cyrus,* das meistgelesene Werk des Jahrhunderts aus eher bürgerlicher Feder, ist Mme de Longueville gewidmet und verschlüsselt die mit den antiken Quellen kontaminierten Geschicke der von diesen politischen Konflikten berührten Familien. Als Fluchtraum eines entmündigten, machtgewöhnten Standes bewahrte der Salon dessen ungebrochenes Bewußtsein von seiner moralischen, kulturellen und ästhetischen Überlegenheit. An die Stelle spektakulärer Handlungen traten Gespräch und Spiel, gesellige Kultivierung und Selbstreflexion im geschlossenen Zirkel, mit dem sich auch die Kreise schließen: Mme de Longueville hatte als sehr junges Mädchen mit ihrer Mutter Einkehr gehalten bei den Karmeliterinnen, die, wie Vincent de Paul, der Opposition gegen Richelieu nahestanden. Über ihre langjährige Freundin, Mme de Sablé, die in Port-Royal einen Salon führte, begegnete sie 1660 der Mère Angélique und begann, nach dem endgültigen Rückzug aus der Welt, den letzten mutigen Versuch, sich – nun für die Jansenisten – absolutistischer Realpolitik zu widersetzen. [42] Die Selbstportraits, mit denen in erstaunlicher Einmütigkeit die Frauen des alten Schwertadels um Mlle de Montpensier sich zu finden und darzustellen begannen, die Antwort, die andere von ihnen, unter der Anleitung von Mme de Sablé, auf La Rochefoucaulds Maximen gaben, erneuern das Bündnis der »Amazones de la Fronde« auf anderer Ebene. Den Bürgerinnen, die von deren ständisch begrenztem, kämpferischem Freiheitsbegehren nicht eingeschlossen waren, eröffnete das Beispiel ihrer Vorgängerinnen zumindest vermittelt den Weg zu weiblicher Besinnung und Identität, der, vermehrt um die Erfahrung jener Privilegierten, den Frauen späterer Jahrhunderte zur Orientierung werden sollte.

Nicht weniger als das öffentliche Wirken von Mme de Maintenon nötigen die scheinbar beiläufigen Reminiszenzen der privaten Erzieherin Mme de Lambert zum Rückblick auf eben jenen Fortschritt femininer Bildung, der in der Fronde und im Hôtel de Rambouillet seinen Anfang nahm und für die folgenden Generationen an die Salonkultur gebunden blieb. Parallel zu den Auswirkungen des Tridentinum auf Theorie und Praxis weiblicher Erziehung ist darum der dem Salon und vorrangig der Aristokratie zu dankende Bildungsgewinn für die Frauen darzustellen.

II. Spiel und Ernst der Frauenbildung in der Salonkultur

Die Geschichte des literarischen Salons vom Vorabsolutismus bis zur Epoche der »Modernes« läßt sich in einer Reihe klassisch zu nennender Untersuchungen verfolgen. [1] Doch blieb die Frage zu stellen, in welcher Weise sich die Frauen in diesem Rahmen den Weg in die literarische und kulturelle Mündigkeit eröffneten. Im historischen Nacheinander geraten zunächst die mit den Moden wechselnden Gesprächsspiele in den Blick, die im Hôtel de Rambouillet, dem ersten Salon der Fronde, beide Geschlechter in einer – später zunehmend sich vervollkommnenden – Kunst der Mündlichkeit übten. Was Charles Sorels gelehrte Abhandlung über die »jeux d'esprit« als bloße Möglichkeit entwarf, wurde von der Jahrhundertmitte an zur geselligen Wirklichkeit. Sammelbände bewahren die Zeugnisse erster dichterischer Versuche von Frauen, während solche der erzählerischen Improvisation nach dem dramaturgischen Muster der *Astrée* oder des *Amadis*-Zyklus nur ausnahmsweise überliefert sind. In beiden Formen wurzelt die spezifische Geschichte weiblichen Schreibens, um deren Darstellung es geht. Wie sich dann in den liebeskasuistischen Unterhaltungen und Spielen des preziösen Salons, den der Roman des Abbé de Pure abbildet, das erste bedeutende Werk aus weiblicher Feder (Mlle de Scudéry) vorbereitete, war ohne das gängige Vorurteil einer der Klassik verpflichteten Kritik zu rekonstruieren. Den »jeux d'esprit« und dem zu ihnen befähigenden »bel esprit« konnte diese ebensowenig gerecht werden, wie der antihumanistischen und ungelehrten mündlichen Dichtung, die in beiden gründete.

Die Gesprächsspiele und die Unterhaltungen bewirkten eine zunehmende Verbesserung der weiblichen Bildung. Was zunächst als ständisches »divertissement« begann, eröffnete den Frauen der Elite den unpedantischen Zugang zu anspruchsvollerem Wissen. Doch auch diesem Bildungsfortschritt erwuchs seitens der »Anciens« eine wirksame Gegnerschaft, in deren Folge auch die Forschung den von beiden Geschlechtern erstrittenen Wert einer weiblichen literarischen Mündigkeit verkennen mußte.

1. »Jeux d'esprit« und »bel esprit«

1.1. Geselligkeit und Kultur im Hôtel de Rambouillet

Nach der Befriedung Frankreichs durch Heinrich IV. waren es die Frauen und die ihnen huldigenden Romane, über die um die Jahrhundertwende der Widerschein platonisierender Liebesphilosophie in eine Welt der Aristokratie fiel, deren Freuden nicht selten in Rausch und Völlerei, skrupelloser Handhabung von Würfel und Degen, maskierten Überfällen und törichtem Amüsement sich erfüllten. Es galt darum nunmehr, die Leidenschaften in gleicher Weise wie die Formen des menschlichen Miteinander zu disziplinieren. Mlle de Gournay höhnte über die neuen »Landsknechte« (»Cavaliers de bouteille & de cabaret«), deren moralische Bindungslosigkeit den Bankrott ihres Rangs bedeute, während andererseits ihre Erzählung *Provmenoir de Monsieur de Montaigne* (1594) der neuplatonischen Frauenapologie in ihrer Quelle verpflichtet blieb und der Prolog dem »roman de merite« in der Nachfolge von Heliodor Ansehen zu sichern versuchte. [2] Die von der Autorin einleitend als Vorbild genannte *Diana* von Montemayor hat ebenso wie die Werke von Diego de San Pedro, Leone Ebreo, Bembo und Castiglione, wie der *Amadis,* die Ritterromane des mittelalterlichen Frankreich und die *Astrée,* der Herausbildung jener »politesse mondaine«, besonders aber der Unterwerfung der Sinnlichkeit unter kodifizierte Formen der Galanterie literarisch den Boden bereitet. Beides galt es zu lernen, wenn Frankreich nach den Religionskriegen zu vergleichbaren Formen geselliger und erotischer Gesittung gelangen wollte, wie sie in Italien oder im spanischen Roman bewundert wurden, wobei die Erinnerung an die eigene Tradition von Liebeshöfen und Chevalerie neu erwachte. Vorbildliche Lehrmeisterin wurde hierbei die zugleich italienisch und französisch erzogene Catherine de Vivonne-Savella, die 1600 den Marquis de Rambouillet heiratete, nach ihrem Wechsel von Rom nach Paris.

Einige Damen vom Hof der Valois waren bemüht gewesen, etwas vom Glanz der Vergangenheit in die eigenen Zusammenkünfte hinüberzuretten, doch keiner dieser intimen Zirkel erreichte den Rang des Hôtel de Rambouillet, des eigentlich ersten und bedeutendsten Salons im 17. Jahrhundert.

Catherine de Vivonne hatte den Stadtpalast nach eigenen Entwürfen bauen lassen. Die italienische Fassade mit den hohen Fenstern, das seitliche Treppenhaus, Mitteltüren, die symmetrischen Wandschmuck erlaubten, Loggien, Alkoven und die silberdurchwirkte blaue Verkleidung der »Chambre bleue« waren bald berühmt und wurden den Baumeistern des Luxembourg zur Orientierung empfohlen. Nach der Fertigstellung 1613 stand das zunächst nach dem Vater genannte »Hôtel de Pisani« täglich den Gästen offen, die in Korrespondenz oder literarischer Chronik *(Historiettes, Grand Cyrus)* detaillierte Eindrücke davon festhielten. Gegen 1605 noch war der junge Francion in einem angesehenen Salon nur den unpassenden Geschichten alberner Prahlhänse begegnet. Mme de Rambouillet aber verstand es, in Inhalt und Form das Plaudern ihrer Gäste unmerklich zu lenken, die Abläufe von Bewegung und Gestik einer dem zur selben Zeit aufblühenden Hofballett vergleichbaren Disziplinierung zu unterwerfen und den hohen Adel von der Überzeugung abzubringen, daß Papier und Bildung Sache effeminierter Parasiten und bürgerlichen Pedantentums sei. Den Dichtern sicherten, jenseits einer verpflichtenden Bindung an den jeweiligen Mäzen, hier die Gaben des Augenblicks – geistreiche Kürze, schnelle Pointe, kurzweiliger Einfall und Improvisiertalent – alle denkbaren Freiheiten. Was sie von dem höheren Stand lernen und annehmen mußten, war die Geringschätzung des angeeigneten Wissens. Conrart, Malherbe, Vaugelas, Chapelain und Ménage erlebten, daß die Gelegenheitsdichtung oder die »concetti« Théophiles bewundert wurden, das augusteische Zeitalter, nicht aber das Latein triumphierte. [3] Daß das überladene Gedächtnis nicht zu intellektueller Anmut und Behendigkeit, sondern eher dem unpassenden Dartun übernommener Urteile befähige, war ein Teil dessen, was als aristokratische Grundanschauung sich im Hôtel de Rambouillet erhielt und stärkte. In der Abschirmung von den »Leitwerten« der »nach oben drängenden Schichten aus Großbürgertum und Amtsadel« entwikkelte sich so, nach F. Nies, ein aristokratisch-hedonistischer Ästhetizismus mit einem »Haltungsideal des Unernst-Unverbindlichen«. [4]

Erstmalig trafen im Hôtel de Rambouillet nun die Geschlechter in gemischten Gesprächsgruppen zusammen. Dem Adel und insbesondere den Frauen vermittelte es Bildung und literarischen Geschmack, in welchem die Gastgeberin als vorbildlich galt. Man spielte Theater, empfing die »Troupe du Marais« mit Mondory, hörte Desmarets de Saint-Sorlin, Corneille, Mairet oder Molière deklamieren, erlebte literarische und, am Rande, auch philologische Streitfragen. [5] Vor allem aber wirkte man an den verschiedenen Formen sprachlicher Spiele und spielerischer Literatur mit, den »jeux d'esprit«, die in dem Maße auch in Frankreich möglich wurden, wie das Sprechen sich verfeinert hatte, das geistreiche Antworten beherrscht wurde, Bildung und intellektuelle Wendigkeit gewachsen waren. [6] Spiel und Gespräch wiederum waren es, in denen diese Fähigkeiten sich übten und zunehmend vervollkommneten.

Im Unterschied zu Deutschland, wo Leser und gesellige Zirkel erstmals 1641 von G. Ph. Harsdörffer mit den »Frauenzimmergesprächsspielen« und damit indirekt deren italienischen Vorlagen vertraut gemacht wurden, hat offenbar Frankreich in der lebendigen Vermittlung durch die Marquise de Rambouillet diese kennen- und handhaben gelernt. Die schriftliche Anverwandlung der Vorbilder durch Ch. Sorel erfolgte später, unabhängig von dem annähernd gleichzeitigen deutschen Werk. Für dieses vermag R. Zeller nur zu vermuten, daß die Gebrauchsanweisung, die es zu geben beabsichtigt, wirklichen Spielen zugrundegelegt wurde. Es ist bezeichnend, daß sie als den »Wirkungskreis der Gesprächsspiele« die Preziösen und »die aristokratische Sphäre der Salons« beschreibt. [7] Hier erst fand die Literatur der Spiele, die Sorel im weiteren Frankreich bekanntmachte, den Nährboden, auf dem sie lebendiges literarisches Spiel werden konnte.

1.2. Die »Maison des Ieux« von Charles Sorel (1642)

1642 veröffentlichte Ch. Sorel das 1625 begonnene, ab 1635 für den Druck vorbereitete Werk *La Maison des Ieux où se trouuent les Diuertissemens d'vne Compagnie, par des Narrations agreables, & par des Ieux d'Esprit, & autres Entretiens d'vne honneste conuersation.* Die Damen und Herren, die sich in gleicher Anzahl in einem Landhaus begegnen und die durch Sorel/Hermogene mit der Geschichte des Spiels und seinen Gattungen vertraut gemacht werden, sind durch Lektüren gebildet, greifen auch selbst zur Feder, führen noch nicht gespielte Theaterstücke von irgendeinem aus ihrer Runde auf und improvisieren dabei in freier Rede, wo das Gedächtnis sie verläßt. Damit gehören sie zu jenen

> personnes de bonne condition, nourries dans la ciuilité & la galanterie, & ingenieuses à former quantité de discours & de reparties pleines de iugement & de sçauoir,

denen die »Jeux de conversation & d'esprit« gefallen können, wie Hermogene sie auch in Frankreich zur Mode machen will. [8] Die Gesprächsspiele sollen – nicht anders als bei Harsdörffer – das Glücksspiel verdrängen, in Replik, Stegreifrede und öffentlichem Sprechen üben und die Bildung jedes einzelnen allen anderen zugutekommen lassen. Der gelehrte Autor erinnert an alttestamentliche und antike Vorbilder: Rätsel (Samson und Salomon), Gastmahl (Plato, Xenophon, Plutarch) oder Sentenz und Devise bei den alten Philosophen. Daneben rechnet er auch Traktat, Dialog und die Übungen der Deklamatorenschulen, darunter wiederum Rätsel in der Tradition Senecas, zu den »jeux d'esprit«. Bei der Beschreibung möglicher Spielvarianten und -erweiterungen folgt er den in den unmittelbaren Quellen gewonnenen Anregungen. [9] Die Abgrenzung von den anspruchsloseren Spielformen, wie sie auch Pantagruel kennenlernte, und die Einbeziehung oratorischer Genera zum einen, der »histoire« (auch »narration«, »nouvelle«, »conte« oder »fable«) zum anderen verbürgen literarische Dignität. Nachdem die gestaffelten Aufgaben der Spiele selbst über stets wachsende sprachliche Mittel reflexhaft und sicher zu verfügen gelehrt hatten, übten die schwierigeren bereits in der spontanen Handhabung rhetorischer Stilistik und dem kollektiven Improvisieren jener Kleinkunst des Salons, wie sie in den zahlreichen »Recueils collectifs« des 17. Jahrhunderts überliefert sind. Talent und Neigung ließen den Autor immer wieder zur fiktionalen Prosa zurückkehren, wie sie die Säumigen des geselligen Kreises bereits zu Beginn hatten erfinden müssen, um die Wartenden zu entschädigen. Das gleiche gilt für Beschreibung und literarische Kritik, die einmal als Spiel beschworen und von den Wortführern der Runde dann vorgetragen werden: Die »Jeux du Bastiment & du Jardinage« illustrieren die sprachliche Abbildung des Landhauses, und das »Jeu des Prouerbes, Sentences, ou Deuises«, in Reden, Komödien und Farcen erprobt, leitet über zum Streitgespräch, in dem die Gattungen nach Form und nationalem distinguo im rhetorischen Für und Wider abgehandelt werden. [10]

Für Wortschatz, Wissen und Sprachbeherrschung mußten die Spiele ein Gewinn sein. So galt es etwa, alles Lobenswerte an einem bestimmten Menschen mit Epitheta, einen Reisebericht mit Namen und Substantiven desselben Anfangsbuchstabens vorzutragen, oder die Lösung der Aufgaben mit der Nachahmung der Dialekte, der Nachbarsprachen oder der Stilformen des Komischen zu verbinden. [11] Im »Jeu des Soupirs« hatte man seine Seufzer zu begründen, im »Jeu de la perte du coeur« oder »de la Chasse d'Amour« die galante Mythologie in einer Liebesmetaphorik immer neuer Bildbereiche zu variieren oder jedem einzelnen in der Runde beziehungsreiche Namen und Attribute zuzuordnen, die in fortwährend länger werdenden Ketten zu repetieren waren. Bei dem Spiel »Je vous prens sans vert/vers« erlöste neben dem grünen Band auch die symbolische Farbe mit der Deutung oder das Stegreifgedicht von der Strafe. Für das »Jeu du mariage« (auch »de l'amitié« oder »de l'affinité«) fanden sich bei Stefano Guazzo und in den *Pensées du Solitaire* Beispiele überraschender und scharfsinnig begründeter »Vermählungen« und eben solcher Argumente für die Liebe zu der einen besonderen Frau, gegen die Ehe mit diesem oder jenem Mann. [12] Man vereinte An- und Abwesende, Geistiges und Imaginäres, den Schmeichler mit dem Ruhmsüchtigen, den Adel mit Reichtum, aber auch die Birne und den Käse, das – schon im lateinischen Etymon – Maskuline mit dem Femininen. Eine Dame hatte nacheinander alle Gründe dafür anzuführen, die sie veranlassen könnten, einen Kaufmann, Financier oder Richter, den Greis oder den Jüngling zu heiraten oder zu verschmähen. Ein Herr sollte vortragen, warum er die Schöne, Heitere, Reiche begehre und nicht die Häßliche, Melancholische, Arme; ein anderer, ob Lächeln, Tanz, Gesang oder Sprache, Traurigkeit oder Bescheidenheit, eifersüchtige Leidenschaft oder kindhafte Einfachheit, der Schlummer oder die Prunkkarosse das besonders Liebenswerte an einer Frau zutage treten lasse. Es galt, die nützlichsten Tugenden und verzeihlichsten Laster zu nennen (»Jeu des Vertus & des Vices«), eine närrische Neigung und imaginäre Ablehnung (»Jeu des folies«) oder aber den Rückzug aus der Welt zu erklären (»Jeu de la Solitude«). Was haben zwei Dinge gemeinsam, was ist durch zwei bedingt, was paßt zu wem, wozu nutzt etwas, worin liegt sein Gegenteil, warum die Bevorzugung dieser Farbe, warum Haß oder Liebe gegenüber jenen Menschen – solche und andere Fragen wurden, im Anschluß auch an die zitierten Quellen, beschrieben und im Kreis der Spielenden gestellt. Liebes- und Moralkasuistik übten sich dabei in freier Rede und im Entdecken beziehungs- und sinnreicher Bildübertragungen und Symbole. Die Damen waren es, deren Geist, obwohl nicht dafür gebildet, hier seine Überlegenheit entfalten konnte und die auf »bienséance« und hohem intellektuellen Anspruch bestanden. In den »Jeux où l'on se lève & l'on s'entremêle«, den »Jeux à baiser« (»Jeu d'Eguillette«, »des cartes semblables«, »de la Blanque«, »du Gage touché«) oder in einer Jagd auf Amor hatte die Verfolgung Wort und Metapher abgelöst. Da nun beklagten Bellinde und Isis den durchschaubaren Vorwand, bei dem nur die Männer sprechen und singen, die Mädchen hingegen nur küssen sollten und die Belohnung des einen der anderen eine Strafe scheinen könne. Darum solle man den italienischen Vorbildern folgen, die den Kuß als Einsatz nicht kennen. [13]

Da ohne die Mitwirkung der Frauen das gesellige Vergnügen nicht gelingen könne, seien die allzu gelehrten und starren italienischen Spiele ihren und der französischen Höflinge Voraussetzungen anzupassen (»Avertissement«). Schon im 10. Buch des *Berger extravagant* (1627) und den *Remarques* (1628) hatte derselbe Sorel einige der Spiele bei Guazzo und Castiglione mit eben dieser – die Damen berücksichtigenden – Einschränkung vorgestellt, und im Kreise beschied man sich dann mit Geschichte, Beschreibung und Stegreiflied. [14]

1.3. Vom »cabinet« zum »salon«: Moden der Improvisation

Wenn es Sorel nur schwerlich gelang, in der *Maison des ieux* über die Details der Spielpraxis seiner Vorlagen hinauszugehen und er zu Erzählung oder literaturkritischem Vortrag zurückkehrte, so zeigt das nicht so sehr Mangel an Phantasie oder schwerfälliges Ungeschick, wie die prinzipiellen Nachteile, die individuelles Schreiben gegenüber kollektiver Mündlichkeit für den »bel esprit« – an dem es ihm freilich mangelt – haben muß. In der Runde der vielen (»salon«) und nicht der Einsamkeit des Schreibtischs (»cabinet«) gediehen der originelle Einfall, die subtile Pointe und schnelle Antwort, das Raffinement differenzierter Analysen und Distinktionen. Einiges von dem, was erst 1642 im Buch vorgestellt wurde, hatte man vorher und gleichzeitig im Salon der Marquise de Rambouillet erprobt.

Das Rätsel des Abbé Cotin (»énigmes galantes«) blühte seit 1638 in allen Zirkeln und löste damit auch im Hôtel de Rambouillet die geltende Mode, die von Voiture lancierten »rondeaux«, ab. G. Mongrédien belächelte diese von Conrart fleißig gesammelten »miettes poétiques«, obwohl die für beide Formen zu beherrschende Technik der indirekten und anspielenden Beschreibung von Personen, Vorgängen, psychologischen und konkreten Zuständen den allgemeinen Scharfsinn entwickelte und etwa der Portraitmode den Weg bereitete. [15] Gerade das Rätsel in seinen mannigfachen Formen – als Halsrätsel, bei dem das Leben auf dem Spiel steht, als Rätselwettstreit, aber auch als Gesellschaftsspiel mit seinen Varianten (Kettenfrage und Aporie, Fragegespräch) – rückt bei J. Huizinga ins Zentrum des von ihm untersuchten Spielcharakters der Kultur. Abwertung und Vergessen der »jeux d'esprit« hieße demnach verkennen, daß

> Dichten als – zumindest auch – soziales Spiel ... mit einer Absicht, von der man nicht oder doch kaum sagen kann, sie wolle bewußt etwas Schönes zustande bringen [16],

zu betrachten ist. Der Unterhaltungswert der »jeux d'esprit« überwog im Salon freilich den »agonalen Trieb«. [17]

Neben Sorel, der das reizvolle Spiel der Könige und Philosophen zu beleben empfahl, gab Cotin im *Discours sur les énigmes* der Lust am überraschenden Verhüllen offensichtlicher Wahrheiten die historische und theoretische Begründung [18]: Dies sei eine Form der Dunkelheit, wie sie insbesondere die Meister der Rhetorik gepriesen hätten. Doch dachte er nicht an die Erneuerung jener hermetischen Formen – Hieroglyphe, Gleichnis, Orakel oder Symbol –, die die Gelehrten beschäftigen mochten und die dem Sinn des Rätsels zuwiderliefen. Ausdrücklich verbannte er sie in die Bibliotheken. Ohne Mühe solle sich am Rätsel der Geist üben, und nach der Auflösung dürfe nichts mehr dunkel bleiben. Zwar gehörten Antithese und Allegorie zu den Figuren, die den Reiz der Verwirrung und Überraschung verbürgten, doch müsse der Gebildete die gemeinten Attribute und Eigenheiten sogleich begreifen können. Damit das im Rätsel verschleierte Geheimnis die Grenzen des Schicklichen nicht überschreite, verbiete sich die Übertragung in den Bereich des Religiösen und der Tugendallegorie ebenso wie die Einkleidung in das niedrige Wort oder Bild. Das Stellen und Lösen der Rätselfrage wird als »genre de Poesie« der anspielungsreichen Beschreibung (»Peinture«, »description«) gleichgesetzt, verlangt Scharfsinn und das Vermögen, das Schwierige angenehm erscheinen zu lassen, ohne daß der als tafelnd gedachte Kreis durch das Finden des *tertium comparationis* zu ermüden brauche. Vor allem aber hat das Rätsel den Damen und im Salon zu gefallen, dem diese den Glanz verleihen.

Aus waffenkundlichem Interesse entdeckte auch P. Ménestrier es wieder. Als Theoretiker so vieler barocker Mischformen wie des Balletts oder Reiterspiels verwies er auch auf Rätsel, Devise und Emblem und deren von Boileau so geschmähte Erfinder und Apologeten Cotin und Colletet. Molières Satire verspottete an Cathos und Mascarille, die Rätsel schätzen und verfassen, die preziöse Mode, die der *Mercure galant* als die der »Modernes« konsequent fortsetzte. Die Namen derer, die zumeist in diesem Organ Rätsel und andere »jeux d'esprit« erscheinen ließen, wie sie dann 1828 in einem *Choix d'énigmes, charades et logogriphes* zusammenhängend veröffentlicht wurden, sind der Salonkultur eng verbunden: Ménage, Cotin, Perrault, Fontenelle, Houdar de La Mothe. Daß all diese Autoren den begehrten Titel des »bel esprit« zu verdienen hofften, scheint für M. Bernasconi Grund für die spätere französische Abneigung gegenüber den Gesprächsspielen. Beides blieb aus der Darstellung einer »Epoche mit zählebigem Vorbildcharakter, deren Literatursystem der Poetologe als strenggegliedertes Gefüge relativ weniger Textarten zu sehen gewohnt war« zwangsläufig ausgenommen. Beides hieß es darum, in dem von F. Nies gemeinten Sinne neu zu würdigen. [19]

Wo es, wie im Rätsel, auf schnelles, intuitives Erfassen und Geistesgegenwart ankam, überwog die Kenntnis der gleichsam rituellen Spielregeln, die man im literarischen Salon zu beherrschen lernte, den Wert erworbenen Wissens. Eine Bildungsdiskriminierung der Frauen war ausgeschlossen, und ihre als selbstverständlich empfundene schöpferische Teilhabe an der geselligen Spielkultur gerade war es, die diese Kleinform hervortrieb.

Auch bei den Metamorphosen, die – mit Voiture – im Hôtel de Rambouillet die Mode der Rätsel ablösten, ihnen aber, wie Cotin gezeigt hatte, verwandt waren, übten sich im geistreichen Finden und Entschlüsseln angemessener und überraschender Übertragungen Beobachtungsgabe und pointiertes Beschreiben. Wie das Rätsel blieb diese ebenfalls meist gereimte Salongattung der Galanterie verpflichtet, nutzte sie, wie in der *Guirlande de Julie,* die Anspielung zum liebenswerten Kompliment an die Dame, zur satirischen Spitze gegenüber dem Rivalen. [20]

Saint-Aignan, der in der Ausrichtung höfischer Feste eine – für Ballett und Oper allgemein geltende – Neigung zu Stoffen des heroischen und ritterlichen Mittelalters bekundete, pflegte schon 1639, in Rebus, Billet und Rätsel, die »Sprache des Amadis«. [21] Auch an diesem Pastichieren des »vieil langage«, den Dialekt- und Sprachenspielen bei Sorel vergleichbar, mußte den Frauen gelegen sein, denn mit den alten Romanen lebte das ritterliche und höfische Ideal wieder auf. Die »romans courtois« hatten das 17. Jahrhundert nicht vollständig oder ohne sprachliche und inhaltliche Eingriffe erreicht. Die berühmtesten epischen und höfischen Helden mit ihren Damen oder ihren in späteren Zykluserweiterungen eingeführten Verwandten oder Nachfahren waren jedoch bekannt. Voiture, Chapelain und Montausier besaßen und lasen die arthurischen Romane, Mme de Sévignés Briefe und die ihrer Korrespondenten spielen auf sie an. Der *Amadis* gefiel wegen seiner Mischung von ritterlichem Abenteuer, Turnier und Kampf, wegen der Verherrlichung einer bedingungslosen und treuen Hingabe an die Liebe und der Zauberwunder der Feen. [22] Bis zur Epoche der »Modernes« war all dies nicht vergessen: Houdar de La Mothe etwa hat, wie die Damen des Feenmärchens, eben diese Motive literarisch verwendet. So ließ er 1699 in seinem Operntext *Amadis de Grèce* neben anderen magisch Begabten jene »enchanteresse Zirphée« wiederkehren, der eine Loggia der »Chambre bleue« gewidmet worden war. [23]

Doch auch ein »Ancien« wie La Bruyère trauerte dem überlebten Reiz der »alten Sprache« nach. [24] Sorel, La Fontaine, Saint-Amant und Cyrano de Bergerac versuchten, sie nachzuahmen [25], ein Pastiche, das, wie noch zu zeigen ist, vom weiblichen Feenmärchen der Jahrhundertwende ebenfalls dem Geschmack der frühen Salons entlehnt wurde.

Julie de Rambouillet korrespondierte im alten Französisch mit L'Esprit. Saint-Aignan, Guiche, Voiture und Arnauld de Corbeville tauschten von Versen begleitete Briefe. [26] Arnauld de Corbeville verschlüsselte die Liebesgeschichten des Hôtel de Rambouillet in der boshaften Erzählung *La Mijoréade,* dem zwar unvollendeten, aber längsten und sprachlich virtuosesten archaisierenden Text des 17. Jahrhunderts. [27]

Der kulturgeschichtliche Gewinn, den die Salons für und durch die Frauen bedeuteten, ist den Zeitgenossen offenbar selbstverständlich gewesen. Vereinzelter »akademischer« Unmut, von dem das Hôtel de Rambouillet ausgenommen blieb, trat zurück hinter dem selbstbewußten Bekenntnis zu dem den Damen zu dankenden Fortschritt in Konversation und Eleganz des Umgangs. [28] Das Vorwort des *Recueil de divers rondeaux* von 1639 nannte Rondeaux und Rätsel als die beiden unterhaltsamen und entspannenden literarischen Kleinformen, die bei den Damen nicht nur besondere Freude ausgelöst, sondern einige zum Dichten angeregt hätten. [29] Wenige Frauen indes gaben durch Signieren ihre Mitwirkung an den in diesen und den folgenden Jahren erscheinenden gemischten Sammelbänden zu erkennen. Für die Zeit von 1636 bis 1661 gibt die Bibliographie von F. Lachèvre hierüber Auskunft: Lediglich Mlle de Scudéry und Mlle de Montreuil signierten einmal mit vollem, Jacqueline Pascal mit abgekürztem Namen. Die Zuschreibung der Gedichte von Mme de la Suze, Mme de Brégis und Mlle Desjardins (Mme de Villedieu) war erst durch spätere eigene Werkausgaben möglich. [30]

Seitens des Bürgertums begegnete ein Versuch der Frauen, sich in den literarischen Kleinformen zu üben oder gar ein Buch zu schreiben, nach dem exemplarischen Zeugnis von Furetières *Roman bourgeois* [31], spöttischer Kritik. Doch die ursprünglichen Vorbehalte auch des Adels gegenüber Literatentum und vertiefter Bildung potenzierten sich bei der schreibenden Aristokratin, was von den Zeitgenossen keine Betroffene schärfer formulierte als Mlle de Gournay. Wenn die Frauen in dieser frühen Phase des Salons aus dem Zirkel, an dessen sprachkünstlerischem Raffinement sie wirksam beteiligt waren, als Dichtende noch nicht namentlich hervortraten, so wirkten sie doch an Voraussetzungen und Entstehung jener späteren Hochliteratur mit, deren »monadische Meisterwerke« in der Zeit der akademischen literarischen Historiographie – trotz V. Cousin, oder gerade in Reaktion auf in – ihren Wurzeln in der Salonkultur entrissen wurden.

Etwas blieb der Frauenliteratur des Salons jedoch in dem Zeitraum, als individuelle Namen mit größeren und zusammenhängenderen Werken in Verbindung gebracht werden können, aus den Anfängen im Hôtel de Rambouillet erhalten. Es ist der Charakter kollektiven und kurzweiligen Spiels, das seinen Sinn in der Unterhaltung und die besondere Gestalt in der geistreichen Improvisation und der Anonymität des Kreises findet, dessen Mitglieder als Gesamtheit zum literarischen Subjekt wurden. Mündlichkeit und Spontaneität bestimmten die gemeinschaftlich erprobten Formen, die in raschen Wellenbewegungen der Mode einander ablösten, die jedoch nur scheinbar als ungreifbares Gebilde des Augenblicks sich verflüchtigten. Rätsel und Metamorphose lehrten, wie gesagt, das Portraitieren, das einige Frauen bald mühelos zu handhaben und als zunächst eindeutig »weibliche« Gattung zu nutzen verstanden. Die allegorischen »Gazettes de plusieurs endroits«, ein weiteres der »jeux d'esprit« im Hôtel de Rambouillet, verlangten von den Gästen, in der literarischen Travestie in die Rolle eines Helden der bewunderten Romane zu schlüpfen und dessen – ihm zugeschriebene oder spontan erfundene – Erlebnisse zu erzählen oder aber die Neuigkeiten des Hôtel de Rambouillet verschlüsselt festzuhalten. Julie de Rambouillet dachte sich für Mlle de Bourbon in einer Nacht die *Histoire d'Alcidalis et de Zélide* aus, die später in Voitures *Oeuvres* (1658) erschien. [32] Hierbei war der Amadis-Zyklus das Modell, das sich für ein im übrigen voraussetzungsloses Improvisieren der kleinen Geschichte im Sinne von Sorel nahelegte. Spielerisch und unterhaltsam übten die Frauen sich im Verfahren des Erzählens und in der freien Verfügung über das Vorgegebene und den eigenen Einfall. Die Improvisation wurde auch zur Grundlage für die verschiedenen Formen narrativer Prosa der Frauen, die in der zweiten Jahrhunderthälfte Roman, Novelle und Schlüsselerzählung eroberten und dabei thematisch den Lektüren und Spielen der Anfänge treu blieben.

1.4. Die »Astrée« als dramaturgisches Brevier

Der literarische Salon war es auch, und nicht der Roman, der die Erörterung der spekulativen Liebestheorien der *Astrée* aufnahm und an die Autorin weitergab, die sie aus der Salonrunde neuerlich in den Roman überführte: Mlle de Scudéry. In ihr sieht M. Magendie die allein würdige und originelle Fortsetzerin der *Astrée,* und sie selbst stellte sich – mit dem Dank an Huet für die Wertschätzung ihrer Romane – in die literarische Reihe von Heliodor und d'Urfé. [33] Die Tradition und Wirkung der *Astrée* und der »jeux d'esprit« gehen ineinander über. Tallemant des Réaux beschreibt ein Wettspiel im Hause der Gondi:

> ... on se divertissoit, entre autres choses, à s'escrire des questions sur l'*Astrée*, et qui ne respondoit pas bien, payoit pour chaque faute une pair de gants de Frangipane. On envoyoit sur un papier deux ou trois questions à une personne ... soit pour l'histoire soit pour la géographie; c'estoit le moyen de sçavoir bien son Astrée. [34]

Mme de Rambouillet sah in dem Roman das Modell einer geistvollen Geselligkeit im Spannungsfeld von idyllischer Ungebundenheit und dem Ritual kodifizierten Umgangs. [35] Silvandres Lehren über die vollkommene Liebe, die gleiche Seelen im Willen zum erkannten Guten und zur wechselseitigen Achtung (»estime«) zu vereinen vermöchte, unterwerfen den Mann der Verpflichtung zu ausschließlicher Ergebenheit und Treue und gebieten seinem Gefühl die Unbedingtheit des Kults. Als Handbuch des Liebens herrschte der Roman über die Geographie des »Tendre« und lehrte er den Liebenden, die Gesetze hinzunehmen, die von ihm das Opfer der Freiheit und die schweigende, von Erwartungen befreite Hingabe verlangten. [36]

Doch scheint es fraglich, ob, wie J.-M. Pelous vermutet, die Liebesorthodoxie der *Astrée* zusammen mit dem sie tragenden mystischen und platonisierenden Idealismus gegen 1650 an Gültigkeit verliert, um schließlich der »galanten Skepsis« jenes La Fontaine zu weichen, der die Häresien des Hylas – in den *Amours de Psyché et de Cupidon* – zur neuen Lehre erhebe. Wenn Amor der schlummernden Geliebten (und Gattin!) zärtlich die Hand küßt –

> Un amant que nos romanciers auraient fait serait demeuré deux heures à considérer l'objet de sa passion sans l'oser toucher –,

wenn er ihr Liebe und nicht allein die von ihr begehrte Freundschaft verspricht, dann hat doch auch er zu lieben gelernt, und sein Schwur an die Geliebte ist Silvandre und dem Salon verpflichtet:

> ... qu'il l'aimerait éternellement, blanche ou noire, belle ou non belle; car ce n'était pas seulement son corps qui le rendait amoureux, c'était son esprit et son âme par-dessus tout. [37]

Das Widerspiel von hingebungsvollem männlichem Verzicht und Bewährung im Abenteuer bildete den besonderen Reiz der *Astrée* und des *Amadis,* jener Romane, die den Frauenkult des Platonismus und des höfischen Rittertums zum literarischen und gesellschaftlichen Ideal erhoben. Die Orientierung der Frauen an der neuzeitlichen Literatur ist also inhaltlich und nicht so sehr darin begründet, daß sie vom Erlernen der alten Sprachen und damit der eigenen Erschließung der Antike vielfach ausgenommen blieben.

Die im Gespräch entwickelten Liebestheorien der *Astrée* vermittelten mit den Lehren die Erfahrung, durch das gesprochene Wort Verborgenes zu ergründen und damit erst zur empfundenen Wirklichkeit werden zu lassen. Die gemeinschaftlich erworbene analytische Reflexivität, die die seelische Landschaft spielerisch zur Geographie vergegenständlichte, und das integrative Gesellschaftsideal der »honnêteté« schlossen allerdings die romantische Konsequenz der Isolation und selbstbezogenen Introspektion aus: Alceste scheitert im Salon der Célimène.

Die Binnengeschichten der *Astrée* illustrierten – wie später in den Scudéry-Romanen – die in der Runde behandelten Fragen der Liebespsychologie. Für beredtes Argumentieren, schnelle und geistreiche Einwände und Antworten, für Dialogführung und die Unterhaltung im größeren Kreise war der Roman ein an Beispielen reiches Modell. [38] Anklage, Verteidigung, Gegenrede und Schiedsspruch des Gerichts führten die kasuistische Erörterung der Liebesproblematik vor und schulten im dialektischen Debattieren: Silvandre dissertiert mit starren Syllogismen und gelehrt-gewundener Schwere, der anmutig-wendige Hylas besticht mit dem leichten Wort und nimmt für den Zauber des wechselnden Spiels mit der Liebe ein, und auch alle anderen sind in der Lage, am Erörtern galanter Fragen mitzuwirken.

Der Bildungswert der *Astrée,* die die Geographie, Geschichte, Kunstkritik oder Fragen der Etymologie berührte, war schon manchem Zeitgenossen bewußt geworden. [39] Die Rolle der Briefe, die in dem Roman ähnlich zirkulierten und kommentiert wurden wie die von Guez de Balzac und Voiture im Hôtel de Rambouillet und die auch von Personen ausgetauscht werden, die, wie später Mme de Sablé und Mme de Maure, sich ständig begegneten, ist, neben der galanten Gelegenheitslyrik, ein weiteres Merkmal, das die *Astrée* und die Salonkultur verbindet. Für Mme de Lafayette und La Rochefoucauld blieb das Werk ein Brevier, aus dem Segrais ihnen vorzulesen hatte. In anderen höfischen Zirkeln – bis hin nach Deutschland – schmückte man sich mit den Gewändern und Namen seiner Protagonisten oder machte improvisierte Verse in nachgestellten Szenen des Romans, ähnlich wie in Sorels Landhaus, zur Bedingung für die Aufnahme in einen Ritterorden, wie er etwa im Salon der Mme du Plessis-Bellière gegründet wurde. [40]

Für die bisher beschriebenen Spiele, die neben der Geistesgegenwart eine relativ breite Allgemeinbildung und die Vertrautheit mit der rhetorischen »Anatomie des Herzens« voraussetzten, war die *Astrée* orientierendes Handbuch, und dies nicht erst in den preziösen Salons, wie R. Lathuillère annimmt, da man sich auch schon im Hôtel de Rambouillet mit mehr als Ballspiel, Blindekuh und allerlei Ulk vergnügte. [41]

Die Unterhaltung des Salon war und blieb in dreifachem Sinne der Literatur verpflichtet: Die Sprachspiele nahmen bei dieser ihren Ausgang, und aus dem Kreis der gleichzeitig Beteiligten entstanden die flüchtigen Formen mündlicher Dichtung, für die in der Gelegenheitslyrik und dem zyklischen Roman bekannte und leicht abzuwandelnde Muster vorlagen. Die Konversation selbst hatte die Literatur zum Gegenstand, wurde im Für und Wider des Urteils über die neuen Werke zur literarischen Kritik, suchte im Widerstreit von Mode und Tradition, Norm und Geschmack den Rang der Gattungen und Dichter abzuwägen. Die fortschreitenden Fähigkeiten jedes einzelnen schließlich, in der nie unterbrochenen Übung des Sprechens die eigene Einsicht mit dem mehrheitlich Anderen zu vermitteln, steigerten in solchem Maße die Qualität der Dialoge, daß die Gespräche über Moral und gesellige Schicklichkeit, Bildung und Erziehung, Psychologie der Liebe und Geschlechter neuerlich die Würde literarischer Fixierung erfuhren.

1.5. »Bel esprit« und mündliche Dichtung in De Pures »Prétieuse« (1656)

Der erste Teil von Abbé de Pures *La Prétieuse ou le mystère des ruelles* läßt die Salonkultur, mit der literarisches Spiel und gespielte Literatur in einer Dichtung der Mündlichkeit aufgehen, akademischer Gelehrsamkeit überlegen sein. Das gesprochene Wort und die Unterhaltung gewinnen, ungefährdet durch die Strenge distanzierter Lektüre und Reflexion, in der sinnfälligen Wirkung des Augenblicks; bereichert um die Anmut der Stimme und der äußeren Erscheinung bilden sie die den Frauen gemäße Form der Mitteilung, sagt Eulalie, die für E. Magne mit Mme de La Suze identisch ist. [42] Langen Zuredens bedarf es, um Melanire zum Vorlesen ihres kleinen »Discours sur la bonté« zu bewegen (»qui n'estoit qu'vn essay et qu'vn amusement d'esprit«), das Werk einer Frau immerhin, das sich als solches aber kaum hervorwagt. [43] Die Bewunderung der Damen gilt darum aber nicht der großen Dichtung der durchwachten Nächte und des mühevollen Fleißes (»la peine me paroit plus digne de compassion que de loüange«): Ungleich wie das Licht der Sonne, bald leuchtend, bald matter, sei der »bel esprit« im Augenblick seines raschen Aufstrahlens aller Leistung in der Zeit überlegen. [44] Auch für Philonime/De Pure hat die Unterhaltung einen allein ihr eigenen Reiz:

le *vif* le *prompt,* l'*ardent,* sans doute est le suprême agréable. Les choses en sortent auec *liberté;* les ruisseaux coulent en *abondance,* le debit se fait auec *facilité,* la conversation se passe auec *plaisir* ... vous goustez ces riches *surprises* qui *frappent* les esprits de *traits imprévus* et *inopinez,* qui disent des choses *inoüies,* font *briller* des *feux inconnus,* et repaissent l'ame de choses *extraordinaires.* [45]

Sie kann zu einer Art Dichtung der Mündlichkeit werden, deren Normen in einer Ästhetik des Barock aufgehen, wie sie auch die Spiele selbst charakterisiert. Von dem einen von ihnen, den in die »escorces d'arbres« geschnittenen Stegreifversen, sagte schon Sorel:

Les beaux esprits du temps .../ qui vsent des mots de *conception* & de *pointe,* peuuent aprendre icy ce qu'ils signifient. [46]

Gefallen und Geschmack sind es nach De Pure, die über literarischen Wert befinden, nicht das begründende Urteil. Die Gelehrsamkeit soll, wie in Cotins Rätseln, in der Schreibstube verbleiben. Der Pedant oder die gelehrten Gräzismen der »femme savante« sind von der gleichen ermüdenden und spröden Ungeselligkeit. [47] Der bespöttelte Kreis um die Vicomtesse d'Auchy, in dem in Vortrag und Abhandlung über alle Bereiche der Geisteswissenschaft und Theologie dissertiert wurde, war sowohl im Vergleich mit dem Hôtel de Rambouillet [48] wie aus der Sicht des preziösen Salons zwangsläufig eine lächerliche Akademie.

Als Eulalie nach ihrem Vergnügen an der Erörterung derartiger Themen gefragt wird, scherzt sie darüber (»La Deuo-/tion ... fait une impression qui sent trop le devoir ... Pour la Philosophie, c'est vn embarras d'imaginations, l'vne pour, l'vne contre«). [49] Dagegen preist sie die Dichtung, die dem Ohr schmeichele und den Leser geneigt mache. Nach Corneille und Benserade rühmt sie vor allem Boisrobert, dessen Komödien und Verse die Gaben des Augenblicks in der unaufwendigen sprachlichen Grazie einfangen, wie sie die Anstrengung nicht einzuholen vermöchte. Aus der Sicht des Lesers schließlich, dem mit der Wahrheit der Historie deren Unmoral in kunstloser Vollständigkeit schonungslos vorgehalten werde, plädiert Aracie für den Roman: In diesem allein werde, was die Schamhaftigkeit im Verborgenen halten solle, was aber die Geschichtsschreibung im Namen der Sache gemeinhin in die Freiheit »harter Wahrhaftigkeit« entlasse, verbannt und korrigiert. Damit skizziert Aracie eine auf Huet vordeutende Poetik des Romans:

> où l'extraordinaire ne laisse pas d'estre raisonnable, où les affections ont autant d'honnesteté que d'ardeur, où les emportemens se font dans les regles, et en vn mot où les choses qui ont iusqu'icy paru dangereuses, sont rendues si belles et si innocentes, que les plus purs et les plus scrupuleux n'y courent point de risque, et ne peuvent s'en offenser. [50]

Sie hätte in Boileaus – keineswegs also originelle – Überzeugung von der bisweilen »unwahrscheinlichen Wahrheit« einmünden können, wenn nicht dieser vorab gegen Roman, »esprit« und Frauen in eins entschieden hätte. [51] »Le roman est une chose femelle« ist nach M. Danahy, der sich auf Huet und Michel de Pure beruft, das Urteil der literarischen Theorie des 17. Jahrhunderts. Für ihn wie für seinen Gewährsmann G. May oder für Ph. Hourcade entwertet der Kontext der *Prétieuse* mit den Frauen den Roman zur unproduktiven Unvernunft, zum Gebilde kosmetischer Künstlichkeit, gefährdender moralischer Schwäche oder allenfalls zum Instrument harmloser Zerstreuung. Im Bann poetologischer Orthodoxie sieht Ph. Hourcade die Sache der Preziösen erst mit den im 2. Teil beginnenden Debatten um die geschlechtsspezifischen Rollenzuweisungen an Ernst und Interesse gewinnen; das »Geschwätz« des Anfangs hingegen vermittle nichts als ein Bild irrationaler Wirrnis. [52]

Als Frau spreche sie, sagt Aracie, »c'est à dire auec foiblesse et ignorance reduite entre ma pensée et mon Goust« [53], und daß ihr dies von Michel de Pure nicht mit abwertender Tendenz in den Mund gelegt wird, zeigt sich spätestens dann, als er Ménage gerade die den Frauen eigene Unwissenheit zur kostbaren Mitgift für jedwege Bemühung um Originalität erklären läßt. Horacien heißt der imaginäre, Cicero und Quintilian zitierende Humanist, dem es aufgegeben ist, gegen Ende dieses ersten Teils stellvertretend für die »doctes anciens« am »Tribunal« der Damen zu scheitern [54] und dabei zwanghaft und gegen die bessere Einsicht (»elle a donné iusqu'au sçauoir mysterieux où nostre sexe mesme a echoüé; elle s'est éleuée dãs ces sciences où les plus doctes sont confondus et humiliez«) das Cliché des Vorurteils (»elle a ce defaut insurmontable, c'est qu'elle est femme«) in den Untergang mitzunehmen. [55] Autorität ist für ihn eine Ansammlung von Gelehrten, für die das Nachahmen antiker Modellautoren die allein gültige literarische Norm ist, eine Norm, welche die Frauen zwangsläufig zur intellektuellen Zweitrangigkeit bestimmt. Diese Körperschaft, bei der man schwerlich umhin kann, an die Académie zu denken, wird zum eigentlichen Gegenstand der von Philonime/De Pure formulierten Satire und mit ihr das methodenlose Gewirr sich ereifernder Stimmen, die ohne Rücksicht dem ungezügelten Ehrgeiz im lautstarken Gegeneinander zum Sieg verhelfen wollen. Die Frau hingegen, in der Kunst des Plauderns dem Manne ohnehin überlegen, bringe jene – von fremden Kenntnissen und Wissenskategorien noch nicht belastete – geistige Wendigkeit mit, die Voraussetzung sei für neues und eigenes Denken und Schreiben. [56] »Il y a là toute une doctrine littéraire qui annonce l'abbé du Bos«, merkte hierzu bereits 1951 A. Adam an, ohne ernsthaft Gehör zu finden. [57]

Auf den späteren Antikestreit vordeutend, enthüllt die Kritik De Pures, die Preziösentum und Moderne auf denselben Gegner verpflichtet sieht, in der Nachahmung des Alten das bequeme Haushalten mit der Phantasie, den ersparten geistigen Aufwand. Die neue Lebensform (»la moderne (!) manière de vivre«) ist dem »docte« unzugänglich. [58] Als Gegenbild des »honneste homme« ist er selbst es, wie die Universitäten (»Antipodes des agreables conuersations«), der die Bildung in Mißkredit bringt. Nur durch die Frauen sei sie vor der weiteren Profanierung durch derart unreinliche Hände zu schützen:

> Possible le fonds n'y sera pas si solide que parmy les hommes, mais du moins le sçavoir ne sera pas si barbare parmy les femmes. [59]

Nach diesem Ende des ersten Teils läßt Philonime den eigentlichen Roman beginnen, nach Ph. Hourcade »un recueil de textes disparates probablement élaborés au sein d'un groupe particulier: Conversations, Histoires, Poésies, Lettres et même Description allégorique«. [60] Insoweit aber ist er ein Abbild der von Sorel empfohlenen und im Salon gepflegten Formen von literarischem Spiel und Unterhaltung, wie sie nunmehr am Beispiel der in den einzelnen preziösen Zirkeln betriebenen »divertissements« darzustellen sind.

1.6. Literarisches Spiel in den preziösen Zirkeln

Die »questions galantes«, mit deren Erörterung De Pure beginnt, belegen für Ch. Schlumbohm den Eindruck von einer stufenweise fortschreitenden »*epischen* Integration der Liebesfrage«. [61] Ursprünglich jedoch gehörten sie, und dies bereits im Hôtel de Rambouillet, zu den bevorzugten spielerischen Beschäftigungen, in der – männliche und weibliche – Wunschphantasie und reflektierte Erfahrung aufeinandertrafen und in die, trotz eines formalisierten Rituals, viel von authentischem, subjektivem und geschlechtseigenem Interesse eingehen konnte. Literatur und Leben blieben dabei in ständigem Austausch. Mlle de Scudéry etwa überführte bei den »Samedis« die Lehren der *Astrée* und die im Hôtel de Rambouillet an ihnen stilisierte Bewegung von Werben, Verweigerung und Verzicht bei dem Paar Julie d'Angennes und Montausier in den eigenen Entwurf der »amoureuse amitié«, der als Gesellschaftsspiel der geographischen Allegorie (»Carte de Tendre«) sich erneut literarisch niederschlug. Conrart und Chapelain hielten – neben dem jüngeren Pellisson – mit der *Chronique du Samedi* oder der *Journée des Madrigaux* in distanzierter Spiegelung die Zeugnisse erlebter oder vorgetäuschter Liebesempfindungen für die Nachwelt fest. Literarisches Rätsel, galante Geographie und die Stegreifgeschichten der fiktiven Helden aus Roman und Mythologie, unter deren Pseudonym man sich verkleidet hatte, unterhielten auch die preziöse Gesellschaft. Während Anne d'Autriche zwischen 1652 und 1655 vergeblich versuchte, die Konversation und die Spiele des Hôtel de Rambouillet auch am Hofe regelmäßig zu pflegen, hatten die sich vervielfachenden Salons keine Mühe, ihre weitgehend identischen Gäste in der vertrauten Weise geistreich zu beschäftigen. Im geselligen Zirkel der Mme du Plessis-Guénégaud, im Hôtel de Nevers oder Château de Fresnes erlebten sie erste Dichterlesungen und den Austausch gebündelter Gelegenheitsverse. Mme du Plessis-Bellière erneuerte im Zyklus der Sonette auf den Tod ihres Papageien die Mode der »bouts-rimés«, die alsbald wieder von Rätseln, Devisen und Rebus abgelöst wurden. [62]

Bei Michel de Pures »Prétieuse«, Mme de la Suze, wurden nach den bekannten auch neue Salongenres erprobt: neben Rätseln, Rondeaux, den vom Abbé de Cerisy wiederentdeckten Metamorphosen und den Endreimsonetten, das Epitaph, der galante Dialog und das Epigramm. [63] Wie bei Mlle de Scudéry übte man sich auch hier in den »Questions« und den »Maximes d'amour«. Im 5. Band der *Clelie* (1658) lehrt Terame in vierzehn Maximen, die zu befolgen er anrät, seine »vrayes raisons de la galanterie«, denen dann eine, in Form und Umfang analoge, andere Liebesmoral entgegengehalten wird – ein kostbares und kaum rezipiertes Zeugnis. [64] Trifft nämlich H.-A. Grubbs' Datierung des von La Rochefoucauld erwähnten Spiels mit den Sentenzen und »belles moralités au coin du feu« im Kreis der Mme de Sablé auf den Winter 1658/59 zu, dann gewinnt gegen Grubbs oder M. Kruse die von beiden bezweifelte Annahme V. Cousins an Gewicht, La Rochefoucauld habe das Maximenspiel bei Mme de Sablé als Mode vorgefunden, nicht aber selbst eingeführt. [65]

C. Rouben wiederum, der die Entstehung der »Maximes d'amour« im Salon von Mlle de Scudéry mit dem Beleg aus *Clelie* VI für möglich hält [66], übersah, daß vor dem Druck der, wie er meint, erstmals in Versen abgefaßten *Maximes d'amour* von Bussy-Rabutin (1663) dieselbe Autorin in eben diesem Band ein Amor geweihtes Gartenkabinett mit fünf gleichfalls gereimten Inschriften in goldenen Lettern schmückt, die sie »maximes d'amour« nennt. [67] Was als Gesellschaftsspiel begann und im Sammelband festgehalten ist, überlebte im Roman von De Torche oder Mme de Villedieu, nachdem es im Salon, den dieselben Autoren mit ihren Maximen unterhalten hatten, bereits überholt war. [68]

Auch das Stellen und Beantworten liebeskasuistischer Fragen war eine – bei Sorel vorgegebene – preziöse Mode etwa der gleichen Zeit. Ihr Beginn wird gemeinhin mit den »Cinq questions d'amour« der Mme de Brégis und den Zyklen der Antwortgedichte gleichgesetzt, die 1666 in der Erstausgabe von deren *Lettres et poesies* in Leyden erschienen. [69] Die mittelalterlichen »jeux-partis« und die »Cours d'Amour« lebten hier wieder auf. [70]

In den »Almanachs d'Amour« wurde bei Mme de la Suze galantes Raffinement mit astrologischer Spekulation verknüpft, auf die die Allegorie von der imaginären Seelenlandschaft übertragen worden war. [71] Auch die Karte, mit der Clelie die Stufungen ihres Freundschaftsbegriffs (»ces demis Amis ..., mes nouueaux Amis ..., mes Amis ..., des Amis d'habitude ..., de solides Amis ..., mes Amis particuliers ..., mes tendres Amis«) [72] in einer subtilen Topographie als Weg von »Nouvelle Amitié« nach »Tendre« veranschaulicht, entstand in ihrem Salon, der die stilisierte sentimentale Wanderung Pellissons zum Herzen seiner Freundin über die »billets« und Verse der Betroffenen und die »Gazette de Tendre« aufmerksam verfolgte. [73] Die von Ch. Sorel vermutete Verbindung dieser und späterer allegorischer Beschreibungen von erdichteten Gegenden und Reisen mit dem *Rosenroman* [74] ist für Mlle de Scudéry um so wahrscheinlicher, als sie über die Informationen zum Mittelalter bei E. Pasquier und C. Fauchet hinaus gerade diesen Text gekannt haben dürfte, wie es im übrigen ihre – später zu behandelnde – *Poésie françoise* (1684) nahelegt. [75]

Durch Somaize sind einige der Devisen festgehalten, wie man sie etwa im Hôtel de Rambouillet und im Salon der Mme du Plessis-Bellière zu erfinden bemüht war. Auch hierbei ging es, wie bei Metamorphose und Rätsel, um Beobachtung, scharfsinnige und pointierte Kürze und beziehungsreiche Übertragung. Der Hinweis Sorels (»... l'on ordonne que chacun prenne sa deuise, & apres l'on dit celle de quelqu'vn, & cettuy-là sera obligé de la redire & d'en dire apres vne autre«) [76] auf eine Spielvariante des »Jeu des Complimens ou Flatteries« läßt ahnen, wie die folgenden entstanden sein mögen:

SILENIE ... a pour sa devise un Cupidon qui traisne après son char une troupe de guerriers, et cette devise a pour ame: *Je fais ceder Mars à l'Amour.* [77]

RODAMIRE ... a pour sa devise un bois desert, au fond duquel ou voit la teste d'une femme, et pour ame: *Je responds à tout.* [78]

SITALIE ... Sa devise est un soleil en son midi qui frappe un arbre de ses rayons, et cette devise a pour ame: *Il noircit autant qu'il esclaire.* [79]

Für das »portrait mondain«, das mit Mlle de Scudérys Chronikromanen und dem Sammelband der Grande Mademoiselle als Salongenre der Frauen über die literarische Kleinkunst hinauszuwachsen begann, wurden solche »jeux d'esprit« zur Vorübung. Auch das letzte hier behandelte Gesellschaftsspiel, das Sorel noch in anspruchsloser Form beschrieben hatte, wurde im Salon von Mlle de Scudéry gegen 1653 erstmals erprobt: die »blanques« oder »loteries«. Die antipreziöse Satire H. Sauvals wirft ein Licht auf Ziel und Verfahren der Wortverlosung (»blanque«): Wem auf seinem Papier einer der – etwa von Somaize registrierten – stilistischen Neologismen zufiel, dem war aufgegeben, ihn beharrlich zu verwenden, um ihn öffentlich durchzusetzen. [80] Anspruchsvoller als dieses sprachliche Spiel war die literarische »loterie galante«, wie sie die *Clelie* beschreibt. Daß es der Autorin, wie Ch. Sorel, darum ging, mit den »jeux d'esprit« die »jeux du hazard« zu verdrängen, daß sie die Form des Glücksspiels beibehielt, um Einsatz und Gewinn in der Münze des »bel esprit« erbringen zu lassen [81], deutet den Kultivierungsprozeß an, der preziösem Vergeistigungsstreben und der darin gründenden Kleinkunst des Salons zu verdanken ist.

Bei der Lotterie ist den Namen ein galantes »billet« beigegeben:

> Je ne sçay ce que la fortune fera de mon coeur, mais ie sçay bien ce que l'amour en a fait /... Ie défie la fortune de m'oster à qui ie me suis donné, puis que la haine & la ialousie ne l'ont pû faire /... Si ie disposois de mon coeur, il ne seroit iamois qu'à moy /... Prendra mon coeur qui voudra, mais i'entens qu'on me le rende toutes les fois que ie voudray. [82]

Die Verlosung wird für den Kreis zum Verwirrspiel, das wahlverwandte Seelen willkürlich trennt, gleichgültige einander zuordnet, die Spröde auf sich selbst verweist, langes Sehnen erfüllt, den Mann dem Manne und damit der Freundschaft bestimmt, und das dann als Anlaß dient, die neuen Konstellationen im veränderten rhetorischen Dekor zu kommentieren und einmütig dem Geschick ein dauerhaftes Verteilen der Herzen abzusprechen. Auf die galante Lotterie folgt die der »plaisirs« und »peines«:

> Valerie ... vit qu'elle pouuoit faire chanter vne chanson à qui elle voudroit de la compagnie, Clelie trouua qu'elle estoit obligée de confier vn / secret à Anacreon; Themiste à dire son aduis svr vne question d'amour, qu'Anacreon luy proposeroit; Berelise à reciter des vers amoureux; Acrise qui parloit tousiours tant, à ne parler point le reste du soir; Sicinius qui haïssoit tant à parler, à conter toute sa vie; Clidamire à dire ce qu'elle haïssoit le plus; Plotine à commander tout ce qu'elle voudroit à Amilcar, sans qu'il luy pust desobeïr; Artemidore à donner la musique dans le mesme iardin deux iours apres; Telane de donner vne belle colation aux Dames auant la musique; Spurius à promettre de ne haïr personne; Emile de dire s'il estoit possible d'aimer sans desirs, & sans esperance; Amilcar de conter vne belle histoire amoureuse le soir de la colation; Herminius de faire vne description de tous les diuer-/tissemens de cette iournée. [83]

Das Spiel ist insoweit vielversprechend, als der Zufall gelenkt, die Aufgabenstellung beziehungsreich und auf die Person bezogen ist. Statt der Liebesgeschichte allerdings verliest Amilcar die »Histoire d'Hesiode« mit dem prophetischen Abriß der künftigen literarischen Entwicklung von den Griechen bis zum Frankreich des 17. Jahrhunderts, die – neben dem Traktat *De la poesie françoise jusques à Henry Quatrième* (1684) – am ausführlichsten über Geschmack und Urteil der Autorin informiert.

Für Mlle de Scudéry, Mme de Brégis, die Grande Mademoiselle, Mmes Deshoulières, de la Suze, de Lafayette, de La Calprenède, Mlle Desjardins (Villedieu), Mmes de Lauvergne, de Motteville, de Nemours, Mlle Petit, Mme de Sablé, Mme de Sévigné, allesamt »Preziöse« aus dem *Dictionnaire* von Somaize, ging es um mehr als – wie es der zeitgenössischen Kritik schien – einen »rein passive[n] Literaturkonsum«. [84] Die vielen anderen, deren – nicht immer ermittelte – literarische Aktivität Somaize erwähnt, folgten der Laune des Augenblicks, der ihnen im raschen Nacheinander von Spiel und Unterhaltung hier und da die galante Wendung eines »billet doux«, das sinnfällige Bild für Rätsel und Metamorphose, ein »impromptu«, die Versfüllung der Endreimsonette oder auch ein ganzes Gedicht in einer der im Salon bevorzugten Formen eingeben mochte. Gerade die Damen blieben, wie die von R. Godenne untersuchten »Amusements des eaux« von 1730–1740, eine Art Kurkalender mit einer Vielzahl von Spielvorschlägen, zeigen [85], der Erinnerung an die Salonspiele des 17. Jahrhunderts treu, von denen Somaize einen Eindruck vermittelt:

ARISTENIE ... escrit avec une facilité si grande, qu'on luy a veu escrire vingt *billets* differents en une matinée. [86]
BARCIDIANE ... fait mesme des *bouts-rimez.* [87]
BERTENIE ... a un grand commerce de *lettres* avec deux pretieuses ... [88]
CLEODAMIE ... a mesme fait quelques *elegies* ... [89]
CIROIS ... fait fort bien toutes sortes de pieces galantes, comme *portraits, sonnets, rondeaux* et autres ouvrages de cette nature. [90]

Das Aperçu und die geistreiche Pointe, den furchtlos treffenden Witz und das abmessende Urteil wußte man nicht allein mehr an den männlichen Gästen zu schätzen. So gingen die Bonmots von Mme Cornuel von Mund zu Mund; Tallemant hielt einige von ihnen fest, Mme de Sévigné zitierte sie genußvoll in den Briefen an ihre Tochter. [91] Einmütig zollte man nunmehr jenen intellektuellen Fähigkeiten Bewunderung, die noch ein halbes Jahrhundert zuvor auch in der geselligen Wirklichkeit, zumal des gehobenen Bürgertums, undenkbar und mit den Leitwerten des Weiblichen in der gleichzeitigen christlichen Traktatliteratur unvereinbar waren.

2. Die gesellige Wissenschaft

2.1. Die Damen und ihre Lehrer

Bald schon fungierte der Salon als die eigentliche weltliche Institution weiblicher Bildung. Die Spiele selbst waren von Sorel als Stufen zur Wissenschaft erkannt worden:

... les bagatelles font naistre l'occasion de parler de choses serieuses ... sie elle pense que ie doiue faire plus d'estat des Sciences, ne void elle pas que cecy en fait vne partie, & que les hautes sciences en ont / d'autres au dessous d'elles qui leur seruent de degrez? [92]

Die Romane taten ein Weiteres: Neben Geschichte, Literatur und Geographie, in denen die *Astrée* eher beiläufig unterwies, wurden vereinzelt auch Fragen der Kosmologie, Physik oder Medizin lehrhaft abgehandelt. Der Freund oder Lehrer gab im geschlossenen Kreis das Wissen an die Dame weiter, das er sich über die Vulgarisierungen des *Journal des Savants* oder in Théophraste Renaudots *Bureau d'adresses* (ab 1632) angeeignet haben mochte. Gezielt auf die Frauen abgestimmt war das *Programme des Cours qui se font au Palais Précieux pour les beaux esprits des deux Sexes,* dessen Prospekt für 1655 durch Conrart erhalten blieb: Ball, Theater und Konzerte am Montag, Dienstag und Sonnabend, Mittwoch Philosophie bei Lesclache, danach Kurse in Geschichte und Geographie, Donnerstag Konzert und gemeinsames Lesen, Freitag Vortrag und Diskussion. [93] Somaize hielt die Erfolge für die Damen fest:

GALERICE ... a cette qualité qui luy est particulière, ou du moins qu'elle partage avec peu d'autres, d'apprendre la philosophie, et elle a un maistre qui vient tous les jours luy enseigner, comme aussi pour les mathematiques, pour la magie blanche, pour la chiromancie, la physionomie, le droit et les langues d'Ausonie et d'Hesperie, et pour chaque chose elle a une personne differente qui lui monstre. [94]

CAMILLE ... est passionnée pour les sciences. [95]

CLORESTE ... / a enseigné le droit publiquement. [96]

DAMOPHILE ... sait bien les mecaniques. [97]

CIRCE ... / Sa bibliotheque n'est composée que de livres de chimie, qu'elle a perpetuellement dans les mains. [98]

René Bary (»qui a travaillé pour l'endoctrinement des pretieuses qui ne sçavent point le latin«) [99] erklärte in *La fine philosophie accommodée à l'intelligence des Dames* (1660) auf eingängige Weise den Syllogismus. In den *Actions publiques sur la Rhétorique française* (1658) veranschaulichte er die Logik, Metaphysik oder Moralphilosophie, nachdem er zuvor und für dasselbe Publikum eine an Beispielen reiche Rhetorik verfaßt hatte, die als Handbuch für Konversation und Stil die Lektionen der *Astrée* systematisiert hatte. [100] Louis de Lesclache, dem seine Gegner vorwarfen, ein Lehrer der Damen zu sein, kommentierte von 1635 bis 1669 in öffentlichen Kursen und vor dem kleinen Kreis privater Salonzirkel die Geschichte der Philosophie, die er dann in synoptischen Tafeln zusammenfaßte und mit anmutiger Vignette veröffentlichte: Graziöse Amoretten tragen den Blütenkranz, der vor dem Faltenwurf zierlicher Vorhänge den Titel des *Abrégé de la philosophie en Tables* einrahmt und bringen Aristoteles und Descartes in die »ruelles«. 1667 schloß Lesclache die Serie seiner vulgarisierenden Handbücher mit dem Traktat *Avantages que les femmes peuvent recevoir de la philosophie et principalement de la morale* ab. [101]

Schon 1652 hatte Pascal über die von ihm entwickelte Rechenmaschine und physikalische Experimente vor der hocharistokratischen Gesellschaft bei Richelieus Nichte, Mme d'Aiguillon, referiert. [102] Wenig später war es möglich, den Salon der anspruchsvollsten Naturwissenschaft zu öffnen. Das Haus von Mme de la Sablière in Reuilly gab nicht allein Raum für Begegnung und Austausch unter den führenden libertinistischen Intellektuellen ihrer Zeit. Die Gastgeberin selbst wurde dort von dem Physiker und Geometer Roberval in die Mathematik eingewiesen, bewegte Bernier, der sie nach der Rückkehr von seiner Forschungsreise in den Orient an den daran anschließenden Studien teilhaben ließ, dazu, für sie (1675) einen achtbändigen Abriß des Systems seines Lehrers Gassendi zu verfassen und ließ sich von ihm, bevor sie an mikroskopischen Untersuchungen mitwirkte und beim Sezieren assistierte, theoretisch in die Naturgeschichte und Anatomie einführen. Gemeinsam begeisterten sie sich, wie viele andere zu dieser Zeit, für die Astronomie. Boileau, den sie – anläßlich seiner 5. *Epître* – öffentlich des Unwissens überführt hatte, offenbarte mit dem Spott der 10. Satire auf die vom Blick nach den Himmelskörpern übernächtigte »Gelehrte« den Verdruß des allein literarisch orientierten »Ancien« einer enzyklopädisch gebildeten Frau gegenüber, der Sprache und Literatur der Griechen nicht weniger vertraut waren als ihm. Durch ihre Gäste und engen Freunde – La Fontaine, Perrault, Pellisson, Fontenelle, Benserade, Abbé Tallemant, Chevalier de Méré, Bouhours, Rapin, Saint-Évremond, die Damen Scarron, de Sévigné, Lafayette und Lambert – blieb die Tradition des literarischen Salon gewahrt. [103] Mme de la Sablière selbst war in der Erinnerung von Mme de Lambert »un modèle d'agrément« mit einer stets gegenwärtigen und beherrschten Empfindsamkeit und unerschöpflichen Einbildungskraft. [104] Doch kann ihr Beispiel nicht darüber hinwegtäuschen, daß die Gelehrte weiterhin ihre Gegner hat, auch wenn sie die kompromißlose intellektuelle Einseitigkeit einer Marie de Gournay oder Anna Maria v. Schürmann meidet oder wenn die Satire mit den »Gelehrten Frauen« auch den bildungsfeindlichen, patriarchalisch-bürgerlichen Widerpart in der Paradoxie des Lächerlichen schweben läßt.

Neben den galanten »Abbés«, den Spielemachern und Poeten, wie Voiture, Benserade, Boisrobert oder Sarasin, den »Académiciens« Conrart, Chapelain und Balzac wirkte fortan der Salonpräzeptor – der stilistische Berater und der Vortragende – entscheidend mit an dem Fortschritt weiblicher Bildung und literarischer Autonomie. Chapelain, dem seinerzeit Mme des Loges zu sehr sich als Schriftstellerin zu gebaren schien, bekehrte sich zu einem Lehrer der Damen, vergleichbar jenem Ménage, dessen Lektionen Mme de Lafayette ebenso verpflichtet ist [105] wie seinen – und der übrigen Freunde – konkreten Hinweisen beim Schreiben selbst. Im Salon der Grande Mademoiselle hatte diese mit dem Portrait ihrer Freundin, Mme de Sévigné (1659), die ersten eigenen Schritte gewagt. Allabendlich legte sie (1662) Ménage das Manuskript der *Princesse de Montpensier* zur Durchsicht vor. *Zaide* entstand seit 1668 im Zusammenwirken mit Huet, Segrais und La Rochefoucauld als kollektiver Text ihres Kreises, bis sich schließlich mit der *Princesse de Clèves* (1671) der Anteil der beiden letztgenannten nurmehr auf geringe Korrekturen beschränkte und der erste, die Zeiten überdauernde Roman einer Frau aus der – zunehmend anspruchsvolleren – Gemeinschaftskultur des Salons, die er gleichzeitig krönte, heraustrat. [106]

2.2. Die Cartesianerinnen

Der eigentliche Pate der weiblichen Intellektualisierung war jedoch Descartes. Autorinnen wie Mme de Sablé oder Mlle de Scudéry standen moralphilosophisch in seiner Nachfolge. Die französisch verfaßten Schriften gewannen dem Philosophen eine große weibliche Gefolgschaft. Seine wohl berümteste Anhängerin, Mme de Grignan, nannte ihn »mon père«. Unter ihrem Lehrer, dem Theologen P. de La Mousse, war sie zur Cartesianerin geworden. Mme de Sévigné, die ihr immer wieder von dessen Bewunderung für sie schrieb, wurde zunehmend selbst mit Descartes vertraut. Bald las sie ohne La Mousse und Corbinelli, die auch ihre »maîtres de philosophie« waren, die *Passions de l'âme* oder verglich Cartesianismus und Christentum, nicht ohne ihre Bemerkungen bescheiden einzuschränken und bisweilen belustigt oder schmerzlich auf den systematischen Ernst der Tochter einzugehen. Manche ihrer Freunde wiederum suchte sie der »neuen Philosophie« zu gewinnen. [107] Catherine Descartes, deren Name, wie auch die Briefe von Mme de Sévigné bezeugen, in aller Munde war, und ihre Freundin, die ebenso schöne wie intelligente Mlle de la Vigne, bewiesen mit ihrem Beispiel, daß die philosophische Spekulation als solche die Frau im Salon nicht zwangsläufig lächerlich machte. Erst wo die Besessenheit die gesellige Mitteilsamkeit verkümmern ließ, der Geist nicht mehr verfügbar und gefügig war, wurde diese Nur-Gelehrte, ebenso wie der »pédant«, mit dem aristokratischen Menschenbild unvereinbar. Um wieviel mehr mußte sie den Pragmatismus bürgerlicher Familienväter befremden und nahm sie selbst sich neben Chrysale, wie die Preziösen bei Gorgibus, befremdlich aus!

J. de La Forge erwähnte im *Cercle des femmes sçavantes* (1663) vier weitere Cartesianerinnen. [108] Die Namen der »berühmten gelehrten Frauen«, die Marguerite Buffet (1668) gepriesen hatte und zu denen einige um die Philosophie bemühte gehörten [109], wurden (1698) im zweiten Teil des von De Vertron besorgten Sammelbandes *La nouvelle Pandore ou les femmes illustres du Siècle de Louis le Grand* noch einmal aufgeführt. Die Öffnung aller Wissensbereiche für die Frauen, wie sie im literarischen Salon seit der Jahrhundertmitte gesichert war, der Fortschritt also für die Apologie und Verbreitung weiblicher Bildung seit Mlle de Gournays *Grief des Dames* (1626), wird mit den beiden Exempelreihen von La Forge und M. Buffet bestätigt. Anders als 40 Jahre zuvor in der Akademie der Mme d'Auchy konnte nunmehr die Philosophie oder Theologie im geschlossenen Kreise vor und mit den Frauen erörtert werden. Streitgespräche zwischen Molinisten und Jansenisten, die Widerlegung des Calvinismus, vor allem aber auch Diskussionen über Descartes' Moralphilosophie bestimmten den Ton in der Gesellschaft um Mme de Sablé. Die spielerische Kurzweil der »jeux d'esprit«, die zur gleichen Zeit bei den »Samedis« weiterleben, ist in ihrem Salon in Port-Royal ebenso wie in dem der Mme de La Sablière dem Ernst intellektueller Bemühung gewichen, für die nun auch bei den Damen ein beträchtliches Maß von theoretischem Wissen vorausgesetzt werden konnte.

2.3. Die Lektüren der Mme de Sévigné

Die Briefe von Mme de Sévigné halten fest, wie selbstverständlich nunmehr einer Frau des hohen Adels der Umgang mit anspruchsvoller Literatur geworden ist. F. Nies sieht die wertenden Epitheta als Ausdruck für das durchweg gültige »ständisch-verwurzelte Négligence-Ideal« und die für die Aristokratie »gruppentypische Heiterkeitsattitüde«. Beides gehörte ebenso wesentlich zur Salonkultur, die auch die schwierigen Lektüren – vom moralischen oder religiösen Traktat bis zu literaturkritischen Schriften – als »angenehme Zerstreuung« erfahren ließ. [110]

Durch Corbinelli lernte Mme de Sévigné außer Descartes auch Vergil bewundern, während sie die *Metamorphosen,* eine Jugendlektüre auch der Enkelin Pauline, immer wieder zur Hand nahm, beide Texte vermutlich, wie Quintilians Exempel moralischer Eloquenz, in der Übersetzung. Während die Zeugnisse ihrer klassischen Lektüren im Vergleich zu den italienischen spärlich sind, ist ihre anhaltende Beschäftigung mit Patristik, Kirchengeschichte, Dogmatik oder Moralphilosophie um so dichter belegt. Die Schriften von Augustinus, Malebranche und Nicole waren ihr ständig gegenwärtig, bestimmten ihr theologisches und moralisches Weltbild und Bezugssystem, gaben ihrem – jansenistisch gefärbten – religiösen Empfinden die theoretische Orientierung. Das meist gemeinschaftlich Gelesene verdichtete sich im Gespräch zur eigenen Einsicht, bis es einging in die ungeteilte Reflexion der Schreibenden. Im Vergleich vertieften sich die Zusammenhänge: Racans *Bergeries* erinnerten an die *Georgika;* bei Augustinus, Pascal, Nicole, Abbadie und Godeau, Malebranche und Descartes erkannte sie das Verbindende, wiewohl der kokette Plauderton der Urteile von der Ernsthaftigkeit distanziert, die Mme de Sévigné bisweilen beteuert, um sie freilich andernorts zu widerrufen. [111]

Obgleich sie nicht müde wurde, seinen (»jesuitischen«) Stil zu kritisieren und mit Verdruß die polemisch suggerierte Nähe von Arianern und Jansenisten bemerkte, verfolgte sie die frühe Kirchengeschichte in den Schriften des P. L. Maimbourg mit betroffener Genauigkeit. Im Sinnzusammenhang vergangener Lektüren und lebhafter Betroffenheit gründete die Wahl des jeweils neuen Buchs: Maimbourgs Abriß der Kreuzzüge empfahl sich denen, die Tasso gelesen hatten, jedem aber auch, der im christlichen Ritter dem bewunderten Vorbild oder dem Ahnherren des eigenen Blutes zu begegnen suchte. [112] Eine erneute Beschäftigung mit französischer Geschichte schloß sich daran an, vergleichbar dem früheren Interesse an Mézeray, bei dem das historische Faktum noch in lebendiger Unmittelbarkeit den Subjekten der Geschichte zu gehören schien: »je veux la débrouiller dans ma tête, au moins autant que l'histoire romaine où je n'ai ni parents, ni amis; encore trouve-t-on ici des noms de connaissance.« [113] Von bestechender Eindeutigkeit und Subjektivität ist Mme de Sévignés – für ihren Stand und ihr Geschlecht allerdings beispielhaftes – Bekenntnis zur Neuzeit.

An der Vermittlung von reflektierter Erfahrung und der Aneignung des Gelesenen im Lebensvollzug wird die Adressatin der Briefe beteiligt, manches der Bücher ihr mit Anmerkungen geschickt, später dann, in der Replik auf die Antwort, neu kommentiert. Nichts ist gelehrt an dem Umgang mit diesen Werken, wiewohl in ihnen die großen theologischen Konflikte der Zeit ausgetragen werden. Die wache Skepsis gegenüber dem Calvinismus, der Reformation in England oder der orthodoxen Dogmatik Maimbourgs erwuchs aus dem unmittelbaren religiösen Gefühl. [114]

Die exemplarische Skizze der Lektüren eines Tages zeigt, daß für die weibliche Elite die grundsätzliche intellektuelle Hierarchie der Geschlechter außer Kraft gesetzt war:

> Le matin, je lis l'*Histoire de France,* l'après-dîner, un petit livre dans les bois, comme ces Essais (*de Morale* von Nicole), la *Vie de saint Thomas de Cantorbery,* que je trouve admirable, ou les *Iconoclastes,* et le soir, tout ce qu'il y a de plus grosse impression. [115]

In gläubiger Unmittelbarkeit erfuhr Mme de Sévigné das Bildungserlebnis des Buches, das die Trennung aufhebe, Entfernte einander vertraut mache und mit dem gleichen erfülle. Auch der Enkelin bestimmte sie die Lektüren, weil sie im Lesen nicht allein den beglückenden Zeitvertreib entdeckt, sondern den besinnlichen Blick auf das eigene Selbst zu richten gelernt hatte, der im Schreiben dann sich nach außen zu wenden vermochte: »La lecture apprend aussi, ce me semble, à écrire.« [116]

2.4. Weibliche Bildung und »bienséance«

Wenn es um die Harmonisierung von Wissen und »bienséance« ging, so unterwarfen sich die Frauen, sofern Stand oder gesellschaftliche Stellung sie ihnen geboten, gemeinhin den verinnerlichten Normen der »honnêteté«. Danach war, wie der Chevalier de Méré sie gelehrt hatte, die um ihrer selbst willen angeeignete Bildung oder die im Schreiben durchschimmernde Anstrengung des Handwerks zu meiden. Die Zahl der Hochgebildeten war, obgleich immer noch überschaubar, gewachsen; daß ihre Namen in der zeitgenössischen Anekdote oder Exempelreihe festgehalten und daher heute noch bekannt sind, zeigt indes, wie sie, auch innerhalb der Elite, noch vereinzelt sind. Vermehrung und Aufwertung weiblicher Bildung begegnete zum einen den Vorbehalten mancher »Anciens«: La Bruyère machte keinen Hehl daraus, daß er »science« und »sagesse« für eigentlich unvereinbar hielt mit der Natur der Frauen, ihrer psychophysischen Schwäche, ihrer Trägheit, Leichtfertigkeit oder Eitelkeit. [117] Méré wiederum, Gast in den Salons der Mmes de Rambouillet, de Maure, de Sablé und de Longueville und von 1645 an Präzeptor der Mme de Lesdiguières, war gerade um des neuzeitlichen Geselligkeitsideals willen nur zögernd bereit, seiner Schülerin die gewünschte Belehrung zuteil werden zu lassen. So verzichtete er auf die Empfehlung von Lektüren und entwertete alle erworbenen Kenntnisse zugunsten des »esprit de finesse«, dem allenfalls die Griechen, keineswegs aber ein ungalanter Aeneas, der Schulmeister Cicero oder die Peinlichkeiten der Horaz'schen Satiren zu entsprechen vermöchten. Angesichts des verpflichtenden Lobs der Moralisten für die weibliche Selbstbescheidung und das Verbergen des Wissens nimmt es nicht wunder, daß Mlle de la Vigne, Mlle Dupré, Mme Deshoulières oder Elisabeth de Rochechouart kaum zu bekennen wagten, die alten Sprachen zu beherrschen oder eine Bewunderung ihrer philosophischen Studien mit verhaltener Diskretion abwehrten, daß Mme de La Suze, Mlle Desjardins oder auch Mme de Sévigné beteuerten, im Schreiben nichts als den anspruchslosen Versuch und vergnüglichen Zeitvertreib zu sehen. [118]

2.5. Die Frauenkultur des Salons und der »moderne« Antihumanismus

Mochte auch der Hof mit der politischen Entmündigung des Feudaladels die Herrschaft der Salons durch ein gelenktes Gleichgewicht der Stände zum Vorteil des Bürgertums und damit der klassischen Literaturnormen abzulösen bemüht sein [119], so blieben diese doch, mit allenfalls eingeschränktem Einfluß, als bedeutende soziokulturelle Instanz erhalten. Von den Spielen des Hôtel de Rambouillet und der »Samedis«, über das improvisierte Salonmärchen der »Modernes« bis zu den neuen Ritterorden und anderen »divertissements« der »Cour de Sceaux« überlebten die »jeux d'esprit« als kollektive Kleinkunst im – überwiegend adligen – Zirkel, der sich treublieb in Neigung und Geschmack: verschlüsselndes Abbilden und Stegreifdichtung; Pastoral- und Ritterromane des Mittelalters, Italiens oder Spaniens; Ball, Ballett und Oper; das höfische Fest und die Wunder barocker Bühnenmaschinerie. Andernorts vollzog der Salon die Versöhnung von »politesse mondaine« und moderner Geistes- und Naturwissenschaft, wie sie für das 18. Jahrhundert selbstverständlich wurde. Beide Tendenzen gingen Hand in Hand mit der Aufwertung der Frauen. Wie sich dabei die Stände und Generationen berührten, läßt sich an Mme de Sévigné (die E. Avigdor eine »wahre Preziöse« nennt) [120] und Mme Deshoulières (für M. E. Storer eine der letzten »Preziösen«, für A. Adam zugleich Mittelpunkt der »Modernes«) [121] exemplarisch verfolgen und genau belegen. Beide werden von Somaize und Jean de La Forge registriert. Mme de Sévigné bleibt auch im Alter, in der Phase ihrer theologischen und historischen Lektüren, dem Geschmack ihrer ersten Jahre im Hôtel de Rambouillet treu, rühmt und verteidigt Voiture (1679 und 1690), greift wieder zu Sarasin (1680), den sie auch Pauline empfiehlt, schickt der Tochter die Rondeaux von Benserade (1676), schätzt die Leichtigkeit seiner Ballette (1686), ist den *Conversations morales* der Mlle de Scudéry, deren Romane ihr ebenso vertraut sind wie die *Astrée, Cléopâtre, Cassandre* und *Pharamond,* anhaltend verbunden, entscheidet sich vorbehaltlos für Corneille und gegen Racine. Sie tauscht und kommentiert mit Mme de Grignan selbstverfaßte Maximen oder die von La Rochefoucauld, deren Entstehen sie verfolgte. In ihrer Nachbarschaft im Marais empfängt Mme Deshoulières, nach ihrer Rückkehr nach Paris (1674), die literarische Elite, deren Namen aus den Salons nicht wegzudenken sind: Saint-Aignan, nunmehr gefeiert im *Mercure galant,* Montausier, dem sie, wie letzerem, einige Gedichte widmet, die beiden Corneille, Fléchier, Mascaron, Benserade, Pellisson, Quinault, die beiden Perrault, die beiden Tallemant, La Rochefoucauld, Mlle de Scudéry, Mme de Sévigné, Bussy-Rabutin. 1659 erschienen ihre Versportraits von Mlle de Villenne und M. de Lignières. In einem Portrait desselben Sammelbandes rühmte Gramont ihre allseitigen literarischen Kenntnisse, die auch das Lateinische einschlossen, die leichte Handhabung der Verse und poetischen Kleinformen, die Kunst des Plauderns und ihre intellektuelle Bescheidenheit; Ambrosius, Augustinus und die Heilige Schrift hat sie gelesen, im Urteil sich vorausschauend, schnell und sicher erwiesen; Geist, Bildung und die Freude am geselligen Vergnügen bestimmen sie der

»Ruelle«. [122] Mit Endreimsonetten, den »Rimes en *ailles,* en *eilles,* en *ille & en ouille*«, in denen eines der von Ch. Sorel aufgeführten »jeux d'esprit« zur literarischen Form wurde, mit Stanzen, Madrigalen, Rondeaux und dem Zyklus der Tiergedichte blieb sie der Gelegenheitslyrik des frühen Salon bis in die letzten Lebensjahre verpflichtet. [123] Die – unter dem Namen des Duc de Nevers veröffentlichte – erste Tragödie *Genséric* (1680) zeigt, wie ihre Eklogen, die Vertrautheit der Autorin mit der *Astrée,* zu deren Schauplätzen am Lignon sie (1672) gepilgert war; der Stoff zur zweiten, unvollendet gebliebenen *(Jule Antoine),* ist La Calprenèdes *Cléopâtre* entnommen. Sie versuchte sich in der Oper und verfaßte (1689) – im Stil der Opernprologe und thematisch in der Nachfolge von Mlle de Scudéry – einen zum Singen bestimmten Dialog zwischen »Amour« und »Ambition« mit ihrem Gefolge, der als Vorspiel eines – nicht realisierten – Fests für den in Saint-Germain exilierten englischen Hof gedacht war. [124] Die Parteinahme für Corneille ging bis zur Intrige gegen die *Phèdre* von Racine, was ihr mit dessen Feindschaft auch die von Boileau und La Fontaine und in neuerer Zeit manchen Vorbehalt in der Literaturgeschichte eintrug. [125] Ihr Mentor Dehénault wies sie in die Dichtung, aber auch in die Philosophie seines Lehrers Gassendi ein. Einflüsse des »libertinage« charakterisieren ihre Idyllen, in denen Vernunftgläubigkeit und christliches Jenseitsbewußtsein durch den regressiven Traum vom goldenen Zeitalter und nahezu quietistische Selbstentsagung abgelöst werden. [126] Daß im Salon der Mme de Lambert ein neues Preziösentum und ein zunehmend philosophisch gefärbter Modernismus zusammentrafen [127], Reflexionen über Freundschaft, Liebe und Ehe, über Ansehen, Bild und Erziehung der Frau die Runde weiterhin beschäftigten, zeigt die Kontinuität einer aristokratischen Kultur, in der »préciosité« und Barock, Moderne und Régence in einem engen und linearen Bezugsverhältnis bleiben. Mme Deshoulières, Mlle de Scudéry und Mme de Lambert bilden – wie Mlle Lhéritier oder die übrigen Damen, die um die Jahrhundertwende preziöse Themen im »modernen« Feenmärchen erneuern – die Brücke für eine antihumanistische Tradition, die als Frauenkultur adligen Ursprungs die bei einigen bürgerlichen »Anciens« fortlebende Misogynie distanzierend umgibt.

Zweiter Teil

Von der Mündlichkeit zur Mündigkeit: Die Frauen und die »Genres Salonniers«

War zunächst die Salonkultur daraufhin zu untersuchen, wie sie den Frauen die spielerische und gesellige Teilhabe an Literatur und Bildung ermöglichte, so ist nun die Frage zu stellen, wie innerhalb dieses besonderen Rahmens einige von ihnen zu Schriftstellerinnen werden konnten. Die Darstellung folgt dabei in chronologischer Reihe den von ihnen gewählten Gattungen, die sich aus den Gesprächsspielen entwickelten, diese aber zugleich, und mit ihnen die jeweilige Salonwirklichkeit selbst, literarisch verewigen.

Schwerpunktmäßig gerät dabei immer wieder das Oeuvre von Mlle de Scudéry in den Blick. So bewahren ihre Romane die Erinnerung an die geselligen Rituale des Hôtel de Rambouillet und der bürgerlicheren preziösen »Samedis«. Mit ihrem novellistischen und psychomoralischen Alterswerk schlägt dieselbe Autorin die Brücke vom jansenistischen Kreis um Mme de Sablé und dem dort gepflegten Austausch und Kommentar von Maximen zum Salon der »Modernes«, wo mit den Feenmärchen die durch den Absolutismus bedrängte Spielkultur wieder auflebt. Im Portraitieren und Verschlüsseln entwickelte sie Darstellungsformen, die andere Frauen fortsetzen oder an denen sie sich messen konnten: In beidem wird die stolze Bourbonin Mlle de Montpensier der Bürgerlichen zur Rivalin, doch beide Autorinnen verbindet die – ständisch sich unterscheidende – polemische Replik auf das männliche »portrait galant«. Mit der utopischen Kasuistik, die den »code tendre« entfaltet, bereitet Mlle de Scudéry schießlich der femininen Wunschwirklichkeit der d'Aulnoyschen Salonmärchen den Boden.

Madeleine de Scudéry

I. Unterhaltung und Parteilichkeit: Mlle de Scudérys *Le Grand Cyrus* (1649–1653) und *Clelie* (1654–1660)

Schon in den frühen meinungsbildenden Urteilen zu den Romanen von Mlle de Scudéry war der Blick für deren eigentümliche Form verstellt. So scheiterten sie nicht allein an der Ungeduld des modernen Lesers, sondern – literaturwissenschaftlich – am vermeintlichen Makel poetologischer Unvollkommenheit. Die Vorwürfe gründeten in einer normativen Romanästhetik, die die besonderen Entstehungsbedingungen außer acht ließ. Diesen gerecht zu werden und damit beschreibend die beiden großen Romane zu strukturieren, ist die gestellte Aufgabe. Nur in der Wirklichkeit des geselligen Lebens, das in ihnen aufgehoben ist, ist der interpretatorische Schlüssel zu suchen. Die von der bisherigen Forschung hinterlassene Frage gilt mithin den Verfahren, mit denen die in Gespräch und Spiel vergegenwärtigte Gleichzeitigkeit von gelebter Erfahrung und fiktionaler Stilisierung verewigt wird. In eins damit berührt sie die sich literarisch behauptenden einstigen Spielformen selbst, die in diesen Romanen der Mündlichkeit entwachsen, um den Weg zu autonomen Gattungen anzutreten. Nicht minder aufschlußreich ist auch die Auswahl aus dem – etwa von Ch. Sorel – überlieferten Katalog der Spiele, die in die Salongeselligkeit und -literatur Eingang fanden. Diese bilden einen Kanon literarischer Kleinformen, der mit dem Werk der Autorin weitgehend unrezipiert blieb (»banquet«, Binnen- und Exempelnovelle, »portrait moral« oder literarische Galerie, erotische Topographie, »mascarade«, Rätsel oder »souhaits«). Im Verschlüsseln entdeckte Mlle de Scudéry die Möglichkeit, den geselligen Kreis abbildend festzuhalten und ihm die Dechiffrierung als unterhaltsame Aufgabe zu stellen. Damit ist zu zeigen, wie ihre Romane als Summe der Abbildungsverfahren zur Chronik, als die der Formen des Verschlüsselns zum zirkelstiftenden Rätsel werden.

1. Vom geselligen Spiel zur Chronik der Geselligkeit: Mlle de Scudéry und ihre literarischen Verfahren

1.1. Die Salonautorin und die Gelehrten

1.1.1. Vom Symposion der Weisen zur preziösen »Feste galante«

1653, vier Jahre vor der zweiten berühmteren Auflage der *Maison des ieux,* läßt im 9. Band des *Grand Cyrus* Mlle de Scudéry von Chersias und Mnesiphilos das

»Banquet des sept Sages« beschreiben. [1] M. Kruse hat gezeigt, daß sich die Autorin nicht nur an dem Plutarch zugeschriebenen *Convivium septem sapientium,* nach der Übersetzung von J. Amyot (1572), sondern auch an den »Questioni d'Amore« aus Boccaccios *Filocolo* literarisch inspirierte. [2] Nach dem oben gegebenen Hinweis auf die literarische Lotterie, die »Jeux de pourquoy & de Pource«, »des Complimens ou Flatteries«, oder »du Mariage«, die Sorel und Mlle de Scudéry verbinden, läßt sich indes spätestens an dieser Stelle die *Maison des ieux* als weitere und, wie sich zeigen wird, zentrale Vorlage der Salonautorin ermitteln. Damit werden die Ergebnisse von M. Kruse ergänzt und nicht eingeschränkt.

Zur Illustration und Verteidigung der »Jeux de conversation« führte Hermogene/Sorel die Symposien von Platon, Xenophon und insbesondere Plutarch an, dessen Fragen und Antworten er so eingehend beschrieb [3], daß sie Mlle de Scudéry für den geringen Raum, den sie seinen Weisen beläßt, als unmittelbare Quelle hätten genügen können. Zu den von Sorel empfohlenen Spielen gehörte das Rätsel der Kleobuline, das – durch Eumetis – stellen zu lassen und im preziösen Sinne zu nutzen, der Autorin vorbehalten blieb. Im *Grand Cyrus* wird Solon zu einem Lesclache des gelanten Gastmahls. Die natürliche Höflichkeit gegenüber den Damen gebietet ihm, die erratene Lösung zu verschweigen. Der spartanisch strenge Chilon hingegen ist, anders als die übrigen Weisen, nicht geneigt, seine Philosophie dem Geschmack der geselligen Welt anzupassen und den intellektuellen Anspruch einer männerbündischen Gelehrtenrepublik zugunsten der gemischten Runde preiszugeben. Unwillig fügt er sich in die Anwesenheit der Damen, bis er die Überlegenheit der Rätselstellerin erfährt und auch im Rückzug auf die vermeintliche Dunkelheit sein Scheitern an der gestellten Aufgabe nicht mehr verbergen kann.

Nach deren Lösung und Erklärung durch Kleobuline, dem Lob für die geistreiche Galanterie der Damen und Aesops Spott über Chilon ist dem Symposion die gelehrte Würde genommen, ironisieren Tanz, Musik und die gemischte Unterhaltung des Gartenfests den Ernst der Weisen. Diese bleiben im Saal zurück und sind bald unter sich, als auch die drei Damen, wiewohl durchaus in der Lage, hier mitzureden, sie bei der Erörterung der höheren Wissenschaften allein lassen. Chersias und Mnesiphilos folgen ihnen und werden, da sie mit Eumetis der gelehrten Debatte die »questions galantes« vorziehen, zu Spielmachern eines Gegen-Symposions auf den Rasenplätzen des Parks. Man plaudert darüber, ob man sich jene Weisen als Verliebte vorstellen könne, zeichnet gemeinschaftlich das Bild eines allseits bekannten älteren Liebhabers und nimmt Aesops beendete Neigung zu Rhodope zum Anlaß für eine Reihe solcher Spiele, wie sie von Sorel angeregt und in der Tat mit Boccaccios »Questioni d'Amore« vorgezeichnet waren. Ins Zentrum rückt dabei die Frage nach der Möglichkeit, die Liebe zu einer Frau, mit der man gebrochen habe, wiederaufleben zu lassen. Chersias und Mnesiphilos wird aufgegeben, mit kontrastierenden Beispielgeschichten gegeneinander anzutreten. Die Begriffe, die das Verfahren kennzeichnen (»soustenir son opinion«, »plaider« und »gagner sa Cause«, »dire ses raisons«, »conter les voix de la Compagnie, afin de iuger à l'auantage de celuy qui en auroit de plus«, »prononcer l'Arrest«) [4] machen deutlich, wie sich in dem Text die Liebeskasuistik und die Schiedsgerichte der *Astrée* fortsetzen. Mnesiphilos stellt mit der »Histoire de Phylidas, et d'Anaxandride« das Exempel *für,* Chersias mit der »Histoire d'Aglatonice et d'Iphicrate« ein solches *gegen* die mögliche Erneuerung einer verloschenen Liebe bereit. [5] Beide suchen sie vor den Gästen des Festes, darunter den Weisen selbst, mit Argument und Replik das Für und Wider zu begründen; nach dem Spruch der Mehrheit will man sich gemeinschaftlich um eine Definition der Liebe bemühen. Periandre soll von Arions Rettung durch den Delphin berichten, die anderen daraufhin Beispiele für die Menschenliebe der Delphine zusammentragen, was Aesop über die Sprache der Tiere zu scherzen veranlaßt, Motive, die im Werk von Mlle de Scudéry ebenso wie im Salonmärchen der Mme d'Aulnoy (u.a. *Le dauphin*) wiederkehren. Gemeinschaftlich prüfen sie schließlich, ob es von Schwäche zeuge oder gegen die »bienséance« verstoße, wenn eine Frau als die erste und ohne Erwiderung liebe.

Hier endet das preziöse Convivium, das vielfach exemplarisch ist für das literarische Verfahren dieser Salonautorin und das sich damit als möglicher Zugang zu einer Analyse ihrer Textstrategien anbietet. Es ist das Verdienst von M. Kruse, daß Mlle de Scudérys »Banquet« erstmalig einer literarhistorischen Reihe zugeordnet wurde. [6] Dabei aber gerieten die unmittelbaren französischen Vorlagen (Sorel, d'Urfé) ebensowenig in den Blick wie deren spielerische Anverwandlung in der Gesprächskultur der Salongeselligkeit, aus der die Autorin allererst sie der literarischen Fixierung zurückgewann. Unangemerkt blieb darüber hinaus die im Einklang mit der zeitgenössischen Aufwertung der Frauen gefeierte gesellige Ausgrenzung der männlichen Gelehrtenrepublik. Die feminisierende Umdeutung des Symposions der Weisen ist indes beispielhaft für die inhaltlichen Veränderungen, die die Autorin an ihren Quellen vornahm. In Chilon ächtete sie, wie wenig später De Pure in Horacien, den unverbesserlichen »Ancien« ihrer Epoche, der in der Gestalt Boileaus seinen Rächer finden sollte. Beider Erbschaft aber trat, mit größerem Erfolg als im 17. Jahrhundert, die neuere Literaturwissenschaft gegen Mlle de Scudéry an.

1.1.2. Die Replik der Wissenschaft: Die Scudéry-Romane in der literarhistorischen Rezeption

Seit V. Cousin ist es Gemeinplatz einer wissenschaftlichen Scudéry-Rezeption, die im übrigen nach Rang und Quantität in keinem Verhältnis zu der zeitgenössischen Bewunderung der Autorin steht, daß der geschlossenen Lektüre ihrer großen Romane kaum oder gar nicht Herr zu werden sei. [7] Nach der Entdeckung der *Clef de l'Artamene ou le Grand Cyrus, à Paris, MDCLVII* durch V. Cousin und der Veröffentlichung von Conrarts Randnotizen zu Pellissons verschollener *Chronique du Samedi,* die weitere Maskierungen enthüllten, konzentrierte sich das Interesse der neueren Kritik auf ein detaillierteres Dechiffrieren der verschlüsselten Portraits und Erzählungen. Als allegorischer Roman oder ins Wort gesetzte Gemäldegalerie erschien der *Grand Cyrus* seinem ersten großen Interpreten [8], und noch A. Adam sieht in den Portraits eines der wesentlichen Wertmerkmale auch der *Clelie*. [9] A. Niderst setzte in seiner unlängst erschienenen Synthese, als deren – nicht immer unbezweifelte – Ergebnisse er eine Reihe weiterer »wahrscheinlicher« und »möglicher« Schlüssel des Scudéryschen Gesamtwerks vorzulegen versuchte, die von V. Cousin begonnene Arbeit auf der Basis von zwischenzeitlich zugänglich gewordenen Quellen fort. [10]

Konnte man sich hierbei Aufschlüsse über die literarische und politische Prominenz der vorabsolutistischen Ära versprechen und mochte bisweilen auch ein Wort der Anerkennung dem Verfahren des Abbildens selbst gelten, so war diese Kritik gemeinhin nicht bereit oder in der Lage, den scheinbaren Zerfall der erzählerischen Großform sinnvoll zu begründen. Die Wirkungsgeschichte der Romane ist in der Tat in einer zu diesen »antagonistischen Atmosphäre« angesiedelt, wie L. A. Aubé bemerkte und wie es einige der meinungsbildenden Monographien bestätigen. [11] Erst die Gegenwart – Nunn, Aubé, Niderst, Tingle-Keating oder Godenne – ließ davon ab, mit der Berufung auf Boileau Humanismus, Historie und den »besseren« Roman gegen die Autorin zu verteidigen. Dabei hatten die anderen übersehen, daß die ästhetischen Prinzipien der Scudéry weitgehend in den allgemeinen Normen des *Art Poétique* aufgehen. [12] Im 8. Band der *Clelie* begründete sie die Vorzüge der Fiktion vor der Wahrheit der Geschichte mit dem gängigen (»klassischen«) Argument größerer Wahrscheinlichkeit und damit wirksamerer moralischer und religiöser Belehrung. [13]

Das Gewicht der Namen ließ auch die unbekümmerte Subjektivität negativ wirksam werden. Daß nichts anderes als die »fürchterliche Häßlichkeit«, in der nur Pellisson es der Freundin gleichtun konnte, ihre zumindest latente, bisweilen auch manifeste, in jedem Falle aber abstruse Misogamie begründen konnte, ist für M. Magendie selbstverständlich. Kindisch sind für G. Mongrédien die Spiele ihres Salons, in dem Altjüngferlichkeit und Bigotterie den Ton angeben. Lächerlich nennt H. Coulet die Übertreibung in Ideen und Bildern und den schwerfällig-outrierten Stil. Die sekundären Episoden scheinen für ihn als isolierte Textelemente dem Gefüge des überkommenen, zyklischen Romans befremdlich aufgepfropft zu sein. Wurde die Vielfalt der Deduktionen und generalisierenden Anweisungen der Autorin für M. Magendie zum lähmenden Übermaß, so deutete sich in ihrer Neigung zu Erklärungen und Präzision für H. Coulet der beruhigende »bürgerliche« Ausweg aus dem nicht mehr zu gliedernden barocken Labyrinth ihrer Romane an. [14]

Zu den Faktoren der negativen wissenschaftlichen Rezeption des Scudéry-Werks gehört, neben der unreflektierten Misogynie [15], die nach Boileau sich behauptende Barockfeindlichkeit. Sie berührt die Auswahl der literarischen Vorlagen nicht weniger als die Formen ihrer Anverwandlung in den Gesprächsspielen des Salons. Nur mit einer Relativierung der Regelpoetik und ihrer modernen literarästhetischen Gültigkeit ist den Scudéry-Romanen gerecht zu werden. Damit ist die Frage gestellt, wie sich in diesen die »jeux d'esprit« zu einer

Chronik der Salonkultur zusammenfügten, deren Protagonisten die einstige Beteiligung am gemeinschaftlichen Spiel lesend sich vergegenwärtigen konnten.

1.2. Spiel im Roman und Roman als Spiel: Verschlüsselung als Rätsel im »Grand Cyrus«

1.2.1. Die Binnen- und Exempelerzählungen

Nachdem anhaltend ungesichert ist, welchen Anteil Georges de Scudéry an den von ihm signierten frühen Romanen hat [16], kann die merkliche Zäsur nach den ersten vier Bänden des *Cyrus* nicht im Wechsel der Federführung und literarischen Verantwortung gesucht werden. Nach ihrer Rückkehr aus Marseille (1647) fanden beide die Pariser Leserschaft beherrscht von den Romanen La Calprenèdes, gegen den sich das Vorwort und die ersten der seit 1649 entstehenden Teile des *Cyrus* zu behaupten versuchten.

Mit dem 5. Band jedoch beginnt die Ablösung von dem Muster des Barockromans. A. Adam beschrieb die Veränderung mit der neueinsetzenden Fülle von eingeflochtenen Erzählungen. M. Magendie bemerkte die zahlreich werdenden Unterhaltungen und spielerischen Abhandlungen zu Themen der Liebe und Galanterie, und R. Tingle Keating erfaßte statistisch die Zunahme der Portraits, die von siebzehn für die Bände 1–4 auf 78 in den restlichen sechs Bänden anwachsen. [17] Dies sind Beispiele jener von Mlle de Scudéry lancierten Kleinformen, für die ihre Autorschaft in den Romanen unbestritten ist. »Histoire«, »question galante« und Portrait sind nicht als allenfalls »dekorative«, das Handlungsgefüge sprengende Beigaben in das Romanganze eingefügt, sondern sie bewahren die literarische Erinnerung an die einstigen mündlichen »jeux d'esprit« der Salongeselligkeit. Die im Spiel der Gruppe vergegenwärtigten Abenteuer aus der *Astrée* oder dem *Amadis* kontaminierten sich dort mit Anekdotischem aus gegenwärtigen Biographien und Genealogien und kehrten dann als chiffrierte »Geschichte« im Chronikzyklus der Scudéry wieder. »Histoire« heißen hier die rückblickenden Erzählungen der Protagonisten selbst, in der Mehrheit aber solche, in denen neu eingeführte Personen mit dem bis zum Eintritt in den Strang der Haupthandlung Erlebten vorgestellt werden. In den Formeln, die sie einleiten und beschließen, erscheinen die Begriffe »discours«, »récit« und »narration« als beliebig austauschbare Synonyme. Die – männlichen oder weiblichen – Erzähler sind gemeinhin als Freunde der im Titel Genannten mit deren Geschichte vertraut; vereinzelt hat die »histoire« auch die Form der Icherzählung. [18]

Die »histoires« nehmen im *Grand Cyrus* und in der *Clelie* den mit Abstand größten Raum ein; bisweilen füllen sie ein ganzes Buch. Mit der *Clelie* – fünfzehn – geht ihr Anteil im Vergleich zum *Grand Cyrus* zurück; dort ist, bis auf den ersten, jeder Band in je allen drei Teilen in dieser Weise unterbrochen. Zweimal wird eine frühere Geschichte fortgesetzt. [19] Eine weitere Variante enthält, neben dem 9. Band mit dem »Banquet« und seinen kontrastierenden Exempelgeschichten, der dritte, der Martesie in ihrem Salon über einen »berühmten Streit« zu Gericht sitzen und »Jugement« und »Arrest« darüber aussprechen läßt, welcher von vier Liebenden am meisten leide. Auch hier werden die Beispiele des »Amant absent«, »Amant non-aimé«, »Amant en Deuil« und »Amant Jaloux« in der Form kürzerer Erzählungen vorgetragen. [20] Rechnet man diese hinzu und zählt die fortgesetzten als einzelne, so enthält der *Grand Cyrus* insgesamt 31 solcher weitgehend in sich abgeschlossenen Geschichten. [21]

Beide Romane also lassen sich in diese mit der Hauptintrige locker verbundenen fünfzehn und 31 überwiegend selbständigen Binnen- und Exempelerzählungen aufgliedern, und beide sind als die Aneinanderreihung derselben entstanden, und dies zu eben dem Zeitpunkt, als die narrative Form unter dem Eindruck der im Hôtel de Rambouillet erlebten Gesellschaft sich modifizierte.

1.2.2. Verschlüsseln und Verewigen

Zurückhaltend hatte sich Mlle de Scudéry in dem hocharistokratischen Kreis im Zuhören und Beobachten geübt. Von ihrem Bruder eingeführt, war und blieb sie, obwohl benachteiligt an Schönheit, Herkunft und Geld, der Gastgeberin und den Gästen des Hauses teuer. [22] Man schätzte in ihr die sensible Chronistin, deren ersten Roman A. Niderst mit gutem Grund »Du côte de Rambouillet« nennen möchte. In diesem Salon gewann sie Freunde, die ihr zu den »Samedis« folgten [23] und dort die Tradition von Spiel und Unterhaltung fortsetzten. Die gesellige Beschäftigung beider Zirkel wurde dann in Bänden festgehalten, die man ihrer Autorin buchstäblich aus den Händen riß und die alsbald in fünf Sprachen übersetzt wurden. Der *Grand Cyrus* war um 1650 – mit der Auflagenzahl von Gebetbüchern – ein »bestseller«, für den eigens ein Ausleihverkehr eingerichtet wurde. Mme de Lafayette wartete ungeduldig darauf, daß Ménage ihr alle neu erschienenen Bände mit den zirkulierenden Schlüsseln schickte [24], und dies nicht allein für die Erzählungen. Besonders die Frauen waren, nach Tallemant, begierig, in einem »caractère« verewigt zu werden, einem der »portraits à clef« aus ihrer imaginären Gemäldegalerie also, die in den Salons zugleich vorbereitet und verbreitet wurden. Derselbe Tallemant hatte mit der Bemerkung »il n'y faut chercher que le caractère des personnes, leurs actions n'y sont point du tout« [25] allerdings dazu beigetragen, die Schlüsselportraits als willkürlichen Fremdkörper innerhalb einer desorganisierten Erzählhandlung erscheinen zu lassen.

Das Verfahren, mit dem A. Niderst weitere Binnenerzählungen besonders des *Grand Cyrus* zu entschlüsseln versuchte, wirft ein Licht auf das Vorgehen der Autorin und damit indirekt auch auf das so einmütig bezeugte Leserecho unter den Zeitgenossen. Mit der »Histoire d'Aglatidas et d'Amestris« etwa konnte sie, nach A. Niderst, des Interesses all derer versichert sein, die, wie sie, über ihre Freundinnen Mme de Sévigné oder Mme de Fiesque Einzelheiten von den Qualen der Princesse d'Harcourt erfahren hatten, die an der Seite ihres tyrannisch eifersüchtigen Gatten sich dessen jeweiligem Diktat schmerzlich fügte. Die erwähnten, von d'Harcourt (1650) aus dem Haus verjagten Damen mögen nicht zuletzt der parteiischen Färbung des Berichts applaudiert haben, in der die Autorin, wie in Zukunft so häufig, nicht nur für die von den moralischen, religiösen und gesellschaftlichen Normen bedrohte Liebe plädierte, sondern die junge Frau als das schuldlose Opfer der diese Normen repräsentierenden Instanzen, der Väter und Gatten, erscheinen ließ. [26] Komplizenhaftes Einverständnis und Genugtuung darüber, als Mitwisser der Geheimnisse und Hintergründe den allegorischen Schleier lüften zu können, im Prozeß des wiedererkennenden Identifizierens also sich selbst als schöpferische Subjekte des Romans, zugleich aber auch als bestätigte Mitglieder eines geschlossenen Kreises zu erleben, war die positive Lesererwartung aller Eingeweihten, mit der Mlle de Scudéry rechnen konnte. Wenn es dem Interpreten der Gegenwart nur mit begrenzter Sicherheit gelingt, in den Protagonisten der Erzählungen und ihren Intrigen die abgebildete Wirklichkeit zu erkennen, so muß es den Zeitgenossen um ein Vielfaches leichter gewesen sein. Tarnung durch eine veränderte Haarfarbe, wie sie Tallemant eigens erwähnt [27], chronologische Umsetzung und Faktenkontamination erfüllten die Gebote formaler Vorsicht, erhöhten aber auch den Reiz dechiffrierenden Lesens.

Von all dem spricht die Autorin in der *Clelie* selbst. Hier macht sie Homer zum Ahnherrn des Verfahrens, mit dem sie den Freunden ein Denkmal setzen wollte. [28] Das Verschlüsseln ist auch Gegenstand einer ihrer Geschichten. Aufgefordert, vom Beginn seiner Liebe zu berichten, meidet Amilcar die autobiographische Form, um dem Selbstlob oder der übertriebenen Bescheidenheit zu entgehen: Die Wahl fiktiver Namen, deren Identität von einem Zuhörer ratend entschlüsselt und vom Erzähler schließlich bestätigt wird, erwecke die Neugier, gewährleiste aber zugleich die angemessene und genaue Darstellung der eigenen Geschichte ebenso wie der von Dritten und in eins damit die Sicherheit der Diskretion. [29]

So konnte Mlle de Scudéry auch die eigene Lebenswirklichkeit im entliehenen Gewand des berühmten Namens überhöhen und festhalten, ein Vorgehen, das J. Plantié Anamorphose nennt. [30] Im 10. Band des *Grand Cyrus* schlüpfte sie in die Rolle der Sappho und umgab sie mit den antiken und gegenwärtigen Freundinnen (Amithone/Mme de Aragonnois; Cydnon/Angélique Robineau; Athys/Marion Le Gendre; Erinne/Marie de Razilly oder Mlle du Val, wie Niderst entschlüsselt) und dem Bruder Charaxe, in dem unschwer Georges de Scudéry zu erkennen ist. [31] Vorher erschien Sappho, wie später in der *Clelie*, als die von den Griechen bewunderte Dichterin [32], während andererseits »Sapho«/Scudéry, die sich zur Herrin des von ihr gegründeten Reichs (»Tendre«) erhebt, ihre Erfindung einer pädagogischen Allegorie der galanten Landschaft als das Werk jener Clelie erscheinen läßt, hinter deren Liebesgeschichte mit Aronce die des Duc de Nemours und der Duchesse, der der Roman gewidmet ist, vermutet werden kann.

Die Camouflage erlaubte zunächst, eine sozial fixierte Identität kühn zu überschreiten und im Gewand der ewigkeitverheißenden Mythologisierung, die der antike Name suggerierte, das Trennende zwischen Kunst und Politik, den bürgerlichen Gästen der »Samedis« und der ständischen Elite aufzuheben. Mme Pilou etwa spielte nur mühsam ihre Genugtuung herunter, als auch sie sich, neben der Comtesse de Maure, in der *Clelie* wiederfand. [33] Wenn dazu ein Name zweifach zu entschlüsseln war oder sich die Charakterzüge und Erfahrungen einer Person in zwei Gestalten und Geschichten des Romans wiederfinden ließen, mußte sich das Vergnügen der Leser beim Verstehen des Verwirrspiels erhöhen. Der Roman selbst wurde zum Rätsel, zum »jeu d'esprit«, und in eins damit wurden die Leser, die das Dunkel zu lichten hatten, zu einer dem Autor gleichrangigen Instanz, nicht anders als der die Rätsel Lösende neben dem, der sie stellt.

Die Kontamination zeitgenössischer Ereignisse mit solchen, die in Literatur und Historie überliefert waren, setzte auf beiden Seiten ein beträchtliches Wissen voraus. Wieviele griechische und lateinische Quellen Mlle de Scudéry rezipiert hatte, wird aus der Leseranrede des *Grand Cyrus* ersichtlich und wurde für die *Clelie* von N. Aronson und R. R. Nunn rekonstruiert. [34] Die Verschränkung der Gegenwart mit der alten Geschichte konnte ihr von Boileau nur darum so wirksam zum Vorwurf gemacht werden, weil – was die aristokratischen Memorialisten offenbar klar erkannt hatten – ein humanistisches Bürgertum zusammen mit der Antike die Historiographie gegen ein »modernes« Bewußtsein der Frauen *und* des Adels durchsetzen wollte, das sich von beidem in Frage gestellt fand. Wie interessiert der apodiktische Schiedsspruch in den *Héros de romans* indes ist, wurde den gelehrten Nachfahren des »législateur du Parnasse« ebensowenig zum Problem wie die mit der wissentlichen Geschichtsverfälschung gewonnenen literarischen Möglichkeiten bei Mlle de Scudéry. Die mit der Kontamination erreichte Uneindeutigkeit erschwerte dem Leser die Lösung des Rätsels. Der Autorin aber erlaubte sie neben der liebevollen Huldigung auch das vermittelte politische Bekenntnis.

Der in der Geschichte des »Amant jaloux« beschworene Hof des Polycrate erinnert in nur wenigen Details an die Vorlage bei Herodot. Reminiszenzen an den Aufenthalt in der Provence, die in die ausgiebigen Schilderungen der Küstenlandschaft, der »Marseille« genannten Stadt, ihrer – nach Justinus und Plutarch erzählten – Gründung, des Hafens und ihres Blumenfests in der »Histoire de Peranivs, Prince de Phocée et de la Princesse Cleonisbe« eingingen, deuten sich bereits an. [35] Doch das exotisch Fremde wird erneut verfremdet. Unversehens bevölkert sich der Hof des Tyrannen von Samos, der eben noch etwa mit dem Monacos identifizierbar schien, mit Gestalten, in deren komplex rituellen Beziehungen sich das Hôtel de Rambouillet mit den Liebesgeschichten der Julie d'Angennes gespiegelt sehen konnte.

Andererseits war Herodots Schilderung der Parteienkonflikte in Athen und der dem Peisistratos dabei zukommenden Rolle Mlle de Scudéry willkommener Anlaß, auf die Fronde anzuspielen, die sie verurteilte. [36] In der »Histoire de

Pisistrate« beschwor sie das von den Gesetzen Solons befriedete Athen, in dem die Spaltungen überwunden sind und ließ die von Pisistrate geliebte Cleorante die politische Anmaßung der »reformateurs de la Republique« energisch und kühn zurückweisen:

s'il ne plaist pas à la Fortune, de vous donner la conduite des affaires, ... laissez les aller comme elle pourront ... ces sortes de plaintes se doiuent plutost faire par le Peuple que par les Gens de qualité. [37]

Zugleich aber verlieh sie Artamène/Cyrus, mit dem sie Condé ein Denkmal setzte, nahezu übermenschliche Züge. Dabei wurde die Huldigung, die dem allenthalben bekannten Kriegsruhm des jungen Duc d'Enghien galt, für den Frondeur zum verpflichtenden Entwurf ritterlicher Vollkommenheit. Wenn Mlle de Scudéry dem Schwertadel das Modell einer bindenden, von diesem stets neu einzulösenden Idealität vor Augen hielt, errichtete sie an seiner Seite den wahlverwandten Freunden im Schmuck der gleichen, beziehungsreichen Namen ein Monument der Zuneigung.

Im Kreise einer nahezu geschlossenen hocharistokratischen Gesellschaft hatte sich Mlle de Scudéry mit den von ihr erfundenen Formen des Verschlüsselns einen von den Zeitgenossen unangefochtenen literarischen Rang erworben. Ihrem Stand und ihrem Geschlecht sicherte sie damit ein erstaunliches Maß an schöpferischer Freiheit, das sie künftigen Generationen schreibender Frauen zum Vorbild werden ließ, bis ihr Ruhm dem Spott und Unverständnis zum Opfer fiel. Mit der appellativen Würdigung der Hochgeborenen und der freundschaftlichen Treue zu den Gleichrangigen gewann sie die Wertschätzung der Gäste des Hôtel de Rambouillet und des Marais und blieb bewahrt vor schmeichelnder Unterwürfigkeit ebenso wie davor, eine »bienséance« zu verletzen, die für Tallemant oder Bussy-Rabutin kein Maßstab zu sein brauchte. Beides, Appell und freundschaftlicher Dank, kehrt wieder in dem zweiten von ihr fortentwickelten »jeu d'esprit«, dem Portrait.

1.3. Die literarische Abbildung: Die Formen des »portrait moral«

1.3.1. Die Traditionen des literarischen Portraits

Ch. Sorel hatte in seinem Buch der Spiele nicht allein für die Binnenerzählungen des *Grand Cyrus* den Weg gewiesen. Das »Ieu des Complimens ou Flatteries« rührte in den Andeutungen über das Verfahren wechselseitigen und eigenen Lobs [38] an Möglichkeiten und Grenzen vor allem jener Art der Portraits und Selbstportraits, wie sie im Kreis um die Grande Mademoiselle gepflegt und, wie noch zu zeigen ist, aus eben jenen Reihen auch kritisiert wurde. Als eine den Damen angemessenere Variante der »Ieux du Bastiment & du Iardinage« empfahl Sorel das Beschreiben der Schönheit von Gesicht und Gestalt in der Weise, wie sie in der späteren Mode des galanten Portraits geläufig werden sollte:

tantost il parle des yeux, tantost des / cheueux, tantost de la bouche, tantost des mains. [39]

Das von ihm vorgeschlagene Beispiel lehrte, den Katalog metaphorischer Versatzstücke des Petrarkismus zu nutzen: Augen, deren Feuer verwundet oder heilt; das Haar, das neidvoll die von ihnen gewonnenen Herzen in Ketten wirft; der Mund als Pforte der Seele oder die Brust als Abbild der Welt. Als eigentliches Spiel erwähnte er es erst, als die Gesellschaft des Landhauses Hermogenes theoretische Ausführung in die Praxis umzusetzen beginnt:

[il] iugea ... qu'il donnoit pour peine à Pisandre de faire le portraict d'Olympe au premier / iour qui s'y trouueroit propre. [40]

Lange vor der Pariser »ruelle« von 1660 oder den *Divertissements de Forges* von François Colletet (1663), in denen J. Plantié die ersten Nachweise des improvisierten Portraits als einer Strafe oder Aufgabe im Rahmen geselliger Spiele entdeckte [41], hat Ch. Sorel, dessen *Maison des ieux* für diese Studie nicht berücksichtigt wurde, auf den Reiz spontaner Personenbeschreibung aufmerksam gemacht. Die Umsetzung einer bis ins Detail vorgegebenen stereotypen literarischen Schematik in die Stegreifschöpfung einer Kunst des Augenblicks meint indes nicht, daß das Verfahren aus der rhetorischen Reihe gelöst werden sollte. Die Eingangsformel des erwähnten Exempels bei Sorel – »Pour vous *louer* dignement, ô Beauté incomparable« – verrät, daß der gelehrte Autor, wie zuvor der Cotin der Rätsel, die antike und humanistische Tradition unmerklich dem neuen Gesellschaftsideal anzuverwandeln verstand. Nicht anders verfuhr später der anonyme Verfasser des Vorworts zum *Recueil des portraits et éloges* von 1659, der die Mode des geselligen Portraitierens in Zusammenhang brachte mit der Wirkungsgeschichte von Caesar, Sueton und Plutarch, Theophrast, Lukian und Philostratos, Horaz oder Seneca und in dem J. Plantié Saint-Évremond erkennen zu können glaubt. [42] Als Lobrede – oder als Tadel – war, wie J. Plantié einleitend darstellt, seit der Antike das Portrait eine von den Rhetoren und, in ihrer Folge, den Moralisten und Dichtern genutzte und geschätzte Form sprachlicher Schöpfung. Sie unterschied sich von der naturgetreuen, allein der geschichtlichen Wahrheit verpflichteten Abbildung der Historiographen und Biographen. Im rhetorisch-literarischen Portrait wurde durch Akzentuieren und Deuten, Vereinzeln, Typisieren und Stilisieren der Blick vom Gegenstand auf Gestalter und Gestaltung gelenkt. Mit den Formeln »réciter/recréer«, »›historiens‹/›romanciers‹ de l'homme«, »imitateurs/inventeurs« charakterisiert J. Plantié diese kontrastierenden Verfahren, die dem Portrait in der Vorgeschichte und Blüte der Gattung die jeweilige Reihe zuweisen. [43]

Zwangsläufig implizierte die panegyrische Metaphorik des »portrait galant« oder »éloge« die Evokation vollkommener weiblicher Schönheit, die nach den Traktaten etwa von Etienne Binet (*Essay des merveilles de la nature,* 1621) oder Saint-Gabriel (*Le merite des dames,* 1655) als Summe idealtypischer Schönheitsmerkmale sich verifizieren ließ. J. Plantié ermittelte zumindest 30 dergestalt konventionalisierte »sis de la beauté féminine«. Zu ihnen gehörten Symmetrie und Proportion des jugendlichen Gesichts und Körpers; blondes, locker fallendes Haar; die glatte und helle, zart durchblutete Haut (»lys et roses«); die – zwischen

Crispyn de PASSE, La belle Charite

vollen Schläfen und unter weit voneinander entfernten Brauen – bescheiden und sanft blickenden, leuchtenden Augen; die gebogene Nase, deren unteres Ende mit den Wangen und dem Kinn ein »Dreieck« der Rundungen bildet, dem das der geraden Linien – Nasenflügel, Grübchen oder Kinnspalte – harmonisch zugeordnet scheint; duftender Atem, der aus korallenen Lippen und dem wohlgeordneten Weiß orientalischer Perlen hervortritt, einem Weiß, dem allein der Alabaster des Busens es gleichtun könnte. [44]

Die Tropik des galanten Frauenlobs hatte sich vor der Mitte des 17. Jahrhunderts aus der Überlieferung von Lyrik und Traktat gelöst und war zum sprachlichen Gemeingut der »beaux esprits« jener geselligen Elite geworden, die in Mlle de Scudéry ihren ersten Chronisten fand. Derselbe Charles Sorel, der weiblicher Schönheit im Konversationsspiel zu huldigen anriet, hatte 1627 in *Le berger extravagant* die petrarkistische Metaphorik ironisch »ins Bild« gesetzt: Der Maler Anselme, den Lysis auffordert, nach seinen Angaben ein Portrait der Charite zu zeichnen, durchzieht ihr Haar mit Herzen an Angelhaken, Ketten und Netzen, schmückt die Wangen mit Lilien und Rosen, ersetzt die Iris durch die Sonne, die Lippen durch Korallenzweige, die Brüste durch Globushälften. [45] Panegyrik und Satire sind die nur scheinbar kontradiktorischen Weisen eines Beschreibens, dem die Portraitmode des Salons in ihrer Blüte verpflichtet bleiben wird.

Neben das rhetorische Erbe trat das nicht minder systematische der Physiognomik, das verstärkt dazu beitragen mußte, präzisierende Veranschaulichung und Individualisierung auszuschließen. Nach Barthélemy Coclès (1560), Jean Belot (1654) und Giambattista della Porta (1655 ins Französische übersetzt) war es wiederum Charles Sorel, der 1671 in dem *Traité de la phisionomie* (in: *Les récréations galantes*) die Grundüberzeugung von einer Korrespondenz von Körper und Charakter, äußerem Zeichen (Augenfarbe, Nasenform, Statur, Kopfgröße) und moralisch-seelischer Beschaffenheit zu verbreiten suchte. [46] Die Humoralpathologie erschwerte den Blick auf das unverwechselbar Einmalige an dem gemeinten Modell nicht minder.

Im Rahmen der Varianten jenes erwähnten »Ieu du Bastiment & du Iardinage« tauchte ein weiteres Motiv der Portraitliteratur bereits auf, das über Ch. Sorel aus der literarischen Reihe (Lukian, Ronsard) an die mündliche der Salongeselligkeit vermittelt worden sein kann: die Rivalität von Feder und Pinsel:

> Si l'on veut mesme l'on peut prendre pour suiet le dessein que l'on a de faire vn Tableau; Celuy qui veut loüer vne Beauté, dira; Que sa principale profession est la peinture; Qu'il a apris son Art chez les meilleurs Peintres de Flandre, d'Italie & de France: Qu'vn grand Prince luy a commandé de faire vn tableau de Venus, & que pour imiter le Peintre de Grece, il a assemblé toutes les personnes qui excellent en la beauté de quelque partie, afin que de toutes ensemble il forme vne beauté parfaite ... [47]

Malerei (»muta poesis« nach dem Pisonenbrief, »tacitum poema« nach der Herenniusrhetorik) und Dichtung (»pictura loquens«) stehen seit der Antike in einem Vergleichsverhältnis. Schien dem einen das Bild überlegen, das sich dem ersten Blick sogleich mitteilt, so schätzte der andere im literarischen Portrait die Dauerhaftigkeit und nicht zuletzt den geringen Aufwand. Holz- und Kupferstiche wurden seit dem 16. Jahrhundert als Gabe im Brief verbreitet. Gesammelt bildeten sie eine handliche Galerie, die, wie die Emailminiaturen, die Dimensionen der Leinwand und Paläste gegen die des Salons und Zirkels auszutauschen erlaubte.

So sehr die Künste im Wettstreit einander achteten, ihre Grenzen fließend schienen (»peinture parlante«), Maler im Wort gefeiert (*La gloire du Val de Grâce:* Mignard durch Molière, Le Brun und Nanteuil von Mlle de Scudéry), Dichter portraitiert wurden (Voiture, Sarasin, Mlle de Scudéry u.a. von Nanteuil; Corneille von Le Brun; Molière und Mme de Sévigné von Mignard), so wenig galt das Portrait selbst als Bild- oder Wortkunstwerk vor der Geschichte der Malerei oder Literatur. Rang, Geld und Geschlecht des Auftraggebers oder Adressaten bestimmten es der Unaufrichtigkeit, Schmeichelei und dem schönen Schein. Die Portraitisten selbst suchten, wie noch näher zu zeigen ist, dem Vorwurf zu begegnen, indem sie die Ähnlichkeit und naturgetreue Abbildung zumindest versprachen. [48]

Mochte es auch für die Mode des literarischen Portraits um die Jahrhundertmitte Vorläufer in verschiedenen Zeiten und Gattungen geben – Geschichtsschreibung, Moralistik, Epistolographie und Widmungsbrief, Essay, Biographie, Roman und petrarkistische Lyrik –, so waren für die Zeitgenossen (Tallemant, Sorel u.a.) Mlle de Scudéry und die Grande Mademoiselle die stil- und formbestimmenden Vorbilder. Beider Verfahren hat J. Plantié beschrieben. Was in ihrer Darstellung indes nicht zum Problem wird, ist die erstaunliche Tatsache, daß nunmehr erstmalig zwei Frauen in den Jahrhunderte lang allein männlich geführten Dialog der Traditionen eingriffen. Da das weibliche Geschlecht stets das Objekt des galanten Portraits gewesen war, läßt sich seitens der Frauen eine die Gattung differenzierende Antwort erwarten. Zu verfolgen, wie einerseits die Bürgerin und später die Bourbonin auf die Systeme der Rhetorik, Physiognomik und Humoralpathologie und damit das überlieferte Bild der Frau reagieren würden, ist die nunmehr gestellte Aufgabe.

1.3.2. Erinna und das Ende der »lys & roses«: Die Absage an das »portrait galant«

Georges und Madeleine de Scudéry waren mit den Konventionen des literarischen Abbildens durchaus vertraut. In dem gemeinsam signierten *Ibrahim* (1641–1644) beschrieben sie den Palast mit der von vierzehn Gemälden türkischer Sultane geschmückten Galerie. 1642 pries der Bruder das Andenken an Richelieu in einem stark rhetorisierten Prosaelogium, das einer gestochenen Darstellung des Aufgebahrten beigegeben wurde. *Le Cabinet de M. de Scudéry* (1646) enthält die Liste und Beschreibung von 106 Bildern, deren Erwerb die finanziellen Mittel des ehrgeizigen Sammlers übrigens so überstieg, daß die Schwester ihn wohl hat entschulden müssen. Unter anderem verfaßte er, den Wettbewerb von Pinsel und Feder variierend, ein Versportrait (21 dizains) von

Richelieu, Elogium auf diesen, aber zugleich auch auf den apostrophierten Philippe de Champaigne und die mit seinen Gemälden rivalisierende Dichtung. [49]

Georges ist mit der »épître liminaire« an die Duchesse de Longueville auch im *Grand Cyrus* dem hyperbolisch-rhetorisierten »portrait d'apparat« treu geblieben. Das ins Wort gesetzte Bild wurde zur Apotheose, nicht anders als jene an Heliodor, Gomberville und La Calprenède orientierten Beschreibungen prunkvoll geschmückter Gestalten aus der Feder der Schwester. Erst mit dem 3. Band des *Grand Cyrus* bemerkte und kritisierte diese das Unspezifisch-Vage solcher – und damit der eigenen – Weisen sprachlichen Abbildens; die gerafften Skizzen von Martesie und der in ihrem Salon um den Rang des Beklagenswertesten streitenden Liebhaber sind in ihrer Knappheit darum aber nicht weniger unanschaulich. [50]

Die erwähnte Spielvariante in der *Maison des ieux* empfahl, wie angedeutet, eine Form des Portraitierens, die mit dem Entdecken und Ertasten neuer oder dem Nutzen vertrauter Bildbereiche die Beschreibung als metaphorisch-galante Huldigung an die weibliche Schönheit verstand. In gleicher Weise erinnerte der Autor des bereits genannten Vorworts zu dem *Recueil des portraits et éloges* Jahrzehnte später an Théophile de Viau oder an Ronsards Aufforderung an den befreundeten Maler Janet, die rühmenden Verse auf die Geliebte mit einem Gemälde zu begleiten. Zugleich nannte er auch Voiture, der einer unbekannten Dame die satirische Skizze seiner körperlichen Mängel und der Unbeständigkeit in der Liebe übergeben hatte. Mlle de Scudéry fand den eigenen Weg der Personenbeschreibung in der Absage an diese beiden Spielarten des galanten Portrait und in der Kritik an Voiture, mit dessen Namen sie zu assoziieren waren. Daß sie ihn, der – wie sie – ständischer Außenseiter und gleichwohl literarisch tonangebend für die Gäste des Hôtel de Rambouillet war, so ungewöhnlich scharf beurteilte, mag auch in sozialem »Selbsthaß« begründet sein. [51] Vor allem anderen aber schien er ihr, wie an ihrem Werk durchgängig zu verfolgen ist, der Verfechter eines (galanten) Liebens, das sie, mit der Form der von ihm erneuerten Metamorphosen, zu überwinden trachtete. Warum und in welchem Maße Mlle de Scudéry jene metaphorische Evokation weiblicher Schönheit abwehrte, wie sie die Gedichte Voitures verkörperten, enthüllen frühere Zeugnisse aus den *Femmes Illustres:*

> i'ay entendu sans plaisir, tous les flateurs de la Cour, me peindre dans leurs vers, auec des *Lis & des Roses;* dire que mes dents estoient des Perles Orientales; que mes yeux tous noirs qu'ils estoient, paraissoient plus clairs que le Soleil; & que Venus enfin, n'estoit pas plus belle que moy. [52]

1659 etwa hat, wie J. Plantié referiert, Cureau de la Chambre in *L'art de connoistre les hommes* gerade die traditionellen Attribute idealer Frauenschönheit nach den Systemen der Physiognomik und Humoralpathologie als Beweise für die intellektuelle und moralische Inferiorität der Frauen angeführt [53] – ein paradoxer Austausch apriorischer Setzungen. Es ist denkbar, daß Mlle de Scudéry der impliziten Misogynie solcher nicht seltenen Zeugnisse entgegentreten wollte.

Zenobia, der die zitierten Worte in den Mund gelegt werden, beendet die

Rede an die Töchter mit dem Bild (»Tableau«), das Aurelian von der Besiegten vor dem Senat entworfen hat und das als Würdigung ihrer heroischen Tugenden auch die Angesprochenen verpflichten soll. [54] Allein im »moralischen« Portrait sieht Zenobia/Scudéry die der Frau als beschriebenem Objekt angemessene Form, während der Preis ihrer Schönheit nicht dieser, sondern den sie besingenden Dichtern zum Nachleben verhelfen werde. Das Argument wird in einer späteren Rede vertieft:

On admireroit plus l'imagination des Poetes, que vostre Beauté; & les copies enfin, passeroient pour Originaux. [55]

Sappho will hier Erinna dazu ermutigen, sich von der Unsicherheit und »falschen Scham« ihres Geschlechts zu befreien und selbst zu schreiben. In der Schönheit den Vorzug der Frauen zu sehen, scheint ihr die verhängnisvolle Voraussetzung dafür, daß Künste, Literatur und Wissenschaften männliche Reservate bleiben. [56] Nur wenige Jahre seien dieser beschieden, während die allein als schmükkende geschaffenen Dinge der Schöpfung – Gold, Perlen, Diamanten und der stets sich verjüngende Phoenix – in der Tat ewig währten. Zusammen mit anderen bildhaften lyrischen Versatzstücken wird die Metapher der Rosen und Lilien erneut kritisch aufgegriffen und damit die im späteren Werk der Autorin so wichtige Frage nach dem weiblichen Altern gestellt:

... puis que nous ne voyons point de roses ny de lys sur le teint des plus belles, que la rigueur de quelques hyuers ne fletrisse; que nous ne voyons point d'yeux, qui apres auoir esté plus esclatants que le Soleil, ne se couurent de tenebres; & qui apres auoir faict cent Illustres conquestes, ne se trouuent en estat / de ne voir presque plus les conquestes des autres ... & qu'enfin cét air de la Beauté ... n'est pas assez fort, pour vaincre les maladies, le temps, & la vieillesse; ... il faut de necessité que nous ayons d'autres aduantages que celuy-la. [57]

Die über Frauen und Männer gleichmäßig verteilten Gaben dürften sich bei den einen nicht im Schmücken erschöpfen, sondern müßten, da die der anderen in Amt und Herrschaft sich verzehrten, um so vermehrter den schönen Künsten zugute kommen; sie verkümmern zu lassen, wäre ein Undank an die Schöpfung. Minerva und die Musen sollten dazu ermutigen, den männlichen Widerstand gegen weibliches Dichten zu überwinden und die Selbstbegrenzung im tatsächlichen Unvermögen oder bei den »schwierigen Pfaden der dornigen Wissenschaften« – besonders der Philosophie – beginnen zu lassen. An die Ufer des Permessos soll Erinna ihr folgen, um den Hain und die Quellen, die Liebesklagen oder die Tugend zu besingen und sich als Subjekt der Dichtung, nicht als das Objekt fremder Ruhmesworte zu verewigen. Das Selbstportrait verböte sich der Bescheidenheit wegen, denn nicht das dargestellte, sondern das darstellende Ich soll sich der Nachwelt übermitteln, das in der Parteinahme für die Sache der Tugend ein angemessenes Feld fände. [58]

In dieser Rede ist der Weg gewiesen, den Mlle de Scudéry konsequent weiterging. Als die moderne Sappho nahm sie den selbstgegebenen Auftrag in die Hand. An den Romanen ist nun darzustellen, wie sie ihn einlöste, wie sie das Portrait aus den Fesseln der Galanterie befreite, um es – jenseits der Selbstportraits aus dem Kreise der Grande Mademoiselle – moralisch zu füllen und den Frauen als literarische Gattung zu sichern.

1.3.3. »portrait à clef« und »caractère«: Huldigung und psychomoralische Distinktion

Der erwähnte Bruch mit dem 5. Band des *Grand Cyrus* betrifft nicht nur die Zahl der Portraits. Mit den »portraits à clef« der folgenden Bände und der *Clelie* hatte Mlle de Scudéry die eigene Form gefunden, in der die eben skizzierten früheren Ansichten konvergieren konnten. Die literarische Abbildung, so schrieb sie selbst, dürfe weder schmeicheln noch das Häßliche über Gebühr betonen. Ähnlichkeit ist die erstrebte Norm, ein Postulat, das nicht mehr nur rhetorisch ist. [59] Nach ersten kürzeren Beispielen [60] wurden die verschlüsselten Personenbeschreibungen fortschreitend umfangreicher. Differenziertere Aussagen zu Genealogie, Physiognomie und Gestalt, Geist und Konversation, Temperament und moralischem Rang ermöglichten die Identifikation. Beziehungsreiche Abweichungen oder Details – Verschweigen der einen, Beharren auf der anderen Eigenschaft – konturierten die Gestalten auch ohne die maliziöse Schärfe Tallemants. [61] Wo, wie am Beispiel von Parthenie und Callicrate, eigene Grundanschauungen berührt waren, ist der Ton entschiedener: In ihnen – gemeint sind nach A. Niderst Mme de Sablé und Voiture – begegneten sich zwei Menschen, die Geist, Brillanz und gewinnende Heiterkeit verbanden, die aber Entscheidendes trennte. Die außergewöhnliche Bildung der einen stand gegen das Feuerwerk eines an der Bagatelle sich entzündenden »bel esprit«, großmütige Offenheit gegen eitle Selbstverhaftung, das sichere und freie Urteil gegen Opportunismus, stilvoller Takt gegen Launen, Extravaganzen und gezielt inszenierte Melancholie. Als Liebende aber wurden sie vollends zum Inbegriff unversöhnlicher Gegensätze. Parthenie verkörperte den preziösen Entwurf einer reinen Form der Zuneigung (Venus Uranie), den die Autorin in der *Clelie* als »code tendre« entfaltete und lehrte, Callicrate das dem sinnlichen Genuß verhaftete Spiel der Galanterie (Venus Anadyomene). [62]

Charakteristisch für dieses kontrastierende Doppelportrait ist die moralisch-didaktische Absicht. War in diesem Fall die Verschlüsselung und damit die Kritik kaum zu mißdeuten, so beschied sich die Autorin gemeinhin mit behutsamen individualpsychologischen Schattierungen (»que ie vous fasse vn leger Crayon«, »une légère esbauche«). [63]

Wenn auch noch ohne festen »Rahmen«, war das Portrait doch eine eigenständige Form, unabhängig davon, daß häufig in einer sich anschließenden Binnenerzählung die Abgebildeten wie in einem illustrativen Planspiel und in beziehungsreicher Konstellation noch einmal wiederkehrten. [64] In ähnlicher Weise entfaltete das Gespräch die in den Portraits verdichteten Typisierungen. In der »Histoire de Pisistrate« (*Cyrus,* 9. Bd.) etwa wird die Frage nach den Grenzen der »raillerie« grundsätzlich gestellt und behandelt, wobei die Gestalten wie dramatisierte Experimentalfiguren der Humorallehre (»caractères«) aufeinanderprallen:

il auoit plû à l'Amour que le Chagrin aimast la Guaye; que la Serieuse aimast l'Enjoüé; que Pisistrate aimast presque & la Serieuse, & la Guaye; & que la Guaye n'aimast presque rien. [65]

Das liebeskasuistische Grundmuster derselben Geschichte geht seinerseits ein in die im 2. Band der *Clelie* erörterte Frage »si vne belle enioüée est plus aimable qu'vne belle melancholique, ou qu'vne belle fiere & capricieuse« [66], die mit der anschließenden »Histoire d'Artaxandre« erneut illustriert wird. [67]

Wo das Portrait in die Nähe des »caractère« rückte, diente es, nicht anders als Erzählung und Gespräch, der moralischen und psychologischen Kasuistik und Distinktion, wie sie sich in den »jeux d'esprit« üben konnten. Statt als von Fremdkörpern überlagerte oder desorganisierte Fiktion lassen sich die Scudéry-Romane als Summe einander ablösender, im Salon entwickelter »genres mineurs« beschreiben, die in variablen Strategien die Anatomie der Charaktere zu gliedern, Moral und Leidenschaften subtil zu analysieren gelehrt hatten. Dabei versetzten die Erzählungen die in den Portraits verdichteten Antithesen und Grundkonflikte in gestuft differenzierter werdende experimentelle Situationen, die sich im Kommentar einer stets anwesenden Runde spiegelten. Die »Unterhaltung« war damit ritualisiert, war ebensowenig zufällig also wie die gelenkten Spiele der *Maison des ieux* oder des Salons selbst.

Die Autonomie jedes einzelnen der »jeux d'esprit« zeigt sich nicht zuletzt im späteren Werk von Mlle de Scudéry, das die isolierte kleine Form bevorzugt. Für ihre Novellen ist darum keine grundsätzliche, dem modischen Überdruß am zu langen Roman nachgebende Neuorientierung vorauszusetzen. [68] Dasselbe gilt für die verschiedenen Sammelbände von moralischen »Conversations« und »Entretiens«, in die, neben überwiegend neu verfaßten, eine Reihe von Gesprächen aus den Romanen eingingen.

1.3.4. »portrait d'autrui« oder »autoportrait«: Der »Rahmen« der geschlossenen Form

J. Plantié sieht im 5. Teil der *Clelie,* dem 9. Buch also, die Portraittechnik der Autorin merklich gewandelt. Der vierte war 1658 erschienen, zu dem Zeitpunkt eben, als Mlle de Montpensier und ihre Freunde in Champigny, Saint-Fargeau und im Luxembourg sich selbst und einander portraitierten. Die beiden Sammelbände von 1659, die *Divers portraits* der Grande Mademoiselle und der ihr gewidmete *Recueil des portraits et éloges* waren dem 9. und 10. Buch der *Clelie* vorangegangen. Die Reaktion der Autorin ist nach außen hin tatsächlich an der Bündelung von zahlreicheren und kürzeren Portraits in jenem 5. Teil zu erkennen. [69] Die eigentliche inhaltliche Stellungnahme liegt aber in der expliziten Auseinandersetzung mit der geselligen Mode jenes spezifischen »portrait mondain«, die nach dem Erscheinen der beiden Bände mit dem Namen von Mlle de

Montpensier in Verbindung zu bringen war. A. Niderst hat auf einige Nuancierungen und behutsame Korrekturen am Bild der Personen hingewiesen, die Portraitobjekte der Sammelbände gewesen waren. [70] Sie betreffen das »portrait d'autrui«, in dem – folgt man Ch. Sorel – Mlle de Scudéry als Vorbild galt und das sie mit Recht als die eigene Domäne betrachten konnte, ebenso wie das Selbstportrait. [71]

R. Nunn sieht die Autorin zunächst selbst im Sog einer allgemeinen Portraitmode. Tatsächlich steigt nach den beiden ersten Teilen der *Clelie* die Zahl von insgesamt neunzehn Portraits (Bd. 1: 2; Bd. 2: 5; Bd. 3: 4; Bd. 4: 8) bereits im dritten auf 29 an, darunter 26 im 6. Band, dessen Druck am 15. Februar 1657 beendet war. Zu diesem Zeitpunkt hatten zwar bereits die Princesse de Tarente und Mlle de La Tremouïlle, nach dem Zeugnis von Segrais, in Holland ihr Selbstportrait verfaßt (1656), die Grande Mademoiselle selbst aber kannte diese Texte noch nicht. Erst im November 1657 wurden sie ihr gezeigt und sollen in ihr das Bedürfnis danach ausgelöst haben, sich selbst zu beschreiben und die nächsten Freunde um ein Gleiches zu bitten. Mochte sich also der 3. Teil der *Clelie* (Bd. 5 und 6) noch mit der modischen Strömung bewegen, so schlug sich im 5. Teil (Bd. 9 und 10 mit acht bzw. achtzehn Portraits) die kritische Reaktion auf dieselbe und auf die rivalisierende Autorin nieder, die 1659 mit Segrais' »Epître à Mademoiselle« (vor den *Divers portraits*) und dem Vorwort zum *Recueil des portraits et éloges* vor der Öffentlichkeit das Genre zu usurpieren drohte. [72]

Zwar blieb es der Rivalin vorbehalten, dem Portrait den »Rahmen« der geschlossenen Form zu geben. Mlle de Scudéry jedoch hatte den Weg dahin gewiesen; denn schon im *Grand Cyrus* traten, für die Eingeweihten trotz der Verkleidung erkennbar, die Personen aus dem Romangefüge heraus. Die geschlossene Welt des Hôtel de Rambouillet fand sich in einer Galerie autonomer – von Niderst einleuchtend identifizierter – Schlüsselportraits wieder: Cleomire (die Marquise), Philonide und Anacrise (ihre Töchter Julie und Angélique), Megabate (Montausier), Cléarque (Arnauld de Corbeville) und die der Autorin selbst eng verbundenen späteren Gäste der »Samedis«: Le Mage de Sidon (Godeau), Théodamas (Conrart) und Aristée (Chapelain). [73] Durch den Schleier der verehrenden Distanz oder Zuneigung läßt sich gleichwohl die unverwechselbare Wirkung jedes einzelnen erahnen: die Neigung zu maliziösem Spott, Sprödigkeit und inszeniertem Gebaren bei jener Angélique d'Angennes, die der zeitgenössischen Satire Inbegriff lächerlichen Preziösentums schien [74]; schroffe Unduldsamkeit und Hochmut bei Montausier [75], brüske Heftigkeit bei Godeau; neben der guten Laune und den närrischen Einfällen von Arnauld de Corbeville die etwas zu rechtschaffene und ungelenke Gelehrsamkeit Conrarts. [76]

Im 6. Band der *Clelie* äußert Plotine den Wunsch nach soviel Portraits, wie man sie für eine Galerie brauche. Er wird erfüllt von Amilcar (»vn aussi grand Peintre en paisages qu'en portraits«) [77] mit einer Serie von sieben Bildern, darunter sechs der »Dames de nostre Cour«. [78] Neben den Schlüsselportraits entstanden dabei einige der wenigen ganz negativen und darum anonymen Skizzen, wie sie in La Bruyère ihren Meister fanden. [79] In denselben Band gingen die wohlwollenden Seiten über Port-Royal und Arnauld d'Andilly (Timante) ein, auf die, wie Racine kritisierte (»ce livre horrible«), auch die Solitaires mit neugieriger Genugtuung reagierten und die moralische Berührungspunkte der Autorin mit den Jansenisten erkennen lassen. [80] Aus der daran anschließenden Portraitserie ragen, unter einer Reihe unentschlüsselter Nebenfiguren, weitere bedeutsame Namen heraus: Mme de Sévigné (Clarinte), Ménage (Anaximene) oder Ludwig XIV. (Alcandre). [81] Freundschaftliche Zuneigung, Solidarität, Dank und Bewunderung drückten sich in dieser Galerie ebenso aus wie in den späteren, ähnlich umfangreichen Essays über Ninon de Lenclos (Clarice) [82], die Äbtissin Marie-Eléonore de Rohan (Octavie, la Grande Vestale) [83], Nanteuil (Nelante) [84], Foucquet (Cleonime) [85], Scarron und die junge Mme de Maintenon (Scaurus und Lyriane). [86]

Daß Mlle de Scudéry nicht uneingeschränkt zum Loben geneigt war, verrät die Schärfe im Urteil über François d'Aubignac, den persönlichen Gegner, der mit abwägendem Kalkül die intellektuellen Mängel zu kompensieren suche. [87] Vor allem aber schlug sich die wechselseitige Abneigung zwischen ihr und dessen Gönnerin, der Grande Mademoiselle, polemisch in der *Clelie* nieder. Ebenso wie sie korrigierend auf einzelne Portraits Dritter zurückkam, ging sie kritisch auf Segrais' Bemerkungen über die Entstehung der geselligen Mode ein [88], vor allem, wo diese das Selbstportrait zum Inhalt hatte. In der satirischen *Description de l'isle de portraiture* wurde dem (Scudéryschen) »portrait d'autrui« dann seinerseits unterstellt, im gebotenen Verschweigen physischer Mängel die Berührungsangst mit der eigenen Häßlichkeit zu tarnen. [89] Mlle de Scudérys Kritik an der Rivalin und den von ihr lancierten Selbstportraits war jedoch nichts anderes als die konsequente Weiterführung jener moralischen Bedenken, die die Sappho der *Femmes illustres* vorgebracht hatte. So heißt es in der *Clelie:*

> il est tres difficile de parler bien à propos de soy-mesme, car si on se loue, on se rend / insupportable, si l'on se blasme equitablement, on feroit mieux de corriger ses deffauts, que de les publier; & si l'on n'en dit ni bien ni mal, on est assez ennuyeux. [90]

Selbstlob, die – wirkungslose und eitle – Selbstanklage und moralische Uneindeutigkeit gefährden die Mode. Das Doppelportrait (»portraits partagez«) der Amerinthe sollte neuerlich die moralische Unverbindlichkeit im Kreis der Grande Mademoiselle an den Tag bringen. [91] Schuldhaftes Verhalten habe angeprangert zu werden, doch dies nur in den »peintures generales« (»vn envieux ... vn médisant ..., vn fourbe«). [92] Gleichwohl ließ Mlle de Scudéry es sich nicht nehmen, in dem kontrastierenden Bild der Amerinthe auf physische und charakterliche Mängel der Grande Mademoiselle hinzuweisen.

Im *Grand Cyrus* hatte die »histoire à clef« als das zu lösende Rätsel einen großen Teil des Lesevergnügens ausgemacht. Die letzten Bände des Romans bezeugen, daß unter dem Eindruck der geselligen Mode des »portrait mondain« Mlle de Scudéry dem literarischen Abbilden neue Möglichkeiten zu eröffnen lernte. Dabei folgte sie den eigenen frühen Einsichten aus den *Femmes illustres,* nach denen weibliches Schreiben der Tugend verpflichtet sein sollte. Mit der Verschlüsselung auch des Portraits blieb sie den in den Binnenerzählungen erprobten Verfahren treu. Des neugierigen Interesses ihrer Adressaten gewiß, konnte sie die Huldigung mit der idealtypischen Korrektur und der psychomoralischen Kasuistik verbinden. Die der Frau und der Bürgerin gebotene bescheidene Schicklichkeit ließ sich mit einer Ablehnung des männlichen galanten Portraits durchaus vereinen. Zugleich aber verschloß sie ihr die Möglichkeiten des Selbstportraits, das die hocharistokratischen Damen um Mlle de Montpensier zu einer weniger vermittelten femininen Selbstaussage nutzen konnten.

1.4. Gespräche und Gesprächsspiele in der »Clelie«

Zusammen mit den »portraits à clef« nahmen in den letzten Bänden des *Cyrus* die Gespräche über moralische und liebespsychologische Fragen zu. In der *Clelie* machen Formeln der Einleitung auf die Eigenständigkeit dieser Salongattung aufmerksam. [93] Mit dem Stellen der Frage, die geprüft werden soll, beginnt die gelenkte Unterhaltung, in der neben der Tradition der »Questioni d'amore«, der »Cours d'amour« und der *Astrée* die durch Sorel bekanntgemachten und variierten Spiele Guazzos und Castigliones aufleben. [94]

Dem 19. Jahrhundert war die Bedeutung Mlle de Scudérys für die Entwicklung jener Form der »conversation«, deren Regeln der Chevalier de Méré formuliert hatte, durchaus geläufig. [95] B. Beugnot erkennt noch heute ihren Romanen den Rang zu, gegen den Dogmatismus von Abhandlung und Disput dem scheinbar zwanglosen geselligen Gespräch ein literarisches Heimatrecht gesichert zu haben; systematisch behandelt sind indes diese »conversations« noch weniger als die Portraits. [96]

Wer sich von der Aufarbeitung dieser Dialoge gelehrten Gewinn verspräche, ginge in die Irre. Man hatte – so wünschte die Autorin ganz im Sinne Mérés – zu verbergen, was man wußte, hatte den gefälligen Konsens zu suchen, durfte ebensowenig rezitieren wie dezidiert Zustimmung oder Einwand vorbringen. Politik, Prozesse, öffentliche Angelegenheiten oder Intrigen zum Thema zu wählen, verbot die Norm der »honnêteté«. Die Konversation war zugleich Lebensvollzug des »grand Monde«, der sich vor den Kompromissen des Hofs bewahren konnte und sollte und, literarisch festgehalten, Spiegelung desselben. [97] Es ist nahezu sicher, daß die von Mlle de Scudéry aufgezeichneten Gespräche, nicht anders als die zwischen Chapelain, Ménage und Sarasin, authentische Unterhaltungen des Hôtel de Rambouillet und der »Samedis« wiedergeben, auch deren Leser also sich als Subjekt und Objekt zugleich erfahren konnten.

Die Dialogführung erinnert an Méré, wenn die »honnêteté« und die Unterhaltung selbst zum Gegenstand werden. [98] Die Themen insgesamt sind vielfältig: Der Katalog reicht von der »raison des bêtes«, der Metempsychose oder der Kunst des Briefeschreibens bis zur Temperamentenlehre, Moralphilosophie oder Kasuistik, berührt immer wieder die Frage nach Liebe und Freundschaft und in eins damit nach dem Frauen- und Geschlechterbild. [99]

Zu den »jeux d'esprit« besonders in der *Clelie* gehört auch die »description«, die, wie das Portrait, mit den erwähnten »Ieux du Bastiment & du Iardinage« bei Ch. Sorel in Verbindung zu bringen ist. Ihr Gegenstand ist die (verschlüsselte) Abbildung der realen Schloßlandschaft, die den allegorischen Verweisungszusammenhang von Architektur und Malerei zu berücksichtigen hat. [100]

Schon an den Beschreibungen des *Grand Cyrus* waren die (barocken) Korrespondenzen von Mythologie und Politik zu beobachten gewesen [101], so bei »Entrée« und Jagd oder den zahlreichen Festen im Schleier exotischer, schäferlicher oder antikisierender Travestie. [102] Für die *Clelie,* in der besonders die Festbeschreibungen sich fortsetzten, hat Mlle de Scudéry, wie sie selbst andeutete [103], Berichte in der Art der späteren »Divertissements de cour« von Félibien literarisch genutzt. Damit eröffnete sie sich den Weg zur höfischen Chronik, den sie unter dem triumphierenden Absolutismus in ihren Novellen weiter verfolgte. Auch diese Berichte aber nehmen im Roman die Formen einzelner »jeux d'esprit« an, skizzenartiger Bilder also: »De la cour«, »Des iardins dv Palais«, »Du Bois du Printemps«, »Du bal le soir de la Feste de Ivnon«, »De la prairie de Flore«, »Du temple de Venus«. [104]

Mit der arkadischen Gegenwelt des Hofs zog die Natur in die Schilderungen ein: die felsige Einöde der »Montagne de Cilicie« und die Grotte, Schauplätze, in denen J. Plantié die provenzalischen Reminiszenzen an die »Sainte-Baume« wiedererkannte [105]; das einsame Tal [106], die Küste im Sonnenuntergang [107], die ländliche Idylle [108], Marseille und das Mittelmeer. [109] »Promenade« und »resverie« erschlossen die lyrisch-pastorale Landschaft, für die das gesellige Frankreich sich zu sensibilisieren begann. [110]

Die lebendige Wirklichkeit der Salonspiele wird mehr als im *Grand Cyrus* in der *Clelie* widergespiegelt. Mit den Reden vor Kriegsrat und Heer [111] in den ersten Bänden des *Grand Cyrus* sind die barocke Schwere und Rhetorisierung noch nicht überwunden. In den Exempelgeschichten vor dem Schiedsgericht der Martesie ist die Buchvorlage der *Astrée* noch merklich spürbar. Die Anspielungen auf die – als Rätsel gemeinten – »bons-mots« der Mme Cornuel erscheinen im 6. Band, zusammen mit der Mode, in ähnlich negativem Kontext wie bei Méré. [112] Mit der »Carte de Tendre« aber eröffnete die *Clelie* im 1. Band die Serie der bei den »Samedis« gepflegten Spiele, die in der ausleitenden »Mascarade« über »Les divers effets de l'amour« [113] zum Ende geführt wurden. Die »Carte de Tendre« war, wie ausdrücklich vermerkt wird, von Clelie (Mlle de Scudéry) im Spiel erfunden worden:

> elle a trouué lieu de faire vne agreable Morale d'amitié, par vn simple *jeu de son esprit.* [114]

Wie ein Rätsel wurde an anderer Stelle von Lucrèce auf Täfelchen geschrieben, »was sie von der Liebe dachte«:

> Touiours. l'on. si. mais. aimoit. d'eternelles. helas. amours. d'aimer. doux. il. point. seroit. n'est. qu'il. [115]

Die Aufgabe lautete: »[changer] ... l'ordre des paroles«. [116] Mit deren Erfüllung

Qu'il seroit doux d'aimer si l'on aimoit tousiours, Mais helas il n'est point d'eternelles amours [117]

und der Dechiffrierung anderer improvisierter Verse mit verstellter Wortfolge erwies Brutus seinen (verleugneten) Verstand und Witz. Um die geistreiche Lösung und Erklärung nämlich ging es hier und ebenso bei den dunkel scheinenden »billets« des 5. Bandes. [118]

Die »souhaits«, die jeder nennen sollte und die dann nach Damen und Herren aufgeteilt und in der Unterhaltung kommentiert wurden, lassen an Sorels »Jeu des folies« denken. [119] Spielerisch widerlegte Amilcar die pythagoreische Lehre der Seelenwanderung mit einer Aufzählung seiner Metamorphosen. Nach Ch. Morlet gilt die Kritik an Damon dem Mann, mit dem Sarasins früher und mysteriöser Tod legendär in Verbindung gebracht wurde: dem Prince de Conti, dessen virulenter religiöser Fanatismus im Schleier der antiken »Sekte« verspottet werde. [120] An die erwähnte »Morale galante« Terames (nach Niderst Marmet de Valcroissant) in zweimal vierzehn kontrastierenden »Maximes d'amour«, das Epitaphienspiel oder die »Loterie des peines et des plaisirs« sei hier nur noch einmal erinnert. Geselliges Spiel ist auch die Stegreifdichtung, die in der *Clelie* wie in den späteren Novellen vielfach erwähnt und mit Beispielen belegt wird. Wie sehr die hier beschriebene Praxis improvisierten Weiterdichtens die der »Samedis« spiegelt, geht nicht zuletzt aus Pellissons Aufzeichnung der *Journée des Madrigaux* hervor. [121]

***

Mit den beiden großen Romanen von Mlle de Scudéry geriet ein Werk in den Blick, das ein kostbares und bislang nicht berücksichtigtes Zeugnis von der Salonkultur ablegt. Was ein an der Normenpoetik orientiertes Vorurteil zu erkennen verhinderte, waren die Vermittlung von Mündlichkeit und Literatur, von geselliger Lebenswirklichkeit und bewahrender Chronik. Literarische Salons verdienten das Hôtel de Rambouillet und die »Samedis« vor allem darum genannt zu werden, weil beider Gäste in gemeinschaftlicher Improvisation einige der von Ch. Sorel vorgeschlagenen Gesprächsspiele am Muster überkommener Texte zu erproben versuchten. Wurde damit das Buch in der Unterhaltung lebendig, so war diese wiederum durch Rituale gelenkt, die sie der schriftlichen Fixierung würdig werden ließ.

Mlle de Scudéry hat die Gesprächs- und Spielkultur beider Salons beobachtet, angeregt und in ihren Romanen festgehalten. Der Schwertadel der Fronde und ihre Freunde aus dem Marais sahen ihre Lebenswelt darin zugleich abgebildet und in der Verschlüsselung verrätselt. Im *Grand Cyrus* verschränkten sich, wie einst im Spiel des Hôtel de Rambouillet, die fiktiven Abenteuer der ritterlichen Epik und der Romane mit der Überlieferung der antiken Geschichte und den gegenwärtigen Ereignissen. Die Anspielungen zu entziffern, war die dem Leser zuteil werdende reizvolle Aufgabe. Der Autorin wiederum sicherte die Uneindeutigkeit den Freiraum des eigenen Bekenntnisses. Es schloß die Mahnung,

Korrektur oder appellative Huldigung ebenso ein, wie den Dank, der indes mit der moralischen Würdigung vor der Unterwürfigkeit bewahrt blieb.

Ihre Romane befreiten sich nur allmählich aus den Fesseln der literarischen Vorlagen. Erst in den späteren Bänden lockerten kleinere Salongattungen die barocke Fülle auf. Die Verschlüsselung wurde nun von den Binnen- und Exempelerzählungen auf das Portraitieren und Beschreiben übertragen. Mit der literarischen Galerie erhielt das Portrait den Rahmen der geschlossenen Form. Das Gespräch entfaltete die in den Abgebildeten und den von ihnen berichteten Erfahrungen angelegte moralische und psychologische Kasuistik. Damit löste die Autorin den Auftrag ein, den sie in den *Femmes illustres* von Sappho an Erinna übertragen ließ. Er eröffnete mit der Absage an das männliche »portrait galant« den Frauen die eigene schriftstellerische Betätigung, sofern die Formen des Abbildens der Tugend verpflichtet wären.

In beiden Romanen lassen sich die verschiedenen Verfahren des Verschlüsselns mit Begriffen wie Rätsel, Verewigung und idealtypischer Korrektur übereinstimmend charakterisieren. Doch ist der Anteil der aus dem Gespräch und den geselligen Moden abzuleitenden Kleinformen in der *Clelie* merklich höher. Bei den »Samedis« hatte Mlle de Scudéry selbst die Spielaufgaben gestellt, mit denen die Unterhaltung und der Umgang in kodifizierten Mustern sich vollzogen. Was der Kreis der Freunde dabei zu lernen hatte, wiederholte der Roman für das größere Publikum der Leser. Gemeint ist der Entwurf eines verpflichtenden Modells, das an den psychomoralischen Distinktionen über Freundschaft oder Liebe gewonnen und schließlich auf weiterreichende gesellschaftliche Zusammenhänge übertragen wurde. In der neuen »preziösen« Weltsicht liegt der eigentliche, nun zu untersuchende Beitrag dieser Autorin zu einer Geschichte bürgerlichen und weiblichen Schreibens.

2. Die preziöse Sappho: »Code tendre« und »code galant«

»Die Vorstellung, die man sich über das Preziösentum macht, ist zumeist durch die grobe, aber geniale Satire Molières, *Les précieuses ridicules,* bestimmt. In Wahrheit hatte die Bewegung die mannigfaltigsten Aspekte. Sie begann als weibliche Emanzipationsbewegung. Sie verschmähte die Liebe und forderte die Freundschaft zwischen den Geschlechtern. ... Die Preziösen berührten auch andere geistige Themen. Sie erklärten der Pedanterie den Krieg, den die Aufklärung fortsetzte und der die Grundlage wurde für die Konstitution der großen Intellektuellensalons, geleitet von geistig aufgeschlossenen Damen der Gesellschaft.« Mit dieser Skizze der preziösen Ideologie hat W. Krauss [1] der Forschung eine Richtung gewiesen, die auch in den jüngeren Untersuchungen der Bewegung noch nicht verfolgt wurde, und dies nicht zuletzt deshalb, weil das Scudérysche Oeuvre in ihnen nicht annähernd ausgewertet wurde. An ihm nun ist zu zeigen, was im einzelnen preziöses Bewußtsein meint und wie es begründet ist.

Die Untersuchung folgt dabei, nach einem einführenden Abriß der Preziösenkritik des 17. Jahrhunderts und der neueren Forschung zur »préciosité«, sofern beide Person und Werk von Mlle de Scudéry berühren, der Chronologie ihrer Romane. Die Abwehr des »code galant« und die Entfaltung des »code tendre« sind für diese das Verbindende, doch unterscheiden sich mit den Formen der Darstellung auch die Gegenstände, an denen die neue Einsicht und Erfahrung entwickelt werden. Da es die einer Frau sind, die als gebildete und schreibende der ihrem Geschlecht gesetzten Schranken bewußt war, ist zu erwarten, daß sie die überkommenen Fragen der »Querelle des femmes« erneut stellt. Dazu gehören die umstrittenen Leitwerte des Weiblichen (Schönheit, Schicklichkeit, Bildung) nicht anders als die lebensweltlichen Muster (Ehe, Liebe und Freundschaft, Ehelosigkeit und freie Gattenwahl).

Im *Grand Cyrus* erlaubte die Kontamination heterogener Stoffe der Autorin den Rückgriff auf Legenden, die für eine parteiliche Färbung offen waren. Die Anamorphose Sappho/Sapho/Scudéry ließ zeitgenössische Befunde in der geschichtlichen Verfremdung um so deutlicher werden. Mit dem Namen der Griechin verband sich einerseits weibliche Bildung und schriftstellerische Betätigung, Anlaß genug für die moderne Autorin, die Möglichkeiten, aber auch Grenzen femininer Gelehrsamkeit und intellektueller Freiheit zu bestimmen. Die vermeintliche Liebe zu Phaon, von der sich Sappho mit dem leukadischen Sprung erlöst haben will, konnte sich andererseits dem Muster reinen und vollkommenen Liebens anverwandeln lassen.

Die antiken Quellen von Mlle de Scudéry bargen eine Reihe weiterer Anknüpfungspunkte, die das »Royaume de Tendre« in eine mythologische oder historische Vorgeschichte einzubinden erlaubten. Das Reich der Venus Urania oder das der Amazonen konnte zum erzieherischen Fluchtraum für die Liebenden werden, das der Kelten an die einstige freie Gattenwahl erinnern.

Die beziehungsreiche Wahl des Stoffs ließ auf eine inhaltliche Erweiterung des »code tendre« in der *Clelie* schließen. Mit dem Triumph der römischen Republik war das Ende der Tyrannei besiegelt. Die zeitgenössischen Leser dürften hier nicht allein mehr die weibliche Hoffnung auf die Überwindung männlicher Verfügungsinstanzen entschlüsselt haben. Die Erwartung mußte sich vielmehr auch darauf richten, daß mit den Frauen das Volk der Untertanen und die vom Absolutismus bedrohten religiösen Minderheiten ebenso wie der entmündigte Schwertadel in den Blick gerieten.

Die Veränderung der Darstellungsformen legte dabei die Annahme nahe, daß mit den fiktiven Abenteuern auch deren wundersame Lösungen einer rationalistischeren Kasuistik wichen, die die gestellten Fragen unverhüllter zu erörtern vermochte.

2.1. Mlle de Scudéry in der Preziösenkritik und »préciosité«-Forschung

Die literarischen Nachahmungen und Parodien der »Carte de Tendre«, die, bald nach deren Bekanntwerden, 1654 zu zirkulieren begannen [2], suggerierten zunehmend deutlicher, daß vor allen anderen Madeleine de Scudéry die satirische Kritik an dem zeitgenössischen Sozialtypus der »précieuse« treffen sollte. Affekthafte Abneigung nahm die Grande Mademoiselle gegen die sektiererische Gruppe ein, wiewohl sie selbst sich hütete, den Namen derer, die sie in ihre Nähe rückte, den der Autorin hinzuzufügen, an der sie sich anspruchsvoller messen wollte. Bis zum Ende des Jahrhunderts wurde die Preziösenkarikatur zum literarischen Gemeinplatz. Mlle de Scudéry galt für weite Kreise der im Umfeld von Retz, Mademoiselle und dem Hause Orléans wirkenden antipreziösen Schriftsteller – d'Aubignac, Furetière, Gilles Boileau, Cotin, Sauval oder Mlle Desjardins (Villedieu) –, die mit ihr auch die aufwendiger unterstützten Schützlinge Foucquets zu isolieren suchten, als Inbegriff des verspotteten Phänomens.

Der Versuch klarer Abgrenzungen wäre hier verfehlt, da die Kreise und Optionen sich überschneiden: Scarron widmete vorbeugend den *Echolier de Salamanque* (1654) der Grande Mademoiselle. Tatsächlich fand dann auch, nicht anders übrigens als bei Boileau, die »Poesie burlesque« nach italienischen Vorbildern in dem literaturgeschichtlichen Exkurs der *Clelie* keine Gnade. [3] Dasselbe Werk jedoch verewigte das freundliche Portrait des Scaurus, für das der spöttische Kritiker der Preziösen der Autorin überschwenglich dankte. De Pures *Pretieuse,* ob apologetisch oder satirisch in Absicht und Wirkung, rühmte die Scudéry-Romane enthusiastisch, und Somaize, der 1660 der »illustren Sophie« vorbehaltlos huldigte, scheint im selben Jahr, vielleicht unter dem Druck des gemeinsamen Verlegers Barbin, einen antipreziösen Text zurückgehalten zu haben, um nicht in den Chor derer einzustimmen, die zu dieser Zeit bereits offen Mlle de Scudéry als ehefeindliche Preziöse verspotteten.

Umstritten und auf den ersten Blick wenig eindeutig ist die Stellung Molières. Die Gäste des Hôtel de Rambouillet und der »Samedis« applaudierten ihm, ohne sich offenbar von den Anspielungen der Farce unmittelbar gemeint zu fühlen. Cathos und Magdelon heißen seine Preziösen, und eben nicht Catherine und Madeleine. Nicht Molière ist es, gegen den sich letztere in ihrem Alterswerk zu behaupten suchte, sondern der misogyne Satiriker Boileau. Vielfach sind – hinsichtlich etwa der Frauenbildung, der Leitwerte weiblicher Schicklichkeit, der Vorzüge ungelehrter geselliger Kultivierung oder der postulierten Gefühlsautonomie – die Berühungspunkte zwischen Mlle de Scudéry und dem Komödiendichter, den F. Baumal »preziös« nannte. [4] Spätestens mit den *Écoles* sah man ihn auf denselben Gegner verpflichtet, ließ er die Frauen und Töchter über die Macht- und Verdummungsstrategien Arnolphes, die zweckrationale Bürgerlichkeit des hausbackenen Chrysale, die polternden Drohgebärden Dandins oder Harpagons triumphieren. Liebes- und ehefeindlich ist, bis sie durch die scheinbare Indifferenz von Euryale bekehrt wird, die stolze Princesse d'Élide. Ihre Ablehnung jener Männer »qui font les esclaves auprès de nous, pour devenir un jour nos tyrans« [5] ist im Wortlaut nahezu identisch mit der der Sapho (*Cyrus* X) und anderer Protagonistinnen der Scudéry-Romane. Angesichts der Behandlung der Frauenthematik in seinen Komödien verbietet es sich darum, wie Debû-Bridel, Molière als Anwalt des Vorurteils und Konservatismus, Seite an Seite mit Boileau, im Kniefall vor dem Despoten zu sehen, der dem moralischen Heroismus und Freiheitsbegriff des Schwertadels ein Ende gesetzt habe. [6]

Daß nach der umfangreichen, wiewohl nicht allenthalben originellen und unvollendeten Studie von R. Lathuillère weiterführende große Untersuchungen zur »préciosité« erscheinen konnten [7], bezeugt unter anderem die Uneindeutigkeit und Komplexität eines Begriffs und einer Bewegung, die eine Geschichte hatten und mit denen die gegenwärtige Forschung nicht weniger als die Zeitgenossen durchaus heterogene Inhalte assoziieren kann. [8] Überwiegend einig ist sich diese jedoch hinsichtlich der hier interessierenden Zusammenhänge: die »préciosité«, nach R. Bray eine ständig latente Formtendenz der Literatur, ist als französisches sozial-, ideen-, sprach- und literaturgeschichtliches Phänomen der Jahre 1654–1661 einzigartig und unverwechselbar. Die Besinnung der Frau auf neue und selbstbestimmte Leitwerte des Weiblichen sind hierbei unbestritten, ohne daß darum frauenapologetische Texte des 17. Jahrhunderts immer auch preziöse sind (Marie de Gournay, Poullain de la Barre u.a.). Madeleine de Scudéry aber gilt allenthalben als die Verkörperung preziöser Weltsicht und ihre Romane als Lehrbuch und Bezugspunkt der Bewegung. [9] Sie selbst freilich hätte sich gehütet, eine Charakterisierung auf sich zu beziehen, die jede Frau offenbar als diffamierend zurückwies: »nous n'en avons jamais vu aucune [femme] qui ait voulu avouer d'en estre ... elles se sont tenues cachées à cause de la guerre qu'on leur a faite«, schreibt Ch. Sorel. [10] Wenn das Preziösentum einer weiblichen Häresie gleichkam, ist begreiflich, daß sich die Preziösen selbst nahezu wie »Fabelwesen« ausnehmen, die gemeinten Objekte einer generellen Kritik der Identifizierung noch heute weitgehend entgleiten. [11]

Die Aufarbeitung dessen, was sich in den Scudéry-Romanen an einer spezifisch weiblichen Perspektivierung der Gefühls- und Erfahrungswelt verbirgt, ist bislang allenfalls in Ansätzen geleistet. A. Adam, Y. Fukui, R. Lathuillère oder W. Zimmer gehen auf die Autorin selbst kaum oder gar nicht ein. An Tiefenschärfe fehlt es den Beobachtungen von R. Büff, wenn sie den vermeintlichen Konformismus der Autorin angesichts der den Frauen gesetzten Grenzen beklagt. [12] Die Untersuchung verliert im übrigen mit den Ergebnissen der unberücksichtigten Studie von J.-M. Pelous [13] weitgehend an Bedeutung. Der Tenor der letzteren wiederum ist bestimmt von unverhohlenem Mitgefühl mit den »Leiden des vollkommenen Liebhabers«, den der »code tendre« in die schwere und undankbare Rolle des Verzichts und der demütigenden Selbstverleugnung verbanne; die Frau hingegen dürfe, als Herrin des Mannes und Königin eines »latent matriarchalischen« Reiches, die Liebesverweigerung »tyrannisch«, im Sinne eines weiblichen »Imperialismus«, einsetzen. [14] »Women are People Too« heißt daneben das verständnisvollere, freilich summarische und nicht immer genaue Kapitel bei L. A. Aubé. [15]

Die gebotene und nun folgende Rekonstruktion der von der Autorin geleisteten Korrektur an der den Frauen bestimmten Wirklichkeit, ihrem Selbstverständnis und den Normierungen ihrer Geschlechterrolle berührt zwangsläufig die – alles andere als eindeutigen – Ergebnisse der »préciosité«-Forschung. Ansehen und Verbreitung der Romane legen zudem die Frage nahe, inwieweit die als bislang repräsentativ geltenden und bekannteren Texte des 17. Jahrhunderts diesen motivisch oder weltanschaulich verpflichtet sind.

2.2. »Le Grand Cyrus« und das Vorbild der Legenden

2.2.1. Von Sappho zu »Sapho«: Die biographischen Korrespondenzen

Die Gesamtheit der im *Grand Cyrus* entfalteten Modellkonstellationen, an deren exemplarischen Protagonisten, Handlungsabläufen und Erörterungen sich der nuancenreiche Prozeß einer fortschreitenden Aufklärung und Erziehung der männlichen und weiblichen Leser verfolgen läßt, verdichtet sich in der »Histoire de Sapho« des 10. Bandes. Für die Anverwandlung der Legenden, die sich vor allem seit Ovids 15. Heroide um die Gestalt der Griechin gebildet hatten, scheint einmal Boccaccios Werk über die »illustren Frauen« die zumindest mittelbare Quelle: Die adlige Abstammung, die Schülerin Erynna, die Epigonin Damophila waren darin vorgegeben. [16] Ovids »Sappho Phaoni« selbst jedoch ist offensichtlich die wichtigere, als solche aber in der Scudéry-Forschung nicht ausgewertete Vorlage. Cydro (Cydnon) und Atthis, die Freundinnen, Charaxus, der – nicht mit der Sammelleidenschaft von Georges, wohl aber im unwürdigen Werben um die »meretrix« (Rhodope) – mittellos wurde und die stets mahnende Schwester nun haßt [17], die frühe Verwaistheit, der weltweite Ruhm ihrer dichterischen Gaben, die die versagte Schönheit ausgleichen, die Liebe zu dem jüngeren Phaon verweisen auf deutliche Korrespondenzen in beider Biographien und Selbstdarstellungen. Gerade diese verstand die hochgebildete Nachfahrin instinktsicher und beziehungsreich zu nutzen. Bemerkenswert ist dabei die idealisierende Korrektur des Bildes von Sappho angesichts einer Rezeptionstendenz, die H. Rüdiger für das spätere 17. Jahrhundert als durchweg hämisch beschreibt: »Färbung der Liebesgeschichte ins Schlüpfrige«, »Sentimentalität und Obszönität«, »witzelnde Zote und ... Klatsch der Salons« zu Longepierres Ausgabe ihrer Gedichte (1684); »Stilisierung ihrer Liebe in Erotomanie, ein Entgegenkommen für den lüsternen Geschmack und die Sensationsbegier eines gern gekitzelten Leserpublikums« zu P. Bayles Sapphoartikel des *Dictionnaire* (1695). [18] Gemeinsam ist Mlle de Scudéry mit Anne Dacier (1682) tatsächlich die Absicht, »mit dem Ruf der alten Dichterin die Ehre des eigenen Geschlechts zu retten«, doch war nicht diese »die erste *Frau,* die sich eingehend mit Sappho beschäftigt hatte« [19] – ein Hinweis mehr auf die Verdrängung der Scudéry-Romane aus der literarhistorischen Traditionsbildung.

So fehlt im *Grand Cyrus* jede Andeutung der anstoßerregenden Tribadie [20], verschwiegen werden auch Ehe und Witwenschaft der Sappho, die Phaonliebe erscheint gereinigt. Mlle de Scudéry hat damit Widersprüche im Bild der Griechin, die stets als »Schwierigkeiten der Überlieferung« galten [21], zu tilgen versucht, doch dies nicht, um sich selbst ein geistiges und moralisches Denkmal zu setzen, das über die Jahrtausende hinweg zugleich die andere aus dem Ruf der Verworfenheit erlösen sollte. Sainte-Beuve bespöttelte die »Histoire de Sapho« als den peinlichen Versuch der modernen Autorin, im Lichte einer mythischen Aufwertung der älteren (»admirable Fille«) sich selbst zu verherrlichen. Auch er übersah indes, wie viele der monierten Aussagen schon Ovid seiner Sappho in den Mund gelegt hatte und vergaß die einmütig gepriesene Bescheidenheit der Französin, die diese wiederum zur ersten Tugend ihres Geschlechts erklärte. Mutig habe sie, so suggeriert er weiter, an das Thema der Schönheit zu rühren gewagt, im Bewußtsein der eigenen Häßlichkeit und diese fadenscheinig mildernd. [22] Nur wenige Zitate mögen genügen, um die Haltbarkeit eines »Vorwurfs« zu belegen, der die Frau und damit die Autorin selbst empfindlich treffen sollte:

– Quelle est cette précieuse renforcée que je vois qui vient à nous? – C'est Sapho, cette fameuse Lesbienne qui a inventé les vers saphiques. – On me l'avait dépeinte si belle. Je la trouve bien laide ...

heißt es in Boileaus *Héros de Roman.* »Pour la beauté, il n'y en a nulle« notiert Tallemant, »sa laideur, dont ses ennemis s'égayeront cruellement ...« schreibt G. Mongrédien, und C. Aragonnès oder A. Niderst tun es ihm gleich. [23]

Die Erfahrung eines so offenbaren Ungenügens mag Mlle de Scudéry selbst sensibilisiert und dazu bewogen haben, hier an die Heroide anzuknüpfen:

Si mihi difficilis formam natura negauit, Ingenio formae damna rependo meae (v. 31–32).

Keinesfalls aber geht die grundsätzliche Abwertung der vom Mann erwarteten weiblichen Schönheit, die das Scudérysche Gesamtwerk – nach Sapphos Rede an Erinna – wie ein roter Faden durchzieht und im 10. Band des *Grand Cyrus* zusammengefaßt wird, in Subjektivität und kompensatorischer Hilflosigkeit auf.

2.2.2. Die Märchen von der Venusinsel: Schönheit, Freundschaft und vollkommenes Lieben

Parallel erläutern die Kontrastfiguren Cleonice, Tochter der galanten Stenobée, und Artelinde, die der spröden Anaxipe, ihr Selbstverständnis und ihren Lebensentwurf. Der Blick in den Spiegel, der ihr einmal das Ende der »saison des Roses«, des um seiner selbst willen genossenen Spiels verführerischer Koketterie bestätigen könnte, vermag Artelinde nicht zu schrecken. Cleonice aber warnt vor der Chimäre der Jugend und der Wertschätzung einer Schönheit, deren Verehrer nur sich selbst zu schmücken trachten: »des Esclaues ... qui ne seruent que pour regner & ... dont vous prenez la peine de dorer les fers.« Sie sucht die besinnliche

Stille der Lektüre, das Gespräch mit dem kleinen Kreis erwählter Freunde und in diesem den einen, mit dem sie bald ein besonderes Gefühl verbindet: »toute la delicatesse et toute la tendresse de l'amour, sans en auoir le dereglement ny l'inquietude«. [24] Dies ist das erste Zeugnis für die Scudérysche »amitié tendre«. An Elise, Glacidie und Amathilde wird der Gegensatz weitergeführt. »... son ame est bien encore plus grande que sa beauté« heißt es von der ersten. Zwar lebt sie an einem Hof, an dem männliche Vollkommenheit sich erst durch die Frauen erfüllt (»dispensatrices de la gloire«) und wird sie von zahlreichen Werbern, darunter dem König, verehrt. Nicht aber nur gegen die Heirat empfindet sie tiefe Abneigung, sondern zieht schließlich auch der Liebe, wie Cleonice, die Freundschaft vor: »une amour sans desirs.« [25] Ehefeindlich und der Beständigkeit der »amitié tendre« geneigt ist auch Glacidie, die expliziter die jugendliche Schönheit als uneigentliches Prädikat femininer Existenz enthüllt. Nichts bewegt die sechzehnjährige Amathilde mehr als die Furcht vor möglicher Entstellung oder dem mit 25 Jahren beginnenden Alter, das ihr schon jetzt den Blick auf Mutter und Tanten unerträglich mache. Wieviel weniger werde sie sich dann selbst ertragen können? Ein Freitod mit 20 Jahren scheint ihr alleiniger Ausweg, und in der Tat sucht sie sich zu vergiften, als sie in der Folge einer Krankheit die Schönheit verliert. Überleben und damit leben zu wollen lernt sie, weil sie diesen akzidentellen Wert revidierte. Er wurde zur Ursache eines Sterbens, das das Ende weiblichen Selbstseins symbolisiert. Glacidies Mahnungen werden der Freundin zum rettenden Korrektiv. Kaum mehr als ein Jahr währe ein Leben, das im Genuß ängstlich gepflegter äußerer Makellosigkeit sich vollenden solle, hatte diese ihr entgegengehalten. Vor allem aber lehrte sie das Altern und wie es sich füllen und erfüllen könne. Und wieder sind es die Freunde, gewonnen und erhalten mit liebenswürdiger Dezenz und Sanftmut, sind es Gespräch und Kultur, die die Frau, über Wahl und Urteil, zur eigenen Identität gelangen lassen. Offensichtlich besteht ein Zusammenhang zwischen der manifesten Desillusionierung der – immer auch sich selbst reflektierenden – Schriftstellerin gegenüber der »amour passion« und Galanterie [26], der Kritik an einer entfremdenden und geistfeindlichen Erziehung zu Mode und Koketterie, der Selbstbehauptung der Gealterten und der Autonomie der Freundin, deren Wahl zugleich sie selbst auszeichnet. Mme de Lambert, Autorin von Erziehungsschriften für Sohn und Tochter, von »Betrachtungen über die Frauen«, einem Traktat über die Freundschaft und einer Abhandlung zum Alter ist ein eindrucksvolles Beispiel für die Lebendigkeit dieser komplexen Einsicht in einem aufgeklärten weiblichen Bewußtsein. [27]

In der »Histoire de Timante et de Parthenie« handelte Mlle de Scudéry die Schönheitsthematik in fiktionaler Einkleidung ab. Deutlicher als bisher ist diese verbunden mit jener Liebeskonzeption, die J.-M. Pelous unter dem Begriff des »code tendre« zusammenfaßt und die die Autorin von den exemplarischen Frauengestalten gegen den männlichen »code galant« und die zu korrigierende weibliche Koketterie darstellen und vertreten läßt.

Am Hofe von Paphos befiehlt Venus Urania, daß die Männer sich den Frauen liebend unterwerfen. Die Sklaven im Gehorsam zu belassen, ist für diese oberstes Gebot. Doch darf Beständigkeit schließlich mit einer reinen Zuneigung belohnt werden. [28] Rein, aufrichtig und aus der Neigung geboren hat auch für Parthenie die Liebe zu sein. Geist und Schönheit führen ihr eine Fülle von Anbetern zu, bis sie schließlich den Prince de Salamis erhört. Eheliche Gewöhnung und Besitz jedoch lassen diesen ihrer überdrüssig werden und nach unbekannten Schönen Ausschau halten:

> N'ayant aimé Parthenie que comme Belle, dés que ses yeux furent accoustumez à la voir, & à la voir à luy, sa passion s'allentit: de la tiedeur son ame passe insensiblement à l'indifference & de l'indifference au mespris. [29]

Mit seiner Liebe verliert ihr Äußeres an Glanz, ein Grund mehr für ihn, sie zu quälen. In der Rechtfertigung seines Verrats vergleicht er, ein spanisches Sprichwort aufgreifend, die Schönheit mit dem Parfum: Einmal in ihrem Besitz, nehme man sie bald nicht mehr wahr. Nicht anders müsse die anfängliche Leidenschaft, die Unruhe begehrlichen Hoffens, am ehelichen Gleichmaß notwendig ersterben.

Mit gutem Grund fürchtet darum Amestris bei Aglatidas ein Nachlassen des Gefühls durch Trennung oder Zeit [30], besteht Cleonice bei Ligdamis auf einer Bewährung der Treue [31], würde Doralise nur einen Mann heiraten, der ein »coeur tout neuf« besitze und damit weder verlassen habe noch verlassen worden sei. [32] Unbeständigkeit in der Liebe ist für Elise Nachweis der Schwäche und damit verächtlicher als Arglist, die immerhin Mut und Geist verrate. [33] Weil Artidamas, bevor er ihr Herz gewann, als Freund einer anderen nicht verhinderte, daß diese ihn liebte, hat Arpasie das Vertrauen in ihn verloren und kann für ihn nur noch die distanzierte Freundin sein. [34]

Wie die Anbeter der Telesile sich als Mitgiftjäger entpuppten, die sich von der Verarmten dann zurückzogen [35], wendet Callicrate sich von Parthenie ab, als ihr gesellschaftlicher Glanz ihm nicht mehr nutzen konnte: »elle perdoit tout ce que la beauté luy auoit acquis.« [36] Nach dem Tod ihres Mannes und einer Einkehr der Besinnung und Reflexion kehrt ihre Schönheit wieder – und mit ihr der galante Callicrate, der Amor ohne diese entwaffnet sähe. Wie könne, so fragt sie, etwas so Hinfälliges das entfachte Feuer weiterbrennen, die Liebe währen lassen? »... quiconque n'aimera que la beauté de Parthenie, n'acquerra iamais son amitié. Je veux qu'on aime Parthenie *toute entiere.*« [37] Ungewiß, wie sie auf der Venusinsel, die das Lieben gebiete, das Orakel erfüllen, ohne Hilfe ihrer Schönheit nämlich geliebt werden könne, begibt sie sich erneut in die Einsamkeit, um ihrer selbst gewiß zu werden: »elle employa toute la disposition qu'elle auoit à aimer, *à s'aimer elle-mesme.*« [38] Danach kann sie die eigene reflektierte Erfahrung, die eine allgemeine ist, als Kritik an einem Schönheitsbegriff formulieren, der sich mit dem des neuplatonischen Idealismus deckt. [39] Ihre Selbstbesinnung war zur Selbst-Findung geworden, hatte sie zum Subjekt gemacht, nachdem das Uneigentliche sie zum Akzidens des Mannes hatte werden lassen, der damit allein substantielle Identität beanspruchte. Feinsinnig wird somit in dieser

Binnenerzählung, wie später im femininen Selbstportrait, die latente Misogynie einer Liebesmetaphysik enthüllt, die auf dem Kult weiblicher Schönheit beruhte, in Wahrheit aber die Frau instrumentalisieren und die aristotelisch-thomistische Vorstellung vom Weibe als einem »mas mutilatus« und damit die ihres minderrangigen Daseins säkularisieren und fortsetzen konnte.

Gestufte Metamorphosen, die verwandelt in Mme d'Aulnoys *Lutin* und *Oiseau bleu* wiederkehren, eröffnen dann der Prinzessin den gleichnishaften Weg in eine Welt femininer Wunscherfüllung, ein Königreich des Märchens, das bald auch »Royaume de Tendre« heißen sollte. Was dem modernen Leser J.-M. Pelous [40] matriarchalischer Imperialismus und demütigende Grausamkeit schien, die den »Aufstand der Ungeliebten« und damit den galant-libertinistischen Immoralismus rechtfertigte, nimmt sich für die Leserin derselben Texte anders aus. Die »umgekehrte Welt« einer – ja nur literarischen – »männlichen Abdankung« ist lediglich Antwort, deren – von Pelous durchaus bemerkte – utopische Irrealität von den wahren Mächtigen nicht als Kriegserklärung begriffen werden konnte. Friedlich ist zudem das imaginierte Liebesreich eines währenden Glücks, in dem Geld, Stand und Schönheit nicht zählen und in dem der Mann, nach Läuterung, Bekehrung und einer auch ihn erlösenden Verwandlung, Ruhe fände.

Daß Mme d'Aulnoy die märchenhafte Metamorphose an dem Manne sich vollziehen läßt, hier aber Parthenie ihr Äußeres und ihre Identität im Schutze des Labyrinths oder der Maske rätselhaft verhüllt, der Mann also – und nicht die Frau wie im *Oiseau bleu* – durch Stimme und Sprache berührt wird, ist nur ein scheinbarer Gegensatz. Beide Autorinnen retardieren in kunstvollen Stufungen den Augenblick des wechselseitig empfundenen und gestandenen Liebesglücks, das schließlich in die Heirat einmünden mußte. Da die erlebte Wirklichkeit sie gerade nicht dazu bewegen konnte, die eheliche Harmonie zu idealisieren, spinnen sie ingeniös, in deren Vorfeld, an Fäden, die das zarte Gebilde des Vertrauens und der Neigung dauerhaft zu festigen vermöchten. Wie bei Mme d'Aulnoy der verzauberte Prinz sieben Jahre lang als plaudernder Vogel die Geliebte behutsam und geduldig zu ergründen lernt, fügt sich Timante allmählich in das Gebot, auf das Lüften von Parthenies Schleier zu verzichten. Tröstete ihn anfangs noch die Erwartung einer äußeren Vollkommenheit, die der Ebenmäßigkeit der Hände und der ständisch verheißungsvollen Pracht der Kleidung entsprechen würde, beunruhigte ihn später die Häßlichkeit des Gesichts, das sich ihm in den gleichen Gewändern von ferne zeigte – in Wahrheit ein Kammermädchen –, so weiß er schließlich, daß er die Schönheit einer Frau als Schmuck ihres Geistes, nicht den Geist als den ihrer Schönheit schätzen würde. Und auch die letzte Bewährung, die man als ein Symbol für die zwischen Fremd- und Selbstbestimmung schwankende, gespaltene weibliche Identität deuten könnte [41], besteht er: Die »Unbekannte« läßt ihn über den Bruder Philoxipe zu jener vielgerühmten »Parthenie« führen, um, nach langer Trennung, seine Treue zu erproben. Nur wenn er in diese Schöne sich nicht verliebe, werde sie sich ihm offenbaren. Als sie zu sprechen beginnt, erkennt er indes die Stimme, die seine Seele berührt hatte, und das Orakel erfüllt sich.

Wie ein Märchen mutet auch die zweite auf der Venusinsel angesiedelte Geschichte an: Philoxipe, Parthenies Bruder, entdeckt bei einem Hirtenfest an der Clarie, nahe der »berühmten Quelle«, der Grotte und den sie umgebenden Felsen – nach J. Plantié die Sorgue und die Fontaine de Vaucluse [42] – in der als Schäferin erzogenen Prinzessin Policrite das Modell eines Gemäldezyklus zum Mythos der Venus Urania. Wie Petrarca und Laura verbindet auch Philoxipe mit der schönen Unbekannten die vollkommene Liebe, welche die Göttin erlaubt und gebietet. Erst nach seiner Abkehr von höfischem Ehrgeiz oder Standesrücksichten und der Bewährung angesichts scheinbarer Indifferenz vollzieht sich an ihr das Wunder der Rückverwandlung. Wollte Solon, daß die Tochter im niedrigen Gewande die Tugend der Väter zu erneuern lernte, so bewirkte diese an dem Geliebten eine Metamorphose, die ihrer Ehe dauerhaftes Glück sichert. Für Parthenie gilt das Paar als vorbildlich, denn der Bruder erklärt: »Son ame & son esprit ont mille beautés effectiues, que le Temps ne sçauroit destruire, & que i'aimeray eternellement.« [43]

Wie das »Royaume de Tendre« wird das Reich der Venus Urania zur erzieherischen Utopie. Lange habe, so kommentiert die Autorin, ähnlich den libertinistischen Religionen der Kult der Schaumgeborenen über den der Himmelstochter triumphiert. Erst die Tugend einer großen Königin, die vor einem Jahrhundert lebte, habe die falschen Tempel abtragen lassen und den zuchtlosen Sitten ein Ende gemacht, die auf der Insel geherrscht hatten. [44] Unverkennbar ist nach Mlle de Scudéry der »code tendre« schon Antwort auf den »code galant« der Renaissance, und nicht erst die libertine Galanterie Replik auf diesen, wie J.-M. Pelous annimmt. Die erwähnte Kritik der Autorin an der Metaphorik der »lys et roses«, die expliziter in ihrem späteren Urteil über Ronsard wiederkehrt, verdeutlicht dabei die Anspielungen des *Grand Cyrus*.

Zusammen mit den Regeln der »parfaite amour« werden also in Paphos auch die der ehelichen Vollkommenheit veranschaulicht, die diese Liebe zur Voraussetzung hat und ihr zugleich Beständigkeit sichert. Die Beschwörung einer märchenhaften Vorbildlichkeit konnte indes nur dann als verpflichtend verstanden werden, wenn sie gegen die unmißdeutbare zeitgenössische Erfahrung von Eheschließung und Ehewirklichkeit gehalten wurde, wie sie im Frankreich der Gegenreformation und der ständestaatlichen Interessen allenthalben erörtert wurde. Notwendig geraten damit die Stärkung der Autorität von Vätern und Gatten ebenso in den Blick wie die Möglichkeiten, sich deren Verfügungsgewalt zu entziehen oder diese an die »aufklärerischen« Erwartungen des Tridentinum zu binden.

2.2.3. Die französische Wirklichkeit: Konvenienzehe und Misogamie

Welche psychischen oder gesellschaftlichen Hindernisse einem vollendeten Lieben vor und besonders nach der Heirat im Wege stehen, wird in planvoller Analogie zu dem an den Geschwistern Parthenie und Philoxipe entwickelten Muster durch die gestuft variierten Lebenserfahrungen der übrigen Protagonisten offenbar gemacht.

Weil er den Kniefall des Rivalen nicht als Geste des Abschieds erkennt, nimmt Aglatidas' Liebe Formen eifersüchtiger Raserei an und läßt ihn zum Schein einer anderen Frau huldigen. Maßlos ist auch die an Masochismus grenzende Reaktion der Amestris. Sich selbst nämlich bestraft sie, um ihre Unschuld zu erweisen, für ihre Liebe zu dem vermeintlich treulosen Aglatidas und willigt selbstzerstörerisch in eine Ehe ein, in der das Gift der Melancholie ihrem Leben langsam ein Ende setzen soll. [45] Die Fortsetzung des 4. Bandes zeigt sie im »Gehorsam einer Sklavin« an der Seite Otanes, dessen unbegründete Eifersucht allen Varianten tyrannischer Männlichkeit in Molières Komödien vorgreift. [46] Scheitert an dieser und an der Untreue des Prince de Salamis das eheliche Glück, für das Philoxipe und Policrite zum Vorbild werden – diese drei sind die einzigen auch nach der Heirat beobachteten Paare –, so verhindern oder gefährden auch andere Ursachen die Liebe selbst. Vermeintliche Unebenbürtigkeit [47] oder eine solche, die durch usurpierte Thronrechte [48] oder Verbannung [49] entstand, ambitioniertes Interesse an Herrschaft [50], politisch-kriegerischen Zielen und der Stärkung der Hausmacht [51] stehen einer glücklichen Lösung im Weg. Gemeinhin ist es die Verfügungsgewalt der Väter und älteren Brüder, die Willen und Neigung der Jüngeren zunichte zu machen droht und die nicht selten durch das Testament über den Tod hinaus verlängert wird. [52] Parallel zu der Kritik an dieser Instanz liegt der Entwurf einer vorbildlichen und bindenden Vaterfigur. Auch sie hat – wie das Beispiel von Policrite und Solon zeigte – Teil an der vollkommenen Liebe, und sie verhindert schließlich die unvollkommene: Als sie zerrissen ist von einer Leidenschaft, die sie die Schwäche erniedrigender Eifersucht erfahren läßt, bis Scham und Selbsthaß sie in quälende Todessehnsucht treiben, verkörpert für Cleobuline, die »Reine de Corinthe«, der Vater die lebensrettende Autorität, die sie vor Pflichtverletzung und dem Verlust ihrer Würde bewahrt. Mit der Besinnung auf ihn gewinnt die Vernunft wieder Macht über sie und hat für sie Geltung, daß die Königin, unerlösbare Sklavin, der gebotenen Ordnung zu folgen, nicht sie in Frage zu stellen habe. Sie ist der Thomiris vergleichbar, da sie als erste liebt, ohne daß – wirklich oder scheinbar – ihr Gefühl erwidert wird; beide Frauen verletzten also die »bienséance« ihres Geschlechts. Ihr Lieben wird im Roman zum Beispiel eines in allen Phasen selbstzerstörerischer Verzweiflung durchmessenen Wegs weiblicher »passion«, gegen den die positiven Frauengestalten sich stets verwahren. Während die enttäuschte Thomiris bis zuletzt dem Haß auf Cyrus und die Rivalin ungezügelten Lauf läßt, das Entsetzen über ihre Schwäche sie nicht an Mordphantasien zu hindern vermag, gewinnt Cleobuline im öffentlichen und persönlichen Verzicht die innere Freiheit wieder. [53]

Nach gescheiterten Überzeugungsversuchen ist melancholische Resignation, kaum aber offener Widerstand die Antwort des jungen Mädchens auf die willkürlich anmutenden väterlichen Gebote. Da hilfreiches Verständnis noch weniger von der Mutter zu erwarten ist, ist diese Gestalt so gut wie ausgespart. Nur zweimal tritt sie handelnd in Erscheinung, will hier, nicht anders als die Väter, eine Heirat durchsetzen, die der Tochter die Krone verspricht [54], wird dort zur herrischen Stiefmutter und Rivalin, tarnt die Eifersucht unter dem Vorwand eines tugendhaften Rückzugs aus der Gesellschaft und betreibt eine andere Eheschließung, um die Liebenden wirksam zu trennen [55] – auch dies ein später variiertes Märchenmotiv.

Gemeinsam ist den zuletzt untersuchten Handlungsabläufen, daß die Glücksbehinderung zumindest indirekt auf vom Mann gesetzte und männlich besetzte Interessen zurückgeführt wird. Im Zusammenhang mit einigen veranschaulichenden Beispielen weist Elise ausdrücklich auf solche Ursachen hin: Wen ihr Vater sie zu heiraten zwänge, den werde sie hassen, und nichts sei verletzender für ihr Geschlecht als die gängige Überzeugung, daß ihm allein die Alternative der Ehe oder hoher Klostermauern offenstehe. Die Selbstverständlichkeit, mit der der Frau die Freiheit moralischer Autonomie bestritten und die Sicherung der patrilinearen ständischen Ordnung übertragen werden [56], wird hier in einer Weise angeprangert, die den – radikaler formulierten – Varianten der Ehekritik und -reform in der *Prétieuse* präludieren. [57] In welchem Maße die preziöse Misogamie Fundamente eines Gebäudes theoretisch zu erschüttern drohte, von dessen Gestaltung die Frau ausgeschlossen war, macht der Chor der Satiriker offenbar: In der Überzeichnung der Karikatur erscheint die heiratsfeindliche Preziöse entweder in affektierter Prüderie, wobei ein vermeintlicher Geschlechtsekel als krankhafte Deformierung natürlicher Sinnenfreude registriert wird, oder sie gilt als die von Häßlichkeit, Armut und Alter Gezeichnete, die dem ausbleibenden männlichen Ehebegehren mit einer antizipierten Weigerung kompensatorisch und überheblich zu begegnen trachte. [58]

Bei den Zeitgenossen konnte die Liebeskonzeption ihrer Romane (»amour pure« und »amitié tendre«) Mlle de Scudéry der einen, die mangelnde Schönheit sie der anderen Form gezielter Lächerlichkeit zum Opfer werden lassen. Der späteren Literarhistorie ist allerdings der Vorwurf nicht zu ersparen, daß sie das Zerrbild der Satire ernster zu nehmen geneigt war als das Werk der Autorin selbst.

Maßvoller, aber auch konkreter und damit letztlich konsequenzenreicher als die kühne aber unverbindliche Salonrhetorik in der *Pretieuse* ist die Argumentation, mit der die Autorin von Elise, Cleobuline, Glacidie und Sapho den alternativen Status der Unverheirateten propagieren läßt. Er war durch Biographie und Bekenntnis von Mlle de Scudéry, Ninon de Lenclos [59] oder Christine v. Schweden abgesichert und erlaubte diesen nicht weniger als den literarischen Wortführerinnen, über die eigene Selbstbestimmung hinaus zu Anwältinnen ihres Geschlechts zu werden.

Neben der Ehelosigkeit ist es die freie Gattenwahl, die als Möglichkeit würdigeren femininen Daseins der Zwangsverheiratung entgegengehalten wird. Nachdem das Paar mit den Lektionen der Venus Urania dauerhaft und vollkommen zu lieben gelernt hatte, war es durch eine solche neue Freiheit nicht mehr zu gefährden. Nun oblag es den Vätern, am legendären Vorbild einsichtig zu werden und zumindest einer Beschneidung des Verfügungsrechts zuzustimmen. Am Beispiel der Kelten machte die Autorin indes offenbar, daß der Vater, der, wie im Märchen, stets König ist, gut daran täte, nicht allein diese Prärogative in Frage stellen zu lassen.

2.2.4. Die aufgeklärten Kelten: Freie Gattenwahl und religiöse Toleranz

Eine Flotte der Phokäer wird unter ihrem Fürsten Peranius ans westliche Mittelmeer verschlagen. Sie rettet sich bei dem Volk der Segoregiens, das umgrenzt ist vom Land der Tektosagen, der ligurischen Salyer und dem keltischen Gallien. [60] Zum Hofstaat des Königs Senan gehört im übrigen die erwähnte Glacidie, Freundin seiner Tochter Cleonisbe, um deren Geschick oder besser Entscheidung es eigentlich geht. Mlle de Scudéry war in einigen griechischen und lateinischen Quellen darauf gestoßen, daß die Keltin das Recht auf freie Gattenwahl besaß, und, im Unterschied zur römischen Gesetzgebung, nicht gegen ihren Willen verheiratet werden konnte [61]; es galt auch für die Königstochter, wenn der Stand des Erwählten angemessen war.

Vor diesem Hintergrund wird das vertraute Handlungsschema in bedeutsamer Weise durchbrochen. Cleonisbe erfährt an sich den Konflikt zwischen der Landessitte, die ihr erlauben würde, den geliebten Peranius zu heiraten, und dem väterlichen Gebot, im Sinne einer Schlichtung des Krieges mit Karthago, den gehaßten Bomilcar allen anderen vorzuziehen. Es ist ein Konflikt zwischen Neigung und Staatsräson, Selbstbestimmung und Gehorsam, kaum zu beherrschenden Affekten und selbstzerstörerischem Schuldgefühl. Der Bruder jedoch bestärkt Cleonisbe darin, den Gesetzen nicht zuwiderzuhandeln, die das Recht des Königs auf die Bitte einschränken, so daß am Ende dieser sich tatsächlich in den von ihr erklärten Willen fügt. [62]

Beziehungsreich und vielsagend ist die erzählerische Umrahmung, die diesen Liebeskasus zu einem wichtigen, gänzlich unbekannten Beispiel aufklärerischer Literatur im 17. Jahrhundert macht. Nicht allein die väterliche Autorität ist bei den Segoregiens beschnitten. In politischen Entscheidungen folgen König und Kronrat dem Spruch der Sarronides, andernorts auch Druiden genannt, die in die öffentlichen Angelegenheiten und in privatrechtlichen Streit beratend und schlichtend eingreifen. [63] Den einstigen Eroberern bedeuteten, nach J. Markale, die Druiden eine – sozio-politische, moralische und ideologische – Bedrohung des römischen Konformismus, deren es sich schnell und wirksam zu entledigen galt. Mit der Erinnerung an eine Gesellschaft, in deren Mythen, Kultur und Gesetzen die Frau dem Manne ranggleich war [64], kündigt die Autorin für ihr Geschlecht der Tradition des römischen Rechts symbolisch die Gefolgschaft auf, wird der erzwungene Gehorsam der Töchter im Sinne einer historisch-regressiven Fortschrittsutopie überwunden.

Den Sarroniden, die ausdrücklich auch »Philosophes« genannt werden, obliegt nun das Urteil darüber, ob der Flotte des Peranius Gastrecht zu gewähren sei. In Für und Wider werden Themen erörtert, die in der Frühaufklärung kaum verändert wiederkehren. Die andere Religion der Phokäer, ihr Wohlstand und die bei ihnen aufs höchste entwickelten Wissenschaften und Künste gelten dem einen der Sprecher als Vorboten von Laster, Unbotmäßigkeit und Glaubenszweifeln. Das Plädoyer des anderen, dem König und Kronrat schließlich folgen, nimmt sich, bis hin zur Terminologie, wie ein Vorgriff auf die Debatte aus, die sich an der Widerrufung des Edikts von Nantes entzünden sollte. Pflicht des Fürsten sei es, Bildung und Reichtum der Untertanen zu mehren, denn nur, wo es an beidem mangele, steuere eine dumpfe, aufständische Masse den Umsturz an. Die Integration der aufgeklärten griechischen Minderheit hingegen sei daher gerade um jenes Fortschritts willen, der Tugend und Kenntnisse, Fleiß, Überfluß und Genuß im ganzen Volke verbreitet habe, ausdrücklich geboten. Das abschließende Bekenntnis des »sage Sarronide« zur religiösen Toleranz, die allererst zum Eifer im eigenen Glauben anzustacheln vermöchte, antizipiert den Voltaireschen Deismus:

> ie ne laisse pas de croire que l'humanité se deuant trouuer en toutes les Religions du monde, il y auroit de la cruauté à rendre tant de Gens malheureux seulement parce que leur Religion est differente de la nostre ... les Dieux ... / ... se plaisent à estre adorés de cent manieres differentes ... tous les Peuples adorent vne mesme Diuinité sous des noms differens, & par des manieres differentes. [65]

Festzuhalten ist – neben der bemerkenswerten Bildung und Belesenheit der Autorin – die beziehungsreiche Verbindung von Themen, die die Frauenfrage einem größeren Zusammenhang zuordnet. Die Erweckung der Frau zu einem Leben, das länger währt als die Schönheit (Glacidie – Amathilde) und ihre von Gesetzen abgesicherte Befreiung aus der väterlichen Autorität und dem an dieser sich messenden Selbstverständnis (Cleonisbe – Senan) vollzieht sich unter Bedingungen, die alles andere als nebensächlich sind. Es ist das herrschende Recht, das dem Bruder, paternalistischem Denken zuwider, im Sinne der Schwester Einfluß zu nehmen erlaubt; das deren Willen dem des Vaters überordnet; das Recht aber auch, das die königliche Entscheidung an die Urteilsfindung derer bindet, die stellvertretend die Erwartung der Untertanen formulieren. Was der Staatsräson – der Heirat von Cleonisbe und Bomilcar – kurzfristig zu widersprechen scheint, ist in Wahrheit die Projektion eines Fortschritts, dessen integratives Friedensmodell vor allem dem König mehr abverlangt als einen zeitlich absehbaren Pakt von Interesse und Unterpfand. Gesetz und Landessitte schützen, fördern und vertreten danach diejenigen, die für Mlle de Scudéry gleichermaßen zu verfügbaren Objekten reduziert waren, die Frauen und das Volk. Daß – und warum – es eine Frau war, die, mehr als ein halbes Jahrhundert vor Voltaire oder Montesquieu, Ideen der Aufklärung formulierte, verbietet allerdings, die fällige literarhistorische Vordatierung zur philologischen Kuriosität zu neutralisieren.

2.2.5. Voraussetzungen des preziösen Fortschritts: Sappho und die Erziehung der Geschlechter

Die Autorin begnügte sich indes nicht mit dem Entwurf einer besseren Rechts- und Gesellschaftsordnung. Einer solchen nämlich hätte eine Veränderung des von beiden Geschlechtern getragenen Rollenbildes, ein Wandel aber zunächst in Selbstverständnis und Verhalten der Frauen selbst voranzugehen. Erzieherisch wirkt die Reihung negativer Typisierungen, nach denen sich diese weitgehend einteilen ließen:

> les vnes sont coquettes; les autres sont sages, mais stupides; quelques-vnes ont de la vertu & de l'esprit, mais vn esprit mal tourné & peu agreable: quelques autres encore sont artificieuses & meschantes: les belles pour l'ordinaire, sont enuieuses & jalouses, les spirituelles ont bien souuent de la suffisance & de l'orgueil: les sottes sont insuportables, & les trop galantes me sont / en horreur. [66]

In der Erzählsituation erscheinen sie als lehrhafte Exempelfiguren. So scheitert die kokette Artelinde, durchaus ein mögliches Modell der Célimène, als ein Bote ihre gleichzeitig an vier Liebhaber gerichteten Verabredungsvorschläge vertauscht. [67] Die stolze und unerbittliche Cleodore erkennt in einer – auf La Rochefoucauld vordeutenden – Reflexion, daß ihr für die Liebe zu einem anderen die (begründete) Selbstverachtung entscheidend im Wege steht. [68]

Der Charakter der Frauen, denen Thrasyle nacheinander seine Liebe schenkt, rechtfertigt seine scheinbare Unbeständigkeit: Eine Kokette fesselt ihn, als er sehr jung ist, und zeigt jedermann seine Briefe. Cleocrite, zu Hingabe und Bindung unfähig, genießt allein sich selbst im Mittelpunkt der Feste und Verehrer, neigt zu plötzlichem Verdruß und Heftigkeiten, trauert nicht dem totgesagten Freund nach, sondern den Vergnügungen, die er für sie ersonnen hatte. Lysidice schließlich, unausgeglichen und widersprüchlich, bald liebevoll, bald um so ungerechter und abweisender, macht ihn zum Spielball ihrer Launen und hält ihn in Fesseln, denen er kaum entkommt. [69] Spätestens hier zeigt sich, daß Mlle de Scudéry selbst der weiblichen »Grausamkeit«, die sie für J.-M. Pelous zu billigen schien, Grenzen setzte.

Verführerische Koketterie und der irrige Glauben an den Wert der Schönheit [70], Eifersucht [71], falscher, selbstzerstörerischer Stolz [72], bewußtlose Leidenschaft [73], Blendung durch männliche Galanterie [74], aber auch jene philiströse Griesgrämigkeit der Isalonide, deren Tugend sich im »n'estre point galante« [75] erschöpft, die Neigung zu Médisance und zur Kolportage höfischen Klatschs [76] sind für die Autorin die Gefährdungen ihres Geschlechts. Exempelsituationen demonstrieren, die positiven Kontrastfiguren reflektieren lehrhaft die Grenzen und Inhalte femininer »bienséance«. Vor allen anderen aber, den Policrite und Parthenie, Elise und Glacidie, Cleonisbe oder auch Cleobuline, verkörpert die neue Sappho den Inbegriff idealer Weiblichkeit, die in vielfach aufgefächerter erzählerischer Kasuistik den Frauen orientierendes Leitbild werden sollte. Erst mit ihrer Geschichte erschließt sich der Roman im Reichtum seiner Bezüge und Botschaften. [77]

Die preziöse Sappho (»Sapho«) behauptet, früh verwaist und damit unangefochten von väterlichem Widerstand, den Status und das Bewußtsein intellektueller, sozialer, psychischer und moralischer Autonomie. Die Ehe scheint ihr lange Versklavung, jeder Mann als Gatte ein möglicher Tyrann. Freunde und Freundinnen umgeben sie in einem Kreis des gebildeten Gesprächs, einer Gemeinschaft von »Gens d'esprit«, die den »Gens de la Cour« Mißtrauen einflößt. Saphos Klage über Verkennung und Verachtung des Schriftstellers durch den höfischen Adel nuanciert im übrigen eine frühere Kritik Mlle de Scudérys am Undank der »Grands«, die die Gründung der Salons, des Forums einer moralischen und geistigen Elite, ausdrücklich als Abkehr vom Hof erklärte. [78] Wie keine andere beherrscht und lehrt Sapho die Kunst der Konversation, die den Frauen als das unverzichtbare Medium der Selbstbesinnung und Kultivierung nahegelegt wird und die sie aus der gängigen Ignoranz herausführen, dabei aber das Gelehrtentum und damit die Verletzung der »bienséance« verhindern könnte.

Um die richtige und falschverstandene Bildung der Frau geht es im ersten Drittel [79] dieser langen Geschichte. Damophila, Epigonin der griechischen Sappho, ist das Modell der gelehrten Gegenspielerin. Mit dieser mag Mlle de Scudéry um so vehementer und ausführlicher ins Gericht gegangen sein, je mehr sie erkennen mußte, daß ein derartiger Bruch mit der »honnêteté« im allgemeinen, der »bien-seance de son Sexe« im besonderen, jeden Fortschritt im Keim zu ersticken, weibliches Kultivierungsbemühen vorab der Lächerlichkeit zu überantworten drohte.

In Saphos Zimmer sieht man weit weniger Bücher als sie gelesen hat. Nichts verrät ihre profunde Bildung, die die Beherrschung auch der Alltagsaufgaben einschließt. Ihr Gespräch ist ein bescheidenes, angenehmes Plaudern. Wo ihre Kenntnisse die Antwort auf eine Frage erlauben, die Schicklichkeit aber sie verbietet, täuscht sie Unwissenheit vor. Nichts kann sie mehr kränken als der Ruf der Gelehrten und des »bel esprit«, der ihr allenthalben vorangeht; lieber noch gälte sie als Analphabetin. Doch Saphos verzweifeltes Bekenntnis wird auch zur Anklage gegen die grundsätzliche Beargwöhnung, ja »Verfolgung« der Frauen, die sich, wie sie, bekanntermaßen auf mehr verstünden als auf Locken und Bänder. [80] Zweifach begründet ist ihre Furcht davor, daß ihr Name mit einem – auch weltweit geschätzten – literarischen Werk in Verbindung gebracht werde. In jedem Fall drohe die persönliche Auszeichnung zu isolieren und in Mißkredit zu bringen, hier, bei Hof und Adel, wo jedweder Autor zum bestellten Handwerker herabgewürdigt werden könne, dort, wo die Ignoranz der Frauen die Regel, ihr Wissen die vereinzelnde Ausnahme sei. So wird für die Schriftstellerin das Lob zur Beleidigung, das eigene Produkt zum Fremdkörper, den die Freunde für sie zu verleugnen haben. [81] Diese Analyse gibt Claudine Herrmann recht, die am Beispiel von Mme de Lafayette ihre Theorie von der notwendigen Entfremdung der intellektuellen Frau entwickelte:

> il faut voler la culture sans être vue de peur de passer pour savante, et si l'on veut écrire, il faut encore se cacher ... nécessairement la femme qui apprend s'aliène dans une culture

virile étrangère et où les seuls modèles qui s'offrent à elle sont fatalement des modèles virils. Nos voleuses donc, pour ne pas sortir de l'ordre, dissimulent leurs larcins, et, dans toute la mesure du possible, se dissimulent elles-mêmes. [82]

Es war darum ein leichtes, Mlle de Scudéry mißzuverstehen. Nicht ohne Genugtuung pries Sainte-Beuve die moderaten Ansätze einer Reform der Mädchenerziehung und die begründete Verachtung für das eigene Geschlecht, erklärte P. Hoffmann die von ihr projizierte vollkommene Frau zum Ideal aller männlichen Moralisten. [83] Der Konsens aber entspringt willkürlicher Verkürzung. Der von der Autorin anhaltend vertretene Leitwert der Bescheidenheit, den Poullain de la Barre als falsche, bildungsbehindernde Demut zu zerstören suchte [84], konnte nur vordergründig die Hoffnung nähren, daß ein aufklärerisches Begehren von den Frauen selbst kontrolliert und im Sinn der alten Ungleichheit neutralisiert werden würde. Sapho beschränkt sich ebensowenig auf die Negierung weiblicher Gelehrsamkeit wie Damophile nur dazu dient, diese in der extremen Überzeichnung zu veranschaulichen.

Gewiß, die Nachahmerin nimmt sich aus wie ein Modell der Philaminte oder, mehr noch, von Furetières Hyppolite – und ist es vielleicht auch. Wie letztere umgibt sie sich mit spezialisierten Hauslehrern, erörtert in lehrhaftem Ton Literatur und Wissenschaften, zitiert Autoren, verspricht sogar ihre Liebe für ein paar Verse, die sie als die ihren ausgeben könnte. Ihr Wissensdurst ist ebenso grenzenlos wie ihr Drang nach Gelehrtenruhm, mit dem die Sorge für Familie und Hauswesen unvereinbar ist. [85] Nicht allein aber weibliches Bildungsbemühen gerät durch ihr Beispiel ins Zwielicht. Es ist die Sapho umgebende Gesellschaft, der Salon selbst, gegen den der epigonale Zirkel die Waffen zu schmieden hilft. In diesem jedoch ist die Mädchenerziehung nur ein Aspekt der die Frauen betreffenden Themen. Es geht mindestens ebenso sehr um die Entfaltung und Verteidigung des preziösen Bewußtseins im allgemeinen. Mlle de Scudéry ist die erste, die – anläßlich der Damophile – manche Argumente der Preziösenkritik zusammenträgt. [86] Danach bezöge sich letztere auf ein Zerrbild, während von Sapho jene eigentlichen preziösen Denkanstöße formuliert würden, die die Satire verschwieg oder deformierte. Auf diese Weise konnte die Autorin nicht allein auf die Widersacher des Preziösentums hinweisen, sondern auch deren Motive kenntlich machen, die nachzuweisen W. Zimmer schuldig geblieben ist. Nicht zufällig zielt die Polemik, wie in ihrem späteren Werk der Angriff auf Boileau, auf einen Zusammenhang von literarischer Gattung (Satire) und Frauenverachtung.

Neider und Ignoranten nennt sie die »Cabale« der Feinde ihrer Gesellschaft, deren einige unter den spottlustigen, sich ihres Analphabetentums rühmenden jugendlichen Haudegen zu suchen seien. Doch auch Frauen meiden sie: die einen, die ihren Wert auf die Schönheit, die Inhalte ihrer Erziehung auf kosmetische Künste, den angemessenen Gesprächsstoff auf Kleidung und die Galanterie auf kokettes Festgeplänkel beschränken möchten; die anderen, deren Lebenssinn sich darin erfülle, »Gattin des Mannes, Mutter der Kinder, Herrin der Familie und der Sklaven« zu sein. Besonders aber fürchten sie die Arnolphes:

ces hommes qui ne regardent les Femmes que comme les premieres Esclaues de leurs Maisons, qui deffendoient à leurs Filles de lire iamais d'autres Liures que ceux qui leur seruoient à prier les Dieux: & qui ne vouloient pas qu'elles chantassent mesme des chansons de Sapho. [87]

Widerstand komme auch aus der Masse der Unwissenden, der man Männer und Frauen aller Stände zuordnen könne, und zuletzt von Gebildeten, die deren Vorurteil ungeprüft übernehmen, weil ihnen gefährlich scheinen müsse, daß man hier den Geist der Frauen auf anspruchsvollere Objekte auszurichten bestrebt sei.

Was im Umkreis der Sapho erörtert und von ihr zur reformerischen Kritik verdichtet wird, gibt einen Eindruck von der Brisanz der im preziösen Salon geborenen Ideen. Themistogene, der nur die Gelehrte lieben, und Alcé, den allein weibliche Schönheit fesseln könnte, beharren auf ihrer Meinung, Grund genug für Sapho, sich von beiden fernzuhalten, vor allem aber, die jeweilige Verblendung zum Gegenstand des Gesprächs zu machen. Dabei pointiert und ergänzt sie, was gegen die letztere in den früheren Bänden bereits gesagt worden war. Daß auch und gerade für den häßlichen Mann nur die Frau schön zu sein habe, beleidige ihr Geschlecht. Der in die Enge getriebene Alcé weicht einer Antwort aus, weil er sonst »viele Dinge gegen die Damen im allgemeinen« vorbringen müsse. [88] Unmißverständlicher als bisher wird das männliche Begehren nach der Schönen, bei Callicrate (!) schon als Weg zur Macht enthüllt, nunmehr mit Misogynie gleichgesetzt. Erzogen und überzeugt hingegen wird Phaon, und die Korrektur seiner – weit verbreiteten – Vorurteile wird zur wichtigen preziösen Lektion. Vor der Begegnung mit Sapho suchte er die Nähe der »belles & galantes« und war einer dümmlichen Schönen verfallen, der er vor einer – bestenfalls schönen – Gelehrten, der ihm einzig denkbaren Alternative, den Vorzug gab. [89] Im Umgang mit Sapho lernt er die falschen Gegensätze erkennen und überwinden. Schönheit, Frauenbildung und Galanterie sind auch die Themen, deren Interdependenz ihm und den Lesern beiderlei Geschlechts – eindringlicher als in den früheren Binnenerzählungen – bewußt gemacht wird.

Wo der Mann allein weiblicher Schönheit huldigt, die Frau nur in deren Bestätigung Erfüllung zu finden meint, wirken beide an Netzen und Fallstricken füreinander, verkehrt sich das galante Spiel zum Geschlechterkrieg. Im rhetorischen Gewand schmachtender Beteuerungen (»soûpireurs vniversels«) oder spöttisch-koketter Unverbindlichkeit (»Galans enioüez«) suchen die einen, die Frauenverachtung zu tarnen. Unreflektiert und sich selbst entfremdet bereiten ihr die anderen den Boden, dulden und fördern den Wetteifer von Käuflichkeit und Verführung, der den verliebten Umgang zum kriegerischen Überbieten und vielfältigen Erobern herabsinken läßt. Die so wenig verbreitete wahre Galanterie hingegen verpflichte den Mann auf Verdienste, unterwürfiges Bemühen und Ehrfurcht vor der Geliebten, die Frau auf schamhafte Klugheit und Unbestechlichkeit. [90] Sie wird zum Synonym der »amour pure«.

Die Abgrenzung gegen weibliche Gelehrsamkeit geht Hand in Hand mit der Kritik an der verfehlten Mädchenerziehung und den Versäumnissen der Frauen selbst. Erschreckend sei die allgemeine Unwissenheit auch der Aristokratin, die nicht einmal über ein orthographisches oder geographisches Grundwissen verfüge. Wofern man den Frauen nicht auch das Sprechen verbieten wolle, sei die Bildungsbehinderung ein nicht geringeres Unrecht als die Verachtung ihrer Koketterie und Oberflächlichkeit, zu der gemeinhin sie doch erzogen würden. Während ihnen das zur Festigung von Tugend und Geist unerläßliche Wissen vorenthalten bleibe, gälten Lob und Tadel nur der modischen Eleganz oder den Fortschritten im Gesang- und Tanzunterricht, obwohl sie damit über mehr als zehn Jahre allein das zu beherrschen lernten, was sie nur fünf Jahre lang ausüben könnten:

on diroit qu'on leur a deffendu d'auoir de la raison, & du bon sens, & qu'elles ne sont au monde que pour dormir; pour estre grasses; pour estre belles; pour ne rien faire; & pour ne dire que des sottises. [91]

So verstünden sie nicht einmal, ihre Zeit einzuteilen: Nach einem Schlaf von zwölf Stunden vergingen drei weitere mit An- und Auskleiden, noch einmal drei mit Kochen, und in den restlichen empfingen sie Menschen, denen sie nichts zu sagen wüßten. In Beispiel und Kommentar eröffnet Sapho ihnen den Mittelweg zwischen Gelehrsamkeit und Ignoranz, bestimmt sie die Inhalte der ihnen gemäßen Bildung (Kenntnisse in Sprachen und Literatur, ein in der Lektüre gewonnenes breites Allgemeinwissen) und bindet die Form, in der diese sich mitzuteilen hat, an die Leitwerte der Bescheidenheit und »bienséance«, die allein im Rahmen geselliger Konversation sich erfüllen können. [92]

Der preziöse Erziehungsprozeß, dem Phaon unterworfen wird, beinhaltet mit der Anerkennung eines neuen Frauenbilds und weiblicher Bildung auch eine andere Form des Liebens. Die »parfaite amour«, bislang nur märchenhaft veranschaulicht, wird nunmehr regelhaft kodifiziert und von dem vorbildlichen Paar als Lernmuster verwirklicht.

In wechselseitiger Wahl soll eine von beiden Liebenden geteilte Zuneigung beginnen, die die von Vernunft und Schicklichkeit bewachten Bahnen nie verlassen dürfe. Aufrichtigkeit und Treue sind die vom Mann allererst verlangten Tugenden. In der geliebten Frau hat er die alleinige Vertraute seiner geheimsten Gedanken zu sehen, hat ihren Schmerz zu ergründen und zu teilen. Während er seine Liebe fortwährend zeigen muß, darf sie ihn die ihre nur ahnen lassen. [93]

Die Furcht vor drohender Unbeständigkeit und einer Grobheit seiner Empfindungen bewegt Sapho dazu, Phaon zunächst nur als Freund und in der Ungewißheit sich bewähren zu lassen, ohne seine wachsende Eifersucht aufzuheben. Schließlich gibt sie, ohne die Schwäche eines Liebesgeständnisses, seiner Hoffnung Nahrung, und eine »Verbindung ohnegleichen«, in der er allein ihr Herz zu besitzen begehrt, sie es nur ihm ganz öffnet, nimmt ihren Anfang. Alle Gefühle und Gedanken teilen sie im wortlosen Blick einander mit. Enttäuscht aber bereits darüber, daß Phaon keinen Trennungsschmerz zu empfinden schien, sieht sie mit der Serenade an eine andere Frau in der Ferne das Ende ihrer Liebe vollends besiegelt. Wieder erfüllt erst das Wunder die Wunschwirklichkeit der »parfaite amour« in utopischer Idealität. Versöhnen, so erklärt sie ihm, werde sie nur seine Bereitschaft, nun und für alle Zeit die schwerste der Bewährungen auf sich zu nehmen, für immer nämlich auf eine Heirat, aber auch darauf zu verzichten, daß sie ihm je mehr als die unschuldigen Zeichen ihrer Neigung schenken werde. Vor allem aber hat er ihr ins Land der skythischen Sauromates zu folgen. Wie bei den Segoregiens Recht und Sitte die Liebesheirat, den freien Willen der Tochter und die Ranggleichheit der Geschlechter sicherten, wird im Staat der Sarmaten, den eine junge Königin regiert, die vollkommene Liebe mit Gesetzen geschützt. Die Untreue wird unter Strafe gestellt. Wer aus Liebe heiratete, darf sich nicht wiederverheiraten. Das getrennte Paar hat, wie die Trauernden, Anspruch auf öffentlichen Trost. Da der Staatsgründer seine Untertanen über die Liebe an sein Land binden wollte, sind die Liebesgesetze genauso unverletzlich wie das öffentliche Recht, muß etwa der Wechsel des oder der Geliebten vor einem Tribunal begründet werden. Die Bewohner sprechen, wie die der Venusinsel, nur von der Liebe, leben, wie die bei den Segoregiens Gastrecht findenden Phokäer, in Frieden, Kultur und Überfluß. [94] Offensichtlich war Mlle de Scudéry die von Herodot überlieferte Vorstellung vertraut, nach der der Stamm der Sarmaten sich aus der Mischung von Skythen und Amazonen gebildet und bei ihnen Bräuche des Matriarchats sich erhalten hatten. [95]

Der legendäre Sprung der Sappho vom leukadischen Felsen wird zur märchenhaften Entrückung der Liebenden in ein Niemandsland verklärt, aus dem es kein Zurück gibt. In Griechenland gilt sie als tot, bei den Sarmaten aber schmückt sie mit Phaon, der der treueste Geliebte ist, den Palast und Hofstaat der Königin. Die Richter, vor denen Phaon sein Heiratsbegehren, Sapho die Abneigung gegen die Ehe zu vertreten haben, mahnen ihn, sie nicht zu drängen, liebe ihn doch die vollkommenste Person, die nur darum ihm verwehre, von ihr Besitz zu ergreifen, weil sie für immer sein Herz besitzen wolle. [96]

Mit der letzten Binnenerzählung des 10. Bandes, der gleichfalls im Land der Sarmaten angesiedelten »Histoire de Mereonte et de Dorinice« [97], entwirft der *Grand Cyrus* auch jenes, gemeinhin erst mit der »Carte de Tendre« assoziierte, Modell gestufter Formen der Freundschaft, die für die Frau in der »amitié tendre« sich vollendet.

* * *

Die Verschlüsselung als schriftstellerisches Verfahren beschränkt sich im *Grand Cyrus* nicht auf die abzubildende gesellige Lebenswelt. Diese zu dechiffrieren, ist für den Literarhistoriker eine bleibend reizvolle, mit dem Abstand der Jahrhunderte indes anhaltend von Ungewißheit umgebene Herausforderung. Gesicherter sind hingegen nunmehr die Inhalte der eigentlichen preziösen Weltsicht, die sich als durchgängig aufklärerisch beschreiben läßt. Es ist der Blick einer Frau, vor dem Kultur und Geschichte in neuem Licht erscheinen. Mit der Schönheitsthematik oder dem Ideal der »parfaite amour« ist der aus einem säkularisierten Neuplatonismus abgeleitete »code galant« in Frage gestellt. Das römische Recht und die Konvenienzehe, die überkommene Mädchenerziehung oder die Muster

Abraham BOSSE, Lucrèce

idealer Weiblichkeit sind zu Traditionen geworden, denen die Autorin im Namen ihres Geschlechts den Respekt versagt. Doch nicht allein die Frauen enthüllt sie als deren Opfer. Die preziöse Erziehung bereitet beide Geschlechter auf eine Zeit der veränderten rechtlichen und politischen Wirklichkeit vor, die der Menschheit allgemein von Nutzen wäre. Im *Grand Cyrus* sind es legendäre Reiche, Räume und Gestalten, die diese Veränderung als eingelöste Möglichkeit vorführen. Wunder und Zufälle, die formalen Relikte barocken Erzählens, werden dabei einem Fortschritt dienstbar gemacht, der als gesetzliche und gesellschaftliche Utopie in regressiver Märchenhaftigkeit aufscheinen kann. Mit dem Ende des Romans läßt die moderne Erzieherin aus dem Munde des griechischen Vorbilds die Einsichten und Lektionen, die die fiktionale Einkleidung spielerisch verhüllt hatte, vereindeutigen und lehrhaft zusammenfassen. Damit tritt Sappho ihre Aufgabe an Cloelia ab, die die preziöse Aufklärung entschiedener und unmißverständlicher kodifizieren wird.

2.3. »Clelie« und die aufgeklärte Kasuistik

2.3.1. »Amour parfaite« und »amitié tendre«

Mit dem 10. Band der *Clelie* triumphiert die römische Republik über den Thronusurpator und Tyrannen L. Tarquinius. In der Überlieferungsgeschichte zum Sturz der Monarchie fand Mlle de Scudéry den willkommenen Stoff, um das Ende von Unterdrückung und Entmündigung derer zu feiern, die sie als Einheit begriff, der Frauen und des Volks der Untertanen. L. Iunius Brutus, legendärer Begründer der Republik und des Konsulats, stirbt für das freie Rom und die Ehre der von Sextus Tarquinius geschändeten Lucretia. Den Frauen, die um ihn trauern, gilt er als Beschützer ihrer Tugend. [98] Die Autorin aber stellt ihn auch als Schüler der Damo vor, einer Tochter des Pythagoras und der Theano. Ist nach der Forschung diese Ehe als ebenso erfunden anzusehen wie die Existenz beider Frauen selbst, so war letzere wenigstens für die Antike unbestritten. Theano galt als Verfasserin pythagoreischer Apophthegmata und als Bewahrerin der Lehre des Pythagoras, woraus zumindest zu schließen ist, daß man Frauen unter seinen Schülern vermutete. [99]

Nach der Flucht des Vaters vor dem Tyrannen Polykrates unterstützt Damo bei Mlle de Scudéry auch den politischen Widerstand gegen Tarquin. Sie grenzt die Lehre gegen die Extreme einer (weiblichen) asketischen Prüderie und eines (männlichen) skrupellosen Libertinismus ab, stellt dem Gedächtnis die Vernunft, der geistigen Formung die »gloire« voran. Die zur Katharsis sublimierten Reinheitsgebote der Pythagoreer erfüllen sich in der preziösen »amour pure«: Amor verlor Binde und Köcher. Damo und Brutus verwirklichen beispielhaft die vollkommene Freundschaft, die gemäß den Regeln des Pythagoras unter seinen Schülern herrschte und die ebenfalls der Scudéryschen Begriffsentwicklung Pate stehen soll.

Mit Lucrèce verbindet diesen so erzogenen Brutus jene »amour pure« oder »parfaite«, die an Parthenie und Timante erinnert. Dabei überwindet das scheinbar unverfängliche »preziöse« Spiel die trennenden Grenzen. Das wechselseitige Stellen und Lösen der galanten Rätselfrage stiftet im Kreise derer, denen der Verschwörer seine Identität in der Tarnung vorgeblicher Blödheit verbirgt, Aufmerksamkeit und schweigendes Einverständnis zwischen dem Paar. Der Widerstand gegen ihre beginnende Neigung sei, so erklärt Lucrèce, nicht liebesfeindliche Unerbittlichkeit, sondern gebotene Folge ihrer Schwäche. Deutlicher noch wird in späteren Exempelerzählungen der Zusammenhang von männlichem Werben und weiblicher Verweigerung, »amour parfaite« und »amitié tendre« entwickelt.

Wo die Geliebte es verdient, hat der Liebende blind zu gehorchen, die Dame, ihres Rufes wegen, allein zu befehlen. [100] Die »bienséance« verlangt, daß sie das Liebesbekenntnis empört zurückweist und auch, wo sie nicht gleichgültig ist, verbietet, daß man sie liebt. Wollte sie es schließlich zulassen und zugleich verbergen, könnte sie beides nur noch halb tun. Viel weniger noch darf sie ein eigenes Gefühl zu erkennen geben. Valerie kann darum die Liebe von Herminius nur als »tendresse de vostre amitié« dulden. [101] Erneut verbirgt sich das Geheimnis einer schließlich wechselseitigen Zuneigung unter der vermeintlich spielerisch-»preziösen« Manier: »Herminius conuint auec Valerie, que le mot d'amitié voudroit dire amour entr'eux.« Seine Briefe scheinen »billets d'amitié« und sind doch »billets d'amour«. »Galimathias« sind für die Umgebung die rätselhaften Distinktionen von »Amitié« und »amitié« (Herminius), »Amour« und »amour« (Valerie), die nur von den Liebenden selbst jeweils als »Freundschaft« oder »Liebe« »dechiffriert« werden können. [102] Lehrhaft legt dann Herminius dar, was beides tatsächlich verbinde: »Parfaite amour« und »amitié tendre« seien untrennbar. Beidem geht eine im freien und moralischen Urteil gründende Wertschätzung voraus. Während die momenthafte Zuneigung der Zeit und den Launen der Leidenschaft selten standzuhalten vermag, bildet der Übergang von »estime« zu »tendre amitié« und schließlich »amour« eine Trias fortschreitender Vollendung. [103]

Berelise hat darum das Schiedsgericht auf ihrer Seite, als sie gegen männlichen Widerspruch die Eifersucht zum unabdingbaren Moment auch der »amitié tendre« erklärt, selbst wo diese einer Frau gilt. Weit entfernt von der gewöhnlichen Freundschaft enthalte sie doch all das, was auch zur Liebe gehöre. [104] Da letztere nie der Vernunft gehorche, solle sie in der »tendresse« gründen, damit heftige Maßlosigkeit, fordernder Anspruch, eitle Selbstbezogenheit oder lärmende Ungeduld der Liebenden auszuschließen seien, verlangt Aronce. [105] Die erwartete männliche Selbstbindung durch den »code tendre« ist im Roman durch ihn und Herminius bereits vollzogen. Dieser fragt nach den Gesetzen und verbreitet – im 5. Band – die mit der allegorischen Topographie gegebene Antwort Clelies: Nur wo Ehrfurcht mit sanfter Unterwerfung, Höflichkeit mit Liebenswürdigkeit, Liebe mit zartem Einfühlungsvermögen sich verbinde, sei das Gefühl vollkommen, sei der Liebende der »Amant tendre«. Die »tendresse na-

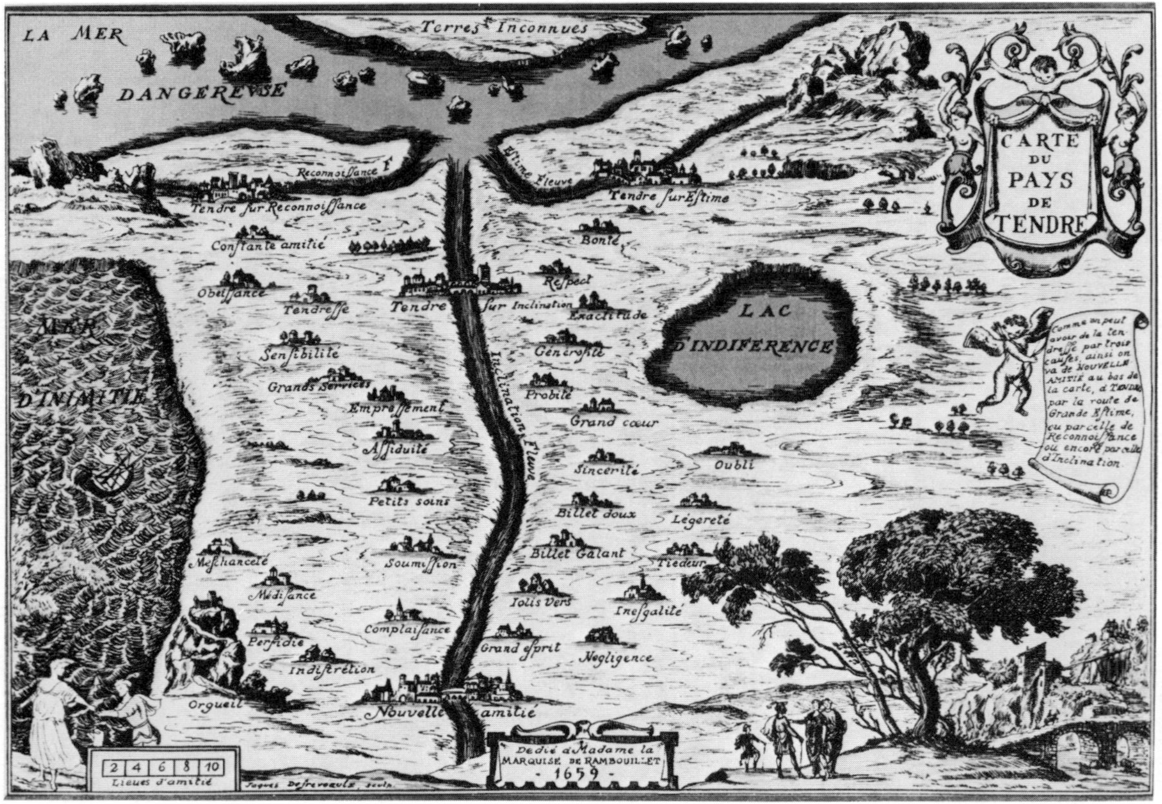

La Carte de Tendre

turelle« ist ein Göttergeschenk, doch weist die Karte den Weg zu den beiden Städten, wo Wertschätzung oder Dank einen bewußten und willentlichen Aufstieg krönen, der unbeirrbar den vorgeschriebenen Stufen folgte. Führt nach den anfänglich üblichen geistigen Anstrengungen der Gedichte und Briefe erst die Summe heroischer Tugenden [106] nach *Tendre sur Estime,* so läßt die unablässige dienende Aufmerksamkeit [107] den Liebenden nach *Tendre sur Reconnoissance* gelangen. Der Irrweg der Nachlässigkeit, des Vergessens, der Leichtfertigkeit, Lauheit oder Ungleichmäßigkeit mündet ein in den »Lac d'Indifference«, und Schiffbruch erleidet auf der »Mer d'Inimitié«, wer auf der anderen Seite – über Stolz, Niedertracht, Indiskretion oder üble Nachrede – vom Wege abkam. Die »amitié tendre« schließt neben den orientierenden Regulativen für den Liebenden ausdrücklich alle Momente einer ritterlich-aristokratischen und rationalistischen Ethik ein. [108]

Die Zuneigung hingegen fließt im breiten Strom von *Nouvelle Amitié* nach *Tendre sur Inclination.* Hier fehlen die topographischen Haltepunkte der Bewährung, und der Weg ist kürzer. Danach aber stürzt sich der Fluß in ein Meer, das – im Hinblick auf die Frauen – das gefährliche genannt wird und jenseits dessen die »Terres inconnues« zu vermuten sind. Es ist der von Mlle de Scudéry noch nicht offen in Frage gestellte Leitwert der »bienséance«, der weiblichem Lieben allein in den Grenzen der »tendresse« einen Raum eröffnet.

2.3.2. Das Ethos der »tendresse« und die weltliche Ehre

Während Aronce und Brutus in der Haupthandlung des Romans den »code tendre« im heroischen Kampf für die Geliebte und für das freie Rom vollendet erfüllen, entfalten die Binnenerzählungen andere Varianten der Bewährungen und Abwege, die die allegorische Topographie der »Carte« lehrhaft versinnbildlichen. Wortführer und Interpreten des Kodex sind, wo es darum geht, den Mann auf ihn zu verpflichten, Artemidore, Berelise und Herminius. Die Uneigentlichkeit der galanten Rhetorik wird beziehungsreich – und gewissermaßen im Vorgriff auf den Libertinismus des Molièreschen Dom Juan – gerade da zurückgenommen, wo diese sich mit dem Vokabular des Kriegsgeschäfts deckt. [109] Ein Reich sich unterworfen zu haben, ist nicht ehrenvoller mehr als von einer Frau geliebt zu werden. Die mit der »gloire« bestätigte Vollendung männlicher Tugend ist weder unvereinbar noch auch unvergleichbar mit dem Dienst an der Geliebten, da sie des aufsehenerregenden öffentlichen Tuns nicht zwingend bedürfe. Vielmehr wird dessen Anerkennung zum eitlen Ruhm (»Renommée«) herabgemindert. Dagegen bescheidet sich die »gloire« nunmehr mit verschwiegener Selbstachtung und dem geheimen Triumph des »Amant caché«, dessen Leid in den Ketten der Liebe die Süße der Hoffnung ungleich erträglicher macht als die Gefangenschaft des Krieges, der lediglich das Ende konkreter Unfreiheit erwarten lassen dürfe. [110]

Mit der »Histoire d'Artelise, de Melicrate, de Lisydas, de Caliante & d'Alcimede« [111] wird der »code tendre« weiterhin kasuistisch differenziert. Vier Edle umwerben, in einem der Venus geweihten Ort Siziliens, Artelise, die, nach dem Tod ihres Vaters und angesichts einer freundschaftlich ihr geneigten Mutter, den Gatten frei wählen kann. Vor diesen entwickelt Terame die bereits erwähnte, in vierzehn Maximen abgefaßte »Morale galante«:

(1) Alles Liebenswerte lieben, das mehr Vergnügen als Leid verspricht. (2) Ohne zu große Treueskrupel eher 1.000 als eine lieben. (3) Bei zuviel Schmerz die Geliebte, allerdings mit Verschwiegenheit, wechseln. (4) Erheitern und gefallen. (5) Nie alle Geheimnisse an sie preisgeben, da ein Ende der Liebe nicht auszuschließen ist. (6) Nicht bis an die Grenzen geldlicher Opfer gehen. (7) Sich nicht den Rivalen ausliefern. (8) Die Dame bei Verweigerung oder schlechter Behandlung nicht im Glauben lassen, daß man ihr unverlierbar gehört. (9) Alle örtlichen Liebesgeschichten beim Erobern als Beispiel anführen können. (10) Lieber sie als – in törichter Eifersucht – die Rivalen hassen. (11) Andere Frauen öffentlich der möglichen Liebe versichern. (12) Mit geistreich-galantem, maliziösem Spott die Geliebte zum einverständlichen Lächeln bewegen. (13) Nie blind, sondern allenfalls da gehorchen, wo das Befehlen angenehm ist. (14) In der Werbung zu allererst an sich selbst Gefallen haben. [112]

Darauf antwortet ein Freund des »Solitaire Meregene«, der sich auf vollendetes Lieben zu verstehen meint, mit ebensovielen »Maximes opposées«:

(1) Wer mehr als eine Geliebte hat, hat gar keine. (2) Wer die Beständigkeit ausschließt, wer an das Ende denkt, liebt schon nicht mehr, und wer liebt, kann es nicht denken. (3) Mehrfache Bindung erschwert die Verschwiegenheit. (4) Erheitern ohne zu spotten, doch dies nur in dem Maße, wie die Eigenart der Geliebten es zuläßt. (5) Die Preisgabe jedes Geheimnisses ist Unterpfand währenden Liebens. Wer es zurückhält, gibt auch sein Herz nicht her. (6) Maßvolles Schenken entspringt der Liebe, die darum aber nicht Folge prunkvollen Aufwands sein soll. (7) Wo die Dame der Liebe würdig ist, ist der Rivale durch ein Mehr an Ehrenhaftigkeit auszustechen. (8) Der Herrin liebenswert scheinen, um des Verdienstes, nicht drängender Werbung willen. (9) Den Neuigkeiten bietet das erfüllte Herz des Liebenden keinen Raum mehr. (10) Wer die Eifersucht beherrscht, ist zuletzt auch mehr Herr seiner Zuneigung als Liebender. (11) Nur eine lieben, und die anderen keiner verheißungsvollen Freundlichkeiten versichern. (12) Die galante »malice« findet schwerlich die Mitte zwischen unbeschwerter Heiterkeit und gefährlichem Spott. (13) Wo der Gehorsam verbannt ist, stürzt das Liebesreich ein. (14) Da das Lieben nicht dem Willen folgt, schließt auch das Glücksbegehren das Leiden ein. [113]

Amilcar ergreift für Terame und für einen unbeschwerten Eros Partei, dessen Pfeile die Herzen nur spielerisch berühren. Herminius hingegen redet jener Göttin das Wort, die man Venus Urania nenne und verteidigt gegen die galanten Widersacher, die den elenden Sklaven die Wonnen der »Rosen ohne Dornen« scherzend auszumalen suchen, den beglückt erfahrenen Liebesschmerz.

In der Folge entkräftet Melicrate jedoch zugleich eine tiefergehende Kritik. Zwei Fragen hatten sich die Kontrahenten gestellt: ob die Vernunft sich der Liebe unbedingt unterwerfen und ob der Gehorsam unbedingt blind sein müsse. Terames Bedenken gelten der im »code tendre« angelegten Höherwertigkeit einer im liebenden Paar individualisierten Moral, die eine übergeordnete Ethik zu relativieren drohe und die der Geliebten die Liebe zur »Komplizin der Verbrechen und Narrheiten« zu verkehren erlaube. Zwar setze, wendet Melicrate ein, die »parfaite amour« jedes Wirken von bewußtem und vernunftgelenktem Willen außer Kraft, vorgängig aber habe er an ihr teil: »... vn honneste homme ... n'aime point ce qui n'est point aimable.« [114] Wenn der Liebende allerdings aus höherer Liebe zu sich selbst seine Ehre über die der Geliebten stellt, ist – so Berelise – diese ihm keine Rücksicht schuldig. [115] Nicht die Ehre als solche ist mit ihrer – von J.-M. Pelous beanstandeten – Erklärung in Frage gestellt, sondern die Ausschließlichkeit, mit der der Mann diese als die nur ihm gebührende höchste Tugend beansprucht.

Die Rivalen sind nun bemüht, sich bei Artelise durch nachweisliche »marques de tendresse« in der Weise auszuzeichnen, daß sie jeweils das ihnen Teuerste für sie aufzugeben bereit wären: der lebenslustige Alcimede will Selbstmord begehen, der geldbesessene Caliante setzt für sie sein Vermögen aufs Spiel, der geistreiche Lisydas verliert ihretwegen zeitweilig den Verstand. Melicrate, von einem heimlichen Besuch bei ihr zurückkehrend, wird in der Nähe eines Ermordeten gefaßt und gerade deshalb der Untat verdächtigt, weil er sich weigert zu sagen, woher er kommt. Ihn, der ihr seine Ehre zu opfern bereit war, hält, auch nach den Plädoyers der jeweiligen Freunde, zumindest die Gesamtheit der Damen und die Umworbene selbst für den vollkommensten unter den Rivalen.

Die »Histoire d'Hesiode« [116] lehrt die Unvereinbarkeit der »parfaite amour« mit männlichem, die »Histoire de Cloranisbe et de Lysonice« [117] die mit weiblichem Ehrgeiz. Als Lysicrate die mittellose Clymene zunehmend vernachlässigt, seine Briefe mehr geschäftige Mitteilungen als Liebesbekundungen enthalten, weil er den Glanz des Hofes und die unablässige Sicherung seines Favoritenranges bei dem Fürsten ihr vorzieht, fühlt sie sich nicht weniger verlassen als sie es durch seine Untreue wäre. Hesiode hingegen, der seinerseits »Günstling des Günstlings« geworden war, entsagt dem Ehrgeiz und überwindet in Clymene die Abneigung gegen die Liebe und den Mann selbst. Der Rückzug in die Abgeschiedenheit sichert beiden ein Glück, wie es die Welt höfischer Schmeichler und Neider, des Undanks und drohender Ungnade ausschließe. Die Wahl gerade des Dichters Hesiod ist dabei alles andere als zufällig. Mlle de Scudéry weist ihm eine Reihe von Werken zu, die man in der Antike als die seinen ansah, darunter die Frauenkataloge. [118] Kalliope, die ihn schlafend auf den Helikon entrückte und ihn im Traum die Geschichte der griechischen, lateinischen, italienischen und französischen Literatur schauen ließ [119], schärfte seinen Blick für Anteil und Bild der Frauen in der Dichtung: Korinna habe Pindar öffentlich besiegt und ihm poetische Ratschläge gegeben, Polla Argentaria nicht minder schöne Verse gemacht als ihr Mann, Lukan, ebenso wie Claudia, die Gattin des Statius; Mme de La Suze übertreffe alle, die vor ihr sich in Elegien versuchten. Während die Autorin in Tasso auch den Ahnherrn des eigenen Schreibens feiert, in Petrarca das Vorbild vollendeten Liebens, bleibt das Urteil über Euripides wegen der nicht auszuschließenden Frauenverachtung zurückhaltend. Daneben ist ihr nicht unbekannt, daß Hesiod in die *Erga* eine Tierfabel (Habicht und Nachtigall) einführte, die die Wirksamkeit von Gewalt und Frieden gleichnishaft gegenüberstellt. Clymene, deren Hund Hesiode freundlich begrüßte, lobt ihn dieses Werkes wegen und beginnt damit ein Gespräch über die »raison des bestes«, das früheste Zeugnis dafür, daß hierin Mlle de Scudéry, wie viele Frauen, Descartes entgegentrat. [120] Während die menschliche Vernunft jeglicher List und Verstellung bis hin zu Verbrechen und Krieg verfügbar zu machen sei, kenne das Tier keinen Undank, setze es den Instinkt nur im Maße seiner wahren Bedürfnisse ein, werde es dem Menschen ein treuer Freund. Delphine tragen schließlich den von den ehrgeizigen Brüdern der Clymene infolge höfischer Intrigen [121] getöteten Hesiode ans Ufer, und der kleine Hund ist es, der dem Volk die Mörder entdeckt.

An der Geschichte der Lysonice beschreibt Mlle de Scudéry den Ehrgeiz in Erscheinungsformen und Folgen, wie er sie bei den Frauen haben kann. Mit ihrem verbannten Vater lebt die Protagonistin in der Einsamkeit und begehrt allein nach einer glanzvollen Heirat, die ihr die Rückkehr an den Hof eröffnen würde. Da ihr die »Güter der Liebe« eingebildete und der Ehrgeiz die vornehmste aller Leidenschaften scheinen, zöge sie den ungeliebten König dem glücklosen »parfait amant« vor. [122] Schnell entschließt sie sich darum, Cloranisbe zu heiraten, als er aus dem Exil zurückgerufen wird, entdeckt in ihm aber den bald eifersüchtigen Gatten, der aus Furcht vor dem Fürsten und Rivalen sie auf dem Lande verbirgt und ihre Schönheit verleugnet. Um ihres Selbstwertgefühls (»gloire«), nicht der Liebe zu ihrem Mann willen widersetzt sie sich dem Drängen des Fürsten nach der Eheaufhebung und einer zweiten Heirat mit ihm, um nun für immer, abgeschieden von der Welt, bei ihren Eltern zu leben.

Wie im *Grand Cyrus* bilden die aufeinander sich beziehenden Geschichten eines Geschwisterpaares – »Histoire d'Artemidore« und »Histoire de la Princesse Lysimene« [123] – thematische Schwerpunkte, die die erzählerische Fülle gliedern. Die erste führt die an Clidamire nachgewiesene Untreue als – neben dem Ehrgeiz – gewichtigste Gefährdung der »tendresse« für beide Geschlechter aus. Nachgesehen oder gar erlaubt werden die jugendliche Unbeständigkeit, die unverbindliche Faszination durch das Neue oder eine allseitige Liebenswürdigkeit sowie die Abkehr von der anhaltend Undankbaren und Spröden. Der Bruch des selbstgegebenen, unverletzlichen Gesetzes jedoch komme einer Selbstverdammung gleich, die Tugend und Recht mit Füßen trete. Schwerer wiege, wenn die Untreue Folge einer neuen Liebe sei, da dies Ehre und Herz des Opfers in einer Weise verletze, daß auch blindwütiger Haß oder die öffentliche Mißbilligung des Treulosen es nicht zu entlasten vermögen. Das langsame Erlöschen der Liebe bedeute zwar die Zerstörung des eigenen Selbst, könne aber Folge auch der Schwäche und der Unfähigkeit zu dauerhafter Liebe oder allgemeiner Vorbehalte gegen die Leidenschaft selbst sein.

Allein der Verdacht, den die Rivalen und Rivalinnen – meist unberechtigt – schüren, genügt, um die Liebenden zeitweilig einander zu entfremden. Für Lysimene und Zenocrate wird das konkrete Tun der Widersacher, nicht eigenes Unvermögen, zur Gefahr, auf deren Überwindung erst mit dem Schiedsspruch des Orakels am Ende des Romans vorgedeutet wird. Während gemeinhin in der *Clelie* der Konflikt rationalisiert, dem klärenden Gespräch und vernünftigem Überzeugen also überantwortet wird [124], erinnert die Autorin an dieser Stelle an die Wunderlösungen des *Grand Cyrus*. Analog dazu kehren in den Protagonisten vertraute Charaktere wieder: die eifersüchtige Intrigantin, der herrische ältere Bruder und der von diesem der Lysimene zur Ehe bestimmte, jähzornige Meleonte. Sie haben in der Haupthandlung ihre Entsprechungen. Zwar kämpft Horace für das freie Rom, hat als Römer Clelies Vater bei dem Heiratsbegehren auf seiner Seite, doch er wurde, anders als Aronce, nie ein »tendre ami« ihrer »Carte« und entführte sie ohne Bedenken nach dem Erdbeben des ersten Bandes. Porsenna versagt als König und als Vater, indem er sich auf die Seite des Verbrechens und gegen den schuldlos verdächtigten Sohn Aronce stellt, dem er, seiner Überzeugung zuwider, im Lager Tarquins zu kämpfen befiehlt, wie ähnlich Lucrèce aus politischer Opportunität gezwungen wurde, Collatin, einen ungeliebten Verbündeten des Usurpators, zu heiraten.

Bis zur Gewalt reichender Ehrgeiz bedroht ein weiteres vollendet liebendes Paar: Hortense und Elismonde. Zugleich zeigt dessen Geschichte an, wann der Liebende die Treuepflicht für seinen Fürsten zugunsten der bedingungslosen Ergebenheit an die Geliebte aufkündigen darf und muß. [125]

Erzogen wird anhaltend nicht allein der Mann. In konsequenter Fortsetzung des früheren ist auch dieser Roman ein Lehrbuch, das sich als Bestandsaufnahme zu überwindender und Entwurf einzulösender Muster weiblichen Selbstverständnisses und Daseins eindringlich an die Frauen wendet. Den Versuchungen von Ehrgeiz und Unbeständigkeit sind, wie gesagt, auch sie ausgeliefert. An Gefallsucht und den in der »société du monde« genährten affektierten Schönheitskult auf der einen, Neugier, Ränke, Médisance und philiströse moralische Selbstherrlichkeit als Folgen des ebenso uneigentlichen Werts der Prüderie [126] auf der anderen Seite, erinnert Mlle de Scudéry eher beiläufig. Die in der »Histoire d'Artaxandre« (2. Bd.) verschlüsselten Liebeserfahrungen Amilcars variieren die »Histoire de Thrasyle« (*Grand Cyrus,* 7. Bd.). Beide Protagonisten haben in den Romanen den Part des »galant enioüé«, der der Lyrik der vermutlichen Vorbilder gemäß ist (Sarasin, Ysarn), und beider Unbeständigkeit wird als gebotene Konsequenz weiblichen Fehlverhaltens gedeutet, das die »tendresse« vorab ausschließt. Zweimal wird Artaxandre Nachfolger eines von der Umworbenen zuvor geliebten Mannes: Pasithée ist nicht fähig oder willens, den erst kürzlich verstorbenen Gatten zu betrauern. Cynesie liebte vorher einen Unwürdigen. Cephise, mit der ihn schließlich eine innige Freundschaft verbindet, stellt darum im Gespräch über die äußeren Zeichen und die Grenzen der Trauer auch diese in Zusammenhang mit dem »code tendre«. Wo nach einer mit dem Tod beendeten Liebe eine neue Zuneigung erwache, sei der Treuebruch gegenüber dem Verstorbenen schwerwiegender noch als der an einem Lebenden. Ausmaß und Form des Trauerns entspricht dem der Liebe. Weil Pasithée sich allzu schnell zu trösten bereit war, Briefe und Bilder vernichtete, sei sie empfindungsunfähig für Zuneigung und Schmerz und rechtfertigte damit den Bruch. Mit der Wahl des unehrenhaften Mannes wiederum entwertete Cynesie moralisch auch sich selbst.

2.3.3. Sklavin und Herrin: Der preziöse Frauendienst

Die herausragenden Frauengestalten der *Clelie* führen den an Geschick, Erfahrung und Reflexion von Parthenie, Sapho und Thomiris begonnenen Prozeß weiblicher Bewußtseins- und Selbstfindung in neuer Weise weiter. Von der gebildeten und vorbildlichen Erzieherin Damo, einer Sappho dieses Romans, war schon die Rede. Eine Schlüsselstellung nimmt daneben Tullie ein, die im Handlungsgeschehen einen so negativen Part hat, daß ihre Ausführungen über Status und Selbstverständnis der Frau nicht ohne weiteres als Meinung der Autorin angesehen werden können. [127]

Tullies stolze Schönheit lasse eher an einen jungen Helden als an eine Heldin denken. Eingeführt wird sie mit ihrem Urteil über die »Vestalinnen«, das der Gegenreformation den geschuldeten Dank erweist: »ce n'est presques qu'en leur Personne / que nostre Sexe est en quelque rang, & en quelque consideration.« [128] Geltung habe sonst lediglich der Mann, als Vater der Unverheirateten oder als Gatte der Ehefrau. Von Natur und Sitte fühle sie sich und ihr Geschlecht so beschämend unterworfen, daß sie, könnte sie wählen, lieber ein einfacher Soldat wäre als »Grande Vestale« oder sogar Prinzessin. Indirekt entwirft sie mit dieser Flucht vor dem eigenen Geschlecht und der Verinnerlichung allein des Ideals der Männlichkeit ein Leitbild der Frau, das diese dem Mann gleichmachen würde. Es ist wichtig festzuhalten, daß Mlle de Scudéry jene von manchem frauenapologetischen Autor – wie Mlle de Gournay oder Poullain de la Barre – geforderte »égalité des sexes« ablehnte, es ihr vielmehr um Entfaltung und Sicherung weiblichen Selbst- und, gegebenenfalls, Andersseins ging. Wiederum sind die Bescheidenheit der Autorin und ihr Glaube an die »bienséance«, dem ihre vorbildlichen Frauengestalten verpflichtet bleiben, Gewähr dafür, daß in diesem »anderen« Bild der Frau und im »code tendre« selbst kein neuer weiblicher Herrschaftsanspruch (J.-M. Pelous) formuliert würde.

Wie fadenscheinig allerdings die Einwände sind, die Tullie begegnen, wie ernstzunehmen ihr kämpferisches Bekenntnis ist, wird aus vergleichbaren Gesprächen anderer Bände deutlich. Der Prince d'Ameriole sucht, wie später der Fürst von Karthago, Tullie mit dem Topos der Schönheit und der in ihr gründenden Macht der Frau über den Mann zu beschwichtigen. [129] Auch ihre Schwester sieht darin einen der Vorzüge ihres Geschlechts, zu denen noch die erlassene Bemühung um Bildung und Mut gehöre, bedürfe es doch lediglich gewisser Anmut, mittelmäßigen Geistes und großer Bescheidenheit, um eine »honneste femme« zu sein, während der »honneste homme« eine Fülle guter Eigenschaften und Fähigkeiten vorweisen müsse. Tarquin gibt Tullie recht: »de Soldat on peut deuenir Roy, mais de Femme on ne peut iamais deuenir libre«, und auch der sympathische Amilcar zöge es vor, »d'estre vne belle Mouche, que d'estre vne belle Femme«. [130] Tullie jedoch sieht die Frauen nicht allein als Sklavinnen von beliebig über sie verfügenden Eltern. Die Tyrannei der Gewohnheit und »bienséance« nämlich hole sie gerade dann um so unerbittlicher ein, wenn Erkenntnis und Einsicht sie ihres Status bewußt werden ließen. Sie stellt, wie im nächsten Band Amilcar, die strenge patriarchalische Bevormundung der Frauen als römische Besonderheit dar – eine erneute Kritik der Autorin am römischen Recht. [131] Die damit einhergehende weibliche Ignoranz scheint ihr eine Schmach, von der auch die zugestandenen natürlichen Gaben (»imagination« und »esprit«) nicht ablenken; schändlicher aber noch sei die klägliche Selbstbescheidung und Fügung in die Rolle unglücklicher und elend behandelter Sklaven der Familie, die nicht einmal die Wahl des Herren einschließe. Wie dieser über sie bestimmt, prangert sie mit Einzelheiten an, die im weiteren Roman von unverdächtigen Parteigängern der Frauen wiederholt werden und die auf Arnolphes Ehemaximen vordeuten: So schätze der Gatte diejenige am meisten, die den geringsten Gebrauch mache von ihrem Geist, binde sie gewaltsam in ein Netz der Vorkehrungen und Zwänge ein, lehre sie, ihre Blicke zu kontrollieren und das angenehme Gespräch zu meiden, verbiete ihr jeden unbewachten Schritt, halte sie oft grundlos in der Weltabgeschiedenheit zurück und sei allemal geneigt, jegliches Tun zu beargwöhnen. Die auch ihr von Geburt mitgegebenen Leidenschaften habe eine Frau zu bezwingen, da ihr weder Liebe noch Haß oder gar Ehrgeiz zu fühlen erlaubt, der Gehorsam allein geboten sei. Anders als die Heldinnen des *Grand Cyrus* rüttelt Tullie an ihren Ketten, stellt sie die vom Mann normierte weibliche »bienséance« in Frage, neidet dem anderen Geschlecht die Freiheit seiner Wege und seiner Affekte, da selbst die Tränen als für Augen und Teint unzuträglich gälten. Amilcar bestätigt sie zumindest indirekt: Erwecke nicht ihre Schönheit die Leidenschaft des Mannes, die allein ihre Schwäche in Stärke verwandle, sei die Frau dazu verurteilt, im untertänigen Gehorsam oder stumpfen Müßiggang zu verkümmern. [132] Damit ließ die Autorin den »code tendre«, der eine – allein rhetorische und damit unverbindliche – Verkehrung der rechtlichen und sozialen Wirklichkeit darstellt, gerade von dem Anwalt spielerischer Galanterie legitimieren. Wer sich die von B. Magné angeführten Zeugnisse für die Einschätzung der Frauen und der Ehe in der ersten Jahrhunderthälfte vor Augen hält, wird unschwer begreifen, daß mehr noch gegen diese als gegen den »code galant« das preziöse Modell sich wendete:

> ... l'homme est le *chef* de la femme ... et Saint-Paul veut que les femmes apprennent le *silence* et la *sujettion,* et leur *deffend* d'user d'autorité sur leurs maris. (Caillet 1635) – Dieu *commande* que la femme *obeïsse* à son mary, l'obeïssance suppose le deuoir qui se doit rendre au *supérieur* ... (*Tableau des piperies* ... 1633) – Les *esclaues* pouvoient entierement changer de *maistre,* mesme auant le déces des leurs; mais quant à la femme, elle est *serue* pendant que son mary est en vie, et liée à la *loy* et *volonté* de son mary. (*Purgatoire des hommes mariéz* 1619) [133]

Derselbe Amilcar, ein Römerfeind wie der Karthager, ist Wortführer eines Gesprächs über die Frauenunterdrückung in Rom [134], das im Kreise der Gegner Tarquins geführt wird, sich aber weitgehend mit den Argumenten Tullies deckt. Angeprangert wird hier, wie im 10. Band [135], die Absonderung der Frauen durch den Mann, der sie zu verlieren fürchte – das Landhaus der Agnès also – und das erzwungene »einsame Leben, das seitdem in Gewohnheit und Schicklichkeit überging«. Ohne der »ewigen Versklavung« das Wort zu reden, räumt dort indes eine Frau (Pasilie) ein, daß weibliche Koketterie und Mißbrauch der Freiheit den kontrollierenden Eingriff des Gatten bisweilen nicht nur rechtfertigten, sondern dem Eifersüchtigen alle Vorwände für Übergriffe und grundlose Verdächtigungen lieferten. Nicht immer sei das Debakel ehelicher Untreue oder Gleichgültigkeit allein dem Mann anzulasten. Nachdrücklich warnt die Autorin die Frauen davor, sie mit grundloser Eifersucht, Griesgrämigkeit, Koketterie oder äußerer Vernachlässigung selbst heraufzubeschwören. [136]

Amilcar ergreift weniger gegen eine konkrete Freiheitsbehinderung Partei als gegen die Unterdrückung alles dessen, womit und wofür auch die Frau geschaffen sei. Ausgeschlossen vom freien Gespräch werde sie ahnungslos das Opfer trügerischen Wohlverhaltens, um schließlich im Bewußtsein ihrer Erfahrung Gatten und Eltern, Sitte und Tugend in eins zu verdammen. [137] Andererseits schulde die Frau dem Mann, unabhängig von dessen Neigungen, bedingungslose Treue [138], sei ihr, anders als ihm, die Galanterie verboten. Eine von ihnen wäre darum in Amilcars Wunschspiel am liebsten ein »honneste homme«. [139] In den pythagoreischen Wanderungen und Wandlungen seiner Seele will Amilcar – als Frau – erfahren haben, daß bei fehlenden Mitteln der Kontrolle und Rache diese die Eifersucht weit schmerzlicher verletzte als den Mann. Aus all diesen Gründen eben habe der vollendete »honneste homme« ebensosehr »parfait Amant, que parfait Amy« zu sein. [140] Schwerlich hingegen läßt sich der »code tendre« mit der Ehe vereinen, jener Konvenienzheirat des Ancien Régime, zu der der preziöse Liebeskodex in radikalem Gegensatz steht. Daß auch dieser indes ein aporetisches Modell sei, klingt hierbei zugleich an: Als Liebender, so fährt Amilcar fort, habe man Sklave, als Gatte in Ehren Herr zu sein, und als Ehrenmann dürfe man weder ein Tyrann noch der Sklave seiner Frau sein. [141]

2.3.4. Der »code tendre« und die Utopie einer besseren Gesellschaft

Die Verschmelzung des »code tendre« mit dem »honnêteté«-Ideal macht deutlich, daß die in ihm implizierte Ethik mehr sein will als »vne agreable Morale d'amitié«, wie Mlle de Scudéry die allegorische Karte bescheiden nannte. [142] Als Summe tugendhaften Handelns und Seins ist sie weiteren Korrespondenzen offen. Nach dem Streitgespräch um die liebenswerteste der Frauen bleibt allein die Melancholische vollendeten Liebens fähig und würdig. [143] Eine sinnenverlorene Hingabe an die Natur und die »liebliche Träumerei« hat die »tendresse« zur Voraussetzung [144], wie andererseits Welterfolg und Ehrgeiz mit ihr unvereinbar sind. In diesen Zusammenhang gehört auch Mlle de Scudérys Kritik an der rhetorischen Reduktion von Lob und Trauer in den Portraits und Epitaphien oder an den von unredlichen Lügen durchsetzten Strategien des Satirikers. [145]

Im Gespräch über Trägheit und Undank vertritt der Wortführer Herminius die Anstrengung der schweren Wege nicht allein bei Liebe und Freundschaft, sondern im Bereich gesellschaftlicher Öffentlichkeit. [146] Schuldhafter sei es, sich gar nicht als sich für das Falsche einzusetzen, und dies besonders in den ersten

Staatsämtern. Voraufklärerisch wirkt die Kritik am Eroberungskrieg, den die Könige gegen das Wohl ihrer Untertanen diesen aufzwängen, statt sie friedlich ihr Feld bestellen zu lassen. Im 10. Band führte die Autorin die Gedanken weiter. Nach dem Kommentar der acht von Frauen und sechzehn von Männern formulierten Wünsche [147] trägt Amilcar, einmal nun ernsthaft, die eigenen vor: Es ist ein politisch-moralisches Bekenntnis in der Art des Fürstenspiegels, wie es vermehrt auch in ihren späteren Novellen aus der hochabsolutistischen Epoche wiederkehrt.

Amilcar sieht sich als Berater des Königs, als Minister, der sein Land den Wissenschaften und Künsten öffnet, und als Erzieher des Prinzen, der ebenso glorreich dann selbst die blutige Politik beenden, auf dem Feld des Sieges Frieden schließen und mit einer Heirat die verfeindeten Völker verbinden werde. Überfluß, Vergnügen und militärische Sicherheit im Staate selbst und die Rückbindung mancher in Ungnade gefallenen Gegner – gemeint sind die Frondeurs – an dessen Interessen zu garantieren, wäre sein ferneres Ziel. Irgendwo aber solle es ein Land geben, wo nur der regiere, den die Größten und Weisesten gewählt hätten und der als friedenstiftende Instanz allen Königen der Erde übergeordnete Autorität sein solle. Es sei nicht vergessen, daß der Roman selbst mit der Gründung der römischen Republik endet. Zu den Neuerungen des Konsuls Publicola, die Aufstand und Umsturz verhindern sollten und an die Mlle de Scudéry erinnert, gehörte, daß der Verurteilte das Volk anrufen konnte, die Armen von Kriegskostenbeteiligung ausgeschlossen waren, jedes Amt der Volkszustimmung bedurfte und die Gewalten getrennt waren. [148]

Vor diesem Hintergrund verdient die utopische Gegenwelt der »solitaires« besondere Aufmerksamkeit. [149] Sie bilden eine Gemeinschaft, die im Rückzug von Hof und Stadt die dort herrschende öffentliche und private Unmoral positiv zu überwinden lernte und die geprägt ist von den besten Philosophen. Da es keine Herren und Sklaven gibt, die Gleichheit von Geburt und Tod sich auch im Zusammenleben erhält, bleiben Neid und Zwietracht wie von selbst aus. Die Freundschaft, die sie alle verbindet und die ihnen das höchste Gut scheint, ist tiefer als andernorts das, was die Menschen Liebe nennen. Erlerntes und erfahrenes Wissen teilen sie einander mit, und dieser Austausch ließ sie zu den gelehrtesten unter den Menschen werden. Doch jeder von ihnen beherrscht eine der Gesellschaft nützliche Fertigkeit. Nach dem Abschied von weltlichem Glück und Erfolg fanden sie den Weg zu abgeklärter Ruhe und dem Vertrauen in die göttliche Führung.

An der topographischen Beschreibung, vor allem aber dem ehrwürdigsten der »illustres solitaires« (Timante/Arnauld d'Andilly) erkannten die Zeitgenossen Port-Royal mühelos wieder. Zugleich aber ist die Gruppe geprägt von den Lehren, die Mlle de Scudéry mit den Pythagoreern in Verbindung bringt. Vertraten nämlich Amilcar und Herminius die Notwendigkeit einer in der Selbstbindung der Mächtigen gründenden moralischen und politischen Erneuerung der Gesellschaft, so entwarf die Autorin hier die Utopie einer Gemeinschaft der Gleichen und Tugendhaften, die sich im Rückzug von dieser formen konnte. Der weise

Andronodore vergleicht vor dem verbannten Cloranisbe die Jansenisten und ihre Lehre mit pythagoreischen, vorklösterlichen Lebensgemeinschaften und deren Moralphilosopie. Enttäuscht von der Menschheit fand er in der Einsamkeit den inneren Frieden. Während Damon die Metempsychose, zum Spott Amilcars, wörtlich nimmt [150], deutet der Alte sie als die Weisheit der Apatheia, des willenlosen Annehmens der Übergänge und Wechsel.

Es ist ein Freund des »solitaire Meregene«, der, wie erwähnt, im Sinne des »code tendre« dem galanten Terame widerspricht. Auch im Begriff der Freundschaft berühren sich dieser Kodex und die Schule der Pythagoreer. Die Überwindung der Affekte und die Besinnung auf das eigene Selbst, auf innere Freiheit und Ruhe ist ein weiteres Moment der Korrespondenzen. Liegt dem gesellschaftlichen Engagement und dem Modell der »amour pure«/»amitié tendre« derselbe politische und psychomoralische Optimismus zugrunde, so drückt sich in Rückzug und Verweigerung der gleichzeitige Zweifel an dessen möglicher Einlösung aus.

Von der Plotine desselben 10. Bandes läßt Mlle de Scudéry die Grundanschauungen des Andronodore im Bereich der Liebe wiederholen. Während ihre Halbschwester Clelie in Aronce den vollkommenen Freund und Geliebten fand, ist Plotine nicht nur, wie Sapho, gegen die Ehe, sondern auch gegen die Liebe selbst. [151] Um Plotine werben der von ihr zur Treue bekehrte Lycaste und Martius, der vor ihr eine andere Frau bis zu deren Tod geliebt hatte. Aus Eifersucht auf eine Freundin hatte diese ihm sterbend aufgegeben, Plotine zu heiraten oder nie mehr zu lieben. Plotine aber fürchtete seit jeher Amors Köcher und mehr seine Fackel und hält die Untreue für geradezu zwangsläufig im Manne angelegt. Ihre Antwort an Martius bleibt unverändert bestehen:

> ie ne veux rien aimer que la gloire, mes Amys, & moi ... quand on entend bien ses interests, on n'aime rien, du moins auec amour. [152]

Als sie dennoch sich ihrer Liebe zu Martius bewußt wird, empfindet sie das fälschlich verbreitete Gerücht von seiner Unbeständigkeit als willkommenen Anlaß, das Gefühl in sich zu zerstören, auch und gerade dann, als sie von der Unwahrheit dieses Verdachts überzeugt ist. Von der Liebe wie von einer Krankheit geheilt, sieht sie auf einen Zustand der Schwäche zurück, in dem gerade das gefährdet war, was ihr das Wichtigste scheint: Freude, Ruhe, Selbstwertgefühl. Da sie nun nicht mehr als die »galante Freundschaft« sucht, ist sie im Verlauf des ganzen Romans die Gesprächspartnerin von Amilcar. Misogam ist sie, weil ihr die Heirat ohne Liebe unerträglich, auf die Liebesheirat aber zu vertrauen, auch bei wechselseitiger Wertschätzung, nicht minder töricht scheint: »comme ie m'aime trop pour vous aimer, ie vous esti-/me trop pour vous haïr.« [153] Ihre Entscheidung für die Freiheit stellt sie selbst als beispielhaft hin.

Auch in der – von ihr erzählten – Geschichte von ihrer Freundin Cesonie [154] – welche ihrerseits die »Histoire de Plotine« erzählt –, will die Protagonistin, zunächst wenigstens, nicht lieben, weil sie neben der Beunruhigung den selbstauferlegten Gehorsam fürchtet. Als sie darum nicht Persandre, sondern den ihr we-

Abraham BOSSE, Clelie

niger lieben Turnus, der sie mehr als der Rivale zu lieben scheint, heiraten will, führt sie mit Plotine ein Streitgespräch über die jeweiligen Vorzüge des Liebens oder Geliebtwerdens [155], in dem Plotine ihrem Gefühl den Vorrang gibt. In demselben Sinne löst das Orakel den kasuistischen Konflikt der spitzfindigen »Histoire d'Avrelise et de Terentia« [156]: Teanor und Emilius sollen nicht die Mädchen heiraten, die sie selbst lieben, sondern die, von denen sie geliebt werden. Cesonies Erfahrungen bestätigen ihren Irrtum: Der Ehemann wird ihr bald untreu, und der abgewiesene Rivale erhält ihr seine Zuneigung, bis sie ihn in die Ehe mit einer ihm gleichgültigen Frau drängt, in die seinerseits Turnus sich verliebt. Beide Paare nutzen die von Religion und Gesetz erlaubte Möglichkeit der Verstoßung, die angesichts der Kinderlosigkeit und gleichen Vermögens hier angewendet werden dürfe. Wie ihre Freundin Plotine fürchtet auch Cesonie, daß das eheliche Gleichmaß die Liebe töte und zöge ihm gern den Status der Ehelosigkeit vor. Nur weil die Öffentlichkeit auf die neue Heirat drängte, habe sie schließlich eingewilligt.

Mit der durchgehaltenen Liebesfeindlichkeit der einen, der Scheidung der anderen geht Mlle de Scudéry über den *Grand Cyrus* hinaus. Die Hofkritik, die den ganzen 10. Band durchzieht und die in der Hochzeitsmaskerade der »Divers effects de l'Amour« mit den sechs Auftritten des »Amour de la Cour« und des »Amour champestre« galant verbrämt wird [157], ist eindringlicher als in dem früheren Roman. Die aufklärerische Erwartung, die eine Mündigkeit der Frauen neben die der Untertanen stellt, wird mit dem Kampf um die römische Republik mit Entschiedenheit sichtbar gemacht. Die allgemeinen moralischen Normen und das Rollenbild beider Geschlechter im besonderen sind in der *Clelie* der Gegenstand vermehrter Gespräche, in denen die Erfahrungen und Hoffnungen der Frauen laut werden. (Bezeichnenderweise ordnet Amilcar die in seinem Spiel geäußerten Wünsche nach weiblichen und männlichen an.) [158] Mit der amazonenhaften Tullie, die als erste, aber nicht einzige die weibliche »bienséance« kritisiert, und Clelie, die aus der Geiselhaft Porsennas floh und den Tiber durchschwamm, um nach Rom zurückzukehren [159], führte Mlle de Scudéry zwei neue Typen des weiblichen Heroismus vor, die als Abschreckung oder Vorbild für die erzieherische Tendenz des Romans exemplarische Bedeutung haben.

* * *

Es bleibt abschließend die Frage zu stellen, in welchem Maße die kasuistischen Exempelgeschichten einem aufklärerischen Anspruch gerecht werden könnten. Der Zweifel an der möglichen Einlösung des Ideals der »amour pure« und »amitié tendre« war der Autorin nicht fremd. Zudem sind die Beispiele, die den »code tendre« entfalten, und die Wege, die er einzuschlagen und vor allem zu meiden gebietet, einmal zu utopisch, zum anderen zu aporetisch, als daß dieser zum Vorbild für die konkrete Lebenswelt hätte werden können. Ehekritik und die Furcht vor der – als schwächende Krankheit begriffenen und von der Unbeständigkeit bedrohten – Liebe verweisen die Frauen in einen Raum von erotischer Verweigerung und Unerfülltheit.

Gleichwohl ist dieser Prozeß des Bewußtwerdens und des Verneinens in seiner Bedeutsamkeit ebensowenig zu unterschätzen wie die weiterreichenden lebensweltlichen Entwürfe, die mit dem »code tendre« in den Blick geraten. Ein Jahr nach dem Abschluß der *Clelie* fand der Triumph des Absolutismus mit der Inhaftierung Foucquets und Pellissons seinen bedeutsamen Ausdruck. Jahrzehnte der Eroberungskriege und der Ausblutung der Bevölkerung sollten folgen. Gesellschaftliche und religiöse Minderheiten waren vermehrtem Anpassungsdruck ausgesetzt. Der Hof hatte die Herrschaft über die Salons übernommen. Weibliche Bildung und die gesellige Kultur, in der sie sich vermittelte, sahen sich alsbald von neuem der bürgerlichen Karikatur von Satire und Farce ausgesetzt.

In ihrem späteren Werk sollte Mlle de Scudéry derartigen Erschwernissen, die nicht zuletzt die Freiheit ihres Schreibens berührten, mit einer Abwandlung der literarischen Verfahren zwangsläufig Rechnung tragen. Den beiden vorabsolutistischen Romanen ist indes das Verdienst nicht abzusprechen, das Ideal einer den Frauen gemäßeren Wirklichkeit in die Utopie einer allgemeinen Weltveränderung überführt zu haben. Die von ihr – märchenhaft-regressiv oder in der scheinbaren Unverbindlichkeit des kasuistischen Gesprächs – imaginierte französische Gesellschaft wäre die des Friedens, der Toleranz und größtmöglicher Freiheit. Wie im liebenden Paar Eroberung und Beherrschung von wechselseitigem Verstehen und dem Schutz der Schwäche abgelöst würden, hätte der Monarch als Diener seiner Untertanen sich des Rats der Weisen und der Edlen zu versichern. Was sich als dankbare Huldigung an den entmachteten Frondeadel verstehen ließ, war zugleich die prophetisch beschworene Rückkehr der Aristokratie in die politische Verantwortung, und mit ihr die Wiedereinsetzung des Remonstranzrechts in der Régence. »Philosophische« Druiden verhindern mit ihrer Stimme im Kronrat im Sinne des staatlichen Wohlstands die Ausweisung der religiös Andersdenkenden. Rechtzeitige Reformen, darunter die Gewaltentrennung, kommen dem Umsturz zuvor.

Wenn auch nicht zu bestreiten ist, daß erst das folgende Jahrhundert über die preziöse Ideologie mit konkreteren Fortschrittsmodellen und Handlungsanweisungen hinausführte, so war dieser vergessenen weiblichen Vorarbeit zum Zeitalter der Aufklärung der gebührende Rang zu restituieren.

II. Mlle de Montpensier und die literarische Ikonographie der Feudalaristokratie (1659)

Mit den Gattungen, die das – wenig bekannte – Oeuvre der Grande Mademoiselle umfaßt und mit ihrer Rolle als Gastgeberin eines geschlossenen (hocharistokratischen) Kreises gehört auch sie in die Geschichte des Salons, seiner geselligen Beschäftigungen und seiner Autorinnen. Ihre Biographie war dazu angetan, mit einem der Romane verglichen zu werden, an deren Muster der Frondeadel die eigene Lebenswelt stilisierend ausrichtete. Die Memoiren, die diese Vita abbilden, der Sammelband der literarischen Portraits und nicht zuletzt die verschlüsselten Erzählungen bezeugen eine Tätigkeit, die dem Vergnügen (»divertissement«) verpflichtet ist und die für die Beteiligten zirkelstiftend wirkt, zugleich aber von der politischen Demütigung dieses Mitglieds der königlichen Familie gezeichnet ist. Mlle de Montpensier, die den berufsmäßigen Schriftstellern den Schutz ihrer Gönnerschaft gewährte, durfte keinesfalls an deren Maßstäben sich messen lassen. Das Bewußtsein ständischer Überlegenheit mußte im Rivalitätsverhältnis mit Mlle de Scudéry ebenso zur Geltung kommen wie in der Abgrenzung von den aristokratischen Gästen, die, nach ihrem Vorbild und Befehl, sich und einander portraitierten.

Die Vertrautheit mit den bildnerischen Verfahren und mit der Emblematik des gemalten Portraits, die bei der Besitzerin einer Gemäldegalerie vorauszusetzen ist, schlug sich in der Bemühung um variable Formen des literarischen Abbildens nieder. Immer neue Originalität war mit dem gesellschaftlichen Rang der Autorin nahezu zwingend vorgeschrieben. Sie betrifft die lebendige Mode des »portrait mondain« nicht anders als die literarische Reihe der Portraitgattung, von der sie, mit und gegen Mlle de Scudéry, sich abzuheben hatte.

In den beiden Sammelbänden literarischer Portraits, die in unterschiedlicher Weise mit ihrem Namen verbunden sind, tritt neben der Grande Mademoiselle eine Reihe weiterer Frauen in mehr oder weniger geschlossener Gruppe in Erscheinung. Die bislang nicht gestellte Frage nach geschlechtsspezifischen Abweichungen in den Selbstdarstellungen verspricht nicht zuletzt deshalb aufschlußreiche Erkenntnisse für eine Geschichte weiblichen Schreibens, weil das politisch herausgeforderte aristokratische Selbstbewußtsein ein hohes Maß an Entschiedenheit und Eindeutigkeit erwarten läßt.

Mlle de Montpensier, gen. La Grande Mademoiselle

1. Bauen – Spielen – Schreiben: Kultur als »divertissement«

Zitate wie die folgenden:

> ... et que l'on les menase set oter os iens la liberté dagir et fere cun home d'honeur se ne voulet plus meler de rien

oder »Jay utor« werfen ein Licht auf Orthographie und Grammatik der Grande Mademoiselle, die sich durch ihre Geburt als Symbol einer gottgewollten, sie verpflichtenden Ordnung verstand und danach den höchsten Rang für sich beanspruchte. [1] Ihr Sekretär Préfontaines war es, der ihre 1652–1653, am Anfang des ersten Exils in Saint-Fargeau (1652–1657), begonnenen Memoiren korrigierte. Daß sie kein Latein gelernt hatte, kaum Spanisch verstand, Italienisch durch die Konversation mit dem für sie herbeigeholten Lully nicht hinreichend beherrschte, um Petrarca im Original zu lesen, schien sie wenig zu bekümmern. Bourbonisches Selbstwertgefühl beschränkte den langsam wachsenden intellektuellen Ehrgeiz zunächst auf das eigene Land. [2] Um so erstaunlicher ist es, dieser offenbar ungebildeten Frau bei einer Reihe von Beschäftigungen zuzusehen, die, mehr als den gelehrten Sekretären, der Wirksamkeit einer aristokratischen Kultur zuzurechnen sind, wie sie sich gleichsam selbstverständlich im geselligen Umgang vermittelte.

Ihre Bedeutung für die Baugeschichte wurde unlängst von D. Mayer beschrieben: Mit François Le Vau, dem Bruder des berühmten Louis, verwandelte Mademoiselle die unwohnliche Festung von Saint-Fargeau in ein elegantes Schloß mit neuer Innenfassade, Gemäldegalerie, Theater und französischem Garten (1654–1657). Ihr zweites Exil (1662–1663) nutzte sie zur Vollendung des unfertigen, von den verschuldeten Guise verkauften Schlosses von Eu. 1680 erwarb sie Choisy, das unter ihrer Aufsicht und nach den Plänen von Jacques Gabriel und Le Nôtre zu einem Modell klassischer Architektur umgestaltet wurde. [3]

Ob das Bauen ihre Lieblingsbeschäftigung war, sei dahingestellt; jedenfalls war es ihr ein »Vergnügen«. Ohne Furcht vor den Konsequenzen ihrer Weigerung, der von Ludwig gewünschten Heirat mit dem König von Portugal zuzustimmen, hielt sie Turenne, dem Überbringer der Mission, entgegen:

> Si l'on s'ennuie à la cour, l'on ira à la campagne, à ses maisons, où l'on a une cour. On y fait bâtir; on s'y *divertit.* [4]

Als tröstliches »divertissement« erlebte sie vor allem auch die Literatur. Von Segrais ließ sie sich aus Homer- und Tasso-Übersetzungen vorlesen. Corneille, der *Amadis,* die *Astrée* und die Romane von Mlle de Scudéry waren ihr vertraut und wurden nicht notwendig nur mündlich über den Salon an sie vermittelt. Neben den Memoiren schrieb sie die *Vie de Mme de Fouquerolles* (oder Jeanne Lambert d'Herbigny), ein Manifest gegen deren Verwicklungen in die Fronde, das sie zusammen mit einem gegen Mazarin gerichteten Brief aus dem *Royaume de la lune* heimlich drucken ließ. Ausdrückliches Vergnügen an diesem literarischen Versuch wie zuvor an der Lektüre der Memoiren von Marguerite de Valois oder an der Konversation und dem literarischen Spiel im Hôtel de Rambouillet bestärkten sie darin, über Jahre hinweg in der Ruhe des unfreiwilligen Rückzugs aus der Welt sich aller gelebten Erfahrungen erinnernd zu vergewissern. [5] Voltaires Beanstandung, in diesen Memoiren spreche eine mit sich selbst beschäftigte Frau und nicht so sehr die Zeugin großer Ereignisse, verkennt Beweggründe und Absicht ihrer Rückbesinnung. In der Tat aber lehrt diese weniger über die Strategien Mazarins oder der Frondeure [6] als über die Geschichte einer Prinzessin, die die Skepsis gegenüber Romanen und Feen vor der Märchenhaftigkeit des eigenen Lebens nicht bewahren konnte.

Die Grande Mademoiselle wußte sich einer königlichen Verbindung bestimmt. Die Liebesheirat schien ihr eine lächerliche, literarisch genährte Illusion, das eheliche Unglück die klägliche Wirklichkeit; gälte es zu wählen, wäre der vernünftigen Entscheidung auch bei anfänglicher Abneigung der Vorzug zu geben vor der zwangsläufig kurzlebigen Leidenschaft. So empfand sie 1653, mit 26 Jahren. Die ihr angemessen scheinende Verheiratung (mit dem habsburgischen Kaiser, mit ihrem Vetter Ludwig) vereitelte dynastisches Interesse, die ihr angetragenen Eheprojekte schlug sie selbst aus. Für die Verbindung mit dem Prince of Wales (1649), dem Sohn des entthronten und schließlich hingerichteten Karl I. von England, sah Mademoiselle keine politische Zukunft. [7] 1662 widersetzte sie sich, 35-jährig, dem königlichen Eheoktroy aus Widerwillen gegenüber dem abstoßenden alten Mann: Turennes Nachricht, er habe sie zu verheiraten, um sie zur Königin von Portugal zu machen und die Rechtfertigung seiner Mission (»Les filles de votre qualité n'ont point de volonté; elle doit être celle du roi«) [8] gleichen den Märchenformeln bei Mme d'Aulnoy. Nur die Wunder blieben aus. Als nach der Verstoßung vom Hof (dem zweiten Exil von 1662) und dem Erscheinen des »erlösenden Prinzen« (Lauzun) der königliche Vetter die Heiratserlaubnis (1670) widerrief, fühlte sich Mme de Sévigné beim Schicksal der Mademoiselle und ihrer Liebesgeschichte an Romane und mehr noch an Tragödien erinnert. [9]

Mit dem Bewußtsein, zu Außergewöhnlichem bestimmt zu sein, konnte diese Leserin des *Polexandre* die Verschmelzung von Abenteuer und Liebe authentisch nacherleben. Die Memoiren holen die Motive ihrer romanhaften Biographie – die Kindheit einer Prinzessin, den Heroismus der Amazone, die Orléans stürmt und auf der Bastille die Kanone auf die königlichen Truppen richtet (März und August 1652), die scheiternden Heiratsprojekte und schließlich Triumph und Ohnmacht ihrer späten Leidenschaft – in die Literatur zurück. [10] Sie sind Berichte unerfüllter Hoffnungen und uneinlösbarer weiblicher Träume, deren Dimensionen in diesem Fall grenzenlos scheinen konnten. Allein das Schreiben bedeutete erinnerndes Bewahren, das der stilisierten Vergangenheit etwas von der verfehlten Größe vermittelte. »Hervorragend« nannte in jüngster Zeit D. Mayer dieses Buch der Rückbesinnung, nicht allein wohl deshalb, weil es in der Geschichte der Memorialistik erstes und exemplarisches Beispiel der »mémoires mondains« war. Diese wurden, wie M. Fumaroli zeigte, zum literarischen Spiel, als mit dem Sieg der absoluten Monarchie der Waffenadel den Gedanken an ruhmreiche Schlachtfelder und an die vergangene Autonomie nur mit der Feder zu bewahren vermochte: Skepsis und Verachtung gegenüber einer vom Hof bestellten dokumentarischen Auftragsarbeit, die bewußt in die Hände ständisch rivalisierender und verständnisloser, an der Antike orientierter Historiographen gelegt zu sein schien, ließen die alte Aristokratie in den Memoiren die angemessene Form einer rechtfertigenden Selbstdarstellung vor der nachfolgenden Geschlechterreihe finden. [11] Die Memorialistik wurde damit zum standesgemäßen sprachlichen Äquivalent der gemalten Abbildung, und sie konnte, neben dem großen, ungerahmten und fließend bewegten Selbstportrait, auch die Reihung kleiner statischer Monumente, eine Galerie in Worten, den Nachfahren übermitteln.

Während Mlle de Montpensier in die Chronik ihrer Erlebnisse gleichsam beiläufig die Skizzen der ihr nahen Personen eingehen ließ [12], baute sie in Saint-Fargeau eine Gemäldegalerie für die Bilder des französischen und englischen Königshauses und weiterer hochadliger Verwandter und Freunde aus. [13] Auch im Luxembourg oder in Choisy umgab sie sich später mit Portraits der Mitglieder ihrer Familie, in Original oder Kopie. Von dem Wappenkundler und Genealogen d'Hozier wurde sie in die Regeln der Heraldik eingewiesen und ließ danach ein Zimmer in Saint-Fargeau mit der Geschlechterfolge ihrer Vorfahren ausmalen. [14] Ins Wort gesetzte Abbildungen des Königs, seines Bruders oder Condés, der Christina von Schweden, der Königin und der Grande Mademoiselle selbst schmücken auch ihren Band der *Divers portraits,* und nur sie selbst glaubte sich befugt und fähig, darin in angemessener Weise Ludwig, die »Gottheit dieser Erde«, darzustellen. [15]

Das isolierte Portrait in Wort und Bild hat, wie die ihm verwandte Großform der Memoiren, seinen Ursprung in dem heraldischen, genealogischen und historischen Bewußtsein des hohen Adels, der die literarische Ikonographie als Symbol der integrativen Zuordnung verstand. Gleichzeitig überdauerten in beiden Gattungen Fragmente einer flüchtigen Kunst des Augenblicks und des unterhaltsamen Spiels.

Immer neu erinnerte Mademoiselle daran, um des eigenen Vergnügens willen zu schreiben. Der leitmotivische Begriff des »divertissement« betonte die Abgrenzung von den Kategorien berufsmäßiger Schriftstellerei. Das Meiden chronologischer Irrtümer und die richtige Anordnung, feilendes Überarbeiten und verifizierende Korrektur würden, so betonte sie wiederholt, einer unangemessenen Erwartung gerecht. Vorbeugend wies sie jeden unstandesgemäßen Autorenernst zurück. [16] In drei Tagen brachte sie, nach je ein bis zwei Stunden, wie sie schreibt, eine »kleine Geschichte« zu Papier, »une bagatelle«. [17] Es ist die *Histoire de la princesse de Paphlagonie,* die in ihrem Auftrag Segrais zusammen mit der 1658 verfaßten *Relation de l'Isle imaginaire* 1659 in Druck gab. Etwa hundert Exemplare der *Princesse de Paphlagonie* ließ sie ihren Freunden zugehen. [18]

Die Widmung an Mme de Pontac gibt einen Eindruck von der spielerischen Leichtigkeit, in der die *Relation* entstand. Ein gewisser Monseigneur de Bussillet,

Chevalier d'honneur im Parlament ihres Fürstentums Dombes, hatte offenbar die Wichtigkeit seiner Ämter und Ränge großsprecherisch vor ihr dargetan. Mit vorgetäuschtem Ernst versprach sie, ihm eine Insel zu kaufen und ihm als dem zukünftigen Gouverneur deren Beschreibung zugehen zu lassen. Der Abend und der folgende Morgen reichen hin, den Einfall festzuhalten, ein literarischer Ulk für die Eingeweihten, die den ahnungslosen Träger bombastischer Titel [19] demselben Spott überantwortet sehen wie den korallenen Pavillon der von Porphyr und Marmor verkleideten Zauberinsel oder die wunderbaren Abenteuer, die ihren Entdecker zu ihr geführt haben. Den Zeitgenossen hatte der kleine Text gefallen [20], und über Temperament, Bildung und literarisches Verfahren der Grande Mademoiselle gibt er indirekt Aufschluß. Ob sie unter Scarrons Einfluß schrieb, bleibe dahingestellt. Unstreitig jedenfalls ist ihre Neigung zu Scherz und Satire, denen die Galeerenabenteuer, der Seesturm und die türkische Gefangenschaft des heroischen Barockromans nicht anders zum Ofer fallen als die schäferlichen Versatzstücke der *Astrée.* Mit ironischer Distanz führte sie ihren fiktiven Icherzähler durch beide Welten, die dem schwerfällig-provinziellen »Gouverneur« die Wirklichkeit scheinen. In die märchenhafte Einkleidung der outrierten Fabel bricht indes allenthalben die französische Gegenwart ein: Santiagopilger auf dem Wege nach Orléans, Voiture und das Hôtel de Rambouillet, Marseille, Paris oder der Louvre. Wortkaskaden füllen die Beschreibung der »Île enchantée«, die den »contes de fées« des Jahrhundertendes präludieren. Exotische Bäume, Blüten und Früchte, die Tiere der Wälder, Menagerie und Mythologie füllen einen magisch irrealen Raum, der ebenso unvermittelt sich der Wirklichkeit öffnet. Der Krieg des Spaniels und der Windhunde nimmt unverhüllt Bezug auf die politischen Auseinandersetzungen der Fronde:

> Ce sont les Levriers qui regnent maintenant; il m'a même paru qu'ils ont disputé longtemps avec les Epagneux: mais ce parti étoit le plus foible, puisqu'il n'étoit soutenu que des Bichons, & que les Chiens courans, les Dogues, les Turcs, les Chiens d'Artois, les Mâtins, & toute autre espece avoient reconnu les Levriers comme leurs véritables Princes. La race qui regne maintenant est d'une fort petite espece; mais beaux à merveille: ils ne chassent point; mais ils font chasser les autres pour leur divertissement ... Leur Monarchie est en fort bon ordre; ils y vivent sans dissention; les Barbets agissent peu; mais pour les Epagneux ils font contre fortune bon coeur; car ils chassent, & apportant de leurs prises font subsister les autres: enfin ils paroissent fort zelés pour l'état. [21]

Der Streit ist beigelegt mit dem Sieg der Krone und der Verbannung der Gegner, deren Staatstreue Mademoiselle in Erinnerung ruft. Die freundlichen Anspielungen auf die Siege des einstigen Waffengefährten Condé oder seine Verbindungen mit Spanien waren unmißdeutbar. Belebt und bevölkert wird die Insel wie das gegenwärtige Paris: Jesuiten und Jansenisten soll es hier geben, ein starkes Parlament, Theater, Musik und Feste.

Mit diesem ersten kleinen Text versuchte sich Mlle de Montpensier in einem neuen, Mlle de Scudéry herausfordernden Verfahren fiktionaler Verschlüsselung. Ein Jahr später nahm sie mit dem zweiten auf diese Bezug, um sich ausdrücklich von ihr abzugrenzen. Die *Princesse de Paphlagonie* ist ein »roman à clef«, der, für jeden Leser deutlich, gleich zu Beginn sich in ihre Nachfolge stellte. Die Eroberung Paphlagoniens durch die Perser unter Cyrus, in dem Segrais denselben Condé erkannte [22], bildete den fiktiven Rahmen der Erzählung, deren Protagonisten überwiegend auch aus den Scudéry-Romanen bekannt sind. Mlle de Montpensier übernahm jedoch als einzigen weiteren Namen den der – als Marquise de Sablé entschlüsselten – Parthénie von der Vorgängerin. Andere Namenlose herrschen in einer räumlich und historisch ungreifbar scheinenden Landschaft: la reine de Misnie (Mme de Maure), la déesse d'Athenes (Mme de Rambouillet), le roi des Celtes (M. de Mortemart). Daß hinter dem »italienischen Fürsten« sich der Comte de Fiesque verbarg, von dessen genuesischen Vorfahren man wußte, war genauso evident wie die Identität seiner Frau, der Gillonne d'Harcourt, die von der Grande Mademoiselle »la reine Gelatille« genannt wurde. [23]

In der Widmung an Mme de Montglat versicherte die Erzählerin, sich der Gefahr des Plagiats entzogen zu haben:

> ... d'entreprendre une même chose que Mademoiselle de Scudéry, il ne m'appartient pas; ce seroit donner dans un grand ridicule: & tout grand qu'est cet amour-propre, ma raison est si dominante sur lui que je suis assurée qu'il ne m'aveuglera pas au point de me laisser faire de si lourdes fautes. [24]

Ihr Urteil über La Calprenède, Gomberville oder Mlle de Scudéry und die in diesem gründenden Veränderungen an der Tradition des heroisch-barocken Romans hielt Segrais in den *Nouvelles françoises ou les divertissemens de la princesse Aurelie* (1656) fest. Die Rahmenhandlung, in welche die Novellen eingebettet sind, beschreibt die Gesellschaft des »Château des Six Tours« (Saint-Fargeau), in das die Prinzessin (Mlle de Montpensier) sich mit ihrem kleinen Hofstaat von dem politischen Aufruhr in Frankreich zurückgezogen hatte. [25] Die Namen der sie begleitenden Damen waren für die Eingeweihten leicht zu entschlüsseln: Frontenie (Mme de Frontenac), Gelonide (Comtesse de Fiesque), Aplanice (Mme de Valençay), Silerite (Mme de Maulny) und Uralie (Mme de Choisy). [26] »Französisch« sind nicht allein die Schauplätze und Protagonisten der Novellen selbst, sondern die Umstände ihres Entstehens. Der Prinzessin bleibt es vorbehalten, zunächst die lehrreichen, unterhaltsamen und so beliebten jüngeren Romane zu rühmen, um, lange vor Boileau, die Unwahrscheinlichkeit der antikisierenden Verkleidung am Beispiel des *Grand Cyrus* um so deutlicher zu kritisieren. Als Frontenie bezweifelt, daß die Namen der Rohan, Lorraine oder Montmorency die auf romanhafte Abenteuer gerichtete Erwartung eines französischen Publikums erfüllen könnten, verweist Gelonide auf den Erfolg vergleichbarer Texte in Spanien und den Reichtum an geeignetem Stoff in Frankreich. Uralies Einwand, allein die ehrwürdige antikisierende Einkleidung schaffe einen den Romanen gebührenden zeitlichen Abstand, bleibt ungehört. Beiläufig eröffnet Aplanice dem Erzählen in der galanten Hofgeschichte eine neue Dimension. [27] Wenig später übrigens fanden gerade die Frauen für etwa ein Jahrhundert in den höfischen Anekdoten und Liebesgeschichten eine Domäne, die den engen Bereich eigener Erfahrungen zu fiktionalisieren und als sentimentale

Füllung in die Lücken einer strengen historiographischen Dokumentation einzubringen erlaubte. [28]

Die plaudernden Damen selbst zeigen sich an der galanten Chronik ebensowenig interessiert wie an den herrscherlichen Protagonisten der vergangenen Romane, die keinem Leser Vorbild sein könnten – ein neuerliches Votum für die Wahrscheinlichkeit, inmitten eines von barocken Wundern bestimmten Geschmacks, den die »doctrine classique« noch nicht erreicht hatte. Schließlich besinnen sie sich auf die »Contes« der Marguerite de Navarre, um den in diesen eröffneten Erzählrahmen zu schließen.

Segrais, der »Voiture von Saint-Fargeau« [29], fing in den *Nouvelles françoises* den geselligen Zauber ein, den Mlle de Montpensier ins Exil zu retten verstand: »on ne songea qu'à se divertir.« [30] Bälle, Theater, Spaziergänge in einer unberührten Natur, Unterhaltungen über Landschaft und Lektüren beschäftigten die Runde, in der jeder einzelne in der Aura des poetischen Namens sich selbst und seine Umgebung als lebendig gewordene Literatur begriff. [31] Nichts wurde von der Stilisierung des Lebens und Umgangs aus dem geschlossenen Kreis herausgetragen, auf den eben diese wiederum notwendig verwiesen war. Die Geheimnisse der Heraldik und Familiengeschichten, deren Kenntnis unverzichtbarer Schlüssel war, öffneten den Zirkel den wenigen Eingeweihten. Es sind dieselben, die Mlle de Montpensier durch ihre Memoiren teilhaben ließ an ihrer Enttäuschung über die intriganten Damen Fiesque und Frontenac oder an den Launen jener spröden Mlle de Vandy, der Prinzessin von Paphlagonien; dieselben auch, die sie eines Platzes in ihrer imaginären literarischen Galerie für würdig hielt.

Es ist bekannt, in welchem Maße die Grande Mademoiselle dem Sekretär, Korrektor, Vorleser, Spielemacher und vor allem Autor Segrais verpflichtet war. Er ist der Herausgeber der erwähnten »bagatelles« ebenso wie ihres Portraitbandes, der durch seine Hand und die von Huet zu einem kunstvollen Sammelwerk wurde. [32] Schon 1653 hatte er in seinem Hirtengedicht *Athys* in kurzen mythologisch-panegyrischen Versen das Bild einiger Nymphen skizziert. Die *Nouvelles françoises* (1656) stellten die Prinzessin und ihre fünf Damen in einer geschlossenen Reihe literarischer Portraits vor, an denen sich bereits die Merkmale konventioneller Personenbeschreibung, wie sie auch der Mehrzahl der Texte des ersten Sammelbandes von 1659 eigen sind, erkennen lassen. Wenn sich hinter dem Blendwerk panegyrischer Eloquenz die Umrisse der Aurélie/Mademoiselle abzeichnen, gerät zwangsläufig die Problematik eines Genre in den Blick, das Herrscherlob und Widmungsbrief zur Unaufrichtigkeit verdammt zu haben schien, jenem unausweichlichen Korrelat einer ungleichen Gesellschaft. Das geringe Ansehen des Portraits in Malerei [33] und Literatur gründet nicht zuletzt in der Käuflichkeit ständisch inferiorer Portraitisten, die den schönen Schein hervorzuzaubern, abträgliche Unzulänglichkeiten zu verschleiern hatten: die Einäugigkeit Séguiers, den Claude Mellan im Profil darstellte; die Mißbildung der Christina von Schweden, die Mme de Brégis wohlweislich verschwieg. [34]

Der Prinzessin steht bei Segrais die erste und mit Abstand ausführlichste Beschreibung zu, eine dreigliedrige, nach Geist, Charakter und Körper gestufte

Huldigung, die den gelehrten, mit der Rhetorik von Lob und Tadel vertrauten Autor keine Mühe kostet. Die Reihenfolge war dabei, wie sich in den *Divers portraits* verfolgen läßt, nicht festgelegt. Die Grenzen zwischen den intellektuellen und moralischen Wertungen blieben fließend: Einer ihrer Geburt gemäßen Hochherzigkeit entspricht der eindrucksvoll lebendige und durchdringende Verstand, der als Bewußtheit und Maß in ihrem Urteil und Verhalten wiederkehrt; beständig und entschlossen ist sie im Leid, sanft und gemäßigt im Glück [35]; das äußere Bild ist ein dessen würdiger Spiegel.

In Segrais' Novellen berühren sich die Welten des Buchs und des literarischen »divertissement«. Portrait und Galerie, die die Protagonisten einführend vorstellen, sind durch den arkadischen und heroischen Roman fester Bestandteil erzählenden Schreibens geworden. Doch im Text selbst treten die Abgebildeten aus dem Rahmen statuarischer Unbewegtheit heraus, finden sich im Kreis zusammen und verstehen sich als Nachfahren der Marguerite de Navarre in einer Landschaft von d'Urfé; das literarische Gespräch und Spiel läßt erneut Literatur entstehen.

Nach dem Ende von Mademoiselles Exil wurde der Luxembourg zu einem Raum glanzvoller Begegnungen. Mit La Rochefoucauld, Huet, Segrais und J. Esprit, den Damen Maure, Choisy, Lafayette oder Sévigné trat er als begehrteste gesellige Stätte die Nachfolge des Hôtel de Rambouillet an. Gespräche über die »Anatomie des Herzens«, Dichterlesungen oder Autorendispute (hier soll der Streit zwischen Cotin und Ménage stattgefunden haben, den Molière von Trissotin und Vadius nachspielen läßt), Charaden, Aufführungen *(Tartuffe),* Unterhaltungen über Literatur und Moral ließen den Salon von Mlle de Montpensier reizvoller erscheinen als die Glücksspiele des Louvre. [36] Für das literarische »divertissement«, als das man auch die Mode der »portraits mondains« begreifen muß, wurden dieser Salon und die Gastgeberin zum Mittelpunkt.

2. Die »Divers portraits« (1659)

2.1. Das Portrait im geselligen Dialog

Im Erscheinungsjahr der *Nouvelles françoises* schrieben in Holland die Princesse de Tarente und Mlle de La Trémouille ihre Selbstportraits nieder. Als ein Jahr später diese Damen sie ihr zeigten, fand Mlle de Montpensier an der »Manier« Gefallen und verfaßte das ihre. In den Jahren 1657 und 1658 erlebte die in diesem Kreis beginnende Mode ihren Höhepunkt, denn aus eben dem Zeitraum stammen alle in den beiden Sammelbänden von 1659 veröffentlichten Texte. 24 der 59 »Divers portraits« nennen Ort und Zeit ihres Entstehens. »Il fut pensé et écrit en un quart d'heure«, schreibt (wenig glaubwürdig) Segrais zu dem Selbstportrait der Grande Mademoiselle. [37] Unaufwendig und beweglich sollte dieses Spiel scheinen, das Mademoiselle auch auf den Reisen unterhielt.

Etwa gleichzeitig geriet die französische Portraitkunst unter den Einfluß der italienischen und der flämischen Tradition (François Pourbus), die sich an Rubens und Velazquez schulten. [38] Vielleicht nicht ohne Zufall vermittelten Champaigne und Clouet der Malerei, wie die Damen Tarente und La Trémouille der Literatur, prägende Stileindrücke des Nordens. Um dieselbe Zeit begann man auch in anderen Salons, sich selbst und einander zu portraitieren. Mme de La Guette bezeugt in ihren Memoiren die Beliebtheit dieser geselligen Beschäftigung und ihrer offenen und dialogischen Regeln: Als die Gastgeberin sie um ihr Urteil über ein sie beschreibendes Portrait (in Prosa) bat, habe sie ihr und dem Portraitisten mit einem improvisierten Versbildnis geantwortet und darauf auch diesem die Bitte nach einem Selbstportrait erfüllt. [39] Mit ihrem Selbstportrait (Champigny, November 1657) wurde die Grande Mademoiselle zum Kristallisationspunkt eines Formimpulses, mit dem das literarische Portrait neuerlich sich aus dem Kontext anderer Gattungen löste. Ihrem Beispiel folgte der enge Kreis ihrer Umgebung, der sich wiederum nur für mittelbar Zugehörige – wie die Freunde der Freunde – öffnete. Im selben Monat entstanden in Thouars die Selbstbildnisse der Duchesse de La Trémouille und des Prince de Tarente, im Juni 1658 das seiner kleinen Tochter, im Dezember 1657 in Champigny die fiktiven Selbstdarstellungen von Brais und Béthune durch Mlle de Montpensier, die ihrem treuen Anhänger ironische Spitzen gegen den *Grand Cyrus* in den Mund legte. [40] 1658 beschrieb sie Mme d'Épernon, eine Tochter ihres Großvaters Henri IV (Juni, Paris), Mlle de Vandy, ihre Ehrendame und Freundin (Juni, Paris), Guilloire, ihren »secrétaire des commandements« (Juli, Paris), Cloris, hinter der man Margot Cornuel vermutet (Juli, Forges), Mme de Montglat, Schwiegertochter ihrer früheren Gouvernante (Juli, Paris), Mme de Brienne (Juli, Paris), Monsieur, ihren Vetter (August, Fontainebleau), Condé und den König (Oktober, Paris) und Mme de Thianges, die ihr, wie die Memoiren zeigen, sehr nahestand (November, Lyon). Als Initiatorin des literarischen Vergnügens und als Bezugspunkt der Portraitisten und ihrer Objekte ist sie zugleich die originellste und vielseitigste von allen am Spiel Beteiligten. Sechzehn Portraits sind von ihr selbst signiert, und vieles spricht dafür, daß sie auch die der Preziösen, Nestors (hinter dem J. Plantié Brienne vermutet) und ihres Halbbruders Charny verfaßte. Die Gesamtheit der Texte erschien in den *Divers portraits* der »Königin dieses Kreises«, dem repräsentativsten, geschlossensten, fesselndsten Dokument der Mode. [41] Die Grande Mademoiselle erteilte den Herausgebern, die bescheiden die beiden letzten der 59 Texte unterzeichneten, den Auftrag, die zeitlich und räumlich verstreuten Portraits zu erfassen, zu sichten und als – von ihr gewünschtes – Sammelwerk zu veröffentlichen. Diskret nahmen Huet und Segrais Rücksicht auf die impliziten Regeln aristokratischer »bienséance«: Die Identität der namenlosen Modelle und Portraitisten, die J. Plantié mühevoll entschlüsseln mußte, dürfte allerdings ihnen und dem Kreis der Adressaten kaum Rätsel aufgegeben haben.

Die Gäste im Luxembourg fanden im Sammelband ihre Mitwirkung an dem geselligen Spiel festgehalten. [42] Selbstdarstellung und »portrait d'autrui«

knüpften zwischen den Personen ein Netz sich kreuzender Linien, Abbild des fließend-bewegten unterhaltsamen Austausches in einem geschlossenen Zirkel, das sich in der Buchform kaum mitteilt. Die Objekte wechselten von einem zum anderen: Mme d'Épernon entdeckte sich im fiktiven Selbstportrait der Mademoiselle und im Bild der Hirtin Sylvanire, wie Mme de Choisy es sah, Brienne in Nestor, dem idealen Ratgeber der Fürsten (Mademoiselle) oder in der Lobrede auf den unerschrockenen Diener des Staatswesens, die die Tochter stolz der Nachwelt hinterlassen wollte. Ähnlich pries dieselbe Mme de Gamaches auch die Mutter, die Mademoiselle in der Manier der »tableaux de dévotion« [43] gezeichnet hatte, wie sie für Kapellen und Stätten des Gebets bestimmt waren. Mme de Brienne verfaßte ihrerseits eine Huldigung an die Königin, deren Bild indes erst von Mme de Motteville aus der mythologischen Stilisierung gelöst und in den Lebensraum ihres gegenwärtigen Wirkens gerückt wurde: Allein die Hofdame kannte ihre frommen Werke und die vorbildliche Menschlichkeit, ihren Geschmack und ihr Auftreten in der Gesellschaft und der königlichen Familie. [44] Huet und die Äbtissin von Caen charakterisierten sich wechselseitig, Mme de Choisy sah sich mit den Augen von Mme de Brégis und Mademoiselle; alle Anwesenden konnten schließlich das Selbstbildnis (Abbesse de Caen, Mademoiselle, Mme de Châtillon) mit der Abbildung vergleichen, in denen dieselbe Gestalt im Blick des einen aus der vertrauten Runde vor dieser vergegenständlicht worden war.

Die planvolle Offenheit eines gleichsam tänzerischen Rituals stilisierte die Zufälligkeit der Begegnungen und den kurzweiligen Augenblick zur Kunst. Das Moment der Geselligkeit und einer scheinbar mühelosen Spontaneität drückte sich in den einleitenden Formeln aus. Mlle de Montpensier beherrschte das literarische Reich [45], in dem sie das Selbstportrait gebieterisch verlangte: »par l'ordre de Mademoiselle« beschrieb sich die Abbesse de Caen [46], und derselbe Gehorsam veranlaßte auch Mme de Brienne, La Rochepozay und Mme de Pontac zur Charakterisierung der eigenen Person. [47] Mademoiselle war für Jussac die unangefochtene Autorität, die Mlle de Scudéry in den Schatten stellte. Mme de Gamaches nannte sie »le plus grand peintre de notre siècle«. Die Mode, auf die man sich allenthalben berief, hatte auch für Mme de Motteville allein durch ihr Vorbild Verbindlichkeit. [48]

Dialogische Gesten umgaben auch das »portrait d'autrui«. Nicht selten wird das Modell selbst angeredet, erfolgt die Beschreibung in der zweiten Person. [49] Die Übergänge sind fließend: So sah die zunächst persönlich angesprochene Philis (»Jugez donc si vous le trouverez assez reconnoissable«) sich wenig später als Objekt abgebildet (»Philis n'est ni grande ni petite«). [50] Wie das gemalte ersetzte oder begleitete das literarische Portrait den Brief, überwand es die Entfernung. Sourdis schickte das Portrait der Mme de Maure ihrer Cousine Mlle de Vandy, Jussac erfüllte mit dem der Mme de Gouville den Wunsch des Adressaten, der die Dargestellte täglich sah. La Rochefoucauld sollte von seinem Sekretär Vineuil in der Provinz an die von ihm verehrte »Reine Marguerite« (Mlle Cornuel) erinnert werden. Der unbekannte Greis auf dem Weg in die klösterliche Einsamkeit nahm vor einer Nonne Abschied von der Welt. Die Ordensschwester Mme de Montatère richtete ihr Selbstbildnis an die Schwägerin, Mme de Vitry das ihre an Mme de Maulny, wie sie ihr versprochen hatte. [51]

Der kleine Kreis der Portraitisten und ihrer Modelle, in dem die Texte zirkulierten, war als Autorenrunde einbezogen, die mit Korrektur oder neuer Nuancierung aufeinander Bezug nahm. So schrieb Mademoiselle über Mme de Choisy:

> Je ne dirai pas, comme madame de Brégy, que vous avez le nez d'une juste proportion, mais je dirai que je le trouve beau, car j'aime les grands nez. [52]

Die Entschiedenheit des Tons weist darauf hin, daß zumindest ihrerseits eine Aufrichtigkeit angestrebt wurde, wie sie die literarische Panegyrik hatte ausschließen müssen. Die Sensibilisierung für das belastende Erbe der Rhetorik konnte allenthalben den Wunsch aufkommen lassen, der formalen Möglichkeiten des Portraits allererst sich zu vergewissern.

2.2. Aufrichtigkeit und emblematische Verweisung: Neue Wege des Portraitierens

Der unbekannte Autor des »Portrait de M. D. L.« (Mme de La Calprenède) betonte die Vorzüge des »portrait d'autrui«, da es weniger als das Selbstbildnis durch Konflikte mit Wahrheit oder Bescheidenheit gefährdet sei und beteuerte, so wenig zu schmeicheln wie möglich. [53] Wo gemeinhin allein dem Eingeständnis der Schwäche Glauben geschenkt, die positive Selbstdarstellung dem Spott überantwortet werde [54], sei von der Zeichnung durch den Dritten mehr Aufrichtigkeit zu erwarten. Mme de Lafayette verbarg sich in dem Portrait von Mme de Sévigné zum Schein hinter einem Unbekannten, um, »anders als die anderen« den Clichés des »portrait galant« zu entkommen. Die beteuerte Kühnheit scheint zunächst nicht weniger rhetorisch, da es nur angenehme Wahrheiten zu sagen gebe. Der Schluß indes ist »équivoque«: Die angesprochene Schöne versagt sich, wie in allen vergleichbaren Texten, den Anbetern des männlichen Geschlechts und zieht es vor, ihre zärtliche Zuneigung dem eigenen und besonders der Portraitistin selbst zu schenken, die mit männlicher Feder die galante Topik in eine liebenswerte Huldigung an sich selbst, die Freundin, zu wenden verstand. [55]

Auch in der hochadligen Runde galt es, nicht anders als für Mlle de Scudéry, die schroffe Wahrheit in der Anonymität zu verhüllen. Wo das nicht eindeutig dechiffrierbare Pseudonym die Person vor dem Selbstverlust bewahrte, dem das veröffentlichte Ungenügen gleichkäme, drang allerdings der Blick des Betrachters tiefer. Die Abbildung überwand damit die starre Stilisierung idealisierender Ikonographie, die ihren Gegenstand in den Rahmen geselliger Selbstverständlichkeit einpaßte. Indem es vereinzelte, öffnete sich das anonyme Portrait der moralischen Satire und der Allgemeingültigkeit des »caractère«. »Lindamor« ist ein Tartuffe »avant la lettre«: kurzhaarig, hohläugig und von frömmlerischer

Wichtigtuerei, lau und schlaff, zur Freundschaft unfähig, außer wo der Profit auf dem Spiel steht; rastlos und umtriebig, da unersättlicher Ehrgeiz von ihm Besitz ergriffen hat; seiner untadeligen und liebenswerten Frau gegenüber von herrischer Eifersucht, die er unter dem Schein des Seelenfriedens und reinen Gewissens verbirgt; stets redet er von gläubiger Pflichterfüllung, ohne dem – bei der geringsten Angelegenheit befragten – Beichtvater je zu folgen; Neid erfüllt ihn gegenüber den Stärkeren, Verachtung für die Schwachen; so fühlt er sich zum moralischen Richter über die Frauen berufen, die auf die kleinsten Vergnügen zu verzichten, ihr Glück in Gebet und Familienpflichten zu finden haben. [56] Eine »Amarante« verträgt die unschmeichelhaften Wahrheiten der Grande Mademoiselle, den Nachweis intellektueller Hochstapelei, des schlechten Geschmacks und Stils, der uneingelösten moralischen Maximen. Wenn der Teint gezeichnet ist von Übernächtigung und unregelmäßigem Essen, die äußere Erscheinung ungepflegt und schmutzig, wird andererseits die Schönheit von Augen, Mund und Zähnen erst wahrscheinlich. Gefallsucht, Spott und eine Neigung zur Intrige, für die ihr das Geschick fehle, kokette Selbstgefälligkeit, die sie die Bequemlichkeit der moralischen und religiösen Entrüstung den anspruchsvollen Balanceakten höflicher Galanterie vorziehen läßt, machen sie unbeliebt. [57]

Vielfache Möglichkeiten eröffnete die Verwendung beziehungsreicher Namen und Einkleidungen. Mademoiselle portraitierte eine Dame als Cloris, eine Gestalt der *Astrée;* Ludwig herrscht als Hirtenkönig Tircis über alle Schäfer des Lignon; Mme d'Épernon erscheint, wie gesagt, als »bergère Sylvanire«. [58] Namen in pastoraler oder anderer Manier – Amarillis, »la jeune Iris«, Olympe, »la reine Marguerite« oder Philis [59] – und bedeutungssteigernde Travestien sind, analog den bildnerischen Attributen der Gestaltikonographie, nicht austauschbar und von jedem in gleicher Weise zu beanspruchen. Als Symbol für eine Literarisierung des geselligen Lebens trägt, wie zuvor im Hôtel de Rambouillet, die Namengebung dazu bei, die Würdigen und Wissenden in einem geschlossenen Zirkel zu vereinen. Im Inneren des königlichen Kreises bestätigte die allegorische Einkleidung den jeweils angemessenen Rang. So korrigierte Mlle de Montpensier das Portrait des Tircis/Louis von Mme de Brégis: Die arkadische Galanterie war seiner Größe nicht gemäß. [60] Ihm gebührte die monarchische Apotheose, die ihn in die Reihe seiner (und ihrer) Vorfahren und der Herrscher von Antike und Neuzeit stellte. Auch Condé aber hatte für sie Anspruch auf die Abbildung durch eine Person höchsten Standes und auf ein malerisches Genre, das seiner würdig war. Mademoiselle zog der Pose des Tänzers im antiken Göttergewand, für das sie die Emblematik des mythologischen Portraits hätte nutzen können [61], die des staubbedeckten, siegreichen Kriegers vor. Das Bild weitet sich aus zum Historiengemälde, das nach den von der Akademie verlangten Gestaltungsprinzipien besonders den König in seinem geschichtlichen Werk verherrlichen sollte. Sie aber bediente sich der Gattung, um wiederum den Frondeur – und mit ihm sich selbst – zu erhöhen und seine Verdienste unbeirrt zu preisen. [62]

Mlle de Montpensier wird ihrerseits von Jussac »divine Minerve« genannt.

Auch Mme de La Suze maß sie nicht allein an den olympischen Göttinnen, sondern sah Juno durch ihr Bildnis erzürnt. [63] Für Segrais schließlich war sie die »Pallas unseres Zeitalters«. Er reihte sie ein in die Galerie ihrer illustren Ahnen und formte das eigentliche Portrait aus einer Folge von Gemälden verschiedener Diana-Konfigurationen. Das erste zeigt die Göttin an schattigem Platz, von Dryaden umgeben (»Telle .../ Paroîtra la Princesse au milieu de sa cour«). [64] Seit der Renaissance huldigte dieses vertraute Motiv einer monarchischen Emblematik der Prinzessin im Kreise ihrer Hofdamen. Wie Diana in majestätischer Schönheit auf die Nymphen zu ihren Füßen herabschaut, überstrahlte die königliche Mademoiselle jene Iris, Amarillis, Sylvanire, Philis, Olympe oder Cloris der *Divers portraits*. Hoch zu Roß läßt Segrais seine Diana/Montpensier dann dem Hirsch folgen, doch die Jagd wird zum kriegerischen Sturm, den die Göttin unerschrocken anführt. Unversehens nimmt sie dabei – was der Portraitist nicht erwähnt – Züge der kämpferischen Minerva an, deren Waffen jedoch den Frieden brachten. Im letzten Bild sind beide Bedeutungsbereiche verschmolzen: Die einsame Grotte der Jägerin ist den Künsten Minervas schützender Fluchtraum.

Nach F. Bardon sind in der Geschichte des mythologischen Portraits der ersten Jahrhunderthälfte Überschneidungen innerhalb dieser allegorischen Bedeutungsfelder nicht unbekannt. Als Diana wurde 1626 Marie de Bourbon-Montpensier portraitiert, die Mutter der Grande Mademoiselle, als Minerva Marie de Médicis und vor allem Anne d'Autriche: Helm und Schild sollten die Garantie für einen Frieden verbürgen, in dem Wissenschaft und Künste gedeihen konnten. P. Bourguignon, der im Auftrag der Akademie auch die Grande Mademoiselle als Minerva malte, hat vermutlich die Bilder der Königin vor Augen gehabt. [65]

Pathetische Alexandriner und die Kunstmittel des hohen Stils sind die literarischen Formen des Erhabenen, in die Segrais das »portrait mythologique« seiner königlichen Herrin angemessen überträgt, die krönende Abbildung aus Feder und Pinsel und höchste in der Hierarchie der Gattungen höfischer Gestaltikonographie. Mit der emblematischen Einkleidung dieses letzten Textes wurden die *Divers portraits* zum Huldigungszyklus für die Grande Mademoiselle. Die panegyrische Apotheose hatte zweifachen Verweisungscharakter: Als didaktische Allegorie erneuerte und wiederholte der Sinnzusammenhang des Diana/Minerva-Gleichnisses nach innen die Gültigkeit gottgewollter Herrschaft in einem geselligen Reich, dessen Königin es zu feiern galt. Nach außen wurde er zum Gestus der Versöhnung, der der streitbaren »Amazone der Fronde« den geburtsgemäß bestimmten Platz in der monarchischen Galerie zurückgewinnen sollte.

Memoiren und Portrait sind damit als sprachliche Formen bewahrender Selbstaussage erwiesen, die einander ergänzten. Die Erinnerungen stifteten den Ereigniszusammenhang von Vergangenheit und Zukunft, die Abbildung verewigte das Gegenwärtige. Die literarische Tradition schränkte die Panegyrik auf die illustren Männer und Frauen ein, der Adel wiederum wußte, daß das »Recht auf Bilder« als Ausweis seines Standes nur ihm zukam. Es überrascht daher nicht, daß Mlle de Montpensier 31 von den 43 identifizierten Modellen der

Divers portraits auch in ihren Memoiren erwähnte. [66] Als Gäste (Christina v. Schweden), Freunde (Mlle de Vandy), Reisebekanntschaften (Huet), als Mitglieder des Hochadels (Marie-Eléonore de Rohan), des Hofstaats der Königin (Mme de Brégis), des eigenen (Mme de Fiesque) oder des väterlichen Hauses (Jussac) standen sie und die Portraitisten mit ihr selbst zumindest mittelbar in Verbindung.

Bei einer solchen Galerie aus Wort und Farbe war das Vergleichsverhältnis von Dichtung und Malerei über den gemeinsamen Auftrag aristotelischer Mimesis hinausgehoben. Als »peinture parlante« hatten beide Disziplinen teil an dem Verweisungszusammenhang ständischer Selbstdarstellung, die die politische und moralische Ordnung deutete und für verbindlich erklärte. Diese Portraits gehören, wie »Entrée«, Ballett, Hoffest und Reiterspiele [67], die Schloßarchitektur oder die Gartenlandschaft, zu den Formen allegorischer Exegese, die, als Bestandteile des barocken Gesamtkunstwerks, sich den Systematisierungen der Gattungstrennung entziehen. Bei Mademoiselle und den Portraitisten ihres Kreises ist das Bewußtsein für diesen Zusammenhang als selbstverständlich vorauszusetzen, keineswegs indes mehr bei denen des *Recueil des portraits et éloges*. Was dagegen in den *Divers portraits* lediglich anklang, wurde von den Autoren des *Recueil* neuerlich in eine formkonstituierende Topik überführt, die bereits eine literarische Vorgeschichte hatte. Gemeint ist die Orientierung des literarischen an der Terminologie des bildnerischen Portraitierens. Die Autoren überboten sich nunmehr mit einschlägigen Vergeichen und Metaphern, eigneten sich Wissen und Fachvokabular aus Geschichte und Technik der Malerei an. Sich selbst nannten sie Portraitisten und Maler, handwerklich ausgebildet in den schulmäßigen Gattungen, Verfahren und Arbeitsgängen. Sie verwiesen auf dieselben Materialien und Geräte, und sie ahmten die vorgefundenen Nuancen, Effekte und Stilmerkmale nach. [68] Man wollte sich an Autoritäten unter den Malern und Kupferstechern messen und ihnen ebenbürtig sein, sie gar übertrumpfen. [69] So rivalisierte ein Abbé D. F. in Versen und Prosa mit dem Portraitisten Juste van Egmond, der, wie er selbst, Mme Paget und ihren Sohn als Venus und Amor dargestellt hatte. [70] Ein anderer berief sich, um das Versportrait in Sonettform als literarische Miniatur oder »petit carton« neben der »großen Leinwand« durchzusetzen, auf die Miniaturisten Petitot und Hans. [71] Mme d'Ervault gab ihr Selbstportrait als die Überarbeitung eines Bildes aus, das vor achtzehn Jahren ein »hervorragender Meister« von ihr gemalt habe. [72] Auf der Suche nach einem Phidias, Chares oder Polykleitos, der auch ihn abbilden könne, habe er, so erklärte Amor gegenüber Venus, sein Portrait schließlich vorgefunden, nicht in Marmor oder Elfenbein, sondern aus Fleisch und Blut, in der nun von ihm beschriebenen Zéphine. [73] Die beiden Texte »Amaryllis pour Aminte« und »Aminte pour Amaryllis«, deren symmetrische Gliederung und prosimetrische Form auf denselben Autor zu schließen erlauben, wirken schließlich wie ein literarisches Diptychon. [74]

Daß die gattungsbedingte Herausforderung durch das *ut pictura poesis* in den beiden Sammelbänden verschieden beantwortet wurde, hat seine Ursache in deren jeweiliger Entstehungsgeschichte und in der ständischen Zugehörigkeit der Portraitisten. Im Vorgriff auf die Ergebnisse der gebotenen Differenzierung sei bereits festgestellt, daß mit dem *Recueil* das Portrait in die rein literarische, also schriftliche Reihe zurückgekehrt war. Eingeholt von der rhetorischen Tradition der italienischen ekphrastischen Traktate, hatte es die Lebendigkeit verloren, die Blick und Stimme ihm im Salon der Mademoiselle verliehen hatten. Der hocharistokratische Zirkel und darin vor allem die königliche Gastgeberin waren, sollte das gesellige »divertissement« der ständischen Selbstdarstellung dienen, geradezu genötigt, die »Feder der Eloquenz« [75] zu meiden. Unverhüllter offenbarten sich die Abgebildeten vor den Augen der Freunde. Allein der geschlossene Kreis erlaubte, jenseits der Uneigentlichkeit und des Scheins die Wahrheit sichtbar werden zu lassen, der Aufrichtigkeit Raum zu geben. Beides wiederum verlangten Rang und Selbstverständnis der Grande Mademoiselle.

2.3. Manier und Experiment: Die Portraitverfahren von Mlle de Montpensier

Der vertraute Umgang mit den Bildkunstwerken und die Kenntnis des symbolischen Rangs ihrer Gattungen schlug sich in den literarischen Nachbildungen von Mlle de Montpensier als originelle Vielfalt nieder. Besonnen paßte sie die Wahl des Genre ihrem Modell an, verwarf hier das »portrait au naturel«, das historische oder mythologische Gemälde zugunsten des »tableau de dévotion« (Mme de Brienne), entschied dort für das »portrait d'apparat« (Monsieur; der König) oder das Schlachtenbild (Condé). Für Cloris schien ihr die aus Flandern stammende Technik des »portrait à talques« geeignet, ein barockes Spiel der Metamorphosen, das die Abgebildete in wechselnder »Manier« bald als morgendliche Schöne, bald als leicht bekleidete Galatea und schließlich als jagende Diana in Wams und Federhut darstellte. [76] Für die junge Dame im eleganten Badeort Forges, deren geschmackvolle und vielseitige Kleidung sie bewunderte, übernahm sie somit ein Verfahren, wonach demselben Gesicht variable Talkapplikationen angepaßt wurden. Auch die Malverfahren wechselten sich ab. Perspektiven und Effekte von Hell und Dunkel gingen über in idealisierende Abmilderung oder Schattierungen, Begriffe, die von ihr und einigen anderen Autoren als moralische Metaphern übernommen wurden. [77] Wo ein Jussac die Abseiten »drapierend verhüllte« [78], entdeckte Mademoiselle in der psychologischen Vertiefung und Kritik dem literarischen Portrait neue, über die Möglichkeiten der Malerei hinausführende Wege. Ein Selbstwertgefühl, das an den enttäuschten Hoffnungen gewachsen war, gab ihr eine unvergleichliche Sicherheit. Drohte die Satire indes, die Portraitistin oder das Modell zu desavouieren, verbarg sie ihr Objekt (»Amarante«) oder sich selbst in der Anonymität.

Die Preziösen stellte sie, ohne ihre Autorschaft zu bekennen, – wiederum nach Art der Maler – im Gruppenportrait vor [79], dem einzigen des Bandes. Die beabsichtigte Abrechnung mit der »bei den Beaubruns« üblichen schmeichelnden Stilisierung geriet zur Karikatur; die neue »Sekte« ist eines Geistes und Sinns, dazu von derselben Häßlichkeit: langgesichtig, spitznasig, hohläugig, rothaarig und plattbusig. Die äußeren Züge dieses Zerrbildes, das unter dem Eindruck persönlicher Abneigung entstand, sind vorherrschend. Hinter den gängigen Formeln der »façons et mines«, des gelangweilten Gähnens und unbeherrschten Gelächters blieben das Phänomen der »préciosité« und der Sozialtypus der Preziösen dem Blick verborgen.

Das Portrait der Mme de Choisy [80], einer engen Vertrauten und Freundin, nannte Mademoiselle ihr bislang kühnstes. Das Bild der namentlich Genannten zeigt die bereits erwähnte große Nase, die Blässe und Abmagerung nach mehreren Krankheiten, unschöne Bewegungen beim Tanzen und Gehen. Die angestrebte und beteuerte Frömmigkeit wolle in der Praxis noch nicht recht gelingen. Zu sehr liebe sie die Welt und suche sie dort Bewunderung und unpassende, bis zur Intrige reichende Einmischungen. Um so aufrichtiger und auch liebevoller sind, nach diesen »perspectives et ... lointains«, die weiteren durchaus anerkennenden Einzelbeobachtungen. Mehr als jeder andere läßt dieser Text, wie Mademoiselle nicht ohne Stolz bemerkt, eine Gestalt ohne Fragmentierungen oder »draperies« in den Blick treten.

Nach J. Plantié verbirgt sich in der Summe ähnlicher Betrachtungen eine Poetik des literarischen Portraits. [81] Die von ihr in diesem Zusammenhang geäußerte Kritik an dem vermeintlich zu oft beschworenen bourbonischen Blut übersieht den Vorzug einer ständisch begründeten inneren Freiheit, die die gattungsgefährdende Unaufrichtigkeit ebenso wie die formale Stereotypie zu überwinden erlaubte. Nicht allein in der überlegenen Handhabung malerischer Verfahren beherrschte Mlle de Montpensier den von ihr bestellten Band. Mag sie auch, nach den Vorbildern und Textvorlagen aus Holland, nur bedingt die erste gewesen sein, die das isolierte (»gerahmte«) Portrait in Paris heimisch machte, so war sie jedenfalls diejenige, die ihm reich variierte Formen eröffnete. Während ihr Kreis ihrem Befehl folgte, bestätigte und krönte sie sich fortwährend durch die bewußt gesuchte Originalität. Sie entdeckte damit das – fraglos narzißtische – Vergnügen an einem Schreiben, das sie für das Scheitern anderer Lebensträume entschädigen sollte. [82]

Ein Kunstverstand, der über die Hierarchie der Gattungen verfügte und das königliche Bewußtsein, nach welchem der Blick auf den Menschen der des einordnenden Urteils zu sein hatte, ließen ihr die Personen ihrer Umgebung zum Objekt liebevoller Kritik, schwesterlicher Solidarität, spielerischer Verwandlungen oder bissiger Satire werden. Keines dieser Portraits gleicht dem anderen, jede »Manier« bedeutete erneuerndes Experiment den Freunden und sich selbst gegenüber. Dasselbe gilt für die von ihr gefundene Form des fiktiven Selbstportraits. Sie begann (Dezember 1657) mit dem ihres Stallmeisters, zunächst vielleicht nur, weil sie einem alten Krieger, der nicht lesen und schreiben konnte [83], das Wort leihen wollte. Doch kurz darauf verfaßte sie die »Selbst«-Darstellung des Chevalier de Béthune. Liebevoller Spott deckte die Schwächen auf, die eine lange Vertrautheit ihr offenbart hatte: die unangebrachte Neigung zum Luxus neben fanatischer Askese im Essen und Trinken, häufige Liebesverblendungen,

Abraham BOSSE, Donner à manger à ceux qui ont fain

mehr Sinn für Bequemlichkeit als für kriegerischen Mut. [84] Das Selbstportrait vermischte sich mit Zügen des »portrait d'autrui«, mied die Tendenz zum öden Eigenlob und ließ die Autorin spielerisch aus der Rolle und Perspektive des Beobachters in die der von ihr dramatisierten Objekte wechseln.

Wie offensichtlich sie mit der fiktiven Selbstbeschreibung der Mme d'Épernon die Portraittypologie erweiterte, zeigt der Vergleich mit deren Bild bei Mme de Choisy: dort die konventionell gegliederte Charakterisierung, die einige unverwechselbare Züge nuancierten [85], hier eine entlastende Pseudoautobiographie [86]: Auf Kindheit und Jugend dieser Nichte von Richelieu fällt der Glanz von dessen Ruhm; auf die Ehejahre der Schatten der politischen Ungnade ihres Mannes, des Exils und vor allem seiner Lieblosigkeit. Mlle de Montpensier huldigte hier der Freundin, indem sie in deren Namen das tröstende Vertrauen der Freunde suchte, zugleich aber auch die Mitteilung über das schmähliche Verhalten des Gatten als ein »Manifest der Rechtfertigung« abfaßte, die für diese entschädigen sollte. Die häufige Versicherung, um der Freundschaft willen ein Portrait zu verfassen, ist nun nicht mehr formelhaft. Herzliche Zuneigung spricht aus der Beobachtung kleiner skurriler Ungereimtheiten und liebenswerter Widersprüche im Charakter der Portraitierten; kindlich sei ihr musikalischer Geschmack oder noch unvollkommen ihre Frömmigkeit, so daß sie Rosenkranz und Stundenbücher mit den Augen der Liebhaberin schönen Schmucks betrachte.

Dem Haushofmeister Guilloire legte Mademoiselle ein moralisches Bekenntnis in den Mund, mit dem sie indirekt ihn der Anerkennung für seine treuen Dienste versicherte. [87] Unbedingte Aufrichtigkeit, zurückhaltende Selbstlosigkeit und Pflichtbewußtsein bescheinigte sie dem schüchternen Mann, dessen vermeintliches Selbstlob der gepriesenen Bescheidenheit ebensowenig entspricht, wie die knappen, entschiedenen Aussagen seinem Stande gemäß sind. Doch die Anerkennung für ihn wurde mittelbar auch zur positiven Selbstaussage der Grande Mademoiselle. Guilloire bezieht sich auf ihre Urteile und lernte durch sie, der Predigt das fromme Wirken vorzuziehen.

Was allenfalls in Korrespondenzen, gemeinhin aber nur in Archiven bezeugt ist, die öffentliche Wohltätigkeit nämlich der Aristokratie, ließ sich an dieser Stelle beiläufig und ohne Selbstgefälligkeit oder unstandesgemäßes Pharisäertum andeuten. Die Wirklichkeit der Stiftungen und Hospitäler, die Mlle de Montpensier gründete, überlebte sie, als von der Schloßarchitektur nur wenige Reste mehr bestanden und ihr literarisches Wirken nach dem konservierenden Impuls von E. de Barthélemy in einen erneuten Dornröschenschlaf verfiel. Noch kann man in Saint-Fargeau das von ihr (1657) errichtete Krankenhaus, in Trévoux das Hospiz von 1686 besichtigen. In Eu baute sie das »Hôpital Sainte-Anne« (1675) und ließ mehreren Orden Schenkungen zukommen. Ihrem Fürstentum Dombes schließlich stiftete sie das »Collège de Thoissey« bei Trévoux und mit ihm die seit dem 18. Jahrhundert berühmte Druckerei. [88]

Mit dem fünften und letzten der fiktiven Selbstportraits charakterisierte Mademoiselle jene Mme de Thianges [89], die sie zuvor als Amarante in den Schleier der Anonymität gehüllt hatte, ein zweites Mal. Ließ sie die Untergebenen die

Verläßlichkeit ihrer schützenden Zuwendung, die bedrängte Freundin die ihrer liebevollen Parteinahme erfahren, so waren dieser engen Vertrauten, die sich der Frömmigkeit wie einer kleidsamen Mode zuzuwenden beschlossen hatte, die pointiertesten satirischen Pfeile auf die vermeintliche Glaubensfestung zuzumuten. Im Lichte des religiösen Bekenntnisses von Guilloire, das auch das ihre ist, und das geprägt wurde von François de Sales und Vincent de Paul, erschien ihr allein der Wechsel des Gesichts, die Ablösung weltlicher Eitelkeit durch das ehrgeizige Streben nach einem heiligmäßigen Ruf das Eingeständnis kläglicher Selbstverhaftung. Der über der Lektüre von Augustinus gefaßte Vorsatz wird, nach der sprachlichen Ironisierung, an den Widersprüchen des Verhaltens gemessen: Die gebotene Loslösung von der Welt werde ihr erst gelingen, wenn die Liebe zur eigenen Schönheit gegenstandslos geworden sei, ließ sie Mme de Thianges erklären. In der Zwischenzeit muß ein Geistlicher ihr beistehen, indem er Blicke der Bewunderung auf den an ihr sich vollziehenden Wandel lenkt. [90] Die vorgeblichen eigenen Zweifel an dem Vermögen, der augustinischen Demut gleichzukommen, werden zur Farce, wenn gleichzeitig die Reihe der Ahnen bis zu den Pikten zurückverfolgt wird, der mildtätige Gestus zur Pose, wo das schäferliche Spinnen einer Vorfahrin an den Ufern des Lignon zur gleichsam angeborenen, einträchtigen Sympathie mit den »kleinen Leuten« erklärt wird.

Mannigfaltig ist der Formimpuls, den das literarische Portrait durch die Grande Mademoiselle erfuhr. Mit geschultem Blick wies sie der sie umgebenden Gesellschaft die angemessene Bilddarstellung zu. Das rhetorische Vergleichsverhältnis von Malerei und Dichtung rückte durch sie in den Horizont gelebter Erfahrung. Genötigt, ihren Kreis stets neu auf ihr herrscherliches Vorbild zu verpflichten, sah sie die Originalität auch gegenüber der von ihr bereits erprobten Form als geboten an. Mit dem fiktiven Selbstportrait öffnete sie der Gattung die Dimension der Aufrichtigkeit, die, je nach Stand und Stellung der Gemeinten, von bedingungsloser Achtung bis zu unverhohlener Mißbilligung reichen konnte. Licht und Schatten, Nuancen und Perspektiven waren für Mademoiselle Begriffe in einem System der Werte, das sich aus ihrem Selbstverständnis und ihrem Blick auf die Welt ermitteln läßt.

2.4. Das bourbonische Bewußtsein: Selbstverständnis und Sicht der Welt

Mit dem Votum für die »vraisemblance«, das Segrais der Princesse Aurélie in den Mund legt, der herben Kritik an preziöser Manier und der erbarmungslosen Satire auf die »fausse dévotion« bekannte sich Mlle de Montpensier zu Grundanschauungen der »klassisch« genannten französischen Autoren. Doch geht ihr Rationalismus – mit dem sie sich auch vor der Liebe geschützt glaubte – nicht auf in einer (bürgerlichen) Pragmatik von Maß und Mitte. Die Preziösen wurden von ihr zurechtgewiesen, da sie eine Art »Republik« in dem »monarchischen Staat« bildeten, den natürlichen Adel von Geburt oder Tugend durch affektierte Sonderlichkeiten, das fehlende Vermögen durch Geistreichelei ersetzen zu können glaubten und sich ein Recht auf verhöhnende Mißbilligung anmaßten, wie es allein in der Autorität des hohen Standes gründen könnte. Wenn Mme de Thianges vor allem deshalb lächerlich war, weil sie es versäumte, sich vor dem Blicke derer, die sie umgaben, in ihren Widersprüchen zu erkennen und zu korrigieren, so standen Spott und Tadel, die auf ein derartiges geselliges Ungenügen aufmerksam zu machen hatten, Mlle de Montpensier, nicht aber den Preziösen zu. Allein dieser Anspruch verrät das bourbonische Bewußtsein, das in der selbstverständlichen Erwartung einer königlichen Heirat ebenso wiederkehrt wie in ihrer sozialen und christlichen Verantwortung und Praxis. (Das barmherzige Wirken – Nahrung und Kleidung für die Armen, Kirchen- und Kapellenstiftungen, Besuche in Gefängnissen und Krankenhäusern, Betreuung gefallener Mädchen – beschrieb sie voll Anerkennung im Portrait der Comtesse de Brienne [91], dem Korrektiv zu dem der Mme de Thianges.)

Selbstverständlich war ihr auch, was die »bienséance« zu betonen verbot: ein beträchtliches Maß an Bildung und literarischem Ehrgeiz. Die beschwichtigenden Erklärungen, ohne Aufwand an Mühe und Zeit geschrieben zu haben, werden durch den innovatorischen Ernst der Portraits relativiert. Mehr als die Memoiren geben diese Texte Aufschluß über die Literatur, die sie kannte. Mme de Thianges habe, so schreibt sie, ihre Lektüren, wie das Gewand des Glaubens, genutzt, um sich – im ungehörigen Zitat (Marot, Voiture) – damit zu schmücken. Spätestens durch Mlle de Vandy lernte die Grande Mademoiselle die Romane kennen, die so nutzlos nicht seien, wenn die Erfahrung sie korrigiere. [92] Nicht ohne Ironie erwähnte sie den *Amadis,* die *Astrée* und den *Grand Cyrus,* als sie die undurchschaute und unreflektierte literarische Modellierung des Lebens verspottete. An ihr ließ sie Mme de Montglat scheitern [93], der die Jugend wie die der Oriana, das väterliche Cheverny wie ein verzauberter Palast erschienen. Während hier eine vernunftgläubige Prinzessin, die ihre paradigmatische Märchenrolle noch nicht kannte, die literarischen Phantasien einer jungen Frau kritisierte, den *Amadis* an der »Welt« notwendig scheitern sah, entdeckte vier Jahrzehnte später Mme d'Aulnoy die märchenhafte Traumimagination als die eigentliche Wahrheit und Wunschwirklichkeit eines – auch königlichen – weiblichen Bewußtseins.

Sie schreibe natürlich und zwanglos, versicherte Mademoiselle in ihrem Selbstportrait [94], und sie liebe gute und vernünftige Bücher. Augustinus kannte sie gewiß und wahrscheinlich auch Aristipp oder die Tradition von Epos und Bukolik, auf die das unsignierte Portrait des gebildeten Nestor verweist. [95] Sie habe ein gutes Gedächtnis und Urteilsvermögen. Dazu ist sie ehrgeizig, beherrscht, wo sie es will und es sich schuldig glaubt, durch hohe Selbstachtung unabhängig, gern allein und vor niedrigen Handlungen bewahrt, damit vor Spott und Médisance, obwohl gerade sie die Lächerlichkeiten bemerkte. Doch neige sie dazu, ihr den auszuliefern, der es wegen mangelnder Selbstbeherrschung, Geduld oder Aufrichtigkeit verdiene. »Vérité«, »sincérité«, »nature« sind die von ihr allein beanspruchten Maßstäbe der Wertzumessung, die sie an die anderen anlegte. So mußte Mme de Montglat erst lernen, daß ihr die Launen und die Empfindlichkeit gegen Spötteleien nicht zustanden, sie keinen Gehorsam erwarten durfte. Mlle de Vandy hatte sich sagen zu lassen, daß ihr Stolz in Frankreich als lächerlicher Standesdünkel auffiel, da nur in Deutschland, aus dem das Geschlecht stammte, sie eine Prinzessin (oder besser Fürstin) sei, hierzulande aber ihre kompensatorische Intoleranz nicht anders befremde als an den Preziösen das Unmaß der Prüderie und Geistreichelei. Daß sie auch »wenig angenehme Dinge« mitteile, rechtfertigte Mlle de Montpensier mit der Abneigung gegen das uneingeschränkte, vor der Nachwelt unglaubwürdige Lob. Lieber sieht sie sich selbst bewundert. Der »amour-propre« ist stärker als gläubige Frömmigkeit, die Moral des Handelns leichter mit ihm vereinbar als die christliche Demut. Die Eigenliebe schützt sie vor den Verletzungen durch den Spott. Auch die Momente scheinbarer Selbstabwertung sind bewußt erlebte Bestätigung. [96]

Gemeinsam ist diesen und ihren anderen Portraits die Perspektive von Wandel und Werden und damit die einer zeitlichen Entwicklung. J. Plantié sieht im »portrait mondain« das biographische Element im allgemeinen zugunsten der Beschreibung von Körper und Seele eliminiert. Während im idealisierenden Abbilden vorrangig das Bild selbst und damit die gegenwärtige Auszeichnung gesucht wurden [97], nahm Mlle de Montpensier für sich in Anspruch, in die Selbstdarstellung auch ihr Handeln einfließen zu lassen. Das Portrait wurde damit, ebenso wie die Memoiren, zum Rechtfertigungsappell an die Nachwelt und deren Urteil. [98]

Auch über andere gattungstypische Regeln setzte sich Mlle de Montpensier hinweg. Die stereotype Dreigliedrigkeit unterbrach sie, indem sie das Äußere einer Person wenig (Entragues) oder gar nicht erwähnte (Brais). Auch die Portraits Dritter sollten viel von ihr selbst erkennen lassen. Anekdotische und biographische Details, die gerade ihr bekannt waren, Beobachtungen aus dem vertrauten und langjährigen Umgang berichtete und kommentierte sie mit gewisser Genugtuung. Das äußere Erscheinungsbild bezog den Wandel von Moden, Lebensalter und Gesundheit ein. Auch die Moral und das religiöse Bekenntnis trugen in ihren Portraits die Spuren der Zeit. [99] Im Vergleich zu der statuarischen Monumentalität der Bildkunstwerke entschädigte diese hinzugewonnene zeitliche Dimension für das analytische Verfahren literarischen Beschreibens. Da dieses sein Objekt erst zu zerlegen und dann zusammenzufügen hatte, konnte gerade der sinnenhafte Eindruck sich – anders als im Gemälde – nicht auf einmal im Lesen mitteilen. Das Moment des Handelns, in Waffendienst oder frommer Mildtätigkeit, belebte die Figuren. Die Frage des Glaubens, bei den übrigen Portraitisten ein Attribut unter vielen, aus denen mosaikartig die innere Gestalt gebildet wurde, rückte häufiger in den Mittelpunkt. [100]

Die direkten und vermittelten Selbstaussagen der Grande Mademoiselle geben immer neu zu erkennen, daß ihr Blick auf ihr geselliges Reich der einer herrscherlichen Erzieherin war. Mit der Deutung der religiösen, moralischen, intellektuellen oder ständischen Schicklichkeit legte sie diese zugleich als verbindlich fest. Dem scheinhaften Gewand – des Glaubens, der Belesenheit, der Anmaßung oder Illusion – hielt sie den Anspruch auf Wahrhaftigkeit und Eigentlichkeit entgegen, den als Maßstab anzulegen sie allererst sich selbst zugestand. »Königlich« war auch ihre Unabhängigkeit von den ekphrastischen Darstellungsmustern. Frei in der – vielsagenden – Auswahl ihrer Objekte entschied Mademoiselle über Inhalt und Gewicht der einzelnen Angaben, die den Bezug zur lebensweltlichen Erfahrung der Portraitistin nie verleugnen sollten. Ohne je sie einzuholen, bewegte sich der Kreis in ihrer Nachfolge. Dabei gelangten die einzelnen Portraits jenseits desselben vor den Horizont der Antworten einer breiteren literarischen Öffentlichkeit.

2.5. Die Öffnung des Kreises: Das Portrait in Reprise und Replik

Ein nahezu geschlossener hochadliger Zirkel, in dem die »beaux esprits« rar waren [101], wurde durch die Grande Mademoiselle zum Schreiben bewegt. Der eine oder andere wagte, nach ihrem Vorbild aus der Dramaturgie höfischer Masken, aus den Verschanzungen der Eigenliebe, die vor dem Selbstverlust der Lächerlichkeit und des Unschicklichen schützte, unverhüllt hervorzutreten. Anders als am Hof, wo die gesellige Inszenierung den Statisten eines Spiels um Ränge, Vorränge und »bienséances« ihre rituellen Rollen zuwies, ergründeten nunmehr Introspektion und Aufmerksamkeit behutsam die unverstellte Subjektivität. Ohne daß die Akteure das spielerische Zeremoniell selbst zerstörten, auf die (be)deutende Stilisierung ihrer Begegnung verzichteten, erfüllten sie sie mit Vertrautheit, Nähe, Intimität. Die habituellen sprachlichen Gebärden der Schmeichelei öffneten sich freundschaftlicher Zuwendung, aufrichtiger Bewunderung, liebevoller Kritik und Korrektur. War mit den Formen des »portrait mondain« auch eine Formelhaftigkeit der Salonrhetorik entstanden, die die Objekte einkleidete und verbarg, so hatte gerade Mlle de Montpensier manches empfindsame und mutige, engagierte und nachdenkliche Bewußtsein geweckt und darin bestärkt, sich durch Wort und Feder mitzuteilen.

Der Befehl zu portraitieren wirkte befreiend; sich auf ihn einleitend oder abschließend zu berufen, konnte nur deshalb ein Gemeinplatz werden, weil er die geselligen Regeln mit dem Wunsch nach Selbstbesinnung und -deutung und einer für viele neu entdeckten Lust am Schreiben versöhnte.

Wie angedeutet, verwischten sich die Grenzen zum Brief: 26 der 59 *Divers portraits* lesen sich wie das isolierte Stück einer Korrespondenz, darunter fünf Selbstdarstellungen und sieben Zeichnungen eines Dritten, die offenbar versendet wurden. Der Brief wiederum konnte ein Portrait kommentieren oder widerlegen. Beide zirkulierten und stifteten Verbindungen, versöhnten, rechtfertigten oder huldigten. [102] Schon Mlle de Scudéry hatte vor der Veröffentlichung der letzten Bände von *Clelie* Mazarin die rühmende Beschreibung seines Charakters und Lebenswegs zugespielt. [103] Auch Mme de Brégis suchte in Portrait und Brief die königliche Gunst – u.a. von Ludwig XIV., Christina v. Schweden, dem König von England – auf sich und die ihr Nahestehenden zu lenken. Den Mareschal de G... bat sie brieflich, der Königinmutter das beigefügte Portrait, das sie als ihre Ehrendame verfaßte, und ihr Selbstportrait in einem Augenblick der Muße zu übergeben. Nicht nur, um sich mit einem Abbild über die Trennung zu trösten, sondern in der Gebärde unterwürfiger Ehrerbietung ließ sie der Gönnerin beide Texte zukommen.

Nachdem das gesellige Vergnügen in der planvollen Organisation der *Divers portraits* festgehalten worden war, öffnete sich dieses kunstvolle Gemeinschaftswerk einer größeren Runde. Mit den Nuancierungen am Bild ihrer Nichte, Mlle de Vandy, korrigierte Mme de Maure die Grande Mademoiselle. [104] Das erwähnte Diptychon (Amarillis und Aminte) kehrte in fast gleichem Wortlaut in der *Histoire amoureuse des Gaules* wieder, weshalb J. Plantié in Bussy-Rabutin seinen Autor vermutete. Die Entschlüsselung des Portraitisten führte dem Modell auf die Spur: Aminte ist Mme de Montglat, seine Geliebte, die er im *Recueil des portraits* trotz sanfter Vorhaltungen gegen Mademoiselles Spott und Kritik abschirmte. Noch schmeichelhafter schilderte er sie in der *Histoire amoureuse,* die ab 1660 zu zirkulieren begann. [105]

Ein Jahr zuvor hatte, wie gesagt, Mlle de Montpensier die *Princesse de Paphlagonie* drucken lassen und an ihre Freunde verschenkt. Mme de Montglat, die Adressatin der Widmung, sah sich darin unter dem leicht zu entschlüsselnden Namen Reine Uralinde weit schonungsloser verspottet als in den *Divers portraits.* In der Schlüsselerzählung antwortete die Autorin dem liebesverblendeten Bussy-Rabutin des *Recueil.* Die Verfasserin beider Texte hatte sich mit der Reprise nicht wiederholt. Im Portrait der Mme de Montglat hatte sie deren unglückliche Spielleidenschaft, die Neigung zu üppigen Gelagen, eine gewisse Streitsucht oder Formen des Aberglaubens nur angedeutet. [106] Nun aber entwarf sie ein scherzhaft-satirisches Zerrbild: Wie die Spielverluste sie ein Jahr lang ihre gesellschaftlichen Pflichten vernachlässigen ließen, habe sie in Zeiten des Gewinnens über mehr als zwei Wochen die Kleidung nicht gewechselt, die ihr Glück zu verheißen schien. Detailliert beschreibt Mademoiselle die scharf gewürzten Gerichte und die ausgesuchten, schon am Morgen genossenen Weine, die Inhaftierung von Kritikern ihrer Baumaßnahmen oder den ebenso gebieterischen musikalischen Geschmack, die Übernachtungen im Stall und die Abschirmung vor den Ratten, die ihren Offizieren die nächste Charge versprach. [107]

Es war die Grande Mademoiselle, deren Portraits über den engen Kreis der Freunde hinaus als Herausforderung verstanden wurden. Die Begrenzung der Auflagenzahl auf 30 Exemplare sollte eine weitere Verbreitung verhindern und der geselligen Runde, die sich ihrem und der anderen Blick geöffnet hatte, den unverzichtbaren Schutz sichern. Die eindeutige Identifizierung der anonymen Modelle blieb allein den Eingeweihten vorbehalten. Die Portraits offenbaren Talent und Neigung der Autorin zur Satire, die mehr noch in der Schlüsselerzählung wirksam wurde. In beiden Gattungen, denen die Abbildung einer lebendigen Salongesellschaft gemeinsam ist, trat Mlle de Montpensier in den Dialog mit Mlle de Scudéry. An der *Princesse de Paphlagonie* ist nunmehr zu zeigen, wie in der herrscherlichen Sicht sich manche der Objekte, damit aber auch die Darstellungsverfahren und die Weltsicht, ausnehmen, die ihr aus den Romanen der bescheidenen Bürgerin vertraut waren.

3. *Die satirische Antwort auf Mlle de Scudéry: Die Portraits in der »Princesse de Paphlagonie« (1659)*

Die kleine Geschichte ist eine groteske Dramaturgie der Verwicklungen und Intrigen von Saint-Fargeau, die die Charaktere als Karikaturen agieren läßt. In eins damit ist der Text eine chiffrierte Parodie auf das Preziösentum: Die spröde Mlle de Vandy verbietet das Wort »Amour«, das fortan »l'autre« heißt [108], und ein zum Sterben entschlossener Anbeter verfaßt seine Liebeserklärung an sie auf Griechisch. Mit Genugtuung erlebt sie, daß die Werbungen des »italienischen Fürsten« der Gelatille und nicht ihr gelten. Die »Amazonenkönigin« (Mademoiselle) hilft ihr gegen den Spott der »Thrakerinnen« (Preziösen), die in ihren Schwächen scharfsinnig die eigenen erkannten. Prüderie, Geistreichelei und soziale Selbstüberschätzung scheinen Mademoiselle für beide charakteristisch, und der Abschied von der Königin (Mme de Maure) war *du dernier tendre.* Diana schließlich belohnt ihren Widerstand gegen »die andere« und die in ihrem Interesse verschickten Briefe. Zusammen mit ihren keuschen Gefährtinnen holt sie sie an ihre Seite, damit man fortan auch vor ihr das Gelübde der Jungfräulichkeit ablegen könne. [109]

Mlle de Montpensier verkannte, ebenso wie im Portrait der Preziösen, wie sehr deren – überzogene – Liebesfeindlichkeit sich zumindest ansatzweise mit ihrer eigenen Überzeugung deckte. Die ständische Begründung ihres Urteils, das die preziöse Manier nur als wirklichkeitsfremde Verstiegenheit begreifen konnte, überwog die mögliche Versuchung, sich dem Bewußtsein dieser Frauen zu öffnen. Daher zog die »Amazonenkönigin« Mlle de Vandy von der »caballe des Thraciennes« auf ihre Seite und überließ den »Provinzlerinnen« Frontenie, eine »Dame ohne Namen«. Gelatille hatte irrigerweise deren Niedrigkeit übersehen und erlag ihrem schlechten Einfluß, die Prinzessin und die unvermittelt intervenierende Erzählerin suchten sie zu entlasten.

Die Textstrategie ist offensichtlich: Aus den Memoiren der Grande Mademoiselle sind die Klagen über die Damen Fiesque und Frontenac, deren Angriffe auf Mlle de Vandys Loyalität gegenüber der exilierten Frondeuse an ihrer Standhaftigkeit gescheitert waren, zur Genüge bekannt. Auch der kleine Schlüsselroman verbindet, wie die Portraits, Satire und apologetische Selbstdarstellung. Beides unterscheidet den Text von dem der Vorgängerin, Mlle de Scudéry. Mlle de Montpensier wollte es mit der Portraitistin und der Erzählerin aufnehmen. Französische Wahrscheinlichkeit und fiktionale Einheit strebte, gegen den *Cyrus,* die Aurélie bei Segrais an. In ihrem Kreis gab Mademoiselle dem Portrait den Rahmen und integrierte der Gattung das Selbstportrait, für das, neben den holländischen Salonvorlagen, ihr die Buchtradition von Montaigne und besonders Mlle de Gournay Vorbild gewesen sein können. Die antikisierende Einkleidung der *Princesse de Paphlagonie* wirkt dann wie ein ironisches Zitat angesichts der unverkennbaren Bezüge zur französischen Gegenwart. Gemeint ist mit dieser die Gesellschaft in Saint-Fargeau und im Luxembourg, und bei der chiffrierten Verewigung eines solchen hocharistokratischen Kreises trennen sich die Autorinnen. Als Außenseiter mögen sie beide gefühlt haben. Unvermögend und niedriger Herkunft, hätte Mlle de Scudéry wie ein bestellter Maler schmeicheln müssen. Allein die Zwischentöne in den Portraits und mehr noch die Verschränkung ihrer Kritik mit den antiken historiographischen Quellen in der eigentlichen Chronik zeigen den »umständlichen« Weg zu einer – ihr nicht unmittelbar gemäßen – Urteilsfreiheit und einer schonenden moralischen Satire an. Mit dem Rückgriff auf diese Romanform sicherte die bourbonische Rivalin sich ein bedeutsames Terrain. Ihr Hof sollte, trotz der nicht vergessenen Ungnade, in nichts hinter der Pariser Geselligkeit des *Cyrus* zurückstehen. Ihr als seiner Königin gebührte es, die Ereignisse unverkleidet zu offenbaren und zu beurteilen. Mit der Überlegenheit des Standes schien ihr der chronologische Vorsprung der anderen einzuholen.

Die Anspielungen auf das Hôtel de Rambouillet dienten bei Mademoiselle der ironischen Entmythisierung einer Institution, die zwangsläufig sie zum Vergleich provozierte. Die Reprise traf mit dem Kult um Cleomire auch dessen Objekt selbst. Die Marquise wird in den Rang einer Göttin erhoben, die bisweilen sich zu den Sterblichen herabläßt, ihre Gelübde und Gebete erhört, auf die Erwählten Blicke der Segnung richtet und den Tempel vor Sakrileg und Profanierung reinzuhalten bemüht ist. Die berühmte Grotte schirmt die Gottheit und ihre Anbeter vor Sonnenlicht, Lärm und allem Gemeinen ab. Mit maliziöser Genugtuung rückte Mademoiselle die Extravaganzen der Freundinnen Mme de Maure und Mme de Sablé zurecht. Ihr Stolz und gesellschaftlicher Ehrgeiz zwangen sie nachgerade, sich mit ernstzunehmender Prätention zu messen. Die Neufassung gerade solcher Portraits wurde zur polemischen Antwort, die mit der gesellschaftlich schwächeren Chronistin auch deren mit verschweigender Huldigung inthronisierte Objekte traf. Am Beispiel der Mme de Maure wird deutlich, daß Mlle de Montpensier nicht anders als in den *Divers portraits* die statischen Attribute einer Portraittypologie in die Lebenswirklichkeit des menschlichen Umgangs versetzte: »Elle ne vivoit point comme le reste des mortels.« [110] Uhren waren im Staat der Reine de Misnie verboten, die Sonne ihr schlimmster Feind, weil Wärme bei ihr Ohnmachten verursache, sagte sie selbst, weil ihr Feuer zusammen mit dem ihres Geistes einen Weltbrand auslösen müsse oder aber, da die Stunden der Nacht für astrologische Vordeutungen zu nutzen seien, spottete Mademoiselle. Hypochondrie und manische Todesangst verbinden sie mit Parthénie. Aus Furcht vor dem leisesten Wind tauschen sie von einem Zimmer zum anderen Briefe und konferieren über Wege zur Unsterblichkeit, Diätvorschriften und Heilmittel, die den medizinischen Fakultäten Bewunderung abnötigen würden, daneben über Stilfragen, gesellschaftliche Intrigen oder delikate Gerichte. Auch Frömmigkeit und kösterlicher Rückzug wurden neuerlich zum Thema gemacht: Mlle de Vandy steht beidem ebenso fern wie Mme de Maure; Mme de Sablé hat sich erst zum Glauben entschlossen und kann allein auf den segensreichen Einfluß von Port-Royal hoffen, wiewohl sie dort fortfährt, mit ihren Freundinnen zu plaudern.

Der von J. Plantié veröffentlichte Brief von Mlle de Scudéry an Mme de Maure [111] zeigt, daß die Autorin des *Cyrus* den satirisch-innovatorischen Anspruch dieses kurzen Romans, der sich unverhohlen in die von ihr eröffnete literarische Reihe stellte, schweigend übersah oder herunterspielte. Suchte sie in diesem Fall die Herausforderung in Anerkennung umzumünzen, so trat sie bekanntlich in den letzten Bänden der *Clelie* gegen Mlle de Montpensier und die Portraitmode ihres Zirkels an.

* * *

Nachahmung, Reprise und Replik sind Indizien für die lebendige Mode eines Genre, in dem Text und Spiel, literarästhetische Ambition und Salonunterhaltung vollendet zusammenfanden. Nicht zufällig sind es zwei Frauen, die die Gattung beherrschten und deren Autorenernst ein offensives Vergleichsverhältnis schuf, das allein über die ständische Differenz sich zur jeweils unverwechselbaren Originalität auflösen konnte. Ohne nur als schüchterne, bestellte Portraitistin zu preisen, verschwieg und verschleierte Mlle de Scudéry, was die Menschenwürde verletzen könnte. Auf der anderen Seite hatte die Offenbarung des Lächerlichen, des Widerspruchs von Schein und Sein, der Anmaßung und Prätention, in der die Grande Mademoiselle es in immer neuer malerischer Manier zur Meisterschaft brachte, ihre Grundlage in einem uneinholbaren gesellschaftlichen Vorsprung, der sich im Akt des Portraitierens stets neu herstellte und bestätigte.

III. Portraitistin oder Modell: Die Frauen in den literarischen Galerien von 1659

Aus der vorangehenden Darstellung wurde ersichtlich, daß neben den beiden großen Salonautorinnen eine Reihe weiterer Frauen in der Portraitmode sich literarisch mitteilte. In zwei Sammelbänden desselben Jahres sind diese Versuche erhalten. Der Vergleich ist in mancher Hinsicht vielversprechend. Während Mademoiselle und ihr Salon der Gattung den geselligen Rahmen gaben, suchten die Buchhändler den Formimpuls kommerziell zu nutzen und die bestellten und gesammelten Texte einer größeren Öffentlichkeit zugänglich zu machen. Nachdem J. Plantié die Entstehungsgeschichte beider Bände verbindlich dargelegt hatte, war in dem hier verfolgten Zusammenhang die Frage zu stellen, wie die Frauen als einzelne oder als Gruppe dabei jeweils in Erscheinung traten. Damit rückte die von ihnen gewählte Form des Portraits ebenso in den Blick wie das zahlenmäßige Verhältnis von männlichen und weiblichen Portraitisten. Zugleich war nach den Werten, Neigungen oder Befähigungen zu fragen, die von beiden Geschlechtern den portraitierten Frauen zugestanden oder neu erworben wurden. Gerade die im Umkreis der Mademoiselle und in ihrer Folge verfaßten femininen Selbstportraits ließen eine gemeinschaftliche Anwort auf die jahrhundertelangen männlichen Verfügungen über die Frauen erwarten. Der hohe gesellschaftliche Rang versprach eine kollektive weibliche Selbstaussage, die an Kühnheit hinter derjenigen der Grande Mademoiselle kaum zurückstehen dürfte.

1. Der »Recueil des portraits et éloges«

1.1. Portraitierte, Portraitisten und die Formen des Portraits: Ein Vergleich beider Bände

Et in aula, et in urbe, invaluit paucis post annis ille mos, ut elegantioris ingenii viri ac feminae, et oris sui formam, et corporis habitum, et mores ac studia describerent, et velut in tabella depingerent.

Mag es Huet bei dieser Notiz [1] vorrangig auch darum gegangen sein, die »nobilissima Virgo« aus nivellierender Gleichzeitigkeit und nachahmender Gefolgschaft herauszuheben, so verspricht gerade dieses gesellige Umfeld Informationen über weiterreichende Möglichkeiten weiblichen Schreibens zu jener Zeit. Die Selbstverständlichkeit, mit der einer der Herausgeber der *Divers portraits* auf Männer *und Frauen* als die der Mode folgenden Portraitisten verweist, zeigt die Veränderung gegenüber den Rätseln oder Metamorphosen aus der Zeit des Hôtel de Rambouillet. Die ursprünglichen Adressatinnen männlicher Galanterie, deren aktive Beteiligung an den dort gepflegten »jeux d'esprit« lediglich vorauszusetzen ist, traten nunmehr namentlich an die Öffentlichkeit.

Zwei Frauen waren es, die, möglicherweise im Den Haager Salon der Mme de Brégis, das Portrait als literarisches Gesellschaftsspiel entdeckten und ihre eigenen Selbstportraits, die frühesten in Frankreich bekanntgewordenen Beispiele der Mode, verfaßten. [2] Bald folgte ihnen, neben Mademoiselle, ihre Mutter bzw. Schwiegermutter, die Duchesse de la Trémouille, von der nicht auszuschließen ist, daß sie noch weitere Portraits aufschrieb. [3] Zwölf Selbstdarstellungen sind von Damen überwiegend des Hochadels signiert: neben den vier erwähnten das der kleinen Tochter der Princesse de Tarente und die der Marquise de Maulny, der Äbtissin von Caen, der Comtesse de Brienne, Mme de Pontac, den Duchesses de Vitry und de Châtillon und der Nonne Mme de Montatère. 32 der »portraits d'autrui« stammen eindeutig, etwa drei weitere mit großer Wahrscheinlichkeit aus der Feder von Frauen: Mademoiselle (15 oder 18), die Comtesse de Brégis (5), de la Suze (2), de Brienne (1), d'Esche (1), de Lafayette (1) die Duchesse d'Uzès (1), die Marquise de Gamaches (3), Mmes de Motteville (1) und de Choisy (1), die Abbesse de Caen (1); 44 oder 47 der 59 *Divers portraits* insgesamt also haben weibliche Verfasser.

Diese Feminisierung der Gattung wiederholte sich im *Recueil des portraits et éloges* nicht mehr in gleicher Weise. Keineswegs trifft es zu, daß alle Texte, wie die Buchhändler Sercy und Barbin versicherten, »Fürstinnen, Herzoginnen und die galantesten Damen des Landes« zu Autoren haben, wenngleich auf die Frauen auch hier ein gewisser Anteil entfällt. Von den 82 neuen Stücken sind 49 eindeutig signiert. Namentlich erfaßt sind dabei für das Selbstportrait die Damen d'Esche, Desjardins, Du Fresnoy, de Kergen, de Saint-Chaumont, de Sainctot, d'Ervault und Mlle Melson [4], für das Portrait eines Dritten Mlle Desjardins (2), Mme Deshoulières (2), Mme de Montbel (2), Mme de Brégis (1), Mme Bignon (1), insgesamt also sechzehn Texte von dreizehn Frauen, von denen nur zwei Namen (Brégis, Esche) aus den *Divers portraits* bekannt sind. Das veränderte Prozentverhältnis ist bemerkenswert: 44 : 8 (F/M) im Bande der Mademoiselle (bei sieben unsignierten, von denen wiederum drei vermutlich von eben dieser stammen) neben 16 : 33 gesicherten Verfasserschaften im *Recueil,* beides berechnet auf der Grundlage der Zuschreibungen bei J. Plantié. Den Gründen verhelfen detailliertere Statistiken auf die Spur. Elf der weiblichen Portraits im Umfeld der Mademoiselle waren Selbstportraits neben zwei männlichen; im *Recueil* sind die Zahlen nicht wesentlich anders (8 : 3). Die Portraits eines Dritten beherrschte die Grande Mademoiselle (15 : 17), und die Frauen suchten, es ihr gleichzutun: in anonymer Satire (Esche → Lindamor), ironischem Spiel mit der Manier (Lafayette → Sévigné), Entdeckung des Biographischen (Gamaches → Comte de Brienne), der Widersprüche (Gamaches → Mme de Saint-Simon; Choisy → Mme d'Epernon), der panegyrischen Einkleidung (Brienne → Reine Mère), der vertrauten Individualisierung (Motteville → Reine Mère), der ständisch-erzieherischen Korrektur (Abbesse de Caen → Huet). Die faden Elogien der Comtesses de Brégis und de La Suze hinterlassen den Eindruck, daß beide die Möglichkeiten verkannten, die das literarische Portrait aus dem Bereich käuflicher und interessierter Panegyrik herauszuführen versprachen. Sie bilden hier jedoch die Ausnahme.

Die männlichen Autoren der *Divers portraits* huldigten den Frauen – und nur diese wurden von ihnen abgebildet – in ebenfalls individueller Manier. Jussac bezog sich ausdrücklich auf die Portraitkunst der Mademoiselle. Sein Bild der Marquise de Gouville ist wie kaum ein anderes reich an Verweisen auf die Malerei. Zwar bleibt die Beteuerung seines Unvermögens ebenso rhetorisch wie die *praeteritio* des »si j'étois galant, je vous dirois ...«, doch versuchte er, in dem weit längeren moralischen Portrait sich in die Gründe einzufühlen, die diese und andere Frauen zu »grausamer« Liebesverweigerung und unerbittlicher Leidenschaftslosigkeit – Gemeinplätze petrarkisierender Galanterie – bewogen haben. [5] Die charakterlichen und in eins damit die intellektuellen Vorzüge der Mme de Maure hielt Sourdis für die ersten und wichtigsten Einzelheiten, die er deren Cousine beschreiben wollte. [6] In der Duchesse de Créquy pries er – eine absolute Ausnahme innerhalb der Mode – die vorbildliche Ehefrau. [7] Nur knapp ein Fünftel nimmt die Schönheit in Huets Abbildung der Äbtissin von Caen ein. Zu groß sind noch Weltfreude und Stolz einer Rohan, zu wenig durchgehalten die bescheidene Strenge und tugendhafte Abgeklärtheit, als daß ihr das Lob ihrer Erscheinung ganz gleichgültig wäre. Ihre Güte aber ist es und die Kompetenz in Sprechen und Schreiben, die in dem eigentlichen – moralischen und geistigen – Portrait im Mittelpunkt stehen. [8] Vineuil nuancierte die galante Metaphorik in der Beschreibung des Äußeren vom Mme d'Olonne mit psychologischen Schattierungen (»relief«), die sich im übrigen mit denen in Saint-Évremonds »caractère« von derselben aus dem *Recueil* deckten. Ebensowenig verschwieg er Andeutungen auf den bekanntermaßen freizügigen Lebenswandel der Margot Cornuel. [9]

Vorrangig waren in den *Divers portraits* Männer und Frauen darum bemüht, sich selbst und ihr Objekt unverwechselbar erscheinen zu lassen. Die psychische, intellektuelle und moralische Besonderheit individualisierte beide und versprach die Lösung aus den Systemen von Rhetorik und Malerei; anders im *Recueil*. Die Zahl der weiblichen Modelle, in den *Divers portraits* bereits mindestens doppelt so groß wie die der Männer, betrug nunmehr etwa das siebenfache der männlichen. Waren im ersten Band neben drei anonymen 26 namentlich genannte Frauen beschrieben worden gegenüber zehn bzw. vier Männern – die fiktiven Selbstportraits aus der Feder der Mademoiselle jeweils eingerechnet –, so sind im *Recueil* insgesamt 50 Texte den Frauen gewidmet (fünf eindeutig von Frauen, 20 von Männern, zwölf von sich verbergenden Verfassern geschrieben, sieben, deren Objekte und Autoren gleichermaßen verschleiert sind, dazu drei unidentifizierte Frauen, deren Portraitisten sich als männlich zu erkennen geben, eine, die zusammen mit ihrem Sohn in einem Diptychon erscheint, sechs Schwestern in einem einzigen Gruppengemälde, eine weitere, von der Cotin in der Manier der

Mademoiselle ein fiktives Selbstportrait verfaßt) [10], und nur sieben galten einem Mann. Überragte in beiden Bänden der Anteil femininer Selbstdarstellungen mit Abstand die Zahl der männlichen (*D. P.*: 12/2; *Rec.*: 8/3 identifizierte), so trat im *Recueil* allgemein das Selbstportrait zahlenmäßig weit hinter das »portrait d'autrui« zurück. »Feminisiert« ist dieser Band nurmehr – und vermehrt – durch die Portraitierten, nicht aber durch die Portraitisten selbst. Damit bestätigte sich die Scudérysche Warnung an die Frauen, sich zum Gegenstand männlicher Kunstfertigkeit reduzieren zu lassen und dabei selbst zu verstummen.

1.2. Das »Labyrinth« des »Recueil«: Entstehungsgeschichte und Autoren

Die geringere Kohärenz des *Recueil* und Hand in Hand damit die literarische Rückeroberung der geselligen Gattung durch den schreibenden Mann war bedeutsam in Voraussetzungen und Folgen. Der Weg der Frauen aus der spielerischen Teilhabe (Voitures Metamorphosen oder die *Guirlande de Julie*) in die literarische Autonomie wurde dabei weitgehend rückgängig gemacht. Dies konnte nur deshalb geschehen, weil die Mode aus der Bindung an ihre eigentlichen gesellschaftlichen Träger, die ständisch privilegierten Damen des hocharistokratischen Salons, herausgelöst und von den Interessen der Buchhändler und der prestigebedachten Neugier ihrer nach Selbsterhöhung trachtenden Leser degradiert worden war. Sercy und Barbin hatten, sobald die geplante Veröffentlichung der *Divers portraits* bekannt wurde, ihrerseits mit dem Sammeln geeigneter Texte begonnen. Nur 21 übernahmen sie aus dem kurz zuvor erschienenen Band der Mademoiselle, darunter drei von dieser selbst. Gezielt suchten sie nach Portraitisten und Modellen aus deren Umkreis, auch wo, wie im Fall ihrer Halbschwestern aus der zweiten Ehe ihres Vaters mit Marguerite de Lorraine, die Abneigung bei ihr überwog. [11] Namen wie die der Damen Brégis, Esche, Fiesque oder Richelieu, von La Verrière, dem Maître d'hôtel bei Mademoiselle, Verderonne, Bouillon und Perrin, die dem Haus Orléans nahestanden, können jedoch nicht darüber hinwegtäuschen, daß hier ein Gattungsimpuls usurpiert, der erfolgverheißende Bezug zur Initiatorin der Mode, der der *Recueil* gewidmet war, mithin trügerisch suggeriert wurde.

Die spätere der beiden Auflagen von 1659 trägt den vollständigen Titel *La galerie des peintures ou Recueil des portraits en vers et en prose*. Das Frontispiz, ein Stich von Chauveau, zeigt eine perspektivische Galerie mit zweimal acht Säulen und zwei Schlußpilastern, die jeweils mit vier, also insgesamt 72 ovalen Medaillons geschmückt sind. Den Eingang krönt das Wappen der Mademoiselle, die Mitte im Hintergrund eine Büste Ludwigs XIV., den auch ein literarisches Prunkgemälde (von Martinet) verherrlicht. [12] Wohltuend hebt sich von den buchhändlerischen Übertreibungen und Unwahrheiten in der »Epître« das Vorwort ab, ein für Geschichte und Selbstverständnis der Mode wichtiges Zeugnis, das Sorels – spätere – *Description de l'isle de portraiture* aus demselben Jahr in weiten Teilen als unoriginell erweist. Der anonyme Verfasser (Saint-Évremond?) bezeichnete als literarische Vorbilder der neuen Gattung einige überaus heterogene Autoren der antiken und neueren Literatur und bereitete damit auf die Vielfalt der Formen vor, in die das »portrait mondain« mit dem neuen Werk tatsächlich auseinanderfiel.

»Labyrinthisch« [13] ist der *Recueil* auch deshalb, weil die Portraitisten und ihre Objekte nicht mehr in einem Netz ständisch-symbolischer Verbindungen und in direkter oder vermittelter Zuordnung zu der einen – krönenden und gekrönten – Gestalt sich befanden. Schöngeister, galante Abbés und Literaten unterschiedlichen Rangs hinterließen in dem Band kaum mehr als zufällige und flüchtige Spuren ihrer später und andernorts durchaus gewürdigten Fähigkeiten. Pierre Perrin und Claude Boyer, bekannt vor allem in der Geschichte von Oper und Theater, Bouillon oder Gramont, die Weltgeistlichen Cotin und Tonnerre variierten die Gattungsvorgaben nur unbedeutend. Mme d'Esche erschien in Perrins Traumvision in den mythologischen Konfigurationen von Pallas, Clio und Diana. Boyer pries sechs Schwestern als idealtypische Frauengestalten in einem Gruppenportrait, das sich wie ein vorgreifender Gegenentwurf auf Boileaus 10. Satire ausnimmt. In Bouillons Bild der jungen Bourbonin, der Stiefschwester der Grande Mademoiselle (Mlle d'Orléans), durfte Amor dem Gesicht die Farben von Rosen und Lilien, dem Busen die des Alabasters verleihen. Cotin griff, wie erwähnt, das Verfahren des fiktiven Selbstportraits auf, und Gramont versuchte bei Mme Deshoulières, die Versatzstücke der Galanterie durch die biographische und psychologisch-intellektuelle Einmaligkeit zu nuancieren. [14] Sie alle jedenfalls neigten dazu, das Portrait in den Dienst des rhetorischen Frauenlobs zu stellen, ein Fortschritt zwar gegenüber einer noch nicht ganz verstummten Misogynie, ein Rückschritt aber insofern, als in dem früheren Band die Frauen sich vom Objekt männlicher – und damit auch begehrlicher – Panegyrik zum selbstbestimmten, bewußten und frei befindenden literarischen Subjekt entwickelt hatten.

Den modernen Literarhistoriker dürfte es beeindrucken, daß Saint-Évremond, La Rochefoucauld (und Bussy-Rabutin?) den *Recueil* ihrer Mitwirkung für würdig befanden. Die Mehrzahl der Frauen verdanke männlicher Schmeichelei mehr als eigenem Verdienst, befand 1667 Saint-Évremond in der skizzierten »Idée de la femme qui ne se trouve point et qui ne se trouvera jamais«. [15] Gleichwohl hatte er 1659 in dem »caractère« der Mme d'Olonne die bemängelten »jahrhundertealten Lobpreisungen« kaum variiert aufgegriffen. Mit der rhetorischen Ergebenheitsgeste des unerfüllt Liebenden gegenüber Indifferenz und Verweigerung gab er vor, dieser einen all jene Vollkommenheiten zuzugestehen, die er in Wahrheit den Frauen absprechen wollte. [16] Mit der Ambivalenz der Galanterie offenbarte sich hierin die Unaufrichtigkeit des galanten Frauenlobs: Weit davon entfernt, die Betroffenen überhaupt zu meinen, maß es sie an einem idealtypischen, interessierten und reduktiv verpflichtenden Bild des Weiblichen.

J. Plantié nennt La Rochefoucaulds berühmtes Selbstportrait das eines »faux-sincère«, der sein Alter verleugne, die Narbe des Frondeurs verschweige und vorgebe, nie von Liebe und Ehrgeiz getrieben worden zu sein. [17] Vergleicht man es mit analogen Texten der *Divers portraits,* so verlieren auch die übrigen Aussagen viel von ihrer vermuteten Originalität. Als melancholisch, schweigsam und zurückhaltend, unabhängig im literarischen Urteil, von Konversation und Lektüren gefesselt, frei von Ehrgeiz, Haß, Todesfurcht, Mitleid und Neugier, verläßlich und treu gegenüber den Freunden, dabei ohne Herzlichkeit, von vollendeter Liebenswürdigkeit zu den Frauen – so stellt er sich im *Recueil* vor. [18] Vieles davon, wenn nicht das meiste, war auch bei den Portraitisten um Mlle de Montpensier zu lesen, die ihrerseits, wie noch zu zeigen ist, die Aufrichtigkeitsbeteuerungen konsequenter eingelöst hatten. Im Portrait der Climène überbringt derselbe La Rochefoucauld [19] die Huldigung eines ungenannten Anbeters, der nicht zu hoffen wagt, die Abschirmungen der Gleichgültigkeit, der Melancholie und des Rückzugs von der Welt durchbrechen zu können – auch dies eine Variation vorgegebener Versatzstücke, hinter denen Unverwechselbares nur spärlich hervortritt.

Schon bei diesen vereinzelten »beaux esprits« spiegelte das Portrait der Frau die gattungsgemäße männliche Projektion genußvoll erfahrener erotischer Unerfülltheit wider, die hier und da begleitet wurde von einem komplementären Entwurf idealer Weiblichkeit. Der Antagonismus der Geschlechterinteressen deutet sich da an, wo noch einmal eine Gruppe in Umrissen sichtbar wird. »Beherrscht« wird der Band, legt man den zahlenmäßigen Anteil einander zugeordneter Personen zugrunde, von Lignières und seinen Damen. Sieben Portraits in Alexandrinern (→ Mmes de Montbel, Deshoulières (2), Mlle Petit), in »vers libres« (→ Amarante / Mme Deshoulières), in von Versen durchsetzter Prosa (→ Mlle de Villenne) oder Prosa (→ Lisette) widmete er Frauen, die er jeweils zu lieben behauptet. Die Galanterie, zu der er sich mit Genugtuung bekennt, erscheint als zum System erhobene Unbeständigkeit. [20] Der im Vorwort des Bandes erwähnte Voiture, der, wie der Callicrate des *Cyrus,* sich der erotischen Abwechslung rühmte, hatte schon vor Lignières bei einer – zumindest indirekt – Betroffenen das Bewußtsein dafür geweckt, wie fließend die Grenzen zwischen Galanterie und Libertinismus sind. Vieles indes war bei Lignières und seinen Damen Spiel mit dem Wort, Rhetorik eines neuen Hylas, auf die die Frauen ähnlich reagierten. Belustigt führte ihm Mme de Montbel den häufigen Wechsel seiner Liebesobjekte, die stets neuen Verführungen und gebrochenen Eheversprechen oder die selbstgefällige Indiskretion vor Augen, die ihn dazu bewegte, sich der Eroberten zu rühmen. Auch Mme Deshoulières' Portrait von Lignières ist eine Satire auf den liebenswürdigen Hochstapler, die sich selbst und ihren Gegenstand nicht ernst nimmt. [21] Der unverbindlichen Metaphorik der »lys et roses« und der Beteuerung der Unbeständigkeit entspricht die nicht minder rhetorische Berufung auf die weibliche Liebesfeindlichkeit, mit denen Lignières' Frauenportraits enden. [22]

Nur in dieser Gruppe wiederholten sich die Momente zirkelhaft-spielerischer Unterhaltung aus dem Kreise der Mademoiselle. Lignières portraitierte die Damen, die ihrerseits auf sein Selbstportrait replizierten und dabei aufeinander Bezug nahmen, bis schließlich Lignières der Mme de Montbel im Gegenzug mit einem Bild von ihr auf das seine aus ihrer Feder antwortete. Das Portrait wurde Medium und zugleich Gegenstand eines Dialogs. [23]

1.3. Vom »salon« zum »cabinet«: Die Rückkehr zur Rhetorik

Libertine Schöngeister, die das galante Portrait zu variieren versuchten, bestimmten den Ton des *Recueil.* Nannte J. Plantié die *Divers portraits* eine Art Familienalbum der Grande Mademoiselle, so gaben dem neuen Band trotz der buchhändlerisch motivierten Geschichte seiner Entstehung eben diese »beaux esprits« eine gewisse Einheitlichkeit. [24] Mit der Lösung aus dem geschlossenen geselligen Rahmen wurden die literarischen Einflüsse, wie im Vorwort ersichtlich, verstärkter wirksam, traten aber auch die Frauen als Schreibende in den Hintergrund. Mlle Desjardins verfaßte, trotz ihrer Kritik an der Portraitkonvention, die indes bereits konventionell war, zwei merklich unoriginelle Texte. [25] Mme Bignon übertrug, wie vor ihr Mme de Lafayette, angesichts einer Mme de Visse die galante Topik »ins Weibliche«. [26] Allein diejenigen, die in Bildung und Belesenheit sich deutlich von den anderen Frauen des Bandes unterschieden, verlagerten in ihren Portraits den Schwerpunkt auf den moralischen und intellektuellen Bereich. Mme Deshoulières, deren Gelehrsamkeit von Gramont und Lignières gepriesen wurde [27], lobte an Mlle de Villenne Urteil und Gedächtnis, Leichtigkeit in Sprechen und Schreiben und die – auch das Lateinische einschließenden – Sprachkenntnisse. [28] Die Maréchale de Guesbriant, die der König in diplomatischer Mission nach Polen geschickt hatte, beeindruckte Mme de Montbel als Heroine oder Amazone der Gegenwart, die aus den Grenzen ihres Geschlechts heraustrat; dieselbe Autorin nutzte das Portrait ihres Cousins Marolles, um mit der detaillierten Aufzählung der vielen von ihm übersetzten lateinischen Autoren die Darstellung des eigenen gelehrten Wissens zu verbinden. [29] Beide Frauen schrieben in Alexandrinern, nachdem bislang nur Mme de La Suze Versportraits verfaßt hatte. Im *Recueil* trat die Prosa allgemein zurück. Das Portrait eroberte die poetischen Kleinformen des Dizain oder Sonetts. Prosimetron und Alexandriner, in den *Divers portraits* je einmal gewählt, herrschten nun vor – und mit ihnen die Buchtradition und der Schreibtisch (»cabinet«).

Das Vorwort stellte das literarische Portrait neben die Satire (Horaz), die Selbstdeutung Montaignes, die moralische und psychologische Vertiefung in den Scudéry-Romanen, das belustigte Bekenntnis Voitures zu seinen körperlichen Unzulänglichkeiten und der Unbeständigkeit seiner Gefühle, aber auch neben Scarron, der auf so angenehme Weise über seine allseitigen Mängel gespottet habe. [30] Die literarischen Formen und Stilrichtungen und nicht die hierarchische Vielfalt malerischer Manier waren es, die die Texte des Bandes gliederten. Hier herrschte die Rhetorik von Lob und Tadel, die galant-preziöse Metaphorik, Satire oder Burleske. [31] Wo einmal »Licht und Schatten« das Selbstbildnis und Portrait vor der eintönigen Typisierung bewahrt und die Aufrichtigkeit introspektiver Selbstzensur oder liebevoller Kritik ermöglicht hatten, konnte nunmehr die Unverbindlichkeit der sprachlichen Systeme den moralischen Zusammenhang auflösen.

Grundsätzlich jedoch erlaubte die Gattung die originelle bildnerische Manier auch bei der Strenge schematischer Strukturierung. So ließ der »Rahmen«, den das Portrait als autonome Form bekam, zahlreiche Varianten zu: exordiale Berufung auf Mode und Malerei, auf Gehorsam und Freundschaft gegenüber dem Auftraggeber, Beteuerung der Inkompetenz, flüchtiger Unschärfe, angestrebter Aufrichtigkeit; die am Ende wiederholte Anrede an den Adressaten mit der Aufforderung an ihn – oder andere Leser –, das Bild zu retuschieren, mit dem Original zu vergleichen. Die Einteilung in drei (corps – esprit – âme) oder zwei (dehors – intérieur) Stufen ließ, neben Umkehr der Reihenfolge, Schwerpunktverschiebungen oder Auslassungen zu. Besonders die weiblichen Portraitisten verlagerten ihr Interesse auf den moralischen und – in geringerem Maße – intellektuellen Bereich. Folgte die Beschreibung des Äußeren gemeinhin, nach einem Gesamteindruck der Gestalt – in voller Größe oder als Büste –, einem langsam sich senkenden Blick, und war der auf Geist und Tugend gerichtete aufwärtsgewendet, um mit dem Glauben zu enden, so ließ doch auch diese Perspektive Varianten zu. Summierend und resümierend holte der Portraitist das Vergessene nach, löste er sich von den gängigen und überleitenden Formeln (»quant à son esprit«, »quant à son âme«). Biographische Details individualisierten nicht weniger als die unverwechselbaren Urteile und Neigungen der abgebildeten Personen, die nach Stand, Geschlecht und Vermögen, Alter und Gesundheitszustand, politischem und persönlichem Geschick, Weltneigung oder besinnlicher Einkehr, Temperament und Bildung, Lebenserwartung und Lebenserfahrung sich so wesentlich unterschieden. Die Gegenwart war die Zeit des Menschen in seiner Blüte, die der Gealterte nur im Rückblick auf eine Vergangenheit jugendlicher Schönheit und Gesundheit einholen konnte. Zu dem Gegensatzpaar von »Früher« und »Heute« trat das von Fehlern und Vorzügen (mit der ausgleichenden Formel des »ni ... ni«), das den Portraitisten gleichermaßen Verfahren unanfechtbarer Vereinzelung eröffnete. Verstummten sie auch, wo Unzulänglichkeit und Ungenügen ihr Objekt von dem Ideal moralischer und ästhetischer Vollkommenheit entfernten, so lag im Blick auf das eindrucksvolle und gewinnende Detail nicht allein käufliche Schmeichelei, sondern auch Zuwendung und Versöhnlichkeit. Die Autoren selbst waren sich der Fesseln der Rhetorik nur allzu bewußt. Die Metapher der »lys et roses« wurde ständig variiert und gesteigert (ambre, jasmin, neige, lait, perles, ivoire), kritisiert und negiert. Das »je ne sais quoi« schenkte den Objekten, die im Bewußtsein unablässiger facettenhafter Spiegelung ihres Selbst der eigenen Identität nur in gebrochener Vermittlung gewiß werden konnten, eine kaum greifbare und doch tröstliche Bestätigung. [32] Physiognomie und äußeres Erscheinungsbild standen in Einklang mit Gefühlswelt und Bewußtsein der Person. [33] Nicht zuletzt waren es die Entscheidungen zwischen Selbstportrait und »portrait d'autrui«, Vers, Prosa oder Prosimetron, Miniatur oder »großer Leinwand«, die Wahl von Stil und Tonlage, die einfache oder doppelte Anonymität, die im »portrait mondain« über Mode und Konvention hinweg Licht auf die Manier des Gestalters und seiner Gestalten fallen ließen.

Wie in der Folge näher ausgeführt wird, waren es vor allem Frauen, die an das Portrait den Anspruch der Aufrichtigkeit stellten und die mithin die Geschichte der Panegyrik herausfordernd verändern wollten. »J'aime à mentir hors le portrait«, hatte es in einer parodistischen Verkehrung der Gattung des Preisgedichts geheißen, womit das allein gegenbildliche Bekenntnis zur »sincérité« gewiß nicht weniger topisch erscheint als die Huldigungen an die beteuerten jeweiligen Vollkommenheiten.

Die Kritik an der persönlichen, der höfischen und gesellschaftlichen Verstellung durchzieht die feminine Moralistik des 17. Jahrhunderts – von Mlle de Gournay bis zu Mlle de Scudéry, von den »grimaces mondaines« der einen bis zum idealtypischen »portrait moral« oder der kasuistischen Erörterung bei der anderen (»De la dissimulation et de la sincérité«, zuerst in *Mathilde,* 1667) – wie ein roter Faden. Erst die hochmütige Grande Mademoiselle, die in ihrem Kreis auf das literarische Bildnis und den Abgebildeten das Licht des überlegenen und vereinzelnden Blicks fallen ließ, durchbrach vollends den Zirkel konventioneller und statischer Bestätigung. Mit ihr begann in einzigartiger Weise aus der Festung der Typologie und Topik die unverwechselbare Individualität sich zu befreien, die mit tastenden oder auch trotzigen Schritten die Entdeckung des menschlichen Gegenübers wie auch die des Ich in Angriff nahm.

2. *Das weibliche Ich: Das Selbstportrait der Aristokratin und die männliche Frauenapologie*

2.1. *Zur Gattungsbestimmung des Selbstportraits*

Wie wesentlich sich die beiden Portraitbände von 1659 unterschieden, sei hier noch einmal in Erinnerung gerufen. Mademoiselle entwickelte immer neue spielerische Techniken, und sie gab dem »portrait d'autrui« jene Orientierung, wie sie die wenig geschätzte Rivalin, Mlle de Scudéry, den Frauen nahegelegt hatte. Mit dem anderen Band wiederum geriet die Gattung in den Einfluß konventioneller Formen und galant-libertinistischer Gemeinplätze der »beaux esprits«. Allein das Selbstportrait blieb ein genuin »weibliches« Genre. Siebzehn der insgesamt zwanzig gesicherten Texte beider Sammelbände verfaßten Frauen, die mit keinem weiteren Portrait in Erscheinung traten. Für die einmalige Erfahrung des Schreibens legte sich diese Form offenbar als erste nahe. Die Erwartung einer deutenden Selbstdarstellung, die zugleich vereinzelte und generalisierte, war somit nicht unberechtigt.

Die Exordialformeln freilich bezeugten die Wirksamkeit einer mit der Gattung sich konstituierenden Rhetorik. Wo die Beschreibung der eigenen Vorzüge mit der Bescheidenheit unvereinbar war, die Offenbarung der Schwächen kaum mit der Nachsicht derer rechnen konnte, vor denen es diese gerade zu verbergen galt, beteuerte man die Schwierigkeiten, das Zögern, den Druck der Mode oder einer Bitte, sofern nicht ein anderer sich stellvertretend anbot. [34] Die kompositorischen Fragmente fügten sich in strenger zwei- oder dreigliedriger Schematik zum Bild zusammen. Keineswegs aber sind deshalb, wie es M. Gerlach-Nielsen kurzerhand erklärt, vorab jegliche Versuche, Weltsicht und Selbstverständnis der Portraitisten aus den Portraits zu entwickeln, zum Scheitern verurteilt. Die Schwierigkeit liegt vielmehr darin, zwischen dem – von ihr erarbeiteten – anthropologischen Modell gruppennormierter Werte und den individuellen Abweichungen von jenen »physischen, intellektuellen und moralischen Konventionen« zu unterscheiden. Gerade das feminine Selbstportrait nämlich hält diesem apodiktischen, allein formalstatistisch gewonnenen Urteil nicht stand. [35]

Die Zeitgenossen rückten diese Spielart der Gattung in die Nähe solcher Formen, die der schematischen Starre fernlagen. Die Frauen mochten sich dabei, anders als der Autor des Vorworts zum *Recueil,* weniger an Montaigne als an dessen Wahltochter Marie de Gournay erinnern, deren Selbstportrait – in Alexandrinern – zwischen 1626 und 1641 dreimal in der Gesamtausgabe ihrer Schriften erschienen war. Was J. Plantié eine Zerstückelung der Form zu sein scheint [36], bedeutete in Wahrheit die Konzentration weiblicher Selbstdarstellung auf den moralischen Bereich. »Peincture de moeurs« heißt demnach dieses Portrait, das innerhalb des Schemas von »deffaux« und »bonnes qualités« Temperament und Charakter, Neigungen und Abneigungen der vehementen Moralistin scharf konturierte. Geschickt versuchte sie, die Schwächen zur moralischen Stärke umzumünzen, und wenn sie, wie in ihrer »Apologie pour celle qui escrit«, die Folgen ihrer Armut betonte, dann nicht zuletzt, um ihrem unabhängigen und unbestechlichen Urteil gegenüber der interessegeleiteten »grimace de Cour« und »singerie« einen Freiraum zu sichern. [37]

Andererseits näherte sich das Selbstportrait dem Bekenntnis und der moralischen Betrachtung, jenen traditionellen und lebendigen Weisen reflektierter Besinnung, die in vermindertem Maße nur sich der Gruppe öffnete. Die Äbtissin von Caen war sich der Berührungspunkte bewußt:

> J'avoue pourtant que j'omets volontairement beaucoup de défauts; mais Votre Altesse Royale se contentera, s'il lui plaît, de ceux que j'ai marqués, parce que la plupart des autres qui me restent à dire, sont à l'égard de Dieu, et par conséquent *plus propres à être mis dans ma confession générale que dans mon portrait* ... [38]

Denselben Text wiederum sieht J. Rousset in der Nähe der Maximen von La Rochefoucauld. [39]

2.2. Tugendkanon und Selbstverständnis in der geschlechtsspezifischen Differenz

Das von M. Gerlach-Nielsen veröffentlichte Schema der dreigliedrigen Personenbeschreibung [40] zeigt, ohne darum vollständig zu sein, wie der auf das

Moralische entfallende Teil die mit Abstand nuanciertesten Aussagen erlaubte. Gerade diesen aber gilt es, nach den Selbstaussagen der Geschlechter zu differenzieren.

Dem Vergleich der Selbstportraits liegt die Nummerierung in Barthélemys *Galerie* zugrunde, wobei diejenigen der *Divers portraits* besonders gekennzeichnet sind ($^+$). Den Ziffern entsprechen folgende Namen: 12: Mme la Duchesse de La Trémouille *(DP);* 14: Mme la Princesse de Tarente *(DP);* 15: Mlle de La Trémouille *(DP);* 19: Mme la Marquise d'Ervault *(Rec.);* 21: Mme la Marquise de Maulny *(DP);* 22: Mme l'abbesse de Caen *(DP);* 24: Mme la Marquise de Saint-Chaumont *(Rec.);* 28: Mme la Comtesse d'Esche *(Rec.);* 30: Mme la Comtesse de Brienne *(DP);* 33: Mme la Marquise de Kergen *(Rec.);* 35: Mme la Marquise du Fresnoy *(Rec.);* 46: Mme de Sainctot *(Rec.);* 57: Mlle de Melson *(Rec.);* 62: Mlle Desjardins *(Rec.);* 116: Mademoiselle *(DP);* 120: la fille de Mme la Princesse de Tarente, agée de cinq ans et demi *(DP);* 126: Mme de Pontac *(DP);* 129: Mme la Duchesse de Vitry *(DP);* 135: Mme la Duchesse de Châtillon *(DP);* 145: Mme de Montatère, religieuse *(DP).* – Vgl. daneben die anonymen Selbstportraits: 60: d'une Demoiselle de grande qualité *(Rec.);* 72: d'une dame de condition de la ville de Caen *(Rec.);* 96: Mme la Comtesse de $^{+++}$ *(Rec.).*

Der Tugendkanon der Frauen erneuerte das aristokratische Selbstverständnis und die ständisch begründeten Wertvorstellungen: »honnêteté« (30$^+$, 35), »gloire« (12$^+$, 15$^+$, 22$^+$, 145$^+$, 129$^+$), »équité« (12$^+$, 14$^+$), »générosité« (14$^+$, 72), »intrépidité« (14$^+$, 116$^+$, 145$^+$), »amour des gens de guerre« (116$^+$, 129$^+$), »fermeté« (14$^+$, 15$^+$, 22$^+$, 116$^+$), »obligeance« (14$^+$, 22$^+$, 116$^+$, 129$^+$), »libéralité« (46, 72, 126$^+$, 129$^+$, 145$^+$), »désintéressement« (14$^+$, 22$^+$, 46, 57, 72, 116$^+$, 126$^+$, 145$^+$), »sincérité« (14$^+$, 15$^+$, 21$^+$, 22$^+$, 24, 46, 135$^+$), «franchise« (12$^+$, 15$^+$, 46, 57), »civilité« (14$^+$, 57, 116$^+$, 129$^+$), »gratitude« (28, 129$^+$), »fidélité« (12$^+$, 15$^+$, 116$^+$).

Dem entsprach die Abgrenzung vom Katalog der Unwerte: »bassesses« (14$^+$, 22$^+$, 72, 116$^+$), »trahisons« (14$^+$, 22$^+$), »envie« (12$^+$, 72), »ingratitude« (12$^+$, 14$^+$, 15$^+$), »mensonge« (12$^+$, 14$^+$, 15$^+$, 46), »hypocrisie« (14$^+$, 15$^+$), »grimaces et afféteries« (15$^+$), »flatterie« (12$^+$, 19, 129$^+$), »artifice« (15$^+$), »finesses« (57, 129$^+$), »dissimulation« (15$^+$, 22$^+$, 57, 129$^+$), »disputes« (21$^+$, 72, 129$^+$), »cruauté« (126$^+$), »médisance« (12$^+$, 14$^+$, 15$^+$, 21$^+$, 30$^+$, 35, 57, 72, 116$^+$, 129$^+$).

Man will scheinen, was man ist, und glaubt die Todesfurcht oder Leidenschaften kontrolliert von Vernunft und »honnêteté«. Diese bestimmen auch das Verhältnis zur Frömmigkeit, der die einen aus calvinistischer Demut, die anderen aus katholischer Werkgläubigkeit, die ständischem Hochmut gemäßer schien, noch fern stehen (»j'ai peu de dévotion«).

Ein Blick auf die männlichen Selbstportraits zeigt, daß die positive Selbstdarstellung kaum von der der Frauen abwich. Die Aussagen etwa des Prince de Tarente, die seinen Sinn für Gerechtigkeit, Freundestreue, Offenheit oder Mildtätigkeit bekunden [41], faßten eine geschlechtsübergreifende moralische Orientierung zusammen. Lüge, Schmeichelei und Grausamkeit waren auch ihm verhaßt. Um so aufschlußreicher sind die Abweichungen, auch da, wo sie nur statistisch greifbar sind. Undank und Verrat nämlich, Neid, Verstellung oder Vortäuschung waren dem Manne offenbar weniger bedrohlich als der Frau, die Aufrichtigkeit ihm keiner Erwähnung wert.

Deutlicher grenzten sich beide Geschlechter da voneinander ab, wo es um das Selbstwertgefühl ging. Die Ruhmsucht (»fausse gloire«) sei ihm fremd, beteuerte der Prince de Tarente, den Ehrgeiz beherrsche er. Auch La Rochefoucauld glaubte sich vor ihm sicher. [42] »Glorieuse« nannte sich aber die Mehrzahl der Frauen aus den *Divers portraits* (12^{+}, 15^{+}, 22^{+}, 129^{+}, 145^{+}), bekannte sich zu Ehrgeiz (12^{+}, 60, 96, 116^{+}, 135^{+}), »amour-propre« (21^{+}, 116^{+}), Stolz (30^{+}, 72, 96, 126^{+}, 129^{+}, 145^{+}) und einer gewissen Menschenverachtung (15^{+}, 22^{+}, 116^{+}), betonte die Unzugänglichkeit (»abord froid«; 15^{+}, 35, 129^{+}), den starken Willen (22^{+}), das Beharren auf der eigenen Meinung (22^{+}), die Intoleranz gegenüber dem Widerspruch (14^{+}). Bei den Männern hielten sich Unversöhnlichkeit, Vergebung und Mitleid in etwa die Waage; Heftigkeit (56, 66) und fehlendes Vertrauen (13^{+}) schienen ihnen verwerflich. Nur wenige der Frauen indes überwanden die Kränkung (»vindicative«; 14^{+}, 15^{+}, 22^{+}, 28, 145^{+}), die ursprüngliche oder gewachsene Abneigung (14^{+}, 19, 22^{+}, 28), das Mißtrauen der sie umgebenden Welt (»méfiance«; 22^{+}, 46, 129^{+}) und sich selbst gegenüber (14^{+}, 15^{+}). Um so mehr wollten sie sich (12^{+}, 15^{+}, 24) und die Menschen erkennen (12^{+}, 21^{+}, 22^{+}, 24, 46, 60, 116^{+}), suchten sie, ihnen die eigene gute Meinung von sich aufzuzwingen, auch um den Preis zu mißfallen (116^{+}). Als wählerisch, verächtlich, gleichgültig oder anspruchsvoll zu erscheinen (15^{+}, 21^{+}, 22^{+}, 129^{+}), schreckte sie ebensowenig wie der Gedanke, ungeduldig (»impatience«; 12^{+}, 15^{+}, 19, 126^{+}), brüsk (»prompte«; 12^{+}, 14^{+}, 19, 21^{+}, 22^{+}, 28) oder leicht erzürnbar zu sein (»colère«; 12^{+}, 22^{+}, 28, 116^{+}, 126^{+}). »Raillerie« und »moquerie« wurden zwar kritisiert (14^{+}, 15^{+}, 116^{+}), doch auch als Versuchung eingestanden (12^{+}, 28, 30^{+}, 96, 135^{+}) oder gar als Bestätigung des eigenen Werts begrüßt; neidvoll verspottet zu werden, schien mitleidiger Nachsicht vorzuziehen (116^{+}).

Ebenso uneindeutig ist – neben den unbestrittenen Wertbegriffen »douceur« (22^{+}, 24^{+}, 60, 129^{+}) und »civilité« – die »complaisance«. Es überwiegen die Skepsis (57, 96) oder Abneigung (12^{+}, 15^{+}) das positive Urteil (24, 129^{+}). Quälender als der Tod sei es, Verachtung zu ertragen (14^{+}, 96), das Lob wiederum beglücke (22^{+}, 116^{+}, 145^{+}).

Die hier erfaßten Aussagen haben in den männlichen Selbstportraits keine Entsprechung. Deutlich zeichnen sich zwei Schwerpunkte in Weltsicht und Selbstverständnis der Frauen des Hochadels ab. Zum einen enthüllten sie – eine Konstante weiblicher Moralistik seit Marie de Gournay [43] – Identitätsverlust und Selbstentfremdung bei denen, die in der gesellschaftlichen Öffentlichkeit dem vielfach gebrochenen facettenhaften Blick der anderen nur mit dem Reflex der Verstellung und Täuschung begegnen könnten. Zum anderen aber verstanden diese Frauen sich selbst nicht so sehr als Bewahrerinnen einer Sittlichkeit, die sie vor dem Selbstverlust geschützt hätte. Auch sie nämlich wußten sich eingebunden in ein System stets gegenwärtiger Erwartungen, an denen es sich zu messen galt. Ihre Selbstdarstellung wird erst dann ganz einsichtig, wenn man sie als Antwort auf die lange währende »Querelle des femmes« begreift.

2.3. *Die Aufwertung der Frau in der männlichen Traktatliteratur der ersten Jahrhunderthälfte*

Nichts ist so schillernd wie das Frauenbild in den ersten Jahrzehnten des 17. Jahrhunderts. Im 16. Jahrhundert war, wie I. Maclean zeigte, die »Querelle des femmes« säkularisiert und damit zwar die asketische Tradition der Patristik, nicht aber die Theorie einer grundsätzlichen weiblichen Inferiorität aufgegeben worden. In der Moralphilosophie der Renaissance und des frühen 17. Jahrhunderts überdauerte die Norm der allein dem Hauswesen bestimmten Frau, deren Tugend sich in Gehorsam und Keuschheit, im Verzicht auf öffentliches Wirken, Schmuck, geselliges »divertissement« oder Romanlektüren zu erfüllen habe. Allein durch die Bescheidenheit sei ihr Schamgefühl geschützt, sie selbst vor der Gefährdung durch Ehrgeiz, Sinnlichkeit und Habgier bewahrt. [44] Mehr als zwanzig Traktate für und wider die Frauen erschienen zwischen 1595 und 1655. [45] Die neue Frauenapologie berührte, wo die einstigen Leitbilder theoretisch entwertet wurden, jene Disziplinen, die in der Vergangenheit ihr Entstehen zu verantworten hatten. Daß es weniger um systematische Analysen als um die rhetorische Abwehr von Gemeinplätzen, Exempeln und Zitaten berufener Autoritäten ging, darf nicht von der Wirksamkeit dieser Schriften im Bewußtsein der Betroffenen ablenken. Immerhin wurden der Grande Mademoiselle, neben der Königin und Regentin Anne d'Autriche, eine Reihe entsprechender Texte gewidmet.

Die nachtridentinischen Theologen zeigten sich entschiedener bemüht, auch die Frau an der Gottebenbildlichkeit teilhaben und mit der Gottesmutter oder dem frommen Wirken der Ordensschwestern die Eva des Sündenfalles vergessen zu machen oder umzudeuten. Medizin und Humoralpathologie stellten die auf Aristoteles zurückgehende Definition der Frau als »imperfectior mare« oder die traditionellen Folgerungen aus dem ihr seit Galen zugeschriebenen Temperament verstärkt in Frage. Zwar hatte schon Scaliger für beide Geschlechter die gleiche Körpertemperatur behauptet und dieser jeglichen Einfluß auf den Charakter abgesprochen. Seine Zeitgenossen indes sahen in den kälteren und feuchteren Humores die Ursache zahlreicher weiblicher Mängel: der Unbeständigkeit oder Furcht, der Beherrschung durch die Leidenschaften und der Unfähigkeit zu heroischen oder öffentlichen Taten; zugleich gründe in ihnen eine größere Einbildungskraft und daneben die Gedächtnisstärke. [46] Dieses Vermögen zur höheren Tugend umzudeuten, die angeborene Empfindungsfähigkeit, bleibende Irrationalität und Gabe intuitiven Begreifens dem als männlich geltenden Prinzip der Vernunft für überlegen zu erklären, ist eines der von C. C. Lougee ermittelten Verfahren der Frauenapologie im 17. Jahrhundert. [47]

Weibliche Schwäche war fortan gleichbedeutend mit zarter und edler Feinheit, galt als Quell von Sitte und Gesittung, an dem eine von rohen Kriegern gefährdete Welt Heil und Befriedung suchen sollte. So konnte Deutschland als das männlich beherrschte und verwüstete Land trostloser Öde erscheinen, Italien als der Inbegriff eines den Damen geschuldeten geselligen Friedens und Frankreich als die Nation, der sich das goldene Zeitalter eröffnen würde, wenn auch hier Paläste, Theater und Spiel, Tänze und Promenaden das militärische Geschäft ablösen würden.

Zuletzt erinnert C. C. Lougee an neuplatonisches Gedankengut, auf das sich Theoretiker und Apologeten berufen konnten: Die weibliche Schönheit, einst Sinnbild teuflischer Versuchung, wurde zum Widerschein eines als göttlich und kosmologisch verstandenen Prinzips des absoluten Schönen erklärt. Nach dem Ende christlicher und klösterlicher Askese wurde dem weltlichen Miteinander ein möglicher Wert zugestanden, den die Gruppe in der Wirksamkeit spiritueller Verfeinerung sich zu erschließen hatte. Allein die Frau vermochte dieser »erlösenden« Geselligkeit den Weg zu weisen. Wesentlicher Bestandteil dieser idealistischen Metaphysik war eine Liebeskonzeption, die den Kult der Frau zum göttlichen Gebot erhob. Als gestaltgewordene Schönheit war allein sie tugendhaft. So war die Liebe zu ihr der einzige Weg zu einer Vollendung, die das Diesseitige transzendierte. Symbolisch ausgedrückt im platonischen Mythos der Androgyne, mußte diese Liebe unvereinbar sein mit einer ehelichen Ordnung, die nicht mehr als die strikte Befolgung der Konvenienzen und Pflichten verlangte. Die Liebenden waren einander bestimmt, hatten jedoch nicht verheiratet zu sein, da man sie in der Reinheit dem Göttlichen am nächsten glaubte. [48] Daß hierin der preziöse »code tendre« seinen Ursprung hat, ist offensichtlich; warum auch der Gegenentwurf des »amour galant« sich hieraus legitimieren konnte, wird aus dem Folgenden deutlich.

Säkularisierend wirkte der Neuplatonismus insoweit, als er die Verfeinerung von Geschmack und Umgang, Freundschaft und Liebe zu weltlichen, in der Gesellschaft der Frauen zu suchenden Zielen erklärte. Verhieß ihre Divinisierung Reinigung und Erlösung, so versprach ihre Verehrung jedoch auch ein im Jetzt sich mitteilendes Vergnügen. Schmuck und Luxus galten als legitime Attribute ihrer Schönheit, die galante Huldigung, die offen ein von den geltenden Normen inhibiertes Gefühl benannte und damit zuletzt auch den sinnlichen Genuß begehrte, als die geschuldete Geste.

Die von C. C. Lougee referierte Apologie von Reichtum und prunkvollem Aufwand bei André du Chesne (1605) macht offenbar, daß sich im Neuplatonismus voraufklärerische Impulse verbargen, die die ideologische Brücke von der preziösen zur »modernen« Frauenaufwertung schlagen und auf Voltaires Würdigung des Luxus vordeuten. Im Schmuck des erworbenen Besitzes konnte die Frau zur Mittlerin einer Heilserwartung werden, deren integrative Kraft das soziale Gefüge zu verändern versprach. Die von ihr erhoffte gesellige Nobilitierung setzte implizit den Erbadel, der seine Privilegien aus vergangenen Diensten herleitete, außer Kraft. Zwar wurde dieser von den frauenapologetischen Angriffen auf Tradition und Übereinkommen nur mittelbar berührt, doch mußte die Inthronisierung des Weiblichen als des Gestaltungsprinzips einer befriedeten Gesellschaft mit neuer Mobilität und anders definierten, zweckrationalen Normen und Orientierungen auf ihn wie eine eindeutige Herausforderung wirken. Die Frau galt nunmehr als Symbol möglicher sozialer Erneuerung. Ihre Befreiung aus

Unfähigkeit, Ignoranz und moralischer Abwertung ließ einen grundsätzlichen Wandel im System gesellschaftlicher Werte und eine neue Bestimmung und Organisation der Elite erwarten. Nicht zufällig rühmten darum Du Bosc und Lesclache die Vorzüge verdienten und erworbenen Adels gegenüber ererbtem, priesen Lesclache und F. Du Soucy den von Handel und Finanzwelt geschaffenen Wohlstand und in eins damit die Mésalliance als unverzichtbares Mittel materieller Gesundung der alten Familien. Neben dem Vermögen der Frau wurde ihr Geschick in der höfischen Intrige, die gemeinhin erfolgreicher die königliche Gunst auf ihr Haus zu lenken vermöge als der heroische Fürstendienst ihres Mannes, als kostbare Mitgift betrachtet.

Die theoretische Aufwertung der Frau kam in den christlichen Traktaten auch der »mulier domestica« zugute. Während der Abbé de Pure oder Poullain de la Barre das alte Leitbild verwarfen, suchten J. Du Bosc und vor allem L. Couvay die Mutter und Gattin in die Glorie zu verehrender Jenseitigkeit zu rücken, da sich in der Geburt der Schöpfungsakt erneuere. [49] Der Franziskaner Du Bosc hatte, zusammen mit dem Jesuiten P. Le Moyne, auch in anderer Weise einer mythisierenden Verklärung der Frau das Wort geredet. Für Du Bosc zwar blieben Müßiggang, Unentschlossenheit und Unbeständigkeit oder die Verführbarkeit durch Luxus und Vergnügen die allgemeingültigen weiblichen Eigenschaften, über die unter den Moralisten in der Nachfolge von Erasmus oder Vives kein Zweifel bestand. Doch führte das Beispiel der Regentin und der Gottesmutter, deren Ruhm der nachtridentinische Marianismus im katholischen Europa verbreitete, die Existenz der vor Gott und den Menschen ausgezeichneten und auserwählten großen Frau vor Augen, die diese und andere christliche Apologeten als die »femme forte« preisen. [50] Die Attribute (généreuse, héroïque, forte, illustre) in den Titeln der meist reich bebilderten Texte erweisen, was die Geschichten antiker, jüdischer, christlicher oder nationaler Heroinen belegten, daß nämlich die weibliche Ausnahmegestalt immer schon zu Mut, Großherzigkeit, unerschütterlicher Beständigkeit, Entschlossenheit und hoher Tugend befähigt war. Stoische Leidenschaftslosigkeit, römische »virtus« und »fortitudo« vereinten sich mit christlicher Keuschheit im Bild der »amazone chrestienne«.

An dem Versuch von Le Moyne und Du Bosc, die Heroisierung der Frau mit kirchlichen Grundüberzeugungen zu versöhnen, wird neuerlich eine implizit antiaristokratische Tendenz sichtbar. Im Widerspruch zu Tassos *Discorso della virtù femminile e donnesca* (1582) erklärte Le Moyne in einem eigenen Kapitel, »daß die Keuschheit die Ehre der Heldinnen sei« und bestritt so die oft behauptete Schamlosigkeit der legendären »femmes fortes«, um eine in diesem Zusammenhang wichtige Unterscheidung zu akzentuieren, auf die I. Maclean nicht näher eingeht. Tassos *Discorso* konnte Hoffnungen, die die Erhöhung der Frau mit gesellschaftlicher Mobilität und damit einer veränderten Konstituierung der Elite verknüpften, nicht nähren. Nur solange Tasso bei dem Manne den Mut, bei der Frau die Keuschheit als vorherrschende Tugend und damit Feigheit und Schamlosigkeit als jeweils höchste Laster beschrieb, solange er konsequent an einer geschlechtsspezifischen Ethik festhielt (Beredsamkeit, Großzügigkeit, Mut,

Abraham BOSSE, La dame réformée

Abraham BOSSE, L'oisive

Prachtentfaltung gegen Schweigen, Sparsamkeit, Keuschheit, Bescheidenheit), mochten die französischen Theoretiker ihm zustimmen. Gerade da aber, wo er diesen moralischen Kanon ständisch beschränkte, dem skizzierten Leitbild der Frau Gültigkeit nur im Bürgertum und niederen Adel zugestand, setzten die Abgrenzungen ein. Die Prinzessin und die hochgeborene Frau schlechthin war nach Tasso weniger an dem Tugendmodell ihres Geschlechts als an den Erwartungen zu messen, die dem öffentlichen Nachweis geburtsbestimmter Pflichterfüllung galten. Kleopatra und Semiramis brauchten darum nicht schamhaft zu sein. Diese ständische Differenzierung war es, die Le Moynes Widerspruch hervorrief.

Es ist das Verdienst von C. C. Lougee, in der Vielfalt der frauenapologetischen Traktate des 17. Jahrhunderts einen gemeinsamen, dem Schwertadel bedrohlichen Fortschrittsgedankens nachgewiesen zu haben. Ob die Frauen selbst es begrüßen konnten, als Mittlerinnen eines voraufklärerischen Impulses zu fungieren, hing zwangsläufig von ihrer Standeszugehörigkeit, davon aber auch ab, ob sie sich eigentlich gemeint fühlten. Seit zwei Jahrhunderten bewegte sich die »Querelle des femmes« weitgehend in rhetorischer Unverbindlichkeit. Was J.-M. Pelous den »Sieg in der ideologischen Schlacht« nennt, war in der Tat ohne Einfluß auf die Wirklichkeit der Gesetze und Sitten, der Medizin oder Biologie. [51] Die Frauen indes mußten sich die Frage stellen, ob wenigstens im Reich des geselligen und literarischen Scheins der Streit um ihr Geschlecht zu ihren Gunsten beigelegt war.

2.4. Die weibliche Selbstaussage und Replik

Im Bewußtsein, daß über ihre Eigenschaften und Bestimmung bislang allein der Mann befunden hatte, nutzten die Frauen das Selbstportrait, in dem die Aussagen zu Charakter und Moral im Mittelpunkt standen, zur korrigierenden Selbstdarstellung. Es ist kein Zufall, daß gerade die Aristokratinnen in den *Divers portraits* ein Bild von sich zeichneten, das in keinem der von den Apologeten beschriebenen aufging. Daß sie Tassos »virtù … donnesca« nicht unbeschränkt zu der ihren machten, zeigten die Abweichungen von dem Selbstportrait des standesgleichen Mannes. So sehr ihnen an der ständischen Besonderung gelegen sein mußte, so wenig daran, sie um den Preis ihrer Geschlechtsidentität gewahrt zu wissen. Andererseits drohte mit einem der sozialen Veränderung fungiblen Begriff weiblicher Vollkommenheit die Gefährdung jener auszeichnenden Privilegien von Herkommen und Rang, die sie gerade auch als Frauen zu erhalten bemüht sein mußten.

Die Entschlossenheit, mit der sich der Zirkel um Mademoiselle jedem gleichmacherischen Zugriff verweigerte, wurde von C. C. Lougee ebensowenig bemerkt wie von M. Gerlach-Nielsen. Des Dilemmas offensichtlich bewußt, daß ihre Aussagen bald ihr Geschlecht, bald die Bindungen an Geburt und Rang zu verraten drohten, gaben die hochadligen Frauen eine kollektive Antwort auf die verschiedenen Erwartungen, die an ihr Ich bislang gerichtet worden waren. Daß sie es vermochten, das Standesbewußtsein des alten Hochadels ins Weibliche umzudeuten, ist das Bemerkenswerte dieser gesammelten Texte.

Die Behauptung des Selbstwertgefühls, das der unangefochtene Status zu formulieren erlaubte, schien, wie aus dem Vergleich ersichtlich, den Frauen von vorrangigem Interesse. Dabei beharrten sie auf der unverwechselbaren Einzigartigkeit, die es auch da zu respektieren galt, wo sie sich vorab jeder Aneignung verweigerte. Die geselligen Tugenden der Sanftmut und Höflichkeit verloren neben offen bekundeter hochmütiger Verachtung, Unnahbarkeit, Mißtrauen, Intoleranz, brüsker Heftigkeit, Ungeduld und spontaner Abneigung entschieden an Bedeutung.

Eine Reihe weiterer Aussagen ist als Replik auf den traditionellen Katalog weiblicher Untugenden und auf die bekannten Beschränkungen und Normierungen zu verstehen. Die Bescheidenheit (12^{+}, 14^{+}) soll nur insoweit ein Wert sein, als sie sich auf Kleidung und äußeren Schmuck (12^{+}, 14^{+}, 15^{+}, 28) bezieht; »négligence« (15^{+}, 116^{+}, 129^{+}) und »propreté« (12^{+}, 14^{+}, 116^{+}) sind hiermit nahezu synonym, die Eitelkeit ist verwerflich (60, 126^{+}). Die Frauen bestreiten es, eifersüchtig zu sein (57, 129^{+}), neugierig (33, 46), redselig (15^{+}, 22^{+}, 24, 28, 57, 116^{+}, 120^{+}, 129^{+}, 145^{+}), schüchtern (12^{+}, 15^{+}, 96), leichtgläubig (145^{+}), von Geld verführbar (15^{+}), von Schmerz (15^{+}) oder Leidenschaften (145^{+}) zu überwältigen. Das Gedächtnis schätzen sie weniger eindeutig als das kompetente Urteil (»mémoire«: positiv: 116^{+}, 129^{+}, negativ: 15^{+}, 19; »jugement«: 15^{+}, 19, 116^{+}, 129^{+}). Scharfsinn (»esprit pénétrant«: 21^{+}) und leichte Auffassungsgabe (22^{+}) sind für sie der erworbenen Bildung (negiert in 12^{+}, 15^{+}, 30^{+}) oder Anstrengung überlegen (»paresse«: 30^{+}, 96, 126^{+}, 145^{+}). Ein Freiheitsbedürfnis, das sich gegen Führung und Zwang behauptet (15^{+}, 24, 95, 126^{+}, 129^{+}), wiederholt sich im Mißtrauen gegen jede Form von Bindung und Selbstaufgabe. Gegen Versuchungen durch Liebe (24) und Galanterie (12^{+}, 15^{+}, 24, 60, 116^{+}) sich auszusprechen, bedeutet für die Frauen zugleich vielfach, im Bei-sich-Sein der »rêverie« (21^{+}) oder des friedvollen Rückzugs von der Welt (14^{+}, 21^{+}, 96) die dem Bewußtsein gemäßere Daseinsform gefunden zu haben. Nur bei den Freundinnen und Freunden (14^{+}, 15^{+}, 22^{+}, 24, 28, 30^{+}, 35, 57, 72, 96, 116^{+}, 129^{+}, 135^{+}) fühlen sie sich geschützt. Allein hier kann sich die Freiheit ihres Wählens und Auszeichnens erfüllen. Angesichts des gefürchteten Selbstverlusts im Lieben und einer Ehekonzeption, die sich dem Bewahren der Geschlechterfolge verpflichtet weiß, bleibt ihnen das Bekenntnis zur Melancholie (14^{+}, 15^{+}, 28, 72, 96, 116^{+}, 129^{+}) als Gestus einer Verweigerung, die das Innerste unversehrt läßt. »Empfindsamer zu sein, für den Schmerz als für die Freude« (14^{+}, 22^{+}, 116^{+}, 129^{+}), wie sie es auch nennen, ist darum mehr als eine »idée reçue« (J. Plantié). [52]

Nach den Untersuchungen von N. Elias und W. Lepenies wurde die Melancholie zwangsläufig zum Lebensgefühl derer, die sich, nach der Entmachtung, der Trauer um das Verlorene hingaben und dabei den Anspruch auf die alte Auserwähltheit aufrechterhielten. [53] War – nach N. Elias – das »Melancholie-Verbot institutionalisiert und typisch für eine Gesellschaft ..., die auf Exzentrizität der Affekte, rasches und entscheidendes Handeln angelegt war« [54], so kehrte es wieder, als mit dem »Königsmechanismus« der Monarch das Gleichgewicht zwischen adligen Mittelschichten und höfischer, funktionslos gewordener Aristokratie, sowie innerhalb dieser letzteren, zwischen Altadel und bürgerlichem Amtsadel, kontrollierte. »Melancholisch konnte man nur in den Salons sein« [55], wohin diejenigen Zuflucht nahmen, deren gescheiterter letzter Versuch, mit Verschwörung und Aufstand die Aktionsbereitschaft nach außen zu tragen, den Verlust von Macht und politischen Entfaltungsmöglichkeiten endgültig bestätigte. Entlassen aus dem eigentlichen Wirkungsbereich sah sich der Schwertadel auf Freiräume verwiesen, in denen die Konflikte und Spannungen nach innen verlagert waren. Dämpfung, Verschiebung und Unterdrückung der Affekte und Beschränkung auf die höfische Etikette bildeten den ihm bestimmten Lebensrahmen. Das Lebensgefühl war die Langeweile, für den König die Gefahr einer neuen Rebellion, für den Adel fortwährende Erinnerung an die politische Ohnmacht.

Die Begriffe »ennui« und Melancholie in den weiblichen Selbstportraits sind demnach Ausdruck eines zunächst allgemeinen standesspezifischen Bewußtseins, für das der Salon zum Fluchtraum wurde. Hier »fließt die verhinderte Aktion in eine bereits quasi-arbeitsteilig organisierte Literatur ab ...«, werden »Gefühlsäußerungen ... kollektiviert«. [56]

Spiel, Unterhaltung, »jeux d'esprit«, Kunst oder ernste Lektüren vertrieben für Mme de la Trémouille Müßiggang und Langeweile. [57] In der Gruppe der Auserwählten fühlte sich die Comtesse de Brienne von der melancholischen Grundstimmung nicht berührt. [58] Die Beunruhigung durch die Wechselfälle des »grand monde« schienen der Princesse de Tarente so bedrohlich, daß allein der Rückzug in die Stille zum trostreichen Ausweg wurde. [59] Auch die Äbtissin von Caen, die die Konversation eines ihrer größten Vergnügen nannte, zog die Einsamkeit, zu der ihr Bekenntnis sie – gegen ihre Natur – zwang, auch ohne jede Frömmigkeit »der Welt« vor. [60]

Die Autorinnen der Selbstportraits wählten aus den Motiven, die mit der Melancholie in Verbindung gebracht werden, in so eigenwilliger Weise aus, daß sich auch von daher die Reduktion zum Gemeinplatz verbietet: ein »desengaño«, der die Menschenwelt schlechthin betrifft, bei der Abbesse de Caen, Hingabe an die genußvoll ausgekosteten »petites folies« und »rêveries« bei Mme de Vitry [61] oder der Princesse de Tarente, »ennui« und Melancholie als Legitimation und Folge der allgemeinen Indifferenz und des offen bekundeten Unbehagens an einer nicht geschätzten Umgebung bei Mlle de La Trémouille. [62]

Jenseits der ständischen Selbstdarstellung drückte im Munde der Frauen das Bekenntnis zur Melancholie einen neuen und eigenen Anspruch aus. Für die Comtesse d'Esche wurde diese zur Begründung für geistige Betätigungen:

> J'ai de la disposition à la mélancolie parce que mon tempérament m'y porte, et c'est ce qui fait que j'aime tout ce qui entretient la rêverie, comme la musique et peinture, et toutes les autres occupations qui attachent l'esprit. [63]

Auch Mademoiselle, die von sich schrieb, sie sei melancholisch und liebe die guten und ernsthaften Bücher, war mit der Temperamentenlehre und dem Einfluß der schwarzen Galle auf das Denkvermögen wohl vertraut, wie ihr im Badeort Forges entstandenes »Portrait de Cloris« zeigt:

... pour les bilieux, qui sont d'ordinaire gens d'esprit, et même les atrabilaires, ils sont assez capables de bien écrire et de bien parler: car bien que la bile fasse deux différents effets en ceux sur qui elle domine, obligeant les uns à beaucoup parler, et les autres à garder le silence; néanmoins tous bilieux en général, ou frais ou échauffés ont l'esprit bon, et l'on voit / plus d'honnêtes gens de ce tempérament-là que de sots. J'ai un intérêt particulier à m'intéresser pour eux, puisque c'est ce qui m'oblige à venir ici. [64]

Mme d'Esche korrigierte Perrin, der sie »gleichzeitig sanguinisch und phlegmatisch« genannt hatte, da im Unterschied zu ihm sie offenbar, wie die Mehrzahl der anderen Portraitisten, die Lehre von den Körpersäften beherrschte, damit also wußte, daß das Phlegma als der dem Geistigen abträglichste galt. [65] Indem sie sich melancholisch nannten, bestritten die Frauen das ihnen zugeschriebene phlegmatische Temperament der feuchten und kalten Humores. Die zeitgenössische Diagnose bestätigte die Melancholie auch bei Frauen, doch galt sie als deren Natur nicht gemäß und erschienen die Betroffenen im Vergleich zum Manne in verstärktem Maße als ihr Opfer. [66] Die männliche Frauenapologie hielt, wie erwähnt, an der alten humoralmedizinischen Vorstellung fest und wertete die kalten und feuchten Säfte der Frauen lediglich auf. In ihren Selbstportraits gaben diese zu erkennen, daß sie der fragwürdigen Motive und Implikationen solcher Umdeutungen durchaus bewußt waren. Die Berufung auf den Bedeutungszusammenhang der Temperamentenlehre erlaubte ihnen, den Bereich künstlerischer und geistiger Tätigkeit aus der Willkür männlicher Setzungen zu befreien und für sich zu erschließen. Mlle de Montpensier, die die melancholische Einkehr und Selbst-Behauptung zur ihr gemäßen Sittlichkeit erklärte, entzog sich darüber hinaus dem Anspruch jener Apologeten, die die Frau zu erhöhen vorgaben, in Wahrheit aber die gesellige Mittlerin in ihr verehrten.

Mit ähnlichem Scharfsinn durchschauten die hochadligen Frauen offensichtlich den trügerischen Wert der Schönheit und hoben mit gewisser Genugtuung die Mängel ihres äußeren Erscheinungsbildes hervor. Cureau de la Chambre hatte, wie bereits erwähnt, nachzuweisen versucht, daß allen konventionellen Merkmalen weiblicher Schönheit im physiognomischen und humoralpathologischen Verweisungsbereich moralische Mängel entsprechen. [67] Als Frauen wehrten sie die Typologie der »trente sis de la beauté féminine«, als geburtsmäßig Geadelte die dem Schönheitskult inhärenten Tendenzen der Nivellierung ab, um sich wiederum in zweifacher Weise zu vereinzeln und fremder Bestimmung zu entziehen. Mme de La Trémouille erwähnte ihre blatternarbige, schlecht geformte Nase, die zu große Stirn, die dunkel gewordenen Zähne, die von Krankheiten welke Gesichtshaut. [68] Die Princesse de Tarente beeilte sich, sie zu überbieten: zu gerade Schultern, ein zu großer Kopf, das Gesicht zu lang und von unschönem Oval, grobporig und dunkel der Teint, eine große Adlernase und zu hohe Stirn, magere Arme, flacher Busen, schlecht angeordnete bräunliche Zähne. [69] Auch die jüngere Mlle de La Tremouille nahm sich nicht aus von solcher »kollektiven

Häßlichkeit« und bestritt die projizierten Wunschqualitäten der anmutig-geistreichen, mit Blick, Wort und Gebärde verzaubernden geselligen Dame:

J'ai la taille moyenne, et assez grossière, la mine nullement relevée, la physionomie ni spirituelle ni stupide, la grâce ni bonne ni mauvaise, peu de disposition pour la danse, la gorge blanche, mais fort mal faite, les mains passablement belles et fort maladroites, les bras fort laids et beaucoup trop courts, le tour du visage trop long et assez bien fait par le bas, les yeux sans aucune vivacité, mais du reste assez raisonnables, s'ils n'étoient pas extraordinairement battus, la bouche ni belle ni laide, ni fort pâle, ni fort rouge, la lèvre de dessus un peu trop avancée, le menton fourchu, le nez gros, sans être choquant, le teint ni beau ni laid, les dents mal arrangées et nullement blanches, les cheveux châtain clair. Je n'ai l'esprit ni vif ni plein d'expédients. [70]

Krankheit zehrte an Gesicht und Körper (Mme de Maulny), der Teint ist entstellt (Mme de Brienne), schwammig und grob (Mme d'Esche), häßlich sind Hände und Zähne (Mademoiselle), zu groß die Nase (Mme d'Ervault, Mme d'Esche, Mademoiselle). Wo allein das unschöne Detail auszeichnete, wirken das öde Selbstlob der Mme de Châtillon, Mme du Fresnoys Berufung auf ein ihrer Schönheit huldigendes Madrigal oder Mme de Sainctots Rückblick auf die vergangene jugendliche Anmut wie die Verfehlung eines stillen, weiblichen Konsens. [71] Da ihr Äußeres nicht schön sei, wollte Mlle Desjardins lieber Seele und Geist im Portrait offenbaren, und Mlle de Melson überließ ihre Gestalt den Malern. [72]

Der Katalog der Mängel geriet zur negativen Typologie, mit der die in der Metaphorik der »beaux esprits« gepriesenen Schönheitsmerkmale bestritten wurden. Das feminine Selbstportrait war somit eine weibliche Replik auch auf das männliche »portrait galant«. Sie unterschied sich von Sapphos Rede an Erinna durch den scharfsinnigen Rekurs auf den Geburtsadel. Damit wiederholte sich eine ständische Differenz, wie sie auch die »portraits d'autrui« oder die Schlüsselerzählungen der Mlle de Montpensier von denen Mlle de Scudérys abhob. Zum einen entzog die sich selbst portraitierende Frau – melancholisch, unzugänglich und ohne jegliches Attribut verheißungsvoller Schönheit – sich den an sie gerichteten gesellschaftlichen Erwartungen; zum anderen erwirkte sie dem weiblichen Selbst mit den Privilegien von Herkommen und Rang den Status einer Autonomie, die der bürgerlichen Schriftstellerin allein die moralische Nobilitierung sichern konnte. Die Besonderung schien der Aristokratin allein mit der wiederholten Geste der Verweigerung und Negation möglich, wie sie sich im Selbstportrait der Marquise de Kergen auch sprachlich niederschlägt:

de petits yeux noirs, ronds, fort mélancoliques et qui *ne disent rien;* une bouche qui *n'en apprend pas davantage,* que la nature n'a formée que par la nécessité de conserver son ouvrage et *non pas pour le plaisir des yeux et des oreilles,* qui a fait *un divorce* éternel avec les ris et les agréments; aussi est-elle si pâle qu'elle en fait pitié. / ... Les chartreux me le cèdent pour le *silence* ... je ne prends *nulle part à la conversation* ... J'ai encore la prudence de *n'interrompre personne* dans les discours ... *je ne pénètre jamais* dans ce qui se dit ... / ... La curiosité si naturelle à celles de mon sexe *ne peut rien* sur mon esprit. *Je ne sais rien, je n'ai rien appris ni rien découvert:* l'ambition aussi peu; je *ne prétends à rien* et *ne fais aucune usurpation* ... *Je ne dis rien* de mon coeur ... il *n'est pas d'assez grand poids* pour en faire mention ... [73]

So wird verständlich, daß auch der Bereich aus der Selbstdarstellung der Frau ausgenommen blieb, dem sie sich bestimmt wußte: die Ehe und mit dieser die Kinder. Voller Skepsis gegenüber der Liebe und dem Mann stärkte sie den »amour-propre«:

> Je me persuade diffici/lement que les hommes aient autant d'amour qu'ils disent: j'en ai beaucoup pour moi-même. [74]

Die Hoffnung auf die eigene Wahl des Gatten versprach kein dauerhaftes Gefühl des Glücks. Die Pflichten gegenüber Familie und adligem Geschlecht verstanden sich von selbst. Sich in ihnen zu erfüllen, hieße indes, auf die Vereinzelung zu verzichten, darauf, sich abzugrenzen gegen alles, was dieses Ich sich aneignen könnte: Galanterie und Schönheitskonventionen, die höfische Welt und sogar das Gespräch. [75] Allein in der Entscheidung für die Freunde blieb den Frauen eine hoffnungsvolle Freiheit. Diese »un-bedingte« Zuneigung versprach weniger, die Zeiten zu überdauern, als die Wählende auszuzeichnen und unverwechselbar zu machen. Zugleich überwand allein die Freundschaft den schweigend-melancholischen Rückzug, der wiederum erst sie ermöglichte. In der Selbstbesinnung und Objektbeziehung fand und stärkte sich das Ich und öffnete sich frei auf die Welt hin. [76]

Der Äbtissin von Caen kommt in der Reihe der hier behandelten Frauen eine Sonderstellung zu. Ihr kaum bekanntes Selbstportrait nimmt La Rochefoucaulds (späteren!) Reflexionen über die Eigenliebe manches von ihrer Originalität:

> je suis prévenue que nous sommes de fort méchants juges de nous-mêmes; qu'il n'y a point de défaut plus universel que celui de se méconnoître, ni rien de si commun, que d'être les premiers trompés sur ce qui nous regarde; que nous avons beau avoir des miroirs fidèles, notre amour-propre en gâte les plus pures glaces, et nous nous y voyons d'ordinaire si différents de ce que nous sommes, et de ce que les autres nous voient, qu'il y a souvent moins de différence de nous aux autres que de ce que nous sommes à ce que nous pensons être. [77]

In der religiösen Einkehr blickte sie zurück auf eine Welt, in der das moralische Urteil außer Kraft gesetzt war, Bosheit und Betrug, aber auch Selbsttäuschung gegenüber einer öffentlichen Meinung herrschten, die das Gefühl für Wahrheit und Recht nicht mehr aufkommen ließ. Sie leitete und bestimmte sich selbst, wohl wissend, daß Ekel und Schmerz an die Stelle üblicher Freuden treten mußten:

> L'opinion aussi que je vois qui fait quasi tous les plaisirs de la vie des autres, ne fait point celui de la mienne: je dis la plupart de celles qui sont reçues quasi généralement, j'ai les miennes particulières, et je ne puis me conduire par celle des autres. Je connois bien que souvent l'opinion rend heureux ceux qu'elle trompe, au lieu que la lumière de la vérité, en nous détrompant, nous rend quelquefois misérables ... Il m'est pourtant arrivé quelquefois de regretter un certain temps de ma vie, où mille choses me donnoient de fort sensibles plaisirs ...; mais c'est qu'en perdant ceux-là, je n'en ai pas trouvé d'autres, et qu'il est rude de vivre sans en avoir. Il me semble tous les jours / que plus les lumières me viennent, plus elles m'en ôtent ... [78]

Ohne daß die Ent-Täuschung in der neuen Glaubenshoffnung schon aufgehoben wäre, wird hier offenbar, wie die religiöse Weltentsagung den Rückzug der übrigen Frauen in die Melancholie, Stille, Träumerei und Einsamkeit radikalisierte. Verwiesen auf den Salon, den Fluchtraum der Erwählten, sahen sich diese gleichwohl an gültige gesellige Wertvorstellungen und Vergnügungen gebunden. Selbsterkenntnis und Weltsicht blieben damit in den Grenzen, die diese respektierte Öffentlichkeit setzte. Die Äbtissin hingegen vertritt in den *Divers portraits* exemplarisch die bemerkenswerte Anzahl der Frauen, die besonders auch in ihrem – nachtridentinischen – Jahrhundert in Orden und klösterlicher Einkehr die Freiheit fanden zu schreiben. [79] Gemeint sind neben einer Büßerin wie Mlle de La Vallière die Gründerinnen, Reformerinnen und Oberinnen der Orden, Jeanne de Chantal, Mme de Mondonville, Marguerite-Marie Alacoque, Jeanne-Marie J. Chézard de Matel, Angélique Arnauld, Laurence Gigault de Bellefonds, die Nonnen Bouette de Blémur, Jeanne de Cambry, Jacqueline Pascal, Marie de l'Incarnation (= Barbe Avrillot, dame Acarie) oder auch die Mystikerinnen Marie de l'Incarnation (Marie Guyard, dame Martin) und Jeanne Guyon.

Es wäre müßig, in ihren Schriften, den Zeugnissen spiritueller Kontemplation, nach spezifisch weiblichen Aussagen zu suchen. Um so bemerkenswerter ist es, daß die Abbesse de Caen, wie ihre Kritik an einigen, ihr eigens von La Rochefoucauld zugesandten Maximen zeigt, nicht aufhörte, als Frau zu urteilen. Die Einwände zugunsten ihres Geschlechts mögen das Bild dieser Marie-Eléonore de Rohan vervollständigen [80], in dem sich die christliche Reflexion über den frei gewählten Abschied von der Welt mit dem gesellschaftlichen Bewußtsein der Frau des Hochadels vereint:

> ... il me semble, Monsieur, que vous avez encore mieux pénétré celui [le coeur] des hommes que celui des femmes; car je ne puis ... m'empêcher de m'opposer un peu à ce que vous dites, que leur tempérament fait toute leur vertu, puisqu'il faudrait conclure de là que leur raison leur serait entièrement inutile. Et quand même il serait vrai qu'elles eussent quelquefois les passions plus vives que les hommes, l'expérience fait assez voir qu'elles savent les surmonter contre leur tempérament ... Il est même bien plus ordinaire aux femmes de s'opposer à leur tempérament qu'aux hommes, lorsqu'elles l'ont mauvais, parce que la bienséance et la honte les y forceraient quand même leur vertu et leur raison ne les y obligeraient pas. / ... C'est assurément pour faire pratiquer cette vertu [l'humilité] aux personnes de notre sexe que vous faites des maximes où leur amour-propre est si peu flatté / ... il me semble que Mme de La Fayette et moi méritons bien que vous ayez un peu meilleure opinion du sexe en général. [81]

Erinnert man sich daran, daß Ch. Sorel in der *Maison des ieux* das an der Malerei orientierte galante Portrait als literarisches Gesellschaftsspiel in Frankreich heimisch zu machen suchte, so scheint es zunächst kaum verständlich, daß und wie er später, noch im Jahre des Erscheinens der beiden Sammelbände, satirisch sich von der femininen Mode distanzierte. Das Eingeständnis der Fehler in den Selbstportraits schien ihm nichts als ein Vorwand, damit die Tugenden, die die Mängel überwögen, um die der vermeintlichen Aufrichtigkeit vermehrt würden. Mit der vorgetäuschten Inkompetenz hätten die Frauen das »portrait d'autrui« gemieden, um die Anerkennung fremder Vollkommenheit zu umgehen. Die Selbsterkenntnis bleibe ein nur rhetorisches Ziel, das sie mit Schminke, Verkleidung und Maske verfehlten, um sich, so wenig anziehend sie auch sein mochten, als Wachspuppen oder marionettenhafte Glockenspielfiguren in die Reihe mythologisch und metaphorisch überhöhter Schönheiten einzugliedern. Allein die Klügeren, die sich ihrer abschreckenden Häßlichkeit gewiß waren, hätten sich als Modell verweigert und mit dem Portrait anderer sich beschieden. [82].

Daß bis ins Detail das Gegenteil an den Texten sich verifizieren ließ, macht deutlich, wie der gelehrte bürgerliche Autor, dem die Salons verschlossen blieben, mit dem Rekurs auf das misogyne Vorurteil die unbequemen weiblichen Selbstaussagen zu neutralisieren suchte. Sein Urteil war nicht ohne Folgen.

* * *

Die Selbstportraits, kostbare Zeugnisse eines gemeinschaftlichen femininen Bewußtseins ebenso wie der allgemeinen moralistischen Reflexion, wurden vergessen und blieben unbemerkt. [83] In den Darstellungen der Melancholie wurden sie ebensowenig berücksichtigt wie in denen des »amour-propre«, dessen Wirksamkeit vor La Rochefoucauld die scharfsinnige Kritikerin seiner Maximen hellsichtig diagnostiziert hatte. Daß diese aus weiblicher Sicht kritikwürdig scheinen mußten, machte – im Einvernehmen mit einer Reihe herausragender Frauen – dieselbe Abbesse de Caen offenbar. In ihrem – oben zitierten – Urteil bestritt sie dem Autor das Recht auf allgemeingültige Schlüsse, da seine Befunde weniger auf das menschliche als auf das männliche Herz zutreffen könnten. Was in den Selbstportraits nur vermittelt sich ausdrückte, fand in den unmißverständlichen Ausführungen der – im doppelten Sinne durch ihren Stand befreiten – Ordensfrau des Hochadels seine Bestätigung. Instinktsicher enthüllte sie bei La Rochefoucauld das – unbedachte – Vorurteil von der psycho-moralischen und intellektuellen Ungleichheit der Geschlechter, und nicht ohne Hohn hielt sie ihm die beruhigende Wirksamkeit von Scham und »bienséance« entgegen, die bei den Frauen wiederum Bewußtsein, Willenskraft und Entscheidungsfreiheit voraussetze. Selbstsicher schließlich führte sie ihm ihr Beispiel und das der gemeinsamen Freundin, Mme de Lafayette, vor Augen, um ihn, mehr als der eigenen Lebenswelt, seiner psychischen Befangenheiten gewiß werden zu lassen. Was in jüngster Zeit Marc Angenot mit bewundernswerter Aufrichtigkeit zu ergründen versuchte, die verdeckten psychosexuellen Ängste und Betroffenheiten nämlich, die dem männlichen Diskurs über die Frau, über ihre Inferiorität oder ihre Überlegenheit, zugrundeliegen [84], hat Eléonore de Rohan in einer Kühnheit anzudeuten gewagt, die allerdings beispiellos ist für ihr Geschlecht und ihre Zeit, einer Kühnheit indes, die jener Form von Freiheit und Selbstbewußtsein bedurfte, zu der ihr Geschlecht nur *in* dieser Zeit finden konnte.

IV. Der Hof und das Exil der Spiele: Mlle de Scudérys Novellen (1661–1669)

Das Jahrzehnt des triumphierenden Absolutismus begann für Mlle de Scudéry mit der Erfahrung königlicher Willkür, der der Gönner Foucquet und der Freund Pellisson zum Opfer fielen. In zweifacher Weise war die Salongeselligkeit getroffen. Für deren einstige Chronistin hieß es, mit der Wirklichkeit des Hofs, der im 10. Band der *Clelie* in durchgängig kritischem Licht erschien, einen Frieden zu schließen, der das eigene literarische Überleben nicht vom Verrat der menschlichen und moralischen Bindungen abhängig machte. Wie sie im Salon der Fronde und mehr noch bei den »Samedis« maßgeblich dazu beigetragen hatte, die Literatur aus den Fesseln des Buchs zu befreien, um sie, verwandelt und angereichert durch das lebendige Spiel, in neuer Gestalt zu bewahren, blieb nunmehr auch ihr nur das Schreiben, das allerdings von der Erinnerung an die geselligen Unterhaltungen und Spiele sich nährte. In welcher Weise sie in ihren Novellen an die Binnenerzählungen der Romane anknüpfte und andere literarisierte »jeux d'esprit« in vertrauter und neuer Form in sie einfließen ließ, ist die nun zu stellende Frage. Mit den Erzählverfahren gerät zwangsläufig ihr Verhältnis zu dem einstigen aufklärerischen Bekenntnis in den Blick, das sie im Märchenwunder oder in der rationalistischen Entfaltung des »code tendre« mitgeteilt hatte. Die Veränderung der gesellschaftlichen Rahmenbedingungen läßt schließlich erwarten, daß die Autorin nach neuen Wegen suchen mußte, um angesichts der Bedrohung durch den antipreziösen Humanismus und des absolutistischen Drucks auf den Adel und die Salonkultur der Widersacher sich zu erwehren und die Mächtigen auf den Schutz der Menschen und der Weltsicht zu verpflichten, die ihr teuer waren.

1. »Celinte« (1661): Selbstzitat und Neuorientierung

1.1. Ein sentimentaler Kasus im höfischen Rahmen

Im Januar 1661 erhielt der Verleger Augustin Courbé die Druckerlaubnis für *Celinte,* die ausdrücklich als erste einer Reihe weiterer Novellen angekündigt wurde. Der anonyme Texte wird von allen Bibliographen Mlle de Scudéry zugeschrieben. [1] Nach R. Godenne und A. Niderst begann für die Autorin hiermit eine neue literarische Orientierung unter dem Eindruck des seit Segrais' Novellen veränderten Lesergeschmacks. [2] Nach der Untersuchung ihrer großen Romane freilich, die sich als zyklisches Corpus mit einer Vielzahl novellistischer

Binnenerzählungen beschreiben ließen, deutet zunächst nur die Gattungsbezeichnung selbst darauf hin, daß Mlle de Scudéry neuerlich sich mit der Grande Mademoiselle und deren Sekretär messen wollte. Bereits die Namen der Protagonisten, die weiterhin nicht »französisch« sind, zeigen, daß die Verfasserin sich treu blieb. Schauplatz und Zeit der Handlung allerdings wurden aktualisiert; der Bezug auf die unlängst formulierte Kritik an der antiken Einkleidung, die sie verstummen lassen wollte, ist unübersehbar. [3]

Die Novelle selbst beschreibt in linearem Verlauf eine sentimentale Intrige: Celinte zieht Meliandre und Ariston, die um ihre Hand werben, Poliante vor, da nur mit diesem sie eine Neigung verbinde, wie sie aus einer unmerklich wirksamen, vernünftigen Wahl und Entscheidung hervorgehe. Ihr leidenschaftliches Gefühl, das sie lange unter strenger Unnahbarkeit verbarg, ist zunächst stärker als die Liebe des Freundes und läßt sie die Heiratseinwilligung hinauszögern – ein Zugeständnis immerhin, trotz anhaltend vertretener Affektenlenkung, an die weibliche Gefühlsautonomie. In der Zeit der verlangten Bewährung, und besonders nach der Hochzeit, wird das Paar zum Opfer eines Komplotts, in das, neben den eifersüchtigen Rivalen, Poliantes ehrgeizige Mutter und Celintes Bruder Cleonte verwickelt sind. Meliandre, zum Fürstengünstling avanciert, betreibt mit der Berufung auf staatliches Interesse Poliantes Verbannung. Celinte verbirgt sich bei den »vierges voilées«, um mit der Vortäuschung von Krankheit und Tod seine Freilassung zu erwirken, bis sie erfährt, daß auch er nicht mehr am Leben sei. Als unbekannter Held hatte er für den König eine hoffnungslos scheinende Schlacht glücklich entschieden. Nach Jahren der Trennung finden und erkennen sich die Totgesagten wieder, die vielfachen Versuchungen getrotzt hatten, ihre Ehe für nichtig erklären zu lassen oder nach dem Verlust des Gatten in eine politisch verheißungsvolle neue Verbindung einzuwilligen.

Die Sätze, in denen die Novelle ausklingt, präludieren den Märchenformeln des Jahrhundertendes. An den retardierenden Momenten zeigt sich eine Verminderung des barocken Apparats: In unbestimmtem höfischem Rahmen vollzieht sich eine Handlung, in der die Außenwelt wechselnder Schauplätze und Hindernisse zugunsten der Entfaltung der moralischen und sentimentalen Exposition zurücktritt. Die Scudérysche Federführung ist unverkennbar. Ein Kampfgefährte Poliantes bringt mit einer Binnenerzählung die Taten und Erlebnisse des Verbannten in die Geschichte ein. Improvisierte oder zitierte Verse, »couplets« und »chansons«, Briefe und »billets« oder der preziöse Krieg der »Mouches«, den andere bald nachahmten [4], erinnern an die Unterhaltungsspiele der »Samedis«. Die Entscheidungsschlacht wird ähnlich beschrieben wie der Sieg des Cyrus über die Massageten unter Thomyris. Vor allem scheint die Autorin auf die alten Verschlüsselungsverfahren zurückzugreifen und dabei eigene Lebenserfahrungen einfließen zu lassen. [5] Die Hindernisse und Zeiten überdauernde Leidenschaft bewährt sich nun allerdings in der Ehe und läßt die Topographie des »Tendre« vergessen. Junge und schöne Menschen erleben die Wunschwirklichkeit eines in Heroismus und Beständigkeit sich bewährenden Gefühls.

Man mag versucht sein, mit A. Niderst in diesem Text mehr das Ende einer literarischen Epoche als den neuen Anfang zu sehen, oder seiner Verfasserin, wie R. Godenne, die Befähigung zur novellistischen Kürze abzusprechen. Offensichtlich aber war sie weit davon entfernt, das von ihr entwickelte Verfahren einer chronikartigen fiktionalen Chiffrierung als störende Verfremdung französischer Gegenwart entwerten zu lassen und aufzugeben. Die vermeintliche Wahrheit der Historie sollte anhaltend im Zwielicht des Vorurteils und des Irrtums verbleiben. Der Appell an den Leser suchte das alte Bündnis zu erneuern, mit dem ihm das Vergnügen der Enträtselung sicher war.

1.2. Von der Neugier zum Hofbericht

An der Umrahmung der Novelle wird indes deutlich, daß die Autorin sich nicht im Selbstzitat erschöpfte. Eine Gruppe von fünf Personen, die einige Tage nach dem festlichen Einzug der Königin (26. August 1660) sich im Bois de Vincennes spazierend ergehen, verurteilt die sechste in der Runde, die Gespräche des plaudernden Kreises aufzuschreiben. Die Sprecherin – Mlle de Scudéry – sah sich also selbst als Zeugin und Chronistin dessen, was nicht so sehr ihr Eigentum wie das des geselligen Kreises war, dem sie zugehörte. Die Unterhaltung galt der Neugier, die den Anlaß bot für die Begegnung der Freunde, denn wie die Unzahl derer, die die Straßen von Vincennes bis zum Louvre gesäumt hatten, waren auch sie gekommen, um das pompöse Schauspiel zu sehen. Als Cleandre, den Krankheit am Zuschauen gehindert hatte, zu der Gruppe hinzustößt, ist seine Wißbegier für diese der Anlaß, die »Entrée« zu schildern. [6] Die barocke Prunkbeschreibung des *Cyrus* wurde damit aktualisiert. Neu und »französisch« war nicht die Prachtentfaltung des Materials und der Farben, sondern die Veranschaulichung dieses einen, unverwechselbaren Ereignisses und der daran Beteiligten: Garden und Regimenter, geschmückte Pferde und Prunkkarossen, der Kommandeur der »Cent Suisses«, Condé oder Monsieur, der König und die Königin.

Neugier herrschte auch auf den Tribünen, Logen und Balkonen, auf denen die Provinzen Frankreichs und die Nationen der Welt vertreten waren. Unfähig, die Vorbeiziehenden zu identifizieren, verfielen diese Zuschauer in Langeweile, Streitereien oder unangebrachte politische Spekulationen. Sie sind das Publikum, um das sich der Kreis der Leser vermehrt, denn ihnen erlaubte die detaillierte Beschreibung, die Uniformen und Livreen richtig zuzuordnen, so wie sie den vielen Abwesenden den Eindruck vermittelte, dem Festzug beizuwohnen. Mit welchem Erfolg sie rechnen konnte, deutet R. Alewyn an:

> Wer beschreibt die Qualen der Verbannten auf dem Lande und in der Kleinstadt, die Sehnsucht, mit der sie nach der Hauptstadt blicken, das Fieber, mit dem sie Briefe oder Besucher erwarten, mit dem sie den wöchentlichen *Mercure Galant* verschlingen, der sie über das Leben in der Großen Welt auf dem laufenden hält ...! [7]

1669 schrieb L. Le Laboureur eine *Promenade de Saint-Germain,* um seinen

Eindruck von den vom König veranlaßten baulichen Veränderungen festzuhalten. Ein Freund – Pellisson – bewog ihn dazu, das kleine Werk in Briefform an Mlle de Scudéry zu schicken. Dies war kein zufälliger Vorschlag, denn bevor sie selbst 1669 mit der *Promenade de Versailles,* neben Gabriel Guéret *(Promenade de Saint-Cloud)* und La Fontaine *(Amours de Psyché et de Cupidon),* den Dialog in die Form des literarischen Spaziergangs überführte [8], hatte sie, im Vorspiel zu *Celinte,* die seit Jahrzehnten im Salon geübte Kunst des Beschreibens einer Art Hofberichterstattung nutzbar zu machen begonnen. Selbstgewiß vertraute sie darauf, den Reisenden aus der Ferne jenes Maß an »Würde und Verdienst« zu vermitteln, das diese Wißbegierigen von den »Singes extraordinaires« [9] abheben sollte. Huldigungen an den König, an Anne d'Autriche und an den Minister, »der Europa befriedete«, empfahlen sie geichzeitig den Mäzenen und dem neuen Publikum, für das damit Rang und Legitimität dieser Chronistin unanfechtbar wurden.

In der Schließung des Rahmens rühmte die Autorin sich der literarischen Leistungen, die sie auch weiterhin als die ihren anerkannt wissen wollte: der Romane, die der tugendhaften Belehrung dienten, oder der Aufzeichnung von Gesprächen, die bei dem Betroffenen Einsicht und Korrektur bewirken könnten. Die Moral mit den unterhaltsamsten Dingen zu mischen, sah sie als das eigentliche Ziel ihres schriftstellerischen Werkes an. Der verschlüsselte Hinweis auf Loret/ Telore, der wöchentlich ein Exemplar seiner gereimten Chronik *(Muze Historique)* verfaßte, ist als programmatische Selbstaussage zu deuten:

> au milieu de tout ce que son imagination adiouste à la verité, pour la rendre plus divertissante, il ne laisse pas de loüer & de blasmer en passant, ce qui merite d'estre loüé ou blasmé, & de faire quelquefois de plaisantes Peintures des vices & des vertus, selon que l'occasion s'en presente. [10]

Zusammen mit der »galanten Maskierung« der historischen Wahrheit bei Loret pries Mlle de Scudéry seine »ingenieuses Relations« selbst. [11] Als solche nämlich wollte sie auch ihre Schriften verstanden wissen. Nach der Berichterstattung von Schlachten und Kriegen im *Cyrus* entdeckte sie in der allegorisch-repräsentativen Kunst und Prachtentfaltung der Versailler Epoche, wie sie zur selben Zeit von A. Félibien dokumentarisch festgehalten wurde, einen Gegenstand, der die sachliche Information mit dem belehrenden Urteil zu kommentieren erlaubte. Die Beschreibung dieser »Entrée« wiederum mag etwa vierzig Jahre später Mme d'Aulnoy dazu angeregt haben, das gigantische Schauspiel der Farben, des Glanzes und der Edelsteine, der golddurchwirkten oder samtenen Livreen und Schabracken in den Zauberpferden oder Miniaturkarossen des Salonmärchens wiedererstehen zu lassen.

2. »Mathilde« (1667): Avignon und die verbannte Geselligkeit

2.1. Absolutismus in Kastilien

Mit dem veränderten Titel *Mathilde d'Aguilar, histoire galante* erschien 1702 unter dem Namen ihrer Verfasserin die zweite Novelle. Besondere Gründe hätten die Autorin genötigt, die sofortige Veröffentlichung zu unterbinden, erklärte der Verleger, der die unverkauften Exemplare der Erstausgabe von 1667 zu vertreiben hoffte. [12] Dahinter einen Mißerfolg zu vermuten, wäre verfehlt. Die spanische Einkleidung versprach nicht zuletzt, das Publikum zu erreichen, das nach der spektakulären Hochzeit in Saint-Jean-de-Luz und der Begegnung mit dem Hofstaat der jungen Königin vermehrt sich für Spanien und damit für die um seine Geschichte und die Reconquista kreisenden Novellen und Romane interessierte. [13] Wie die folgenden Jahrzehnte zeigen, sind es auch nach Mlle de Scudéry gerade die Frauen, die in Spanien den Schauplatz und die historische Vorlage für die sentimentale Chronik suchten [14], und einer unter ihnen, Mme de Villeneuve, wurden die 1756 erschienenen *Anecdotes de la Cour d'Alphonse onzième du nom, roi de Castille* zugeschrieben, ein fast wörtliches Plagiat der *Mathilde.* [15]

Die Gründe für das erzwungene Zurückhalten der Exemplare in politischer Inopportunität der Novelle zu suchen, ist naheliegender. Bald nach der Inhaftierung Foucquets traf auch Pellisson die königliche Willkür (5. September 1661). Erst nach der Entlassung aus der Bastille (1666), die nach der Konfiszierung seines Vermögens den Ruin bedeutete und ihn ernsthaft an ein freiwilliges Exil denken ließ [16], verfaßte seine Freundin diese zweite Erzählung.

Dom Rodolphe d'Aguilar, seine Frau Constance und die zehnjährige Tochter Mathilde hatten, wie einige andere spanische Granden, sich für das ständige Exil entschieden. Nur so entgingen sie dem Zwang zur Unterwerfung unter einen wortbrüchigen, machthungrigen, auf stets neue Eroberungskriege bedachten Monarchen, der nach seiner Mündigkeit die Schwächung des Königtums durch starke und streitbare Parteien und eine ohnmächtige Regentin mit Entschiedenheit rückgängig zu machen trachtete. Die Kritik an einem die Hoffnung auf inneren Frieden enttäuschenden Ludwig XIV. war nicht zu überhören, die Anspielung auf Foucquets Schicksal in der Folge eines Festes unmißdeutbar. [17]

2.2. Vaucluse als »Cour d'Amour« und politischer Fluchtraum

Derselbe König ist es, der den Liebenden Alphonse und Mathilde zur letzten und entscheidenden Bedrohung wird. Die Geschichte der Gefährdung beginnt mit der erwähnten Flucht der Heldin und ihrer Familie an den römischen Hof in Avignon, einer Stätte urbaner Gesittung und Frauenverehrung. Um Petrarca und Laura scharen sich die Besten aus Italien und der Provence, um in den Sprachen ihrer einander nachahmenden Dichter der vollkommenen und ewigen Liebe zu huldigen. Mathilde ist bald die vertrauteste Freundin des Paars, das ihr fortan zum Leitbild wird. Ihre Ehefeindlichkeit, die Furcht vor der Störung eines friedlichen Liebesglücks nach der Heirat, wird mit Lauras Warnungen vor der interessegeleiteten familiären Verfügung über die Frau bestätigt. [18] Petrarca, schon in Hesiods Traum »vollendetes Beispiel beständigen und edlen Liebens«, gilt Mathilde als das männliche Idealbild, das ausdrücklich gegen den Gelehrten und den eitlen »bel esprit« abgegrenzt wird. Galante Unterhaltungsspiele und die geistige Mitwirkung der Frauen tragen der Gesellschaft den ehrenvollen Namen einer »Cour d'Amour« ein. [19] Mlle de Scudéry erfand eine Reihe umrahmender Inszenierungen, die Mathilde – und die Leser der Novelle – am Entstehen einiger der berühmten Sonette Petrarcas beteiligen: ein Spaziergang zur Quelle von Vaucluse (Nr. 38), die Bootsfahrt der zwölf Damen auf der Sorgue (Nr. 189), Lauras bewundertes Erscheinen bei einem Fest in Cavaillon (Nr. 201), ihre Portraitierung durch Simone (Nr. 57, 58), der Grund ihrer Tränen (Nr. 122–125), die Umstände der Handschuhgedichte (Nr. 166–168). [20]

Das idyllische Intermezzo endet mit der Rückkehr der Exilierten nach Kastilien und der erneuten Konfrontation mit Intrigantentum, Ehrgeiz und Verleumdung, wie sie unter den Höflingen und Favoriten eines moralisch gebrochenen Königs und seines machiavellistischen Sohnes Pedro unvermindert herrschten. Melancholisch gibt sich Mathilde der Erinnerung an den Hof von Avignon und das Beispiel der – jeder Ehe vorzuziehenden – »honneste amitié« hin, die sie mit dem ehrgeizigen Alphonse nicht finden zu können meint. Erst nach ihrer von ihm provozierten Eifersucht, dem Zweikampf mit dem Freund und Rivalen und seiner ernsthaften Erkrankung ist sie sich ihrer Gefühle für ihn gewiß. Die abgewiesenen Bewerber werden zunehmend gefährlicher. Felix und Fernand planen Mathildes Entführung, Pedro sinnt auf ihre gewaltsame Aneignung und die Ausschaltung des Gegners. Nach der mißglückten Brandstiftung in dem Haus, das das Paar zu einem Fest aufsuchte, treibt er Alphonse in eine aussichtslose Seeschlacht gegen den marokkanischen König. Doch der Rivale, der Ehrgeiz und Freiheitsdrang aufgab, um für Mathilde ein neuer Petrarca zu werden, beweist dabei denselben kämpferischen Heroismus wie später bei der Entsetzung eines Hafens, der Vertreibung der Mauren im folgenden Landkrieg und der Befreiung des kastilischen Königs. Sein unabweisbarer Ruhm hätte ihn vor Pedros Schergen schützen müssen. Zusammen mit diesem aber steht auch dessen Vater dem Glück der Liebenden im Wege. Dem mit Trophäen und Gefangenen heimkehrenden Alphonse verweigert er die Einwilligung in die Heirat, da er selbst Mathilde zu seiner Frau machen will. Erst als der Held im Gefängnis die Pläne zu einem Komplott belauscht, mit dem der entfesselte Pedro dem Vater und Rivalen nach dem Leben trachtet, besiegt der neuerlich errettete König sich selbst und stimmt der Verbindung der Liebenden zu. Alphonse löst sich endgültig vom Hof, um Mathilde nach Vaucluse zu begleiten. Nach ihrer Heirat erfreuen sie sich der Gesellschaft Boccaccios, der die beiden Frauen nachträglich in die Reihe der »mulieres clarae« aufnimmt, genießen den besiegten Ehrgeiz und die Schönheit der Natur und verkörpern, neben Petrarca und Laura, in vorbildlicher Weise die dauerhafte Liebesvollkommenheit.

Auch in diesem Text ist die Autorin mehr sich selbst als den Lehren der *Nouvelles françoises* gefolgt. Sie wahrte die geschichtliche und geographische Distanz, suchte mit der spielerischen Aneignung berufener Autoritäten den von ihr vollendeten »code tendre« zu behaupten und ließ die eigene politische Erfahrung durchscheinen. Die Spiele und Unterhaltungen des Salons blieben unvergessen. Die Protagonisten entdecken und finden sich in Dialog und Briefwechsel; Laura verfaßt Verse gegen die Ehe, Mathilde eine Elegie auf einen von ihr geliebten Daphnis. Alphonse hat mehrfach Gelegenheit, sein Talent zur Stegreifdichtung zu erweisen. [21] Unmerklich gleiten die gereimten Inschriften auf den Bootssegeln in die erwähnte »Dramaturgie« der Petrarca-Sonette hinüber, die ihrerseits zum Anlaß literarischen und galanten Plauderns werden. Mathilde singt ein spanisches Lied, dessen Text freie Übersetzung nach Petrarca oder eine seiner Quellen sein kann, Anlaß, um über Nachahmung und Plagiat zu sprechen, wie andernorts über die Astrologie oder über die Frage, ob die Liebhaber ihre Damen fürchten. [22]

Avignon, ein Hof im Exil, symbolisiert als Gegenwelt des »kastilischen Absolutismus« den geschützten Fluchtraum der Dichter und der Liebenden. J. Plantié hatte die Clarie des *Grand Cyrus* als die Sorgue und ihre Quellen als die Fontaine de Vaucluse identifiziert. [23] Bedurfte in dem Roman die reine Liebe allein des abgeschiedenen Schutzraums der »vallis clausa« oder der Venusinsel, wie sie in der synkretistischen Einheit von Geographie und Geschichte, Mythos und Utopie gesichert schien, so ist sie in der Novelle zusätzlich verwiesen auf die politische Abschirmung vor der monarchischen Usurpation. Am kastilischen Hof wird das unverfängliche, befreiende Glück von Spiel, Unterhaltung und kodifiziertem Liebeswerben pervertiert: Mathildes Elegie an den ungenannten Geliebten wird ihr entwendet und als Zeugnis einer frevelhaften Spontaneität gegen sie angeführt. Dem despotischen Königssohn ist es erlaubt, die Intrige und die vermeintliche Staatsraison gegen die Verweigerung der Umworbenen aufzubieten. Zwangsläufig ist die Aufrichtigkeit das einzige Thema eines gemeinschaftlichen Gesprächs in dem so fremd gewordenen höfischen Rahmen. Ihr Widerpart, die Verstellung, steht in konkretem Bezug zu der Wirklichkeit königlicher Willkür im absolutistischen Frankreich. Die Durchsetzung einer repressiven Kulturpolitik mit Zensurbehörden und Kandidatenlisten, die die Kritik zum Schweigen brachten und das Herrscherlob subventionierten, ist die leicht zu ermittelnde Voraussetzung dieser Novelle. [24]

Die Hofkritik der Moralisten galt gemeinhin allein dem Höfling selbst. Für Marie de Gournay hieß es, König und Reich vor den »Grimassen« der Schranzen ud Intriganten zu schützen. Ihr unerschütterlicher Glaube an Heinrich IV. und die Monarchie gehörte, wie ihr Bekenntnis zu Montaigne und der alten Sprache und Dichtung oder die Orientierung an einem humanistisch-antikisierenden Bildungsideal, zu den Momenten, die sie in späteren Jahrzehnten für sehr verschiedene Gruppen befremdlich unzeitgemäß werden ließen. [25] Etwa 60 Jahre später bestätigte La Bruyère mit der rückhaltlosen Demontage eines die rivalisierenden Eliten repräsentierenden Hofadels zumindest indirekt das absolute Königtum. Mlle de Scudéry stellte indes, im Schutz der fiktionalen Einkleidung, den Monarchen selbst als verantwortlichen Dramaturgen in den politischen Blickpunkt. Er ist es und nicht der Schwertadel – denn Alphonse setzt im vorbehaltlosen Dienst an Fürst und Land wiederholt sein Leben aufs Spiel –, der Funktion und Legitimität des feudalistischen Königtums gewaltsam zerstörte, kriegerisch nach außen, machtgierig, selbstbezogen und tyrannisch nach innen, den patriotischen Heroismus und den Schutz seines Landes für geringer erachtend als das persönliche Interesse. Die wiederum märchenhafte Lösung einer späten Einsicht des Königs mag allenfalls als appellativ gedeutet werden. Der Schluß hingegen, der Auszug in die idyllische Gegenwelt, straft eine solche Erwartung Lügen. Die Utopie von Vaucluse und Avignon, Symbol der vom herrschenden Hof exilierten Salongeselligkeit, vollzieht die scharfe Trennung von Ehrgeiz und Hingabe, Intrige und »honneste amitié«, Gewalt und Freiheit, politischer Willkür und geselliger Spielkultur.

2.3. »Les Jeux« als Vorwort und Rahmen

Die der Novelle vorangestellte rahmenähnliche Exposition ist alles andere als unverbindliches Präludium. Vier Männer und ebensoviele Frauen verlassen (!) mit der Erzählerin Paris. Wie in den »berühmten Akademien Italiens« – etwa der Accademia dei Ricovrati in Padua, die die Autorin 1684 als »Universelle« aufnimmt – geben sich die Plaudernden Namen, die auf Temperament und Charakter deuten. Das gezielte Selbstzitat erinnert an die früheren Romane: la belle *Enjouée* (Plotine), la belle *Indifférente* (Cleocrite), la *Melancolique* (Noromate), la belle *Incredule* (Philiste), l'*Opiniastre* (Herminius), l'*Ambitieux* (Themiste), l'*Incertain* (Artimas), le *Complaisant* (Meriandre). Dem wechselseitigen Lob und Tadel der an Affekten geprüften »humeurs« folgt ein Gespräch über die »plaisirs«, das wie beiläufig in eine Würdigung verschiedener Spiele übergeht: »le jeu des Proverbes, des soûpirs, de l'oracle, du Roman, du propos interrompu, des fontaines, des tableaux ...« [26] Besonders Plotine fand immer wieder daran Gefallen. Nicole Aronson nannte diese erfundene Stiefschwester der Clelie deren »pendant précieux«. [27] In den Gesprächen des Romans vertrieben ihre geistreiche Spottlust und das Vergnügen an den unterhaltsamen Kleinformen jede Langeweile, Langatmigkeit oder Pedanterie. Ihr zuliebe entkräftet Themiste in der Novelle den fiktiven Einwand »vernünftiger Menschen« gegen den Unernst solcher »bagatelles«, um am Beispiel der Proverbien deren ehrwürdige Herkunft aus der »Kindheit der Moral« zu erweisen. In der *Chronique du Samedi* wird auch für den Kreis um Mlle de Scudéry die Praxis der Sprichwortspiele bestätigt. [28]

Die Geschichte der »jeux d'esprit« in der *Mathilde* faßt die auch von Ch. Sorel beschriebene Tradition zusammen. [29] Danach erfindet Themiste ein Spielprogramm für die gegenwärtige Gesellschaft. Auf 32 »billets« schreibt er je eine Aufgabe, über deren Auswahl und Lösung durch die acht Anwesenden der Zufall entscheiden soll: (1) Vne bonne & vne méchante lettre d'amour. (2) Pourquoy vn beau sot est plus sot qu'vn autre. (3) Vn faux brave. (4) Vn sçavant incommode. (5) Vn ignorant qui fait l'habile homme. (6) Vne histoire. (7) Vn conte. (8) La description d'vne belle maison de Campagne. (9) Vn homme qui parle trop. (10) Vn homme qui parle trop peu. (11) Vn bel esprit ridicule. (12) La difference du flateur & du complaisant. (13) Vn hypocrite. (14) Des vers d'Elegie. (15) Vn galimatias pompeux, qui puisse tromper les esprits mediocres. (16) Vn rebus. (17) Vne chanson. (18) Vn homme qui s'ennuye par tout. (19) Vn homme qui ne sçait pas vivre. (20) Parler contre l'amour. (21) Defendre l'amour. (22) Vne enigme. (23) Vn souhait. (24) Tous les divers caracteres des coquettes. (25) Vn Madrigal. (26) Vn empressé. (27) Vn brave brutal. (28) Vne devise. (29) Vn plaintif qui se lamente de tout. (30) Vn indifferent enjoüé qui ne s'inquiette de rien. (31) Qu'il faut toûjours vn confident en amour. (32) Qu'il ne faut point de confident en amour. [30]

Nichts ist leichter, als die von dem Spielmeister gestellten Aufgaben gattungsmäßig zu bündeln und den in den Romanen nachgewiesenen Varianten der »jeux d'esprit« zuzuordnen. Die impliziten Regeln entfalten die Anweisungen der *Maison des ieux* im Rückblick auf die lebendige Erfahrung. Selbstgewiß rief die Autorin den Lesern in Erinnerung, daß erst durch sie Wissen und Theorie in die Anwendung umgesetzt und vollendet wurden. Manches ist in der Tat direkt von Sorel übernommen: die Beschreibung des Landhauses (8), das Erzählen einer Geschichte (6, 7), das Rätsel (16, 22), das Stegreifgedicht (14, 17, 25), die Devise (28), das Für und Wider (4/5; 9/10; 20/21; 31/32), die Geschichte als Aufgabe oder Strafe (6, 7). Für die moralischen Distinktionen und Portraits (2, 3, 5, 9, 10, 11, 12, 13, 15, 18, 19, 26, 27, 29, 30) stellte Sorel keine unmittelbaren Vorbilder bereit. Um diese aber hat sich seit den »Samedis« das Programm der Unterhaltungsspiele vermehrt.

Acht der gestellten Aufgaben sind in der Novelle zu lösen: Plotine (2), Philiste (12), Cleocrite (25), Artimas (31), Herminius (32), Meriandre (14), Themiste (8) und Noromate (6) führen exemplarisch die von Mlle de Scudéry erlebten und angeregten Salonspiele vor. Plotine beginnt mit dem Portrait dessen, der die Schönheit einer Frau, nicht aber den Geist eines Mannes hat. [31] Doch die vermeintliche Unverbindlichkeit trügt. Die »legere peinture d'vn flateur« des Philiste [32] entwirft das Bild des schillernden Parasiten, der Familie und Freunde, Glauben und Staat feige verrät. Seine wahre Gefahr allerdings offenbart sich erst am Hof, wo der Schmeichler sich sogar mit dem Tadel der Schmeichelei anzubiedern gelernt hat. Die facettierte Vielfalt seiner Verfahren sollte dem Fürsten nicht verborgen bleiben, obgleich der Günstling, ein Meister höfischer Maskerade und Heuchelei, es wohl versteht, unter dem Schleier der »complaisance« und der »bien-seance du monde« seine trügerische Servilität zu verhüllen. Nachdem Artimas die Vorzüge des »confident en amour« so beredsam gepriesen hatte, daß Herminius keine Argumente mehr für die gegenteilige Behauptung blieben, und Meriandre eine Elegie verfaßte, setzte Themiste zu der langen »Beschreibung eines Landhauses« an. [33] Wie das Portrait des höfischen Schmeichlers steht auch diese in engem Zusammenhang mit der Novelle selbst. Es ist Saint-Cloud, das Schloß von Philippe d'Orléans, dem das Buch gewidmet ist. Ein weiteres Mal also erscheint die französische Gegenwart im Vorspiel. Wie der Autor des »Songe de Polyphile« [34] will Themiste die Beschreibung der Architektur mit der des Eindrucks, den das Gesehene bei ihm hinterlassen haben könnte, verbinden. Vom Gebäude selbst, der Fassade, dem Vestibül, den Spiegeln und Gemälden des Salons und der Galerie gleitet der Bick bald hinab auf die Gärten. Hinter terrassierten Parterres, einem von Rasenflächen umgebenen Kanal mit Schwänen und einer Allee aus Orangenbäumen, mit Schalen blühender Myrthen und Wasserspielen, entdeckt der Betrachter in der Ferne die einfache Brücke, das kleine Dorf, die weidenbestandenen Wiesen und den Fluß – die Seine –, der schließlich zwischen den Hügeln verschwindet. Natur- und Kunstlandschaft gehen unmittelbar ineinander über. Es ist eine Landschaft friedvoller und melancholischer Träumerei. Im Garten von Saint-Cloud bilden die schlichte Treppe neben den Balustraden, die einsame, wilde Grotte mit dem murmelnden Quellwasser und die gigantischen, arkadenförmigen Kaskaden des Wasserspiels keine Gegensätze. Kunstvoll und mühelos ist natürliche Wildheit gebändigt und verwandelt. Die »polymorphe« und gewaltige Bewegtheit des Wassers in den früheren Scudéry-Romanen ist in der Novelle gemäßigt und überschaubar: »l'Art fait vne si douce violence à la Nature ... les hommes ont trouvé l'art de tyranniser des eaux.« [35] Gleichwohl bleibt dem Wasserspiel der Charakter barocker synästhetischer Gesamtkunst erhalten. Vergoldete Balustraden, wappentragende oder wasserspeiende Flußgötter und Delphine umrahmen, neben der Devise des Hausherrn *(Alter post fulmina terror),* die großartige Kaskade aus »fließendem Kristall«. [36]

Das Portrait der Besitzer dieses »Palais enchanté« schließlich läßt ahnen, daß es um mehr als eine übungsmäßige Architekturbeschreibung geht. Doch sei angemerkt, daß dieser Text zwei Jahre vor den erwähnten »promenades guidées« durch die Schloßlandschaft des Versailler Stils entstand. Mit der Widmung an »Monsieur Frere vnique du Roy« und der dankbaren Erinnerung an dessen königliche Güte gegenüber den Geringeren wird dieser zum impliziten Gegenbild des kastilischen Herrschers und damit seines Bruders Ludwig: Er schätzt und erhält sich Freunde, gewährt Schutz und Gerechtigkeit auch jenseits des eigenen Interesses, ein großer Fürst in Krieg und Frieden. Palast und Garten bilden den Rahmen für Theatervergnügungen und Feste, bei denen eine liebenswürdige Gesellschaft zusammentrifft, wie sie seit je den von ehrgeizigen Verleumdern erfüllten Fürstenhöfen abgesprochen wird. [37] Für Spiel und Geselligkeit, Natur und Kunst, arkadische Harmonie und »honneste amitié« wird nach dem märchenhaft verklärten Avignon das Saint-Cloud der Gegenwart zum Refugium.

In den Reaktionen auf die Inhaftierung von Foucquet und Pellisson drückte sich eine Verbundenheit aus, die ähnliche Konstellationen offenbarte wie in den Zeiten der Fronde. Mlle de Scudéry, die unablässig die Freilassung Pellissons oder zumindest verbesserte Haftbedingungen zu erwirken bemüht war, suchte Schutz im Hause Orléans. Die überlebenden Freunde des Hôtel de Rambouillet und der »Samedis« hielten ihr und Pellisson die Treue: Marie-Eléonore de Rohan, die Äbtissin von Caen, Montausier, Saint-Aignan oder Mme de Sévigné, die ihrerseits politisch verdächtigt worden war. [38] Die Unterdrückung dieser Novelle läßt indes erkennen, daß auf die unüberhörbaren politischen Anklagen schnell und exemplarisch reagiert werden sollte. Den inopportunen Mut und das literarische Geschick ihrer Autorin sollte jedoch derjenige nicht vergessen, der sie in der Folge in die Herrscherelogien einstimmen sieht. Ob und in welchem Maße sie dabei an den einstigen lebensweltlichen Bekenntnissen Verrat übte, ist an der letzten ihrer Novellen zu verfolgen, mit der so offensichtlich sie sich der königlichen Gunst empfahl.

3. »La promenade de Versailles« (1669): Das Märchen vom guten König

3.1. Die Willkür der Wunder

Anonym erschien zunächst auch die dritte und letzte Novelle, die mit den veränderten Titeln *Celanire* (1671) oder *La promenade de Versailles ou Celanire, nouvelle galante* (1697) und unter dem Namen von Mlle de Scudéry wieder aufgelegt wurde. Dem König huldigte die Autorin, nach der Widmung, im Preisgedicht und panegyrischen Portrait und, mittelbarer, in der verherrlichenden Beschreibung der Versailler Schloß- und Gartenarchitektur und desjenigen der Hoffeste (18. Juli 1668), das den göttergleichen Monarchen am sinnfälligsten symbolisierte. So konnte der Eindruck entstehen, daß auch diese beredte Zeugin einer rebellischen Epoche die Notwendigkeit erkannt hatte, im Kniefall vor der königlichen und höfischen Autorität der endgültigen Machtablösung ihren Tribut zu zollen. Vergeblich würde man in der Tat hier nach einem Pendant zu dem korrupten Herrscher aus der Geschichte des Nachbarlandes und seiner an Mathilde und Alphonse gemahnenden Opfer suchen. Der fiktive Fürst des ungenannten ausländischen Hofs wird durchgängig einer Erwartung für würdig befunden, die bis zuletzt den idealen Höfling Cleandre an die Überlegenheit seiner Tugenden glauben läßt. Die Liebe dieses treuen Dieners zu seinem König und die zu Celanire brauchten sich nicht mehr auszuschließen. Nachdem der Fürst durch Cleandre vor einer Verschwörung gewarnt worden war und miterlebt hatte, wie er Euribiade, den Vormund der Celanire und Erbfeind seines Geschlechts, bei einem bewaffneten Überfall befreite, führte er die Liebenden zusammen und holte sie an den Hof zurück. Cleandre, dessen wiederholte Mißgeschicke in der wachsenden Schwierigkeit gründeten, vor ihm und den Rivalen das Celanire gegebene Versprechen der Geheimhaltung ihrer Liebe zu wahren, schien ihm selbst als Liebender nunmehr vorbildlich. Doch das versöhnliche Ende bedurfte der Wunder. Hoffnungslos war noch wenig zuvor die Zukunft des Paares. Euribiade drohte der verwaisten Nichte mit Enterbung und sofortiger Verbannung, wenn sie seiner Heiratsverfügung sich widersetzen oder gar dem Feind der Familie in die Ehe folgen wollte. Daß der ihr bestimmte reiche Bösewicht Cleonte sie mit Gewißheit vom Hof entfernen würde, mußte wiederum die Prinzessin Argelinde mit Genugtuung erfüllen, die mit Unmut die Bewunderung der schönen Celanire auch durch ihren Geliebten, den König, bemerkt hatte. Die Höflinge Iphicrate und Alcinor scheuten kein Mittel, Cleandre auszuschalten, der sie aus der Gunst der Angebeteten und aus der des Monarchen zu verdrängen drohte. Celanire verbarg sich in einem nahen Kloster, um von dort, vor der Entführung durch Cleonte, mit Glicere, der späteren Erzählerin ihrer Geschichte, nach Frankreich zu fliehen, dem Land der Vorfahren ihrer Freundin. Bei einem Spaziergang durch Versailles treffen sie auf die plaudernde Gruppe, die sich gerade von Telamon in die Wunder der Palastarchitektur, der Thetisgrotte und der Parklandschaft einweisen läßt. Hiermit beginnt die Erzählung, ohne daß, wie in den vorangehenden Texten, das Vorspiel von der Novelle gänzlich abgelöst wäre. Als »belle Etrangere« ist Celanire mit Glicere auch in den Versailler »Rahmen« einbezogen, der mit dem Auftauchen des verschollenen Freundes geschlossen wird. Cleandre nämlich war exiliert worden, als ein Duell seine Anwesenheit und die heimlichen Besuche im Kloster der Celanire an den Tag gebracht und die behauptete Reise als vorgetäuscht erwiesen hatte. Aus der Gewalt türkischer Korsaren befreiten ihn christliche Malteserritter, bis er schließlich, aus einem Seesturm errettet, zu einem gnädigen Fürsten und einem umgestimmten Vormund zurückkehrte.

Der beharrliche Rekurs auf Willkür und Zufall zur Überwindung hinderlicher Konstellationen kann bei dieser fortschreitend um Wahrscheinlichkeit bemühten Autorin nicht als bequemer Rückgriff auf beliebig verfügbare Erzählformeln gedeutet werden. Die barocken Wunder scheinen planvoll und neuartig eingesetzt: In der endgültig erstarkten absoluten Monarchie ist der Konflikt weitgehend der märchenhaften Lösung überantwortet. Dem entspricht, daß die Protagonisten – Cleandre und Cleonte als Prätendenten einer Heirat von Neigung oder Zwang; Cleandre, Iphicrate und Alcinor als Liebende und als Höflinge – gänzlich entindividualisiert sind. Anders als in den Salonmärchen der Mme d'Aulnoy steht die politische Bedrohung und die konkrete Erfahrung königlicher Ungnade im Vordergrund. Vergeblich hatte Foucquet auf seine Begnadigung gehofft, und Pellisson betrieb, unterstützt von mächtigen Fürsprechern, zur Zeit des Entstehens der Novelle noch ohne wesentlichen Erfolg seine Rehabilitierung. Die Fiktion des milden und einsichtigen Fürsten und der hochherzigen Tugend des Cleandre wirkt darum wie ein Appell an den herrschenden König. Die Novelle wird zum Fürstenspiegel, dessen Lektionen durch die Wunderlösung und den Zufall zugleich als unwirksam erwiesen werden. Die aufklärerische Alternative zu monarchischer Willkür und dem Opportunismus der Untertanen, der diese Willkür zugleich trägt und zwangsläufig von ihr produziert wird, wurde indes unüberhörbar formuliert. Einmal mehr erschöpfte sich die Hofkritik nicht im allgemeinen Portrait eitler Süffisanz oder geschickter, planvoller Nutzung des Augenblicks bei den höfischen Karrieristen selbst. Ebensowenig aber rekurrierte die Autorin auf das fiktive Zerrbild eines räumlich entrückten Herrschers, das – wie bei *Mathilde* – in dem Maße, wie der satirische Kern unter der scheinbaren Unverbindlichkeit freigelegt war, das literarische Verstummen zur Folge haben mußte. Nicht anders als Pellisson mag auch Mlle de Scudéry in der unterwürfigen Ergebenheit gegenüber dem siegreichen Monarchen die gebotene Geste erkannt haben. Zugleich aber huldigte sie, im Sinne ihrer früheren Romane, dem literarischen Entwurf einer gestaltgewordenen Idealität, die von dem Gemeinten zukünftig noch einzuholen wäre.

3.2. Der Fürstenspiegel für den aufgeklärten Monarchen

Der Appell, den Mlle de Scudéry an den König richtete, betraf neben seiner eigenen Person auch dessen Verhältnis zu den Untertanen. In Cleandre entwarf sie einen vorbildlichen Höfling, der eben deshalb auch »un excellent souverain« ist. [39] Großmütig suchte er die königliche Gunst auf einen nach Hofintrigen in Ungnade gefallenen Verbannten zu lenken und ließ ihm, ebenso wie der Tochter eines Freundes, der nach der Konfiszierung seines Vermögens völlig verarmt war, ungenannt reichliche Geldmittel zukommen. Ihm angetragene Chargen wies er zurück zugunsten anderer, deren Verdienste bislang unbemerkt geblieben waren. Außergewöhnlich ist auch sein Verhältnis zu dem Fürsten selbst. Vertraut und ehrfurchtsvoll dient er ihm mit unbedingter Aufrichtigkeit, die auch vor der unbequemen Wahrheit nicht zurückschreckt. Wie in den femininen Selbstportraits um Mlle de Montpensier wird die »sincérité« zum überlegenen Wert erklärt. Ein unverfänglich scheinendes Gesprächsthema über die Leidenschaften bewegt Cleandre dazu, allen anderen darzulegen, daß die ihn beherrschende Liebe die zu seinem König ist.

Die sentimentale Handlung tritt in dieser Novelle hinter der bedrängenden Wirklichkeit des triumphierenden Absolutismus zurück. Die Unterhaltungen rühren bald an Fragen höfischer Moral: Im »cabinet des Amours et du Silence« [40] geht es weniger um das Liebesgeheimnis als um das vermeintliche Vergnügen an der Indiskretion und am Erfahren und Verbreiten der den König umgebenden Geheimnisse. Bei der Prüfung der aufgegebenen Frage, ob die Anlage zu tugendhaftem Verhalten dem Bemühen um dieses vorzuziehen sei, wird auch der König auf das begründete Urteil verpflichtet, vor den Verblendungen willkürlicher Neigung gewarnt. [41] Als in dem Gespräch über die Leidenschaften die Frauen erklären, daß dem Fürst die Autorität, dem Untertan die Freundschaft mit seinesgleichen bestimmt sei, hält ihnen Cleandre die Tugenden des Fürstenspiegels (»l'art des Rois«) und das historische Exempel ungleicher Freundschaften entgegen. Wer indes könnte als der Atticus oder Laelius Ludwigs XIV. gelten? Celanire geht noch weiter, wenn sie am Sinn der Kriege und

Siegesfeiern zweifelt, die Millionen Hungernder die eigentlichen Bedürnisse verkennen ließen. [42] Später beschreibt der greise Einsiedler Philemon dem Fürsten sein Entsetzen beim Anblick der Waffenmagazine und Kriegsmaschinerie, hieße es doch vielmehr, die Erfindungen in den Dienst des Lebens zu stellen. [43]

Der König, dem die Autorin huldigte, war vielfach gebunden. Gerechtigkeit, Güte und Weisheit eröffneten ihm den aufrichtigen Rat ebenbürtiger Freunde, der ihn auf die Garantie einer friedlichen Lebenssicherung für die unmündige Masse verpflichtete. Im Schutze der realpolitisch gebotenen Würdigung der früheren Schlachten und der jüngsten Eroberung der Franche-Comté konnte Mlle de Scudéry die in ihren vorabsolutistischen Romanen verborgene Wunschprojektion einer aufgeklärten Monarchie neu formulieren.

3.3. Die höfische Prunkbeschreibung

Selbstbewußter trat in dieser Novelle Mlle de Scudéry denen entgegen, die im Sinne der Princesse Aurélie/Montpensier und ihrer Damen die Wahrheit des Erzählten mit der genauen Genealogie ihrer Protagonisten zu gewährleisten glaubten: Hier, so erklärte sie, seien die Begebenheiten wahr und die Namen erfunden. [44] Nichts verbietet, den Fürsten des ungenannten Landes mit dem des Versailler Rahmens gleichzusetzen, und durchaus wahrscheinlich ist die von A. Niderst nahegelegte Identifizierung des Cleandre als François de Beauvillier, duc de Saint-Aignan. [45] Zu Dank und Bewunderung der Autorin gegenüber diesem vorbildlichen Vertreter des alten Schwertadels, der in Pellissons von Haft und Vermögenskonfiszierung bestimmtes Leben – ähnlich dem fiktiven Cleandre – mit Fürsprache und materieller Unterstützung eingegriffen hatte, bestand aller Anlaß. Erkennbar ist er für A. Niderst als Dramaturg eines Festes auf der »petite isle presque enchantée« [46], das in der Tat an den Ausstatter der berühmten »Plaisirs de l'isle enchantée« von 1664 erinnert. Mit der Beschreibung des von ihm vorgeschlagenen »Balet de la danse, ou le Balet des Balets« [47] wäre diese Entschlüsselung zu stützen gewesen. Cleandre ist, neben dem König, der beste der Tänzer. Die drei »Entrées« können, anhand der Studie von M.-F. Christout, als literarische Summe der Auftritte, Choreographien und Themen Saint-Aignans gedeutet werden, der, meist nach den Texten Benserades, nahezu alle höfischen Feste ausrichtete und dabei in führenden Rollen mittanzte. [48]

Der Beginn des Balletts veranschaulicht die Entstehung des Tanzes nach der griechischen Mythologie. Sternförmige Kronen auf dem Haupt von Schäfern, die bald das Siebengestirn, bald die Lyra des Orpheus nachstellen, symbolisieren die ursprüngliche Nachahmung der Planetenbewegung. Nach Comus, dem Schutzgott des Tanzes, erscheint eine Gruppe von Satyrn, dann Bacchus mit kriegerischen Indern und Lydiern, Orpheus mit Ägyptern und Äthiopiern, Castor und Pollux mit Lakedämoniern, die die Erfindung des Tanzes darstellen. Im 2. Auftritt führt Amor mit seinem Gefolge die Gesamtheit aller Völker in die anmutige

Kunst ein. Neben Italienern, Deutschen oder Engländern bewegen sich die bunten Gruppen der Türken, Spanier oder Marokkaner nach heimischer Sitte. [49] Im künstlichen Garten schließlich, in den sich die Bühne verwandelte, senken sich zahllose Strahlen fallender Orangenblüten in die Muscheln eines Brunnens, um einem prächtigen Festmahl und Ball den Rahmen zu geben.

Im »Ballet des Plaisirs« des Karnevals von 1655 tanzte Saint-Aignan einen der Satyrn. 1659 richtete er die »Noces de Pélée et de Thétis« aus und bestritt in den ritterlichen und anderen Kämpfen zu Ehren des Mars, an denen auch Inder beteiligt waren, die Solopartien. 1662 stellte er einen der Sterne dar, die in »Hercule amoureux« vom Himmel herabgleiten, 1664 einen Amor im »Ballet des amours déguisés«. Im »Ballet de la Naissance de Vénus« (1665) übernahm er den Part des Castor und den des Orpheus. 1667 trat er in der Neufassung des »Ballet des Muses«, nach Türken und Mauren, in einer spanischen Maskerade auf. Schließlich hatte er im »Ballet de Flore« (1669) die Rolle des Comus inne. Als »grand ordonnateur du Ballet« wurde er der Protektor der 1661 gegründeten Académie Royale de la Danse. [50]

Mit der verschlüsselten Nachbildung seiner Ballettauftritte dankte Mlle de Scudéry ihrem Gönner, antwortete aber zugleich auch auf die Wißbegier einer Leserschaft, der sie, nach der »Entrée de la Reyne«, den farbigen Prunk von Hofballett und Festen entdeckte. Dieselbe Neugier konnte sie für die Wunder der Versailler Schloßlandschaft voraussetzen.

Die Unterhaltung des Rahmens empfiehlt und legitimiert die Architekturbeschreibung in origineller Weise. Telamon hält, so sagt er, seine jeweiligen Reiseeindrücke fest, um mit größerem Gewinn das Vertraute wiederzusehen und es sich lesend zu vergegenwärtigen. Wie das Beispiel des Polybios, Caesar oder Plinius (d. Ä. und d. J.) lehre, bewahre sich in dieser Gattung ein kostbares Wissen, das die Bauten selbst überdauere und das dem geographischen ranggleich sei. Die »promenade« als Spielart des Dialogs, deren kurzlebige Blüte in eben diesem Jahr 1669 lag, hatte, mit Aufbruch und Spaziergang der plaudernden Runde, verstärkter noch als das Gespräch allein, den didaktischen Traktat aufgelokkert. [51] Telamons Erklärungen gegenüber der staunenden Belle Etrangere beteiligten den Leser an dem wechselnden Schauspiel stets neuer Ausblicke und Perspektiven, die die statuarische Symmetrie der Fassaden und Flügel, Pilaster und Galerien, Kanäle oder Balustraden in Bewegung versetzten: Während die Romane ihre (realen) Objekte in jener detailgetreuen Ausführlichkeit vorzustellen hätten, die die Wahrscheinlichkeit gebiete, sei die erdichtete Architektur in der heroischen Epik erfüllt vom Zauber des Unwirklichen. [52]

In der Beschreibung von Vaux-le-Vicomte in *Clelie* X hatte Mlle de Scudéry Le Bruns Sonnenpalast als bildnerische Darstellung erdichteter Baukunst literarisch reproduziert. Das Schloß selbst jedoch blieb unter der Namenstravestie (Valterra) klar erkennbar. [53] In der Novelle indes geriet die Erzählerin zusehends in den Bann der von ihr beschworenen Bewunderung und Wunder: Im Feuerwerk und in dem »Palais de verdure« vermählten sich Kunst und Natur, indem jedes das jeweils Entgegengesetzte vortäuschte. Doch das Fesselndste war die Thetisgrotte, in der Exotisches und Antikes, Fließendes oder Festes, Feuer und Wasser, Farben und Klänge geeint schienen. Das Fest zur Feier des Friedens von Aachen ließ die Gäste Abschied nehmen von einem Ort, der mehr an Magie als an menschliche Kunstfertigkeit gemahnte. [54] Zuvor hatte das Amphitheater im Grünen, »scheinbar für die Ewigkeit errichtet«, etwa 3.000 Menschen das Schauspiel wechselnder Szenen und Kulissen bei einer von Musik und Tanz unterbrochenen Komödie von Molière (i. e. *George Dandin*) geboten. [55] Ohne Vorbild war der in die Landschaft gezauberte Prunksaal für das königliche Abendessen. Auf porphyrnen Pilastern mit vergoldeten Kapitellen ruhte die Kuppel, die zwischen Arabesken von Blattwerk die sommerliche Morgensonne zeigte. Vertikal wurde sie überkrönt von dem nachgebildeten Parnaß, in dem Apoll, die Musen und Pegasus die Mitte einer gigantischen, achteckigen Tafel einnahmen. Korrespondierend zu der horizontalen Achse im Garten von Versailles wurde damit die königliche Sonnenallegorie auch in der vergänglichen Kulisse erneuert. Hängende Felsen im oktogonalen Ballsaal erinnerten schließlich an die Gärten der Semiramis. Als zuletzt das Schloß selbst wie der Sonnenpalast erschien, hatte die reale Architektur die imaginäre – der *Metamorphosen* von Ovid – eingeholt, war das Wunder wirklich geworden; im Garten wiederum erstand dieselbe im »trompe l'oeil« der Materialien, Maschinerie und Effekte. Unmerklich verließ die Beschreibung die Ebene präziser Dokumentation, um die mythologische Allegorese von Architektur und Fest für die Literatur zurückzuerobern, von der sie ihren Ausgang genommen hatte. Wie die Novellenhandlung selbst geriet somit auch der ekphrastische Bericht in die Nähe des Märchens.

Mlle de Scudéry hat selbst auf ihre Quellen, die beiden zirkulierenden »relations« über das Versailler Fest aus der Feder von Jean de Montigny und André Félibien verwiesen [56], letzterer ein beredter Zeuge der verschiedenen, königlich protegierten und betriebenen Formen höfischer Kunst, den A. Niderst in dem sachkundigen Führer Telamon aus der Rahmeneröffnung wiederzuerkennen glaubt. Auch Félibien war, wie La Fontaine und Pellisson, an Foucquet und Vaux-le Vicomte gebunden, bevor er in den Dienst von Colbert und Versailles trat. [57] Mögen Mlle de Scudéry auch solche und ähnliche Berichte als Vorlage gedient haben, so kam ihr doch unabhängig davon erneut zugute, daß der Salon sie das improvisierte, kurzweilige Beschreiben gelehrt hatte.

3.4. Die Apologie der Salonkultur

Bei näherer Betrachtung zeigt sich auch diese letzte Novelle den Grundanschauungen ihrer Autorin verpflichtet. Fürstendienst und vollkommene Liebe setzen, was die Gespräche ebenso wie die Fabel lehren, Geheimhaltung und bedingungslose Selbstaufgabe voraus. Die Handlung wiederholt die Allegorie von Ballett, Hoffest und Palastarchitektur aus der Rahmenerzählung. Mit der magischen Entrückung der höfischen Wirklichkeit indes entgleitet auch der König der Hoffnung auf maßvolle Milde und Vernunft. Die Rückschau läßt eine utopische Zukunft aufscheinen, in der dem funktionsfähigen Schwertadel (Cleandre) und dem weisen Einsiedler (Philemon) Gehör geschenkt würde. Unmißverständlich erinnerte Mlle de Scudéry an die spielerische Gelegenheitsdichtung und die beliebten Namen der Salonlyrik. Die Novelle liest sich bisweilen wie eine kommentierte Anthologie. Cleandre verfaßt neben Couplets einen Quatrain, eine Elegie und Madrigale. [58] Memorierte Strophen von Sarasin, Voiture, Malherbe und Ménage mischen sich mit diesen und anderen Stegreifversen. [59] Am fernen Hof begeistert man sich für die herbeigebrachten »ouvrages de galanterie«:

> Entre autres le Poeme de la Fauvette, le Caprice contre l'estime, l'Amour de la poire & de l'abricot, le Dialogue des pommes d'Api, l'oranger, le Temple de la Paresse, l'Edit d'Amour, les Fables d'Esope en vers, de belles Elegies d'une femme de qualité, & plusieurs autres choses fort ingenieuses, sous le nom d'Acante, qui nous divertirent extrémement. Nous avions ce jour-là plus qu'un autre, la fantaisie de bel esprit, & nous parlâmes fort de Voiture & de Sarrasin. Je soûtenois la Taupe du premier, Cleandre la souris du second. Celanire ne pouvoit assez admirer les petits Goujons de Voiture, & je loüois fort la Pompe funebre que Sarrasin luy a faite. [60]

Mit den erwähnten Titeln empfahl die Autorin vor allen anderen den bedrängten Pellisson. Sie erinnerte auch an frühere Spiele der »Samedis«, dazu an die gefälligen lyrischen Kleinformen – die Metamorphosen in Carisatis oder den zyklischen Dialog zwischen Grasmücke und Zaunkönig – aus einer Zeit, da der Freund schon Sekretär von Foucquet geworden war. [61]

Während mit diesem Mäzen die Salonkultur, wirksamer noch als nach der Fronde, politisch in Ungnade zu fallen drohte, war deren und der Autorin erfolgreichster literarischer Widersacher bereits auf dem Plan: 1663 griff Boileau in der 2. und 3. Satire die Scudéry-Romane an. 1664 »erdachte« er, wenn man dem Zeugnis des 1710 verfaßten »Discours« folgen kann, den satirischen Dialog in der Manier Lukians, *Les Héros de roman.* Rücksicht auf die noch lebende Schriftstellerin, deren Romane er in jungen Jahren als Meisterwerke bewundert habe, soll ihn an Niederschrift und Druck gehindert haben. Der von ihm nach ihrem Tod betriebenen Erstveröffentlichung (1713) sei jedoch der Vorabdruck einer Fassung vorangegangen, die aus dem Kreise, vor dem er den Text unmittelbar nach seinem Entstehen zu wiederholten Malen vorgetragen hatte, redigiert worden sei. Ohne Zweifel hat Mlle de Scudéry von dieser Kampfansage gegen ihre Romane erfahren müssen. Vorherrschend ist in Boileaus Dialog der Unmut über die Aneignung der heroischen Antike durch Liebeskasuistik, »jeux d'esprit«, »tablettes«, Madrigale, »chansons« oder die Geographie des »Tendre«, über die Summe also der »mots galans et façons de parler élégantes et précieuses«. [62]

In der *Promenade* jedenfalls geht es um eine »Satyre contre les plus belles personnes de la Cour«. [63] Unstimmigkeit herrscht am Hofe darüber, ob man den bald kursierenden Text durch Schweigen oder Replik zu erledigen habe. Die königliche Wache verhaftet schließlich den »gefährlichen Satiriker«, dessen Pamphlet auch persönliche Angriffe auf Celanire enthielt. Der Fürst rächt die

Damen mit härtester Bestrafung. A. Niderst deutet den Exkurs als Reaktion auf die bereits zu dieser Zeit kursierenden ersten Fassungen von Boileaus 10. Satire. [64] Die Kritik gilt der Misogynie, der persönlichen Verunglimpfung, zugleich aber auch der satirischen Gattung selbst, vor der die Präzeptorin der geselligen »bienséance« bereits in den Romanen mannigfach gewarnt hatte. Zudem hatte sie gute Gründe, den Zensor zu fürchten, der im Verein mit der Akademie eine reiche literarische Tradition zum Schweigen zu bringen suchte.

Wie beziehungsreich auch die übrigen Literaturgespräche in der Novelle sind, verrät zuletzt eine scheinbar unverfängliche Camouflage. Cleandre verfaßt eine französische Ekloge, die er in den Drucktypen Voitures setzen läßt und bei einer Lesung von dessen Gedichten als die jüngsten Verse des Dichters ausgibt. Celanire zieht sie Voitures anderen – galanteren – Werken ebenso vor wie einem älteren Quatrain Cleandres, der den erwarteten Genuß erfüllter Sehnsucht vorwegnahm. Allein die Verehrung ohne Hoffnung verheiße doch die mögliche Erhörung. Sie selbst zitiert die für sie entscheidenden Verse, die den »galanten« Voiture von der »tendresse« seiner vermeintlich neuesten Ekloge unterscheiden:

> Cette unique beauté dont vous estes ornée,
> N'aura jamais pouvoir sur une ame bien née;
> Vôtre empire est trop rude & ne sçauroit durer,
> Ou il s'en trouve encore qui puissent l'endurer
> Avec tant de mépris & tant d'ingratitude,
> Ce sont des coeurs mal-faits, nez à la servitude, /
> Ou de mauvais esprits, qui du Ciel en courroux
> Ont eu pour châtiment d'estre amoureux de vous;

dazu ihr Kommentar:

> ... Voiture ne connoissoit que la galanterie, & point du tout la grande passion; ... il sçavoit plûtôt louer ses maîtresses que toucher leur coeur, & ... il ne les persuadoit qu'en les divertissant. [65]

Dagegen stehen die – Voiture unterschobenen – Verse des idealen Liebhabers:

> Elle n'a pas un coeur à céder par foiblesse,
> Et s'il se rend jamais, ce sera par tendresse.
> Il ne cedera pas sans avoir combattu,
> Appellé pour secours la gloire & la vertu,
> Dissimulé long-temps cette premiere estime,
> Qui pour se mieux cacher, nomme l'amour un crime
> Et si par mes soûpirs je pouvois l'enflâmer,
> Elle se hairoit avant que de m'aimer;
> Elle s'accuseroit de ma longue constance,
> Et se repentiroit de sa reconnoissance ... [66]

Der Leser wird erinnert an die Rede Sapphos an Erinna, an Venus Uranie und Anadyomène (Parthenie/Callicrate), an die »parfaite amour« von Petrarca und Laura, Alphonse und Mathilde. Doch es ist mehr als formale Motivtreue. Noch einmal repliziert, wie auch aus dem Kontext ersichtlich, der (weibliche) »code tendre« auf den (männlichen) »code galant«: Alcinor empfiehlt die galante Unterhaltung der Damen nach Voitures Vorbild, Clicere hält ihm deren Wunsch nach ungeteilter Aufmerksamkeit entgegen, an der die Rhetorik scheitert. Cleandres Verse, in Wahrheit von einer Frau verfaßt, binden den Mann erneut an eine Form heroischen Liebens (gloire, vertu, estime, constance), das der Verehrten erlaubt, weibliche Schicklichkeit und Sehnsucht zu versöhnen, indem es die Begrenzung ihrer Gefühle in der Geste selbstauferlegter Erwartungslosigkeit anteilig zu tragen hilft. Der höfische Parasit ist zu mehr als der galanten Unverbindlichkeit unwillens und außerstande. Sein Werben um Celanire und um die Gunst des Fürsten dient aneignender Erhöhung der eigenen Person.

* * *

Mlle de Scudéry reagierte auf Segrais' Novellen anders als mit blinder Anpassung an seine Empfehlungen. Die Einheit der Erzählhandlung war auch ihr nun ein Ziel, doch verzichtete sie nicht auf die im früheren Salon entwickelten Ideen und unterhaltsamen Formen. Wo sie den Gesprächen oder Beschreibungen eine »französische« Färbung verlieh, suchte sie die gebotene Huldigung bindend zu füllen, indem sie die Welt des vergangenen Schwertadels und seines geselligen Refugiums erinnernd belebte. Der Rekurs auf das eigene Werk gründet darum nicht in Unvermögen oder formaler Beharrlichkeit. [67]

Über ein Jahrzehnt blieb es still um die Autorin. Ihr Alterswerk ist der Salongeselligkeit noch weiter entrückt. Der erste Band ihrer Gespräche ist ein Nachdruck von Unterhaltungen aus den früheren Romanen. Die Gattung indes und die gewählten Themen vermitteln das Erbe des preziösen Salons an die »modernen« Nachfahren. Als Moralistin beschloß Mlle de Scudéry ihr Lebenswerk, das von allem Anfang an einer aufklärerischen Hoffnung sich verschrieben hatte.

Um die Moral der Welt und die Welt des Moralischen geht es auch im Salon der Mme de Sablé in Port-Royal. Nach den hocharistokratischen Damen um Mlle de Montpensier gerät ein zweites Mal eine Gruppe hochadliger Frauen mit ihrem Bekenntnis in den Blick: Als Leserinnen La Rochefoucaulds antworteten sie auf dessen Maximen.

V. Mme de Sablé und die weibliche Maximenkritik (1659–1663)

1. Der Salon in Port-Royal: Die Gäste und die Themen

Statt Trüffeln schickt La Rochefoucauld an Mme de Sablé elf Maximen und verbindet eine Bitte damit:

> je vous supplie de me donner en récompense le mémoire pour faire le potage de carottes, l'eau de noix et celle de mille-fleur; si vous avez d'autre potage, je vous le demande encore. [1]

Beispielhaft fängt dieser Brief vom Dezember 1663 die spielerische Kurzweil ein, die die Maximenliteratur umgibt. Mme de Sablé, Mittlerin und geselliger Mittelpunkt für die Gattung, zieht, wie ihre Gäste und Freunde, der großen Tafel, dem als bürgerlich verlachten Überfluß, den Gaumenkitzel delikater Suppen, Ragouts, Pastillen oder Konfitüren, der schwerfälligen Erörterung oder Abhandlung die pointierte Kürze vor: »l'on gagne par la briéveté ce qu'on perd souvent par l'excés des paroles.« [2]

Wie sie mit Mme de Maure, ihrer Freundin und Nachbarin an der Place Royale und später am Faubourg Saint-Jacques, kleine Briefe wechselte, früheste Beispiele der »billets«, so hatte sie sich auch selbst aufgegeben, die Betrachtungen über Lektüren und Lebenserfahrungen in einer Form zu verdichten, die den Geboten der idealtypischen Konversation nicht zuwiderlief.

Die Geschichte der Maximenforschung begann vor etwa einem Jahrhundert mit der Fehde zwischen V. Cousin und Sainte-Beuve. Durch Cousins unverhohlene Abneigung gegen La Rochefoucauld sah sich der Kritiker zu einer Apologie herausgefordert, in der die literarische Bedeutung von Mme de Sablé und ihr Einfluß auf Entstehen und Blüte der Gattung entschieden bestritten wurden. [3] In jüngerer Zeit hat M. Kruse eine Abhängigkeit der »Kunstform« der Maxime von der Salongeselligkeit nur insoweit zugestanden, als hier ein »Leserkreis ... die pointierte Formulierung zu schätzen weiß«. [4] Allerdings schien für sie nicht auszumachen, wie die neue und vielfache Neigung zu Aphorismus und Sentenz zu erklären und wie die Auswirkung der über Mme de Sablé vermittelten Anregungen und Urteile auf La Rochefoucaulds Maximen einzuschätzen sei.

Es ist müßig, über den Anteil von Gespräch und Korrespondenz an der Meinungsbildung der so heterogenen Freunde zu rechten. [5] Die von V. Cousin und N. Ivanoff veröffentlichten Dokumente informieren über den Salon von Port-Royal mit seinen Gästen und ihren Interessen. [6] Jansenisten und Molinisten, Ärzte und Juristen begegneten sich im Disput um Calvin, Descartes oder die Jesuiten, die galenische Humorallehre und die »chimiâtres«. J. Esprit bestätigt die

Mitwirkung eines bestellten Schreibers. Noel Vallant, Arzt und Sekretär der Mme de Sablé, sammelte in den berühmten »Portefeuilles«, deren archivarischer Wert dem der »Chronique du Samedi« gleichkommt, Abschriften und Autographen, die die intellektuellen Aktivitäten der Beteiligten im Rahmen einer geschlossenen Öffentlichkeit zu verfolgen erlauben. Ein Protokoll hält die »conférences sur le calvinisme« fest. Man verlas die Zusammenfassung eines Streitgesprächs über Descartes, und der Arzt und Calvinist A. Menjot erwies, zur Genugtuung Pascals, am Delirium die Immaterialität der Seele. Mit Pascal begann man, sich für Experimente am Barometer zu interessieren. Daneben war der Kreis beschäftigt mit der Erörterung von Krieg und Frieden, mit dem Vorrang von Patriotismus oder Freundschaft und vor allem mit der Beurteilung der Affekte. J. Esprit warf das Thema der Leidenschaften auf, die für ihn und die übrigen Jansenisten die zur Schuld determinierte menschliche Natur bestätigten, für die Molinisten – De Maure und Sourdis – indes nicht unvereinbar waren mit der Willensfreiheit. Vallants Papiere und die Korrespondenzen bezeugen für 1667 ein allgemeines Interesse an der kasuistischen Liebespsychologie. Sourdis' »questions sur l'Amour«, seine Verteidigung einer Liebe erkennender Wahl und seine in Maximen dargelegte Begründung für Amors verbundene Augen erneuern, im Lichte des theologischen Rigorismus, die Distinktionen und Spiele um die »Carte de Tendre«. [7]

Die Damen waren an den Gesprächen beteiligt, indem sie vermittelten oder auch widersprachen. In beidem zeichnete sich vor allen anderen Mme de Sablé selbst aus.

2. *Mme de Sablé als Mittlerin und Autorin*

Wenn auch Sainte-Beuve oder H.-A. Grubbs die Wirkung der Gastgeberin im gelegentlichen freundschaftlichen Rat an La Rochefoucauld sich erschöpfen sehen, so können sie die in ihrem Freundeskreis verbreitete Neigung zur Formulierung, vor allem aber zu Austausch und Kommentar von Maximen nicht bestreiten. Arnauld d'Andilly, Domat, J. Esprit, Sourdis, d'Ailly und vermutlich auch Pascal waren als Verfasser daran beteiligt. La Rochefoucauld holte Rat ein bei J. Esprit und Arnauld d'Andilly, insbesondere aber bei Mme de Sablé, die als allseits befragtes Orakel galt. Seine überschwengliche Bewunderung ihres Urteils steht zwar in keinem Verhältnis zu den geringfügigen Änderungen an den 45 Maximen, die sich vor der Erstveröffentlichung in Vallants Archiv befanden. [8] Doch bestätigt sie sein Vertrauen in die geschickte Anwältin bei dem erwarteten Widerspruch und in die kluge Psychologin, von der er sich offenbar – berücksichtigt man die Dichte und Vertrautheit des Briefwechsels und die Anzahl der übersandten Maximen –, mehr als von allen anderen, sensibles Lesen und eine ernstzunehmende Reaktion versprach.

»J'ai vu des hommes savans ignorer beaucoup de choses qu'elle savoit«,

Abraham BOSSE, La saignée

schrieb Mme de Motteville über Mme de Sablé. [9] Am Hof der jungen Königin verband sich mit ihrem Namen der Glaube an die Möglichkeit vollendeter Freundschaft zwischen den Geschlechtern und der Verwirklichung jener von Pérez de Hita beschriebenen Galanterie, »die die Spanier von den Mauren gelernt hätten«. [10] Auch die Memorialistin bestätigte ihr die Gabe, die Geheimnisse des Herzens intuitiv zu ergründen. Ihre Belesenheit und das verläßliche Urteilsvermögen bewogen Arnauld oder Sourdis dazu, ihr ihre Schriften vorzulegen. Arnauld d'Andilly schätzte ihre Sprachkenntnisse so hoch ein, daß er seine Übersetzungen des Josephus, der augustinischen *Confessiones* und der Santa Teresa mit ihr besprach. Vermutlich war sie die erste »literarische« Leserin des *Oráculo Manual,* das über sie in Port-Royal bekannt wurde. [11]

Die Schriften von Mme de Sablé sind bestimmt von persönlicher Erfahrung, ebensosehr aber auch von Geist und Interessen der heterogenen Gruppe, deren Mittelpunkt sie bildete. Die sprichwörtliche Hypochondrie und Todesfurcht mögen sie dazu bewogen haben, die Gesellschaft der Mediziner zu schätzen und nach neuen pharmazeutischen Rezepten zu suchen. Ihr *Discours contre les medecins* geht jedoch über das unverhohlene Ressentiment hinaus. Der Text macht deutlich, daß sie die Krise der medizinischen Wissenschaft, die zwischen den mittelalterlichen Verfahren (Klistier, Aderlaß und Waschung) und der Schule von Paracelsus und Montpellier keine andere Hoffnung erweckte als die einer Heilung durch die Natur, vor dem Béralde Molières erkannt hatte. [12]

In dem kleinen Traktat *De l'amitié* [13] behauptete Mme de Sablé, gegen den Pessimismus La Rochefoucaulds, ihre aus Lektüren (Montaigne u.a.) und Lebenswelt erwachsenen Grundüberzeugungen. Wie sehr sie sich für ihre Freunde verwandte, verrät die Korrespondenz. Gefühle für die Erwählten schienen ihr von höherem Rang als die blutmäßige Bindung an das Kind, das nicht zugleich auch Freund war. Mehr noch:

> Je passerois bien encore plus avant en faveur de l'amitié, si j'osois dire que l'on peut douter si l'on aime moins un parfaict amy qu'un enfant quoy que nostre amy; tant l'union que la seule nature fait me paroist estre au dessous de celle que la seule vertu est capable de produire. [14]

Nur derjenigen der Maximen La Rochefoucaulds, welche die Freunde als Argument gegen die Freundschaft anführte, widersprach sie: Gründe diese in der Tugend, so sei sie unzerstörbar. [15] Sie bestreitet nicht, daß an die Mehrzahl vermeintlicher Freundschaften, die in Wahrheit nichts als »bedürfnisgeleiteter Umgang« seien, falsche Erwartungen gerichtet würden. [16] Ihr Glaube an die »vraye amitié«, deren Voraussetzungen und Merkmale sie in der kleinen Abhandlung benennt, beruht auf dem idealistischen Optimismus, der auch ihre übrigen Schriften auszeichnet. Mme de Lafayette war nicht die einzige Frau, die sie darum La Rochefoucauld vorzog:

> Vous me donneries le plus grand chagrin du monde, si vous ne me montries pas vos Maximes. Mme du Plessis m'a donné une curiosité estrange de les voir, et c'est justement parce qu'elles sont honnestes et raisonnables que i'en ay envie, et qu'elles me persuade-

ront que toutes les personnes de bon sens ne sont pas si persuadees de la corruption generale que l'est M. de la Rochefoucauld. [17]

Wechselseitige Schätzung und nicht die spontane Zuneigung, Gemeinsamkeit weniger in Geschmack und Beschäftigungen als in dem gleichen geistigen und moralischen Anspruch könnten für Mme de Sablé eine Freundschaft vor den Strategien der Eigenliebe schützen. Dann wären die gegenseitige Unterstützung und die geteilten Freuden und Schmerzen Folge und nicht verborgener Zweck der Verbundenheit. Die Lektionen des preziösen Salons sind unvergessen. [18]

Wichtiger als der *Traité de l'amitié* und mehr als dieser von La Rochefoucauld erwähnt und kommentiert ist ihre Abhandlung zur »Education des enfans«. [19] Mme de Sablé folgte auch hierbei Montaigne, bezog aber zugleich zeitgenössische Themen ein. Der aufklärerische Optimismus, in dem die postulierte Tugendbildung sich mit konkreten pädagogischen Anweisungen verband, deutet auf das Werk von Mme de Maintenon und damit auf das kommende Jahrhundert vor, in dem, nach deren Vorbild, gerade die Frau als Erzieherin zur Schriftstellerin werden konnte. [20] Doch schon vorher haben Frauen – etwa Mlle de Gournay, Mme de Liancourt, Marguerite Buffet oder Mlle de Scudéry – zu Fragen der Pädagogik Stellung genommen.

Die um 1660 verfaßte Abhandlung wurde im Freundeskreis hoch geschätzt. La Rochefoucauld, der – erfolglos – um die Charge des Prinzenerziehers warb, sah in ihr eine vorbildliche Anleitung. [21] Sie lehrte die am Beispiel und im Gespräch stufenweise fortschreitende Entwicklung der moralisch gebundenen Urteilskraft, Voraussetzung einer an verbindlichen Handlungsmodellen der Geschichte vollzogenen Unterweisung:

> ... c'est peu de chose de sçavoir seulement l'histoire comme histoire ... Il faut ... s'attacher a etablir des principes dans l'entendement des enfans pour leur donner de quoy juger eux mesmes plustost qu'a remplir leur memoire ... ils observeront dans leur lecture tout ce qu'il faut observer ... ils jugeront non seulement des actions des hommes, mais aussi du motif et de la fin des choses ... Ils apprendront a desirer de les fuyr ou les imiter. [22]

Mme de Sablés besondere Kritik richtete sich gegen eine Fürstenerziehung, in der die Summe historischer Exempel die Festigung von Bewußtsein und Gewissen ersetzt habe. Eine – unerläßliche – Reform der Bildung habe auch die Frauen einzubeziehen, an denen sie Ähnliches beklagte wie Mlle de Scudéry. Beispiele belegen die erschreckend verbreitete allgemeine Ignoranz:

> Ils passent toute leur vie dans la plus grossiere ignorance du monde et bien souvent comme les bestes, sans sçavoir seulement ny le nom, ny l'usage de la pluspart des choses dont on entend parler a toute heure, dans le commerce des honnestes gens. Cecy a esté assez prouvé par une personne de nostre temps qui disoit *hemisphere* pour *Emissaire* ... il ne laissoit pas de parler du fleuve Rubicon, comme si ce fleuve eût esté un cheval ... l'on entend aussi souvent dire aux plus qualifiez de la cour, *conjecture* pour *conjoncture, anatomie* pour *astronomie* ... [23]

Ein Grundwissen in den Künsten, in der Physik oder Rhetorik müsse vorausgesetzt werden können. An Beobachtung und Beispiel, über Frage und Antwort sei es zu vermitteln, wobei sprachlich einfache Erläuterungen, Geduld und Eingehen auf den jeweils erreichten Grad des Verständnisses als die obersten Regeln, Langeweile und Trägheit, die im unablässigen Suchen nach dem »divertissement« zu stumpfer Selbstverblendung und Unfreiheit führen, als die zu überwindenden Gefährdungen gelten.

Das Erziehungsmodell wiederholt den Montaigneschen Antagonismus von »science« und »sagesse«, ist aber daneben auch Descartes verpflichtet, wenn es die Priorität der Begriffsbildung und der autonomen Vernunft vor der historischen Empirie postuliert. [24] Im Bekenntnis zu Gewissen und Bewußtsein (Maximen LVIII und LIX) orientierte sich Mme de Sablé auch an Gracián. [25] Der Glaube an die Bildungsfähigkeit und die in ihr gründende moralische Selbstbestimmung und Kraft unterscheidet sie von La Rochefoucauld und von den Jansenisten (Maximen LXVI, LXXVI und VII).

Der pädagogische Leitwert ist die »honnêteté«; das erworbene Wissen ist nur insofern bedeutsam, als es Selbsterkenntnis und -korrektur im Hinblick auf die Normen einer geselligen – und sittlichen – Öffentlichkeit zu begründen vermag. Galt es nach Mme de Sablé zwar, die Gesetze einer vollendeten Konversation zu beherrschen, im Urteil beweglich zu sein, mehr zuzuhören und das Antworten lernen zu wollen, als sich selbst darzustellen, so war der Widerspruch aus ihr nicht verbannt. [26]

Zwei Jahrzehnte nach den Glanzzeiten des Hôtel de Rambouillet war ihr Salon geöffnet für den Meinungsstreit der (Anders-)Denkenden, für den Ernst der Auseinandersetzung um ein neues Welt- und Menschenbild, den die Maxime als spielerische Kleinform einer gesellig vermittelten Moral einfängt.

3. Offenheit und Öffentlichkeit der Maximen La Rochefoucaulds

Wie sehr, trotz der unbestrittenen Einzigartigkeit La Rochefoucaulds, die neue Gattung an die Gruppe gebunden blieb, zeigen die vielen – gedanklichen und nicht selten wortwörtlichen – Entsprechungen zwischen seinen Sentenzen und denen der Freundin. Der Briefwechsel macht, auch wenn die Bewunderung für diese um eine gewisse Huldigungsrhetorik zu verkürzen ist, den Mitteilungscharakter der Gattung deutlich. Mag auch weitgehend die Korrespondenz die Funktion der Salonöffentlichkeit übernommen haben, so ist der in ihr vollzogene Dialog über eine noch nicht im Buch publizierte Literatur ohne Beispiel und nicht anders als mit der noch immer wirksamen Kultur einer kollektiven Elite zu erklären. Formulierung, Lektüre und Beurteilung der Maximen, die als das literarische Eigentum mehrerer ausgegeben wurden, lösten einander ab. [27] Auch dem Kreis ferner Stehende wirkten an dem Spiel mit. La Rochefoucauld dankte Mlle de Scudéry (1663) aufwendig für deren Verschönerung an einigen Maximen, die mehr nun ihr als ihm gehörten. [28]

Später erlag auch Mme de Sévigné dem Zauber der momenthaft eingegebenen pointierten Einsichten:

Je consens au commerce de bel esprit que vous me proposez. Je fis l'autre jour une maxime tout de suite sans y penser … Je disais, comme si je n'eusse rien dit, que *l'ingratitude attire les reproches, comme la reconnaissance attire de nouveaux bienfaits* … L'ai-je lu? l'ai-je rêvé? l'ai-je imaginé? Rien n'est plus vrai que la chose, et rien n'est plus vrai aussi que je ne sais où je l'ai prise, et que je l'ai / trouvée toute rangée dans ma tête et au bout de ma langue. [29]

Der Briefwechsel mit der Tochter erweiterte nach dem Erscheinen des ersten Bandes die Runde der Beteiligten: Eine Maxime von Mme de Grignan hatte La Rochefoucaulds Neid hervorgerufen, eine andere aus seiner Feder bedurfte der Deutung durch die Mutter. [30]

Corbinellis Erklärungen begleiteten die gemeinschaftliche Lektüre und gingen schließlich ein in eine systematische Würdigung der Sammlung. Ähnlich der schwedischen Königin Christina verfaßte Mme de Sévigné Anmerkungen zu etwa 100 Maximen La Rochefoucaulds. [31]

Mme de Lafayette wendete in einem Brief an Mme de Sévigné (1673) das Paradoxon zweier Maximen, die durchaus ihre eigenen sein könnten –

On pardonne les infidélités, mais on ne les oublie point. On oublie les infidélités, mais on ne les pardonne point –

zur kasuistischen Frage:

Aimez-vous mieux avoir fait une infidélité à votre amant, que vous aimez pourtant toujours, ou qu'il vous en ait fait une, et qu'il vous aime aussi toujours? [32]

Noch ein Jahrzehnt nach dem Beginn des Spiels in Port-Royal war also diese öffentliche und offene Gattung lebendig, die im Briefwechsel und bis hin zu den vielen Varianten der Drucklegung etwas von der ursprünglichen geselligen Mündlichkeit bewahrte.

4. Die Urteilsbildung der Freunde und das Unverständnis der Frauen

Ganz wesentlich für die Geschichte der Maximen ist Mme de Sablés Mittlerrolle bei der gemeinschaftlichen Urteilsbildung über die noch unveröffentlichte Sammlung des Freundes. Die Beteiligten waren aufgefordert, ihre Kritik zu formulieren, dabei aber Abschriften zu unterlassen und im übrigen über das Werk zu schweigen. Die von Vallant gesammelten Briefe enthalten, vergleichbar dem femininen Selbstportrait, die Aussagen einer Gruppe von Frauen, die ein weiteres Mal erstaunlich einmütig wirkt. Zu ihnen gehörte eben jene Mme de Rohan, die Äbtissin von Caen und später Malnoue, die, wie erwähnt, gegen La Rochefoucauld ihre religiöse und ständische Freiheit auch zugunsten ihres Geschlechtes wahrzunehmen wußte. Während die Männer überwiegend dazu neigten, trotz der beschworenen Gefahr libertinistischer Sittenverderbnis und einer Unterminierung christlicher Ethik den vermeintlichen Verbündeten des Bösen zum willkommenen Zeugen menschlicher Verdammtheit zu erklären [33], spricht aus dem Urteil der Frauen, die mit der rationalistischen Ethik auch die preziöse Liebesmoral entwertet sahen, Mißbilligung und Verständnislosigkeit gegenüber La Rochefoucauld. [34]

»... je trouve qu'il fait à l'homme une âme trop laide«, schrieb Mme de Maure. [35] Wo die Leidenschaften die Sprache der Vernunft sprächen, sei ihnen die Gefahr genommen. Der Einwand, daß nur Gott es vermöge, die verborgensten Gründe menschlicher Handlung zu erkennen, sollte den Autor mit der christlichen Norm entwaffnen und ihn der hypertrophierten Eigenliebe überführen, mit der er sich zum Allwissenden habe erhöhen wollen. Ebenso wie Mme de Maure zog Mme de Lafayette die Maximen der Frau denen des Mannes vor:

> Ha, Madame! quelle corruption il faut avoir dans l'esprit et dans le coeur pour être capable d'imaginer tout cela! J'en suis si épouvantée que je vous assure que, si les plaisanteries étaient des choses sérieuses, de telles maximes gâteroient plus ses affaires que tous les potages qu'il mangea l'autre jour chez vous. [36]

Viel Geist und wenig Güte erkannte Mme de Schomberg dem Autor zu, erklärte sich selbst für noch nicht so klug, um jede ehrenhafte, tugendgeleitete und freie Handlung zu bestreiten und hielt die Maximen, deren Stil sie beanstandete und von deren Veröffentlichung sie abriet, für gefährlich. [37] Gleichwohl verstand sie sie gut genug, um vier von ihnen in einer Weise zu deuten, die Mme de Sablé gefiel und sie zu einem sehr persönlichen Urteil über La Rochefoucauld anregte. [38] Wie diese sah Mme de Guymené die Gedanken zur Trägheit, darüber hinaus aber alle von ihr gelesenen Maximen mehr im Charakter des Verfassers als in der Wahrheit begründet:

> ... il ne croit point de libéralité sans intérêt, ni de pitié; c'est qu'il juge tout le monde par lui-même. Pour le plus grand nombre il a raison; mais assurément il y a des gens qui ne désirent autre chose que de faire du bien. [39]

Sie war Jansenistin wie ihre Schwägerin, Mme de Liancourt, die Autorin eines Erziehungstraktats, die nicht willens war, die moralische Uneindeutigkeit zu bestätigen: »il débuta si cruellement contre les vertus qu'il me scandalisa aussi bien que beaucoup d'autres.« [40]

Die unzulässige Verallgemeinerung der eigenen zynischen Misanthropie, den verantwortungslosen Abbau aller gesellschaftstragenden Werte und nicht zuletzt ein fehlendes Verständnis für ihr Geschlecht machten mithin die Frauen La Rochefoucauld zum Vorwurf. Dieser nahm die Vorbehalte seiner Leserinnen so ernst, daß er sie in einem Artikel des *Journal des Sçavants* (9. März 1665) zu verschweigen suchte, um dessen Abfassung er Mme de Sablé gebeten hatte. Der Vergleich ihres letzten Entwurfs mit der von La Rochefoucauld redigierten Endfassung [41] zeigt, daß genau an dieser Stelle der ursprüngliche Text verstümmelt wurde. Der eliminierte Passus faßte das Urteil der Frauen und ihrer Sprecherin zusammen, die mit der Unterdrückung des ihm so verdrießlich scheinenden Abschnitts rechnete. Er brachte die Betroffenheit eines Geschlechts zum Ausdruck, dessen Wertzumessung an der Tugend, auf die es selbst verpfichtet war, sich orientierte.

* * *

Moral und weltliche Gesittung sind mit diesem siebten Jahrzehnt die Themen, bei deren Erörterung sich die Frauen zu behaupten suchten. Der spielerische Zeitvertreib des früheren Salons war in Port-Royal der nachdenklichen Selbstbesinnung gewichen. Lektüre und Brief begleiteten oder ersetzten das Gespräch. Mme de Brégis, die vor Jahren an den »questions d'amour« und dem »portrait mondain« mitgewirkt hatte, las nun Epiktet (1668) und eine Biographie des Sokrates (1680). Die reiche weibliche Korrespondenz mit Mme de Sablé war schon V. Cousin aufgefallen. Die Ordensfrauen ragen dabei heraus: die Äbtissinnen, deren eine Plato übersetzte und einen Traktat über die Höflichkeit hinterließ [42], die Oberinnen, Mère Agnès Arnauld, ihre Schwester, Mère Angélique de Saint-Jean, und die von Bossuet hochgeschätzte Karmeliterin, Mère Agnès de Jésus-Maria, oder die Soeur Marthe de Jésus, einst Mlle du Vigean, die radikaler der Welt entsagt hatte als die Büßerin Mme de Longueville. [43] Diese war, neben Mme de Maure, die engste Freundin von Mme de Sablé, und beider Briefe bilden unverzichtbare Zeugnisse für die Geschichte Port-Royals und für die des Salons.

Der Kreis der Freundinnen von Mme de Sablé war überwiegend hocharistokratisch. Die meisten Namen sind aus dem Hôtel de Rambouillet oder dem Salon der Grande Mademoiselle bekannt. Als Leserinnen eines herausfordernden Werkes traten die Frauen des hohen Adels zum zweiten Mal als Gruppe hervor, bekannten sich, wie die Portraitistinnen, zur vollkommenen Freundschaft, zu einer christlich begründeten Moral, zu der Möglichkeit eines pädagogischen Fortschritts und dem Glauben an Selbsterkenntnis und Selbstveränderung durch Vernunft und Bildung. Der Rückzug aus der Gesellschaft und die gläubige Einkehr waren für weite Teile des Hochadels, die bekanntlich mit dem Jansenismus sympathisierten, die symbolische Geste einer noch immer rebellischen Elite, deren Anspruch und Selbstverständnis die Düsternis dieser Religion ohne Hoffnung mehr entsprach als die gefällig-fromme Weltmoral der Jesuiten. [44] Mme de Sablé suchte nach innen und außen den Meinungsstreit ihres Kreises zu schlichten und in ihren Maximen Glauben und Welt zu versöhnen. In ihrem Salon überdauerte die kleine, scheinbar unaufwendige Form, Sentenz und Brief, und der Bezugsrahmen des geschlossenen Zirkels, lockerte der freundschaftliche Plauderton und der Kommentar von Gedanken und Kochrezepten die moralphilosophische und theologische Spekulation auf, der die hocharistokratische Frau sich nunmehr unangefochten öffnen durfte. Nicht zu Unrecht sieht N. Ivanoff in Mme de Sablé eine Vorläuferin von Mme de Lambert oder Mme du Châtelet. [45] Neben dem unbestrittenen Rang einer intellektuellen Mittlerin verdiente jede dieser Frauen die Aufmerksamkeit für das kleine, eigene Werk, für den Versuch mithin, im geselligen Freiraum ihrer Privilegien den Beschränkungen weiblichen Schreibens zu trotzen.

VI. Das Vermächtnis an die »Modernes«: Mlle de Scudérys *Conversations* und *Entretiens* (1680–1692)

In Gestalt der hochbetagten Mlle de Scudéry blieb die Erinnerung an den preziösen Salon der Jahrhundertmitte auch in einer Zeit lebendig, da diese Institution und ihr literarischer Zeitvertreib vom absolutistischen Hof und von den Normen der Regelpoetik verdrängt worden waren. Mit den Bänden gesammelter Gespräche schlug sie, über den Widerstand der »Anciens« hinweg, die Brücke von den »Samedis« zu den »Modernes« des Jahrhundertendes, die sich, wie Perraults Abbé, die neuzeitliche Orientierung der Salonkultur und der schreibenden Damen durchaus zunutze zu machen verstanden. Es war zu erwarten, daß die Autorin, die auf den reinen Nachdruck von Dialogen aus den früheren Romanen nach dem ersten Sammelband verzichtete, sich nicht damit begnügen würde, die vergangene Welt der geselligen Mündlichkeit schreibend zu vergegenwärtigen. Persönlichkeit und Werk der alten Dame hatten eine Reihe jüngerer Frauen zur schriftstellerischen Tätigkeit ermutigt. Mit der Verehrung ihres Vorbilds suchten diese, auch die Selbstverständlichkeit ihres Schreibens zu behaupten. Der Widerstand Boileaus gegen Mlle de Scudéry, gegen die geselligen »jeux d'esprit«, den preziösen Frauendienst und die vermehrte weibliche Bildung war spätestens mit dessen Satiren und der *Art poétique* in seiner Bedrohlichkeit zu erkennen. Das Alterswerk der Autorin verspricht die Auseinandersetzung mit der bürgerlichen »république des lettres« und in eins damit die Anstrengung, eben dieser, sofern sie sich nicht der Antikeverehrung verschrieben hatte, das Vermächtnis der preziösen Moral für die Zukunft anzuvertrauen.

1. Die »modernen« Autorinnen und die Apotheose der »Sapho nouvelle«: Mlle de Scudéry im Antikestreit

Die panegyrische Huldigung an den König in dem 1671 von der Académie preisgekrönten *Discours de la Gloire,* die sich in ihren Konversationsbänden stereotyp wiederholt, zeigt, daß Mlle de Scudéry im Gefolge Pellissons, La Fontaines oder Félibiens die politische Gunst auf sich zu lenken, die Erinnerung an die Ungnade ihres einstigen Gönners vergessen zu machen entschlossen war. Der Freundeskreis, den sie nach wie vor an den Samstagen empfing, hatte sich verjüngt, der Gesellschaft aber fehlte, nachdem Pellisson nur selten erschien, die frühere Geschlossenheit und Ausschließlichkeit. Die wachsende Schwerhörigkeit der Autorin wird dazu beigetragen haben, daß sie den Salonzirkel gegen den Schreibtisch eintauschte. Mit Mme de Maintenon, Mme Deshoulières, Catherine de Vertus, Anne de La Vigne, Mme de Platbuisson, Mlle Lhéritier, Catherine Descartes oder Mlle de Louvencourt umgaben und verehrten sie nun zunehmend die Frauen. Die Bewunderung galt der Schriftstellerin, deren Rang auch nach dem Rückgang des Erfolgs ihrer Romane unbestritten war. Die Korrespondenz mit Leibniz oder einer Mlle de Bordey bezeugt den Ruhm, der sich auch im Ausland und in der Provinz mit ihrem Namen verband. Der König setzte ihr eine jährliche Pension aus; Freunde und Gönner unterstützten und ehrten sie mit Geschenken, Hinterlassenschaften und Auszeichnungen. [1]

Im Zyklus der Gedichte auf das Andenken der Chamäleons, die ihr 1672 der Konsul von Alexandrien hatte schicken lassen, lebte noch einmal die Erinnerung an die unverwechselbare Gelegenheitsdichtung ihres Salons auf. Um 1685 aber weigerte sie sich, den Schiedsspruch in einem Wettbewerb der zu Ehren Saint-Aignans verfaßten Endreimsonette zu verkünden und spielte den Jüngeren, Mme Deshoulières und Mlle de Serment, die Aufgabe zu, da das Geschäft des »bel esprit« nie ihre Sache gewesen sei. [2]

Die Namen dieser beiden Autorinnen kehrten 1698 in L. de Vertrons *Nouvelle Pandore ou les femmes illustres du siècle de Louis le Grand* wieder. Dort erschienen neben den Gedichten von Mlle de Chance, Mme Mazel und Mlle de Loynes auch die von Mme Deshoulières. Mlle de Serment antwortete in demselben Sammelband, zusammen mit Mme d'Antreval, Mme Dourlens oder Mlle de Chance, auf De Vertrons sechs Abhandlungen zu Wert und Würde der Geschlechter. [3] Dankbar reagierten die Frauen auf die systematische Geschichte weiblicher Entmündigung und auf die Forderung nach der einstigen ursprünglichen Gleichheit, wie sie nach Poullain de La Barre nun De Vertron vertreten hatte. Die theoretische Aufwertung und das Beispiel von Mlle de Scudéry gaben ihnen ein Selbstbewußtsein, das die Organe der »Modernes« offen unterstützten. In diesen Reihen traf Boileaus Frauensatire auf Spott und Verachtung. Kaum beeindruckt von der persönlichen Verunglimpfung verwies Mlle de Scudéry gelassen auf die allgemeine Ablehnung. [4] Ihr Vorbild prägte Gedanken und Form vieler im Schutz der »modernen« Frauenapologie zum Schreiben ermutigter Damen. Mlle de Serment wiederholte die preziöse Kritik an der Galanterie und warnte ihr Geschlecht vor den falschen Freunden, vor den Liebeskomplimenten der Anbeter, die die gebotene weibliche Zurückhaltung als Grausamkeit beklagten. Sie verwahrte sich gegen La Rochefoucauld, der Stolz und Strenge zu einem von den Frauen selbst gewählten Schönheitsattribut erklärt und deren Wesen gemeinhin auf Mäßigung, Scham und Eitelkeit beschränkt habe, der Mehrzahl der Männer aber die Tapferkeit zuerkenne. [5] Mme de Saliez bestimmte der von ihr begründeten neuen Akademie der »Chevaliers et Chevalières de la Bonne-Foi« als erstes der Statuten eine »amitié tendre et sincère«. [6] Die Gesellschaft trat 1704 zum erstenmal zusammen. In dem Briefwechsel mit De Vertron von 1681–1682 hielt Mme de Saliez die Grundsätze dieses »Projet pour une nouvelle Secte de Philosophes, en faveur des Dames« fest. Aufklärerisch – im Sinne Poullains – war ihre Erwartung, die Vernünftigen mögen das Joch der Zwänge, wie sie Irrtum und Gewohnheit gebildet hätten, abwerfen. Ausgeschlossen waren auch hier die Liebe und die galante Rhetorik der Schöngeister. Die Überzeugung von der Gleichheit der Geschlechter wurde vorausgesetzt, die Huldigung an weibliche Schönheit war verpönt. Freundschaft, Wertschätzung, Aufrichtigkeit, Talent zur geistreichen Konversation und eine dem Umdenken geöffnete Gelehrigkeit sollten die Mitglieder der Sekte im Sinne fortschreitender Befreiung von den früheren falschen Anschauungen voneinander lernen lassen. Den Männern, deren Einbeziehung De Vertron ausdrücklich lobte, wies Mme de Saliez über die Frauen einen angenehmeren Weg zur Seelenruhe, als es die Philosophen bislang vermocht hätten. [7]

Unverkennbar schlägt dieser Text eine Brücke zwischen dem Preziösentum, den »Modernes« und der Frühaufklärung. Mlle de Scudéry galt, wie die anderen Damen der Accademia dei Ricovrati, deren neuem Mitglied als richtungweisend für die Nachwelt. [8] Auch Anne de La Vigne feierte sie in einer anläßlich der Preisverleihung von 1671 verfaßten Ode (»Les dames à Mlle de Scudéry«) als Schmuck ihres Geschlechts. Mme de Platbuisson, die ebenso wie A. de la Vigne an den Chamäleon-Epitaphien mitwirkte, bedichtete denselben Anlaß. [9] Die *Apotheose de Mademoiselle de Scudéry* (1702) gab Mlle Lhéritier die Gelegenheit, die Lieblinge der Musen aus Dichtung und Rhetorik, Historie und Musik, die Könige und Gönner, die Philosophen und bildenden Künstler der Antike und Neuzeit zur Huldigung an die Unsterbliche aufzubieten, der sie für die Verewigung in dem gefeierten Werk dankten. Das Kompendium illustrer Namen hatte zugleich die zweifelsfreie Überlegenheit der Moderne zu belegen: Corneille und Racine »verdunkeln« den Ruhm der antiken Tragiker, La Calprenède, den nur die neue Göttin überbiete, löscht die Erinnerung an Heliodor aus, Tasso die an Vergil, Quinault die Namen der Dichtersänger Orpheus und Amphion, Molière die alte und neue Komödie. Die Griechin schließlich verhüllt beschämt ihr Haupt vor der »Sapho nouvelle«. Auch die Anzahl der übrigen berühmten Frauen des Altertums ist halb so groß wie die der späteren Französinnen. [10] Nicht zufällig beginnt deren Reihe mit der »tendre Comtesse de Die«, der »laborieuse Pisan«. Die Namen gerade dieser Autorinnen und die der »galans Troubadours de Provence« [11] lassen in dieser Krise des Humanismus die entschiedene »moderne« Aneignung der nationalen Literatur des Mittelalters erkennen, an dessen Feenmärchen sich Mlle Lhéritier eine lebendige Erinnerung bewahrt hatte. Mehr noch aber suchte sie, mit der Fülle glanzvoller weiblicher Namen aus der jüngsten Vergangenheit und Gegenwart die antiken Vorbilder in den Schatten zu stellen. Zuletzt nennt Apoll Mlle de Scudéry den Ruhm ihres Jahrhunderts und die Wegbereiterin ihres Geschlechts. [12]

Die jüngere Freundin würdigte an den preziösen Romanen die verhüllende Abbildung zeitgenössischer Berühmtheiten in der Einkleidung des antikisierenden Namens und Schlüsselportraits [13], womit sie – zumindest indirekt – deren Verurteilung in den *Héros de roman* jenseits einer persönlichen Polemik in der Geschichte der »Querelle« ansiedelte. Die unterhaltsame Tugendbelehrung, die Unterweisung in Freundschaft und heroischem Lieben zeichneten für diese Autorin, wie etwa auch für Mme de Lambert, die Romane vor der antiken Historie aus. [14] Vor allem aber begründete der Eingriff in die philosophische Tradition, der sich als moralischer Fortschrittsoptimismus beschreiben läßt, die neuzeitliche Überlegenheit über das Erbe des Altertums. Nach Mlle Lhéritier vollzog und vollendete sich dieser Prozeß in den Lehrgesprächen Mlle de Scudérys, die im Hinblick auf dieses weltanschauliche Vermächtnis nunmehr zu untersuchen sind.

2. Von der »Morale du monde« zur moralischen Welt: Die Lehrgespräche

Mit der Bewunderung der Konversationsbände stand Mlle Lhéritier nicht allein. Mlle de Louvencourt rühmte an den *Nouvelles conversations de Morale* (1688) die liebenswürdige Erziehung der Leser [15], nicht anders als im selben Jahr Mme de Sévigné, die schon den ersten Band (1680) begrüßt und die *Conversations nouvelles sur divers sujets* (1684) an ihren Sohn weitergegeben hatte. [16] Hinter beider Lob verbirgt sich die ständische Abgrenzung von bürgerlicher Zweckrationalität, die zum gefälligen, nicht dem unmittelbaren Nutzen dienenden Gespräche unfähig mache. [17] Mme de Maintenon ließ die Verfasserin (1684) wissen, daß auch dem König die allenthalben gepriesenen jüngsten Bände gefielen. [18] Ein Jahr zuvor hatte er ihr 2.000 Livres Pension ausgesetzt und empfing sie danach mit vollendetem Entgegenkommen. [19]

Mme de Brinon, Oberin in Saint-Cyr, dankte ihr im Namen ihrer Gemeinschaft für die erzieherisch nützlichen Texte. Bei den Abendspaziergängen lese sie aus der »Histoire de la Morale« vor. Nach Auszügen aus den ersten Bänden hätten die jungen Damen selbst weitere Unterhaltungen ersonnen und aufgezeichnet. [20] Das Werk wurde zum Vorbild einer fortan mit dem Namen von Mme de Maintenon in Verbindung gebrachten Pädagogik des Lehrgesprächs, wie sie Mme de Sablé gefordert hatte und später etwa Mme d'Épinay fortsetzte. [21] Fléchier, der die Konversationsbände gerne in seiner Diözese zur Erbauung tugendhafter Christen verteilt hätte, betrachtete sie gar als Muster moralischer Predigten. [22]

Den Erfolg dieser »morale du monde« sicherte der spielerisch-kurzweilige Ton, den sich die alte Dame aus den Zeiten der Saloncauserien erhalten hatte. [23] Das literarische Vergnügen mit der Tugendbildung zu verknüpfen, war ihr ebenso selbstverständlich wie deren Rückbindung an die Erwartungen einer Leserschaft, die den Rahmen der zwanglos gemischten Geselligkeit noch immer schätzte. Während in die Romane Gespräche aus dem Kreise ihrer Gönner und Freunde eingegangen waren, war die Salonkonversation nunmehr fiktive Textkonstituente. Wie La Fontaine, Bouhours, Saint-Évremond oder Perrault kannte Mlle de Scudéry die Vorzüge des in einen erzählerischen Kontext eingebundenen Dialogs mit mehreren Unterrednern, die nach dem platonischen Muster die starre Antithetik des scholastischen Disputs überwanden. Der Ausbreitung des gelehrten Buchwissens in den Dialogen eines Sarasin oder Chapelain stand sie ebenso fern wie den Wiederholungen, den Gesprächspausen oder der Inkohärenz einer authentischen Unterhaltung.

3. Funktion und Beteiligung der Geschlechter bei den Gesprächen

Der Weg zu der Wahl eines literarischen Genre, das im Bewußtsein der Autoren seit der Antike die Wertschätzung der Philosophen genoß und die Vielfalt historischer Ereignisse in regelloser Anmut und in der Lebendigkeit des Dramas darbot [24], hatte sich für Mlle de Scudéry erst in der Wirklichkeit des geselligen Gesprächs eröffnet, das den Frauen an den gemeinschaftlichen Erfahrungen und Einsichten sich zu bilden erlaubte. In gleicher Anzahl wie die Männer waren diese an den fiktiven Konversationen beteiligt. Ihre Anwesenheit verbürgte die unpedantische Zwanglosigkeit. Die ihnen bestimmten Funktionen erweisen die anhaltende Gültigkeit weiblicher »bienséance«, die das selbsterworbene Buchwissen ausschließt. Während die »honnête femme« auf die Frage und das Zuhören verwiesen blieb, legte die Autorin das eigene, nun vermehrt aus der Lektüre gewonnene Wissen dem Mann in den Mund, jenen Telame, Timagene oder Polemon, denen es aufgegeben ist, die Plaudernden am gelehrten Beispiel zu unterweisen.

Welche anspruchsvolleren Themen als den Damen gemäß gelten oder als bekannt vorausgesetzt werden, wird wiederholt zum Gegenstand des Gesprächs selbst. So bestreitet Ericlée jede Kenntnis der Mythologie oder römischen Geschichte außer derjenigen, die sich ihr über die *Clelie* und die *Conversations nouvelles* vermittelt habe. [25] Auf Descartes kann sich der Sprecher angesichts der zahlreichen Frauen, die sich die »neue Philosophie« erschlossen hätten, unangefochten beziehen. [26] In »De l'incertitude« geht jedoch der kritischen Auseinandersetzung mit dem Cartesianismus, dem »libertinage« und der Skepsis die Erörterung voran, ob den Frauen philosophische Fragen angemessen seien. Mlle de Scudéry nimmt zwar das Beispiel von Catherine Descartes, einer der Anhängerinnen »der philosophie à la mode« ihres Onkels, zum Anlaß, sich des legitimierenden Vorbilds der Schülerinnen Platos zu erinnern, zugleich aber bestimmt sie, wie einst die Sapho des *Cyrus,* den Frauen das – grundsätzlich unbegrenzte – Wissen als passives:

> en nostre temps une Dame trop Philosophe n'est pas un caractère qu'il faille prendre, mais les Dames qui ont un esprit fort élevé peuvent tout sçavoir sans sortir de la bienséance de leur sexe, à plus forte raison *entendre parler les autres.* [27]

»En ignorante« wolle sie über den »Haß« sprechen, da sie das allein wisse, was die Welt sie darüber gelehrt und sie selbst empfunden habe, erklärt Arpasie; nur den Männern stehe es frei, nach Belieben zu reden. [28] So sind diese gehalten, den gewählten Begriff zu definieren, die gelehrt-literarischen Verweise beizubringen, nach Distinktionen und Zusammenhängen zu suchen. Gemeinsam besinnt sich die Runde auf veranschaulichende Beispiele: hier aus der alten und neuen Geschichte, der antiken Moralphilosophie und Literatur, der Wirklichkeit des Hofs und der Höflinge, dort aus der unmittelbaren persönlichen Erfahrung und, wo es um preziöse Kasuistik, Liebe und Freundschaft geht, dem betroffenen Interesse.

Den Konversationsraum bildet stereotyp eine Stätte idyllischer Freiheit: das Landhaus am Fluß, das Gartenkabinett, der Park. Unaufwendig und scheinbar zufällig findet sich der Gesprächsgegenstand: Clariste neigt zum Zorn, andere wiederum zur Trägheit oder Indiskretion; Belise hat einen eifersüchtigen Gatten, Parthenice eine Freundin, die fünfzehnjährig mit einem Geizigen vermählt wurde. Wo die Anwesenden nicht als die Träger der jeweiligen Eigenschaften die Unterhaltung über diese nahelegen, vermitteln sie den bildhaften Eindruck, den die eingangs beschriebene Umgebung hinterließ. Von den Königsportraits im Louvre gehen Betrachtungen über die wechselnden Moden aus, Anlaß, von der nach Geschichte und Nationen verschiedenen »tyrannie de l'usage« [29] in Kleidung, Architektur und Sprache, Predigtstil, aber auch Bild und Bestimmung der Frau zu sprechen. Eine Ausstellung von Gemälden berühmter Meister liefert den Vorwand, unmerklich in Gattungen der Bildkunstwerke einzuführen, mit deren Beschreibung eine Reihe antiker Mythen ins Gedächtnis zu rufen und die vertraute Polemik gegen die amoralische Willkür der historischen Wahrheit nunmehr mit dem Bekenntnis zu dem lehrreichen Nutzen der »Fable« zu variieren. Erst dann setzt, angesichts der Darstellung einer schlangenhäuptigen Invidia, das Gespräch über den »Neid« ein. Skulpturen des Morpheus oder einer von schlummernden Amoretten umgebenen Venus, ein Hirt, der lässig an den Baum gelehnt auf die ruhende Herde blickt, lautlos gleitende Schwäne und allegorische Statuen (»la Nonchalance, l'Oisiveté, la Négligence«) figurieren in der friedvoll-arkadischen Idylle, die »Müßiggang und Trägheit« wie selbstverständlich als Gegenstand der Unterhaltung nahelegt. Einleitende Exempelgeschichten, Versinschriften, Stanzen oder Madrigale lockern die Schematik des Für und Wider auf und vermindern den Anspruch der Fragestellung. Gesten der Liebenswürdigkeit und wohlwollender Spott begleiten die Entgegnungen und Kommentare, die im Wechsel mit den – wiederholt unterbrochenen – längeren Ausführungen der offenen Bewegtheit der Promenade entsprechen, bei der gemeinhin der Kreis sich findet. Neben der Landpartie ist auch der Besuch der italienischen Komödie und der Oper ein beliebter Zeitvertreib. Spaziergang und Gespräch, Tafel und Konzert lösen einander ebenso unmerklich ab wie der Gedankenaustausch in der geselligen Runde. Diskret andeutend und undogmatisch gibt der Gebildete sein Wissen weiter, meidet den Monolog oder den Anschein lenkender Überlegenheit.

Auch als Schreibende also zeigte sich Mlle de Scudéry an die Konversationsregeln gebunden, die sie im 8. Band der *Clelie* als eine der ersten festgelegt hatte [30]: Als Amilcar gegen unverständliches und dunkles Sprechen, Zerstreutheit, ungeduldige Unterbrechungen, Aufdringlichkeit, vor allem aber den Dauerredner zu

Felde zog, hielt Plotine ihm scherzend die eigene Neigung zur monologischen Lehrhaftigkeit entgegen. Den gewünschten Katalog verbindlicher Regeln ersetzte die negative Abgrenzung. Zu meiden waren das Niedere und die Geistreichelei, waren Archaismen und Manier, oder, seitens der Frauen, das dezidierte Urteil, der Fluch, Schwur oder die gespielte Einfalt. An dieser Stelle bereits unterschied Mlle de Scudéry Dialog und Lektüre in einer für ihr Werk und für die Salonästhetik charakteristischen Weise. Nicht aus den Büchern lerne man das Sprechen, vermittelten sie doch nur die dafür unverzichtbare Bildung. Die Anmut des gesprochenen Worts suche man hier vergeblich, und da diese der geselligen Gesprächsrunde bedürfe, in der die Damen zu überwiegen hätten, sei die Orientierung am gelesenen Buch der Konversation abträglich.

Im Unterschied zu den übrigen Dialogautoren, die, um dem Pedantentum zu begegnen, das in der Lektüre erworbene Bildungsgut des Traktats in das mehrstimmige Unisono zu retten versuchten, machte Mlle de Scudéry Ernst mit der Scheidung von Gelehrsamkeit und Konversation, (männlichem) Buchwissen und einer (frauenorientierten) geselligen Mitteilsamkeit.

Die »Entretiens« hatten für die Leserinnen eine zweifache erzieherische Funktion. Neben der unaufwendigen Wissensvermittlung lehrten sie diese, die Leitbilder und die Lebenspraxis ihres Geschlechts auf ihre Gültigkeit hin zu prüfen. Jedes einzelne der behandelten Themen wurde im Hinblick auf die Frauen eigens erörtert. So warnte die Autorin vor nachlässigen Müttern, die ihre Töchter trägen Gouvernanten und damit der Koketterie überantworteten, vor der Versuchung des religiösen und moralischen »libertinage«, vor der Habgier als dem Weg zur Käuflichkeit, vor der weitverbreiteten weiblichen Neigung zur üblen Nachrede oder zu trügerischen Strategien, wo es um das Verbergen des Alters oder darum gehe, um den Preis des Ruins kreditwürdig zu scheinen und der mittellosen Tochter die vermögende Partie zu erschleichen. Die geziemende Bescheidenheit brauche die Selbstbesinnung nicht auszuschließen und mit dieser die Einsicht, daß der uneigene und uneigentliche Wert jugendlicher Schönheit und Koketterie die Gealterte der Selbstentfremdung und Verzweiflung ausliefere, weshalb es beizeiten klugen Rat anzunehmen und Freunde sich zu gewinnen und zu erhalten gelte. [31]

Die intellektuelle Selbstbegrenzung des Mannes hatte im Salon den ritterlich-aristokratischen Frauendienst des heroischen Romans abgelöst. Der Schutz weiblicher Schwäche bedeutete in diesen beiden Varianten die Selbstbindung dessen, der sich als deren Urheber begriffen hatte. Nachdem die »Reine de Tendre« einst die Untertanen ihres utopischen Binnenreichs dem Rigorismus eines Kodex unterworfen hatte, der die Rechtswirklichkeit verkehrte, bestimmte sie nunmehr Rahmen und Inhalt des den Frauen gestatteten geselligen Wissens zum Maßstab einer Konversation, die vorrangig diesen zugute kam. Wie im Modell der »amitié tendre« gewann sie ihnen auch damit verlorenes Terrain zurück. Den ursprünglich neuplatonischen Gemeinplatz einer weiblich vermittelten gesellschaftlichen Erhöhung des Mannes suchte man bei ihr vergeblich. Vielmehr wurde diesem die Beschränkung seiner Stärke aufgegeben. Die Frauen nämlich sind es, denen die gemischte Gesellschaft den größeren Gewinn bedeutet: Seien sie unter sich, wiederhole sich in ihren Themen – den kleinen häuslichen Sorgen, Kleidern, Preisen, dem Klatsch oder den Genealogien – die Enge ihres konventionellen Lebensraums. Zur »Schande ihres Geschlechts« muß darum Athis den Männern die Überlegenheit in der Konversation zuerkennen, und Lysidice zieht dem Gespräch von fünfzehn oder zwanzig Frauen das der Männer vor, die ohne Damen zwar weniger heiter, zumindest aber vernünftig zu reden vermöchten. [32]

Es wäre verfehlt, die Motive für solche Äußerungen in weiblichem minoritären Selbsthaß, im kalkulierten Appell an den Mann oder dem eitlen Vergnügen an dem eigenen intellektuellen und schriftstellerischen Rang zu vermuten. Mlle de Scudéry ist selbst durch diese gesellige Erziehung geprägt worden. Daß ihr Onkel die Bildungsfähigkeit und Wißbegier des jungen Mädchens beizeiten erkannte und ihren Wunsch, die französischen, italienischen und spanischen Bücher seiner Bibliothek zu lesen, beförderte, wodurch die Lektüre fortan zu ihrer liebsten Beschäftigung wurde, blieb auch eine Generation nach der Autodidaktin Marie de Gournay die Ausnahme. Ähnlich wie dieser wurde ihr die Literatur zum Ereignis, zum Medium der Reflexion über die ihrem Geschlecht gesetzten Grenzen. In Onkel, Bruder und Freund erfuhr sie nacheinander – und wiederum vergleichbar der Wahltochter Montaignes – die Überlegenheit des Präzeptors, dankbar und dabei zunehmend ihrer Möglichkeiten bewußt, bis sie schließlich die eigene Einsicht ihrem und dem männlichen Geschlecht mitteilen konnte. Es war eine pragmatische und exemplarische, am Beispiel zu verifizierende Einsicht, die, im Unterschied zu der idealistischen Unverbindlichkeit der männlichen Frauenapologie, an konkrete Veränderungen von Bewußtsein und Wirklichkeit denken ließ.

Auch der Mann nämlich hatte zu lernen, hatte sich jene andere Erfahrung mitteilen zu lassen: die oft enttäuschte Hoffnung der Frau auf die Beständigkeit seiner Liebe, die trügerischen Strategien der Verführung, die Gefahr der gezielten oder unbedachten Indiskretion. Gefesselt von einer wachsamen Öffentlichkeit sei die Frau im Kerker ihrer Gefühle wehrlos auf sich selbst verwiesen. Haß und Eifersucht könnten im Maße ihrer Ohnmacht eine grenzenlose Heftigkeit entwickeln, die ihr zur selbstzerstörerischen Qual wird. Geduld habe darum die vorrangige Tugend derer zu sein, die das Schicksal zu lebenslänglicher Abhängigkeit bestimmte. Gewiß, das Christentum gewähre ihnen mehr Rechte als der Serail oder der ferne Orient, ein Amazonenstaat sei ein »schwer vorstellbarer« launischer Dichtereinfall. Warum aber der Frau die bedingungslose Unterwerfung unter den Mann verordnen, dem Gott sie als Gefährtin gab? Heiraten heiße für sie, »sich einen Herren zu wählen«. [33] Parthenice zieht darum der vom Vater arrangierten Vermögensehe oder dem Beispiel der Freundinnen, die an der Seite eines frivolen Verschwenders, eifersüchtigen Bewachers, Ehebrechers oder Geizhalses darben, die bindungslose Freiheit vor. [34]

Doch die Liebesheirat schien der preziösen Autorin anhaltend kein Ausweg. Die »Geschichte der Belinde« [35] handelt von den Verwirrungen eines jungen

Mädchens, dem die (verwitwete) Mutter die Wahl eines – standesgemäßen – Gatten nach ihrer Neigung gestattet hatte. Belinde und ihren Freundinnen schiene eine Heirat absurd, in der der Ehemann Geliebter seiner Frau, sie die Gattin ihres Geliebten wäre. Lauheit und Ermüdung beider Gefühle seien die auf Dauer unumgänglichen Folgen. Gerade der Liebhaber wandle sich gemeinhin zum eifersüchtigen Ehetyrann, und sogar die Untreue folge aus der einstigen Leidenschaft. Die Liebe, genährt von Sehnsucht und Hoffnung, ersterbe im Alltag ehelichen Gleichmaßes und Besitzes, um eher den Haß hervorzutreiben als jene unverzichtbare Freundschaft der Achtung. Belinde erhört schließlich den ungeliebten Cleonte, dessen heftige Gefühle in dem Maße erkalten wie ihre eigene Zuneigung wächst. Nach seinem Tod verbindet sie mit Persandre eine »parfaite amitié«, bis durch anonyme Spottgedichte dessen Liebe zu einer anderen Frau bekannt wird, deren Geheimhaltung geboten war. Als Freund durfte er, so scheint es Belinde, diese nicht verschweigen, sie aber darum auch nicht, um dieser Freundschaft willen, geringer werden lassen. Danach bleibt ihr der verbannte, von allen früheren Freunden enttäuschte Poliante nur solange verbunden, bis mit ihrer Unterstützung er am Hofe rehabilitiert wird und sein Ehrgeiz ihn zum »tendre Amy« untauglich macht. Die gealterte, blatternarbige Belinde findet allein in sich selbst ihr Glück, verfaßt eine »liebenswürdige Satire auf die Schwäche des menschlichen Herzens« und erlebt erst dann die höchste Form allseitiger Zuneigung. Das Geschehene wird mit den Distinktionen und Geboten der »Carte de Tendre« gedeutet. Viele Jahrzehnte nach den »Samedis« und der Regierungszeit Ludwigs XIII., in der die »Histoire de Belinde« angesiedelt ist, erinnert die Autorin an die preziöse Utopie vollkommener Freundschaft zwischen den Geschlechtern, die eine weibliche Selbstbesinnung einschließen kann.

Freundschaft, befreit von Erwartung und fremder Bestimmung, vereinzelnd durch Wahl, nicht gefährdet von der Vergänglichkeit irrationaler Leidenschaft und ungefügig auch für die Aneignung durch den Vertrag, vollzieht sich in der un-bedingten und offenen Mitteilsamkeit des Gesprächs. Die Konversation erhielt durch Mlle de Scudéry ein emanzipatorisches Moment, das da übersehen wurde, wo allein der erzieherische Konsens einer allgemeingültigen »politesse mondaine« ins Auge gefaßt wurde.

4. Die Verteidigung des neuzeitlichen Fortschritts und die aufklärerische Hoffnung

Trotz der Huldigungen an den König, der über Mme de Maintenon und Saint-Cyr [36] die Mädchenerziehung sichtbar verbessert hatte, blieb Mlle de Scudéry der Epoche der Salongeselligkeit und des aristokratischen Frauendienstes dankbar verbunden. Für Wissenschaften und Handel propagierte sie den aufklärerischen Optimismus der »Modernes«:

L'esperance … est l'Astre qui conduit tous les grands Voyageurs, à qui on doit tant de belles connoissances, elle est l'ame du commerce, qui attache toutes les Nations les unes aux autres … Les uns esperent de faire leur fortune par la guerre, les autres par les sciences, & la Chimie même qui avoit donné … de si admirables secrets pour la Médecine … / … L'Astronomie … est encore fille de l'esperance … Nous tremblerions encore, comme l'Antiquité faisoit, au premier aspect des Comettes … l'esperance de la gloire, de l'utilité, ou du plaisir, est ce qui remue tout l'Univers. [37]

Für die Frauen gehörte ein Stück Fortschritt der Vergangenheit an. An der politischen Ermächtigung der bürgerlichen »Anciens« mit Boileau konnte der Autorin gar nicht, an der theoretischen Systematik der egalitären Frauenapologie Poullain de La Barres nur begrenzt gelegen sein. Der Rahmen der einst erprobten, nunmehr nur schriftlich-fiktiven Unterhaltungen zwischen den Geschlechtern, welche die Vehemenz des Widersachers ebenso wie die des Fürsprechers der Frau ausschließen konnte, erscheint aus weiblicher Feder als der eigentliche neuzeitliche Gewinn. Erst in dieser Perspektive werden die vielfältigen Selbstzitate und die Reprisen früherer Romangespräche vollends verständlich.

Acht der vierzehn *Conversations sur divers sujets* (1680) sind wortwörtliche Nachdrucke. [38] »Contre l'indifférence« kontaminierte leicht variierte Unterhaltungen über die Leidenschaft als heroisches Movens und über den Spott. [39] »Des plaisirs« [40] ist ausführlicher als der entsprechende Passus der *Mathilde.* In »Les Bains des Thermopiles, ou Conversations de la Crainte« [41] erinnern lediglich Titel und Motive der im übrigen ganz neuen Geschichte an die Pisistrate-Episode des *Cyrus*. »De la Conversation« [42] erweitert die teilweise im Wortlaut übernommenen Gedanken aus der »Histoire de Sapho« nicht unerheblich. Bedeutsamer indes sind einige neue und entschiedene moralphilosophische Aussagen: Mit »De la Connoissance d'Autruy & de Soy-mesme« reagierte Mlle de Scudéry offensichtlich – und ganz im Einklang mit den früheren Leserinnen der Maximen, aber auch im Sinne von Descartes' *Passions de l'âme* – auf La Rochefoucauld: Trotz der Eigenliebe sei die Selbsterkenntnis ebenso möglich wie die Selbsterziehung zu einer Gesittung der »honnestes gens«, die in heroischem Handeln und in der Freundschaft sich erfülle. [43] Denselben gläubig-moralischen Optimismus verrät das engagierte Bekenntnis gegen Skepsis und religiöses Freidenkertum (»Contre ceux qui parlent peu serieusement de la Religion«) [44], das in den späteren Bänden mit der wiederholten Kritik an der Schule Epikurs und dem Atomismus und mit der Apologie des christlichen Glaubens auch gegenüber den Gefährdungen durch den nach Descartes radikalisierten Zweifel [45] bekräftigt wurde.

Literaturkritik und Kunst der Konversation, Affekte und Tugenden, individuelle und soziale, politische und religiöse Bindungen waren fortan die Themen, deren zufällig wirkende Anordnung der einstigen geselligen Kultur entstammte. Gespräche und Geschichten, durchsetzt von Architekturbeschreibungen oder Stegreifgedichten, sind die literarisierten Formen der Salongattungen, die sich in Mlle de Scudérys Alterswerk erhalten haben.

Mit den *Conversations nouvelles sur divers sujets* (1684) und der *Morale du*

Monde, wie die *Conversations morales* von 1686 häufig zitiert werden, ging fortschreitend der Anteil überarbeiteter früherer Dialoge zurück. In dem ersten der Bände überwogen die Themen preziöser und geselliger, im späteren die der moralischen Kasuistik. Zwar gibt es für einige der Lehrgespräche vergleichbare Abschnitte insbesondere in der *Clelie* [46], doch die Aktualisierung der Fragestellung ist offensichtlich. Berührt war neben der Philosophie und der Religion auch die Literatur, und hier wie da blieb die Autorin bemüht, die alten, ihr zunehmend gefährdet scheinenden Grundanschauungen zu behaupten.

In der »Poesie françoise jusques à Henry Quatrième« [47], einer unverdient vergessenen Replik auf den zehn Jahre zuvor erschienenen *Art poétique,* redete sie einer Aufwertung der von Boileau geächteten Renaissance das Wort. Saint-Gelais, ein Verwandter des gleichnamigen Dichters, liest die Geschichte der Dichtung im Rahmen der »Histoire du Comte d'Albe« auf Bitten einer Herzogin am spanischen Hofe vor, die sich ausbedingt, ihn mit Fragen unterbrechen zu können. Mit Plutarch und Montaigne pries Mlle de Scudéry zwei der für sie vorbildlichen Lehrer der Moral, Selbsterkenntnis, Psychologie und heroischen Freundschaft. An Catherine des Roches und ihre Mutter zu erinnern, war nicht allein Ausdruck schriftstellerischer weiblicher Verbundenheit, sondern, wie die ganze Schrift, bewußte Rückbindung des eigenen, der Lächerlichkeit überantworteten literarischen Stils und der preziösen Salongenres an eine gleichfalls bedrängte Tradition. Ausdrücklich erinnerte Mlle de Scudéry an die zyklische Gelegenheitsdichtung dieses Kreises, an die Verse auf die »fameuse Puce ... qui fut celebrée par les plus grands hommes de ce Siecle« [48], wie sie andere zur selben Zeit auf Schmetterling, Auster, Katze, Grille, Ameise oder Schwalbe verfaßt hätten. Ronsards Lyrik ist der Herzogin zu gelehrt. Anmutiger scheinen ihr die »Bagatellen«, zu denen er sich herabgelassen hatte: »l'Epi- / taphe d'une jolie Chienne ... et celle d'un Levrier« [49] – wenige Jahre nach der Veröffentlichung des Bandes wirkten Mlle de Scudérys Freunde an den Chamäleonepitaphien mit. Ronsard und allen anderen jedoch vorzuziehen war aus preziöser Sicht Bertaut, weil er Wert und Ehre der Damen gewürdigt habe. In einem kommentierten Florilegium seiner Verse endet diese Geschichte der Dichtung. Sie trifft mit dem Rosenroman, den Troubadours oder der »Übersetzerin der äsopischen Fabeln«, den italienischen Nachfahren der Provenzalen, Petrarca, Tassos *Aminta* und der petrarkisierenden, nicht mehr »pindarisierenden« Pléiade eine beziehungsreiche Auswahl. Damit wurde auch diese Schrift, wie die spätere Apotheose auf ihre Verfasserin, zu einem Manifest des neuzeitlichen Fortschritts, wie er sich vor einem weiblichen Blick darstellte. Detaillierter als in *Mathilde* suchte die Autorin, der aristokratischen Frauenverehrung, der »tendre amitié« und den spielerischen Kleinformen der Salonkultur eine ehrenvolle Vergangenheit zu sichern. Die Abgrenzung von dem »griechischen« und gelehrten, aber auch »groben« Ronsard, dem Bertauts »coeur tendre« vorgezogen wird, unterscheidet sich in Inhalt und Motiven von der Ronsardkritik Boileaus. Nur vordergründig kann der Anschein entstehen, als sei Mlle de Scudéry, wie lange zuvor Marie de Gournay, zur Apologetin eines hoffnungslos veralteten literarischen Geschmacks und Stils geworden. In Wahrheit verteidigte sie die Überlegenheit der neuzeitlichen kultivierten Geselligkeit, die durch ihre Träger, die Höfe der Renaissance und die Salons des Vorabsolutismus, den Frauen zugutegekommen war. In diesem Licht verdeutlicht sich die genuine Entsprechung preziöser und »moderner« Grundanschauungen. Als Chronistin bereits hatte sich Mlle de Scudéry nicht allein darauf beschränkt, den Adel der Fronde und den Marais der »Samedis« mit der antikisierenden Namenstravestie in würdigem Rahmen zu verewigen. Kyros, Hamilkar und die anderen Helden des Altertums hatten vielmehr zu begreifen, daß im Frankreich der alten Monarchie und Feudalaristokratie ihnen mehr als ebenbürtige Rivalen erwachsen waren. Die heroische Galanterie des Barockromans und die weibliche Anverwandlung neuplatonischen Gedankenguts konnten zwar von Boileau und der antifeudalistischen Kulturpolitik des Absolutismus als die beschämende Abwertung der Antike verurteilt werden. Den Frauen indes schien eben diese durch die gesellschaftliche Rückständigkeit entwertet. Mlle de Scudérys wiederholte Ablehnung des Satirikers und der für ihn spezifischen Variante der Gattung meinte zunächst die unfeine Geste namentlicher Herabsetzung, das Verfehlen des »ridentem dicere verum«. Vor allem aber galt sie dem bürgerlichen »Ancien« und dem von ihm endgültig inthronisierten Kanon, aus dem die Salon- und Frauenkultur langfristig ausgeschlossen blieb. Diesen Verlust und Rückschritt zu korrigieren sollte eine weiterführende »Moderne« nach Ansicht der Autorin bemüht sein.

Die Erwartung eines Fortschritts der Wissenschaft sprach sie – außer in »De l'espérance« – in dem Friedensvertrag der »Decisifs & Incertains« aus, der das von P. Bayle geschätzte Gespräch »De l'incertitude« beschließt. Wo es um Glauben und Gebote, Gesetze, Naturrecht und allgemeingültige Moral gehe, sei der Zweifel unzulässig. Um so weniger aber sei er verzichtbar in der Medizin, Chemie und Physik, Astronomie und Kosmologie. Den Widersprüchen der antiken Philosophie habe man mit Skepsis und Kritik zu begegnen. [50] Bewunderung verdiene allein eine Lehre, die sich, wie die Stoa oder der Platonismus, mit der in jedem Fall überlegenen christlichen Religion berühre – auch dies ein Argument der »Modernes«. [51]

Die unmittelbaren Vorlagen dieser psychomoralischen Gespräche sind leicht zu ermitteln. Während Mlle de Scudéry zwei Dialoge von La Mothe le Vayer in der Tendenz ins Gegenteil kehrte [52], folgte sie mit Titeln, Themen ud Gedanken einigen *Essais* von Montaigne. [53] Die weibliche »Erfahrung« des Alterns oder die »Reue« eines Mädchens über den Klostereintritt und die falsche Eheentscheidung geben ihren Texten die unverwechselbare Färbung (»De l'experience«, »Du repentir«). Vor allem aber ist sie Descartes verpflichtet. Die Klassifizierung der Leidenschaften, die Analyse ihrer Ursachen und der gestuften Symptome und Erscheinungsformen sollte im *Traité des passions* nicht grundsätzlich deren Unterdrückung, sondern den kontrollierten Umgang mit ihnen lehren. [54] »Vous assujettissez donc les passions à la volonté«, stellt demgemäß Poliandre in »De la colere« fest, und Hermogene erklärt zusammenfassend:

je ne croiray jamais que la nature nous ait donné des passions qui ne puissent pas avoir un usage innocent, & ... comme on peut / avoir de l'amour sans crime, on peut avoir de la colere sans mériter d'être blâmé, & ... ce n'est que l'usage qu'il en faut regler. [55]

In enger Anlehnung an den *Traité* und dessen Begrifflichkeit prüfte Mlle de Scudéry Vorzüge und Gefahren eines jeden der Affekte, wobei die Vielzahl nuancierender Beispiele und Urteile einige kurze philosophische Artikel in Unterhaltungen von dreißig, fünfzig oder mehr Seiten verwandelt.

Auch in den beiden letzten Titeln, den *Nouvelles conversations de morale* (1688) und den *Entretiens de morale* (1692) durchsetzte die Autorin die Lehrgespräche mit Beschreibungen, Exempelgeschichten oder kommentierten Florilegien. Der Abdruck der Chamäleongedichte [56] wirkt wie ein Gattungssignum dieser geselligen Konversationsmoral, deren umfangreichstes Beispiel die »Histoire de la morale« ist. [57] Kurz nach Fontenelles *Entretiens sur la pluralité des mondes* (1686) konnte Mlle de Scudéry ein wachsendes naturwissenschaftliches Interesse voraussetzen. Bérénice berichtet in der »Histoire de deux caméléons« von den Beobachtungen an diesen rätselhaften Tieren, die später von Perrault für die Académie des Sciences seziert wurden. In »Des fleurs et des fruits« bereitet die Beschreibung eines Festes in Fontainebleau auf die Geschichte des Gartens, der Früchte und Blumen und der seit der Antike um sie sich rankenden Legenden und Mythen vor. [58] Das darauf folgende Gespräch entwirft eine Idylle der ländlichen Einkehr, des Rückzugs von den Schrecken des Krieges, den trügerischen Geschäften und der Bedrohung in den Städten, von dem Hof der Neider, Verleumder und Libertins. Wie zuvor Mlle de Montpensier und Mme de Motteville und gleichzeitig Mme Deshoulières oder Mme d'Aulnoy hielt Mlle de Scudéry der befremdlichen und fremden Welt des Hofs und der Höflinge die friedliche Utopie Arkadiens entgegen, die für die Frauen mehr als eine literarische Reminiszenz bedeutete.

Der Salon als Stätte einer spielerischen Gesprächskultur, der Mlle de Scudéry einst sehr wesentlich Gestalt gegeben hatte, überlebte in ihrem Alterswerk als – beziehungsreiches – »Zitat«. Allein in ihrem Schreiben war die verlorene Vergangenheit aufgehoben, erschien, was für die früheren Texte einmal vorgängige Wirklichkeit war, als literarische Fiktion: der Freiraum des geselligen Rahmens und eine Kunst des Mündlichen, die mit diesem exiliert worden war.

* * *

Die Dialoge, die von der mehr als achtzigjährigen Autorin überwiegend neu verfaßt wurden, entstanden zur Zeit des Antikestreits. Die moralischen und psychologischen Fragen, die sich die plaudernde und promenierende Gesellschaft stellte (»Promenade«), schließen thematisch an die der früheren Romane an. Das Preziösentum, das man eine weibliche Aufklärung nennen kann, ging unmerklich auf in der Bewegung der »Modernes«, die in diesem und in der Salonkultur sehr wesentlich wurzelte. Für die Autorinnen der jüngeren Generationen war Mlle de

Scudéry zur neuen Sappho geworden, deren Ruhm den der Griechin überstrahlte. Wie diese galt sie den Frauen als Lehrerin und Vorbild. Sie hatte ihnen den unangefochtenen alternativen Status eheloser Autonomie und geistiger Tätigkeit gesichert und mit Lebenswerk und Persönlichkeit den Beweis dafür erbracht, daß die Revision der falschen Werte – Koketterie, Jugend, Schönheit – möglich und für ihr Geschlecht ein unbedingter Gewinn war.

Die Vorstellung von einer Überlegenheit der Neuzeit ist zweifach mit Namen und Werk von Mlle de Scudéry verbunden. Während die Schriftstellerinnen – und nur diese – die Autorin selbst das herausragende Beispiel einer vollkommeneren »Moderne« nannten, suchte Mlle de Scudéry in ihren Lehrgesprächen diesen Nachweis sachlich zu erbringen. Ihr Bekenntnis zum Fortschritt von Wissenschaft und Handel ist darum nicht überraschend. Was sie indes von den männlichen Mitstreitern unterschied, war die beharrliche Betonung des neuzeitlichen Fortschritts für die Frauen. An ihren Dialogen sind diese, wie einst in der Salongeselligkeit, in gleicher Anzahl wie die Männer beteiligt, sind anhaltend auf deren plaudernde Belehrung verwiesen, finden Gehör, wenn sie die »Passions de l'âme« aus dem Horizont ihrer jeweiligen Erfahrung kommentieren.

Als Moralistin folgte Mlle de Scudéry Montaigne und vor allem dem Descartes der Affektenlenkung und mußte, wie die Damen um Mme de Sablé, der »negativen Anthropologie« [59] La Rochefoucaulds sich widersetzen. Wo der Zweifel indes nicht dem innerweltlichen Fortschritt nutzbar gemacht werden, sondern der religiösen Skepsis den Boden bereiten sollte, schien ihr der Cartesianismus gefährlich. Der kulturgeschichtliche Rückblick verschärfte ihren Widerstand gegen Boileau, der sich schon in dem erfolglosen misogynen Satiriker der *Promenade de Versailles* wiedererkannt haben mochte. Mit der »Poesie françoise jusques à Henry Quatrième« rief Mlle de Scudéry eine Tradition in Erinnerung, deren Ende mit der *Art poétique* besiegelt schien: die Höfe und Salons des Mittelalters und der Renaissance, die männliche Frauenverehrung und die weibliche Mündigkeit in der Geschichte der Dichtung, die geselligen Spiele und die zyklische Gelegenheitslyrik.

Jenseits der Unterschiede von Stand und Selbstbewußtsein verbindet Mlle de Scudéry mit den Damen des Hochadels eine aufklärerische Hoffnung da, wo ein interessiertes und sensibilisiertes weibliches Bewußtsein ahnbar wird. Als Frauen wußten sie sich anhaltend manche der Möglichkeiten versagt, die den Männern selbstverständlicher und darum nicht unbedingt mehr kostbarer Besitz waren. Zu erwerben, was die Geschichte ihrem Geschlecht schuldiggeblieben schien, verschrieb sie dem Glauben an die Zukunft. Wo sie dabei auf ihre biologische Bestimmung sich besannen, mußte dieser moralische Optimismus sich dem erzieherischen Fortschritt verpflichten. Dies ist ein Teil des Vermächtnisses, das die preziöse Autorin der Moderne hinterließ. Vor allem anderen aber erinnerte sie an den »code tendre«, jene Wunschwirklichkeit einer Erlösung beider Geschlechter, die sie lehrhaft entfaltet hatte und die sie in der Utopie sich erfüllen ließ. Die erotischen Märchenwunder des Sarmatenreichs, der Venusinsel und der »vallis clausa« und mit ihnen die verwunschenen Paläste und Gärten, die Metamorphosen der Feste, Kulissen und Maskeraden wurden zum Jahrhundertende einer Gattung anverwandelt, in der sich die weibliche Literatur des Salons erfüllte: dem »modernen« Feenmärchen.

VII. Mme d'Aulnoy und das feminine Salonmärchen (1697–1698)

Mit dem Überdruß an der Großform des Romans erklärte Charles Sorel (1671) die zeitgenössische Neigung von Autoren und Publikum zur Novellistik, und ebenso begründete in jüngerer Zeit Teresa di Scanno das Aufkommen der Märchenmode. [1] Segrais selbst, dessen Novellen die entscheidende Zäsur bedeutet haben sollen, rühmte sich indes weniger der formalen als der inhaltlichen Neuorientierung. Die »contes de fées« wiederum erfüllen zwar das vermeintliche Postulat der Kürze, nicht aber die von Sorel für nicht minder wichtig gehaltene Abkehr vom »style merveilleux«. Die Herausbildung der neuen Gattung ist wiederum an die Salonkultur gebunden. Aus dem kostbaren Brief der Mme de Sévigné vom 6. August 1677 [2] kennt man das spontane Erfinden von Märchen als Gesellschaftsspiel hochadliger Damen. Unbemerkt blieb hingegen ein früherer Hinweis von Mlle de Scudéry. Schon 1667 hatte eine der unausgeführten Spielaufgaben in den »Jeux« der *Mathilde* das improvisierte Erzählen eines »conte« zum Inhalt.

> Mme de Coulanges – so schrieb Mme de Sévigné – qui m'est venue faire ici une fort honnête visite qui durera jusqu'à demain, voulut bien nous faire part des contes avec quoi l'on amuse les dames de Versailles: cela s'appelle les *mitonner*.
>
> Elle nous *mitonna* donc, et nous parla d'une île verte, où l'on élevait une princesse plus belle que le jour; c'étaient les fées qui soufflaient sur elle à tout moment. Le prince des délices était son amant, ils arrivèrent tous deux dans une boule de cristal, alors qu'on y pensait le moins. Ce fut un spectacle admirable. Chacun regardait en l'air, et chantait sans doute:
>
> Allons, allons, accourons tous,
Cybèle va descendre.
>
> Ce conte dure une bonne heure. Je vous en épargne beaucoup, en considération de ce que j'ai su que cette île verte est dans l'Océan ...

Wieder einmal waren es Frauen, die dem geselligen Vergnügen einen besonderen Reiz abgewannen und die im gemeinschaftlichen Plaudern eine neue literarische Form entstehen ließen. Die überirdisch schöne Prinzessin und ihr »Prinz der Wonnen«, die ebenso unwirkliche Insel, die Schutzfeen und Göttinnen, die, wie das liebende Paar, das erstaunliche Schauspiel überraschender Erscheinung und Fortbewegung bieten, deuten, nicht anders als es H. R. Jauß für die »matière de Bretagne« beschrieb, auf »das Faszinosum einer gewußten Fiktion ...: das Wunderbare *(merveilleux)* und das Traumhafte *(songes)*« hin.

Die femininen Feenmärchen daraufhin zu untersuchen, wie in ihnen die »Funktion der Weltentlastung ... mit der Funktion einer neuen Weltdeutung einhergehen kann« [3], danach also zu fragen, welches die in der Imagination entworfene Idealität und Vollkommenheit, welcher Art die »Welt traumhafter

Wunscherfüllung« ist, ergibt sich als die nunmehr gestellte Aufgabe. Hand in Hand damit ist die Frage nach der Ästhetik dieses letzten weiblichen »jeu d'esprit« zu beantworten. Während zur gleichen Zeit sich die Regelpoetik behauptete und mit ihr die Phantasie und das Wunderbare in die Grenzen der klassischen Wahrscheinlichkeit verwiesen wurden, nahmen gerade jene »Damen in Versailles« – und nach ihnen die des »modernen« Salons – den verbotenen Freiraum für sich in Anspruch. Indem auch sie sich jenseits des literarischen Kanons und seiner Normen ansiedelten, folgten sie den vorausgehenden Schriftstellerinnen. Wie diese ironisierten sie die Lehrer und Schüler Boileaus und in eins damit diejenigen, die bis zur Jahrhundertmitte die geistige Schwäche der Frauen an deren naturgegebener und zügelloser Irrationalität hatten erweisen wollen.

Die erwähnte ferne Insel der Mme de Coulanges, auf der die Überirdischen das Liebesglück bewachen, erinnert an die märchenhaft sich erfüllende erotische Vollkommenheit in einigen Binnennovellen der Scudéry-Romane. Die zitierten Verse aus *Atys* und die Anspielung auf die Bühnenmaschinerie der Oper rufen die Wunderwelt und farbige Vielfalt des barocken Gesamtkunstwerks ins Bewußtsein. Auch in den Märchen also setzen sich Traditionen weiblichen Schreibens fort, die näherer Untersuchung bedürfen.

Die Fragen, auf die es dabei einzugehen gilt, berühren die Ursprünge der Gattung ebenso wie ihre formalen Besonderheiten und die Geschichte ihrer Wirkung: auf die »Anciens« und auf die »Modernes«, auf Bürgertum und Adel, auf Männer und Frauen. Die Verwurzelung in der Welt des Volksmärchens, seiner magischen Symbolik und seiner lebenspraktischen Moral zum einen, in der französischen hochhöfischen Kultur des Barock zum anderen, bildet einen spannungsreichen Gegensatz. Als Glücksdichtung schließlich verspricht das Märchen Aufschluß über die Wunschwirklichkeit seiner Autorinnen, die zum letzten Mal das gesellige Spiel in den literarischen Entwurf einer besseren Welt überführten.

1. »Féerie« und »modernes« Mittelalter

1.1. Die Märchenmode und ihre Voraussetzungen

Bereits 1699 erklärte der Abbé de Villiers in seiner Streitschrift gegen die Märchen, daß deren Mehrzahl von Frauen verfaßt worden sei. [4] Nicht zuletzt auf ihn ist zurückzuführen, daß Charles Perrault, obwohl in der Mode selbst eher isoliert, als der relativ bekannteste unter den Märchendichtern angesehen wurde und wird. [5] Dem Kritiker schien er das Vorbild und Korrektiv für die Gattung, die dieser allein da verteidigte, wo die moralische Lektion erkennbar und wertvoll schien.

Die Autorschaft von Charles und Pierre Perrault (d. i. Perrault Darmancour) für die *Contes* ist offenbar anhaltend nicht mit Sicherheit zu bestimmen. Kaum weniger strittig ist die Chronologie und Quellenlage der zwischen 1695 und 1697 verfaßten, teils mündlich, teils in Manuskriptform kursierenden Märchen. [6] Schon am 8. Oktober 1695 erhielt Marie-Jeanne Lhéritier de Villandon, Charles Perraults Nichte, die seinem engen Freundeskreis zugehörte, die Druckerlaubnis für ihre *Oeuvres Mêlées.* Von den vier sehr disparaten Novellen dieser Sammlung sind Zaubermärchen nur die *Enchantements de l'éloquence ou les effets de la douceur* und *L'adroite princesse ou les aventures de Finette,* wobei der erste Text mit Perraults *Les fées* und – in geringerem Maße – mit *Cendrillon* motivisch verwandt ist. Gleichwohl ist darum ein zeitlicher Vorsprung der Autorin nicht erwiesen. Manches deutet darauf hin, daß die *Contes* von Perrault bereits 1695 zirkulierten. Ein auf dasselbe Jahr datiertes Manuskript mit fünf Märchen aus der späteren Sammlung wurde 1953 in den USA versteigert. J. Barchilon, der den Text herausgegeben hat, hält Charles Perrault für den Autor; nach M. Soriano ist er das Elaborat eines Kopisten, in dem eine Phase anonymen Sammelns eher zufällig festgehalten worden sei. [7] Im Vorwort zu den *Contes en vers* erwähnt Perrault selbst (1695) das motivische Detail, an dem die Frage nach der Priorität von *Les fées* und *Les enchantements* sich entzündete. [8] Mlle Lhéritier suchte für sich die Erneuerung der Gattung in Anspruch zu nehmen. [9] Da die mündliche Verbreitung einmal der volkstümlichen Märchenmotive und -typen, zum anderen aber auch des Salonmärchens für das Jahrhundertende allgemein vorausgesetzt werden kann, sind die Fragen nach Einfluß und Filiation, Chronologie oder Originalität, wie bei anderen Formen oraler Literatur, kaum zu beantworten oder anders zu stellen. Es ist letzten Endes unerheblich, ob Mlle Bernard mit ihrer Version des *Riquet à la Houppe* oder Mlle Lhéritier mit den *Enchantements* und *L'adroite princesse* der Veröffentlichung der Perraultschen *Contes* zuvorgekommen ist [10], da sich die Schritte der mündlichen Vermittlung rückwirkend nicht verfolgen lassen. M. Soriano hat mit Recht auf die engen freundschaftlichen Verbindungen zwischen den Autoren, die in denselben Zirkeln verkehrten und in den geselligen Spielen sich mit Geist und Phantasie zu überbieten suchten, hingewiesen. [11]

Diese Zusammenhänge lassen sich ideengeschichtlich vertiefen: Fontenelle, mit Catherine Bernard verwandt und mit ihrer literarischen Produktion zumindest eng vertraut, führte etwa gleichzeitig mit dem Aufblühen der neuen Gattung in *De l'origine des fables* die korrespondierenden Religionsmythen unter anderem auf ein ursprüngliches Fabuliervergnügen und eine Wundergläubigkeit zurück, wie sie in allen Völkern sich stets neu und ähnlich herausbilde. [12] Schon im dritten Dialog des *Parallèle des Anciens et des Modernes* (1690) ließ Perrault den Abbé die heimischen Volksmärchen empfehlen, in deren moralischer Eindeutigkeit sich die Überlegenheit über analoge Texte der Antike abzeichne, ein Argument, das 1695 im Vorwort zu den *Contes en vers* wiederkehrte und das auch Houdar de La Mothe nicht fremd war. [13] Die kulturgeschichtliche Überlegenheit der Neuzeit suchte mit eindrucksvollen Vergleichen Mlle Lhéritier im *Mercure Galant* (1698) oder in der erwähnten Apotheose der Mlle de Scudéry zu belegen. Ihre *Enchantements* klingen aus mit dem selbstbewußten Hinweis auf die Wunder und Feen der »antiquité gauloise«. [14]

Der Kreis, in dem die Feenmärchen ihre literarische Form fanden, ist mithin der der »Modernes«. In ihrem Umfeld belebte ein des akademischen Intellektualismus müde gewordenes Frankreich die nie versiegten Quellen des Barock in der Literatur und den bildenden Künsten. Hamilton und Chaulieu brachten Voitures Esprit und Galanterie an den Hof der Duchesse du Maine zurück. An Berninis dramatisierten Skulpturen orientierten sich Coysevox und Puget. Sinnen- und Farbenfreude der Venezianer verdrängten Poussin und Le Brun aus der Bewunderung. Die pastoralen Gattungen und die Oper, die epischen Stoffe und Wunderwelten des Mittelalters und Italiens traten in Wettbewerb mit dem Erbe der Antike. [15]

Über einige der Autoren war die Mode des Märchens im Preziösentum verwurzelt. Für Perrault scheint eine zumindest zeitweilige Bindung an den Hof von Foucquet, der die Bewegung förderte, erwiesen. [16] Mlle Lhéritier stellte sich in die Nachfolge von Madeleine de Scudéry. [17] In welcher Form preziöse Züge das feminine Märchen charakterisieren, muß an den Texten genauer ermittelt werden. An der Tatsache selbst aber wird nicht gezweifelt. [18]

Die Autoren begegneten sich im Salon von Mme d'Aulnoy, zu deren Gästen Mme de Murat und Mlle Lhéritier gehörten, im engeren Kreis um Perrault und seine Familie, bei Mlle Lhéritier oder bei Rose Caumont de La Force. Während letzterer bereits ihrer Herkunft wegen der Hof und die Gesellschaft der alten Aristokratie geöffnet waren, empfahlen sich die anderen nicht minder selbstverständlich einigen der ranghöchsten Damen Frankreichs. Widmungen an die Princesse de Conti, an die Duchesses de Bourgogne, de Nemours oder de Longueville, an Madame oder Mademoiselle lassen ahnen, in welchem Maße die neue Gattung und ihre überwiegend weiblichen Autoren in der höfischen Gesellschaft gefeiert wurden. »La Cour s'est laissée infatuer de ces sottises; la Ville a suivi le mauvais exemple de la Cour, & a lu, avec avidité, ces aventures monstrueuses«, schrieb 1702 der Abbé de Bellegarde [19], ohne daß aber die Märchenmode, wie er es hoffte, da schon abgeklungen wäre.

Salon und Hof hatten Feenwunder und Volksmärchen, das man, keineswegs abwertend, »conte de ma (la) mère (l')oye« oder »conte (histoire) de Peau d'Âne« nannte [20], nicht vergessen. Schlösser und Wälder hielten den Glauben an Gespenster, Geister, Werwölfe oder Kobolde wach. Im Exkurs über die Märchen antwortete der Abbé de Bellegarde auf die Frage einer »Dame de la Cour« nach der Herkunft der Feen, deren – vergangene oder gegenwärtige – Existenz manche Prinzessin für wahrscheinlich hielt. Die Märchendichter standen, wie das Hôtel de Rambouillet, dem keltischen Feenglauben des Mittelalters ebenso nahe wie der Zauberwelt des *Amadis* und der *Astrée*. Mlle Lhéritier bat zu Beginn der *Enchantements* die Duchesse d'Épernon um Aufmerksamkeit für eine jener »fables gauloises qui viennent apparemment en droite ligne des conteurs ou troubadours de Provence, si célèbres autrefois«. [21] Die Feentochter Melusine, die immer wieder Schlange werden mußte, bis sie erlöst wurde, brachte man noch Jahrhunderte nach Jean d'Arras mit dem Geschlecht der Lusignan in Verbindung: Der Abbé de Bellegarde wandte sich gegen den weitverbreiteten Aberglauben, daß sie in das von ihr erbaute Schloß immer dann wiederkehrte, wenn es dort einen seiner Herren zu betrauern galt. [22] Bei Mme de Rambouillet, Voitures »grande Fée«, erinnerte die »loge de Zirphée« an die Urganda des *Amadis,* deren Zauberwunder durch Salonspiele, Ballett und Oper bekannt geblieben waren. [23] Die zeitgenössische Architektur als Märchenschlösser oder Landschaften aus Feenhand auszugeben, war ein Gemeinplatz des preziösen Romans, des »portrait mondain« oder der Korrespondenz. [24]

Während zwischen 1640 und dem Jahrhundertende die Parlamente von Paris und später auch die der Provinzen die Strafverfolgung der Hexerei aufgaben, ist für dieselbe Zeit der Glaube an Hexen, Magier und Wahrsager, an Astrologie, Chiromantie oder Alchimie gerade auch im Adel mehrfach belegt. [25] Obwohl Klerus und Wissenschaft auf Veranlassung des Königs den Aberglauben gemeinschaftlich bekämpften, hielt sich – nach J.-M. Goulemot – in den Eliten, sofern sie nicht selbst astronomische Studien begannen, etwa angesichts der Kometen, das Vertrauen in Horoskope und magische Praktiken. [26]

Eine allgemeine Wundergläubigkeit, das Wunderbare in der Dichtung und die allegorische Stilisierung der Lebenswelt ließen für die aristokratische Gesellschaft die Grenzen zwischen Märchen und Wirklichkeit fließend werden. Die klassische Mythologie (»la fable«) war ein Bildungsgut auch der Frauen. [27] Als Diana oder Athene, als Nymphe oder Amazone zeigten sie sich im Portrait und in der Maskerade des höfischen Fests und Balletts. [28] Die Zauberwelten der *Metamorphosen,* des *Amadis* und des Romanzo vermischten sich ebenso wie ihre Gestalten: Feen und Sirenen, Nymphen, Sibyllen oder Druiden sind Erscheinungsformen eines »merveilleux magique« [29], das jenseits des Rationalismus und der klassischen Norm sein ästhetisches und in eins damit ständisches Eigenrecht behauptete. Die Berufung auf die Wunder der Feen nämlich wurde von der Aristokratie auch zur genealogischen und heraldischen Selbstdarstellung und von manchem Bürger zum Vortäuschen einer adligen Abstammung genutzt. So ließ etwa Tallemant des Réaux die Geschichte der Häuser Croüy, Salme und Bassompierre – vergleichbar den Lusignan – mit der Mitgift einer Fee beginnen. Von den Kritikern, De Villiers und De Bellegarde, wurden derartige Versuche als Argument gegen das Feenmärchen selbst angeführt. [30]

J. Barchilon brachte die Märchenmode in der höfischen und aristokratischen Elite mit dem Zustand ihrer politischen und ökonomischen Erschöpfung in Verbindung, den die exzessive Kriegsführung neben Hungerkatastrophen, Beschäftigungsrückgang und Geldentwertung herbeigeführt hatte. [31] Tatsächlich wurde der Adel 1695 mit einem neuen Gesetz zu Abgaben verpflichtet, die ein Drittel des steuerlichen Gesamtaufkommens ausmachten. Ohne Bedenken verkaufte Pontchartrain dem reichen Bürgertum, das sich seine Ämtergier in sechs Jahren 170 Millionen Livres hatte kosten lassen, sofort wirksame Adelspatente. [32] Das Einschmelzen des königlichen Tafelservices 1698 und Versuche einer Beschneidung des privaten Luxus blieben jedoch zu folgenlos, als daß man die Freude am märchenhaften Pomp allein mit der Evasion eines bedrohten Standes aus der vielbeschworenen politischen und ideologischen Verdüsterung dieses Jahrzehnts erklären könnte.

1.2. Die »moderne« Bedrohung des Fortschritts: Perrault und die Moral der »mulier domestica«

Als Adressatinnen der Widmung und als Autorinnen beherrschten die Frauen die Märchenmode. Mit dem 1672 von Donneau de Visé begründeten und von Perrault unterstützten *Mercure galant* stand ihnen ein »modernes« publizistisches Organ zur Verfügung, das sich dem Dienst an den Damen verschrieben hatte und regelmäßig die von ihnen verfaßten Texte veröffentlichte. [33] Durch den Vorabdruck einzelner Märchen wurde im *Mercure* eine Gattung gefördert, an deren Durchsetzung gerade Perrault gelegen war. Vorherrschend war bei seiner wiederholten Apologie der »contes de fées« die Absicht, die vergleichbaren Werke der Antike und damit diese selbst moralisch zu diskreditieren. Die Frauen sahen sich aus gutem Grund durch eben diesen Autor dazu herausgefordert, mit eigenen Märchenentwürfen ihre Wunschwirklichkeit zu erkennen zu geben. Was Perrault an der *Matrone von Ephesus* oder an *Amor und Psyche* beanstandete, war das Beispiel pflichtverletzender weiblicher Sittenverderbnis. Dagegen empfahl er die Griseldisgeschichte, deren Moral in der Lehre liege, daß es »keinen so grobschlächtigen und unberechenbaren Gatten gebe, mit dem die Geduld einer ehrbaren Frau nicht fertigzuwerden vermöchte«. [34]

Daß die Autorinnen des Jahrhundertendes das allgemeine neuzeitliche Bewußtsein der »Modernes« teilten, hat bereits deren Bewunderung für die »neue« Sappho erkennen lassen. Der neopreziöse Kreis um Mlle de Scudéry mußte ebenso wie die Damen des Feenmärchens mit Genugtuung auf die mannigfachen Formen der Frauenaufwertung bei den Widersachern der »Anciens« reagieren. Diese fand, über den *Mercure galant* hinaus, ihren Ausdruck in dem zweibändigen Werk des königlichen Historiographen Louis de Vertron *La nouvelle Pandore ou les femmes illustres du Siècle de Louis le Grand.* Recueil de Pièces Académiques, en Prose & en vers sur la préférence des sexes. Dédié aux Dames (1698). Der Autor selbst hatte dazu die »VI. Discours Académiques sur la préférence des sexes« beigetragen, eine Sammlung vertrauter Titel und Argumente aus der traditionellen Frauenapologie. Gleichzeitig gab er den Damen Raum, zwischen seiner Überzeugung von der weiblichen Überlegenheit und der von Poullain de La Barre verfochtenen apriorischen Gleichheit der Geschlechter zu entscheiden. Mme d'Antreval, Mme Dourlens und Mlle de Chance dankten daraufhin im Namen der Betroffenen für beider Schutz. Daneben druckte De Vertron seinen Briefwechsel mit Mlle de Scudéry und Mme Deshoulières ab, zusammen mit den zu deren Ruhm verfaßten Texten und der Gelegenheitslyrik dieser und anderer Autorinnen. L. Belmont nannte ihn mit gewissem Recht den Chronisten eines »neuen Samedi«. [35]

Ein weiteres Forum für die von Frauen verfaßte Literatur bildete die 1599 in Padua gegründete »Accademia dei Ricovrati«. De Vertron, der selbst Mitglied war, veröffentlichte die Namen der neu aufgenommenen »Muses françoises«, zu denen auch die Damen des Feenmärchens gehörten: Mme d'Aulnoy (»Clion« oder »l'Eloquente«), Mlle Lhéritier, Mlle Bernard (»Calliope, l'Invincible«), Mlle de La Force (»Thalie, l'Engageante«) und Mme de Murat. [36]

Die Überlegenheit der zeitgenössischen französischen Literatur und Kultur über die Antike mit dem neuen Geselligkeitsideal zu begründen, das Beteiligung und Urteil der Frauen wie selbstverständlich einschließe, war für namhafte Autoren seit langem zum Gemeinplatz geworden. Nach dem Abbé de Pure würdigte Huet (1670) den hohen Rang des modernen Romans, den er damit erklärte, daß in Frankreich die Geschlechter in freiem Umgang miteinander die Regeln höflicher Galanterie entwickelt hätten. [37] Corneille rechtfertigte (1659) einige Verbesserungen am sophokleischen *König Oedipus* mit dem selbstbewußten Rekurs auf die »délicatesse de nos dames qui composent la plus belle partie de notre auditoire«. [38]

In der eigentlichen »Querelle des Anciens et des Modernes« ging es – nicht einmal beiläufig – immer auch um die Frauen. La Bruyères Zweifel an ihren intellektuellen Möglichkeiten gehen Hand in Hand mit der Abwertung ihrer Apologeten, wie das Portrait von Narcisse, einem effeminierten Leser des *Mercure,* erkennen läßt. [39] Boileaus 10. Satire forderte darum den geschlossenen Widerstand der »Modernes« heraus. Der vielversprechende Titel der *Apologie des femmes* (1694) von Perrault mußte indes hinsichtlich der weiblichen Leitwerte und der Beweggründe und Interessen ihres Autors in der Sicht der Betroffenen nicht minder fragwürdig erscheinen als die erwähnte Moral der Griseldis. Augenzwinkerndes Einverständnis verband, über den Antikestreit hinweg, die Widersacher, denn in der Furcht vor dem Katalog jener Untugenden, die seit Jahrhunderten die Frauen zu gefährden schienen, waren sie sich einig. Was der unverheiratete und verbitterte Boileau nach Perrault zu lernen hatte, war allein die Ehrfurcht vor den Gattinnen und Müttern, die die kostbare Geschlechterfolge sicherten. [40] Die zukünftige »honnête femme«, der Griseldis zum Vorbild werden sollte, hatte die einstigen Privilegien der geselligen Dame gegen die alten Tugenden der bürgerlichen »mulier domestica« einzutauschen.

Zwiespältig dürfte bei den »modernen« Autorinnen auch die Reaktion auf die Rolle gewesen sein, die Perrault den Frauen im Antikestreit zuwies. Während Fontenelle eine Marquise an den *Entretiens sur la pluralité des mondes* (1686) ausdrücklich deshalb beteiligte, um mit ihrem Beispiel die Frauen zur Erweiterung ihres begrenzten Wissens zu ermutigen [41], verweist der Abbé des *Parallèle* auf den Wert ihres Schiedsspruchs für die Durchsetzung des neuen Fortschrittsgedankens. Als der antikegläubige Président sich gegen die Rücksicht auf den literarischen Geschmack der Damen verwahrt, hat er sich vorhalten zu lassen, wie auch seine Partei mit einer anmutigen Platonübersetzung offen um deren Gunst und Unterstützung geworben habe. Neuerlich drohte die Frauenapologie einem übergeordneten Interesse nutzbar gemacht zu werden und über die Frauen in einer Weise zu entscheiden, die diese selbst als rückschrittlich begreifen mußten. Wenn jenseits des weltanschaulich Trennenden hier wie dort der Bürger und der Mann die »mulier domestica« als Norm im Blick hatten, jene restriktive Rolle, gegen die alle schreibenden Frauen seit Jahrzehnten aufbegehrten, war von den femininen Märchen, deren Autorinnen der hochhöfischen Geselligkeitskultur entstammten, eine dem Selbstportrait des weiblichen Hochadels vergleichbare Gegenläufigkeit zu erwarten.

Perrault jedenfalls ließ keinen Zweifel daran, welcher Zukunft die begehrten Mitstreiterinnen entgegensehen sollten. In diesem Lichte gewinnt die erwähnte Rezeption der literarischen Mode durch den Abbé de Villiers neue Bedeutung. »Pour servir de préservatif contre le mauvais goût«, lautete der Untertitel der Schrift, die sein Verfasser den »Herren der französischen Akademie« widmete. Zusammen mit den Märchen und den Romanen ächtete sie die Entwertung der Gelehrsamkeit und der ernsthaften Werke durch den schlechten (»feminisierten«) Geschmack von Hof und Geselligkeit und durch die »modernen Autoren«, zu denen, über Plagiat und käuflichen Auftrag, auch die Frauen gehörten. [42] In Für und Wider folgte De Villiers der Partei der »Anciens«. Gleichwohl empfahl er den »modernen« Perrault als Vorbild zukünftiger (»klassischer«) Märchen und enthüllte damit unfreiwillig eine Übereinstimmung beider bürgerlicher Parteien hinsichtlich der den Frauen zugedachten gesellschaftlichen Funktion.

Am Beispiel Perraults wird ein Muster deutlich, das ein Licht auf spätere geschichtliche Abläufe wirft. Im Bewußtsein, daß ihrem Geschlecht Veränderungen nottaten, die den Verfügungsberechtigten empfindliche Machtbeschneidungen abverlangten, haben die Frauen seit den »Modernes« sich mit dem jeweiligen Fortschritt verbündet. Wie die Revolutionärinnen des 18. und 19. Jahrhunderts machten die Anhängerinnen der »Querelle« Erfahrungen mit ihren Bündnispartnern, die sie dazu veranlaßten, jenseits der gemeinsamen progressiven Wertvorstellungen die ureigenen Bedürfnisse und Wünsche zu formulieren. Insoweit ist es unabdingbar, die »moderne« Bewegung geschlechtsspezifisch zu differenzieren und das ihr zuzuordnende weibliche Feenmärchen als unverwechselbare Glücksdichtung der Frauen zu interpretieren.

1.3. »Bagatelle«, »broderie«, »badinage«: Die Ästhetik des weiblichen Märchens

Die große Zahl der von Frauen verfaßten Märchen berechtigt dazu, die Gattung, nicht anders als das Selbstportrait, eine weibliche zu nennen. Mme d'Aulnoy hatte mit beträchtlichem Vorsprung vor Perrault und den anderen bereits ihrem viel gelesenen ersten Roman *Histoire d'Hypolite, comte de Duglas* (1690) ein Märchen eingefügt. [43] 1697 erschienen ihre *Contes des fées,* 1698 die *Contes nouveaux ou les fées à la mode,* jeweils in vier Bänden mit zusammen 24 Geschichten, die alle in die von Charles-Joseph de Mayer besorgte 41-bändige Sammlung (*Cabinet des fées,* 1785–1789) aufgenommen wurden. *Les contes des contes* nannte 1697 der Herausgeber die zweibändige Sammlung der Märchen von Mlle de La Force, deren Erscheinen nach seinem Zeugnis ein längeres Zirkulieren früherer Manuskriptfassungen vorangegangen war. Mme de Murat veröffentlichte 1698 die *Contes de fées* und *Les nouveux contes de fées* und ein Jahr später einen dritten Märchenband: *Histoires sublimes et allégoriques dédiées aux fées modernes.* Daneben verbargen sich Märchen dieser und anderer Autorinnen aus demselben Zeitraum in gemischten Sammelbänden oder als Binnengeschichten in größeren Erzähltexten. Mlle Lhéritier schrieb nach den beiden bereits erwähnten der *Oeuvres mêlées* das Märchen *Ricdin-Ricdon,* eine Variante des »Rumpelstilzchens«, als Teil von *La tour ténébreuse* und legte es, wie die umrahmende und eine weitere Binnenerzählung *(Robe de Sincérité),* dem englischen König Richard Löwenherz in den Mund. [44] Geschichte in der Geschichte ist außer Mlle Bernards *Riquet à la Houppe* auch ihr *Prince Rosier* aus demselben Roman *Inés de Cordoue* (1696), daneben der *Conte de Lubantine* in Mme Durands *La comtesse de Mortane* oder das Märchen, das innerhalb von Mme de Murats zweibändigem *Voyage de Campagne* erzählt wird. [45] Zwei ihrer *Nouvelles espagnolles (Dom Fernand de Tolède* und *Dom Gabriel Ponce de Léon)* und der »Conte« *Le nouveau gentilhomme bourgeois* umrahmen abschnittweise einen Teil der Märchen von Mme d'Aulnoy und werden mit diesen aus dem Heft ihrer Verfasserin (»madame D...«) während eines Spaziergangs vorgelesen. Dieser äußere Rahmen wird vor der Geschichte von *Ponce de Léon* eröffnet und nach ihr geschlossen. Für ihre übrigen »contes de fées« und die sie umschließenden Rahmennovellen wird er nicht eigens erneuert.

Die femininen Märchen beanspruchten für sich neue und eigene ästhetische Maßstäbe. Diese lassen sich zunächst aus den beiläufigen Bemerkungen zu Anlaß, Situation und Form des Erzählens ermitteln: In einem auf Watteau vordeutenden Dekor, im Duft von Orangenbäumen und Jasmin, bei dem Murmeln des Brunnens und dem Lied der Nachtigall, hat sich, mit Eiswasser, Schokolade und Konfitüren, so beschreibt Mme d'Aulnoy, eine galante Gesellschaft vor dem Souper auf dem Rasen niedergelassen, und eine der Damen erzählt zur Belustigung der als Mauren verkleideten Liebhaber ein Märchen, das sie kürzlich gehört haben will. [46] Die Königin in *Inés de Cordoue,* die auch in Spanien dem Geschmack ihres Geburtslandes Frankreich treu bleibt, zieht sich nach Tisch mit ihren Hofdamen zurück und gibt durch das Los zweien von ihnen das Erfinden je eines Märchens auf, dessen Regeln sie festlegt: Vorgeschrieben ist der Verstoß gegen Wahrheit und Wahrscheinlichkeit zugunsten des »merveilleux des imaginations« und dessen, »was im Herzen vorgehe« [47]. Die Gattung wird damit als literarisches Divertimento, als Nachtisch oder »Intermezzo« vorgestellt, bei dem die Formlosigkeit gewollt scheint. »Ces sortes d'ouvrages me paraissent très-aisés, et pour raconter simplement quelque chose, il ne faut pas un grand génie« [48], erklärt Mme d'Aulnoy mit – nur scheinbarer – Bescheidenheit. »Les romances«, wie hier die Märchen heißen, brauchten, so läßt sie die Protagonisten in *Ponce de Léon* resümieren, auch als Dichtung der Ammen und Gouvernanten das Urteil der »gens délicats« nicht zu fürchten:

> il y a de l'art dans cette sorte de simplicité, et j'ai connu des personnes de fort bon goût qui en faisaient quelquefois leur amusement favori ... l'esprit se plaît dans la variété; ... / ... je suis persuadée qu'après une occupation sérieuse l'on peut badiner avec ... il y faut un peu de morale, et sur-tout les proposer comme une bagatelle. [49]

Mit der Karikatur eines provinzlerischen Preziösentums und bürgerlicher Unkultur, die sich die Märchenmode zu eigen machen wollten, grenzte die Autorin die Gattung von den verfälschenden Nachahmungen ab: La Dandinardière, der

»nouveau gentilhomme bourgeois«, entziffert den Gattungsbegriff in Krämermanier, denn »compte«, wie er versteht, hieß ohne ironische Nuance ein Erzähltext allenfalls noch im 16. Jahrhundert. Mme d'Aulnoys Verweise auf ihre früheren Märchen lassen ihr Selbstbewußtsein erkennen: »Me voilà Pigeon: encore si je pouvais parler, comme parla autre fois l'oiseau bleu (dont j'ai toute ma vie aimé le conte) ...«, sagt Constancio nach seiner Metamorphose [50], und auf die Porzellanwände ihres Schlosses hatte Chatte blanche die Geschichten aller Feen malen lassen, darunter fünf von Mme d'Aulnoy erzählte *(Finette Cendron, Gracieuse et Percinet, Le prince Lutin, Serpentin vert, L'oranger et l'abeille).* [51]

Die Berufung auf die »simplicité« suggeriert die Nähe zur klassischen Poetik, die indes mit dem ausdrücklichen Entwurf einer ihr entgegengesetzten Ästhetik des »badinage« ironisiert wird. Das feminine Salonmärchen folgte der Eigengesetzlichkeit der Kleinkunst (»bagatelle«), die die poetologische Gängelung des literarischen Adressaten vermied. Statt der lastenden Schwere ernsthafter Lektüren erlebte er die befreiende Kurzweil des Spiels, das ihm ein Reich jenseits der Wirklichkeit eröffnete. In diesem galten die neuen Normen der Phantasie und der Sensibilität, wie auch ein Zeugnis von Mme de Murat erkennen läßt. [52] Die Autorinnen überboten sich in der Berufung auf all das, was den Gegensatz zur klassischen Vollkommenheit und Verbindlichkeit betonte. Märchen »kannte« man, weil man sie selbst jüngst »gehört« hatte oder sich ihrer aus Kinderzeiten erinnerte. [53] Als orale Dichtung hatten sie die Jahrhunderte überlebt. Der Salon erhielt ihnen die offene Form und ließ das gemeinschaftliche Eigentum in der schöpferischen Improvisation lebendig werden. Auch die schriftliche Fassung bewahrte Züge der vorgängigen Mündlichkeit. Dazu gehörten die Formeln der Aufforderung zum Erzählen ebenso wie die des Beifalls oder Danks. Im geselligen Spiel tauschten die literarischen Partner die Rollen, wurde einer der Hörer des letzten »conte« zum Erzähler des nächsten. Die Unfertigkeit suggerierte das »cahier«, aus dem die zuvor erzählten Märchen vorgelesen wurden. [54] Der einzelne »conte« war zumindest in seinen Motiven vorgegeben, ohne daß die neue Fassung die Berufung auf die ältere zu scheuen hatte. Die »bienséance« verbannte den literarischen Ehrgeiz und schloß den unfeinen Triumph einer vermeintlichen Überlegenheit aus. Gesellige Diskretion und Dämpfung mäßigten den großen Anspruch. Der Autor war Erzähler, sein Wirken war Ausschmükkung, das Werk selbst Bagatelle, die Anerkennung ein Kompliment. Das Ausspinnen und damit offene Variieren wurde zum neuen Erzählmodus (»broderie«):

> Je vous avoue ... que je l'ay brodée (Mlle Lhéritier) ... pourvû qu'on voulût bien me permettre de ne suivre pas mon texte scrupuleusement et que je pusse y mettre quelques embellissemens /.../ je l'ay narré à ma manière; j'y ay ôté une simplicité qui le rendoit tres-/court ... (Mme de Murat) ... le Roy recita à Blondel un Conte, dont je vais rapporter tout le fond et la substance; mais je n'en conserverai pas les termes ni les narrations trop étendues. (Mlle Lhéritier) [55]

Spontaneität und die Fähigkeit zur Improvisation waren die an den Märchendichtern geschätzten Gaben. Mme de Murat bewunderte an Mme d'Aulnoy ein

Konversationstalent, das sie ausdrücklich über ihre schriftlichen Leistungen stellte. Inmitten ihrer zahlreichen Gäste habe sie ihre Geschichten aus der Eingebung des Augenblicks und ohne jede Anstrengung zu Papier gebracht. [56]

Das feminine Feenmärchen verbindet die konstitutiven Merkmale oraler Dichtung mit der vollendeten Kunst der Unterhaltung, aus der schon die frühere Literatur der Frauen hervorgegangen war. Es ist die letzte bedeutende Variante der »jeux d'esprit«. Indem sie die Oralität der volkstümlichen Literatur in der affichierten Mündlichkeit einer hochhöfischen geselligen Kultur wiedererstehen ließen, vollendeten die Damen der »contes de fées« die Geschichte des literarischen Salons, seines Geschmacks und seiner Orientierung. Mit der Regression in die archaische und »prälogische« Welt des Mittelalters, der Ammen und Kinder, der Phantasie und der Wunder, die den neu entdeckten, von ihnen aber neu gedeuteten Wert der »simplicité« voraussetzte, ironisierten sie die hochklassische Norm.

Die Offenheit der Form und das Flüchtige dieser wie jeder anderen vergleichbaren Mode bedingten eine relative Kurzlebigkeit der Gattung. Nachdem das gesellige Feenmärchen mit Mme d'Aulnoy einen ersten Höhepunkt erreicht hatte, schien für die einen der Reiz des Neuen bald erschöpft, wurde seitens der anderen die erwähnte Kritik laut. Erst im Anschluß an die Verbreitung der Gallandschen Teilübersetzung von *Tausendundeiner Nacht* (1704–1717) besann man sich neu der eigenen Wunderwelten. Vorher aber hatte auch eine Frau, Mme d'Auneuil, den Feenglauben parodiert. [57] Andere Märchenautorinnen sahen sich zunehmend zur positiven Selbstdarstellung genötigt. Mme de Murat berief sich auf das Vergnügen am Wunderbaren auch bei denen, »qui censurent toutes les bagatelles«, und sie verkehrte dabei die aus Boileaus Diktum bekannte klassische Regel, daß das Wahre dem Wahrscheinlichen unterzuordnen sei, ins Gegenteil (»Cela vient sans doute ... du mer-/veilleux qu'on y rencontre, qui souvent est bien plus agreable que le vray ... il n'y a point de severité qu'elle [= l'imagination] ne deride ... / ... / ... / on aime naturellement les choses surnaturelles«). [58] Mlle Lhéritier schränkte die Feenwunder entschieden ein zugunsten der Tugend- und Vernunfterziehung. »Je me croirai ... permis d'y ajouter quelques petites réflexions«, schrieb sie zu *Ricdin-Ricdon,* und *L'adroite princesse* sollte die Moral zweier Sprichwörter (»oisiveté est mère de tout vice« und »la défiance est mère de la sureté«) veranschaulichen – eine späte Variante von Sorels Proverbienspielen. [59]

1.4. Die »contes de fées« in der Literaturgeschichte und -kritik

Die Texte erschienen in – teilweise leicht zu entschlüsselnder – Anonymität: Mme D^{xx} oder D^{xxx} (d'Aulnoy), Madame la Comtesse de M^{xxx} (de Murat), Mlle de ^{xxx} (de La Force), Mlle L'H^{xxx} (Lhéritier), Madame ^{xxx} (Durand-Bédacier). Die zeitgenössische Bewunderung für die bedeutendste der Märchendichterinnen, Mme d'Aulnoy, dauerte nicht einmal im 18. Jahrhundert fort. Bald sanken ihre Märchen in den Bereich der Kolportageliteratur, und wie jede »Subliteratur« blieben sie dort von den Organen der Kritik vergessen. [60] Auch die Literaturgeschichte arbeitete sie nicht hinreichend auf. [61] Greifbare Editionen fehlen. Erst seit 1978 sind ihre »contes« im unkommentierten Nachruck der ersten Sammlung aus dem 18. Jahrhundert *(Nouveau Cabinet des fées)* wieder zugänglich. Von der Märchenforschung wurden die femininen »contes de fées« kaum nennenswert rezipiert. [62] J. Barchilon und T. di Scanno führten mit ihren etwa gleichzeitig erschienenen Monographien in den Abschnitten über die Autorinnen nur in Ansätzen über das nicht immer verläßliche Standardwerk von M. E. Storer hinaus. J. Tucker Mitchell leistete wenig mehr als die Aufbereitung des soliden Materials in den älteren Arbeiten von V. Delaporte und K. Krüger. Für die Perrault-Rezeption setzte sich De Villiers positives Urteil bis in die jüngere Forschung und zuletzt noch bei W. Preisendanz durch. Seine Märchen ließen sich durch die Linearität und Prägnanz des Erzählens (»simplicité«) und die einsichtige Moralbelehrung von einer an der klassischen Norm orientierten literarischen Kritik mühelos dem gültigen Kanon einreihen. Hingegen stießen eine offenbar grenzenlose Phantastik des Wunderbaren und die spielerische Improvisation in den Salonmärchen der Damen zunehmend auf Unverständnis und Vorbehalte. [63]

H. Hillmann, G. Damman und F. Apel haben für die deutsche Literatur der Aufklärung die Phasen der schöpferischen Rezeption (Mme d'Aulnoy, Mlle de la Force, Mme de Murat, Mme de Lintot, Bertuch, Musäus, Wieland, Liebeskind) und der Kritik (Bodmer, Gottsched, Wieland, J. A. Schlegel) nachzuzeichnen versucht. In Deutschland wurden im Feenmärchen überwiegend aufklärerische Fragen abgehandelt, während die Kategorie des Wunderbaren auch dort an der rationalistischen Norm der Wahrscheinlichkeit scheitern mußte. In beiden Ländern wurde der »conte de fée« im 19. Jahrhundert verdrängt, in Frankreich, weil er »als eine exponierte Gattung des Ancien Régime dem politischen Verdikt verfällt«, in Deutschland, weil er der Rivalität mit dem Kunstmärchen der Romantik und dem aufgezeichneten Volksmärchen (KHM) nicht standhält. [64]

Nachdem die Ausgrenzung der Gattung aus der Forschungsgeschichte erwiesen ist, läßt sich der Reiz der Neuentdeckung ahnen, von dem für Mme d'Aulnoy allein M. D. Plamer einen Vorgeschmack gab. [65] Produktionsfülle und Publikumserfolg berechtigen dazu, das weibliche Salonmärchen neu in jenem schon von E. B. O. Borgerhoff ermittelten literarischen Freiraum jenseits der klassischen Norm des Grand Siècle anzusiedeln. Die Vielfalt der Einflüsse und Quellen, die in einer höchst verfeinerten Variante archaischer »Mündlichkeit« aufgingen, mußte den literarhistorischen Rang der Hochklassik inhaltlich und produktionsästhetisch relativieren. Im Brennpunkt der »modernen« Märchenmode des Salons begegneten sich Barock, Preziösentum und Régence, deren Berührungspunkte von A. Adam oder J. G. Simpson im Ansatz erkannt worden sind. [66]

* * *

BASAN nach É. CHÉRON, Mme d'Aulnoy

Für die Geschichte jener femininen Literatur, die im Schutze eines standespolitisch begründeten adligen Frauendienstes unvordenkliche Freiheiten erobert hatte, verspricht gerade diese Gattung aufschlußreiche Erkenntnisse. Mit ihr vollendete sich die einzigartige literarische Reihe eines weiblichen Schreibens, das seinen Ursprung im geselligen Gespräch und Spiel hatte. Anders als die Märchen Perraults verweigerten sich die der Damen jeder Vereinnahmung durch die Regelpoetik. Diese wurde vielmehr durch die ästhetischen Normen der spielerischen Unverbindlichkeit (»badinage«) und den neuen Wert der Phantasie herausfordernd in Frage gestellt. Wenn auch die Verwurzelung im Preziösentum und der Rückgriff auf neuzeitliche Zauberwelten die Gesamtheit der »contes de fées« in den literarischen Kanon der »Modernes« verweist, so ist gleichwohl diese Bewegung ebenso wie die Gattung nach dem Geschlecht der Beteiligten zu differenzieren. Während die bürgerliche und männliche Glücksdichtung Perraults sich einer Moral verschrieben hatte, die eine Griseldis zum Vorbild der Frauen bestimmte, mußten die Damen die in Jahrzehnten gewonnenen Einsichten zu verteidigen bemüht sein. Die eigene Wunschwirklichkeit im Märchen literarisch einzulösen, hatte sie das Muster der Romane und Novellen von Mlle de Scudéry gelehrt. Die männliche Aufwertung weiblicher Mängel und deren Beantwortung im Selbstportrait der adligen Frauen dürfte ihnen in Erinnerung geblieben sein. Diese hatten gemeinschaftlich die Zustimmung dazu verweigert, sich in den Dienst einer gesellschaftlichen Mobilität stellen zu lassen, und statt dessen ihren Anspruch auf moralische, geistige und psychische Selbstbestimmung vertreten. In Analogie dazu lassen die Märchen der Frauen erwarten, daß in ihnen die Phantasie wahrhaft in jene Willkür entlassen wird, die von jeher als weibliche Gefährdung galt. Nach der Utopie des »Royaume de Tendre«, das die märchenhafte Erlösung der Geschlechter an eine vorgängige asketische und aufgeklärte Tugendpraxis und Affektenlenkung gebunden hatte, konnte nunmehr eine entfesselte feminine Phantasie ein Märchenreich erfinden und ausschmükken, in dem Vernunft und Willen außer Kraft gesetzt waren. Die herausragende Rolle, die unter den Damen der Feenmärchen Mme d'Aulnoy zuerkannt wird, sollte die exemplarische Beschränkung auf die von ihr verfaßten Texte rechtfertigen können.

2. Mme d'Aulnoy und ihre Quellen

2.1. Die Tradition des Volksmärchens: Mme d'Aulnoy im Lichte der Märchenforschung und Märchenpsychologie

In Gestalt der kleinen Maus beißt die Schutzfee der Princesse Joliette dem bösen König des Tränenlandes und seinem Sohn beide Ohren ab, doch damit nicht genug:

... elle mord son nez et s'attache à le ronger; il y porte les mains, et elle le mord et l'égratigne ... Elle entre dans sa bouche et lui grignotte la langue, les lèvres, les joues ... elle courut faire pis au fils, et lui mangea son oeil (car il était déjà borgne). [67]

Blutüberströmt fallen beide schließlich nach wütendem Zweikampf tot zu Boden. Unter seiner Tarnkappe verborgen befreit Léandre/Lutin die Welt von dem Scheusal Furibon, der den Frieden der schutzlosen Amazonen gewaltsam bedrohte: »Er packte ihn an den Haaren und köpfte ihn wie ein Hähnchen.« [68] Fanfarinet, der Brautwerber des Königs Merlin, offenbart erst auf der Insel der Eichhörnchen der Princesse Printanière, die sich gegen den Spruch der Eltern von ihm hatte bezaubern und entführen lassen, ihren folgenschweren Irrtum: Da ihre Hellhäutigkeit und Rundlichkeit seinen Appetit geweckt hatten, will er sie verzehren (PRI I). Vier furiengleiche Gestalten fallen über Gracieuse her, und nur ihr zauberbegabter Page Percinet bewahrt sie vor der blutigen Auspeitschung, der die Stiefmutter Grognon sie überantworten wollte (GP I). Die Menschenfresserin will Finette mit Essig und Öl im Salat essen, und ihr Mann ist nicht besser: Aus einem Korb holt er fünfzehn kleine Kinder hervor, »die er verschlang wie fünfzehn frische Eier«. [69] Finette läßt dafür den einen lebendig verbrennen und hackt der anderen den Kopf ab. Weil die Krönchen vertauscht wurden, verschlingen Ravagio und Tourmentine, ein anderes Menschenfesserpaar, die eigenen Kinder. [70]

Man hat Mme d'Aulnoy gewisse sadistische Neigungen unterstellt. [71] Die Biographie der Autorin [72], die mit Hilfe ihrer Mutter (1669) ihren Mann wegen Majestätsbeleidigung verleumden ließ und deren gedungene Falschzeugen schließlich hingerichtet wurden, schien diesen Vorwurf zu rechtfertigen. Dem ist zweierlei entgegenzuhalten. Zum einen durfte die persönliche Verurteilung der Autorin, deren Lebensgeschichte gemeinhin ohne die – unschwer zu erbringenden – Entlastungsmomente als Skandalon kolportiert wurde [73], nicht auf die Texte selbst übertragen werden. Zum anderen verkannte diese Kritik Funktion und Herkunft der vermeintlichen Grausamkeit.

Daß die Gegengewalt der kleinen Tiere – Grille, Floh, Mistkäfer, Maus oder Heimchen – den schwachen Schützling über den drohend Mächtigen triumphieren läßt, ist, wie K. Krüger gezeigt hat, ein Märchenmotiv, das auch in den *Pentamerone* (III, 5) Eingang fand. [74] Die Märchenforschung hat solche Motive in Beziehung gesetzt zu der »Wirklichkeit des magischen Weltbildes«. [75] Anthropophagie und Kannibalismus sind im Volksmärchen nicht selten, doch bereits da werden sie durchweg verurteilt. Das Böse und Dämonische lebt als rein erzählerisches Relikt eines naturvölkisch-archaischen Glaubens an die »zauberische Wirkkraft des Blutes« fort. [76] Im Salonmärchen sind diese Züge vollends zu gattungstypischen Stilmerkmalen geworden. Mme d'Aulnoy neigt dazu, gerade die Bluttaten in der karikaturhaften Überzeichnung zu parodieren oder aber sie ironisch abzumildern: »il le croqua comme un poulet«, heißt es von Ravagio, als er das erste der »cinq ogrichonnaux« irrtümlich verzehrt, ein Feinschmecker der Menschenfresserei, der, wie viele Gestalten der Autorin, gerne gut ißt; »... faisons une fricassée aussi de tous ses petits marmots«, rät die boshafte ältere Schwester der eifersüchtigen Königinmutter. [77]

Die Bestrafung im Volksmärchen ist extreme Vergeltung, und die »erzählgemäß wirkungsvollste«, die darüber hinaus die poetische Gerechtigkeit zu garantieren verspricht, ist gerade recht. [78] Auch bei diesem Motiv kostete Mme d'Aulnoy die effektvollen Wechsel der Stilebenen aus: Der unsichtbare Léandre nagelt das Ohr des Furibon an die Tür, peitscht ihn und die böse Königin, die es beim Öffnen abreißt und den Sohn auf Knien trösten will, mit Rutenbündeln auf Hände und Mund, in der Tat eine »sehr erheiternde Szene«, denn als unmittelbar danach Lutin den königlichen Garten verwüstet, läßt sie schnell von dem Verstümmelten ab: »Mon petit Furibon, mon cher Poupar, oublie pour un moment ton mal d'oreille, et cours vers ce scélérat ... attrape-le et fais-en une capitolade.« [79] Die Menschenopfer, mit denen nach dem Volksglauben Dämonen besänftigt werden sollten, bedeuten für den Helden bei Mme d'Aulnoy, wie schon im Volksmärchen, keine wirkliche Gefahr mehr. Bei dem blauen Zentauren, dem die Hirten die rituelle Opferung eines Kindes versprechen mußten, als er sie von den »Ogres« befreite, geht es der Autorin um die Beschreibung dieses originellen Ungeheuers und um die spannungsstiftende und retardierende Funktion des Motivs (CAR II). Die vorangehende Kindesvertauschung durch den älteren Bruder – hier wird eine Katze, dort (BPCH V) werden Hunde unterschoben – oder die Stellung des Helden in der Geschwisterreihe, welch letztere den Volksmärchen häufig den Rhythmus einer gestuften Dreigliedrigkeit verleiht, sind in ihren Ursprüngen auf das Erbrecht des Jüngsten zurückzuführen. [80] Auch die Kindesaussetzung (MOU II; FC II) hat ihre Wurzeln in einer archaisch-primitiven Lebensform. Die Ernährung im Adlerhorst (PRI I), die hilfreichen, dankbaren und ratenden Tiere, Tierbräutigam, Tiergeburt oder Tierverwandlung sind Varianten eines Motivs, das in den D'Aulnoy-Märchen einen zentralen Raum einnimmt. In ihm lebt spurenhaft ein naturvölkisches »symbiotisches Lebensgefühl von Mensch und Tier« [81] fort. Babiole etwa wird gleich nach der Geburt zur Äffin, ein Königssohn kommt, wie bei Straparola (II, 1), als Frischling zur Welt *(Marcassin)*, bis beide eine wunderbare Entwandlung erlösen wird. Beispiele von Großmut und Weisheit der Tiere überlieferte nicht allein das Volksmärchen. Auch Mlle de Scudéry hatte beides wiederholt gegen Descartes behauptet und mit der Legende zu belegen versucht. Die so unterschiedlichen Traditionen mündeten im Salonmärchen zusammen: Fisch und Vogel danken mit magischen Gaben für ihre Freilassung (DAU V; Bd'O I), das Pferd – »Camarade« (BCF IV), »Criquetin« (BA II), »Gris-de-Lin« (LUT I) oder das namenlose in *Finette Cendron* – steht dem Protagonisten als überlegener Freund mit Zauberkräften zur Seite. Diese Tierarten verweisen nach L. Röhrich »auf ursprünglich jägerische Vorstellungen«; Katze, Hund, Hahn und Papagei, die, ähnlich den Bremer Stadtmusikanten, die Wegelagerer verjagen (PC IV), entstammen danach einer späteren Epoche, für die auch die Haustiere einbezogen sind. Im Dienst der Schutzfeen, die sich oft auch in Tiergestalt zeigen (Maus, Frosch oder Taube), oder diesen an Zauberkräften ebenbürtig – die Hündchen Cabriole und Frétillon, die Nachtigall – helfen sie alle dem Märchenhelden, sich zu bewähren. [82]

Tiergeburt und Tiermetamorphose erscheinen bei Mme d'Aulnoy, wie im Volksmärchen, als Strafverwandlung: nach langer Kinderlosigkeit und einer Verwünschung der Gegenfee (BA II; MAR V), nach der Durchbrechung des Tabus der Pubertät (BIB III, ChB IV) oder als Buße für den verweigerten Liebesgehorsam (OiB II; MOU II; SV III; Rd'O I). Nach L. Röhrich enthalten diese Motive Spuren eines prätometistischen Denkens, für das das Belebte sich noch nicht nach Unterscheidungen gliederte und die Erscheinungsformen wechseln konnte. Erst im europäischen Volksmärchen sei die Tierverwandlung als »erniedrigende Entmenschlichung« umgedeutet worden. »Das Märchen ist jetzt Glücksdichtung, und die Erlösung des Verwandelten aus der Tiergestalt wird dabei zum künstlerisch notwendigen Schlußmotiv, zur Hauptaufgabe in der Abenteuerserie des Helden.« [83] Im Zaubermärchen von Mme d'Aulnoy erinnert das einfache Ablegen der tierischen Hülle (MAR V) oder die »fälschlich so genannte ›Erlösung durch nachmaliges Töten‹« [84] (ChB IV) an diese prämagischen Vorstellungen.

Im Volks- und Salonmärchen haben sich solche und andere Motive zu Gattungskonstituenten verselbständigt, deren Verwurzelung in urzeitlichem und frühgeschichtlichem Brauch und Glauben erst die Märchenforschung aufdeckte. Mme d'Aulnoy hat die magischen Handlungsmuster nach der Ästhetik des Salonmärchens variationsreich »ausgesponnen«. Der naturvölkische Glaube an Teufelspakt, Dämonenverschreibung oder Zeugungsweihe erscheint im Gewande exotischer Buntheit: Weil die Königin von den Früchten des Feengartens zu essen begehrt hatte, mußte sie den Feen ihre Tochter versprechen (ChB IV), und der kleine gelbe Zwerg will die Prinzessin zur Frau haben, weil er die Mutter vor den Löwen der Wüstenfee beschützte (NAJ III). Die magische Dreizahl hat, wie im Volksmärchen, nur eine formale Funktion für die Pyramide des Handlungsaufbaus: Drei Fässer schlägt Grognon an, und dreimal will sie Gracieuse umbringen lassen (GP I); drei Verwandlungen durchleben Aimé und Aimée (OA II); drei Versuche macht Florine, die »vergessene Braut«, von ihrem Roi Charmant gehört zu werden (OiB II); dreimal werden Finette und die Schwestern in den Wald geschickt (FC II); drei »unlösbare Aufgaben« sind zu erfüllen (GP I; SU III; GrB III), die da, wo die Braut oder der Brautvater sie fordern, die Erinnerung an primitive Heiratsbedingungen und Hochzeitsbräuche, Mannbarkeitsproben oder Reifungsweihen erzählerisch bewahren (Bd'O I; BCF III). Rein dekorative Relikte sind die Motive der Brautunterschiebung (ROS I, OiB I) – mit der Variante der »schwarzen« und der »weißen« Braut (BIB III) –, Brautwerbung (PRI I; BIB III; BA II; Bd'O I u.a.) und Verliebtheit in ein Bild (BIB III; ROS I; PRI I) auch im Märchen der Mme d'Aulnoy. [85]

Wie vertraut Mme d'Aulnoy mit dem Volksmärchen war, zeigt die Fülle der diesem entlehnten Motive. Für zehn ihrer »contes« ermittelte K. Krüger parallele Traditionsstränge im Volksmärchen. Nur fünf davon sind nach den Ergebnissen von P. Delarue »überlieferte« Märchen. Die anderen kontaminieren Märchentypen und Motivkomplexe in freier Variation. [86] Anders als in der oralen Tradition, in der die identische Reproduktion gefordert ist, erneuerte die schöpferische Phantasie der Autorin die vorgegebene Märchenfiktion, über die sie nun frei verfügte. Über anonyme Erzähler lebten die Texte fort. So orientierten sich die Beiträger und Gewährspersonen der Brüder Grimm, wie H. Rölleke nachgewiesen hat, an den Geschichten von Perrault und Mme d'Aulnoy, da sie, wie etwa auch die vermeintliche »ächthessische alte Bäuerin« Dorothea Viemann (geb. Pierson), dem hugenottischen Stadtbürgertum Frankreichs und der Schweiz entstammten. [87]

Der Vergleich der »contes de fées« mit den Volksmärchen ist insoweit von literarhistorischem Interesse, als er für die hochhöfische Kultur des Jahrhundertendes eine erstaunliche Offenheit für Stoffe, Vermittler und Überlieferungsformen erkennen läßt, die dem gesellschaftlich und poetologisch geächteten Bereich des niederen Standes und Stils angehörten. Für das Verständnis des eigentlich Neuen in dieser produktiven Rezeption oraler Dichtung leistet der Vergleich indes denkbar wenig. Dasselbe gilt für die Märchenpsychologie. Die Freud-Schule lief Gefahr, mit einer ausschließlich sexualsymbolischen Interpretation des Märchens als »Familienroman« ein vorhandenes Deutungsmuster und seine Begrifflichkeit auf die Texte zu projizieren. [88] Auch die Nachfahren von C. G. Jung stießen auf Kritik, weil sie bestätigten, »was die Jungsche Psychologie auf anderen Wegen schon erkannt hat und postuliert«: die Suchwanderung des Helden auf dem »Königsweg des werdenden Bewußtseins«. [89] Einige Beispiele mögen genügen, um die Unergiebigkeit dieser Methoden zu erweisen: Das Motiv der »Jungfrau im Turm«, von der Gefahr drohte oder die niemanden sehen durfte (so in ROS I, PRI I, ChB IV), war ethnologisch auf Initiationsbräuche zurückgeführt worden, nach denen die Mädchen vor der Reifezeit im Turm oder in der Pubertätshütte abgesondert wurden, weil das Menstruationsblut den Boden nicht berühren und damit unfruchtbar machen sollte. Dieses Mädchenexil deutete die Entwicklungspsychologie, die im Märchen die Phasen juveniler Reifung oder eines fortschreitenden Wandlungsprozesses symbolisiert sah, als Inzestschranke gegen den Vater. [90] Königssohn und Prinzessin in den goldenen Kleidern sind für B. Jöckel »die jungen Menschen auf dem Wege zum Königtum des Lebens«. [91] Stiefmütter und Hexen erscheinen je nachdem als sexuelle Rivalinnen oder als diejenigen, die, »Ferment der Wandlung«, die »Entbergung« aus pflegerischem Raum bewirken. [92] Tarnkappe (wie in LUT I), Zaubergürtel (PC IV) und Zauberstab (OA II), die sprechende Bohne (OA II) und die Eichel, aus der zusehends ein Baum wächst (FC II), die sieben Begabten (BCF IV), das magische Schwert (NAJ III), das tanzende Schönheitswasser, der singende Apfel, der alles sagende Vogel (BPCh V, Bd'O I), Siebenmeilenstiefel (OA II), das Bettchen, das nicht untergeht (ROS I), die Nuß, die Wunderbares birgt (BA II), wären nach F. Riklin die Zauberdinge, die »zur Verbesserung der menschlichen Minderwertigkeit« der »Ellenbogenkinder« dienen. [93] Die bösen Schwestern sind für H. v. Beit »Beispiele der zerstörerischen Kraft der weiblichen Schattengestalt, die sich gegen die Kinder der echten Frau richtet«. Die magische Tötung der Menschenfresserin bedeutet dann den Tod der bösen Mutter »im Profanen«. Über den »das chthonische Wesen ..., die tiefunbewußten Reaktionen der menschlichen Natur« darstellenden Drachen dringe der Held zu den »Quellen des Todes- und Lebenswassers und zur Anima« vor. [94] Magische Helfer wie die die Elemente symbolisierenden Tiere weisen für W. Laiblin dem Suchwandernden den Weg aus den Verstrickungen des Unbewußten und schaffen Ordnung in den Tiefen der Seele; Kleiderwechsel oder Abstreifen der Tierhaut steht für die Wiedergeburt. [95] Die Feen deutet H. Dieckmann als »die uns noch nicht bekannten Fähigkeiten und Möglichkeiten, die uns in solchen Situationen zuwachsen können«, die Hexen und Dämonen als »unsere eigenen personifizierten Ängste und Ungeschicklichkeiten, mit denen wir zu kämpfen haben«. [96] Das Schloß ist, »mythologisch gesehen ..., ein Symbol der Mutter-Anima oder des weiblichen Selbst« (M.-L. v. Franz). [97]

Allein da, wo die Märchenforschung weniger die typologische und motivische Konstanz als den geschichtlichen und gesellschaftlichen Wandel im Blick hatte, konnte sie weiterführende Ergebnisse methodisch vorbereiten. In ihrer über Jahrhunderte reichenden Entwicklung haben die Märchen eine »Kulturfärbung« angenommen [98], von der Motive und Erzählform betroffen sind. Die Requisiten verschoben sich mit der zeitlichen Veränderung. Die einmalige nationale und historische Erfahrung schlug sich in den Texten ebenso nieder wie die – auch private – Erlebniswelt des individuellen Erzählers. [99] So wenig auf der Ebene der Personen und der Märchenhandlung »Weibliches« oder »Männliches« zu austauschbaren Variablen innerhalb einer Reihe struktureller Transformationen verkürzt werden kann [100], so wenig ist davon abzusehen, ob das Märchen von einem Mann oder einer Frau geschrieben oder erzählt wurde. Neben der kulturgeschichtlichen ist also auch die geschlechtsspezifische Färbung der Texte zu berücksichtigen. Die Ermittlung der sozio-psychologischen Differenz in den »contes de fées« der Mme d'Aulnoy ist mit den beschriebenen Verfahren der Märchenpsychologie nicht zu leisten. Gerade diese aber gilt es, neben der ästhetischen und historischen Zuordnung des Salonmärchens, im synchronen und diachronen Schnitt zu ermitteln.

2.2. Die Anverwandlung der literarischen Vorlagen und des barocken Gesamtkunstwerks

2.2.1. Der Rückgriff auf das Mittelalter

Direkte Einflüsse mittelalterlicher literarischer Quellen auf Mme d'Aulnoys Salonmärchen sind nicht genau auszumachen. Nur soviel ist gewiß: Den normklassischen Bruch mit der »gotischen Barbarei« hat auch sie nicht mitvollzogen. Die Feen selbst werden von ihr einer mythisch-fernen Epoche zugeordnet. [101] Die Namen Merlin (PRI I) [102] und Merlusine (OA II) oder Merluche (FC II) deuten auf eine Vertrautheit mit jener alt- und mittelfranzösischen Literatur hin, in die das keltische Feenmärchen Eingang gefunden hatte. In Stoff und Form waren offensichtlich die *Lais* ein wichtiges Vorbild. Das Jagen und Verwunden der weißen Hirschkuh, in welche die Princesse Désirée verwandelt wurde, weil sie, entgegen dem Feenspruch, vor dem 15. Lebensjahr das Tageslicht gesehen hatte (BIB III), erinnert als isoliertes Motiv an die weiße Hinde [103] in *Guigemar.* Die Verleumdung des Chevalier Fortuné durch die Königinwitwe und der Schönheitspreis, den Percinet gegen alle gedungenen Ritter nicht der Königin Grognon, sondern deren Stieftochter Gracieuse zuspricht, läßt an *Lanval* und *Graelent* denken. Die »mörderischen Waffen«, an denen der Roi Charmant als blauer Vogel sich in den Zypressen kläglich verletzt, wurden bereits von den Brüdern Grimm als Entlehnung aus *Yonec* erkannt. [104] Das »unbemerkte Hinschwinden der Zeit im Jenseits« (K. Warnke) [105] und die Ausschmückung des Motivs rückt das Märchen in *Hipolyte* in die Nähe von *Guingamor.* Wie Eliduc sich in den Dienst des alten Königs stellte, entbietet bei Mme d'Aulnoy ein verarmter Landedelmann nacheinander seine als Ritter verkleideten Töchter, damit diese ihrem König gegen den kaiserlichen Usurpator Matapa beistehen können (BCF IV). Die Ritter im Dienst an ihrer Dame, die Verleumder und Neider (Bd'O I, OiB I u.a.) sind typische Protagonisten in diesen beiden Arten des Kunstmärchens.

Das Pastiche des Altfranzösischen beherrschte die Autorin ebenso wie die Gäste des Hôtel de Rambouillet. Als Flucht- und Behinderungszauber Aimée und ihren Prinzen mehrfach vor dem Menschenfresser in Siebenmeilenstiefeln beschützen mußten, nahm das Paar vor ihm einmal auch die Gestalt eines Portraits und die eines Zwergen an. Die Rede des letzteren ist ein kostbares Zeugnis für den »vieil langage«:

> Le changement se fit, et le nain se mit a sonner du cor. – Wo die Fliehenden seien, fragt Ravagio – Ors vous le diray, répondit le nain: jaçaient que soyez en quête d'un gentil damoisel, d'une émerveillable dame, et de leur monture; je les avisa; hier à cet ére qui se pavanaient tous coyent et réjouis; icel gentil chevalier reçut les lots et galardon des joûtes et tournoiemens qui se firent à l'honneur de Merlursine, qu'ilec voyez dépeinte en sa vive ressemblance: moult hauts prud'hommes et bons chevaliers y dérompirent lances, hauberts, salades et pavois; le conflict fut rude, et le guerdon un moult beau formeillet d'or accoutré de perles et diamans. Au départit, la dame inconnue me dit: Nain, mon ami, sans plus longs parlemans, je te requiers un, au nom de ta plus douce amie (si n'en serez éconduite, lui dis-je, et vous l'oc-/troie, à celle condition qu'il soit en mon pouvoir), au cas, ditelle, qu'aviser tu puisses le grand et décommunal géant, qui oeil porte droit par le milieu du front, prie-le moult accortement qu'il voise en paix, et nous y laisse; puis elle chassa son palefroi, et ils s'éloignèrent. Par où, dit Ravagio? Jus cette verdoyante prairie, à l'orée du bois, dit le nain. ... Oncque vilenie ni fallace n'y eut en moi, ... ma bouche n'est mie mensongère; homme vivant ne me peut trouver en fraude; mais allez vîte si quérez les occire avant soleil couché. [106]

Nachdem einst der Schwertadel mit seinen Turnieren, den heraldischen Zeichen (Emblem, Devisen) und den literarischen Spielen (Pastiche, Proverbien, Namenstravestie) die Chevalerie um der standespolitischen neuen Selbstbehauptung willen beschworen hatte, erkannte, mit dem Abstand eines halben Jahrhunderts, Mme d'Aulnoy die Berührungspunkte zwischen der höfischen Kultur des Mittelalters und der aristokratischen Salonkultur ihrer Zeit. Mit dem Hinweis auf die Erneuerung ritterlichen Liebens in der Galanterie stellte sie selbst die

Verbindung her: Als »Chevalier d'Amour« erhält Charmant einen Orden mit Imprese, dazu ein prachtvolles Buch mit den Statuten der Liebesritter »écrits d'un style *fort tendre et fort galant*«. [107] Die bedeutsamste Entlehnung aus dem Mittelalter ist indes die Gestalt der wunderwirkenden Fee, die in den »fernen Zeiten der Väter« die – aus weiblicher Sicht phantasierte – erotische Wunschwelt dichterisch eingelöst hatte. Im hochhöfischen Salonmärchen symbolisiert sie zugleich die Zauberwelt des Imaginären, das in den Formen der barocken Gesamtkunst sein Eigenrecht unangefochten behauptet hatte.

2.2.2. La Fontaine und der Stoff von Amor und Psyche

»Féerie« und »fable«, keltisch-französisches Mittelalter und klassische Mythologie sind für Mme d'Aulnoy, ebenso wie in den barocken Gattungen insgesamt, nicht klar voneinander geschieden. Unter dem »Märchentypus von der gestörten Mahrtenehe«, der die Verbindung zu einem jenseitigen Wesen mit Seh- und Sprechverbot zum Gegenstand hat, ließen sich die Geschichten von Melusine, Lanval, Yonec oder Partonopeus de Blois ebenso subsumieren wie die von Amor und Psyche. [108] Ein vermittelndes Vorbild für diesen mythologischen Synkretismus fand die Autorin in La Fontaine. Auch er spielte mit den mittelalterlichen Reminiszenzen. [109] Als »weise Feen« sollten in *Le Songe de Vaux* die vier Musen der Architektur, Malerei, des Gartenbaus und der Dichtung, Palatiane, Apellanire, Hortésie und Calliopée, um den Preis für die weiseste streiten, und eine Fee ist es, die in Cupidos Auftrag Psyche zuletzt vor Venus behütet und ihr die Zauberdinge gegen sie zuspielt. [110]

La Fontaines Rückzug aus den sanktionierten Gattungen ironisierte die Regelpoetik und erweiterte den Rahmen akademischer Präzepte, entgrenzte die Klassik. Den Abstand zwischen der normierten Ästhetik und dem zeitgenössischen Geschmack (»galant«, »merveilleux«, »badineries«, »plaisanterie«) hatte er im Vorwort zu seiner Apuleius-Adaptation ausdrücklich zur Sprache gebracht. [111] Der für ihn gültige integrative Literaturbegriff, der ihm neben Antike und Mittelalter vor allem die italienische Renaissance erschloß [112], und die kokette Herausforderung der Gelehrtenrepublik und ihrer Regeln trugen offenbar zu der Bewunderung Mme d'Aulnoys für diesen Autor bei. Für ihre vielfachen Abwandlungen des Amor und Psyche-Stoffes war seine Fassung die unmittelbare Vorlage.

In *Chatte Blanche* führen unsichtbare Hände – ein Motiv, das von der Autorin direkt aus Apuleius in das Salonmärchen übernommen und über Mme Leprince de Beaumonts Vorlage durch Cocteaus *La Belle et la Bête* in der Filmgeschichte berühmt wurde – den Prinzen in einen Saal, in dem die Protagonistin der Geschichte sich in Gemälden wiederfindet. Die Beschreibung des Raumes ist La Fontaines *Psyché* verpflichtet. [113] Die Bilder illustrieren unter anderem zwei seiner Fabeln:

> On voyait autour l'histoire des plus fameux chats; Rodillardus pendu par les pieds au

conseil des rats (vgl. Fabel II, 2), Chat botté, marquis de Carabas, le Chat qui écrit, la Chatte devenue femme (II, 18), les Sorciers devenus chats, le sabbat et toutes ses cérémonies. [114]

Laidronette erlebt ihre Begegnung mit dem Schlangenkönig als »l'histoire de Psyché, qu'un auteur des plus à la mode venait de mettre en beau langage«. [115]

Wie zuvor in Italien, begeisterte sich im 17. Jahrhundert auch das barocke Frankreich für diesen Stoff. Er eroberte Leinwand, Gobelin und Dekor (Le Sueur, Mignard, Le Brun), Ballett (Benserade) und Bühne. [116] Für den Karneval von 1671 entstand im Auftrag des Königs die Tragédie-ballet *Psyché*. Nachdem Torelli, Carlo Vigarani und Henri de Gissey mit den Kulissen, Maschinen, Masken und Kostümen des Musiktheaters vor dem Hof Triumphe gefeiert und Ludwig selbst dabei einmal ein aus den Fluten emportauchendes Ungeheuer dirigiert hatte, das die in klassischen Alexandrinern beschworenen Furien ausspie, erwartete der König Stücke, die die eigens geschaffene raffinierte Maschinerie des Theaters der Tuilerien nutzten. Sein Wunsch nach der Wiederverwendung einer älteren, von Vigarani besorgten Bühnenausstattung der Unterwelt führte zum Wettbewerb der großen »Klassiker«: Racine schlug den Orpheus-Stoff vor, Quinault den der Proserpina, Molière und Corneille trugen mit dem Psyche-Mythos den Sieg davon. Nach J. Vanuxem beweist all dieses die endgültige Entscheidung des französischen Hofs für den italienischen Bühnen- und Festbarock. [117]

Mehrere Hundert Musiker und Tänzer wirkten an dem gigantischen Schauspiel der Psyche-Geschichte mit, das mit seinen Hundertschaften auf Wolken schwebender und von Maschinen bewegter Götter und den meisterhaft gearbeiteten Prunkkostümen zu einem der triumphalen Bühnenerlebnisse der Epoche wurde. [118] Das Gesamtkunstwerk war ein solches auch seitens seiner Schöpfer. Molière, von dem vermutlich die Idee und dazu ein Teil des Textes stammte, war, nach Absprache mit Bühnenbildner und Ballettmeister, für Szenenfolge, Choreographie, die Nutzung musikalisch-visueller Effekte und den Einsatz der Maschinen verantwortlich. Neben Corneille schrieb Quinault die Verse für die gesungenen Partien, und letzterer fand musikalische Unterstützung in Lully, der seine Kompositionen 1678 in die Oper *Psyché* übernahm; an dieser wiederum arbeiteten Thomas Corneille und Fontenelle mit.

Bezeichnenderweise bevorzugten Oper und Ballett den Stoff, jene barocken Gattungen, die spätestens mit der ästhetischen Würdigung durch die »Modernes« der klassischen Tragödie zur Konkurrenz werden konnten. Mme d'Aulnoy erwähnte auch die Oper von Lully: Der Feenpalast des Percinet, in dessen Wände aus Bergkristall, schöner als von Phidias' Hand, auch das jüngst Erlebte aus der Geschichte der Gracieuse eingeschnitten war und den galante Schäferpaare und Landleute mit Tanz und Gesang umspielten, bildeten den Rahmen für deren Aufführung. [119] Für Auswahl und Anverwandlung der Motive orientierte sich die Autorin indes an La Fontaine. Acht ihrer Märchen sind nach K. Krüger dem Amor und Psyche-Kreis zuzurechnen [120], wobei in diese und einige weitere nur vereinzelte Motive des Stoffes eingingen und umgedeutet in einen neuen Erzählzusammenhang eingepaßt wurden. Als etwa die dem Drachen versprochene Moufette mit einem Trauerzug in die Berge geführt wird, erinnert die Autorin selbst an Iphigenie und Psyche. Um Dämonenverschreibung aber geht es bei der Opferung, und nicht um das Hybrismotiv wie bei La Fontaine. Vor dem Drachen und dem von ihm entsandten Riesen, »der sie mit gierigem Auge betrachtet, sicher, sie sogleich zu verzehren« [121], vor der Häßlichkeit und der rohen Gewalt befreit sie der Prinz Moufy mit seinem grünen, zwölfbeinigen Zauberpferd, das aus den Häuptern Feuer, Bomben und Kanonenkugeln auf das Ungeheuer schleudert. Die wunderbare Entrückung der Laidronette in das Märchenreich der Pagoden vollzieht sich in einer magisch gelenkten goldenen Barke mit Devisenschmuck und brokatenem Segel. [122] Das finstere Dickicht um Gracieuse lichtet sich mit einem Schlag, und ebenso schnell sieht diese am Ende einer Allee von lüstertragenden Bäumen den Feenpalast, aus dem Percinet ihr entgegentritt – »so schön, wie man Amor beschreibt«. [123] Während Cupidon bei La Fontaine wegen des uneindeutigen Orakels als »monstre cruel« gefürchtet, als zärtlicher Gatte von Psyché jedoch geliebt wurde [124], gab Mme d'Aulnoy dem traditionellen Mythos gerade bei der Doppelfigur von Unhold und Liebhaber eine neue, in der Folge näher zu untersuchende Färbung.

Eine Reihe von weiteren Motiven des Psyche-Komplexes entlehnte die Autorin La Fontaine und Apuleius: die neidischen Schwestern (SV III), die – inhaltlich divergierenden – unlösbaren Aufgaben (GP I; GrB III), die Warnung vor dem Besuch in der Menschenwelt (MOU II), die Suche nach dem verlorenen Geliebten (SV III; OiB I), der Gang in die Unterwelt (SV III), die Feindseligkeiten, denen die Märchenheldin durch die Mutter des Freundes ausgeliefert ist und die Magddienste in deren Haus (PC IV), das übertretene Rede- oder Sehverbot (SV III).

Daneben konnte sich Mme d'Aulnoy bei La Fontaine für ihre mit unerschöpflicher Phantasie variierten Beschreibungen des höfischen Lebensraumes und Lebensgefühls inspirieren: die Wunder der Gartenkunst und der Wasserspiele, der Palastarchitektur und der prunkvollen Ausstattung im Inneren; königliche Feste und Spiele; die Hofhaltung der Venus und das Hirtenleben des weltabgewandten, greisen Philosophen-Höflings; die Metamorphose als Travestie (Psyche) und als Tierverwandlung (die Frösche des Latonabrunnens); Psyche als »belle Éthiopienne« oder, in der bildnerischen Darstellung, als Schäferin, Amazone, Nymphe, Griechin, Jägerin; Venus in der Muschel, von zwei Delphinen gezogen und im Wagen von Tauben durch die Lüfte getragen; Tritone, Sirenen und Nymphen, Hydren und Harpien; die exotischen und wunderbaren Pflanzen und Tiere in Menagerie und Orangerie. [125] Dies sind die vertrauten Requisiten, Versatzstücke und Themen innerhalb einer allgemeinen Allegorisierung höfischer Existenz, wie sie, außer in den *Amours de Psyché,* auch in eigens verfaßten Berichten oder in Romanen und Memoiren beschrieben wurden. Diese Texte beschworen den bereits zum Mythos erhöhten proteischen Pomp des frühen Absolutismus, der das Unvordenkliche im Zauber der Inszenierungen hatte Wirklichkeit werden lassen. Hier fand Mme d'Aulnoy zu einer Zeit allseitiger Beschränkungen, die das einstige höfische Leben als märchenhafte Unwirklichkeit erscheinen lassen mußten, für ihre Bildphantasien entscheidende Anregungen.

2.2.3. Die Wunder des höfischen Barock in der Prunkbeschreibung: Fest – Grotte – Ballett

M. Th. Hipp hat auf eine Reihe prunkvoller Beschreibungen wirklicher oder imaginärer Schloßarchitektur hingewiesen, die, in Erinnerung an den Sonnenpalast der *Metamorphosen* und den der Armida Tassos, den Glanz der kostbaren Materialien oder das Wunder der Konstruktionen feierten. Spiegelsäle und Galerien, Grotten, Brunnen und Kanäle sind, in *Alcidamie, Zaide, Inès de Cordoue* oder in den Hofmemoiren, Bühne und Dekor der zeremoniellen königlichen Rituale. [126] Daß es sie in der Beschreibung der Nachwelt zu erhalten gelte, hatte in ihren Novellen schon Mlle de Scudéry erklärt. Mehr noch als diese pries Ch. Perrault die mannigfachen Wunder von Versailles, um die Überlegenheit des modernen Frankreich über jede Form vergangener Größe zu erweisen. [127]

Das märchenhaft anmutende Feuerwerk, dessen Beschreibung im *Parallèle* der thesenhaften Zusammenfassung der »modernen« Weltsicht vorangeht, ist Teil jener barocken Festkultur, die im Feenmärchen ein ästhetisches Heimatrecht fand. Mme d'Aulnoy selbst kannte offensichtlich das von Saint-Aignan entworfene mehrtägige Festprogrammm für die *Plaisirs de l'Isle enchantée* (1664), das über die offiziellen Beschreibungen als literarisches Thema fortwirkte. [128] Versailles als Zauberschloß zu feiern und als solches eigens erstehen zu lassen, war die königliche Absicht gewesen. Zwischen künstlichen Bäumen und Wänden aus vergoldeter Pappe spiegelte sich im Lichte von 4.000 Kerzen die Märcheninsel im Schwanenbecken. Bald als Ruggiero im Palast der Alcina verzaubert, bald in griechischer Rüstung beim Reiterspiel beherrschte der König das allegorische Wundergeschehen, dessen Dramaturg, Hauptdarsteller und erster Zuschauer er war. [129] Apolls Quadriga mit den von Sonnen übersäten Dekken, gelenkt von der Zeit, geleitet von den Stunden und Sternzeichen, stellte ein lebendes Bild dar. Die Jahreszeiten trugen kostbare Gerichte auf, und nach einem Ballett für den Sonnengott ritten mit großem Gefolge der Frühling (Mlle du Parc) auf einem Pferd, der Sommer auf dem Elefanten, der Herbst auf dem Kamel und der Winter auf dem Bären ein. Als Gärtner, Schnitter, Winzer und zuletzt Greise, welche das Eis für die Kühlung der Liköre herantrugen, traten sie noch einmal auf. Danach ließen die unablässig bewegten unsichtbaren Maschinen Vigaranis den magischen Palast versinken. [130]

Die *Plaisirs de l'Isle enchantée* bildeten den Höhepunkt der verschiedenen von É. Magne beschriebenen Hoffeste des 17. Jahrhunderts. [131] In der allegorischen Stilisierung des höfischen Lebensvollzugs wurden die Grenzen zwischen Dramaturgie und Wunder fließend. Der proteische Pomp von Wasserspielen, Feuerwerk, Maskeraden oder Maschinerien nahm sich im literarischen Bericht nicht weniger phantastisch aus als später in den so unwirklich scheinenden Fiktionen des Salonmärchens:

Le Char de Vénus

Götter steigen hernieder, schreibt R. Alewyn, und schlingen einen wunderbaren Reigen, Fontänen sprudeln aus dem Boden und Kaskaden von den Wänden, zwischen Gartenhecken tanzen Schäfer und Nymphen. Die Nacht verwandelt sich in künstlichen Tag, Lichter überall, Häuser, Wege, Kanäle sind besäumt, die Lichtwoge bäumt sich gen Himmel, Feuergarben schießen in die Nacht und die Sterne erbleichen ... Jedes barocke Fest ist eine ausgedehnte und ausgewogene Komposition aus vielen Elementen ... (es) hat der Kunst ihre gewaltigsten Anstrengungen entlockt .../ Ganze Stäbe von Künstlern und Gelehrten waren unablässig beschäftigt ... Das höfische Fest ist totales Fest. [132]

Im Zeremoniell der Feste hat die Apotheose des absoluten Königs schließlich über Phantastik und Willkür des bildnerischen Wandels triumphiert. Um die politische Allegorie von Sieg und Frieden ging es bei der exuberanten Ausstattung des Festes vom 18. Juli 1668, das in Versailles über einem mit gigantischen Attrappen konstruierten Parnaß das Wappen Frankreichs und die Insignien seines Königs verherrlichte. In Analogie zu der von M. F. Christout skizzierten Entwicklung des Hofballetts läßt sich der Weg von den *Plaisirs de l'Isle enchantée,* die vor dem ersten der Eroberungskriege inszeniert wurden, zu dem Fest anläßlich des Aachener Friedens als der von Proteus zu Apoll beschreiben. [133] Berichte von beiden Festen, wie sie Félibien oder Montigny, Loret und Renaudot verfaßten, und die literarische Nachbildung bei Mlle de Scudéry oder Mme de Villedieu haben Mme d'Aulnoy offenbar in nicht geringerem Maße als La Fontaines *Psyché* zu der bunten Vielfalt der Beschreibungen angeregt, die ihre Märchen auszeichnen. Auf Leser nachrevolutionärer Jahrhunderte mußten sie wie ungezügelte Phantasmagorien wirken, in ihrer Zeit aber waren sie die kaum verfremdete Abbildung einer märchenhaften höfischen Dramaturgie.

Die von Spielen belebte barocke Schloßlandschaft zeigte den König als Überschreitung aller menschlichen Vollkommenheit. Als Urheber des Zaubers, dem er selbst unterworfen schien, und als antiker Gott verfügte er über die Schöpfung und wurde zum Symbol des Schöpfers selbst. Auch das Unveränderliche geriet in Bewegung. Architektur und Skulptur belebten sich, wiederholten ihren zyklischen Reigen.

Die Hauptachse in Versailles symbolisierte Geburt und ewige Wiederkehr des Gottkönigs: Latona mit den göttlichen Kindern Apoll und Diana und den in Frösche strafverwandelten Lykiern nahm die Mitte ein zwischen dem aus den morgendlichen Fluten emportauchenden Wagenlenker des *Bassin d'Apollon* und jener nur noch literarisch berühmten *Grotte de Thétis,* die nach zwölfjähriger Bauzeit (1664–1676) in dieser Form nur zehn Jahre bestehen blieb. André Félibien, der offizielle Historiograph der königlichen Bauten, hinterließ neben der Beschreibung des Festes unter anderem auch die der Thetisgrotte, jenes Kunstwerks, das schon den Zeitgenossen »ein Zauberwunder« schien. [134] Die *Promenade de Versailles* ließ dieses märchenhafte Gebilde vor den Lesern noch einmal erstehen:

Tous les ornemens que l'architecture peut recevoir, y paroissent formez par des coquillages, du moins ceux qui peuvent convenir aux eaux, comme des poissons, & des oiseaux aquatiques, vrais ou fabuleux. On voit aussi en divers endroits des masques & des trophées d'armes formez de coquillages, & de nacres de diverses couleurs, dont la nuance & la varieté jointe à une juste symmetrie font mille objets tous nouveaux & tous surprenans, & des Arabesques qui plaisent infiniment. On voit à toutes les encogneures de grandes coquilles de marbre jaspé, d'où l'eau s'épanche avec une abondance extrême ... on voit quatre chandeliers aquatiques ... qui sont d'une invention admirable, ils ont au lieu de lumiere, chacun six branches dorées en figure d'Algue marine, qui jettent de l'eau en abondance, et dont les jets se croisant font un objet merveilleux & nouveau ... Plusieurs miroirs enchassez dans des coquillages multiplient encore tous ces beaux objets, & mille oiseaux de relief, parfaitement bien imitez, trompent les yeux pendant que les oreilles sont agreablement trompées: ... il y a des orgues cachéz & placez de telle sorte, qu'un écho de la grotte leur répond d'un côté à l'autre. [135]

Muscheln, Korallen und Marmor bewegten sich im Spiel des Wassers und der gespiegelten Lichtreflexe. [136] Im brennenden Wasserleuchter versöhnten sich die Elemente, im umspülten Kristall das Feste und Fließende, Musik und Licht fügten sich ineinander. Die Grotte, Sinnbild barocker Synästhesie, ist ein weiteres Beispiel jener in der Gesamtkunst erschaffenen magischen Räume, die für die Fiktionen des Feenmärchens Pate gestanden haben.

Wie im Schauspiel des königlichen Festes Dichtung und Musik, Ausstattung und Dramaturgie gleichrangig und aufeinander verwiesen waren, kehrten mit dem Brunnen der Latona oder der Thetisgrotte die bildenden Künste bei La Fontaine, Mlle de Scudéry und zuletzt Mme d'Aulnoy in die Literatur zurück, aus der sie ihren Anfang genommen hatten. Die Texte selbst verstehen zu wollen, heißt mithin, sie dieser bewegten Kette zurückzugliedern, deren Elemente in immer neuen Metamorphosen in Erscheinung traten. Als letzte Form jener märchenhaften barocken Gesamtkunst, die Mme d'Aulnoy ihrer Gattung anverwandelte, läßt sich das Hofballett ermitteln.

Gerade die Verschmelzung der Künste sicherte diesem nach den Theoretikern des 16. und 17. Jahrhunderts, vor allem Jean-Antoine de Baïf und Guillaume Colletet, seinen ästhetischen Rang, und wider waren es die »Modernes«, die es selbstbewußt über den puristischen Rationalismus der Regelpoetik triumphieren ließen. Houdar de la Mothe verfaßte neben einem *Ballet des fées* unter anderem das Ballett *Le triomphe des arts* (1700), dessen fünf Auftritte nacheinander der Architektur, Dichtung, Musik, Malerei und Skulptur gewidmet waren. [137]

Aus der koordinierten Gruppenarbeit erreichte das Ballett im 17. Jahrhundert eine über die Grenzen Frankreichs hinaus berühmte Vollendung. Zwischen 1660 und 1670 wurde mit der Gründung der »Académie royale de danse« und der »Académie royale de musique« das Ballett ebenso wie, zwischen 1673 und 1686, die Oper unter Lully und Quinault, zur Herausforderung an die französische und griechische Tragödie. Wie De Pure dieser das Ballett vorzog, entschieden Le P. Ménestrier, Ch. Perrault oder der Abbé Terrasson für die Überlegenheit der aus dem Ballett fortentwickelten Oper. [138] Sogar d'Aubignac, bei dem in der Tat sich »die Gewichte ... bereits stark zugunsten der *Modernes* verschoben haben« [139], zog es in der *Pratique du Théâtre* allem Vergleichbaren der Antike vor und fügte in seinen Roman *Macarise, ou la Reine des Isles fortunées* (1663) die mehr als hundert Seiten lange Beschreibung eines »Balet des Portraicts« ein. Auch seine Begeisterung galt dem Bühnenbild und der Maschinerie: den auf

Wolken dahinfliegenden vierspännigen Götterwagen, auf denen sechs Affen im Tanze herumwirbelten, dem dämonenspeienden Höllenschlund, den im Kreise bewegten Bergen; dazu den wunderlichen Geschöpfen: Frauen in Riesengestalt, die zwölf kleine Mädchen gebaren, Kobolde und Gaukler, Magierinnen oder Unholde. [140]

Die Vielfalt der Masken und Konstruktionen, die im Tanze bewegten und verwandelten Bilder und die bunte Mischung der Stoffe, Motive und Stilebenen dürften Mme d'Aulnoy zu den phantastisch anmutenden explosiven Bildfolgen in ihren Märchen angeregt haben. Die Feenwagen am Himmel, die man einmal astralmythologisch gedeutet hat [141], sind Beispiele einer literarisch in Gang gebrachten barocken Bühnenmaschinerie, die im Salon die Runde der Plaudernden neuerlich zu verzaubern vermochte. Man vergleiche die folgende Beschreibung aus der *Princesse Printanière* mit der des Balletts bei d'Aubignac:

> Comme elle était appuyée contre un arbre, et qu'elle regardait en l'air, elle aperçut d'un côté un beau chariot d'or, tiré par six grosses poules huppées: un coq servait de cocher, et un poulet gras de postillon. Il y avait dans le chariot une dame si belle, si belle, qu'elle ressemblait au soleil; son habit était tout brodé de paillettes d'or et de barres d'argent. Elle vit un autre chariot attelé de six chauve-souris; un corbeau servait de cocher, et un escarbot de postillon. Il y avait dedans une petite magotine affreuse, dont l'habit était de peau de serpent, et sur sa tête un gros crapaud qui servait de fontange. ... Comme elle considérait ces merveilles, elle vit tout d'un coup les chariots s'avancer l'un vers l'autre; et la belle dame tenant une lance dorée, et la laide une pique rouillée, elles commencèrent un rude combat, qui dura plus d'un quart d'heure; enfin la belle fut victorieuse, la laide s'enfuit avec ses chauve-souris. [142]

Sechsunddreißig Feen erscheinen in *Chatte Blanche* auf je einer gigantischen Muschel, und auch sie werden als – von Seepferden – *bewegte* beschrieben. Zur »Begabung« der Désirée kommen sie in Wagen aus Elfenbein, aus Zedern- oder Ebenholz, gezogen von Tauben oder Raben. Das sei ihr Friedensaufgebot, *denn,* so begründet die Erzählerin mit jener ihr eigenen Ironisierung des Rationalismus, wenn sie zornig sind, jagen sie auf fliegenden Drachen, feuerspeienden Schlangen, Löwen, Leoparden, Panthern von einem Ende der Welt zum anderen. [143]

In dieser ursprünglichen Möglichkeit, die Feenwunder dramaturgisch nachzubilden, mag das Befremden der deutschen Leser und Autoren gegenüber einer fast »mechanisch-rationale(n) ..., der Aufkärung gemäße(n) Zauberei« gründen, die die Feen in eine »postalische Anknüpfung« mit der sie rufenden Menschenwelt versetzt habe. [144] Dieselben Leser waren indes verwirrt über die irrationale Willkür des Phantastischen, für die ihnen kulturhistorisch nicht minder der Blick verstellt war. So sah sich Wieland, der neben Märchen von Mme de Lintot *(Timandre et Bleuette → Timander und Melissa)* und Mme Fagnan *(Minet bleu et Louvette → Himmelblau und Lupine)* auch *Le rameau d'or* von Mme d'Aulnoy als unmittelbare Vorlage seiner »auserlesenen Feen- und Geistermärchen« benutzte, in *Der goldene Zweig* genötigt, durch Auslassungen (von Hin- und Rückverwandlungen, Edelsteinkatalogen und Zaubergärten) die Vorlage zu vereinfachen und auch den Schluß aufklärerisch zu »korrigieren«:

Valerio SPADA, Divertissement des autruches

Valerio SPADA, Ballet des Indiens et des perroquets

Die Frau d'Aulnoy versichert uns zwar, sie [die Feen und ihre Helfer] wären unserem glücklichen Paar wieder erschienen, und hätten es mit einem Palaste von Diamanten, und mit einem Garten beschenkt, worin alle Bäume von Golde, alle Blätter von Smaragd, und alle Blumen und Früchte von gewachsenen Rubinen, Saphiren, Türkissen, Amethysten und Chrysoliten gewesen seyen. Aber wir können versichern, daß kein wahres Wort darin ist. [145]

J. A. Schlegel machte alle Anstrengungen, das »Wunderbare der Poesie« und dabei auch das der »Feyenmährchen«, die sich öfter als jede andere Dichtung »mit dem gesunden Menschenverstande oder mit der Tugend entzweyt« zu haben schienen, gegen die sich der »beleidigten Wahrscheinlichkeit ... [annehmenden] Kunstrichter« zu verteidigen. [146] Die Wirkungsgeschichte des Salonmärchens in Deutschland erscheint folgerichtig, wenn man sich ihre Bedingungen vor Augen führt. Herausgelöst aus der höfischen Gesamtkunst Frankreichs, von der sie ein Teil ist, wurde die Gattung in der unilinearen Rezeption von Buch zu Buch, die Zeiten, Räume und Gesellschaftsformen übersprang, notwendig verkürzt und mißverstanden. Doch auch der neueren Literaturwissenschaft mußten diese Texte verschlossen bleiben, wo der Kanon sich an den Normen des Rationalismus oder der Klassik orientierte.

Beim Imaginieren immer neuer, höchst variierter Zauberdinge und wunderlicher Gestalten, die sie in Bewegung versetzen, zeigte sich Mme d'Aulnoys unbegrenzte Phantasie. Wortkaskaden und Bildsequenzen stürzen förmlich aus ihrer Feder und lassen an Rabelais oder Walt Disney denken: Mit Dragonermütze und entschlossener Miene reitet die weiße Katze auf einem Affen, ihr Prinz auf einem Holzpferd zur Jagd. Die Äffin Babiole reist auf einer elegant gesattelten Schildkröte. Mit ihrem von Schwänen gezogenen diamantenen Wagen erscheint die Fee Amazone in einem blauumwölkten Feuerball. Während der gelbe Zwerg seiner Katze die Sporen gibt und zwischen zwei flammenspeienden, gigantischen Truthähnen gegen den König der Goldminen zum epischen Zweikampf antritt, fliegt die Wüstenfee »als Tisiphone frisiert«, das Haupt voller Schlangen, auf einem Greifen herbei und überfällt die spröde Toute-Belle. Vorher kam sie auf Krücken, mit einer Halskrause aus schwarzem Taft, einer Haube aus rotem Samt und einem zerlumpten, altmodischen Hochkragen, bald darauf als falsche Nymphe mit Greifenfüßen und entführte den König im von Schwänen (nicht, »wie sonst«, von Fledermäusen) gezogenen Wagen durch die Lüfte in ein stählernes Schloß, das die Sonnenstrahlen als tödliche Flammen reflektiert. [147]

Die fliegenden Feenwagen, die Reise auf der Wolke, dem feurigen Kamel oder dem geflügelten Delphin, die Kavalkade der brautwerbenden Affen, das Pfauenreich mit seinen gefiederten Bewohnern, der bronzene, zwölffüßige Drache, der in der Spiegelrüstung von Chéris Pferd seine feuerspeienden Häupter vervielfacht sieht, die festliche Tafel, die sich durch den Kamin herabsenkt, die Riesin Lionne, der galante weiße Widder im Schmuck der Blumengirlanden oder der herausgeputzte Eber beim Hochzeitsball [148] – all dies ist die literarische Anverwandlung dessen, was Kostumkünst, Maske und Mechanik für das Ballett, was die Festausstatter für die Wunder des Gartens entworfen hatten. Illuminierte

Kulissen konnten das Trugbild einer märchenhaften Stadt aus Porzellan und Marmor oder eines im Silberwasser schwimmenden Glaspalastes täuschend ähnlich hervorzaubern. [149]

Den Bezug zu Festvergnügen, Tanz und Ballett stellte Mme d'Aulnoy auch selbst her:

Mais tout d'un coup il vit que dans un des feuillets où l'on représentait des musiciens, ils se mirent à chanter; et dans un autre feuillet, où il y avait des joueurs de bassette et de trictrac, les cartes et les dés allaient et venaient. Il tourna le vélin, c'était un bal où l'on dansait; toutes les dames étaient parées, et d'une beauté merveilleuse. [150]

Die Froschfee läßt sich in ihrer Sänfte, die innen mit Eidechsenhaut, außen mit den Schuppen eines Schildkrötenpanzers ausgeschlagen ist, von fünfzig Ehrendamen ihrer Gattung auf englisch gesattelten Schnecken und einer Garde aus Wasserratten geleiten, bis – nach sieben Jahren – der Zug als königliches Feenballett, in Hermelin und Schleppe, mit Zwergengefolge und festlichen Bläsern, am Hof ankommt. Nicht genug:

ils virent tout d'un coup ces honorables baladins métamorphosés en fleurs, qui ne baladinaient pas moins, jassemins, jonquilles, violettes, oeillets et tuberoses, que lorsqu'ils étaient pourvus de jambes et de pieds. C'était un parterre animé, dont tous les mouvemens réjouissaient autant l'odorat que la vue. Un instant après, les fleurs disparurent; plusieurs fontaines prirent leurs places; elles s'élevaient rapidement, et retombaient dans un large canal, qui se forma au pied du château; il était couvert de petites galères peintes et dorées ... [151]

Salonmärchen und Hofballett sind Bestandteil jener höfischen Kunst, die ihre fiktive Welt und die sie bevölkernden Fabelwesen stets neu hervorbringt. Ihr ästhetischer Reiz blieb einer Literaturwissenschaft verborgen, die den aus bürgerlichem Bewußtsein geborenen Aristotelismus zum Maßstab einer Kanonisierung erhob und gegen die Endlichkeit des imaginativen Spiels die universale Mimesis zur überlegenen Norm erklärte.

Hexenmeister und Zauberer, Meeresgötter, Amazonen, fahrende Ritter oder kleine Mohren, Affen, Pygmäen, Vögel und Frösche, mit Spiegeln und schwarzweißen Federn bekleidete chinesische Prinzen, die die Unbeständigkeit der Liebe vertreten, in Flammen getauchte Liebhaber oder die Maskeraden und Metamorphosen als solche sind beliebte Protagonisten und Themen des Balletts. [152] Die Farbigkeit und Fülle der im Tanz bewegten Bilder sind von denen des Salonmärchens nicht zu unterscheiden. Mme d'Aulnoy färbte die Fabel- und Wunderdinge, die Gestalten, Räume und Lebensformen, die sie im Volksmärchen und anderen literarischen Traditionen vorgebildet fand, ins Höfische ein. So kann die magische Dreizahl unversehens in der größeren Einheit der tänzerischen Gruppenformation aufgehen: Die drei Menschen, die vor der Erlösung des Prinzen Frischling hatten sterben müssen und von den drei Feen ins Leben zurückgerufen wurden, fallen als drei schwarze und drei weiße Seidenspindeln aus dem Gewölbe der erbebenden Grotte herab und beginnen einen Tanz. Vier Sphinxen mit spitzen Klauen, sechs Drachen im undurchdringlichen Schuppenkleid und vierundzwanzig Nymphen in langen Blumengirlanden muß der König der Goldminen mit dem Diamantenschwert der Sirene überwinden. Gegen sechs Ritter tritt Percinet an, und vierundzwanzig Nymphen empfangen Gracieuse in seinem Feenpalast. Marionetten und Miniaturen werden aus dem Ei hervorgezaubert. Eine winzige sechsspännige, von grünen Mäusen gezogene Karosse lenkt eine rosa Ratte, und die Insassen, vornehmlich zwei kleine Ägypterinnen, überbieten mit der Sarabande die Vorführungen der Pariser Jahrmärkte. Lutin, der Prinz mit der Tarnkappe, erwirbt derlei galante Gaben bei dem Hoflieferanten Dautel oder bei Brioché in Paris. Der Turm des Volksmärchens wird zur prachtvoll ausgestatteten Bildergalerie, die Hochzeit zum höfischen Fest mit Schauspiel, Oper, Turnier und Jagd. [153] Die Delikatessen des Schlaraffenlandes, das sich vor Merveilleuse auftut, sind ebenso wie die Getränke, mit denen Grognon den König gewinnt, von unverwechselbarer Herkunft:

> ... une grosse rivière d'eau de fleurs d'oranges coulait autour, des fontaines de vin d'Espagne, de rossoli, d'hypocras et de mille autres sortes de liqueurs formaient des cascades et de petits ruisseaux charmans. Cette plaine était couverte d'arbres singuliers; il y avait des avenues toutes entières de perdreaux, mieux piqués et mieux cuits que chez la Guerbois, qui pendaient aux branches; il y avait d'autres allées de cailles et de la- / pereaux, de dindons, de poulets, de faisans et d'ortolans; en des certains endroits où l'air paraissait plus obscur, il y pleuvait des bisques d'écrevisses, des soupes de santé, des foies gras, des ris de veau mis en ragoûts, des boudins blancs, des saucissons, des tourtes, des pâtés, des confitures sèches et liquides, des louis d'or, des écus, des perles et des diamans. [154]

Die opulenten Tafeln der königlichen Feste, die Alleen, Orangenhaine und Brunnen der Gärten, die prächtigen Karossen und Gespanne, Gewänder und Gemächer, Waffengänge und Tänze bildeten die Räume, Requisiten und Rituale einer höfischen Kunst und Lebensform, die sich dem Wunderbaren verschrieben hatte. Im Wettbewerb mit den Magiern und Feen der antiken und neuzeitlichen Mythologie hatte der junge König einst die Wirksamkeit seiner Zauberkräfte vorgeführt. Was der politische und religiöse Ernst zu wiederholen verbot, lebte fort in der Literatur. Die Leser der höfischen Prunkbeschreibungen verweigerten sich dem asketischen Rationalismus der Klassik und ergötzten sich an der sinnlichen Fülle und Pracht gerade auch dann, als die Lebenswirklichkeit sie ihnen vorenthielt. Die vertrauten Inhalte der barocken Gesamtkunst wurden von Mme d'Aulnoy aufgerufen und, durch die Kontamination mit dem Volksmärchen, spielerisch verrückt. Der grandiose Pomp löste sich bei ihr auf in eine Fülle übermütig bewegter, dem Rokoko naher Bilder, die von der Hyperbolik und Paradoxie leben. Zierlich und anmutig wie das Salonmärchen selbst sind die Akteure des raffinierten Schauspiels, dessen Witz an eine sinnenhafte Phantasie und einen schwerelos beweglichen, dem Unernst geöffneten Verstand sich richtete.

2.2.4. Das Verhältnis zu Straparola und Basile

Die literarische Inszenierung des Luxus und der Prachtentfaltung kam Mme d'Aulnoys Fabuliertalent, die gleichzeitige Verfremdung und Karikatur der

Freude am ironischen Spiel zugute. Beides trug zu den Veränderungen bei, die sie an zwei Vorlagen von Straparola vornahm, als sie diese in die Sprache des Salonmärchens übersetzte: *Le Prince Marcassin* und *Le dauphin*. [115] Während der Italiener sich daran erfreut hatte, sein königliches Schwein mit übelriechendem Dung und Schmutz zu umgeben, trägt Marcassinet diamantene Armbänder, Seidenstrümpfe, lange Jacken und ein englisches Mützchen aus schwarzem Samt, spielt, da ihm die Laute nicht wohl ansteht, mit überraschender Anmut Gitarre und Flöte und liebt die Jagd. Aus Straparolas einfältigem Fischerjungen Pietro Pazzo, dessen Wunsch nach der Schwangerschaft der Prinzessin der erlöste Fisch als abstruses Mirakel erfüllte, wurde in *Le dauphin* ein höfisches »Ellenbogenkind«, der häßliche und edle Prinz Alidor, den die Schmähungen der Umworbenen in den Wahn treiben. Darüber hinaus verleiht die Rahmenhandlung mit ihrer eindeutigen Bürgersatire gerade diesem Märchen die unverwechselbare ständische Färbung: »des fadaises« nennt La Dandinardière die Salonkasuistik der übrigen Zuhörer, denen der Preis der Freundschaft, die Schönheit der Livorette oder der Verdienst des Alidor das jeweils Lobenswerte an der Geschichte erschien. Was den Krämer allein besticht, sind die Schönheit und Nützlichkeit der Wunderbrunnen in dem utopischen Inselparadies des Endes, aus denen man die Geldmünzen eimerweise schöpfen könne. [156]

Straparolas *Tredeci piacevoli notti* (1550–1553) übertrafen in Italien, wo sie innerhalb von 60 Jahren mehr als 30 mal neu aufgelegt worden waren, an Beliebtheit den *Decamerone*. [157] In Frankreich kursierten sie ab 1560 in der Übersetzung. Nach dem – allerdings fragwürdigen – Zeugnis von Mme de Murat fanden die erzählenden Damen bei diesem Autor entscheidende Anregungen. [158] Für Mme d'Aulnoy ist, bis auf drei eindeutige Überarbeitungen, allenfalls eine mittelbare Abhängigkeit anzunehmen. Die isolierten Motive, die ihre Märchen mit Straparola, ebensogut aber auch mit Basiles *Pentamerone* teilen, lassen eher an eine ihnen allen gemeinsam bekannte Quelle der volkstümlichen Tradition denken. [159] Für die *Cunti* Basiles jedenfalls, die sich trotz der Dialektfassung zwar in Italien schnell verbreiteten, im Frankreich der Feenmärchen jedoch noch unübersetzt waren [160], ist ein unmittelbarer Einfluß auf Mme d'Aulnoy noch weniger erwiesen.

Die auf Boccaccio zurückgehende Form der Rahmenerzählung stellt Mme d'Aulnoy – ebenso wie den La Fontaine der *Psyché* – in die Nähe der italienischen Autoren, doch die formalen und stilistischen Unterschiede überwiegen. Die *Piacevoli notti* blieben, mit der moralisierenden, oft sprichwortartigen Kurzfassung zu Beginn, dem Rätsel am Ende jeder »favola« und mit der schmucklosen Beschreibung einer Welt der Alltäglichkeiten und Armut der Tradition des volkstümlichen Märchens nahe. Mit der Novellistik teilen sie eine Tendenz zur Frauensatire. Der *Pentamerone*, der erst in Brentanos italienischen Märchen ein bedeutendes literarisches Echo fand, verband die Märchenwunder mit bildreicher barocker Metaphorik, hyperbolischer Groteske und moralischer Satire, die vor Realismus und Obszönität nicht zurückschreckte. [161] Keiner der beiden Autoren konnte für Mme d'Aulnoy ein Vorbild werden. Für das, was die Märchenforschung die jeweils spezifische »Kulturfärbung« nennt, ist die Erzählerin dem literarischen Geschmack und den Wertsetzungen einer aristokratischen und feminisierten Geselligkeit verpflichtet, in der die erwähnten Stilmerkmale der italienischen Märchen außer Kraft gesetzt waren. Wirkungsgeschichtlich wurde der Autorin dies lange Zeit als preziöser Verrat am Volksmärchen angelastet.

2.2.5. Die Salongattungen und die preziöse Tradition

Was in den Grimmschen Kommentaren zu den KHM ehrlich konzediert wird, scheint von der kanonbildenden französischen Literaturwissenschaft und weitgehend auch der Märchenforschung unbewußt und unreflektiert weitergetragen worden zu sein. Es ist das bürgerliche Unbehagen angesichts jener unverwechselbaren Spuren, die die hochhöfische französische Geselligkeitskultur in den Märchen von Mme d'Aulnoy hinterlassen hatte. Dasselbe Befremden betraf die Gefühlswelt ihrer Erzählerin, die eine Glücksdichtung nicht, nach bürgerlichem Muster, in der Linie des Aufstiegs, der vertikalen Erfüllung, angesiedelt hatte. Von De Villiers bis zu den Brüdern Grimm und der Volksmärchenforschung galt die Sympathie den geschickten oder erfolgreichen Einzelgängern, jenen »Chat botté« oder »Petit Poucet«, die der bürgerliche Erzähler Ch. Perrault aus der pikaresken Vereinzelung und Niedrigkeit erlöst hatte und die er die gesellschaftliche Hierarchie märchenhaft überwinden ließ. Die Grimmschen Vorbehalte gegen Mme d'Aulnoy waren nicht ästhetischer, sondern – im doppelten Sinne – sozialer Natur: Sie galten der Frau und der Adligen:

> Die Manier der d'Aulnoy – heißt es zu den Veränderungen an den drei aus Straparola übernommenen Texten – kann man nicht ungeschickt nennen, im Gegenteil, es zeigt sich eine gewandte, schon geübte Hand: manches ist liebenswürdig erzählt und manches naiv und kindlich ausgedrückt; dennoch konnten diese Märchen nicht allgemein Eingang finden, weil sie nur für Kinder des höheren Standes, zu welchem die Verfasserin gehört, paßten. Ihre Helden sind fast ausschließlich Prinzen und Prinzessinnen. Auf die Schilderung galanter Feste, auf die Beschreibung herrlicher Paläste, Gärten, Möbel und Kleider wird besondere Sorgfalt verwendet; weibliche Eigenschaften herrschen vor, die Liebe wird zur Galanterie, Mut und Tapferkeit kommen selten zur Geltung. Man fühlt das überfeine und vornehme Wesen aus dem Zeitalter Ludwigs XIV., dagegen fehlt etwas Natürliches und Frisches, das Einfache und Bürgerliche, das bei Perrault und in echten Märchen neben alten Wundern immer durchscheint. Dagegen besser als die Märchen Perraults sind sie insoweit, als ihnen nicht selten eine reichere und schönere Überlieferung zugrunde liegt. Auch ist man geneigt, zumal wenn man sie nur einmal liest, die künstlichere Verflechtung der Begebenheiten, die Abrundung und die oft gewandte Umgestaltung zu einem kleinen Roman als einen Vorzug gelten zu lassen. Käme es in der Poesie nur auf ästhetische Verschönerung an, so würde man nicht begreifen, warum Perraults Märchen bei geringerer Kunst den Vorzug behalten haben. [162]

Kasuistische Liebespsychologie und Reflexionen über die soziale und individuelle Moral oder den Rang der Leidenschaften und Werte, der literarische Entwurf des Hofs und der arkadischen Gegenwelt sind Themen, die das Salonmärchen aus dem spezifisch französischen Traditionszusammenhang der *Astrée* oder der Scudéry-Romane aufgreift. Mit ihren Rahmen- und Binnengeschichten, den psy-

Abraham BOSSE, La dame au perroquet

chologisch-moralistischen Digressionen und der Fülle bild- und wortreicher Beschreibungen überschritt Mme d'Aulnoy Form und Umfang des traditionellen Märchens. Sturm und Schiffbruch (OA II), Banditen (LUT I), Sklavenhändler (PC IV) und Korsaren (BPCh V), die Insel als Idylle (LUT I), Utopie (DAU V) oder Robinsonade (PRI I), Flucht und Entführung (PRI I, ChB IV), die Frau im Männerkleid (BCF IV) oder das Hohe im niedrigen Gewande (Rd'O I; SOU II; CAR III; PC IV) – all dies sind Motive des Barockromans, auf die die Autorin schon in ihren früheren Erzähltexten zurückgegriffen hatte. Sie selbst stellte ihre Märchen ausdrücklich in die literarische Reihe der *Astrée*-Tradition. [163] An die Scudéry-Romane erinnern auch die eingeflochtenen kleineren Salonformen: Geschichte in der Geschichte (ChB IV), »entretien«, »billet« (LUT I; PC IV) und Gelegenheitsgedicht, letzteres als Botschaft am Baum befestigt oder, nach der eigens bei dem »Lully de sa cour« in Auftrag gegebenen Melodie [164], gesungen. Doch die Unterschiede fallen ins Auge. Die vergleichsweise seltenen fiktionalen Versatzstücke verlieren an Gewicht angesichts einer gewissen Ironisierung der beschworenen preziösen Themen, wie die Erziehung, Ausstattung und Gefühlsentwicklung der Tiermenschen Babiole, Marcassin, Mouton, Chatte Blanche.

»Französisch« sind die sprechenden Namen der Bösewichte (Furibon, Ravagio und Tourmentine, Truitonne und Grognon, Bossu, Roussette und Brunette, Fanfarinet, Feintise), der Feen (Carabosse, Cancaline, Fanferluche, Grognette, Ragotte, Trufio, Lionne, Soussio; Gentille, Souveraine, Bénigne, Tulipe) oder der Märchenprinzen und -prinzessinnen (Rosette, Printanière, Carpillon, Finette, Chérie, Belle-Étoile und Chéri, Fortuné, Belle-Belle, Brillante und Sans Pair, Désirée, Joliette, Aimé und Aimée, Constancio und Constancia, Toute-Belle, Avenant, Moufy und Moufette, Florine und Charmant, Merveilleuse).

Für die spielerischen Wortschöpfungen aus dem Bereich der Tierwelt standen der Autorin die Fabeln La Fontaines Pate:

> Marcassinet, manières marcassines, instinct marcassinique, marcassinerie, démarcassiné; lutin lutinant, se délutinant; ogrelets, ogrichons, ogrichonneaux; les dames guenuches et les demoiselles guenuchonnes; des petites altesses aiglonnes, la flotte chatonique, la gente ratonienne; une crapaudine, esprits grenouilliques; débichonner u.v.a. [165]

Doch sein Bestiarium deckt sich mit dem der Feenmärchen nur in begrenzter Form. Beiden Autoren war eine gattungsbedingte zoomorphe Symbolik vorgegeben. Löwe und Wolf, Fuchs, Hase und Esel suchte man bei Mme d'Aulnoy so gut wie vergebens, dafür aber »Tier-Menschen«, deren Gestalt eine geschlechtspsychologische Bedeutung haben konnte (»chatte«, »biche«, »marcassin«). Neben den dankbaren und hilfreichen Tieren des Volksmärchens (Fisch, Vogel und Pferd) und den Feen, welche sie schicken oder sich in ihnen verstecken, treten als Liebesvermittler, Gesandte oder Vertraute die kostbaren Tiere der Menagerie und des Salons auf: Affen und Papageien, Pfauen, exotische Katzen oder Schoßhunde.

Im Hôtel de Rambouillet war die Tiermetamorphose ein beliebtes Spiel gewesen. Pellisson hatte im *Oranger à Sapho* (1658) den Bildbereich der Pflanzen für die Metamorphosen genutzt, nachdem im Kreise von Foucquet 1653 bis zum Überdruß – und von beiden Scudéry kritisiert – eine Flut von Versen dem Andenken eines Papageien gewidmet und die Tiere damit um ihrer selbst willen bedichtet worden waren. Der *Recueil La Suze-Pellisson* veröffentlichte »Le Pigeon de Madame la Marquise d'Esche aux Pigeons d'Archante ses Voisins«, vor allem aber den Zyklus der um Mlle de Scudéry (1657) entstandenen Gedichte auf deren »fauvette«. [166] Wenige Jahre später zirkulierten in derselben Gruppe Gedichte auf die »pigeonne de Sapho« (von Valcroissant, der Äbtissin von Caen, Mlle de Scudéry, Pellisson) mit der »Response des Tourterelles«. Die Chamäleon-Epitaphien aus diesem Zirkel, die eingehende Beschreibung der Versailler Menagerie in Mlle de Scudérys letzter Novelle und ihre wiederholten Angriffe auf Descartes in der Frage der »raison des bêtes« [167] zeigen die kontinuierliche Beschäftigung des preziösen Salons mit den Tieren. Mme Deshoulières, in deren vorgesellschaftlichen Idyllen (»Les Moutons«, »Les Oiseaux«) die Tiere für Frieden, Unschuld und Leidenschaftslosigkeit bürgen [168], griff die Form der ihnen gewidmeten Gelegenheitsgedichte auf und verband sie zur kleinen Reihe: An die »Lettre de Gas, Espagneul de Madame Deshoulières« (1671, und eine weitere 1672), schloß sich die »Apotheose de Gas mon chien« (1672) an, und der »Epitre de Tata, chat de Mme. la Marquise de Montglas. A Grisette, chatte de Mme. Deshoulières« (1678) folgte mit der Antwort ein kleiner Zyklus von Katzengedichten (»Blondin, chat des Jacobins ... à sa voisine Grisette«, »Dom Gris, Chat de Madame la Duchesse de Bethune à Grisette«, »Mittin, chat de Mademoiselle Bocquet à Grisette«), den nach der »Epitre de Cochon, chien de Monsieur le Maréchal de Vivonne, à Grisette« ein Versdialog von Hund und Katze beschloß. [169]

Mlle de La Force, die bekanntlich auch Märchen verfaßt hat, führte (1701) unter ihren *Jeux d'esprit* auch die Metamorphosen auf. Im Salon hatte dieses unterhaltsame Spiel ebenso wie die zyklische Tierdichtung die Jahrzehnte überdauert. Die Tierverwandlung als ein Gattungssignum des Volks- und Buchmärchens hatte mithin auch in der hochhöfischen Kultur ein Heimatrecht. Daß Mme d'Aulnoy die heterogenen Traditionen so respektlos kontaminierte, bestätigt einmal mehr den selbstbewußten Übermut, zu dem sich weibliches Schreiben befreit hat. Die Ästhetik des »badinage« spielt mit der Untertreibung, während der Ernst im souveränen ironischen Zitat aufgehoben ist.

2.2.6. Die Affen und die Leidenschaften: Die Racineparodie

Gerade die literarische Anknüpfung offenbart Selbstbewußtsein und Unabhängigkeit dieser Autorin. Vertraut mit der Literatur ihres Landes, auch und im besonderen da, wo sie der Regelpoetik zuwiderlief, bewandert in der fiktionalen und epischen Tradition seit dem Mittelalter, verfügte sie überlegen über den Reichtum der Stoffe und die Verfahren ihrer Anverwandlungen. Wie sie mit Grazie und Witz an die märchenhafte Welt des Barock erinnerte, erhob sie sich mit unverbrämtem Spott über den Ernst der humanistischen Bildung und das Pathos der klassischen Tragödie. Als im Auftrag des Affenkönigs Magot Mirlifiche mit großem Gefolge zur Brautwerbung um Babiole auszieht, unter deren königlichen Gewändern der Konflikt von Empfindsamkeit, Stolz und Geist auf der einen und der tierischen Gestalt der »guenuche née princesse« [170] auf der anderen Seite mühsam sich verbirgt, braucht man Dolmetscher, Papageien und Elstern, die das vornehme Ansinnen in die gebotene Feierlichkeit übertragen. Mirlifiche führt, »mit dem Ernst eines römischen Diktators und der Weisheit Catos« [171], den Zug der Wagen und Gespanne an. Eine der Karossen aus Karton schmücken Bilder von der Geschichte der im Affenreich berühmten »Monette Guenuche« und der tiefen Trauer ihres Gatten Magot, als der Tod sie nach der Süße ehelicher Liebeswonnen von seiner Seite riß. Papagei und Elster bitten um Audienz für den gräflichen Affengesandten, dessen Kleider denen der »Marquis ridicules« in nichts nachstehen. Die folgende Racine-Parodie aus dem Munde von »perroquet«, der »als leidlich guter Dichter galt«, ist ein köstliches Zeugnis weiblicher Respektlosigkeit gegenüber dem Autor, der zum Maßstab klassischer Vollkommenheit erklärt werden sollte:

Madame, de vos yeux connaissez la puissance,
Par l'amour dont Magot ressent la violence.
Ces singes et ces chats, ce cortège pompeux,
Ces oiseaux, tout ici vous parle de ses feux.
Lorsque d'un chat sauvage éprouvant la furie,
Monette (c'est le nom d'une guenon chérie)
Madame, je ne peux la comparer qu'à vous,
Lorsqu'elle fut ravie à Magot son époux,
Le roi jura cent fois qu'à ses mânes fidèle,
Il lui conserverait une amour éternelle.
Madame, vos appas ont chassé de son coeur
Le tendre souvenir de sa première ardeur.
Il ne pense qu'à vous. Si vous saviez, madame,
Jusques à quel excès il a porté sa flamme,
Sans doute votre coeur, sensible à la pitié,
Pour adoucir ses maux, en prendrait la moitié,
Lui qu'on voyait jadis gros, gras, dispos, alègre,
Maintenant inquiet, tout défait et tout maigre,
Un éternel souci semble le consumer,
Madame, qu'il sent bien, ce que c'est que d'aimer,
Les olives, les noix, dont il était avide,
Ne lui paraissent plus qu'un ragoût insipide.
Il se meurt. C'est à vous que nous avons recours,
Vous seule vous pouvez nous conserver ses jours.
Je ne vous dirai point les charmans avantages
Que vous pouvez trouver dans nos heureuses plages.
La figue et le raisin y viennent à foison,
Là les fruits les plus beaux sont de toute saison. [172]

Die Stilmittel, die L. Spitzer unter dem Begriff der »Klassischen Dämpfung« subsumierte, stehen der Autorin mühelos zu Gebote. Die preziöse Hoffnung auf die Teilung des Bildungsbesitzes hat sich zum Jahrhundertende erfüllt. Der Humanismus war nicht zuletzt durch die Frauenkultur in jene Krise geraten, die B. Magné beschrieben hat. [173] Mme d'Aulnoy kannte, wie ihre Vorgängerinnen, die Verbündeten und die Widersacher weiblichen Geschmacks, Bildungsfortschritts und Schreibens.

Nachdem in einer Erzählpause Dandinardière ein unvermitteltes und »unglückliches« *finis coronat opus* in die Märchenrunde eingeworfen hatte, läßt sie die gastgebende Baronin sich im Namen der Frauen gegen die unpassenden Worte des neuen »gentilhomme bourgeois« verwahren, doch nicht etwa deshalb, weil diese des Lateinischen nicht mächtig seien, im Gegenteil:

> les femmes sont à présent aussi savantes que les hommes; elles étudient, et sont capables de tout; c'est trop dommage qu'elles ne puissent être dans les charges ... [174]

* * *

Fülle und Vielfalt der literarischen Quellen, Gattungen, Motive und Stilmuster, die Mme d'Aulnoy in das Feenmärchen überführte, lassen auf eine an Mlle de Scudéry erinnernde Belesenheit schließen. Nach dem Leitwert der Bescheidenheit, die noch die preziöse Sappho ihre Bildung zu verleugnen zwang, suchte man bei der »modernen« Autorin vergeblich. Vergleichbar ist beider Verhältnis zu der Antike und ihren zeitgenössischen Anhängern. Die griechische und römische Geschichte oder das mythologische Märchen aus Apuleius' *Goldenem Esel* wurden von der einen wie der anderen neuartig erzählt. Boileaus Verdruß über die galanten Heroen der Scudéry und die apodiktische Verurteilung des Stoffes von Amor und Psyche durch seinen Herausforderer Perrault offenbaren eine die Gegensätze überbrückende Gereiztheit, die im gemeinschaftlichen Mißtrauen gegenüber der weiblichen Perspektivierung der Fragestellungen gründet. Anders als die Perraultschen *Contes,* die dem Volksmärchen näher blieben und deren vielfach variierte vertikale Erlösungswunder bürgerlichem Wunschdenken bald als – im klassischen Sinne – wahrscheinlich gelten konnten, phantasierte das hochhöfische feminine Salonmärchen ein erotisches Zauberreich, in dem die Liebenden der beglückenden »Tendresse« teilhaftig wurden. Zierlich und anmutig sind seine Bewohner, verspielt und farbig die Requisiten. Was der preziöse Freund nach der anspruchsvoll kodifizierten Topographie stufenweise zu erlernen hatte, erfüllt sich mühelos durch die Wunderkraft der Feen, die die Wunschwirklichkeit ihrer irdischen Schwestern kennen. Perraults Empfehlung der Märchen war ein folgerichtiger Schritt auf dem Wege zu einer neuzeitlichen Gattungs- und Literarästhetik. Die subversive Kraft der weiblichen »contes de fées« aber geht in eine andere Richtung. Sie nämlich zielt darauf, jene lebensweltliche Erfahrung der von Perrault so gepriesenen Griseldis zu überwinden und jenseits der Zwangs- und Interessenehe dem Paar ein neues Glück zu sichern. »Modern« ist Mme d'Aulnoy, ähnlich wie Mlle de Scudéry, insofern, als sie die Welt der mittelalterlichen Ritter und die aristokratische und preziöse Salonkultur zusammen mit der im barocken Gesamtkunstwerk freigesetzten Phantasie in einer Gattung verewigte, die sich dem Wunderbaren verschrieben hatte. Während der

Bürger und Mann Perrault aber in eine Zukunft schaute, die ihm den Fortschritt allererst verhieß, blickte sie zurück auf eine vergangene Epoche weiblicher Glückserfüllung. Die einstige preziöse Hoffnung darauf, daß Aufklärung und Erziehung die Lebens- und Liebeswirklichkeit der Frauen und in eins damit das Verhältnis zwischen den Geschlechtern verändern werde, überantwortete Mme d'Aulnoy, radikaler noch als Mlle de Scudéry, den Märchenwundern. Die Unwirklichkeit der Lösungen wirft ein um so grelleres Licht auf die gesellschaftlichen und seelischen Leiden ihrer der Erlösung harrenden Prinzessinnen.

3. Psyches Erlösung: Das Feenmärchen als weibliche Glücksdichtung

3.1. Dämonenverschreibung und Opferung: Die Zwangsverheiratung

Die von Jane Tucker Mitchell behauptete Betonung des Weiblichen im Feenmärchen von Mme d'Aulnoy [175] beginnt bereits bei den fiktiven Trägern der Gattung, an die die Autorin Abfassung und Vortrag delegierte. Überwiegend sind es Frauen, die in den Novellen die Märchen erzählen, auf den ausdrücklichen Wunsch anderer Frauen hin und um diese zu erheitern. J. Tucker Mitchell meinte jedoch, ohne den in den Anmerkungen zu den KHM mitschwingenden Unmut, die durchgängig feminine Nuancierung der Texte selbst, deren Handlungsgefüge auch bei männlichem Titelhelden von der weiblichen Zentralfigur bestimmt werde. Doch wurde die Frage bislang nicht gestellt, in welcher Weise das Märchen als Glücksdichtung der ins Zentrum gerückten Frauen eine spezifische feminine »Kulturfärbung« erhielt.

Die Wunscherfüllungstendenzen und der Kompensationscharakter der Märchenhandlung sind für die Gattung allgemein unbestritten. Da sie zudem für die autobiographische und individualpsychologische Selbstaussage offen war [176], mußte sie sich einer Autorin anempfehlen, deren Lebenserfahrung die Flucht in Träume und Wunschwelten nahelegte.

Wie ihre Prinzessinnen war Catherine de Barneville fünfzehnjährig, als ihre Mutter, die Marquise de Gudane, für sie die Heirat mit dem 46 Jahre alten Baron d'Aulnoy bestimmte. Titel und Besitz waren, so scheint es, der Lohn César de Vendômes für die Liebesdienste des einstigen Kammerherrn, der seinen Neigungen auch während der Ehe nachgab. [177] Daß und wie sich Mme d'Aulnoy seiner nach vier Schwangerschaften zu entledigen trachtete, ist hinlänglich bekannt. Etwa 25 Jahre später drückte sich das Exemplarische ihrer Erfahrung und Reflexion in der Symbolik des Märchens aus.

Ihr bedeute die Zärtlichkeit mehr als der Ehrgeiz, hält die von dem königlichen Frischling umworbene Ismène ihrer Mutter entgegen, »die für geringere Vorteile als die zu regieren Opfer gebracht hätte«. [178] So vermag der tierische Unhold mit dem gekrönten Haupt diese nicht zu schrecken, die Liebe der Tochter zu Coridon sie nicht zu rühren, ihr Sterben nicht darin zu hindern, auch die jüngere Schwester ihren eigenen, mit Gewaltandrohung verfolgten Interessen zu opfern. Beglückt vielmehr über die ehrenvolle neue Verbindung mit ihrer Familie, wirft sie sich dem »schmierigen« Marcassin zu Füßen. Das Scheusal selbst weiß nur zu gut, daß der Besitz der höchsten Macht und einer furchterregenden Kraft die äußeren Mängel aufwiegt. Ungehört bleiben die Mahnungen seiner Mutter, die ihm den Schmerz unerwiderten Liebens, vor allem aber die Qualen der unter Zwang verheirateten Ehefrauen vor Augen hält. [179] Am Beispiel von Charmant, dem späteren »Blauen Vogel«, wird die Kritik an der Konvenienzehe auch aus männlicher Sicht vertreten. Mit List und Überrumpelung durch die Gegenfee sollte er von Florine getrennt und in die Ehe mit Truitonne gedrängt werden. Die Versmoral resümiert:

Sans doute elle ignorait qu'un pareil mariage
  Devient un funeste esclavage,
  Si l'amour ne le forme pas ... /
  A mon sens il vaut beaucoup mieux
Etre oiseau bleu, corbeau, devenir hibou même,
  Que d'éprouver la peine extrême
D'avoir ce que l'on hait toujours devant les yeux.
En ces sortes d'hymens notre siècle est fertile.
  Les hymens seraient plus heureux
Si l'on trouvait encor quelqu'enchanteur habile
Qui voulût s'opposer à ces coupables noeuds,
Et ne jamais souffrir que l'hyménée unisse
  Par intérêt ou par caprice,
Deux coeurs infortunés, s'ils ne s'aiment tous deux. [180]

Gemeinhin aber dachte Mme d'Aulnoy an die Verzweiflung der jungen Frau. Aphrodites Rache und der Orakelspruch, der Psyches Übereignung an den unheimlichen Gemahl verfügte, nimmt bei ihr Gestalt an: die nämlich der verfügenden Instanzen, der Eltern und des die Heirat begehrenden Mannes. Dieser wiederum wird, wie die Ehe selbst, mit beängstigender Gewaltsamkeit assoziiert. Die Dämonenverschreibung des Volksmärchens symbolisierte für die Autorin die Opferung des jungen Mädchens an die von Genealogie und Vermögensinteressen bestimmte Zwangsheirat des Ancien Régime. So wird Chatte Blanche dem Roi Migonnet, einem gefährlichen Affen mit Adlerklauen, oder Joliette dem Königssohn aus dem Land der Tränen zur Ehe bestimmt. »Je veux qu'elle t'aime ou qu'elle meure / ... Allons, aimez-le tout-à-l'heure ou je vais vous écorcher«, droht dessen Vater. [181] Moufette soll den Sohn eines Drachens heiraten, Aimée den »ogrelet«, Constancia einen Riesen, Babiole den Roi Magot, Carpillon den niederträchtigen Bossu, Toute-Belle den gelben Zwerg. Drohungen, Verfolgung und Gewalt überantworten das Glück des liebenden Paares den Schutzfeen und den Wunderdingen. »Mörder« nannte darum der in preziösen Kreisen hochgeschätzte P. Bourdaloue die vielen Väter, die nicht einmal, wie Abraham, Gott ihr Kind geopfert hätten, sondern allein der eigenen Gier nach Mehrung des Vermögens. [182]

3.2. Vom Tierbräutigam zum Wunschgeliebten: Die märchenhafte Metamorphose des Mannes

In der märchenhaften Gegenwelt beherrscht der Mann die Hierarchie gestufter Liebesdienste, entsagte er dem sinnlichen Anspruch ebenso wie dem nach Besitz und Ehrgeiz. Folgenlos bleibt schließlich die moralische Schwäche des Königs und Vaters, der dem Glück der Tochter Gracieuse die Weinkeller und Schätze einer begüterten Alten vorgezogen und damit die Voraussetzungen für die späteren Verbrechen der Stiefmutter geschaffen hatte. Mutig und standhaft setzt sich ein anderer Märchenkönig den Mühen, Gefahren und Entbehrungen aus, um, mit der Hilfe des »wohltätigen Frosches«, die Gattin und die Tochter Moufette aus der Gewalt der Löwenfee zu befreien. Im Kommentar der Autorin verkörpert er die vollkommene Treue und Gattenliebe und, da er Willen und Neigung der Tochter respektiert, das Ideal des vorbildlichen Vaters. [183] Marcassin legt nach und nach die Drohgebärden des »zu allem entschlossenen«, mächtigen Tiermannes ab. Die erste Braut hatte er noch »mit Blicken verschlungen« und die Vermenschlichung überwiegend in den Gewändern des Höflings zu finden gesucht, da nun einmal jeder Mann etwas Tierisches habe. Doch bei der letzten der Schwestern verstand er, Furcht und Abscheu behutsam und liebevoll zu überwinden. In der Abgeschiedenheit des Waldes war ihm die Einsicht gekommen, daß nichts freier zu sein habe als das menschliche Herz und daß die Halsstarrigkeit, mit der er die früheren Bräute gegen ihren Willen hatte in Besitz nehmen wollen, den verdienten Haß hervorrufen mußte. [184]

Die Dämonisierung der Heirat war, als preziöses Erbe, die folgerichtige und unveränderte weibliche Entgegnung auf die Interessenehe. Zugleich aber phantasierte die Erzählerin die wunderbare Metamorphose des Mannes in den Wunschgeliebten. Zuneigung und Treue zu Florine obsiegen, als Charmant durch das Bündnis von Macht, Geld und Intrige in die Alternative gezwungen ist, deren Stiefschwester zu heiraten oder sieben Jahre als blauer Vogel den Ungehorsam zu sühnen. Erst mit der Tierverwandlung durchmißt er die Landschaft des »Tendre«. Zärtliches Plaudern retardiert die animalische Begegnung. Unerschöpflich ist der Stoff dieses langes Dialogs, und klaglos bescheidet sich Charmant mit dem verzichtreichen Dasein. Die im Turm eingesperrte Florine dankt ihm den Liebesdienst, die erwiesene »Freundschaft und Wertschätzung« mit dem Geständnis ihrer Neigung. [185]

Im Märchen vom blauen Vogel entdeckte Évelyne Sullerot einen »herrlichen weiblichen Liebesmythos: den des Liebenden, der niemals müde wird, mit uns zu sprechen und uns zuzuhören.« Dagegen sei der »schändende Vogel der Leda, jener Schwan, der zwischen den Schenkeln der Frau mit den Flügeln schlägt, um danach wahrscheinlich davonzufliegen und sich für Europa rechtzeitig in einen Stier zu verwandeln, ein rechter Mythos für Männer«. [186] Ähnlich stellte sie den kompensatorischen männlichen Geburtsmythen (Pallas, Semele, Eva u.a.) die von den Märchendichterinnen imaginierte neue Geburt des Mannes durch die Zauberkraft der Liebe gegenüber:

Nous seules pouvons guérir la Bête de sa bestialité et révéler son humanité supérieure. Tout au long des contes écrits par les femmes on retrouve, innommé mais toujours présent, ce mythe consolateur des précieuses comme des romantiques ... Ce sont des bêtes redoutables que nous domptons et délivrons d'elles-mêmes. Illusions de femmes sujets trouvant dans l'amour un pouvoir nouveau, illusions d'être fées / ... / Elles ont totalement oublié la *fin amor,* mais elles reconstruisent le même système de sentiments: par elles doit passer l'ascèse mondaine ou mystique de l'homme qui, en / demeurant »amant«, c'est-à-dire soumis, assidu, servant, esclave, accède à une qualité supérieure. De mâle il devient gentilhomme. Les contes qu'elles font traduisent naïvement ce pouvoir féminin sur les »bas appétits«: le prince Cochon, tantôt homme, tantôt cochon, ne perdra sa peau »cochonique« que lorsqu'il aimera vraiment une princesse, et renoncera à ses débordements avec des »grisettes«. [187]

3.3. Die Wunderdinge der Feen und die Entdeckung der Frau

Die »unlösbaren Aufgaben« helfen dem Brautwerber, Hybris, Sprödigkeit, vor allem aber die bewußte Absage an die Liebe bei den jungen Mädchen zu überwinden.

Befremdet von der Erwartung einer über sie verfügten frühen und plötzlichen Sexualerfahrung, empfinden sie die märchenhaften Ungeheuer als die bedrohliche männliche Wirklichkeit. In der Tat sind nach F. Riklin die Drachen, Schlangen oder Riesen, denen die Prinzessinnen vermählt werden sollen, Symbole mädchenhafter Scheu und Abneigung gegenüber der unheimlichen und rohen Sexualität. [188] Das Regulativ der »bienséance«, die Autorität des Vaters und die Furcht vor der männlichen Unbeständigkeit erhöhten, wie am Beispiel der zaudernden Gracieuse beschrieben [189], die angstvolle Abwehr jedes Gefühls.

Kein Märchen geht einfühlsamer den Verwirrungen weiblichen Bewußtseins nach als *Le Prince Lutin.* Mit der Tarnkappe und den wunderwirkenden Rosen, dem Geschenk der dankbaren Schlangenfee Gentille, hatte Léandre zweimal helfend eingegriffen, als ein exemplarisches Mädchenschicksal sich vollziehen sollte, hatte hier die Eltern daran gehindert, die Tochter einem vermögenden, eifersüchtigen Greis zu überantworten, dort eine andere vor der Klostereinweisung durch Mutter und Brüder bewahrt. Die Furcht der von ihm aus Räuberhand befreiten Abricotine weckt seine Neugier, die ihn schließlich zu ihrer in einer Amazonenidylle lebenden Herrin gelangen läßt. Nach der enttäuschten Liebe zu einem Sterblichen, einem zynischen Libertin, hatte die Fee Célane ihrer Tochter diese »Insel der ruhigen Freuden« zugewiesen.

In immer neuer Erscheinung naht sich Léandre der schönen Prinzessin, aus deren Schloß und Hofstaat die zornige Mutter alles Männliche verbannt hatte. Mit der Stimme ihres Papageien rühmt er sich ihr als den Befreier der Abricotine, mit der ihres Kanarienvogels singt er ihr ein Ständchen auf die Liebe. Als ihr Kater Bluet läßt er sich von ihr liebkosen. In Paris kauft er bei Dautel die erwähnte goldene Miniaturkarosse, dazu, als deren Kutscher und Insassen, bei dem Marionettenspieler Brioché die artigen galanten Affen Briscambille und Perceforêt. Zusammen mit einem »billet« in Versen führt er ihr die Geschenke unsichtbar zu. Auf dem Selbstportrait, das er ihr hinterläßt, hat er sich kniend gemalt, ihr Bild in der einen, eine Liebesdevise in der anderen Hand. Als Abricotine ihren Retter darauf wiedererkennt, ist die Princessin vollends verwirrt und beunruhigt. Derweil schmiegt Léandre sich jeden Tag in Bluets Gestalt an seine Herrin, erfüllt ihr mit Stoffen aus China und Siam, Puppen, Schmuck oder Spitzen Wünsche, von denen nur die Nymphen um sie wußten. Als »›Le Prince Lutin‹, un amant malheureux / qui n'ose paraître à ces yeux« [190], stellt er sich in Versen vor, die von unsichtbarer Hand den Geschenken beigegeben werden. In der Pose Apolls steht er, zunächst bewegungslos, auf dem Sockel einer unfertigen Dianastatue an der Grotte, singt der zwischen Furcht und Wohlgefühl Zerrissenen zur Lyra ein Lied auf die Fesseln der Liebe und trägt, als sie ohnmächtig hinsinkt, nun wieder unsichtbar, sie fort, behutsam, liebevoll und zärtlich weinend. Und immer noch zögert er, sich zu erkennen zu geben: »Si j'ef-/fraie l'objet que j'adore; sie elle me craint, elle ne voudra point m'aimer.« [191]

Furibons Anschlag auf die Insel wehrt er im Amazonenkleide ab und legt der Prinzessin das Haupt des Angreifers zu Füßen. Erst danach sieht diese Léandre selbst, schlafend zunächst und dann erschreckt auffahrend, als die erzürnte Mutter trennend zwischen sie treten will. Nun erst kann sie aufhören, die »unerhörten Verwirrungen durch die Liebe« zu fürchten und sich mit Gleichgültigkeit gegen jedes Gefühl zu wappnen. [192]

Überwunden ist durch so viel einfühlsames Spiel der Verwandlung und Annäherung auch jene Angst der jungen Psyche vor dem Befremdlichen der Sexualität, die der schreibenden Frau in weit geringerem Maße rätselhaft scheinen konnte als ihrem männlichen Zeitgenossen. Perrault hatte in der Einleitung zu den *Contes en vers* freimütig bekannt, wie unergründlich ihm die Moral des Psyche-Mythos anhaltend geblieben war:

> jusqu'ici je n'ai pu la deviner. Je sais bien que Psyché signifie l'Âme; mais je ne comprends point ce qu'il faut entendre par l'Amour qui est amoureux de Psyché, c'est-à-dire de l'Âme, et encore moins ce qu'on ajoute, que Psyché devait être heureuse, tant qu'elle ne connaîtrait point celui dont elle était aimée, qui était l'Amour, mais qu'elle serait très malheureuse dès le moment qu'elle viendrait à le connaître: voilà pour moi une énigme impénétrable. [193]

Mme d'Aulnoy aber, die den Stoff ins Zentrum ihrer Märchenfiktionen rückte, erkannte und deutete ihn als einen jener weiblichen Liebesmythen, die jüngst Évelyne Sullerot, traumatisiert von der an Griseldis vollzogenen grausamen Prüfung [194], in der Literatur der Frauen gesucht hat. Im *Prince Lutin* erklärte eine Vertraute der Amazonenprinzessin deren Erfahrung mit dem Beispiel der Psyche:

> Psiché ne croyait-elle pas que l'Amour était un serpent? Votre aventure a quelque chose de semblable à la sienne. [195]

Die Geschichte vom Prinzen in der Tarnkappe kann als Veranschaulichung dessen betrachtet werden, was E. Neumann, in seinem an C. G. Jung orientierten Kommentar zum Märchen des Apuleius, einen »Beitrag zur seelischen Entwicklung des Weiblichen« nannte:

> Von der matriarchalen Welt aus gesehen ist jede Hochzeit ein Raub der Kore, der Mädchenblüte, durch Hades, die vergewaltigende Erdseite des feindlich Männlichen. [196]

Célane und die mädchenhaften Amazonen hätten dabei den Part der zum Mord hetzenden Schwestern übernommen, »die in der patriarchalischen Gefangenschaft ihrer Ehen in einer Tochter- bzw. in einer Mutter-Pflegerin-Rolle darben«; Psyches Liebe und die der Prinzessin symbolisierte danach die Erweckung der Frau zu Erkenntnis und Licht, zu jenem »schicksalsmäßige(n) Moment des Weiblichen, in dem es – erstmalig – aus dem Dunkel seines Unbewußten und der Härte seiner matriarchalen Gebundenheit heraustritt«, nun nicht mehr Opfer einer Todeshochzeit, sondern »liebend und ergriffen von Eros, der sie als Macht von innen her ergriffen hat, nicht mehr als Mann von außen«. [197]

Mehrfach hat Mme d'Aulnoy das Motiv der sexuellen Scheu oder Liebesfeindlichkeit variiert. Nicht anders als die junge Amazone lernt die spröde Livorette, den Widerwillen gegenüber dem »häßlichen« Alidor zu überwinden, der als Kanarienvogel Biby in galantem und zärtlichem Spiel ihre Zuneigung und Nähe, schließlich aber auch, als er selbst, ihre Liebe gewinnen konnte. [198] Wenn die Prinzessin Linda mit ihren Damen in Federhelm und Rüstung zum »Fest des Kriegs der Fliegen und Amazonen« schreitet [199] – hier ist im übrigen die Anspielung auf die Ballettmaskerade unüberhörbar [200] –, dann drückt sich darin auch etwas von ihrer Abneigung gegen Ehe und Liebe aus, die sie die Gesellschaft der Frauen und greisen Philosophen suchen läßt. Die fünfzehnjährige Toute-Belle bittet die Mutter, sie im Glück ihrer »ruhigen Gleichgültigkeit« [201] zu belassen. Brillante gibt der Zuneigung zu Sans Pair erst nach, als sie aus dem Konflikt von Gefühl und Tugend herausfindet und das Entsetzen über die Opfer des Zauberers, der zwölf Paare in gequälte und einander quälende Katzen und Mäuse, ihre Liebe in Haß verwandelt hatte, überwindet. [202] In der Gestalt der weißen Hinde erfährt Désirée die Begegnung mit Guerrier als Jagd und schmerzende Verletzung:

> Il ne put s'empêcher de la suivre: son penchant dominant était pour la chasse ... il poursuivit la pauvre Biche, et de tems en tems il lui décochait des traits qui la faisaient mourir de peur. / ... il la mire si bien qu'il lui enfonce une flèche dans la jambe. Elle sentit une douleur violente, et n'ayant plus assez de force pour fuir, elle se laisse tomber. Amour cruel et barbare! où étais-tu donc. Quoi! tu laisses blesser une fille incomparable par son tendre amant? [203]

Zugleich aber sehnt sie sich nach ihm und gibt sich in der Metamorphose ohne Scheu seinen Liebkosungen hin.

Mme d'Aulnoy hat in fünf ihrer Märchen das alte Motiv vom Tierbräutigam zum Thema gemacht. [204] In *La biche aux bois, Chatte blanche* und *Babiole* erprobte sie das Muster mit verkehrten Rollen. Die Übertragung in den weiblichen Bereich hatte zur Folge, daß sich die Tiermetaphorik beziehungsreich veränderte. In den Märchen vom Typus »La Belle et la Bête« wurden Eber und Schlange [205] mit der rohen Sexualität, Singvogel und Widder mit Zärtlichkeit und Galanterie des Mannes assoziiert. Dagegen spiegelt der Bildbereich des »bestiaire féminin«, der in Florilegien, Sprichwörtern, literarischen und klerikalen Texten seit dem Mittelalter [206] die Summe misogyner Topoi in immer neuen Varianten sinnfällig gemacht hatte, im Feenmärchen die liebesspsychologische Selbstreflexion des Mädchens wider. In der Tiermetamorphose erscheint die junge Frau in ihrer Verletzlichkeit. Unberührt wie das Weiß ihrer tierischen Hülle (Katze, Hinde, Taube), Objekt und Opfer der Jagd und nicht mehr beutegieriger Raubvogel oder Löwe, fühlt sie sich selbst auch hingezogen zu dem Traumgeliebten, sucht sie dessen Nähe und behutsame Zärtlichkeit. [207]

Die Prinzessin von Kleve hatte für den Liebesverzicht entschieden und damit den fiktionalen Kasus zugunsten jener weiblichen Verweigerung, Selbstbestimmung und Einkehr gelöst, zu denen sich vor den Ohren der jungen Mme de Lafayette die Frauen in ihren Selbstportraits bekannt hatten. Auch die vermeintlich vernunftgemäßen Leidenschaften als Quelle des Unglücks zu erweisen, war die erklärte Absicht von Mlle Bernard. [208] Mme d'Aulnoys Prinzessinnen hingegen wagen am Ende der Märchen, aus den Städten vor dem »gefährlichen Meer« aufzubrechen und sich auf den Weg in das »unbekannte Land« zu machen. Die preziösen Festungen haben ihren Dienst getan. Der zur Zartheit erzogene Freund entdeckte die Zärtlichkeit und mit dieser die Frau, die ihre Seele, schließlich aber auch ihre Sinne ihm öffnet.

3.4. Das Umspielen der »bienséance«: Die Frau im Männergewand

In einigen der Texte tritt das Mädchen aus der Enge des ihm zugewiesenen Verhaltensraumes heraus. Als aktiv Werbende erklärt sich Babiole dem Geliebten, doch bleibt ihr, angesichts ihrer unerwiderten Gefühle, das Glück lange versagt. Printanière macht sich schuldig, indem sie sich dem elterlichen Gebot zu entziehen versucht und nicht dem ihr bestimmten, sondern dem selbsterwählten Manne folgt. Daß die Brüder der Rosette in deren ähnlichen Wunsch sofort einwilligen, ist allerdings nicht weniger märchenhaft-unwirklich als die begehrte Heirat mit dem Pfauenkönig. Erst in der Travestie durchschreitet die Frau das Reich der unbekannten Freiheit und Erfahrung.

In ihren Romanen hat Mme d'Aulnoy das Motiv weidlich genutzt: Als Pilger Silvio flieht die Julie ihrer *Histoire d'Hypolite* (1690) nach Italien, wo sich die Marquise Becarelly in sie verliebt, vergleichbar der Comtesse de Devonshire des *Comte de Warwick* (1703), zu deren mannigfachen Abenteuern im Männergewand auch die Liebesverwirrung einer von ihr entzückten Frau gehört. Im Ritterkleide dienten auch die von ihrem verarmten Vater entbotenen Töchter dem Landesherren im Kampf gegen den Usurpator (BCF IV), und nicht allein die Königin begehrte den vermeintlichen Fortuné, sondern auch der König »liebte ihn mit besonderer Zuneigung« [209] und heiratete schließlich die zurückverwandelte Belle-Belle.

Der Geschlechtswechsel durch die Verkleidung gehört zum Gemeingut der Erzählliteratur vornehmlich dort, wo Relikte einer archaischen Vorstellungswelt narrativ überlebten: in Mythen, Legenden, Sagen und Märchen. [210] Für Mme d'Aulnoy jedoch hatte die »mujer vestida de hombre« Gestalt angenommen. Die Erinnerung an die Amazonen der Fronde, Mme de Longueville oder Mme de Chevreuse, die, als Männer gekleidet, Frankreich im gestreckten Galopp durchquert, seine Flüsse durchschwommen und bei Freund und Feind den Eindruck kämpferischer Unerschrockenheit hinterlassen hatten, war noch nicht verblaßt. Die Maskeraden des Festes und Balletts hatten die Beteiligten mit dem reizvollen Erkunden des Neulands jenseits der Identität vertraut gemacht. 1695 veröffentlichten Ch. Perrault und der Abbé de Choisy im *Mercure galant* die *Histoire de la Marquise-marquis de Banneville,* die märchenhafte Geschichte eines jungen Mannes, der ohne Wissen um sein Geschlecht als Mädchen erzogen und gekleidet wurde und sich schließlich in eine Frau im Männergewand verliebte. [211]

Den im Travestiemotiv angelegten spannungsvollen Widerstreit zwischen Sein und Schein auszukosten, verstanden mithin die Erzähler des Volksmärchens ebenso wie ihre dem Barock verpflichteten hochhöfischen Nachfahren. [212] Mme d'Aulnoy, deren *Histoire d'Hypolite* M. v. Waldberg in seiner Geschichte des empfindsamen Romans in Frankreich besonders gewürdigt hat [213], suchte in diesem Werk ebenso wie in *Belle-Belle ou le Chevalier Fortuné* die Gefühlsverstrickungen zu ertasten, in die sie ihre Protagonisten geraten ließ. An Julie/Silvio und Belle-Belle/Fortuné hat die Maskerade Spuren hinterlassen. Der Liebesschmerz der Frauen, die sich in ihrer Identität getäuscht hatten, holte sie selbst unaufhaltsam ein. Unter der »Tarnkappe« des fremden Gewandes konnte sich die schonungsvolle Einfühlung und Vertrautheit der einen Frau für die andere herausbilden:

> & quoy? mon aimable Marquise, lui disoit tendrement Julie, ne puis-je vous tenir lieu de quelque chose? n'ay-je pas un coeur pour vous aimer? vous estiez bien moins chere à Silvio que vous ne l'estes à Julie ... [214]

Die Zuneigung des Königs und die Leidenschaft der Königin gelten dem Ritter Fortuné, der entwandelt in das Mädchen Belle-Belle erlebt, wie die Gefühle des einen sich zur Liebe befreien, die der anderen einer solchen nicht mehr gleichen dürfen. Was diese drei Personen in Wahrheit verbindet, ist eine die Geschlechter übergreifende »Tendresse«, die einmal mehr den preziösen Begrenzungen entwachsen ist. Die wunderbare Metamorphose des Mannes in den sanften und einfühlsamen Geliebten hat in der befreienden Verkleidung der Frau ihre Entsprechung. Doch geht es weniger um einen Tausch der einstigen Rollen als um die jeweils neue Erfahrung, die diesen androgynen Geschöpfen durch die freigesetzten gegengeschlechtlichen Energien erwächst. Die aporetischen, preziös-erzieherischen Lebensmuster – männliche asketische Selbstbindung oder weibliche ehelose Autonomie – werden im Märchenwunder versöhnt. Jenseits der »bienséance« entdecken und schützen Charmant und Léandre das andere – weibliche – Ich auch in sich selbst, und freudevoll verließen sie das Feld ruhmreicher heroischer Betätigung, in dem unangefochten nunmehr ein Rittermädchen seine Kräfte erproben kann. Die von beiden Geschlechtern erkundete Landschaft ist die der Seele. In diesem androgynen Zwischenreich der Gefühle sind die Grenzen aufgehoben, sind die Inzestschranken ebenso außer Kraft gesetzt [215] wie die Normierung sexuellen Rollenverhaltens, triumphiert eine vorgesellschaftliche, archaische Wunscherfüllung.

3.5. Vom Hof zur arkadischen Freiheit: Der utopische Lebensraum

Umspielten die erotischen Wunder die konkrete weibliche Erfahrung mit den verfügenden Instanzen und Normen, so ist die Gesellschafts- und Hofkritik in den Feenmärchen von Mme d'Aulnoy in eine vergleichbare Beziehung zu rükken. Interessegeleiteter Ehrgeiz hatte, wie gesagt, bei einigen der fatalen Heiratsbeschlüsse den Ausschlag gegeben. Die Könige der Märchen leben in einer Welt der Unaufrichtigkeit, Schmeichelei und falschen Freunde (MAR V). Im trügerischen Glanze ihres äußeren Pomps sind sie oft identitätslos, einsam und nicht einmal Herr ihrer Entscheidungen [216], gründet ihre Macht in gewissenloser Usurpation [217], sind sie schwach und darum abhängig von Intriganten, besonders aber von den starken Frauen wie der Königinmutter, der Königinwitwe oder der Königin selbst. [218] Die negativen Energien der Gegenfeen haben mithin ihre diesseitige Entsprechung. Der erotischen Wunscherfüllung parallel ist darum das Ideal einer vollkommenen Gesellschaft, das als Möglichkeit in den utopischen Insel- und Schäferidyllen aufscheint.

Warum er als Mensch über die menschliche Ungerechtigkeit sich wundere, fragt der Delphin seinen Freund Alidor, sei man doch nicht einmal im Meeresreich gerecht, wo die Größten die Kleinsten verschlängen, obwohl dem kleinsten Hering sein angestammtes Bürgerrecht (»droit de citoyen acquis«) nicht minder zustehe als einem scheußlichen Wal. [219] Da statt Tugend und Verdienst das Geld den ständischen Rang bestimme, wird dessen Nutzung im schlaraffischen Inselparadies desselben Märchens nur dem Rechtschaffenen gestattet. Die verwaiste Hirtenprinzessin Constancia verschmäht schließlich die im Märchenwunder ihr zurückgewonnene königliche Würde zugunsten der Einsamkeit von Paphos, wohin Amor sie und ihren Geliebten, in der Gestalt weißer Tauben, geführt hatte. Joliette will lieber Putenhüterin bleiben als Königin an der Seite eines Unholds. Selbstbescheidung, Weisheit und Tugend seiner Bewohner lassen das friedliche Refugium der Korsaren anziehender erscheinen als den Hof, jene Stätte unablässiger Verstellung, Mißgunst und Unzuverlässigkeit. [220]

Aus dem einsamen Alten in La Fontaines *Psyché,* der die Abgeschiedenheit und Selbstreflexion seiner früheren Höflingsexistenz vorgezogen hatte, ist bei Mme d'Aulnoy der Schäferkönig und Philosoph Sublime geworden. Wie in Marivaux' *Triomphe de l'amour* wird er unwissentlich zum Erzieher des von der Thronfolge verdrängten Prinzen. Die Gegenfigur ist der Usurpator Bossu, der mit Ehrgeiz und Macht sich das Volk unterwarf und Carpillon genußvoll zur Sklavin erniedrigte. Sublime aber tauschte das Zepter gegen den Hirtenstab, die höfische Unaufrichtigkeit gegen Selbsterkenntnis und moralische Freiheit. [221] Das Arkadien von Mme d'Aulnoy ist, wie einst das von Mlle de Montpensier und

Mme de Motteville, ein Raum märchenhafter Gleichheit [222], in dem die Ehe aufhört, Opferung und Todeshochzeit zu sein. In der Welt aber bleibt Carpillon ungehört. Der Tag ihrer Heirat mit dem Scheusal Bossu werde ihr letzter sein, klagt sie der Gouvernante, um sich von dieser, wie die Grande Mademoiselle von Turenne, daran erinnern zu lassen, daß für die Prinzessinnen allein der Zufall Staatsinteresse und Neigung koinzidieren läßt: »entre un magot ou un autre on ne songe qu'aux intérêts de l'état.« [223]

An der Schwelle zur Aufklärung gemahnte die »moderne« Märchendichterin an das Vermächtnis der *Clelie.* Wenn auch sie die Frauenunterdrückung einer pervertierten Herrschermoral zuordnete, wendete sie sich an diejenigen, die sich langfristig jedweder Willkür und Versklavung widersetzen sollten. Doch die Perraults, Villiers oder Bellegardes waren zur Stelle, und mit ihnen blieb der »phantastische weibliche Liebesgarten [der Feenmärchen] ein nahezu unerforschter Kontinent« [224], hatte Carpillon von Griseldis zu lernen, an der Seite Bossus zu leben und zu leiden.

* * *

Mit ihren Märchen hat Mme d'Aulnoy die feminine Literatur des Salons erneuert und vollendet. In der von ihr, wofern nicht inaugurierten, so doch meisterlich beherrschten Gattung verschmolz die gesellige Kultur einer affichierten Mündlichkeit mit den Stoffen, Motiven und formalen Mustern oraler Volksmärchendichtung. Nicht weniger vertraut war die Autorin mit der Tradition des Kunstmärchens und den Bearbeitungen des Psyche-Stoffs, mit den keltischen Feengeschichten, der Pastoral- und Salonliteratur Frankreichs, vor allem aber der märchenhaft anmutenden Dramaturgie des italienisch inspirierten Musiktheaters und Balletts der königlichen Feste. In der Phantastik und scheinbaren bildnerischen Willkür ihrer Beschreibungen wurde die in der Versailler Epoche fortdauernde synästhetische Kunst des Barock literarisch verewigt.

Doch der Verwandlungszauber erschöpfte sich nicht im sinnenfälligen Schauspiel. Aus den Metamorphosen und Maskeraden erstand ein wunderbares Reich der Wunscherfüllung. Tugendhaft und weise sind seine Herrscher, die über dem gleichen Recht ihrer Untertanen wachen. Freigesetzt wird die unter der animalischen Hülle verborgene feminine Seele des Mannes, während die Frau in der Travestie seinen Lebens- und Liebesraum durchmessen darf. Erlöst sind die Geschlechter von ihrer gesellschaftlich vermittelten zweiten Natur, die ihre Trennung und Unversöhnlichkeit bewirkt hatte. Erlöst aber sind vor allem die heranreifenden weiblichen »Ellenbogenkinder«, die mit Geschlechtsekel und Furcht einer von Geld und Standesinteressen bestimmten Heiratsverfügung entgegengesehen hatten.

Wer den ästhetischen Wert der Märchen von Mme d'Aulnoy im Sinne der Brüder Grimm relativieren wollte, sähe sich dem Einwand ausgesetzt, mit der Kanonisierung Perraults eine Glücksdichtung zur »klassischen« zu erheben, deren Wunscherfüllungstendenzen einem männlichen und bürgerlichen Kompensationsmuster entsprechen. Eben weil von der vertikalen Bewegung seiner Helden die Frauen ausgenommen blieben, verlieh Mme d'Aulnoy der Gattung die beanstandete feminine Kulturfärbung. Auch als Prinzessin war das junge Mädchen pikaresk isoliert, und nur die Feenwunder behüteten es vor Willkür und moralischer Schwäche. Daß ein männlicher Leser nicht am unaufhaltsamen Aufstieg des Däumlings sich entzücken sollte, sondern als neuer Amor/Lutin die seelische Entführung der Psyche zu beherrschen begehrte, entspricht allerdings ureigener weiblicher Wunscherwartung.

Gerade ihre aristokratische Geburt hatte die Autorin selbst vor jener weiblichen Unfreiheit nicht bewahrt, auf die sie mit dem Motiv der Opferung und Dämonenverschreibung hinwies. Bürgerlichen Egalisierungstendenzen zu mißtrauen, hatte sie, angesichts der Perraultschen Griseldis, mindestens ebensoviel Anlaß wie die bourbonische Mademoiselle und ihre Freundinnen. Das Standesbewußtsein aber gab ihr eine Sicherheit, wie nur die adligen Schriftstellerinnen vor ihr sie gehabt hatten. Selbstbewußt besetzte und füllte sie die letzte der Salongattungen und hinterließ eine weibliche Glücksdichtung, die als Gegenentwurf der lebensweltlichen Erfahrung diese selbst in aller Eindeutigkeit und Radikalität sichtbar werden läßt.

Nachwort und Ausblick: Von der »weiblichen« zur »männlichen« Aufklärung

Mit der Schlußbetrachtung über die vorliegende Untersuchung ist zugleich die Aufgabe gestellt, die gewonnenen Ergebnisse im Blick auf das Zeitalter der Aufklärung auszuwerten. In der Tat nämlich lassen sich die behandelten Texte unter dem Begriff einer »weiblichen« Aufklärung des 17. Jahrhunderts subsumieren, an die sich im 18. Jahrhundert die andere, »männliche«, anschließt.

Im Unterschied zu den vorangehenden und den folgenden Epochen waren im Grand Siècle Rahmenbedingungen entstanden, die die literarische Betätigung von Frauen in einzigartiger Weise begünstigten und die zur Voraussetzung wurden für eine Kontinuität einmal der gewählten Gattungen und formalen Verfahren, zum anderen der weiblichen Selbst- und Weltdeutung.

Nach dem Konzil von Trient setzte allseits eine theoretische Aufwertung der Frauen ein. Die weltliche und die religiöse Traktatliteratur und die Lehrprogramme der Orden erklärten sie neuer Tugenden fähig und einer veränderten pädagogischen Aufmerksamkeit für würdig. Den Heldenmut der Frondeuses vor Augen, suchte die Geistlichkeit mit dem Ideal der christlichen Amazone den Anschluß an den barocken Kult der »femme forte« zu finden. Die Kirche der Gegenreformation eröffnete den Frauen unvordenkliche Betätigungsfelder. Die eigentliche Stätte ihrer weltlichen Bildung aber wurde der – zunächst hocharistokratische – Salon.

An der Seite ihrer Gatten, Brüder und Väter hatten die hochadligen Frauen die bedrohten Privilegien ihrer Familien gegen die vorabsolutische Politik Richelieus kämpferisch verteidigt. Der entmachtete Stand mußte dann nach anderen Mitteln suchen, um sich gegenüber dem höfischen Zentralismus und dem in dessen Schutz erstarkten Bürgertum gleichermaßen zu behaupten. Neue kompensatorische Kräfte erwuchsen ihm aus der Unterwerfung unter einen ritualisierten Kultivierungsprozeß, dem ostentativ bekundeten antihumanistischen Geschmack und, angesichts des verbreiteten bürgerlichen Frauenbildes, nicht zuletzt aus der Besinnung auf den Frauendienst des mittelalterlichen Rittertums.

Ballett, Feste, Turniere und Reiterspiele, Devisen, Wappen und Medaillen, Portraits, Gemälde, Galerien oder die mythologische Allegorese in der Palast- und Gartenarchitektur bildeten die verweisungsreichen Gesten und Zeichen aristokratischen Lebensvollzugs und Selbstverständnisses, die ästhetisch im Begriff der barocken Gesamtkunst zusammengefaßt werden. Mit der Gründung der Académie aber sah das humanistische Bürgertum seine Stunde gekommen. Der Universalismus des Klassischen und die zum Vorbild erhobenen antiken Ahnherren verhießen eine Nobilitierung, die den Streit der »arma et litterae« zugunsten letzterer zu entscheiden schien. Der Erbadel war mithin genötigt, die ständische Selbstdarstellung auch auf das intellektuelle und literarische Gebiet auszudehnen. Dabei galt es nicht allein, die erprobten bürgerlichen Muster zu meiden, sondern die Rivalität überlegen zu bestehen. Die offensive aristokratische Antwort auf die gelehrten Herausforderer war der Rückzug in eine zirkelstiftende und ausschließende, dem Barock und der Neuzeit verpflichtete Geselligkeitskultur, in der die kunstvolle Unterhaltung – im Sinne von »divertissement« und »conversation« – der jedes endlichen Zweckes entkleidete Lebensvollzug selbst war. Mündlichkeit und Improvisation, Kurzweil und Spiel, die plaudernde Runde und der geistreiche Einfall wurden als die neuen ästhetischen Maßstäbe gegen die Begriffe von Schrift und Werk, Ernst und Vollendung, Schreibtisch und Erudition gehalten. Mlle de Montpensiers wiederholte Beteuerung, allein um des unterhaltsamen Vergnügens willen zu schreiben und ihre ebenso häufigen Hinweise auf die Unvollständigkeit und Mängel ihrer *Mémoires* sind als dezidiertes Standessignum zu verstehen. Die neue aristokratische Gattung hatte persönlicher Rechtfertigung vor der Geschlechterfolge, nicht aber einer historiographischen Dokumentation zu dienen, welche vorab dem Verdacht bürgerlicher und damit antiaristokratischer Interessen unterlag. Nicht minder beziehungsreich ist die scheinbar belanglose Anmerkung von Mme de Sévigné, daß sie der antiken Epik die Kreuzzugsdichtung Tassos vorziehe, mit dem Wohlgefallen daran, hier ihren eigenen und der Freunde Vorfahren zu begegnen.

Der Salon trat mit dem Hôtel de Rambouillet das Erbe einer Spielkultur an, die über die Gastgeberin ebenso wie über Ch. Sorels *Maison des ieux* aus dem Italien der Renaissance nach Frankreich vermittelt worden war. Die geselligen Gesprächsspiele lenkten das Ritual der Unterhaltung wie das Ballett das der Bewegung. In dem einen wie dem anderen war die Gegenwart von Frauen selbstverständlich.

Eine Spielkultur, die das Unernst-Flüchtige zur Kunst erhob, mußte bei einer in normklassischen Präzepten gründenden Kanonisierung notwendig zur Randerscheinung werden. Doch mit der Lebenspraxis und den Wertvorstellungen der Aristokratie verdiente auch deren Bildungsbegriff und Geschmack eine vorurteilslosere Würdigung, als dies den Nachfahren Boileaus geraten schien. Damit war zugleich der Weg für eine Rehabilitierung der Autorinnen geöffnet, die in den Salons, über Gespräch und Spiel, literarisch mündig geworden waren. Die von Frauen bevorzugten oder gar beherrschten, aus der Mündlichkeit entstandenen Salongattungen bilden in dieser Untersuchung den Bezugspunkt, auf den hin die femininen Texte ausgewählt und übergreifend systematisiert wurden. Vom *Grand Cyrus* bis zu den Feenmärchen variieren die Autorinnen die formalen Muster der »jeux d'esprit«. So ließen sich die Scudéry-Romane als Summe einstiger Spiele beschreiben, die, zusammen mit dem geselligen Rahmen, chronikartig verewigt worden waren. Die verschlüsselten Binnennovellen, Portraits und Beschreibungen richteten die Rätselaufgaben nunmehr an die Leser, ohne daß das Raffinement einer dialogisch gewonnenen, fortschreitend subtiler werdenden Einsicht und Erfahrung verloren ging.

Die Bindung der Autorinnen an die Salonkultur und ihre Träger schlug sich nieder im Bekenntnis zu deren Geschmack. Mit der Beschreibung des proteischen Prunks der Feste und Maskeraden hielten Mlle de Scudéry und Mme d'Aulnoy sinnfällige Eindrücke jener barocken Gesamtkunst fest, die das »andere« Gesicht des »klassischen« Jahrhunderts hervortreten lassen. Die Spielarten des geselligen Portraitierens, die zwei Frauen entdeckten und beherrschten, übertrugen das aristokratische Recht auf Bilder in die Literatur. Doch die neuen Gattungen erlaubten eine unvordenkliche Freiheit weiblicher Selbstaussagen, zu denen sich die Autorinnen, sofern nicht ihrerseits von hoher Geburt, durch das Aufleben des ritterlichen Frauendiensts ermutigt sahen.

Mlle de Montpensier und ihre Freundinnen lösten sich mit ihren Selbstportraits aus den Fesseln der Rhetorik. Mit der Sicherheit ihres Standes antworteten sie schneidend auf die implizite Misogynie in den Systemen der Physiognomik oder der Humoralpathologie. Im Mißtrauen gegenüber dem neuplatonischen Frauenkult bestritten sie, mit dem kollektiven Bekenntnis zur Häßlichkeit, zur stolzen Selbstbestimmung, ungeselligen Barschheit und Melancholie die Wunscherfüllung einer weiblich vermittelten geselligen Nobilitierung. Obwohl durch Stand und Geschlecht zur Demut bestimmt, fand Mlle de Scudéry Wege, die Portraits der Hochgeborenen vom Makel käuflicher Panegyrik zu befreien. Mit der idealtypischen Huldigung pries sie vornehmlich auch solche Eigenschaften, die von den Abgebildeten allererst einzulösen wären. Mutig und konsequent setzte sie sich mit dem männlichen »portrait galant« und den uneigentlichen Leitwerten weiblicher Schönheit und Jugend auseinander, um für ihr Geschlecht den Anspruch auf Bildung und geistige Tätigkeit, Wahl der Freunde und ehelose Autonomie geltend zu machen. Die Aufrichtigkeit, die mit den verinnerlichten Normen der Selbstzensur und öffentlichen Korrektur und mit dem höfischen Zwang zur Verstellung unvereinbar schien, wurde von den Portraitistinnen mit Entschiedenheit zum Maßstab erklärt. Während die Bürgerin bemüht sein mußte, diesen mit dem moralischen Appell behutsam durchzusetzen, nahm die stolze Bourbonin den außer Kraft gesetzten Wert der »sincérité« hochmütig in Besitz.

Die Selbstportraits, die eine Gruppe hochadliger Frauen um die Grande Mademoiselle mit Berufung auf deren Befehl verfaßten, deckten die Interessen und Strategien männlicher Verfügungsmuster überlegen auf. Unbeirrt durch das suggestive Leitbild der christlichen Amazone, das in Wahrheit die lediglich passiven Tugenden der von denselben Geistlichen gepriesenen »mulier domestica« krönte, beanspruchten sie für sich die Freiheiten, die nach Tasso nur den Hochgeborenen unter den Frauen zustanden. Für diese hatte nicht die restriktive »virtù femminile«, sondern der Kanon männlicher Tugenden Gültigkeit, der zu öffentlichem Wirken allererst befähigte.

Dieselbe Einmütigkeit und Sicherheit bekundeten die Aristokratinnen, die über die Vermittlung von Mme de Sablé über La Rochefoucaulds frühe *Maximen* zu befinden hatten. Unverhohlen war das Entsetzen von Mme de Lafayette über die geistig-moralische Verderbnis dessen, der solcher Gedanken fähig sei. Der Verallgemeinerung eigener charakterlicher oder moralischer Schwächen zieh ihn Mme de Guymené. Mme de Maure, Mme de Schomberg oder Mme de Liancourt maßen den Autor an der christlichen Norm, doch weniger um dieser selbst willen als deshalb, weil dem zu Mutterschaft und Erziehung bestimmten Geschlecht die amoralische Skepsis und Misanthropie nicht wohl anstehen konnten. Im Glauben an eine vernunftgelenkte Tugendpraxis stimmten diese Jansenistinnen mit dem preziösen Ethos überein, das nicht zuletzt Mme de Sablé verteidigte. Gegen La Rochefoucauld vertrat sie die von der Eigenliebe unangefochtene Freundschaft. Die Erziehbarkeit und Erziehungswürdigkeit des Menschen gehörten zu ihren und ihrer Freundinnen unerschütterlichen Grundüberzeugungen. Eine Versöhnung der Geschlechter durch die vollkommene Freundschaft, die die Verpflichtung des Mannes auf den Frauendienst zur Voraussetzung hätte, schien ihr geboten und möglich. Über die Gastgeberin also blieb den preziösen Lektionen im Salon von Port-Royal ein Heimatrecht erhalten.

Das Werk von Mlle de Scudéry hatte den »code tendre« im Reichtum seiner Verweisungen und Bezüge mannigfach entfaltet, seine Einlösung dabei bald einem System gestufter Vernunft- und Willensanstrengungen, bald dem mythisch-legendären Wunder überantwortet. Daß der aus weiblicher Erfahrung und Einsicht abgeleitete Fortschrittsentwurf in das Gewand vielfacher pädagogischer Appelle gekleidet wurde, ist der Tribut an die ständische Inferiorität der Autorin. Gerade aber weil die Bürgerin, im Unterschied zu den aristokratischen Schriftstellerinnen, sich von einer radikalen Veränderung des gesamtgesellschaftlichen Wertgefüges nicht nur nicht bedroht, sondern ihr Geschlecht ebenso wie ihren Stand einer besseren Zukunft gewiß sah, konnte sie das weitestreichende Modell aufklärerischer Hoffnung in den Blick nehmen. Wo sich im Werk der behandelten Autorinnen Berührungspunkte oder aber Unterschiede der lebensweltlichen Muster und Bekenntnisse ermitteln ließen, waren dafür die Standeszugehörigkeit und das ständische Selbstverständnis ausschlaggebend.

Mlle de Montpensier und ihre Damen hatten instinktsicher erkannt, daß die in der Folge des Neuplatonismus verherrlichte weibliche Schönheit und – ersatzweise – der Schmuck des erworbenen Luxus einmal der geselligen Nobilitierung des Mannes, zum anderen der merkantilistischen Aufwertung des Bürgertums den Weg ebneten. Um der zweifach drohenden sozialen Mobilität also zu begegnen, überboten sie sich mit Attributen abweisender Brüskheit und Häßlichkeit. Stolze Selbstbestimmung, Verweigerung und Wahl sollten das weibliche Ich vor jeglicher Fremdverfügung schützen. In der erstrebten Bindungslosigkeit gründete die Abneigung gegen Ehe und Galanterie. Das Arkadien des weiblichen Hochadels war ein Reich der Freiheit für die Freien, in dem die Frau, jeglicher institutionellen Zwänge entledigt, den Mann zum Freunde wählte. Im Selbstportrait offenbarte sie der Welt die gattungsspezifischen psychomoralischen Befunde, ohne ein Recht auf solche Korrekturen einzuräumen, die langfristig die ständestaatliche Gliederung hätten gefährden können. Wenn die Grande Mademoiselle sich selbst und die sie umgebenden Menschen portraitierte, entstand eine Galerie, deren gestufte Ränge und Würden den gebotenen Abstand zu der königlichen Herrscherin ins Bild setzten. Erzieherisch wirkte sie nur insoweit, als sie zurechtwies und damit neuerlich die unbefragt gültigen Plätze anwies. Im Spiegel der Aufrichtigkeit hatten die Abgebildeten der Selbstverblendung sich zu vergewissern und die falschen Gewänder der Bigotterie, der Zitate oder des Standesdünkels abzulegen. Das satirische Gruppenbild der Preziösen grenzte eine Bewegung aus, die als Republik innerhalb der Monarchie diese selbst in Frage stellte. Für die Abneigung gegen die »Sekte« und für die literarische Herausforderung ihrer Wortführerin, Mlle de Scudéry, war das bourbonische Bewußtsein bestimmend. Nur vor diesem konnte als wirklichkeitsfremde Verstiegenheit oder Häresie erscheinen, daß die Auszeichnung durch die Geburt zu kompensieren sei. Wohlwissend, daß die preziöse Hoffnung auf den weiblichen Bildungsfortschritt in dem bürgerlichen Anspruch auf intellektuelle Nobilitierung wurzelte, verkürzte die Grande Mademoiselle den Geist der Preziösen zur Geistreichelei, die pädagogischen Muster zur anmaßenden Manier.

Wenn noch in jüngster Zeit die Kritik des Preziösentums dessen zeitgenössische Ächtung mit der Berufung auf Mlle de Montpensier zu erhärten suchte, war die Frage nach den jeweiligen Motiven nicht gestellt worden. Die beiden Seiten drohenden Gefahren nämlich waren nahezu entgegengesetzter Natur. Die Grande Mademoiselle beharrte gegenüber der bürgerlichen Bewegung auf den Vorrechten ihres Ranges nicht zuletzt deshalb, weil eben diese auch ihr Geschlecht gegen die Dämonisierung abgeschirmt und seine Würde geschützt hatten. Der Bürger und Mann aber, der, wie zuletzt Perraults Plädoyer für Griseldis erkennen läßt, das fungible Leitbild der christlichen »mulier domestica« noch an der Schwelle zur Aufklärung als Maßstab setzte, verteidigte gegen die Frauen desselben Standes, die ihre Beteiligung am geschichtlichen Fortschritt anmahnten, die seit altersher vielfältig abgesicherte Überlegenheit seines Geschlechts. Die preziöse Kritik an der weiblichen Bildungsbehinderung konnte die männlichen Machtreservate empfindlich berühren. Die bis zur Misogamie reichende Ehekritik wurde der von Klerus und Gesetz geschützten paternalistischen Familie zur Gefahr. Die ehelose Autonomie, die noch Mme de Maintenon an der Willkür der »bienséances« scheitern sah, verhieß den Frauen unüberschaubare Freiräume, die für die Flucht aus der verordneten Inferiorität offenstanden.

Selbst die wissenschaftliche Rezeption des Preziösentums blieb im Bann der zeitgenössischen Satire und bestätigte unfreiwillig die Sprengkraft einer Bewegung, die durch das kollektive Zerrbild schnellstens neutralisiert werden sollte. Während hierfür vorzugsweise Molière als Zeuge bemüht wurde, ließ sich die Marginalisierung des Scudéryschen Oeuvre mit der unbefragten Autorität Boileaus legitimieren. Doch die Waffe des Lächerlichen konnte nur darum nachhaltig treffen, weil dessen Objekt reduktiv entstellt und damit zugleich aus dem Dialog mit dem Leser entfernt worden war. Im Dienste des bürgerlichen Humanismus erklärte eine normklassische Literarästhetik die Salongattungen zu poetischen »Krümeln«, das Preziösentum zur Sprachmanier, die Scudéry-Romane zum unlesbaren Produkt eines überwundenen falschen Geschmacks. Damit wurde wirkungsgeschichtlich einem Prozeß ein Ende gesetzt, den man, angesichts auch dieses Endes und seiner Ursachen, als weibliche Aufklärung bezeichnen kann.

Mit dem Werk von Mlle de Scudéry wurde tatsächlich eine Fortschrittsutopie dem Vergessen überantwortet, die einige der wesentlichen Postulate der eigentlichen Aufklärung vorwegnahm. Diese für die literarhistorische Bestandsaufnahme kostbaren Befunde hatten sich nahezu zwangsläufig aus der weiblichen Befragung der Lebenswelt und ihrer Ordnungen ergeben müssen. Im Staate der keltischen Segoregiens *(Grand Cyrus)* ist die familiäre ebenso wie die politische Macht des Königs durch das Gesetz beschränkt. Wie der Vater gegen das geltende Recht der freien Gattenwahl die Tochter nicht in eine der Staatsräson nützliche Ehe zwingen darf, ist der Souverän bei öffentlichen Entscheidungen mit seinem Kronrat genötigt, dem Spruch der Sarroniden oder Druiden zu folgen. Diese »philosophes« aber machen sich zum Anwalt der aufgeklärten, andersgläubigen griechischen Minderheit, gestützt auf eine deistische religiöse Toleranz und im Namen eines dem Volk zugute kommenden Wohlstandes. Das legendäre Reich der Sarmaten, in dem Relikte eines amazonenhaften Matriarchats fortdauerten, ist ein idealer Staat des Friedens, der Kultur und des Überflusses. Die Gemeinschaft der »Solitaires« besteht aus den »besten Philosophen«, hat sich der friedlichen Beherrschung nützlicher Fertigkeiten und Wissenschaften verschrieben und die in Freundschaft und Tugend gründende Gesellschaft der Gleichheit verwirklicht. Das »in tyrannos« der *Clelie* gilt für die Frauen der Gewalt der Väter und Gesetze, für die Untertanen der absolutistischen Willkür und der Politik der Eroberungskriege. Selbstbindung der Mächtigen soll hier wie da dem Aufstand der Schwachen begegnen, deren Entlastung der mäßigende Vermittler verbürgt. Die gesellige Erzieherin Sapho wurde zur Erzieherin für eine bessere Gesellschaft. Die »bienséance du sexe« konnte nur dann verbindlich sein, wenn sie die Frauen nicht von Kultur, Selbstbestimmung und Freundschaft ausschloß. Die Revision der falschen Leitwerte bedurfte energischer Einwirkung auf beide Geschlechter. Wo der Mann mit der Teilung des Bildungsbesitzes die weibliche Ebenbürtigkeit fürchten mußte, sah sich die Frau vor der anspruchsvollen Aufgabe, das ungewohnte Terrain in Besitz zu nehmen. In der preziösen Utopie sind die Interessen der Geschlechter ebenso wie die der Stände schließlich ausgeglichen. Plaudernd unterweist der geduldige Mentor die bildungswillige Schülerin, und nach dem Fürstenspiegel der Edlen und dem Rat der Weisen dient der aufgeklärte Monarch dem Volk und dem Frieden. Die »amitié tendre« versöhnte diejenigen, die durch das väterliche Heiratsdiktat und die eheliche Herrschaft des Mannes zu Feinden zu werden drohten. Wertschätzung, Freundschaft und vollkommenes Lieben sind die Stufen einer fortschreitenden Vollendung des Paars auf seinem Weg zu dauerhaftem Glück.

Mlle de Scudéry war mit dem Archetyp des »amour courtois« und seinen Anverwandlungen vertraut und stellte ihr eigenes Werk in die Nachfolge der »Cours d'Amour«, in die von Petrarca, Bertaut und d'Urfé. Im Reich der Venus Urania und in der »vallis clausa« war das »Royaume de Tendre« wunderbar vorgebildet. Mit der allegorischen Topographie ihrer Karte und der kasuistischen Schulung durch ihre Dialoge und Exempelerzählungen bereitete die Autorin ihre Leser auf die Einlösung der erotischen Utopie vor. Die rationalistische Kodifizierung der Stufen und Wege entspricht ihrem Glauben an den Fortschritt menschlicher Einsicht und Selbstbestimmung.

Mehr als die zahlreichen anderen Frauen, denen die französische Sprache die »neue Philosophie« erschloß, war Mlle de Scudéry eine Schülerin Descartes'. Daß von ihm zu lernen war, an der vermeintlichen Natur und Bestimmung der Frau zu zweifeln, belegten die Schriften von Poullain de la Barre. Der preziöse Erziehungsprozeß zielte auf die Wiederherstellung jener archaischen Gleichheit der Geschlechter hin, aus der, nach Poullain, der Mann mit dem Recht des Stärkeren die Frau vertrieben hatte. Mme de Sablé und ihre Freundinnen, deren Kritik an La Rochefoucauld denselben psychomoralischen Optimismus verrät, blieben hinter dieser pädagogischen Vision einer erlösten Menschheit zurück. Nur eine Bürgerin konnte die cartesianische Überzeugung von der Lenkbarkeit der Affekte zusammen mit dem Zweifel an Autoritäten und Traditionen in den Entwurf einer gesamtgesellschaftlichen Veränderung überführen. Als solcher verdiente er den gebührenden Platz in der Geschichte der Aufklärung.

Nicht nur als Schützling und Chronistin des Hochadels, sondern vor allem als Frau hatte Mlle de Scudéry dessen Wertvorstellungen und literarischen Geschmack schätzen gelernt. Die galante Lyrik (Ronsard, Voiture), die Moralistik (La Bruyère), die Satire (Boileau, d'Aubignac) und die Komödie führten ihr vor Augen, daß von der Seite bürgerlicher Autoren keine Anstalten gemacht würden, die Frauen aus ihrer intellektuellen Unmündigkeit herauszuführen. Erst die Spielkultur des Hôtel de Rambouillet bildete den Rahmen, innerhalb dessen, wie die Sappho der *Femmes illustres* es anriet, die Frauen die Rolle der literarischen Objekte aufgeben und sich als Schreibende selbst verewigen konnten. Wenn Mlle de Scudéry in der *Promenade de Versailles* dem Monarchen den Fürstendienst des Schwertadels empfahl, bekundete sie ihre Achtung vor einem Standesethos, auf das, nach seiner politischen Entmachtung, dieser sich verstärkt verpflichtet hatte. Das preziöse Reich selbst aber ist ein Produkt aufgeklärten bürgerlichen Denkens, unabhängig davon, ob es, wie im *Grand Cyrus,* in eine märchenhafte Vorgesellschaft projiziert wird oder, wie in der *Clelie,* aus einem Lernprozeß der kodifizierten Handlungsanweisungen hervorgehen soll. Mit der Anamorphose Sappho/Sapho gab Mlle de Scudéry selbst zu erkennen, daß sie sich als Erzieherin verstand, und wie die Griechin, deren Ruhm sie für die »moderne« Autorin, Mlle Lhéritier, überstrahlte, war sie bald umgeben von Frauen, die ihr Beispiel zum Schreiben ermutigt hatte.

Ihr Alterswerk vermittelte das preziöse Vermächtnis an die »Modernes«, mit deren neuzeitlicher ästhetischer Orientierung die Aristokratie und die Salonkultur in Einklang standen. Auch in der Frauenverehrung trat die neue Bewegung deren Erbe an, nachdem die Widersacher mit den Salongattungen und dem effeminierten Geschmack auch die Frauen in alter Manier abgewertet hatten. Die »Accademia dei Ricovrati«, De Vertrons *Nouvelle Pandore,* die bildungswillige Marquise aus Fontenelles *Entretiens,* der *Mercure galant* oder die geschlossene Ablehnung von Boileaus 10. Satire konnten Mlle de Scudéry in der Hoffnung bestärken, daß ihr Appell an die Nachfahren verstanden worden war und eine aufgeklärte Epoche ihr Werk vollenden würde. Es war die Comtesse d'Aulnoy, die, hellsichtiger als die Bürgerin, die Kurzlebigkeit des Bündnisses erkannte.

Ihre Märchen sind der weibliche Gegenentwurf zu denen Perraults, der an keiner Stelle einen Hehl daraus machte, welche Rolle er den Frauen zudachte. Im Antikestreit erklärte er ihr Votum für prestigesichernd und nützlich und sie selbst darum als von beiden Parteien umworben. Den Junggesellen Boileau sollte der Hinweis auf die tugendhaften Gattinnen und Mütter, die die Geschlechterfolge garantierten, von seinem Irrtum überzeugen. Perraults vermeintliche *Apologie des femmes* (1694) ist in Wahrheit eine antipreziöse »apologie du mariage«. In seinen Märchen hat Griseldis Psyche verdrängt, und mit ihr jenen Eros, »der die Seele liebt«, und exemplarisch hat sie die Frauen zu lehren, auch an der Seite »eines groben und gewalttätigen Gatten« tugendhaft und geduldig zu bleiben.

Mit dem bürgerlichen Perrault, dessen Märchen der Abbé de Villiers (1699) und manch einer nach ihm die klassische Vorbildlichkeit attestierte, war das Ende der weiblichen Aufklärung besiegelt. Mme de Lambert machte in ihren nicht zur Veröffentlichung bestimmten Schriften (~1697/1727) noch einmal die preziösen Themen zu den ihren. In der Trauer um die verlorene Salonkultur und das Hôtel de Rambouillet mischte sich die Kritik an der anhaltenden weiblichen Bildungsbehinderung, die sie Molière und den *Femmes savantes* anlastete. Die »mulier domestica« Perraults brauchte in der Tat nur das Maß an Bildung, das Fénelon den Mädchen zugestand. Agnès hatte fortan und für lange Zeit im Hause des Arnolphe zu bleiben, aus dem ein – diesmal »preziöser« – Molière sie einst befreit hatte.

Für den Bürger und Mann war das Märchen Glücksdichtung, dessen Wunscherfüllungstendenz an der vertikalen Linie des Aufstiegs sich orientierte, ohne daß der Frau der ihr eigene Aufstieg aus Ignoranz und Rechtlosigkeit gestattet wurde. Das restaurative Frauenbild des modernen Bürgertums war damit endgültig vor der preziösen Gefahr abgeschirmt. Indem der Historiograph des *Siècle de Louis XIV* das literarästhetische Urteil Boileaus über Mlle de Scudéry bestätigte, vollzog auch er die Zäsur zu einer aufklärerischen Bewegung, in deren Schuld er in mehrfacher Hinsicht stand.

Selbstbewußt hatte zuvor der weibliche Hochadel die Grenzen zu der Gruppe der bürgerlichen Preziösen gezogen, doch was diese Frauen, über die Standesschranken hinweg, verband, war ihre Entschlossenheit, in der jeweils gemäßen Weise ihr Geschlecht zur Selbstbestimmung und Ebenbürtigkeit zu befreien. Die ständische Sicherheit der einen ermutigte die anderen, und beide fanden Gehör in der aufgeklärten Geselligkeit des Salons. Im Antikestreit des Jahrhundertendes war die alte und neu entflammte Rivalität der »arma et litterae« endgültig im Sinne der letzteren entschieden. Über Natur und Bestimmung der Frauen war das herrschende Bürgertum jenseits des Parteienstreits sich einig. Mme d'Aulnoy hatte keinen Anlaß zu der Hoffnung, daß Bossu die entsagungsvolle topographische Liebesunterweisung der gewaltsamen Aneignung seiner Prinzessin vorziehen würde. Indem sie die preziösen Lektionen märchenhaft einlöste, verabschiedete sie die weiblichen Träume ihres Jahrhunderts mit einem Feuerwerk der Phantasie.

Anmerkungen

Anmerkungen zum Vorwort

1 Angenot 1977: 20–44 und 151–167.
2 Sullerot 1974: 73–109; Ley, in: *Die französische Autorin* 1979: 49–61; Fricke, ebda.: 63–75.
3 Liébaut, in: *La femme* 1971: 284–289; Marguerite de Navarre (1542–1549) 1964: 123.
4 1977: 15–172.
5 Anders in der Germanistik: vgl. Zeller 1974.
6 May 1955; Hourcade 1977.
7 1972: 81.
8 1951: 44.
9 Vgl. zum Folgenden Coulet 1967: 179; Cousin *(La société ...)* 1858; Rathery et Boutron 1873; Niderst 1976; Mongrédien 1946: 116; Tingle Keating 1970; Plantié 1975; Aragonnès 1934: 136, 95.
10 »›Le Banquet‹ ...« 1960.
11 Beugnot 1971; Wolfe 1977.
12 Zum Folgenden vgl. neben den bereits zitierten Titeln Fukui 1964; Zimmer 1978; Pelous 1980: 57 (–70).
13 Mongrédien 1946: 21; Aragonnès 1934: 169; Niderst 1976: 120; Rüdiger 1933: 39–40.
14 1969: 11.
15 Vgl. dazu dann Nies 1978 (»Un genre féminin?«).
16 D. Mayer 1978; Fumaroli 1971.
17 1977.
18 Vgl. Verf. 1981: 299, 306–308.
19 Bray 1972; Scheel 1960.
20 Sayce 1972: 246; Goebel 1971: 196; Mc Gowan 1963; Christout 1967; Silin 1940.
21 1960 *(Die Maxime ...)*: 31–32.
22 5 Bde., 1913–1932: 4. Bd. (1930): 270.
23 Hierzu H. Krüger 1969: 49–50.
24 Preisendanz 1985: 398.
25 1779^{3}: 341–342.
26 Tucker Mitchell 1974: 82; Lüthi (1947) 1974^{4}: 65; Röhrich 1974^{3}: 100; Sullerot 1974: 17–18.
27 Scheel 1960; Rousset (1954) 1963: 251–252 u. 1972: 184.
28 Barchilon 1963; Riese-Hubert 1963 (»L'amour ...«).
29 Bei Tegethoff (1922) nicht ausgewertet.
30 1914.
31 1952.
32 Vgl. zum »refus de l'amour« Kibédi Varga 1977.
33 Perrault 1967: 5; Sullerot 1974: 14–16.
34 1970: 95.
35 H.-R. Jauß belegte jüngst seine »Hypothese, das Faszinosum des Imaginären lasse sich genetisch aus Sinnstrukturen des Vollkommenen ableiten, die der ästhetischen Fiktion in der Erfahrung des Numinosen vorgegeben sind«, bedeutsamerweise zunächst am Märchen: »Historisch gesehen eine der frühesten literarischen Formen, die bereits die gewußte Fiktion und damit den vollen Genuß des Imaginären voraussetzt,

thematisiert das Märchen den reinen Gegensatz zum Wahrscheinlichen der alltäglichen und geschichtlichen Realität durch eine Idealisierung von Raum, Zeit, Personen und Moral, die mit dem Imaginären ständig Attribute einer vollkommenen, dem Menschen sonst vorenthaltenen Existenz ins Spiel bringt« (1982: 309). Für die Märchenwunder der Scudéryschen Erzähltexte und der »contes de fées« der Mme d'Aulnoy gilt nicht anders als für die der »Matière de Bretagne«, daß hier »nicht allein das Bedürfnis nach dem Imaginären, nach der ›anderen Welt‹ der Aventüre« befriedigt wird, sondern daß sie »der gesellschaftlichen Funktion einer Initiation in höfisches Leben und höfische Liebe, die ihr eigenes Bildungsideal einbegreift« (301), dienen können.

Anmerkungen zu:

Erster Teil – Feudalismus und Frauenkultur im Grand Siècle

I. Zwischen Tridentinum und Aufklärung: »Condition féminine« und elitäre weibliche Praxis

1 Vgl. Houillon 1966: 10.
2 Vgl. Hecker 1910: 106–115; Flandrin 1976: 121–126.
3 Lottin 1974.
4 Vgl. dazu Gaudemet 1974: 23–24; Mousnier *(La famille ...)* 1975: 1. Bd., 114.
5 Vgl. Lottin 1974: 75–77; Flandrin 1976: 126–127.
6 Zu Vorstehendem vgl. Mousnier *(La famille ...)* 1975: 1. Bd., 41–42, 104–119; 1974: 1. Bd. 47–69; Armengaud 1972: 1022–1040; Gaudemet 1974: 19–29; Flandrin 1976; 130–136; 1980: 163–176; Lebrun 1975: 9–21; Portemer 1959: 443–447; 1984. – Fagniez (1929: 49–92) nennt dazu eine Reihe einzelner Beispiele.
7 Näheres hierzu bei Mousnier (»Les survivances ...«) 1975: 62–63; 1974: 65–66; Marion (1923) 1969: 12–13; Chaunu 1970: 191; Gouesse 1974: 50; Bardèche 1968: 2. Bd., 189; Ranum 1984.
8 Vgl. Flandrin 1976: 138, 154–168; Portemer 1959: 448; Ariès (1960) 1973: 393–415, 463–464.
9 1970: 292.
10 Montpensier ...1806: 5–56.
11 Lebrun 1975: 49–51.
12 Näheres dazu vgl. Maclean 1977: 103–104; Lebrun 1975: 82–85; Hansen 1910: 57–62; Van Beekom 1922: 117–152; Flandrin 1976: 128; Mousnier *(La famille ...)* 1975: 1. Bd., 151–155.
13 Für die folgenden Ausführungen stütze ich mich auf Chaunu 1970: 184, 191, 205; Flandrin 1976: 188–217; 1974: 5–6; Gélis-Lacet-Morel 1978; Lebrun 1975: 31, 33, 85–90, 113, 116, 161–163; Lebrun 1967: 25; Duplessis-Le Guélinel (1953) 1970: 141–145; Gouesse 1974: 48, 53–54;Mousnier *(La famille ...)* 1975: 1. Bd., 161–181; Goubert (1966) 1977: 43–49; 1969: 1. Bd., 35–54, 154–159; Hoffmann 1977: 200–238; Bourciez (1886) 1967: 114–117; Dubois 1982.
14 Näheres vgl. Ariès 1972: 912–913; (1960) 1973: 332; Abensour 1923; Verf. 1979: 357–358; und den Beleg bei Sévigné 1978: 3. Bd., 877–878.
15 Vgl. hierzu Chedozeau 1972; Gutton 1972; Rollet 1975: 136; Lelièvre 1975; De Viguerie 1978; Dubois 1978: 3; Plantié 1972; Mousnier *(La famille ...)* 1975: 1. Bd., 309, 312–332.
16 Vovelle 1972; Goubert 1969: 1. Bd., 244, 258.
17 Einzelheiten hierzu bei Du Plessis 1905: 467; Fagniez 1929: 1–48.

18 Zu Vorstehendem vgl. ausführlicher Mousnier *(La famille ...)* 1975: 1. Bd., 325–327; Ariès 1972: 913; Van Beekom 1922: 64–74, 94; Dubois 1978: 14; Duchêne 1974: 148–149; Gréard (1830) 1897^5: 113, 127; Rousselot 1883: 2. Bd., 17, 53–58; Nikliborg 1973: 9; Snyders 1965: 164; Chabaud 1901; Du Plessis 1905: 476; Chaunu 1970: 486.

19 Belege u.a. bei Magné 1964: 71–83; Aubert 1975: 5–114; Maclean 1977: 64–87; 1980: 6–27.

20 Zu Folgendem vgl. u.a. Chaunu 1970: 486–487; Chedozeau 1972; Dubois 1978; Rollet 1975: 136–197; Piettre 1974: 218–220; Fagniez 1929: 267–362; Gueudre 1964; Houillon 1966: 20–24; Cognet 1966: 242–244, 299–309, 455–468; Dupront 1972: 531; Gueudré 1952: 235–333; Escholier 1965: 9–42.

21 Rollet 1975: 169.

22 Für die angeführten Fakten stütze ich mich auf Duchêne 1974: 143–147; Dubois 1978; Cousin (1844) 1869^7: 360–424; Ariès 1972: 913; Sallwürck 1886; zum Kanon der Lektüren vgl. die Synopse bei Van Beekom 1922: 281–286 (zu Fleury, Fénelon, Maintenon, Lambert, Rousseau).

23 Duchêne 1974: 144; Dubois 1978: 1–2 (mit Belegen des 17. Jahrhunderts); Magné 1972: 117; Snyders 1965: 164–170; zum psychophysisch begründeten, auf die medizinische Anthropologie von Huarte zurückgeführten notwendigen Unterschied zwischen der weiblichen und der männlichen Erziehung vgl. Molino 1972.

24 Poullain (1673) 1676^2: 10–15, 208–235; ders. (1674) 1679^2: 76. – Zu den »Kardinallastern« der Frauen vgl. etwa Hobert 1967: 106–198. Näheres zu Poullains voraufklärerischem Ansatz vgl. Magné 1964: 233–262, 320–346.

25 (1673) 1676^2: 16–34, 47–72, 109–176; zum – hier kritisierten – salischen Erbrecht im 17. Jahrhundert vgl. Ronzeaud 1975: 9–16.

26 (1673) 1676^2: 77–108, 235–243; gemeint sind etwa Plato, Aristoteles, Diogenes, Demokrit, Cato.

27 Zur Geschichte Saint-Cyrs und der durch den Bischof von Chartres oktroyierten »Reform« vgl. u.a. Gréard (1830) 1897^5: 113–123; Rousselot 1883: 2. Bd., 4–12.

28 Beispiele in Maintenon 1887^2: 144–145, 155.

29 A.a.O.: 160–161 (1700).

30 A.a.O.: 146–147 (1706).

31 1854: 196–199.

32 1883: 16.

33 Belege in 1885^3: 40, 140–143, 180–282; »Jeux d'esprit« für Erwachsene, deren Vergnügen im Erraten des Sprichworts bestand, sind Mme Durand-Bédaciers *Comédies en proverbes* (1699). – Die Wahl der Sprichwörter führt Nikliborg (1973: 11) auf den Einfluß Scarrons zurück. – Pädagogisch wirksam bleiben die gelenkten Spiele u.a. bei Mme de Genlis *(Théatre à l'usage des jeunes personnes,* 1779–1780). Sie sah in Mme de Maintenon, ohne ihr Werk schon lesen zu können, ihr Vorbild.

34 Näheres vgl. Verf. 1980: 87–90; zum pädagogischen Fortschritt für die Frauen bis zur Revolution vgl. auch Luppé 1925.

35 Vgl. Böhmer 1979: 115.

36 Lambert *(Réflexions ...)* 1808: 160–161. Zu Molières Verhältnis zu weiblicher Bildung vgl. Moreau 1972; Duchêne 1974: 147–148.

37 Lambert *(Réflexions ...)* 1808: 163, 165.

38 Lambert *(Avis ... fille)* 1808: 51.

39 Lambert *(Réflexions ...)* 1808: 164. – An deren Stelle nun seien »plaisir«, »licence« und »impunité« getreten, »la table, le jeu, les spectacles« (160–161, 165).

40 1974: 151, 153–154. – Vgl. Fumaroli 1984: 236.

41 Zur Beteiligung der Duchesses de Chevreuse, de Longueville, de Montbazon, de Châtillon oder der Grande Mademoiselle an der »Cabale des Importants« und den beiden Phasen der Fronde sowie den Details der politischen Auseinandersetzung

selbst vgl. Pollitzer 1959; Magne 1910: bes. 133–183; Cousin 1859[4]; ders. 1867[2]; ders. 1862[2]; Delpech 1957; Battifol 1945; Dulong 1969: Kap. 5; Debû-Bridel 1938.

42 Vgl. Pollitzer 1959: 61; Debû-Bridel 1938: 105, 260–263.

Anmerkungen zu:

II. Spiel und Ernst der Frauenbildung in der Salonkultur

1 Vgl. u.a. Magendie 1925; Picard 1943; Magne 1908[2], 1908, 1930; Mongrédien 1939, 1947, 1950; Adam 1951; Lathuillère 1966; Reynier 1929.

2 Vgl. Magendie 1925: 1. Bd., 51–87; Gournay 1626: 386–387 (»De la Neantise de la commune vaillance de ce temps: & du peu de prix de la qualité de Noblesse«: *Ombre* 384–413; »Provmenoir«: *Ombre* 655–728 mit apologetischen »Advis« zu Text und Gattung: 644–655).

3 Belege bei Picard 1943: 26–32; Magendie 1925: 1. Bd., 52–62, 80, 122, 128; Charlier 1939; Stanton 1980: 25–27.

4 1972: 23, 80–81.

5 Ausführlicher hierzu Picard 1943: 38, 52–53; Mongrédien 1950: 41–48; Magne 1930: 112–113, 118; Lathuillère 1959; Cherbuliez 1910; Adhémar 1968: VII–XI; Adam 1968: 32–35.

6 Zwei seltene Belege führte dazu Schlumbohm (1974: 13, 290) an.

7 1974: 60; vgl. auch 51–56.

8 »Avertissement« (n.p.); vgl. 7–15, 164–165.

9 160, 362, 471–493, 515, 545–574. – Es sind dies, neben dem *Cortegiano,* S. Guazzos *La civil conversatione* (1574, ab 1579 mehrfach ins Französische übersetzt), I. Ringhieris *Cento Giuochi liberali et d'ingegno* (1551) und G. Bargaglis *Dialogo dei Giuochi che nelle vegghie sanesi si usano di fare* (1572); daneben die *Pensées du Solitaire* (1629) und die *Jeux de l'Inconnu* (1630), die A. de Monluc (De Cramail) zugeschrieben werden.

10 Trotz des von Magendie (1925: 1. Bd., 405) kritisierten häufigen Rekurses auf die »histoires« und die langen Exempelgeschichten ist das Werk beileibe kein Roman (so Mayfield 1979: 237–266). Einige von diesen sind Halserzählungen, deren Relikte sich in der Novellistik erhalten (Wetzel 1977: 33). Zu den Sprichwortspielen (bei Sorel: 343–382) vgl. Röhrich-Mieder 1977: 92.

11 232–233; zu dem »Jeu des lettres de l'alphabeth pour loüer vne Maistresse ou vn Serviteur«: 335–339; über das »Jeu du Logement«: 339–341.

12 »Souspirs«: 237–238; »... perte du coeur«: 238–242; »Chasse d'Amour«: 242–244, »ie vous prens sans vert, sans Enigme, devise ou chanson«: 260–265; »mariage«: 288–292 und 510–527. – Eigenschaften aufzuzählen, Vergleichsverhältnisse und Metaphern zu finden, eine Meinung zu vertreten im antithetischen Dialog waren auch die Spielempfehlungen Harsdörffers (dazu Zeller 1974: 28–36).

13 264–309. – »Ne sommes nous point capables de parler où il le faut, & nous voulez-vous priuer des fonctions de / l'esprit?« (307–308), fragt Isis anläßlich der Kußspiele. Daß die eigentlichen »jeux d'esprit« die Bildung vermehren, ohne sie vorauszusetzen (»leçons«) und insoweit den Damen gemäß sind, vertritt Hermogene (362). – Ähnlich Harsdörffer (Zeller 1974: 65, 70).

14 (1627) 1972: 526–528; (1628) 1972: 490–491.

15 Mongrédien 1950: 43; zu Voiture und der Mode der Rondeaux vgl. Sorel (1671) 1974: 205–206; zu den Sammelbänden in seiner Nachfolge Edelman 1946: 287; zu »énigme« und »question« vgl. Schlumbohm 1974: 93; Cotins *Recueil* erlebte nach Bernasconi ((1964) 1970[2]: 29) sieben Auflagen zwischen 1646 und 1687. Zur Rätselmode auch Magne 1930: 114–117.

16 1949³: 200; daneben 171–191.
17 A.a.O.: 273. Vgl. auch die Klassifizierung bei Caillois (Agon-compétitions; Alea-chance; Mimicry-simulacre; Ilinc-vertige) 1958. Zum abendländischen Rätsel Hain 1966 und die Sammlung von Rauch 1965.
18 Vorwort (n.p.) zu seinem *Recveil des énigmes* ... (1658), dort auch das Folgende; Belege bei Sorel (1657) 1977: 260, 475–476, 481, 493.
19 1978: 14; Bernasconi ((1964) 1970²: 27–33).
20 Zu den Autoren Magne 1930: 183–184. – Die theoretische Herleitung der Metamorphosen vgl. in Lachèvre ((1901–1905) 1967: 2. Bd., 10–12); zum Unterschied zwischen der barocken und preziösen Metamorphose vgl. Rousset 1963: 242; die Metamorphosen als Salonspiel verfolgt Moog-Grünewald (1979) nicht. – Beispiele u.a. bei Picard 1943: 51–52. – Zur *Guirlande de Julie* u.a. Magne 1930: 215–217; Adam 1962: 1. Bd., 266.
21 Vgl. Edelmann 1946: 124–130.
22 Näheres hierzu bei Edelman 1946: 152–181.
23 1754: 6. Bd., 45–90; vgl. Quinaults Libretto *Amadis* von 1684.
24 Vgl. seine Liste in *Les caractères* 1962: 440–442.
25 Belege bei Edelman 1946: 163.
26 Näheres hierzu bei Verf.: »Chevalier Voiturio...« im Druck. Die Texte erschienen in den *Oeuvres* von Voiture ((1650; 1855) 1967: 2. Bd., 253–267, 415–420).
27 Hierzu Lathuillère 1966: 387, und Anm. 208–210; zur Aufschlüsselung der Personen Adam 1962: 1. Bd., 267, N. 6.
28 Kritisiert wurde allerdings die »académie femelle« der Mme d'Auchy. Hinweis auf die Belege bei Chapelain in Magendie 1925: 1. Bd., 139, 143. Näheres Reynier 1929: 65.
29 Abgedruckt in Lachèvre (1901–1905) 1967: 2. Bd., 5; vgl. ebda.: 31.
30 A.a.O.: 173, 246, 328, 397, 405, 463, 476; hinter zwei weiteren Dichterinnen scheinen sich männliche Autoren zu verbergen (208–211, 258–259).
31 (1666) 1958: 970–974.
32 Vgl. dessen Zuschreibung (1855) 1967: 1. Bd., 39. – Dazu u.a. Picard 1943: 52.
33 Brief an Huet (1670), in: Rathery et Boutron (1873) 1971: 294; Magendie (1932) 1978: 99–100, 455.
34 (1659) 1960–1961: 2. Bd., 305.
35 Dazu Magendie 1925: 1. Bd., 178.
36 Vgl. Ehrmann 1963: 26.
37 Pelous 1980: 147, 149–150; La Fontaine 1958: 250, 252; Rousset (1972: 185) merkt zutreffend an: »Il a découvert que Psyché veut dire *âme*.«
38 »une excellente école de gymnastique intellectuelle« (Magendie 1925: 1. Bd., 250); Näheres vgl. auch 244–260. Zum Einfluß auf die preziöse Liebeskasuistik am Beispiel der »absence« oder »présence« des Geliebten vgl. Schlumbohm 1974: 328–347.
39 Belege bei Magendie 1925: 1. Bd., 169, 240–243; Lathuillère 1966: 324–325.
40 Vgl. Lathuillère 1966: 326–329.
41 A.a.O.: 620.
42 De Pure (1656) 1938: 1. Bd., 25; Magne ebda.: XXXIII; vgl. Näheres zu ihrem Salon in ders. 1908 und 1908²: 113–158, wobei an der hier vermuteten Satire bekanntlich gezweifelt wurde, zuletzt von Hoffmann 1967: 34. Dazu auch Lathuillère 1966: 85–86; Zimmer 1978: 73 u. Anm.
43 A.a.O.: 36–43, bes. 35.
44 A.a.O.: 52, 53–54.
45 A.a.O.: 55, Kursiv von Verf.
46 (1628) 1972: 489–490; vgl. Verf. 1973; F. Nies spricht von der »Erwartung des Unerwartbaren, noch Ungenormten oder nicht Normbaren«, und auch nach ihm wird jener »›barocke‹ Kult des ennui-vertreibenden Inattendu, des Überraschenden und /

Verblüffenden, wohl nicht zufällig gerade von aristokratischen Salons und Preziösen zelebriert« (1972: 100, 101).

47 De Pure (1656) 1938: 1. Bd., 134, 126–130.

48 Den Spott über sie hält Tallemant des Réaux ((1659) 1960–1961: 1. Bd., 133) fest; dort auch (132–137) deren Beschreibung. Näheres vgl. Mongrédien 1931; Colombey 1858: 133–146.

49 De Pure (1656) 1938: 1. Bd., 131–132; weiter bis 139.

50 A.a.O.: 140.

51 »Un style si rapide, et qui court en rimant, marque moins d'esprit, que peu de jugement« (*AP*, I). Die Ausfälle Boileaus gegen den Roman (*AP*, III), die ihm verfallenen Frauen (*Satire* X) und Mlle de Scudéry (*Les héros de romans*) sind hinlänglich bekannt.

52 Danahy 1976: 85–87; May 1955; Hourcade 1977: 471.

53 De Pure (1656) 1938: 1. Bd., 141. – Zur verbreiteten Aufwertung der weiblichen »ignorance« Näheres in 2. Teil, Kap. III, 2.3. – Der Kontext verbietet, hierin, mit R. Büff, ein »Indiz für das noch unsichere Selbstwertgefühl gerade der Preziösen« zu sehen (1979: 56).

54 De Pure (1656) 1938: 1. Bd., 165; weitere vergleichbare Belege bei Hepp 1977.

55 De Pure (1656) 1938: 1. Bd., 166.

56 A.a.O.: 166–168.

57 1951: 44.

58 De Pure (1656) 1938: 1. Bd., 172.

59 A.a.O.: 173.

60 1977: 470.

61 1974: 164.

62 Ausführlicher hierzu Picard 1943: 68, 79–80; Mongrédien 1946: 71–73, 88, 123–126; Aragonnès 1934: 154–172.

63 Näheres bei Magne 1908^2: 148–154.

64 Scudéry (1660) 1973: 6. Bd., 1359–1378. – Ch. Schlumbohm etwa ist dieser Beleg aus der *Clelie* entgangen, ebenso wie die Abhängigkeit der 1671 von Jaulnay – zusammen mit seinen Antworten – anonym veröffentlichten *Qvestions d'amovr ov Conversations galantes* der Marie Linage von Mlle de Scudéry (1974: 86–89): Die »fiktive Zueignung *Sezostris A sa Chere Timarette*« (88) bezieht sich in Wahrheit auf die erfolgreiche pastorale »Histoire de Sesostris et de Timarette« aus dem 6. Band des *Grand Cyrus*. – Zu M. Linage vgl. Rosso 1983.

65 Grubbs 1933: 17; Kruse 1960: 12–13 (ähnlich – 14 und 15 – ihre Kritik an der Subsumtion der Maxime unter Jolles' *Einfache Formen*); Cousin 1854: 99.

66 C. Rouben 1972: 89.

67 Scudéry (1660) 1973: 6. Bd., 1038–1042; vgl. dazu Rouben: »Une nouveauté importante depuis la *Clelie*: les *Maximes* de Bussy sont en vers« (1972: 90).

68 Vgl. Rouben 1972: 93–94; Magne 1908^2: 184.

69 Die fünf Fragen und die Antworten Quinaults mit zwei Serien unsignierter Antworten, denen neue – anonyme – Fragen und Antworten folgen (Brégis 1667: 101–111), bilden einen der *Guirlande de Julie* und der *Journée des Madrigaux* vergleichbaren Zyklus kollektiver Salonlyrik. Die Autoren – Fontenelle, Th. Corneille, N. de Lenclos, Cotin u.a. – ermittelt, mit unverhohlener Abneigung gegen die erste Fragestellerin und die spielerisch-geistige »Verirrung« der galanten Poeten, Mongrédien (1929).

70 Zu deren Überlieferung bis zum 17. Jahrhundert vgl. Edelman 1946: 296; Bourciez (1886) 1967: 114–117.

71 Ausgeführt bei Magne 1908^2: 178–180.

72 Scudéry (1660) 1973: 1. Bd., 391.

73 Vgl. Aragonnès 1934: 167–169; Mongrédien 1946: 82–88.

74 Sorel (1664) 1965: 315–319; die Beschreibung des von M. Magendie resümierten »royaume d'Amour« (1925: 583), d'Aubignacs satirische *Relation du royaume de coquetterie* (1654), die beiden *Voyage de l'isle d'amour à Lycidas* des Abbé de Tallemant (1663 und 1664), Maulévriers *La Carte du Royaume des Pretieuses* (1654), Bussy-Rabutins *Carte du Pays de Braquerie* (1654) sind Nachahmungen und Parodien der »Carte de Tendre«, der auch zuletzt von Lathuillère, wie schon von Sorel, die zeitliche Priorität bei der Kartenmode zugestanden wird (1966: 69–70); zur Chronologie auch Zimmer (1978: 52 Anm. 5).

75 Über die Verbreitung der *Recherches de la France* von E. Pasquier (1596) mit der ausführlichen Würdigung des *Rosenromans* und dessen Bekanntheitsgrad im 17. Jahrhundert vgl. Edelman 1946: 383–394.

76 (1657^2) 1977: 232; vgl. auch das »Ieu des proverbes, Sentences ou Deuises trouuez selon chaque Lettre« (343–347).

77 Baudeau de Somaize (1660) 1856: 1. Bd., 225.

78 A.a.O.: 208.

79 A.a.O.: 215; andere Devisen: 31, 44, 69, 197.

80 Zu Vorstehendem vgl. Sorel (1657^2) 1977: 218–224; auch Magne 1908^2: 180–183; Lathuillère 1966: 37–38.

81 (1660) 1973: 8. Bd., 756. – Zum Glücksspiel als letzter antibourgeoiser Versuchung des Adel vgl. Nies 1972: 81; zu seiner Bekämpfung im 17. und 18. Jahrhundert vgl. Dunkley 1976; Brengues 1976; zu seiner Beurteilung im moralisch-ökonomischen Für und Wider Armogathe 1976: 25–27.

82 Scudéry (1660) 1973: 8. Bd., 760, 763, 766, 768; vgl. auch 762, 765, 767.

83 A.a.O.: 773–775; zur Beschreibung der eigentlichen Lösungen vgl. 775–792.

84 Zimmer 1978: 365.

85 1976: 131–132.

86 (1660) 1856: Bd. 1, 26 (= Mlle Hautefeuille); kursiv von Verf.

87 A.a.O.: 41 (= Mlle de Beaulieu).

88 A.a.O.: 44 (= Mlle Babinet).

89 A.a.O.: 60 (= Mlle Charron).

90 A.a.O.: 260 (= Mlle Cabry); weitere Belege 57, 68–69, 71, 80 (2), 81, 96 (2), 97, 106, 164 (2), 207, 217, 292.

91 Tallemant 1960–1961: 2. Bd. 286–289; Sévigné 1972: 1. Bd., 459–460; 1974: 2. Bd., 268, 273, 417, 590; 1978: 3. Bd., 6, 624; ähnlich Saint-Simon 1948–1961: 1. Bd., 172 oder das Portrait der Zenocrite/Mme Cornuel im *Grand Cyrus* (1656) 1972: 6. Bd., 592–595, 625–628. Weitere Belege bei Magne 1908^2: 126, Anm. 1; Magendie 1925: 2. Bd., 865–866 und Anm. 1–3.

92 (1657^2) 1977: 603–604.

93 Dazu Näheres bei Magendie 1925: 1. Bd., 166; ders. (1932) 1978: 334–336; Reynier 1929: 130–132, 142–154; ders. 1962: 22–25; Lathuillère 1966: 627–629; Büff 1979: 86–107.

94 (1660) 1856: 1. Bd., 103 (= Mme de Gueudreville); Ähnliches (40–41) über BEROE (= Mlle Bourlon).

95 A.a.O.: 58 (= Mme de Carly).

96 A.a.O.: 53–54 (= Mlle Deschamps).

97 A.a.O.: 68 (= Mme du Buisson).

98 A.a.O.: 69–70 (= Mlle de Chataignères). – Über die Mathemathikerin PANTHEE (= Mlle Petit) vgl. 192–193.

99 A.a.O.: 47.

100 Bary 1653.

101 An das Wirken von Lesclache erinnert Somaize am Beispiel der Melite/Mme Maréchal ((1660) 1856: 1. Bd., 161–162).

102 Reynier 1929: 128.

103 Die in der Boileau-Rezeption weitgehend unterschlagene Anekdote, in der über diesen die gelehrte Sablière triumphierte, hält A. France fest (o.J.: 4. Bd., 325–346; 1934: 24. Bd., 5–27). Ihre Griechischkenntnisse bewundert Mme de Sévigné (1974: 2. Bd., 511). Über die Ursachen der Astronomie als Mode vgl. Reynier 1929: 129–130; dort auch (172–173) und bei Menjot d'Elbenne (1923: 70–73) über diesen auf das 18. Jahrhundert vorausweisenden Salon.

104 (*Réflexions...*) 1808: 170.

105 Vgl. Tallemant des Réaux 1960–1961: 1. Bd., 606–608; Mongrédien 1950: 63, 88; Reynier 1929: 137, 168–171.

106 Hierzu vgl. Niderst (in Lafayette 1970: VIII, XVII–XVIII); Mouligneau 1975: 74.

107 Diese und weitere Belege zum weiblichen Cartesianismus in Sévigné 1972: 589; 1974: 307, 339, 374, 495, 636, 652, 853, 871–872, 973, 978, 989, 998, 1011, 1047; 1978: 396–397. – Näheres auch Reynier 1929: 175–178.

108 Mme de Bonnevaut (Barsine), Mme d'Outresale (Vrione), Mme de Gueudreville (Galerite), Mme d'Hommecour (Celie). (1663: 13).

109 1668: 265–266, 268, 272–273, 285, 287.

110 1972: 24, 105, 84.

111 Vgl. die hierfür ausgewerteten Briefe in Sévigné 1972: 259, 293, 962, 1340; 1974: 250, 438, 499, 823–824, 963–964, 966, 970, 973, 998, 1002, 1301; 1978: 608, 629, 757, 804, 826–827, 898, 1542–1543.

112 1974: 102, 104, 150–151, 154, 175, 547, 1011, 1028–1029; 1978: 458, 762.

113 1972: 351.

114 1972: 276, 293, 296, 344, 349; 1974: 398, 428, 983, 988, 1287; 1978: 15, 23, 148, 162, 608, 629, 750, 823, 839, 843, 868, 875, 1227.

115 1974: 175; vgl. auch 398 und 1978: 762.

116 1978: 643; vgl. 381, 808. – Zur auffälligen Bevorzugung italienischer Texte vgl. Baudin 1968.

117 1962: 126–127.

118 Vgl. hierzu Magendie 1925: 2. Bd., 740–752, 777–782; analoge Belege zu Balzac, Chapelain oder Bossuet bei Reynier 1929: 191–194.

119 Vgl. dazu Elias (1969) 1979[4]: 222–319.

120 Avigdor 1974–1975; dort auch zum Folgenden.

121 Storer 1934: 368; zu den weiteren Ausführungen vgl. denselben Artikel und Lachèvre 1924: 35–52.

122 Vgl. Deshoulières 1753: 1–8, 145, 151, 230, 256, 258.

123 Deshoulières 1753: 8–9, 25, 40–41, 96, 98, 105, 111–113, 126–127, 130; vgl. Sorel (1657[2]) 1977: 211.

124 Näheres in dem von Chambors verfaßten »Éloge historique« über sie (Deshoulières 1753: VI–XLVI).

125 Vgl. etwa Angot 1920: 371: »Quittons l'écrivain pour la femme.«

126 Hierzu vgl. Adam 1964: 18, 252–254; Fournel 1885: 235–249.

127 Vgl. Mongrédien 1950: 196–197; Tilley 1916: I, II, III.

Anmerkungen zu:

Zweiter Teil – Von der Mündlichkeit zur Mündigkeit: Die Frauen und die »Genres Salonniers«

I. Unterhaltung und Parteilichkeit. Mlle de Scudéry: *Le Grand Cyrus* (1649–1653) und *Clelie* (1654–1660)

1. Vom geselligen Spiel zur Chronik ...

1 358–478.
2 1960 (»›Le Banquet‹ ...«).
3 (1657) 1977: 477–488.
4 9. Bd., 381, 457.
5 A.a.O.: 383–400; 400–456.
6 1960 (»›Le Banquet‹ ...«): 205–206.
7 Vgl. Cousin 1858: 1. Bd., 14; Fournel (1862) 1968: 174; Coulet 1967: 1. Bd., 178; Übersichten ermöglichen Santa Celoria 1973; Aubé 1970: 210–212; Nunn 1966: 17–25, 177–199; das beste inhaltliche Resümee gibt Godenne 1983: 67–82 (*Grand Cyrus*), 209–220 (*Clelie*).
8 Cousin 1858: 1. Bd., 2, 7; vgl. die »Clef«: 2. Bd., 365–369; Auszüge der *Chronique* in Belmont 1902; weitere Dokumente in Colombey 1856; unoriginell ist daneben Cison 1967.
9 Adam 1962: 2. Bd., 138. – Zur Identifizierbarkeit der Portraits in der *Clelie* vgl. Nunn 1966: 68–78. Rathery et Boutron ((1873) 1971: 58) halten 73 Namen für ermittelt. Die Autorin selbst bestritt jede Verantwortung für die kursierenden Schlüssel (a.a.O.: 296).
10 1976; vgl. die »clefs probables« 529–531 und die »clefs possibles« 531–532.
11 Aubé 1970: 45. – Aragonnès (1934: 128) nennt den *Grand Cyrus* »fort mal composé ... un véritable *pudding* de nouvelles«. Vgl. Mongrédien (1946: 48, 52): »... fastidieux bavardage .../platitude et longueur des récits; monotonie des portraits idéalisés; style languissant.«
12 Allein A. Steiner erweist sie im Zusammenhang mit den im Vorwort zu *Ibrahim* geäußerten »Regeln«, insbesondere der »vraisemblance«, als »vraie élève d'Horace« (1925: 174). Ihre Bemühung um die »vraisemblance« beschreibt Godenne 1983: 147–156 (*Grand Cyrus*), 254–259 (*Clelie*).
13 1120–1148. Nachgedruckt als »De la manière d'inventer une Fable« in 1680: 2. Bd., 451–490.
14 Mongrédien 1946: 116; Magendie 1925: 2. Bd., S. 657, 691–692; Coulet 1967: 1. Bd., 176–179. – Daß Adam (1949: 211–212) ihren Stil ausdrücklich verteidigte, nahm Coulet nicht zur Kenntnis. – Eine beschreibende Strukturierung beider Romane nahm erst Godenne vor (1983: 98–147).
15 Vgl. Aubé 1970: 55–56.
16 Nach Niderst (1976: 129, 539) ist allenfalls die *Cyrus*-Handlung, nach Rathery et Boutron ((1873) 1971: 50) sind die Schlachtenbeschreibungen dem Bruder zuzuschreiben. Für diesen als Autor der *Almahide* plädierte, anders als Schweitzer (1968), Roberts (1971). Eine Mitautorschaft an der *Clelie* ist, wegen seiner Verbannung, kaum denkbar (Nunn 1966: 8–12).
17 Adam 1962: 2. Bd., 134–135; Magendie 1925: 2. Bd., 635; Tingle Keating 1970: 110.
18 So die »Histoire d'Aglatidas, et d'Amestris« (1. Bd., 405–602) und die »Histoire de Thrasibule et d'Alcionide« (3. Bd., 604–698).
19 Bd. 1/2: »Histoire d'Artamène«; Bd. 1/4: »Histoire d'Aglatidas & d'Amestris«.

20 3. Bd., 67–151; 155–222; 223–246; 248–328. – Vgl. Schlumbohm 1974: Kap. V: »Über die Anwesenheit und Abwesenheit eines geliebten Menschen« (294–353) und der Exkurs »Zur Gerichtsfiktion bei Beschlüssen in Liebesdingen« (375–379). Das Scudéry-Beispiel ist hierbei, wie ganz überwiegend ihre Romane in dieser Studie, nicht berücksichtigt.

21 Godenne unterscheidet nach »histoires intégrées« und »histoires ajoutées«. Dazu und zu deren Funktion innerhalb der Haupthandlung vgl. 1983: 98–109 (*Grand Cyrus*), 222–229 (*Clelie*).

22 Näheres vgl. Aragonnès 1934: 28. Unoriginell daneben sind die biographischen Daten bei Mc Dougall (1938).

23 Die beiden Montausier, Mlle Paulet, Mme de Sévigné, Mme de Lafayette, Huet, Godeau, Fléchier, Mascaron oder Chapelain. – Zur Gesellschaft des Marais vgl. Mesnard 1981.

24 Vgl. hierzu Aragonnès 1934: 29–30, 56, 125–126; Nunn 1966: 15, 90; Aubé 1970: 41.

25 (1659) 1961: 2. Bd., 689; vgl. 693.

26 Vgl. Niderst 1976: 130–133.

27 (1659) 1961: 2. Bd., 690.

28 8. Bd., 804.

29 2. Bd., 1198–1381. Schlüssel im Schlüsselroman ist die »veritable clef de l'histoire d'Artaxandre« (1375).

30 1975: 78.

31 »Histoire de Sapho« 328–608; vgl. Niderst 1976: 232–235; 288–290.

32 *Grand Cyrus:* 1. Bd., 180; *Clelie:* 3. Bd., 197 und 337, vor allem aber (3. Bd., 806) in Hesiods prophetischer Schau auf die Entwicklung der Literatur.

33 Tallemant (1659) 1961: 2. Bd., 174.

34 »je suy quasi par tout Herodote, Xenophon, Justin, Zonare, Diodore Sicilien« (*Grand Cyrus:* 1. Bd., 3); vgl. Aronson 1976; Nunn 1966: 38–46 (danach folgte sie vor allem Livius, Plutarch und Dionysios von Halikarnaß); Niderst 1983.

35 »Amant jaloux« in *Grand Cyrus:* 3. Bd., 248–328; »Histoire de Persanivs« in *Grand Cyrus:* 8. Bd., 347–604, bes. 387, 392, 417–466. Vgl. dazu Niderst 1976: 204–217.

36 Vgl. Cousin 1858: 1. Bd., 37.

37 »Histoire de Pisistrate« in *Grand Cyrus:* 9. Bd., 538–676, hier 610; vgl. 546–547. Niderst (1976: 154–160) entschlüsselt Pisistrate als den Comte de Fiesque, der zusammen mit den anderen Verschwörern der »Cabale des Importants« von Mazarin exiliert worden war und sich dann Condé anschloß.

38 (1657) 1977: 231.

39 A.a.O.: 252, weiter 247–252.

40 A.a.O.: 584–585.

41 1975: 261–262. – Es sei an dieser Stelle der Verfasserin der noch unveröffentlichten Thèse über das »portrait mondain« ausdrücklich für die großzügig gewährte Einsicht in das maschinenschriftliche Manuskript gedankt, dessen zahllose bibliographische Korrekturen und dessen Fülle informativen, zentral wichtigen Materials jedweder einschlägigen Untersuchung unverzichtbar zugrundegelegt werden müssen. Das Gewicht dieser schwer zugänglichen Studie möge die vergleichsweise häufige Wiedergabe einzelner Ergebnisse in der vorliegenden Abhandlung rechtfertigen.

42 A.a.O.: 550–572.

43 A.a.O.: 6–8, 19–26.

44 A.a.O.: 123–127

45 A.a.O.: 41–42; vgl. Greenberg (»Mistress ...«) 1983.

46 A.a.O.: 105–111.

47 Sorel (1657) 1977: 255.

48 Vgl. hierzu Plantié 1975: 84–98.

49 Vgl. Aragonnès 1934: 32; Franz 1905: 8, 29–32 und Beilage 14–16; Plantié 1975: 61–62.
50 *Grand Cyrus:* 3. Bd., 48, 56–57; Beispiele dieser »ornate description« oder des »›photographic‹ portrait« (Tingle Keating 1970: 30–31) in *Grand Cyrus:* 2. Bd., 213–215 (Thomyris auf ihrem Thron) und 422–425 (Mandane auf dem Prunkwagen).
51 Vgl. zu diesem Begriff Mayer 1976: u.a. 414–421.
52 1644: 1. Bd., 118, aus »Zenobie à ses filles«. Der Text ist ihr zumindest anteilig zuzuschreiben (vgl. Tallemant (1659) 1961: 2. Bd., 688), in jedem Fall aber stammt von ihr allein die Rede der Sappho (vgl. Plantié 1975: 62; Greenberg 1983).
53 1975: 129–131.
54 Scudéry 1644: 127–128.
55 A.a.O.: 438.
56 »Ceux qui disent que la Beauté, est le partage des femmes; & que les beaux Arts, les belles lettres, & toutes les sciences sublimes & releuées, sont de la dominatiõ des hommes, sans que nous y puissions pretendre aucune part; sont esgallement esloignez, de la iustice & de la verité. Si la chose estoit ainsi, toutes les femmes seroient nées auec de la beauté, & tous les hommes auec vne forte disposition à deuenir sçauants« (a.a.O.: 424).
57 A.a.O.: 425–426.
58 A.a.O.: 430–439.
59 8. Bd., 648.
60 Panthée (5. Bd., 25–26), Doralise (34–35), Cleodore (532-536).
61 Vgl. die Gegenüberstellung der Portraits von Montausier und Chapelain bei beiden Autoren (Tingle Keating 1970: 298–299).
62 *Grand Cyrus:* 6. Bd., 71–80.
63 7. Bd., 305, 310.
64 So am Beispiel der »Histoire de Thrasyle« im 7. Bd. des *Grand Cyrus.*
65 9. Bd., 561.
66 *Clelie:* 2. Bd., 1163–1196; vgl. das Gespräch über »melancolie« und »enioüement« a.a.O.: 8. Bd., 750–753.
67 2. Bd., 1202–1370.
68 So Niderst (1976: 432–437) und Godenne (1972: 503, 506–507).
69 Vgl. Plantié 1975: 348.
70 1976: 425. So vergleicht er die Portraits der Mme de Noailles und Mme de Saint-Simon in *Divers portraits* und der Mme de la Marck im *Recueil* (zitiert nach der von Plantié mit Recht kritisierten, durch ihre Korrekturen nun benutzbaren und nützlichen – da zugänglichen – Ausgabe von Barthélemy: *La galerie des portraits* de Mademoiselle de Montpensier, (1860: 513–515, 458–561, 134–136)) mit denen der Hersilie (*Clelie:* 10. Bd., 870–874), Phelinice (724–725) und Nerinte (1074–1077) bei Mlle de Scudéry; ebenso das Selbstportrait der Mme de Saint-Chaumont (*Recueil:* 88–90; *Clelie:* 9. Bd., 530–535). – Plantié identifiziert anders und überzeugender als Niderst den Cleandre der *Clelie* (10. Bd., 1249–1255), nach seiner Narbe, den begonnenen Memoiren, der Freundschaft mit Mme du Plessis-Guénégaud und der Tierliebe, als La Rochefoucauld. (Niderst sah hier den Prince de Tarente verschlüsselt.) Sein Portrait wäre dann mit dem Selbstportrait des *Recueil* zu vergleichen.
71 Sorel (1659) 1788: 2. Bd., 375–376; vgl. auch Lafond 1966: 147.
72 Vgl. Nunn 1966: 93–94; Plantié 1975: 139–140.
73 *Grand Cyrus:* 7. Bd., 296–333.
74 A.a.O.: 302–303; vgl. Fukui 1964: 16–20.
75 *Grand Cyrus:* A.a.O., 307–309; das Urteil bei Tallemant ist nur im Ton schärfer ((1659) 1960: 1. Bd., 467–468).

76 *Grand Cyrus:* A.a.O., 311–312; 316–317; 320–324.

77 9. Bd., 535.

78 6. Bd., 829–856; das »Malen« in Worten (»peindre«, »depeindre«, »peinture«) ist stets gegenwärtig (809, 812, 846, 847). – Niderst (1976: 343–346) entschlüsselt hier die Gäste von Mme Du Plessis-Guénégaud.

79 »vn homme ... excessiuement complaisant« (724–727), »vn homme ... qui dispute tousiours« (727–729), »vn fourbe heureux« (844–845), »[la vieille] ... graue, austere«, »vne ... ieune ... aiustée«, »vne diseuse de nouuelles« (897–899), vgl. *Clelie:* 3. Bd., 112–113 (»ie connois vn homme en Grece / ... homme du monde ... il rit toûjours à contre temps, & ... il n'y a iamais eu vne plus grande mediocrité d'esprit que celle de cét homme là; ny vne ame plus materielle que la sienne«); *Grand Cyrus:* 9. Bd., 377–378 (»vn vieil Amant«); *Grand Cyrus:* 8. Bd., 616–620 (»vne vertueuse insuportable«).

80 *Clelie:* 6. Bd., 1138–1157; Arnauld: 1151–1153. Näher dazu Nunn 1966: 82–83; Rathery et Boutron (1873) 1971: 95–96.

81 6. Bd., 1324–1325, 1494–1500, 1392–1397.

82 *Clelie:* 7. Bd., 366–370.

83 A.a.O.: 8. Bd., 1261–1269.

84 A.a.O.: 10. Bd., 1035–1038; hier stattet sie Dank ab für das um 1650 entstandene Portrait, das er von ihr malte. (Vgl. Nunn 1966: 19)

85 A.a.O.: 1088–1089; für ihn läßt sie vorwiegend die – im Rückblick nicht ungefährliche – enthusiastische Beschreibung von Vaux-le-Vicomte sprechen.

86 A.a.O.: 1224–1227. – Zu den Identifizierungen vgl. Niderst (1976: 349–352, 400–403). In Theandre (9. Bd., 346–355) erkennt Plantié (1975: 353–354) d'Elbenne, den Freund Scarrons, und korrigiert damit Niderst, der (407–408) als La Rochefoucauld entschlüsselt. Weitere von ihr – zu *Clelie* 9 und 10 – vorgeschlagene Schlüssel sind: Adimante /Nicolas Rambouillet; Anacreon / La Fontaine; Cleonte / Pomponne; Clariste / Mlle de Bellenave, comtesse du Plessis (350–357).

87 Telante (10. Bd., 630–634; vgl. Niderst, 1976: 421–422. – Einer der Gründe für ihre Abneigung gegen diesen Kritiker der Preziösen mag in dessen satirischer Kopie der »Carte de Tendre« liegen.

88 9. Bd., 283–284: »en peu de iours tous les hommes de la Cour deuinrent Peintres, & toutes les femmes firent leur portrait.

89 (1659) 1788: 367.

90 9. Bd., 284–285; vgl. auch allgemein Rousset: 1969.

91 9. Bd., 288–293; »en l'vn il dit tout le bien, & en l'autre tout le mal« (294).

92 A.a.O.: 294–295; Nunn würdigt die Züge sozialer Satire in diesen verallgemeinernden Portraits (1966: 105–111; 1976: 184).

93 »ie n'ay iamais pû comprendre qu'il fust possible d'aimer ce qu'on n'a pas eu le plaisir de connoistre« (1. Bd., 196); »la Compagnie ... insensiblement s'engagea à examiner la raison pourquoy la plus part des Belles sont auares des loüanges« (322); »il en fit le suiet de la conuersation« (2. Bd., 1163); »encore ... voudrois-ie bien sçauoir ... quelles bornes on doit donner à la douleur« (1249) und passim.

94 U.a. die »ieux du mariage«, »de la solitude«, »des vertus les plus utiles & des vices les plus excusables«, »des folies«, »à quoy sert quelque chose«, »de l'admiration ou de l'Estonnement«, »du Conseil«.

95 So bei Fournel (1882) 1968: 171; Cousin 1858 (»De l'importance ...«): 931; Despois 1846.

96 Beugnot 1971: 24–25; daß die Autorin in ihren späteren Sammelbänden auf die Gespräche in ihren Romanen rekurriert, verkennt er allerdings. Auch Wolfe (1974) berücksichtigt die Romane nicht. Näheres in dem den Bänden selbst gewidmeten Kapitel. – Die Portraits werden etwa bei Jones (1969) nicht erwähnt.

97 Méré 1930: 106, 111, 119, 123. – Vgl. dazu Beugnot 1971: 28, 31; Dens 1973: 221; Strosetzki 1978: 82–94, 103–114.

98 8. Bd., 640–675, nachgedruckt in den *Conversations* (1680) als »De parler trop, ou trop peu«. Neu ist (1–45 desselben Bandes) »De la conversation«. Nunn (1966: 168) setzte beide fälschlich gleich.
99 Thematische Systematisierungen versuchten Magendie 1925: 2. Bd., 662–669) und Nunn (1966: 139–172, 208–211).
100 Auch die »lieux à clef« nehmen, mit den isolierten Schlüsselportraits, in den letzten Bänden zu (9. Bd., 356–358, 512–529; 10. Bd., 1238–1246; dazu Niderst 1976: 412, 414, 426); Sayce 1972. Vgl. auch Morlet-Chantalat 1978 und Floeck 1979: 112–118.
101 Über diesen Zusammenhang vgl. Bardon 1974: 93–127, 223.
102 *Grand Cyrus:* 2. Bd., 574–577 (»Entrée de Mandane«); 578–582 (»fête champêtre«); 7. Bd., 140–146 (»feste à Neptune«); 8. Bd., 454–466 (»feste des fleurs«). Anregend mochten hier Texte wie der des P. Ménestrier (1669) sein, der Themen und Prunk der verschiedenen Formen höfisch-allegorischer Schauspiele, ihre Ausstattung oder die Devisen eingehend beschreibt.
103 8. Bd., 1387. – Vgl. u.a. die »feste des Saliens«, (5. Bd., 175–184); die »feste de nuit« (6. Bd., 1417–1423); »un festin grec« (8. Bd., 728–732); die »feste de Neptune« (8. Bd., 1098–1104); die »fête de Circé« (10. Bd., 962–968).
104 8. Bd., 1389–1398.
105 *Grand Cyrus:* 5. Bd., 395–410; dazu Plantié 1975 (»Hauts lieux…«) 134–139.
106 *Grand Cyrus:* 7. Bd., 19–20; *Clelie:* 7. Bd., 163–171.
107 *Clelie:* 10. Bd., 824–827.
108 *Clelie:* 6. Bd., 1138–1157; 7. Bd., 355–378.
109 *Grand Cyrus:* 8. Bd., 387–418. – Vgl. Woodrough 1980.
110 *Grand Cyrus:* 6. Bd., 604–608; *Clelie:* 4. Bd., 877; 890–892; 8. Bd., 674; zum Naturgefühl im 17. Jahrhundert allgemein vgl. Rousset 1954: 53; Adam 1954; Gérard-Gailly 1954.
111 1. Bd., 278–282, 283–288; 2. Bd., 41–42; 3. Bd., 14–18.
112 *Grand Cyrus:* 6. Bd., 631; vgl. Méré 1930:115.
113 10. Bd., 758–765. – Über den Zusammenhang der »Mascarade« und der »réunions de Sapho« vgl. Colombey 1858: 198–202.
114 1. Bd., 405, kursiv von Verf. – Als liebeskasuistische Spiele sind auch die *Chronique du Samedi* (1652–1657) und die *Gazette de Tendre* gedeutet worden (vgl. Belmont 1902; Colombey 1856: 63–87).
115 *Clelie:* 3. Bd., 349.
116 A.a.O.: 351.
117 A.a.O.: 355.
118 Ebda.
119 10. Bd., 1154–1199; Sorel (1657) 1977: 549–550.
120 A.a.O.: 1220–1258. – Morlet 1977.
121 *Clelie:* 6. Bd., 1039–1046; zu Pellisson vgl. Colombey 1856: 15–54. – So verdienstvoll Godennes eingehende Analyse des Aufbaus der Scudéry-Romane ist, so wenig wird ihm doch die Funktion und Herkunft der »divertissements de société« (1983: 166–168, 264–268) zum Problem. Er sieht sie begründet in der Absicht der Autorin, der Handlung eine galant-sentimentale Färbung zu verleihen, stellt die Romane selbst aber in eine ausschließlich literarische Tradition, ohne den Einfluß der gesellig-mündlichen Spiel- und Gesprächskultur des Salons auch nur zu erwähnen.

2. Die preziöse Sappho: »Code tendre« und »code galant«

1 1969: 11.
2 Die Autoren sind Maulévrier, Bussy-Rabutin, d'Aubignac und Tristan l'Hermite.

Vgl. dazu und zum Folgenden Lathuillère 1966: 61–99; Zimmer 1978: 69–71, 97–99, 105–142; Pelous 1980: 13–34; Collinet 1976; Cuénin 1973: XV-XVI; Adam 1951: 36; Fukui 1964: 17–19, 39–40.

3 Vgl. 8. Bd., 866–869.

4 1925; vgl. ähnlich Cottez (1943), der den Molière des *Misanthrope* durch das Scudérysche Oeuvre motivisch angeregt sieht. – Zu seinen *Prétieuses* vgl. Cuénin 1973 und Lathuillère 1966: 138–157.

5 1962: 1. Bd., 594; vgl. auch 596: »... Je regarde l'hyménée ainsi que le trépas ... Me donner un mari, et me donner la mort, c'est une même chose.«

6 1938 (»La préciosité...«): 197, 212–213; zur Polemik zwischen Bénichou ((1948) 1973: 257–363) und Cairncross (1963), die auch die Frauenfrage berührt, vgl. Verf. 1980 (*Molière*): 9–13.

7 Vgl. die vielfachen, von Lathuillère nicht immer angemerkten Entsprechungen zu den Arbeiten von Fukui und Magendie. – Unter den neueren Schriften ist, nach Zimmer (1978) und Pelous (1980), auf die vorwiegend vulgarisierenden von Liot Backer (1974) oder Dulong (1969) zu verzichten.

8 Den Stand der Forschung referieren Lathuillère 1966: 201–258; ders. 1978; Zimmer 1978: 1–48, Maclean im Druck.

9 Vgl. Bray 1948 und 1951; zur Datierung vgl. auch Adam 1949; Fukui 1964: 31–32; Pelous 1980: 307–318; Mongrédien läßt die Mode 1630 beginnen (1939: 8–10). – Zu Mlle de Scudérys »Feminismus« und Preziösentum vgl. Planhol 1921: 66–75; Baumal 1921: 49, 51; Treloar 1958; Mc Gillivray 1962: 26; Lathuillère 1966: 674; Hoffmann 1967 und 1977; Zimmer 1978: 121–126, 318–324; Büff 1979: 119; Pelous 1980: 307–318, 347–357, 391–397; Bannister 1983: 89–90, 171–181.

10 (1671) 1974: 323.

11 Vgl. Fukui 1964: 16–25; Pelous 1980: 369–389.

12 1979: 122–136, 160.

13 Die Arbeit lag 1975 in maschinenschriftlicher Fassung vor.

14 1980: 45 (–57), 57 (–70). – Godenne verwendet allein den Begriff der Galanterie zur Charakterisierung beider Romane, ohne eine geschlechtsspezifische Scheidung bei der inhaltlichen Füllung des Begriffs vorzunehmen.

15 1970: 175–200.

16 Vgl. Rüdiger 1933: 12, 29.

17 Vgl. V. 65–68: »Factus inops agili peragit freta caerula remo,/ Quasque male amisit, nunc male quaerit opes./ Me quoque, quod monui bene multa fideliter, odit/ Hoc mihi libertas, hoc pia lingua dedit...« – Vgl. Woodrough 1982.

18 1933: 39–40, 43.

19 A.a.O.: 38.

20 Nach Rüdiger »konnte das Europa der höfischen Barockkultur Leidenschaften von Frauen untereinander ... nur mit prüder Entrüstung oder staunender Fremdheit betrachten« (38). Das Zeugnis von Tallemant über Mme d'Aiguillon scheint ihm rechtzugeben: »On a fait bien des médisances d'elle et de Mme de Vigean; on dit que quelquefois elles se levoient avec les yeux battus jusqu'à la moitié des joues; elles s'escrivoient des lettres les plus amoureuses du monde. Mme du / Vigean se jeta à corps perdu entre les bras de Mme d'Aiguillon; ... elle a esté son intendante, sa secrétaire, sa garde-malade, et a quitté son mesnage pour se donner entierement à elle«. ((1659) 1960: 1. Bd., 309–310); ähnlich das Befremden der Mademoiselle (1858: 1. Bd., 27–28). Gleichmütiger indes ist die Notiz bei Somaize über Mlle Canu, deren Elegie »Uranie à Cléonice«, der *Recueil de Sercy* 1666 (5. Bd., 135) veröffentlicht: »Cleodarie ... ne laisse pas ... de n'avoir de sensibilité que pour celles de son sexe« ((1660) 1856: 1. Bd., 57). Sie war Gast bei Mme de la Suze (vgl. Magne 1908^2: 131).

21 Rüdiger 1933: 19.

22 1859: 79–82.

23 Boileau 1961: 299; Tallemant (1659) 1661: 2. Bd., 685; Mongrédien 1946: 21; Aragonnès 1934: 169; Niderst 1976: 128.
24 »Histoire de Ligdamis et de Cleonice«, *Grand Cyrus:* 4. Bd., (406–572), 414, 438.
25 »Histoire d'Elise«, 7. Bd., (132–351), 151, 135, 333.
26 Beispiele dafür bei Kibédi Varga 1977.
27 Weitere Belege bei Verf. 1980 (»Die Literatur...«): 87–94. – Zur Aktualität der Altersproblematik vgl. Lehr 1978 und 1979; Fooken 1980 (zweimal).
28 6. Bd., (69–288), 70.
29 A.a.O.: 103.
30 1. Bd., 488. Ähnlich Cleorante (9. Bd., 643).
31 4. Bd., 537.
32 5. Bd., 36, 67–69.
33 7. Bd., 225.
34 10. Bd., 249–251, 270–271.
35 »L'Amant absent«, 3. Bd., 67–153.
36 6. Bd., 106.
37 A.a.O.: 110; kursiv von Verf.
38 A.a.O.: 121. Das Motiv der »solitude« und »retraite« als Symbol der Klärung und Wende wiederholt sich für Elise (7. Bd., 343) und Sapho (10. Bd., 512–520).
39 A.a.O.: 122–124.
40 1980: 57, 90–101 (»L'envers du décor«), 195–203 (»La révolte des mal-aimés«), 217–224.
41 Vgl. Herrmann 1977: 77. – Als »vision refusée« beschrieben von Rousset 1981: 193–195.
42 1975 (»Hauts lieux...«): 129–132.
43 »Histoire de Philoxipe et de Policrite«, 2. Bd., (560–712), 150.
44 A.a.O.: 562.
45 A.a.O.: 562–566.
46 Die Beispiele (4. Bd., 261, 275 u.a.) ließen Magendie (1925: 2. Bd., 659) an den *Misanthrope* denken. Der Vergleich der Geschichte mit der *École des femmes* ist indes ergiebiger.
47 Thrasibule und Alcionide (3. Bd., 604–698), das Findelkind Cleandre und die Prinzessin Palmis (4. Bd., 38–193).
48 Araminte und der Sklave Spitridate (3. Bd.); ähnlich die erwähnte »Histoire de Sesostris et de Timarete« (6. Bd.).
49 Abradate und Panthée (5. Bd.).
50 »Histoire du Prince Aryante, d'Elybesis, d'Adonacris et de Noromate« (9. Bd., 49–301).
51 Istrine und Atergatis, Intapherne und die Princesse de Bithinie (8. Bd., 53–295); Gobrias, Arpasie und Astidamas (10. Bd.).
52 Spitridate und Araminte (3. Bd.); Palmis und Cleandre (4. Bd.); Panthee und Abradate (5. Bd.); Noromate und Adonacris (9. Bd.) u.a.
53 »Histoire de Cleobuline« (7. Bd., 427–543). Schon der von Cousin edierte Schlüssel setzt sie mit Christina v. Schweden gleich, über deren unglückliche Liebesbeziehungen schon zu ihren Lebzeiten besonders in Frankreich lebhafte Spekulationen angestellt wurden, die ihrer Biographie noch heute als Legenden anhaften.
54 »Histoire du Roy d'Assirie, D'intapherne, D'atergatis, D'istrine, & de la Princesse de Bithinie« (8. Bd. (53–295), 57).
55 »Histoire d'Artaxandre et de Telamire« (8. Bd., 631–754).
56 7. Bd., 212; vgl. etwa das Zeugnis von Mme de Sévigné (»... c'est une barbarie que de souhaiter des enfants«) 1972: 1. Bd., 589.
57 De Pure (1656) 1938: 1. Bd., 276–287; 2. Bd., 25–29, 37, 39, 49, 243–244. – Weiterführende Belege auch bei Aubé 1970: 188–220; Büff 1979: 279–304; Aronson

1979. – Unter dem Typ des »héros extravagant«, den Godenne den psychologisch reichsten des *Grand Cyrus* nennt, führt er die bemerkenswert große Zahl fast pathologisch ehe- und liebesfeindlicher Frauengestalten an, ohne die Frage nach den Ursachen zu stellen (1983: 176–182).

58 Ersichtlich aus den Verweisen bei Zimmer (1978: 245–257, 265).

59 Vgl. den Beleg in Barthélemy 1880: 87 (1654). Ausführlicher bei Aronson 1977–1978: 106–108. – Zu Scudéry und Ninon vgl. Sullerot 1974: 118.

60 8. Bd., 374. Die Lokalisierung ist relativ genau. Die »Segobrigii«, eine keltische oder ligurische Völkerschaft, werden mit der Gründungsgeschichte von Marseille in Verbindung gebracht (Vgl. Pauly (1975) 1979, Art. »Gallia«, »Massalia«, »Segobrigii«, »Tektosagen«).

61 8. Bd., 410. Zu diesem Recht vgl. Abensour (1921) 1970: 16; Markale 1972: 48. Beiden ist die literarische Reprise durch Mlle de Scudéry offensichtlich unbekannt.

62 8. Bd., 512–548.

63 A.a.O.: 397–398.

64 Markale 1972: 17–18, 25–58.

65 8. Bd., 444–445; zum Vorherigen 439–444. – Phokäa galt wegen seiner handelspolitischen Lage als wirtschaftlich besonders begünstigt (Pauly (1975) 1979: Art. »Phokaia«).

66 4. Bd., 420–421.

67 A.a.O.: 536–537. – Mit der Reprise des Motivs in der *Clelie,* der Kritik an der Vielzahl von Frauen, die oft mit verstellter Handschrift »billets« an verschiedene Liebhaber schreiben, um ihrerseits solche zu erhalten (10. Bd., 999), verliert in der Tat die »scène des billets« jede thematische Originalität.

68 5. Bd., 646.

69 7. Bd., 649–749.

70 Artelinde in »Histoire de Ligdamis...«, 4. Bd.; Leonise in »Histoire de Belesis...«, 5. Bd.; Amathilde in »Histoire de Peranius...«, 8. Bd.

71 Clorelise in »Histoire d'Artaxandre...«, 8. Bd.

72 Amestris in »Histoire d'Aglatidas...«, 1. und 4. Bd.

73 Cleobuline (7. Bd.) und Thomiris.

74 Vgl. »Histoire d'Elise« (7. Bd., 264).

75 »Histoire d'Artaxandre...«, 8. Bd., 618; vgl. ihr Portrait, 616–620.

76 Berise in »Histoire du Roy d'Assirie...«, 8. Bd., 159–171.

77 Der Text wurde, wofern nicht als Selbstlob der Autorin abgetan, als pädagogisches Manifest aus dem erzählerischen Zusammenhang gelöst und blieb damit nur bruchstückhaft verständlich (Hoffmann 1977; Büff 1979: 99–100).

78 10. Bd., 349, 365–369; vgl. 8. Bd., 190.

79 10. Bd., 331–406.

80 10. Bd., 363.

81 A.a.O.: 364–370, 397.

82 1977: 34.

83 Sainte-Beuve 1859: 84–86, 90; Hoffmann 1977:57.

84 Vgl. Alcover 1978: 36–37.

85 10. Bd., 350–361.

86 Vgl. Zimmer 1978: 313. – Zu deren Motiven allein Stanton 1980: 28.

87 10. Bd., 349. Zum Vorherigen 347–348.

88 A.a.O.: 384–385.

89 A.a.O.: 376–377.

90 A.a.O.: 528–533.

91 A.a.O.: 398.

92 A.a.O.: 395–406. Dort auch (421–432) zu deren Regeln.

93 A.a.O.: 412–420.

94 A.a.O.: 454–504.
95 Vgl. Pauly (1975) 1979: Art. »Sarmatae«; Abensour (1921) 1979: 29–30; Michel 1979: 20; Samuel 1976: 43–57.
96 10. Bd. 607.
97 A.a.O.: 655–697.
98 »Histoire de Lucivs Ivnius Brvtus« (*Clelie:* 3. Bd., 167–601); vgl. 6. Bd., 1584.
99 Vgl. Pauly (1975) 1979: Art. »Theano«.
100 »Histoire d'Artemidore« (4. Bd. (659–1075), 703–707).
101 »Histoire d'Herminius et de Valerie« (5. Bd. (155–603), 239–244).
102 A.a.O.: 246–247, 344–367. Vergleichbar ist hier das stufenweise Sich-einander-Entdecken in der »Histoire de Themiste et de Lindamire« (6. Bd., 860–1254): Von ihrem Lieben weiß lange nur Lindamire selbst, bis Themiste durch ihre unter Decknamen (Iris an Daphnis) verfaßten Liebesmaximen in einer Gartenlaube ihrer Gefühle gewiß wird.
103 A.a.O.: 320–336. – Molières Spott über »Ces ... femmes qui appellent amis ce que les autres nomment galans« (*L'Impromptu de Versailles,* in: 1962, 1. Bd., 525) liegt ein Verkennen der preziösen Motive zugrunde.
104 »Histoire d'Artemidore« (5. Bd., 908–909; zum weiteren 905–913). Vgl. die Definitionen und Unterscheidungen in 1. Bd., 210–213; 5. Bd., 59–85; 9. Bd., 362–366, 486–506.
105 1. Bd., 215–221.
106 »Sincerité, Grand Coeur, Probité, Generosité, Respect, Exactitude, & Bonté, qui est tout contre Tendre« (401).
107 »Complaisance, ... Soumission, ... Petits Soins, ... Assidui-/té, ... Empressement, ... Grands Seruices, ... Sensibilité, ...Tendresse,/ ... Obeïssance, ... Constante Amitié« (401–403).
108 A.a.O.: 403–404. – Zumthor (1948: 271) bringt diese mit dem »héroïsme cartésien« in Verbindung. Ähnlich Irmen (1937: 40–49). Keineswegs ist sie nur eine »Binnenmoral« der preziösen Gruppe (Burkhardt 1965: 29). – Vgl. auch Guenoun 1984.
109 »combats, ... victoires, ... conquestes, ... chaisnes, ... fers, ... Couronnes, ... esclaues, ... Captifs, ... prisons, ... prisonniers, ... deffaites, ... triomphes.« (3. Bd., 484; vgl. 2. Bd., 1139.
110 3. Bd., 469–494; 4. Bd., 726–736.
111 6. Bd., 1315–1529.
112 A.a.O.: 1362–1367.
113 A.a.O.: 1372–1377.
114 A.a.O.: 1401. Zum Vorherigen 1400, 1407.
115 2. Bd., 701.
116 8. Bd., 796–1118.
117 10. Bd., 643–863.
118 A.a.O.: 876–877; vgl. Pauly (1975) 1979: Art. »Hesiod«.
119 8. Bd., 800–870.
120 959–975. Vgl. auch Cohen Rosenfield 1940: 158–166.
121 Die satirische »Relation de la Cour« desselben Bandes (1389–1390) nimmt manches von La Bruyères »De la cour« vorweg.
122 Vgl. das Gespräch über »ambition« und »amour« (10. Bd., 699–710).
123 4. Bd., 659–1075; 9. Bd., 265–475.
124 Herminius–Valerie (5. Bd., 473–555); Themiste–Lindamire (6. Bd., 1184–1192).
125 »Histoire de la Princesse Elismonde« (7. Bd., 153–613).
126 1. Bd., 300; 2. Bd., 1215–1222; 3. Bd., 232–235; 9. Bd., 125.
127 Vgl. Aronson 1977–1978: 105–106; Büff 1979: 125–126.
128 2. Bd., 872–873; vgl. dazu Godenne 1983: 283.

129 A.a.O.: 875; vgl. 10. Bd., 796.
130 2. Bd., 877, 1049.
131 A.a.O.: 878. Vgl. 3. Bd., 107–108 (Amilcar verweist hier auf die Gründungsgeschichte und den Raub der Sabinerinnen).
132 A.a.O.: 1049.
133 Magné 1964: 84–87. Hervorhebungen von Verf. – Vgl. Hobert 1967: 199–246; Sullerot 1974: 115; Maclean 1977: 96–103.
134 3. Bd., 107–126.
135 795–801.
136 10. Bd., 987.
137 3. Bd., 112–120.
138 8. Bd., 1351–1352.
139 10. Bd., 1181.
140 10. Bd., 587; vgl. 8. Bd., 1245–1247.
141 5. Bd., 335.
142 1. Bd., 405.
143 2. Bd., 1163–1197.
144 4. Bd., 889–890.
145 7. Bd., 56–64; 9. Bd., 96–124, 283–297.
146 7. Bd., (80–129), 89.
147 1158–1196.
148 7. Bd., 76; vgl. 10. Bd., 1191–1199.
149 6. Bd., 1138–1157.
150 8. Bd., 1211–1258; 9. Bd., 82–87.
151 (947–1072), 1066–1067. – Wie häufig bei den Autorinnen des 17. Jahrhunderts neben der Ehekritik die Furcht vor der Liebe war, wird bei Sullerot (1974: 130–139) ersichtlich. – Vgl. Kibédi Varga 1977. – Wie sehr die berühmteste unter ihnen, Mme de Lafayette, den Scudéry-Romanen verpflichtet ist, zeigte Beaunier 1920; vgl. Houillon 1966: 43; Petriconi (1965) 1971: 106.
152 10. Bd., 1016.
153 A.a.O.: 1058–1059. – Daß Plotine immer wieder als Anwältin der Frauen agiert, mögen folgende Beispiele andeuten: Sehr jung schon beanstandete sie den Mythos von Danae und dem Goldregen (dessentwegen in Ardea die Frauen sich weigerten, Geschenke aus Gold von einem Mann anzunehmen). Die Metamorphose des Liebenden hat anders sich zu vollziehen! (10. Bd., 949–950). – Anacreon gegenüber kritisiert sie, daß bei den griechischen Festen die Frauen fehlen (8. Bd., 727–732). Beide Zeugnisse sind Aronson, die sie »la précieuse« nennt (1976) entgangen. – Vgl. dazu Hepp 1981.
154 4. Bd., 1152–1343.
155 1181–1191.
156 8. Bd., 1335–1435.
157 758–766.
158 Die Wünsche der Frauen überschreiten nicht den engen Lebensraum, dem diese zugeordnet sind (die Schönste sein; geliebt werden, nicht lieben; nur von geliebten Menschen umgeben sein und viele wahre Freunde haben; anderen ins Herz sehen können; unsichtbar sein und alle Geheimnisse kennen; ein »honneste homme« sein; unsterblich sein; nicht schlafen müssen). Anders die der Männer (König sein; so reich sein wie man will; immer gesund sein; als Herkules Damen befreien, Ungeheuer töten, den Königen helfen, Städte bezwingen; für alle Freuden empfänglich sein; nichts begehren; geistreicher sein; nicht lieben; verliebt sein; der Stärkste, der Beredteste sein; Unsterbliches schreiben; gelehrt sein; geliebt werden von der, die man liebt; ein weiser Gesetzgeber sein). Die Antworten Amilcars und sein eigener Wunsch fassen zum Ende dieses 10. Bandes noch einmal alle im Roman berührten moralischen und psychologischen Themen zusammen.

159 Mlle de Scudéry folgt hier genau der livianischen Quelle (vgl. Pauly (1975) 1979: Art. »Cloelia«).

Anmerkungen zu:

II. Mlle de Montpensier und die literarische Ikonographie der Feudalaristokratie (1659)

1 Zitiert nach La Force 1952: 108; vgl. Lecigne 1910: 15; Doolittle 1971: 125–126. – Anne-Marie Louise d'Orléans (1627–1693) ist Enkelin Heinrichs IV. und der Maria v. Medici, Cousine Ludwigs XIV.; der Beiname »Grande Mademoiselle« sollte sie von den jüngeren Halbschwestern aus der zweiten Ehe ihres Vaters, Gaston d'Orléans, unterscheiden.
2 Montpensier 1858: 2. Bd., 248; 3. Bd., 348, 403, 438, 453.
3 1978.
4 1858: 3. Bd., 537. – Zur begrifflichen Entwicklung von »divertir«, »divertissement« vgl. Dumonceaux 1975: 180–220.
5 Vgl. 1858: 1. Bd., 1–2; 2. Bd., 243–248, 260; 3. Bd., 357, 571; 4. Bd., 93–94. – Segrais 1723: 1. Bd., 136. – Vgl. auch Henein 1976–77: 45; Moiset 1890; Amiguet 1957: 411.
6 1966: 2. Bd., 259; vgl. Watts 1975.
7 1858: 1. Bd., 111, 218; 2. Bd., 260–266. – Vgl. Henri-Robert 1925: 18–20; La Force 1952: 49–60; Ducasse 1964: 2. Kap.
8 1858: 3. Bd., 534.
9 1972: 1. Bd., 140–144.
10 Vgl. Hipp 1976: 298, 307; Schlumbohm 1978; Verdier 1983.
11 Mayer 1978: 57; Fumaroli 1971.
12 Vgl. u.a. die Portraits von Chabot (1858: 1. Bd., 112), der Princesse de Carignan (208), Nemours (2. Bd., 133), Christina v. Schweden (457–458), der Princesse de Savoie (3. Bd., 307).
13 A.a.O.: 2. Bd., 283–284.
14 Vgl. Mayer 1978: 62–63, 68; Amiguet 1957: 264–265; La Force 1952: 137.
15 Vgl. Montpensier / Barthélemy 1860: 494.
16 1858: 3. Bd., 83; 4. Bd., 549. – Ähnliches beteuert G. de Scudéry (Shirt 1970: 71).
17 1858: 3. Bd., 381; vgl. 4. Bd., 454; (1755) 1968: 172.
18 Vgl. Segrais 1723: 1. Bd., 170–171.
19 (1755) 1968: 174.
20 So Mlle de Scudéry, Mme de Maure und Mme de Sablé (vgl. Ducasse 1964: 173). – Wertlos nennen ihn Amiguet (1957: 416) und Plantié (1975: 183).
21 (1755) 1968: 200.
22 A.a.O.: 2. Bd., 146–148.
23 Legt man die Schlüssel bei Cousin und Niderst zugrunde, figurieren alle Genannten auch in den Scudéry-Romanen.
24 (1755) 1968: 210.
25 Segrais 1722: 1. Bd., 13. – Zu den Zeitbezügen vgl. Hubert 1966. – Näheres auch bei Godenne 1970: 46–59; Pizzorusso 1962: 55–78.
26 Vgl. Segrais 1722: 1. Bd., 8; Cousin 1854: 40–41; Plantié 1975: 666, Anm. 150.
27 Segrais 1722: 1. Bd., 20–24.
28 Vgl. etwa Mme de Villedieu, *Les Amours des grands hommes de France* (1671); Anne de La Roche-Guilhem, *Journal amoureux d'Espagne* (1675); *Les Amours de Néron* (1695); Mlle de La Force, *Histoire secrète de Bourgogne* (1694); Catherine Durand-Bédacier, *Histoire des amours de Grégoire VII, du cardinal de Richelieu, de*

la princesse de Condé et de la marquise d'Urfé (1700); *Les mémoires secrets de la cour de Charles VII, roy de France* (1700); *Les avantures galantes du chevalier de Themicour* (1706); Mme de Gomez, *Anecdotes, ou histoire secrète de la maison ottomane* (1722); *Histoire secrète de la conqueste de Grenade* (1723); Mlle de Lussan, *Anecdotes de la cour de Philippe-Auguste* (1733–1738); *Anecdotes de la cour de François Ier* (1748). – Die Liste wäre beliebig zu verlängern. Die Anekdote wird im 18. Jahrhundert eine der »weiblichen« Gattungen, vgl. Nies 1978: 995 und Anm. 7.

29 Vgl. Ducasse 1964: 114.

30 Segrais 1722: 1. Bd., 12.

31 A.a.O.: 17.

32 Beide signieren die letzten Portraits. Nach dem Abzug von 30 (Segrais) und nicht 60 Exemplaren (Huet) haben sie die Druckplatten zerbrochen, um eine größere Verbreitung durch die Buchhändler zu verhindern. Beide korrigierten die Texte, und die von ihnen besorgte Anordnung verrät Einsicht in die Identifizierungen (vgl. Segrais 1723: 1. Bd., 172; Lachèvre 1903: 21–22; Plantié 1975: 148–152).

33 Dazu Mai 1975: 34.

34 Dazu vgl. Plantié 1975: 95–96, 642 Anm. 76.

35 Segrais 1722: 1. Bd., 2.

36 Näheres dazu vgl. La Force 1952: 182–184; Steegmüller 1955: 161–162; Ducasse 1964: 168–170.

37 Montpensier / Barthélemy 1860: XIV (in der Folge als M/B. zitiert).

38 Vgl. Mai 1975: 66; Thomas 1910: 1–2.

39 1856: 179–181; Freudmann (1957: 27) datiert anders als Lafond (1966: 144, Anm. 12) dies Zeugnis auf 1653–1654.

40 M/B. 1860: 422–423.

41 Vgl. Franz 1905: 56; Plantié 1975: 150, 182, 411.

42 Vgl. Gere Mason 1892: 54; Lecigne 1910: 82.

43 M/B. 1860: 98.

44 A.a.O.: 480–490.

45 Vgl. Henein 1976–1977: 47.

46 M/B. 1860: 78.

47 A.a.O.: 111, 415, 443.

48 A.a.O.: 352–353; 479; 480–481; vgl. 73, 88.

49 A.a.O.: 95, 99, 140, 235, 425, 439, 458, 461, 465, 513, 519, 526.

50 A.a.O.: 447.

51 A.a.O.: 136, 352, 361, 492, 504, 450, 207, 448, 246.

52 A.a.O.: 235; der Vergleichstext: 447; vgl. auch 207.

53 A.a.O.: 245; vgl. 321, 425.

54 A.a.O.: 415.

55 A.a.O.: 96 (»Vous êtes naturellement tendre et passionnée; mais à la honte de votre sexe, cette tendresse nous a été inutile, et vous l'avez renfermée dans le vôtre, en la donnant à madame de la Fayette«).

56 Das »Portrait de Lindamor« ist von Mme d'Esche (a.a.O.: 448–450). Nach Plantié war den Herausgebern die gemeinte Person als M. de Maulny bekannt (1975: 152).

57 M/B. 1860: 433–435.

58 A.a.O.: 455–458, 2, 490–492.

59 Amarillis (Mme de Châtillon, a.a.O.: 63–65), Iris (Mlle de Saumaise, 207–208), Olympe (Mme de Gouville, 352–360), Marguerite (Margot Cornuel, 361–363), Philis (Mme de Choisy, 447–448).

60 A.a.O.: 496.

61 Dazu vgl. Bardon 1974: 53–62; Wind 1937–1938; Hautecoeur (1942) 1963^2: 13–18; Starobinski 1981: 7–8.

62 M/B. 1860: 510. – Zum »portrait historié« vgl. Mai 1975: 83.

63 M/B. 1860: 353, 20–23.
64 A.a.O.: 531, 534.
65 Bardon 1974: 59–64; vgl. auch Steegmüller 1955: 220; Schlumbohm 1978: 91–96.
66 Vgl. Plantié 1975: 25, 155.
67 Vgl. u.a. Brown 1974: 58–86; Bridgeman 1957: 14; Dubois 1973: 165–168.
68 Das Vokabular wird von Plantié (1975: 99–104) umfassend registriert und systematisiert.
69 »Je prendrai plaisir à faire celui-ci [= portrait], je le retoucherai plusieurs fois et je m'en pénétrerai plus que Beaubrun, Juste, Nocret ou Ferdinand ne font aux leurs.« (Lignières, in M/B. 1860: 284).
70 A.a.O.: 209–213.
71 A.a.O.: 171.
72 A.a.O.: 68.
73 A.a.O.: 405.
74 A.a.O.: 91–94, 379–384; vgl. Plantié 1975: 103.
75 Vgl. Mlle Desjardins im *Recueil* (M/B. 1860: 387).
76 M/B. 1860: 455–458.
77 A.a.O.: 438, 510; vgl. 380.
78 A.a.O.: 360.
79 A.a.O.: 515–519. – Für die Zuschreibung an sie plädieren Cuénin 1973: 79; Plantié 1975: 172–173.
80 M/B. 1860: 235–238.
81 1975: 177.
82 So deuten es Amiguet (1957: 411) oder Henein (1976–1977: 47).
83 M/B. 1860: 419–421.
84 A.a.O.: 421–423. – Vgl. Sévigné 1978: 3. Bd., 557, 561.
85 taille – air – visage – yeux – nez – bouche – bras – mains/ – qualités de son âme / dévotion. – Sie ist leicht reizbar, scheint sanfter als sie ist, langweilt sich, wo andere belustigt sind, übertreibt die Freigiebigkeit (M/B. 1860: 490–492).
86 A.a.O.: 429–432.
87 A.a.O.: 436–439.
88 Vgl. Himelfarb 1978: 91; Mayer 1978: 70–71.
89 M/B. 1860: 501–503.
90 Vgl. Sévigné 1972: 1. Bd., 655–656.
91 M/B. 1860: 98–100; vgl. 412: »Je suis plus propre à faire miséricorde que justice.«
92 A.a.O.: 425–428.
93 A.a.O.: 439–442.
94 A.a.O.: 410–415.
95 A.a.O.: 498–499.
96 Belege dazu in ihrem Selbstportrait. – Zum Verhältnis von Eigenliebe und »gloire« vgl. Fuchs 1977: 224.
97 Plantié 1975: 28.
98 M/B. 1860: 412, 415. – Vgl. auch die Anspielungen auf die Fronde in den Portraits von Mme de Choisy, Condé, Monsieur oder dem König.
99 Vgl. a.a.O.: 237, 99, 441, 141.
100 Vgl. dazu Plantié 1975: 179–181.
101 Plantié (a.a.O.: 155) nennt allein Sourdis und Vineuil. – Bis auf Margot Cornuel, Guilloire und Huet gehören die Portraitisten und ihre Modelle dem Adel an.
102 A.a.O.: 264–267.
103 Vgl. Mongrédien 1946: 165. – Vgl. Brégis 1667: 5–15, 42–43, 55–57, 61–67, 77–79. Dazu Tallemant 1961: 2. Bd., 404.
104 Abgedruckt in Cousin 1854: Appendice XXII.
105 1975: 202–208.

106 M/B. 1860: 442.
107 In Segrais 1755: 2. Bd., 248–251.
108 A.a.O.: 215; Mme de Sévigné spielt darauf an (1974: 2. Bd., 26, 141).
109 Segrais 1755: 2. Bd., 221–236.
110 A.a.O.: 217.
111 1975: 185.

Anmerkungen zu:

III. Portraitistin oder Modell: Die Frauen in den literarischen Galerien von 1659

1 1718: 193.
2 Vgl. Tallemant 1961: 2. Bd., 405; Franz 1905: 52.
3 Vgl. die Andeutung bei Mme de Sévigné 1974: 2. Bd., 176.
4 Zu den Identifizierungen vgl. neben Barthélemy (passim) Lachèvre 1903: 25, korrigiert und ergänzt bei Plantié 1975: 199–209, 228: »D.F. = de Francheville; G. = Gramont; M.P. = Perrault; Comtesse D ++ = d'Esche; Aminte = Mme de Montglat; Amarillis = Mme de Fiesque.« – Zur Feminisierung der Gattung vgl. Sorel (1659) 1788: 369.
5 M/B. 1860: 352–360.
6 A.a.O.: 137–140.
7 A.a.O.: 465–468.
8 A.a.O.: 526–531.
9 Vineuil → Olonne, a.a.O.: 461–465 (463); Saint-Évremond → Olonne, 145–151 (148); Vineuil → Cornuel, 361–363.
10 So die Zuschreibung des »Selbstportraits« der Mlle de Rohan durch Plantié (1975: 142, 194); noch Stanton (1980: 82) verwechselt die Bände und Titel.
11 Vgl. M/B. (1860): 25–30 neben dem anonymen Portrait des von ihr vorgezogenen Bastards, Chevalier de Charny (*DP,* in M/B. 1860: 523–525).
12 Vgl. M/B. 1860: 4–10. – Zur Editionsgeschichte Lachèvre 1903: 18–21.
13 So der Titel des 2. Kapitels bei Plantié (1975: 187).
14 M/B. 1860: 103–111, 218–223, 26–27, 250–255.
15 1927: 1. Bd., 35.
16 A.a.O.: 41 und M/B. 1860: 146–149.
17 Plantié 1975: 197–199.
18 M/B. 1860: 341–346.
19 A.a.O.: 325–331. Zur Zuschreibung vgl. Plantié 1975: 199–201. – Weniger gesichert ist, ob sich hinter Climene Mme de Lafayette verbirgt (dies: 1966).
20 Vgl. sein Selbstportrait in M/B. 1860: 239–243, bes. 241.
21 A.a.O.: 256–259 (Montbel), 316–320 (Deshoulières), bes. 316–317.
22 A.a.O.: 278, 288, 305, 313–314, 316.
23 A.a.O.: 160–164 (Lignières → Deshoulières als Amarante), 301–305 (dieselbe als Philis), 316–320 (erneut als Amarante), 261–264 (Lignières → Montbel). Im »Portrait de Mlle de Villenne« (283–290) erwähnt er deren vorangegangene Schilderung durch Mme Deshoulières (Philis, 283). Als er Lisette den Wunsch erfüllt, sie zu portraitieren – in der dem einfachen Mädchen gemäßen Prosa (371–373) –, verweist er auf seine früheren Portraits von »les Philis, les Climènes, les Silvies, et les Amarantes, qui sont des personnes de condition« (371).
24 Plantié 1975: 571–572.
25 M/B. 1860: 386–388, 388–390, bes. 389.
26 272–274.
27 A.a.O.: 250–255 (Gramont), 162, 303, 315–316 (Lignières).

28 A.a.O.: 232–234.
29 A.a.O.: 154–157 (Montbel → Guesbriant), 192–197 (Montbel → Marolles).
30 A.a.O.: XVII–XVIII.
31 Vgl. das »Portrait de M. +++ fait par lui-même«, das lediglich die elogiöse Topik ins Negative verkehrt, oder das anonyme, burlesk-satirische »Portrait de M. Néophile«, einer Frau (a.a.O.: 368–371, 365–368).
32 A.a.O.: 293, 315, 325, 491. – »Als ein Auszeichnendes ist das ›je ne sais quoi‹ ein Unterscheidendes, als Postulat der ›honnêteté‹ ein Gemeinsames. Es bezeichnet das Höchstmaß an Individualität, das eine jedem Außenseitertum abholde Gesellschaft zuläßt« (Köhler 1966: 245).
33 M/B. 1860: 18, 115, 251, 292, 302, 323, 357.
34 M/B. 1860: 131–132, 265, 386, 391; 214; 65, 224, 415; 88, 265; 73, 227, 373; 121, 265; 321, 425.
35 1977: 97.
36 1975: 33.
37 Vgl. Gournay 1626: 729–785; 1910: 109–113. Dazu Verf. 1979: 77–88; Dezon-Jones 1983; Stanton 1983.
38 M/B. 1860: 85. –Sorel führt die Nähe zur »confessio« auf die jansenistische Neigung zu öffentlichen Reuebekenntnissen zurück ((1659) 1788: 364).
39 1969: 543.
40 1977: 93–94.
41 M/B. 1860: 43–44.
42 A.a.O.: 345. – Die übrigen sechs männlichen Selbstportraits schweigen hier.
43 1626: 511–514, 530–551; vgl. Verf. 1979: 83–84.
44 1977: 8, 64–65, 69.
45 Vgl. Ascoli 1906: 99–100, 161–184.
46 Vgl. die entsprechenden Belege bei Maclean 1977: 9, 11, 40–50, 77.
47 Hierzu und zum Folgenden vgl. 1976: 31–51.
48 Vgl. die Traktate von Bermen, Gilbert, Du Bosc u.a. Dazu auch Doumic 1898; Magendie 1925: 2. Bd., 713–714; Merrill 1949; Peach 1975.
49 Vgl. Reynier 1929: 39; Magendie 1925: 2. Bd., 709–713; Ronzeaud 1975: 26.
50 Hierzu und zum Folgenden vgl. Maclean 1977: 19–21, 64–87; dort auch die Belege.
51 Pelous 1980: 90–101, bes. 91; ähnlich skeptisch urteilen Reynier 1929: 69–70; Magendie 1925: 2. Bd., 714; Ronzeaud 1975: 16–17; Angenot 1977: 159–162.
52 1975: 337.
53 Ähnlich für die Romane Diego de San Pedros H. Baader 1975: 26–27. – Daß nur ausnahmsweise (11, 22–24) die dem »honnêteté«-Ideal und seinen Inhalten (48–53, 90–91, 99–101, 123–133, 139–146) jeweils zugrundeliegenden Standesinteressen erwähnt werden, ist der zentrale Einwand gegen die – im übrigen geistreiche – Arbeit von Stanton (1980).
54 Elias (1969) 1979[4]: 35; Näheres vgl. 222–319.
55 Lepenies (1969) 1972: 64; vgl. 51–55. – Zu Geschichte und Therapie der Melancholie vgl. Starobinski 1960.
56 Lepenies (1969) 1972: 58.
57 M/B. 1860: 37. – Zur Geschichte des Motivs der Langeweile vgl. Völker 1975: 139–143. Zur Begriffsgeschichte von »ennui« im 17. Jahrhundert vgl. Dumonceaux 1975: 241–284.
58 M/B. 1860: 112.
59 A.a.O.: 50; vgl. 167.
60 A.a.O.: 80.
61 A.a.O.: 451.
62 A.a.O.: 49, 52.
63 A.a.O.: 102.

64 A.a.O.: 455–456.
65 A.a.O.: 108; vgl. Plantié 1975: 112–119.
66 Vgl. Foucault (1972) 1979: 283; Hepp 1981.
67 Belege bei Plantié 1975: 129, vgl. 123.
68 M/B. 1860: 35–36.
69 A.a.O.: 46.
70 A.a.O.: 51. – Der Einfluß des Calvinismus und des »Clair-Obscur« in der holländischen Malerei, auf den Plantié (1975: 277) verweist, ist dabei nicht auszuschließen.
71 M/B. 1860: 472–473, 128–129, 163.
72 A.a.O.: 225, 204.
73 M/B. 1860: 123 (Hervorhebung von Verf.). – Vergleichbar ist hier das – oben erwähnte – Bekenntnis zur »Nachlässigkeit [die] zu einer neuen Art von Distinktion aufgewertet wird« (Köhler 1979: 415–416). Diese soll jedoch nicht allein den »Vertretern des Hochadels, [,] absolutismusgeschädigten oder oppositionellen Gruppen ...[,] den ermatteten heraldischen Glanz aufpolieren«. Die »Postivierung der Ohnmacht« gilt hier auch den Normierungen des Frauenbildes.
74 M/B. 1860: 77 (Mme de Maulny).
75 A.a.O.: 445 (Mme de Pontac); 215 (»une demoiselle de grande qualité«) vgl. 89–90 (Mme de Saint-Chaumont).
76 A.a.O.: 47 (Princesse de Tarente); vgl. 39 (Mme de La Trémouille); 214 (»une demoiselle de grande qualité«); 130 (Mme du Fresnoy); 225 (Mlle Desjardins); 336 (La Comtesse de +++). – Hepp sieht nach der Fronde den einst gepriesenen weiblichen Heroismus durch die Tugenden der schweigenden Mittlerin und der nur einmal Liebenden abgelöst. Die von ihr nicht berücksichtigten Selbstportraits der Frauen lassen indes erkennen, daß dies ein männlicher Konsens ist (1978: 9–27).
77 M/B. 1860: 78.
78 A.a.O.: 80–81.
79 Zur weiblichen »retraite«, die von Mongrédien noch bespöttelt wurde (1928: 690–691), vgl. Beugnot 1978.
80 Sie wurde 1629 geboren, bei den Benediktinerinnen in Montargis erzogen, leistete 1646 ihre Gelübde und wurde zunächst Äbtissin der Trinité in Caen und später, 1654, in Malnoue. Mlle de Scudéry und Pellisson verehrten sie sehr und zogen sie wiederholt ins Vertrauen, nachdem durch Perraults Inhaftierung nach der Festnahme Foucquets (1661) Jahre der politischen Ungnade begannen. Einmütig bewunderten die Zeitgenossen ihren Geist (Niderst 1976: 468 und 470).
81 Zit. nach La Rochefoucauld 1967: 587–589. Ständisches Selbstwertgefühl bestimmte auch ihr Portrait des von kirchlichen Rängen damals noch weit entfernten P. D. Huet: Die Anerkennung für den illustren Gelehrten hinderte sie nicht daran, ihm einige, in seinem Universalwissen gründende, gesellige Mängel vorzuhalten. (M/B. 1860: 521–522) Zu der Zuschreibung des Textes an Mme de Caen vgl. Plantié 1975: 160–161.
82 (1659) 1788: 364–367.
83 Lediglich Misch (1923: 192, 195) erwähnt sie, nicht aber Heier (1976). Plantié wiederum blieb die Auswertung der spezifisch weiblichen Aussagen schuldig.
84 1977: 101–172.

Anmerkungen zu:

IV. Der Hof und das Exil der Spiele: Mlle de Scudérys Novellen (1661–1669)

1 Vgl. Mongrédien 1933: 553.

2 Godenne 1972: 503; Niderst 1976: 432. – Die Scudéry-Novellen blieben lange weitgehend unbemerkt (so in Deloffre 1967, Godenne 1970, Steinmetz 1976).
3 Scudéry 1661: 80.
4 »Les movches galantes, avx movches volantes« (88–91) mit der »Responce des vrayes movches avx favsses movches« (95–98). Die Kritik an den Nachahmern zeigt, daß sie Tiergedichte, wie sie in ihrem Kreis an die »pigeonne«, »tourterelles« und »fauvettes« gerichtet wurden, ehrgeizig als dessen – und ihr – Eigentum zu behaupten versucht.
5 Hierzu vgl. Niderst 1976: 439–447.
6 Etwa gleichzeitig verfaßte La Fontaine die *Relation de l'Entrée de la Reine* (1958: 509–512) und der 20-jährige Racine seine Ode *La nymphe de la Seine à la Reine*. Niderst führt sieben offizielle Berichte dieser Zeremonie auf (Scudéry 1979: 59, Anm. 17); vgl. Tapié 1949: 190–191. – Zur »Entrée« als Ritual vgl. Apostolidès 1981: 16–19.
7 1959: 13.
8 Vgl. Bray 1972: 20–21.
9 Scudéry 1661: 58; vgl. 60.
10 A.a.O.: 386.
11 A.a.O.: 388.
12 Vgl. Mongrédien 1933: 554.
13 Vgl. Lever 1976: 208; H. Baader (1972) 1973: 34; Paquot 1932: 133–140.
14 Vgl. Mme de Lafayette: *Zaide. Histoire espagnole* (1670); Mme de Villedieu: *Les galanteries grenadines* (1673); A. de La Roche-Guilhen: *Journal amoureux d'Espagne* (1675); Mme d'Aulnoy: *Memoires de la Cour d'Espagne* (1690); dies.: *Nouvelles espagnoles* (1692); C. Bernard: *Inès de Cordoue, nouvelle espagnole* (1696).
15 Vgl. Mongrédien 1933: 554–555.
16 Vgl. Niderst 1976: 459, 470–471.
17 Vgl. Scudéry 1667: 3–6.
18 A.a.O.: 40–44.
19 A.a.O.: 12.
20 A.a.O.: 19–20, 28–29, 56, 67–79. – Vgl. Mme de Sévigné 1972: 1. Bd., 280.
21 »billets« und »lettres«: Scudéry 1667: 191–194, 239–249, 271–273; die Verse der Frauen: 44, 281–286; Alphonse: 214–215, 278–279.
22 A.a.O.: 53–55, 59–62, 46–53, 23–24.
23 »Hauts lieux...« 1975: 133–134.
24 Vgl. die Unterhaltung über »sincérité« und höfische »dissimulation« Scudéry 1667: 153–173. – Vgl. Mandrou 1973: 159–190.
25 Vgl. Verf. 1979: 85.
26 Scudéry 1667: 25.
27 1976: 83.
28 Belmont 1902: 658. – Zum Sprichwort im Hofballett vgl. Silin 1940: 230–231.
29 Scudéry 1667: 28–34.
30 A.a.O.: 37–39; Mme de Villedieu imitierte später die Integration der Spiele in eine Novellenhandlung (vgl. Cuénin 1979: 365–366).
31 Scudéry 1667: 40–44.
32 A.a.O.: 44–61.
33 A.a.O.: 63–71 (Artimas); 71–73 (Herminius); 74–76 (Meriandre); 76–106 (Themiste).
34 Vgl. Goebel 1971: 38–68.
35 Scudéry 1667: 105–106; vgl. Adam 1974; Rousset 1954: 49–51.
36 Scudéry 1667: 99–100.
37 A.a.O.: 110–114.
38 Vgl. die Belege bei Rathery et Boutron (1873) 1971: 73–77, 290–292; vgl. auch Niderst 1976: 450, 468–474.

39 Scudéry (1669) 1697: 67.
40 A.a.O.: 71–83.
41 A.a.O.: 181–188.
42 A.a.O.: 207–211.
43 A.a.O.: 295.
44 A.a.O.: 63–64.
45 1976: 486.
46 Scudéry (1669) 1697: 70.
47 A.a.O.: 163–168.
48 1967: 112; vgl. Silin 1940: 212, 225, 237, 245, 264, 269, 281, 291, 315, 318, 325, 331, 338, 349, 385.
49 Zur Beliebtheit des Völkerballetts, dessen Reiz neben der exotischen Ausstattung in der Verspottung politischer Gegner und dem Triumph über ihre Unterwerfung lag, vgl. Paquot 1932: 107–108, 125–133.
50 Christout 1967: 54, 73, 76, 78, 110–116, 128–132, 163; vgl. Silin 1940: 232–238, 296–312.
51 Vgl. B. Bray 1972: 12–19.
52 Scudéry (1669) 1697: 16–33; zum polemisch-defensiven Ton des Textes, der gegen Furetière gerichtet ist, vgl. Boursier 1984.
53 Vgl. Sayce 1972: 246; Goebel 1971: 193–196.
54 Scudéry (1669) 1697: 43–49, 371.
55 Hierzu und zum Folgenden vgl. a.a.O.: 362–371.
56 A.a.O.: 351. – Vgl. Niderst 1976: 484–485; Apostolidès 1981: 93–113.
57 Vgl. Lafond 1969: 489.
58 Scudéry (1669) 1697: 96, 104–105, 156, 194, 229–231.
59 A.a.O.: 127–129, 166, 359–360, 367.
60 A.a.O.: 101. – Zur Identifizierung der Werke und Autoren vgl. Niderst 1976: 241–242, 281, 360, 366, 374–377.
61 Analog dazu ist das Selbstzitat der »assignation d'esprit« aus der *Clelie* zu deuten: Wie Brutus und Lucrece versprechen sich auch hier die Liebenden, zu einer bestimmten Stunde aneinander zu denken. Wie in *Mathilde* gerät die darauf verfaßte Elegie Cleandres in fremde Hände, und das Geheimnis ihrer Liebe ist in aller Munde. Zuvor hatte das Paar eine Blumensymbolik erfunden, die Gefühle und Ereignisse verschlüsselt mitteilen sollte (Scudéry (1669) 1697: 155–156, 227–238).
62 Boileau 1961: 300.
63 Scudéry (1669) 1697: 216.
64 1976: 488–489. – Gegen Jahrhundertende trat die Autorin offen gegen ihn auf: 1684 hintertrieb Mlle de Scudéry im Verein mit Ménage Boileaus Aufnahme in die Académie; 1694 setzte sie sich in Briefen an Huet selbstbewußt mit der 10. Satire auseinander. (Belege in Rathery et Boutron 1873: 88, 92, 370–371).
65 Scudéry (1669) 1697: 127–128.
66 A.a.O.: 125.
67 So Godenne 1972: 513–514.

Anmerkungen zu:

V. Mme de Sablé und die weibliche Maximenkritik (1659–1663)

1 La Rochefoucauld 1967: 554.
2 Maxime XXXVI (Sablé 1971: 234). – Zu dem Vorstehenden vgl. auch Ivanoff 1927: 45; Hess 1957: 6; Alter 1970: 111.
3 Cousin 1854: 101; Sainte-Beuve 1951: 2. Bd., 1261–1262.

4 1960: 13, 31–32. Ähnlich zuvor Grubbs 1933: 24–28. Zur Maxime als einfacher Form vgl. Zeller 1954: 1–14.
5 Zum Verhältnis von Konversation und Korrespondenz vgl. Hess 1957: 8–9; Duchêne 1970: 99–114; 1978: 977–993; Gérard 1978: 963–974; B. Bray 1973: 10–11.
6 Cousin 1854: 62–65; Ivanoff 1927: 89–93, 130.
7 Belege zu Vorstehendem bei Cousin 1854: 71–72; Ivanoff 1927: 99–108, 129–147; Barthélemy 1865: 303–304, 309–311.
8 Vgl. Grubbs 1933: 19, 23; Sainte-Beuve 1951: 2. Bd., 1262; Ivanoff 1927: 162–165, 175; La Rochefoucauld 1967: 541–545.
9 1855: 1. Bd., 12.
10 A.a.O.: 13. – Zu ihrem von den Zeitgenossen belächelten idealistischen Spanienbild Belege bei Ivanoff 1927: 42–43; Cousin 1854: 179.
11 Näheres vgl. Motteville 1855: 1. Bd., 358; Cousin 1854: 317–330, 344; Barthélemy 1865: 302, 314–316; Ivanoff 1927: 29, 130; Hough 1936: 69–70; Baldensperger 1936: 58; Kruse 1960: 52–53; Van Delft 1976: 39.
12 Veröffentlicht in Ivanoff 1927: 109–111. Zur Medizin im 17. Jahrhundert vgl. Wear 1982, dort auch (128) weiterführende Literatur.
13 Ivanoff 1927: 142–143.
14 Brief an Arnauld d'Andilly (A.a.O.: 49).
15 A.a.O.: 173, vgl. 169.
16 Maxime LXXVIII (Sablé 1971: 239).
17 Ivanoff 1927: 181; vgl. Ansmann 1972: 127.
18 Zur scharfen Verurteilung des »amour-propre« vgl. Fuchs 1977: 224, 233.
19 Ivanoff 1927: 150–156; dort auch zum Titel.
20 Vgl. etwa Mme de Lambert, Mme Leprince de Beaumont, Mme d'Épinay, Mlle d'Espinassi, Mme de Lafite, Mme de Miremont, Mlle Cosson, Mme de Genlis, Mme Mouret, Mme Legroing-La-Maisonneuve (Verf.: »Die Literatur...« 1980).
21 Cousin 1854: 76–77 (Anm.).
22 Ivanoff 1927: 151.
23 A.a.O.: 153, Hervorhebungen von Verf.
24 Vgl. hierzu Krailsheimer 1962: 31–46, 81–97.
25 Vgl. Hough 1936: 72.
26 Vgl. Maximen XLIX, XXIX, XXXI, XXXVI, XL, XLIX, L, LI, LIX, LXV, LXIX und passim.
27 Belege in dem Briefwechsel (La Rochefoucauld 1967: 545, 549, 551, 557–559): »notre volume«, »les quatre maximes que nous fîmes«, u.a.
28 A.a.O.: 553.
29 Sévigné 1972: 1. Bd., 285–286.
30 A.a.O.: 435–436, vgl. 447, 450, 508, 717 und passim.
31 Vgl. Sévigné 1974: 2. Bd., 641, 643. – Vgl. die »Remarques de la Reine Christine de Suède sur la troisième édition des *Maximes*« in La Rochefoucauld 1967: 601–621.
32 In Sévigné 1972: 1. Bd., 585.
33 Belege in La Rochefoucauld 1967: 568, 572, 576.
34 Ähnlich auch Mme de Sévigné (1972: 1. Bd., 418). Zum fundamentalen Gegensatz zwischen dem La Rochefoucauldschen pathologischen Charakter der Liebe und der preziösen, rationalistisch-moralischen Liebesdogmatik vgl. Ansmann 1972: 108–123.
35 La Rochefoucauld 1967: 562.
36 A.a.O.: 577.
37 A.a.O.: 564–565.
38 A.a.O.: 567, Anm. 18.
39 A.a.O.: 570.

40 Ebda.
41 Veröffentlicht in Cousin 1854: 142–143 Anm. 1; Ivanoff 1927: 170–171; La Rochefoucauld 1967: 581–582.
42 Gabrielle de Rochechouart-Mortemart, Abbesse de Fontevrault. Daneben Mme de Sablés Nichte Éléonore de Souvré, Abbesse de Saint-Amand in Rouen (Cousin 1854: 159–174, 281–295).
43 Vgl. auch Magne 1924.
44 Näheres hierzu vgl. Ivanoff 1927: 61; Goldmann 1967: 71; Adam 1968: 188–192; Clarac 1969: 46.
45 1927: 198.

Anmerkungen zu:

VI. Das Vermächtnis an die »Modernes«: Mlle de Scudérys *Conversations* und *Entretiens* (1680–1692)

1 Näheres zu Vorstehendem vgl. Rathery et Boutron (1873) 1971: 82–83, 99–101, 119–130, 321–332; Niderst 1976: 505–509; Spahr 1982.
2 Rathery et Boutron (1873) 1971: 301–302.
3 De Vertron 1698: 1. Bd., 65, 69–70, 73–78, 89–96, 201–202, 215–216.
4 Vgl. die Belege bei Rathery et Boutron (1873) 1971: 371–375; Adam 1962: 5. Bd., 63, Anm. 4.
5 De Vertron 1698: 1. Bd., 79, 82.
6 Salvan de Saliez 1806: XXXVI.
7 A.a.O.: 186–192, 202–203, 210.
8 Mme de Saliez wurde als Euterpe aufgenommen. Sie verweist auf Mme Deshoulières, Mme Dacier, Mme de Villedieu (220–225, vgl. 241, 261).
9 De Vertron 1698: 2. Bd., 185–189, 200–201.
10 Lhéritier 1702: 22–44.
11 A.a.O.: 27, 43.
12 A.a.O.: 71.
13 A.a.O.: 65–66.
14 Der vermeintliche Gegensatz dauerte im 18. Jahrhundert fort: Jacquin etwa griff ((1755) 1970) die »Carte de Tendre« als gefährliche Verführung zur Liebe, die Romane, die die Frauen in unzulässiger Weise verherrlichten, als moderne Behinderung der Wissenschaften und der Geschichte an (241, 286, 341–342).
15 De Vertron 1698: 2. Bd., 202–203.
16 Sévigné 1978: 3. Bd., 345, 135; ähnlich Mme Dacier 1685 (Rathery et Boutron (1873) 1971: 472).
17 Vgl. Alter 1970: 97.
18 Vgl. Rathery et Boutron (1873) 1971: 470.
19 Vgl. Sévigné 1978: 3. Bd., 104.
20 Vgl. Rathery et Boutron (1873) 1971: 479–480. Dort auch Belege über Mlle de Scudérys Äußerungen über Saint-Cyr (305, 311–312, 521).
21 Mit Spott und Ressentiment gegenüber diesem Erziehungswerk für junge Damen, das er nur da anerkannte, wo es deren Bildungsgrenzen einengte, begrüßte Sainte-Beuve Boileau, der der Bewunderung seiner Autorin, eines »Nicole des femmes«, wirkungsvoll ein Ende gesetzt habe (o.J.: 4. Bd., 127, 137, 139).
22 (1685). Vgl. Rathery et Boutron (1873) 1971: 473.
23 Vgl. ihre Erklärung zum letzten der fünf Titel, 1692 (a.a.O.: 351).
24 Vgl. hierzu B. Bray 1972: 13–17, 28–29.
25 »De l'envie« (*MdM* 1686, zit. n. Scudéry/Wolfe 1977: 44–45). – Vgl. ihren Brief an Huet (1670) in Rathery et Boutron (1873) 1971: 293.

26 »De la paresse« (*MdM* 1686: 1. Bd., 75).
27 *MdM* 1686, in Scudéry/Wolfe 1977: 95 (Hervorhebung v. d. Verf.).
28 »De la haine« (*MdM* 1686: 2. Bd., 16–17).
29 *MdM* 1686, in Scudéry/Wolfe 1977: 63–79.
30 Vgl. *Clelie:* 8. Bd., 640–675, nachgedruckt als »De parler trop ou trop peu« in *CDS* 1680, Scudéry/Wolfe 1977: 25–39.
31 »De la paresse« (*MdM* (1686) 1688: 1. Bd., 87–88); »De l'incertitude« (*MdM* 1686, in Scudéry/Wolfe 1977: 111); »De la médisance« (a.a.O.: 132); »De l'hipocrisie« (*NCM* (1688) 1692: a.a.O.: 152); »De la modestie« (*EdM* (1692) 1693: 1. Bd., 6–7); »De l'experience« (a.a.O.: 133).
32 »De la conversation« (*CDS* 1680: 1. Bd., 20, 4–23).
33 Belege zu Vorstehendem in »De l'esperance« (*MdM* (1686) 1688: 1. Bd., 22–23); »De la colere« (a.a.O.: 126); »De la haine« (a.a.O.: 2. Bd., 24); »De la reconnoissance« (*EdM* (1692) 1693: 2. Bd., 419); »De la tyrannie de l'usage« (*MdM* 1686, in Scudéry/Wolfe 1977: 73–74).
34 »De l'avarice« (*MdM* (1686) 1688: 2. Bd., 78–80).
35 In »Histoire et conversation d'amitié« (a.a.O.).
36 Vgl. die »Description de Saint-Cyr« (*NCM* (1688) 1692: 1. Bd., 150–168).
37 »De l'esperance« (*MdM* (1686) 1688: 1. Bd., 20–21.
38 »De parler trop ou trop peu, et comment il faut parler« (1. Bd., 200–250 ← *Clelie:* 8. Bd., 640–675); »Contre ceux qui decrient le Gouvernement quel qu'il soit« (251–270 ← *Cyrus* 9. Bd., 609–616); »Des passions que les hommes ont inventées« (271–309 ← *La promenade* ... (1669) 1697: 195–215); »De la Complaisance« (310–338 ← *Clelie:* 6. Bd., 727–744); »De la difference du Flateur et du Complaisant« (339–358 ← *Mathilde* 1667: 44–61); »De la dissimulation et de la sincerité« (359–384 ← *Mathilde* 1667: 153–173 (dieser Titel wird von Wolfe, wie eine Reihe weiterer, nicht erwähnt; andere werden unvollständig oder ungenau zitiert, einige Binnentexte als isolierte aufgeführt. Seitenzahlen fehlen ebenso wie genaue Hinweise darauf, welches der Gespräche – und woher – nachgedruckt, welche überarbeitet, kontaminiert oder neu redigiert wurde. Insoweit ist der Anhang, 155–157, weitgehend unbenutzbar. – Dieselben Mängel gelten für die im übrigen verdienstvolle Monographie von Aronson 1978). »De l'Oisiveté et de l'Ingratitude« (385–450 ← *Clelie:* 7. Bd., 83–129); »La maniere d'inventer une fable« (2. Bd., 451–490 ← *Clelie:* 8. Bd. 1120–1148).
39 2. Bd., 491–522 ← *Clelie:* 2. Bd., 1044–1056 und *Cyrus:* 9. Bd., 562–576. Den Ausklang bildet ein neues Elogium auf Ludwig XIV.
40 1. Bd., 46–82.
41 2. Bd., 615–637; vgl. *Cyrus:* 9. Bd., 583–606.
42 1. Bd., 1–45, vgl. *Cyrus:* 10. Bd., 422–432.
43 1. Bd., 83–172 (103–104).
44 1. Bd., 173–199.
45 »De l'incertitude« (*MdM* 1686, Scudéry/Wolfe 1977: 90–110); »Histoire de la Morale« (*NCM* (1688) 1692: 26–149, hier: 84–100).
46 *Clelie:* 10. Bd., 1041–1045: »amour et absence«; 1. Bd., 70–76: »inclination«; 3. Bd., 215–231: »amour, amitié, galanterie«; 3. Bd., 469–496: »gloire«; 4. Bd., 895–918; 10. Bd., 813–823: »jalousie«; 1. Bd., 195–221, 390–414, 3. Bd., 215–231, 5. Bd., 320–336, 59–86, 9. Bd., 485–506: »amitié-amour«; 7. Bd., 83–129: »paresse«; 9. Bd., 96–124: »mensonges«; 10. Bd., 999–1015: »billets«; *Cyrus:* 4. Bd., 89–103, 7. Bd., 288–293: »avarice – liberalité – prodigalité«; 9. Bd., 562–576: »raillerie«.
47 In *CNDS* 1684, zit. n. Scudéry/Michaut 1907.
48 A.a.O.: 54. Zu Pasquiers etwa zwanzigfach nachgeahmtem »Blason de la puce« vgl. Jan 1948: 170.

49 Scudéry/Michaut 1907: 62.
50 »Histoire de la morale« (*NCM* (1688) 1692: 76–77).
51 Vgl. dazu Gillot (1914) 1968: 499. Mlle de Scudéry ist dabei nicht erwähnt.
52 Vgl. Wolfe 1980.
53 »Du repentir«, »De l'experience«, »Du discernement«, »Des louanges«, »De l'hipocrisie«. – Sie nennt ihn »nostre Seneque françois (*EdM* (1692) 1693: 2. Bd., 242).
54 Vgl. Cassirer 1942: 20, 93, 97–99; Levi 1964: 265–284.
55 *MdM* (1686) 1692: 1. Bd., 136, 143–144.
56 *NCM* (1688) 1692: 1. Bd., 294–370. Die Texte stammen von E. Bétoulaud, Mme de Platbuisson, L. Le Laboureur, Anne de La Vigne und Pellisson.
57 A.a.O.: 26–149.
58 *EdM* (1692) 1693: 1. Bd., 149–188.
59 Vgl. Stierle 1985.

Anmerkungen zu:

VII. Mme d'Aulnoy und das feminine Salonmärchen (1697–1698)

1 Sorel (1671) 1974: 158; Di Scanno 1975: 19.
2 1974: 2. Bd., 516.
3 Jauß 1982: 300; vgl. auch Apel 1984: 9–12.
4 1699: 77.
5 Näheres hierzu vgl. Soriano 1968: 13–14; Delaporte (1891) 1968: 81–82; Barchilon 1975: 13.
6 Vgl. Rouger in Perrault 1967: XIII–XVII; Di Scanno 1975: 31–34; Barchilon 1975: 13–36. – Die Mehrheit der zeitgenössischen und modernen Kritik urteilt zugunsten des Vaters.
7 Vgl. hierzu Storer 1928: 52; Barchilon 1956; Soriano 1968: 54.
8 (1695) 1967: 5–6.
9 1696: 318.
10 Dies bejaht für Mlle Bernard Roche-Mazon (1928) und für Mlle Lhéritier Storer (1928: 52–53). Dagegen Di Scanno 1975: 133–137, 150.
11 1968: 66–67.
12 1966: 231; vgl. auch Fénelon (1934: 72) und Saint-Évremond (1970: 305).
13 Perrault 1964: 126; 1967: 3–4. – Houdar de La Mothe 1754: 3. Bd., 30.
14 In: Perrault 1967: 265. – Vgl. auch Storer 1928: 55–57.
15 Näheres hierzu Hazard 1935: 2. Bd., 171–173, 203–207; Simpson 1962 (bes. Kap. V).
16 Vgl. Soriano 1968: 256.
17 Vgl. die Widmung an sie in *Le Triomphe de Mme Deshoulières reçue dixième Muse au Parnasse* (Paris 1694), die an sie gerichteten letzten Verse der Mlle de Scudéry und deren erwähnte posthume Würdigung durch Mlle Lhéritier.
18 Vgl. Storer 1928: 41, 46, 117, 122, 151–153; Di Scanno 1975: 119, 145, 153–161; Barchilon 1963; Thelander 1982. – Vgl. auch Adam 1951: 44–47.
19 1730^4: 127. – Zum zeitgenössischen Erfolg der Gattung Belege bei Delaporte (1891) 1968: 73–76. – Die Mutter des späteren Régent, die Princesse Palatine und das Palais Royal bildeten das höfische Zentrum der Märchenmode (Vgl. Roche-Mazon 1968: 4).
20 Vgl. hierzu Delaporte: A.a.O., 33–39.
21 In Perrault 1967: 239. Vgl. ihre *Adroite princesse* (In Perrault 1826: 147).
22 1730^4: 126; vgl. De Villiers 1699: 85–86. – Zur Melusinensage vgl. Storer 1928: 129–139; Edelman 1946: 128.

23 Belege bei Edelman 1946: 126–137, 158–161; Rousset (1954) 1963: 44–45, 262; Mc Gowan 1984.
24 Vgl. u.a. Scudéry 1667: 107 (»Palais enchanté« i.e. Saint-Cloud); Mademoiselle in M/B 1866: 440 (dass. für Cheverny); Sévigné 1972: 1. Bd., 57 (dass. für das Château de Fresnes). Weitere Belege bei Mme de Sévigné: A.a.O., 637; 1974: 2. Bd., 832.
25 Vgl. Mandrou 1968: 333–334.
26 Goulemot 1980.
27 Vgl. Sévigné 1972: 1. Bd., 205.
28 Vgl. Wind 1937–1938.
29 Vgl. R. Bray 1963: 237.
30 Tallemant 1960: 1. Bd., 594; De Villiers 1699: 82–87; De Bellegarde 1730^4: 126.
31 1975: XIII; vgl. auch Soriano 1977: 1020.
32 Goubert 1966: 246–264.
33 U.a. Gelegenheitslyrik von Mlle de Scudéry und Mme Deshoulières (Juni 1685). – Näheres vgl. Vincent 1979; dies. 1984.
34 1967: 4–5.
35 1902: 653.
36 1698: 2. Bd., 425–427. Dort auch die übrigen Namen: SAPHO: Mlle de Scudéry – surnommée l'Universelle; THERPSICHORE: Mme Le Fevre Dassier ... la Sçavante, EUTERPE: Mme de Salies Vigniere d'Alby ... la Spirituelle; MELPOMENE: la présidente de Bretonvilliers ... l'Admirable; URANIE: Mme Le Camus de Melson ... l'Agreable; POLYMNIE: Mlle Deshoulières ... La Sage Victorieuse; ERATO: Mlle Cheron ... l'Excellente. – Daneben (431–432) »Les sept merveilles de la republique des lettres, ou les dames tant françoises qu'italiennes de l'Academie des Ricovrati mortes«:
I.: Mme Catherine de Vivone, Marquise de Rambouillet: Lumière de Rome,
II.: Mme de la Suze: l'Immortelle,
III.: Mme de Chate, auparavant de Villedieu: l'Inépuisable,
IV.: Mlle Anne de La Vigne: la Charmante,
V.: Mme du Ligier de La Garde Deshoulières: la Parfaite,
VI.: Mlle Louise Anastasie de Serment: la Philosophe,
VII.: La Signora Elena Piscopia Cornaro: l'Humble und l'Inalterable.
37 1966: 91.
38 o.J.: 3. Bd., 7.
39 1962: 212–213.
40 Perrault (1694) 1826: 259.
41 1966: 5–6.
42 1699: 4–19.
43 1979: 2. Bd., 143–181.
44 (1705) 1706: 1. Bd., 30–96, 100–153.
45 Bernard 1696: 11–44 (*Rosier*), 46–72 (*Riquet*); Durand-Bédacier (1699) 1736: 134–173; Murat 1699: 1. Bd., 119–173.
46 *Dom Fernand...* 1810: 3. Bd., 19; das Märchen als »literarischer Nachtisch« in 2. Bd., 364.
47 Bernard 1696: 7–8.
48 1810: 3. Bd., 66.
49 1810: 2. Bd., 216–217.
50 *Le pigeon et la colombe...* 1810: 4. Bd., 352.
51 *La chatte blanche...* 1810: 4. Bd., 66. Allgemeine Belege zum »Märchen im Märchen« a.a.O.: 275; 1. Bd.,: 377; 3. Bd., 389.
52 1699: 1. Bd., 115–117.
53 Belege: D'Aulnoy 1810: 2. Bd., 151, 298; 4. Bd., 19; Murat 1699: 1. Bd., 117–118; Lhéritier (1696) in Perrault 1967: 239.

54 D'Aulnoy 1810: 2. Bd., 364; 4. Bd., 61. Vgl. La Fontaine 1958: 133.
55 Lhéritier (1696) in Perrault 1826: 147; Murat 1699: 1. Bd., 118; 173–174; Lhéritier (1705) 1706: 29; vgl. D'Aulnoy 1810: 2. Bd., 321.
56 Vgl. den bei Storer (1928: 24) zitierten Beleg des *Journal* von Mme de Murat. Ähnlich über sie die »Notice des auteurs« des *Nouveau cabinet des fées* (1786) 1978: 18. Bd., 43.
57 *La tyrannie des fées détruite*, 1702.
58 1699: 1. Bd., 176–179.
59 Lhéritier (1705) 1706: 29; dies. in Perrault 1826: 112–113; weitere Belege dies. in Perrault 1967: 238 und dies. (1712) 1719 (»Avertissement«).
60 Dazu Storer 1928: 39–40; Tucker-Mitchell 1974: 4.
61 So auch das Urteil von Soriano 1977: 1022. – Lanson ignorierte, Adam bespöttelte sie (1962: 5. Bd., 318–319). Laufer-Lecherbonnier (1974: 2. Bd.) und Pomeau (1971: 110–111) gehen nur auf Perrault ein.
62 Vgl. Damman (1979: 132), der die desolate Forschungslage referiert und wertvolle kultur- und motivgeschichtliche Informationen nachträgt. Auch diese berühren Mme d'Aulnoy nicht und die übrigen Damen nur wenig.
63 Vgl. die Begründung bei Hillmann (1969: 80 und 1970 Nachwort).
64 Vgl. Damman 1979: 142. – Belege einer abschätzigen Rezeption der weiblichen Texte u.a. bei Deulin (1879) 1969: 35–36; H. Krüger 1969: 175–176; Wetzel 1974: 142; Apel 1978: 47–50; 1984: 6, 32–40. – Eine gewisse Ausnahme bildet Delarue, der freilich dem Volksmärchen und Perrault den Vorzug gibt (1957: 1. Bd., 20).
65 1969: 120–121; 1970 (»The History...«); 1970 (»Madame d'Aulnoy...«): 596; 1975.
66 Adam 1951; ders. 1962: 5. Bd., 18–19; Simpson 1962: 130–148.
67 *La bonne petite souris* (1810: 2. Bd., 90–91). – Die Märchen werden fortan mit folgenden Abkürzungen zitiert (röm. Ziffer = Bandzahl, arab. Ziffer = Seitenzahl): BA = *Babiole,* II; BCF = *Belle-Belle, ou le Chevalier Fortuné,* IV; Bd'O = *La Belle aux cheveux d'or,* I; BIB = *La biche aux bois,* III; BPCh = *La Princesse Belle-Étoile et le Prince Chéri,* V; CAR = *La Princesse Carpillon,* III; ChB = *La chatte blanche,* IV; DAU = *Le dauphin,* V; FC = *Finette Cendron,* II; FO = *Fortunée,* II; GP = *Gracieuse et Percinet,* I; GrB = *La grenouille bienfaisante,* III; LUT = *Le Prince Lutin,* I; MAR = *Le Prince Marcassin,* V; MOU = *Le Mouton,* II; NAJ = *Le nain jaune,* III; OA = *L'oranger et l'abeille,* II; OiB = *L'oiseau bleu,* II; PC = *Le pigeon et la colombe,* IV; PRI = La Princesse Printanière, I; ROS = *La Princesse Rosette,* I; Rd'O = *Le rameau d'or,* I; SV = *Serpentin vert,* III; SOU = *La bonne petite souris,* II.
68 LUT: I, 236.
69 FC II: 239.
70 OA II: 33–37.
71 U.a. Storer 1928: 35; Barchilon 1975: 45.
72 Dazu Foulché-Delbosc 1926: 1–151; Roche-Mazon (1927 und 1930) 1968: 7–19, 95–150.
73 So Pilon (1908: 13–38); Lenôtre (1940: 35–39); Rat (1957: 275–285). – Entlastend berichtet Roche-Mazon (1930) 1968: 96–100.
74 1914: 13–14.
75 Röhrich 1974³: 63 u.f.; vgl. Lüthi (1966) in *Wege...* 1973: 410.
76 Röhrich 1974³: 133.
77 OA II: 33 und BPCh V: 19.
78 Röhrich 1974³: 149.
79 LUT I: 182–183.
80 Vgl. hierzu Naumann (1922) in *Wege...* 1973: 69; Leyen (1924) a.a.O.: 75; Panzer (1926) a.a.O.: 95; Lüthi (1947) 1974⁴: 35.

81 Röhrich 1974^{3}: 81; vgl. den Abschnitt »Mensch und Tier – Verwandlung und Erlösung« (81–102).
82 Maus: SOU II; Rd'O I; Frosch: GrB III; Taube: BPh V; Cabriole: Bd'O I; Frétillon: ROS I; Nachtigall, neben Rose und Eiche: PRI I.
83 Röhrich 1974^{3}: 92; vgl. Naumann (1922) in *Wege*... 1973: 70.
84 Röhrich 1974^{3}: 137. Zur Erlösung des Tiermenschen im deutschen und französischen Volksmärchen vgl. Koechlin 1945: 15–21.
85 Zu all diesen Motiven im Volksmärchen vgl. Röhrich 1974^{3}: 106–114; Tegethoff 1922: 50–57.
86 Näheres vgl. K. Krüger 1914: 11–33; Delarue 1957: 20–21; Soriano 1977: 1021–1022.
87 Rölleke 1975: 390.
88 Beispiele in den Arbeiten von Riklin (1908) 1970; Rank 1919: 381–420; Wittgenstein 1965; Dieckmann (1966) in *Märchenforschung*... 1975: 442–470; Bettelheim 1976. Zur Kritik vgl. Laiblin in *Märchenforschung* ... 1975: XXIV; Röhrich (1951), a.a.O.: 212–213.
89 Lüthi (1964) in *Märchenforschung*... 1975: 391–403; ders., a.a.O.: 421–428.
90 Winterstein (1928) in *Märchenforschung*... 1975: 65. Vgl. auch Bilz (1943), a.a.O.: 161–187; dies. (1958), a.a.O.: 379–385; Jöckel (1948), a.a.O.: 195–211; Bittner (1963), a.a.O.: 410–417; Graber 1951: 33–85.
91 Jöckel (1948) in *Märchenforschung*... 1975: 197.
92 Vgl. Grant Duff (1934), a.a.O.: 88–89; Bilz (1958), a.a.O.: 380–381.
93 (1908) 1970: 19–20. Vgl. Naumann (1922) in *Wege*... 1973: 72.
94 (1952) 1967^{3}: 778, 160, 510–511.
95 (1956) in *Märchenforschung*... 1975: 365–371.
96 (1966), a.a.O.: 443.
97 (1955), a.a.O.: 319.
98 Röhrich 1974^{3}: 102.
99 A.a.O.: 226. Vgl. Lüthi (1947) 1974^{4}: 94; Schmidt (1950) in *Wege*... 1973: 216; Pop (1965), a.a.O., 394–407 u.a.
100 So bei Propp (1928) 1970^{2}: 187.
101 GrB III: 331–332, vgl. 314.
102 Zum Nachleben dieses Stoffes vgl. Edelman 1946: 152–153, 162, 164, 175, 305; Frenzel 1976^{4}: 484–488.
103 Auch Mlle de Scudéry kannte das Motiv der »Biche blanche« (vgl. *Grand Cyrus,* 4. Bd., 85).
104 1913–1932: 4. Bd., 270–271.
105 1925: CLXXXIII.
106 OA II: 48–49.
107 OiB I: 99 (Hervorhebung v.d. Verf.).
108 Dazu Tegethoff 1922: 115–127.
109 Etwa Merlin in »La grenouille et le rat« (1948: 101).
110 1958: 80; 240–241.
111 A.a.O.: 123–124.
112 A.a.O.: 79. – Zur Wirkungsgeschichte des von ihm besonders erwähnten *Songe de Poliphile* im 17. Jahrhundert vgl. Blunt 1937–1938. Zu ergänzen sind die Belege um die *Mathilde* von Mlle de Scudèry, die La Fontaine vorangeht. – Zur Frage des »Klassischen« oder »Barocken« an La Fontaine vgl. Raymond 1942: 101, 113; Lafond 1969.
113 1958: 147–148.
114 ChB IV: 70, wenig später (86) folgt eine weitere Anspielung auf den Dichter.
115 SV III: 120, vgl. 121, 123, 124.
116 Vgl. dazu Frenzel 1976^{4}: 40–42; Le Maître 1939; Moore 1957.

117 1967; vgl. auch v. Stackelberg 1971.
118 Vgl. dazu Wadsworth 1967.
119 GP I: 35.
120 1914: 44.
121 GrB III: 323; weiter 327.
122 SV III: 98.
123 GP I: 31–32.
124 1958: 138.
125 Vgl. La Fontaine 1958: 128–130, 136, 142, 148, 164, 185–187, 201-212, 222–230, 243, 249.
126 Belege bei Hipp 1976: 330–337.
127 Vgl. Howells 1983.
128 Vgl. Mme de Villedieus *Mémoires de la vie de Henriette-Sylvie de Molière* (1977: 93–97).
129 Zur politischen Allegorie der *Plaisirs* vgl. Fumaroli 1972: 106–107; Apostolidès 1981: 93–113.
130 Näheres vgl. Teyssèdre 1967: 60; Rousset 1976: 174–175, 179.
131 1944 (zu den Festen in Versailles: 99–151).
132 1959: 9, 10, 11, 13. Vgl. Simpson 1962: 117–127.
133 1967: 185–191; dazu auch Apostolidès 1981: 79–82. Vgl. die auf den Bericht von Félibien gestützte Beschreibung bei Teyssèdre 1967: 143–144 und die bei Mlle de Scudéry ((1669) 1697: 355–374) nach derselben Vorlage.
134 »un enchantement« (Scudéry (1669) 1697: 46); vgl. Apostolidès 1981: 86–92.
135 A.a.O.: 46–48.
136 Zum Effekt von Wasser und Licht vgl. Rousset 1972: 182; Hautecoeur 1959: 154–156; Rousset 1967.
137 Vgl. 1754: 6. Bd., 147–194 (»Arts«); 7. Bd., 295–322 (»Fées«).
138 Näheres vgl. Mc Gowan 1963: 22–27, 158–161, 229–245; Christout 1967: 137–157; Pacquot 1957; Vanuxem 1957; Jacquot 1957; Naudin 1972; Simpson 1962; 59–62; Verchaly 1957.
139 Neuschäfer in D'Aubignac (1657) 1971: XI; vgl. den Beleg zum Ballett a.a.O.: 11.
140 Vgl. den Hinweis bei Mc Gowan 1963: 233. Andere vergleichbare Ballettbeschreibungen bei Rousset (1954) 1963: 13–31. Vgl. die Textvorlagen im *Recueil*... 1684 und bei Lacroix (1868–1870) 1968.
141 Vgl. die Kritik von Röhrich an Loeffler-Delachaux in *Märchenforschung*... 1975: 375–376.
142 I: 284–285.
143 BIB III: 340; vgl. auch Apel 1984: 11–12, 20–22.
144 Hillmann 1969: 76, 79.
145 1938: 18. Bd., 190; vgl. auch Apel 1984: 33–37.
146 1779^3: 341–342.
147 ChB IV: 76; BA II: 390; CAR III: 194; NAJ III: 39, 42.
148 Vgl. SOU II: 81; BA II: 390–391, 409, 413; PC IV: 274; LUT I: 217; ROS I: 302; BPCh V: 12, 85–86; GrB: III; MOU II: 163; MAR V: 181.
149 BPCh V: 48; GrB III: 311. – Vgl. Christout 1967: 19–20, 162–178; Girdlestone 1965: 19.
150 Rd'O I: 332.
151 GrB III: 306–307.
152 Vgl. Mc Gowan 1963: 254–308.
153 MAR V: 231; NAJ III: 57–61; OiB I: 155; LUT I: 216, 243; ChB IV: 119; vgl. GP I; Rd'O I.
154 MOU II: 166–167; GP I: 14. – Zur Identifizierung der Namen vgl. Barchilon 1975: 46.

155 Vgl. K. Krüger 1914: 47; Riese Hubert (»Poetic Humor...«) 1963.
156 MAR V: 166–167; DAU V: 331.
157 Vgl. Klöne 1961: 52.
158 Vgl. dazu Storer 1928: 246–248.
159 Näheres vgl. K. Krüger 1914: 8, 25, 55.
160 Vgl. Karlinger 1969: 70; Storer 1928: 245.
161 Näheres vgl. Klöne 1961: 52–81, 116–152; Schumacher 1977: 96.
162 Grimm 1913–1932: 4. Bd., 270.
163 MAR V: 216; BPCh V: 32–34.
164 BCF IV: 201; vgl. BPCh V: 57; MOU II, 161 und passim.
165 Vgl. u.a. MAR V: 162, 163, 171, 188, 228; LUT I: 179, 188; OA II: 32; BA II: 393; ChB IV: 76, 97; GrB III: 290, 305; BIB II: 389.
166 (1668) 1965: 1. Bd., 258–259; 98–105. – Vgl. auch Niderst 1976: 279, 365–366, 456–467; Mongrédien 1950: 43.
167 Vgl. besonders *Clelie*: 8. Bd., 959–975.
168 Vgl. Lachèvre 1924: 69–72.
169 Vgl. Deshoulières (1707–1711) 1753: 1. Bd., 9–16, 53–83.
170 BA II: 373.
171 A.a.O.: 377.
172 A.a.O.: 381–382.
173 1976: bes. 515–533.
174 BPCh V: 61.
175 1974: 82.
176 Vgl. hierzu Röhrich 1974^3: 215, 228.
177 Näheres vgl. Roche-Mazon 1968: 97–100.
178 MAR V: 176.
179 Belege a.a.O.: 169–177, 198.
180 OiB I: 164–165.
181 SOU II: 88–89.
182 Vgl. Baumal 1921: 133–142.
183 GrB III: 313–317.
184 Belege MAR V: 174, 182–183, 192–194, 203, 209–210, 216–218.
185 Zu den preziösen Zügen dieses Märchens vgl. auch Riese Hubert (»L'amour...«) 1963: 3. – Belege OiB I: 116, 119–123.
186 1974: 17.
187 A.a.O.: 18, 114–115. – Vgl. auch Maistre Welch 1983; Apel 1984: 19–20.
188 (1908) 1970: 44–46; vgl. Dieckmann (1966) in *Märchenforschung*... 1975: 448–449.
189 Belege GP I: 38, 46.
190 LUT I: 226.
191 A.a.O.: 228–230.
192 A.a.O.: 214.
193 (1695) 1967: 5.
194 1974: 14–16.
195 LUT I: 230.
196 1962: 84.
197 A.a.O.: 177, 105, 107. – Ähnlich Graber 1951: 89.
198 DAU V: 273–277.
199 OA II: 59.
200 Benserade hatte in seinem Psyche-Ballett die Zähmung der Amazonen durch Amor als eines der Beispiele von dessen Macht dargestellt (vgl. Le Maître 1939: 83).
201 NAJ III: 23.
202 Rd'O I: 370–374.

203 BIB III: 388 und 397.
204 *Le Mouton, Serpentin vert, Le prince Marcassin, L'oiseau bleu, Le dauphin.*
205 Daß »nicht jede Märchenschlange ... ein sexuelles Symbol« ist, weist Riklin nach ((1908) 1970: 45) und belegt das Beispiel der Schlangenfee Gentille (LUT I) bei Mme d'Aulnoy. Diese ist, wie nicht selten (Nachweise bei Gutter 1968: 53–54), eine auf Erlösung wartende Frau. – Zur sexuellen Symbolik in *Marcassin, Serpentin* u.a. vgl. Barchilon 1975: 1–12.
206 Vgl. dazu Roy 1974; Maurel 1969: 8–9; Mathieu-Castellani 1979.
207 Vgl. BIB III: 392, 398, 403.
208 (1687) 1688: »Avertissement«.
209 BCF IV: 250. – Zu Fortuné vgl. Slater 1982: 72–74.
210 Vgl. v. Waldberg 1906: 262; Lunin 1954.
211 Vgl. dazu Roche-Mazon 1968: 20–60; Lever 1981: 181–182.
212 Vgl. Lüthi 1970: 95.
213 1906: 259–272.
214 (1690) 1979: 296.
215 Die vermeintlichen Geschwister Belle-Etoile und Chéri entdecken und prüfen ihre Gefühle füreinander, als sie im *Hipolyte* einem entsprechenden Paar begegnen (BPCh V: 31–34). Nach Rank (1926: 495) ist die hier vorliegende Form der »Verwandtschaftsaufhebung« als die »vollkommenere, sozusagen weniger schuldbedrückte Wunscherfüllung ...im Sinne der verhüllten Inzestdurchsetzung« anzusehen, wohingegen die Geschwistererkennung die verbotene Liebe abzuwehren und zu verhüten zwingt. Mme d'Aulnoy hat mithin die kühnere Variante verwendet.
216 OiB I: 137–138; MOU II: 162–163.
217 CAR III: 201.
218 OiB I; BCF IV; BPCh V.
219 DAU V: 285.
220 PC IV: 369; SOU II: 82–84; BPCh V: 41.
221 CAR III: 198–207.
222 A.a.O.: 231.
223 A.a.O.: 213.
224 Sullerot 1974: 114.

Literaturverzeichnis

1. *Verzeichnis der Abkürzungen*

AUMLA = Journal of the Australian Universities Modern Language Association
CAIEF = Cahiers de l'association internationale des études françaises
CL = Comparative Literature
DVJs = Deutsche Vierteljahrsschrift für Literaturwissenschaft und Geistesgeschichte
EsCr = L'Esprit créateur
FR = The French Review
FSt = French Studies
HR = The Hispanic Review
IL = L'Information Littéraire
LR = Les Lettres Romanes
Newsl = Newsletter of the Society for Seventeenth-Century French Studies
MLR = Modern Language Review
PFSCL = Papers on French Seventeenth Century Literature
PhQ = Philological Quarterly
RddM = Revue des deux mondes
RF = Romanische Forschungen
RHLF = Revue d'histoire littéraire de la France
RhPh = Revue d'histoire de la philosophie et d'histoire générale de la civilisation
RJb = Romanistisches Jahrbuch
RLC = Revue de littérature comparée
RoNo = Romance Notes
RR = The Romanic Review
RSchum = Revue des sciences humaines
Rfhl = Revue française d'histoire du livre
RSh = Revue de synthèse historique
RUSt = Rice University Studies
RZLG = Romanistische Zeitschrift für Literaturgeschichte
StF = Studi Francesi
TLL = Travaux de Linguistique et de Littérature

2. *Die femininen Texte*[1]

Aulnoy, Marie Catherine Le Jumel de Barneville, comtesse d' (1650–1705), *Nouvelles Espagnolles* par Mme D^{+++} (1692), La Haye 1693.
– *Contes des fées,* 4 Bde. (1697) und *Contes nouveaux ou les fées à la mode,* 4 Bde. (1698), zitiert nach: dies., *Les contes des fées ou les enchantements des bonnes ou mauvaises fées,* 5 Bde., Paris 1810.
Brégis (oder Brégy), Charlotte Saumaise de Chazan, comtesse de Flecelles de (1619–1693), *Les oevvres galantes de Madame la comtesse de B.,* Paris 1667.

[1]) Angeführt sind hier allein die Werke von Autorinnen, die unter dem Begriff der femininen Salonliteratur eingehend untersucht werden. Auf die Einzelerfassung singulärer Texte, die in der Gesamtheit ein Bild kollektiven weiblichen Schreibens vermitteln (das Selbstportrait um Mlle de Montpensier, die Kritik an den Maximen La Rochefoucaulds um Mme de Sablé) wird hier verzichtet. Wo zur Veranschaulichung für einen weitgehenden Konsens auch andere Autorinnen herangezogen werden, sind die Titel unter 3) erfaßt.

Lambert, Anne-Thérèse de Marguenat de Courcelles, marquise de (1647–1733), *Avis d'une mère à sa fille* (um 1698 geschr., veröff. 1727), in: dies., *Oeuvres complètes,* Paris 1808, S. 51–104.
– *Réflexions nouvelles sur les femmes* (um die Jahrhundertwende geschr., veröff. 1727), in: dies., *Oeuvres complètes,* Paris 1808, S. 157–192.
Montpensier, Anne-Marie-Louise-Henriette d'Orléans, duchesse de, gen. La Grande Mademoiselle (1627–1693). *La galerie des portraits de Mademoiselle de Montpensier. Recueil des portraits et éloges en vers et en prose des seigneurs et dames les plus illustres de France.* La plupart composés par eux-mêmes. Dédies à S.A.R. Mademoiselle, hg. von E. de Barthélemy, Paris 1860 (nach dieser Ausgabe, unter Berücksichtigung der von J. Plantié geleisteten Vielzahl von Korrekturen, werden die *Divers portraits* (1659) und der *Recueil des portraits et éloges* (1659) in der Abkürzung M/B. zitiert; damit wird auch auf die namentliche Erfassung aller in diesen Bänden sich oder andere portraitierenden Frauen verzichtet).
– *La Relation de l'Isle imaginaire* (1658), in: Segrais, *Oeuvres,* Nachdr. der Ausg. von Paris 1755, Genf 1968.
– *Histoire de la princesse de Paphlagonie* (1659), in: Segrais, *Oeuvres,* Nachr. der Ausg. von Paris 1755, Genf 1968.
– *Lettres de Mademoiselle de Montpensier, de Mesdames de Motteville et de Montmorenci, de Mademoiselle du Pré, et de Madame La Marquise de Lambert,* Paris 1806.
– *Mémoires* (1627–1688; Erstdruck 1729), hg. v. A. Chéruel, 4 Bde., Paris 1858.
Motteville, Françoise Bertault, dame Langlois de (1621–1689), *Lettres ...,* s. Montpensier.
Sablé, Madeleine de Souvré, marquise de (1598 oder 1599–1678), *Discours contre les medecins,* veröff. von N. Ivanoff, *La marquise de Sablé et son salon,* Paris 1927, S. 109–111.
– *De l'amitié,* veröff. von N. Ivanoff, *La marquise de Sablé ...,* S. 142–143 und von V. Cousin, *Madame de Sablé ...,* S. 79–80.
– *Education des enfans,* veröff. von N. Ivanoff, *La marquise de Sablé ...,* S. 150–156.
– *Maximes* de Madame la Marquise de Sablé (Erstveröff. 1678), in: *Sentences et maximes morales de Monsieur de La Rochefoucauld,* Nouv. éd. ... Amsterdam 1748.
– *Maximes,* in: G. Toso Rodinis, *Madame de Sablé. Les Maximes,* Padua 1971.
Salvan, Antoinette de, dame de Saliez (1638–1730), »Projet pour une nouvelle secte de philosophes en faveur des dames« (1681) und »Réponse ... au spirituel inconnu qui luy a demandé d'estre receu dans la nouvelle secte des philosophes« (1682), in: *Lettres de Mesdames de Scudéry, de Salvan de Saliez et de Mademoiselle de Descartes,* Paris 1806.
Scudéry, Madeleine de (1608–1701), *Les femmes illvstres ov les harangves heroyques* de Mr de Scudéry, avec les veritables portraits de ces Heroines, tirez des Medailles antiques (1642–1644), 2 Bde., Paris 1644.
– *Artamene, ou le grand Cyrus.* Dedié à Madame la Dvchesse de Longveville. Par Monsievr de Scvdery ... (1649–1653), 10 Bde., Nachdr. der Ausg. von 1656, Genf 1972.
– *Clelie,* histoire romaine. Dediée à Mademoiselle de Longveville. Par Mr de Scvdery ... (1654–1660), 10 Bde., Nachdr. der Ausg. von 1660, Genf 1973.
– *Celinte.* Novvelle premiere, Paris 1661.
– *Célinte.* Nouvelle première, hg. v. A. Niderst, Paris 1979.
– *Mathilde.* Dédiée à Monsieur, frère vnique du Roy, Paris 1667 (nach dieser Ausgabe wird zitiert, vgl. auch den von R. Godenne besorgten Nachdruck, Genf 1979).
– *La promenade de Versailles ou Celanire,* nouvelle galante (1669), Paris 1697 (nach dieser Ausgabe wird zitiert; vgl. auch den von R. Godenne besorgten Nachdruck, Genf 1979).
– *Discours de la gloire,* discours qui a remporté le prix d'éloquence par le jugement de l'Académie françoise, en l'année 1671, in: *Recueil de plusieurs pieces d'éloquence et de poésie,* présentées à l'Académie françoise pour le prix de l'année 1671, Paris 1696, S. 1–22.

– *Conversations sur divers suiets,* 2 Bde., Paris 1680 (Abgekürzt als *CDS*).
– *Conversations nouvelles sur divers suiets,* dediées au Roy, 2 Bde., Paris 1684 (Abgekürzt als *CNDS*).
– *De la poesie françoise jusques à Henry Quatrième* (1684), hg. von G. Michaut, Paris 1907.
– *Conversations morales* / auch: *La morale du monde, ou conversations.* Par M. de S.D.R., Paris 1686, 2 Bde., Amsterdam 1688 (Abgekürzt als *MdM*).
– *Nouvelles conversations de morale.* Dédiées au Roy. Par M. de S.D.R., 2 Bde. (1688), La Haye 1692 (Abgekürzt als *NCM*).
– *Entretiens de morale,* dediez au Roy (1692), 2 Bde., Paris 1693 (Abgekürzt als *EdM*).
– *Choix de Conversations* a cura di Ph. J. Wolfe, Ravenna 1977.

3. *Quellen und Dokumentation bis 1800*[1]

Aubignac, F. Hédelin d', *Relation du royaume de coquetterie* (1654), in: *Voyages imaginaires, songes, visions et romans cabalistiques,* Bd. XXVI, IIIe division ..., Amsterdam 1788, S. 309–335.
– *La pratique du théâtre* (1657), Nachdr. der Ausg. Amsterdam 1715, hg. von H.-J. Neuschäfer, München 1971.
Aulnoy, Marie-Catherine Le Jumel de Barneville, Mme d', *Histoire d'Hypolite, comte de Duglas* (1690), Nachdr. Genf 1979.
– *Relation du voyage d'Espagne* (1691), hg. v. R. Foulché-Delbosc, Paris 1926.
– *Nouvelles ou memoires historiques* contenant ce qui s'est passé de plus remarquable dans l'Europe depuis 1672 jusqu'en 1679, *par Mme D*$^{+++}$, Paris 1693.
– *Le comte de Warwick* (1703), Amsterdam 1715.
Auneuil, Louise de Bossigny d', *La tyrannie des fées détruite; ou l'origine de la machine de Marli* (1702), Amsterdam 1756.
Antreval, Mme d', s. Vertron.
Ballets et mascarades de Cour de Henri III à Louis XIV (1581–1652), 6 Bde., hg. v. P. Lacroix, Genf 1868–1870, Nachdr. Genf 1968.
Bary, R., *La Rhétorique française, où l'on trouve de nouveaux exemples sur les Passions et sur les Figures,* Paris 1653.
– *Actions publiques sur la Rhétorique française,* Paris 1658.
– *La fine philosophie accommodée à l'intelligence des Dames,* Paris 1660.
Basile, G., *Il Pentamerone ossia la fiaba delle fiabe* tradotta dall'antico dialetto napolitano da Benedetto Croce, Bari 1924.
Baudeau de Somaize, A., *Le grand dictionnaire des prétieuses ou la clef de la langue des ruelles* (1660) augmentée ... d'une *Clef historique et anecdotique* par M. Ch.-L. Livet, 2 Bde., Paris 1856.
Belmont, L. (Hg.), »Documents inédits sur la société et la littérature précieuses: extraits de la *Chronique du Samedi* publiés d'après le registre original de Pellisson (1652–1657)«, in: *RHLF* 9, 1902, S. 646–673.
Bernard, Catherine, *Les malheurs de l'amour.* Première Nouvelle: *Eleonor d'Yvrée* (1687), La Haye 1688 (vgl. den von R. Godenne besorgten Nachdruck, Genf 1979).
– *Inès de Cordoue* (1696), darin, S. 11–44: »Le prince Rosier« und S. 46–72: »Riquet à la houppe« (vgl. den von R. Godenne besorgten Nachdruck, Genf 1979).

[1]) Die hier genannten Texte wurden, insbesondere wenn es sich um die weniger bekannten der Frauen handelt, im Rahmen des übergeordneten Themas eingehend herangezogen. Wo, wie etwa hinsichtlich der »Querelle des femmes«, die wissenschaftliche Dokumentation überaus reichhaltig (hier: Magendie, Reynier, Magné, Lathuillère, Ronzeaud, Pelous, Lougee, Maclean, Büff u.a.) und die Quellenauswertung im wesentlichen unstrittig ist, wurde darauf verzichtet, diese zeitgenössischen Titel hier aufzunehmen. Dasselbe gilt für die von mir lediglich einmal und als Beleg für die Varianten weiblichen Schreibens (die sentimentale Chronik, die geistlichen Schriften u.a.) zitierten Werke; beide sind aus den jeweiligen Anmerkungen ersichtlich.

– *Riquet à la Houppe* (1696), in: Ch. Perrault, *Contes,* hg. von G. Rouger, Paris 1967, S. 271–278.

Boileau, N., *Oeuvres,* hg. v. G. Mongrédien, Paris 1961.

Buffet, Marguerite, *Novvelles Observations sur la langue françoise ...avec Les Éloges des Illustres Sçavantes, tant Anciennes que Modernes,* Paris 1668.

Nouveau cabinet des fées ou collection choisie des contes des fées et autres contes merveilleux, 41 Bde., Amsterdam–Paris 1786, Nachdr. Genf, 18 Bde., 1978.

Callierès, F. de, *Des mots à la mode,* Paris 1692, Nachdr. Genf 1972.

– *Du bon et du mauvais usage dans les manières de s'exprimer,* Paris 1693, Nachdr. Genf 1972.

Caumont de la Force, Charlotte Rose, *Les fées contes des contes, par Mademoiselle de*$^{+++}$ (1697), Amsterdam 1708.

– *Contes choisis,* in: *Contes merveilleux choisis des ouvrages de Mme d'Aulnoy et Mlle de La Force,* Pesth 1816.

– *Les jeux d'esprits ou la promenade de la Princesse de Conti à Eu,* par Mademoiselle de La Force (1701), publiés pour la première fois par M. Le Marquis de La Grange, Paris 1862.

Chance, Mlle de, s. Vertron.

Clément, Marie-Elisabeth, *Dialogve de la princesse sçavante et de la dame de famille* contenant l'art d'éleuer les jeunes Dames dans une belle & noble éducation. Dedié à Madame la Duchesse de Saint-Aignan par Mademoiselle Clement, Paris, 1664.

Colombey, E. (Hg.), *La Journée des Madrigaux* suivie de la *Gazette de Tendre* (avec la »Carte de Tendre«) et du *Carnaval des Prétieuses,* Paris 1856.

Corneille, P., *Théâtre complet,* hg. v. M. Rat, 3 Bde., Paris o. J. (Garnier).

Cotin, Ch., *Recveil des Enigmes de ce temps* (1645), novvelle edition, A Paris, 1658.

Deshoulières, Antoinette Du Ligier de La Garde, dame, *Genséric,* tragédie (1680), Paris 1681.

– *Oeuvres* de Madame et de Mademoiselle Deshoulières (1707–1711), nouv. éd., Paris 1713.

Durand-Bédacier, Catherine, *Comédies en proverbes,* in: Murat, Henriette Julie de, *Voyage de Campagne,* Paris 1699, S. 131–477.

– *La comtesse de Mortane* par Madame D.$^{++}$ (1699), Paris 1736 (darin: S. 134–173 der »conte de Lubantine«).

– *Les petits soupers de l'été de 1699 ou avantures galantes, avec l'origine des fées* (1702), Amsterdam 1734.

Fénelon, F. de Pons de Salignac de la Mothe, *De l'éducation des filles* (1687), in: ders., *Dialogues sur l'éloquence ...,* hg. von de Bausset, Paris o. J., S. 171–263.

– *Lettre à l'Académie* (1714), Paris 1934.

Fleury, C., *Traité du choix et de la méthode des études* (1686), Paris 1844^{20}.

Fontenelle, B. Le Bovier de, *Entretiens sur la pluralité des mondes* (1686), hg. v. A. Calamé, Paris 1966.

– *Textes choisis,* hg. von M. Roelens, Paris 1966.

Furetière, A., *Roman bourgeois* (1666), in: *Romanciers du XVIIe siècle,* hg. von A. Adam, Paris 1958, S. 899–1104.

Gournay, Marie Le Jars de, *L'Ombre de la damoiselle de Govrnay.* Oeuvre composé de meslanges, Paris 1626.

Guillaume, Jacquette, *Les Dames illvstres ov par bonnes & fortes raisons, il se prouue, que le Sexe feminin surpasse en tovte sorte de genre le Sexe Masculin.* Par Damoiselle J. Guillaume, Paris 1665.

La Guirlande de Julie, augmentée de pièces nouvelles, publ. sur le mscr. original avec une notice de Gaignières et de Bure et des notes par A. van Bever, Paris 1907.

Houdar de la Mothe, A., *Oeuvres complètes,* 10 Bde., Paris 1754.

Huet, P. D., *Traité de l'origine des Romans,* Faksim. der Erstausg. von 1670, hg. von H. Hinterhäuser, Stuttgart 1966.

Jacquin, A.-P., *Entretiens sur les romans* (1755), Nachdr. Genf 1968.
Journal des Sçavans, mars 1665 und avril 1721.
La Bruyère, J. de, *Les caractères ou les moeurs de ce siècle,* hg. von R. Garapon, Paris 1962.
Lafayette, Marie-Madeleine Pioche de la Vergne, Mme de, *Romans et nouvelles,* textes revus ... par É. Magne, introd. par A. Niderst, Paris 1970.
La Fontaine, J. de, *Oeuvres diverses.* Texte établi et annoté par P. Clarac, Paris 1958.
– *Contes et nouvelles,* hg. von G. Couton, Paris 1961.
– *Fables, contes et nouvelles,* hg. von E. Pilon u.a.., Paris 1948.
La Forge, J. de, *Le cercle des femmes sçavantes* dedié à Madame la Comtesse de Fiesque. Par Monsieur D.L.F., Paris 1663.
La Guette, Catherine de Meurdrac, dame de, *Mémoires* (1681), hg. von C. Moreau, Paris 1856.
Lambert, Anne-Thérèse de Marguenat de Courcelles, Mme de, *Oeuvres complètes,* Paris 1808.
La Rochefoucauld, F. VI, duc de, *Maximes,* suivies des *Réflexions diverses,* du *Portrait de La Rochefoucauld par lui-même* et des *Remarques* de Christine de Suède sur les *Maximes,* hg. v. J. Truchet, Paris 1967 (nach dieser Ausg. werden die brieflichen Kommentare der Frauen zu den ersten kursierenden Maximen zitiert).
La Suze, Henriette de Coligny, Mme de, s. *Recueil de pièces en prose ...*
Lesclache, L. de. *Abrégé de la philosophie expliquée en tables* (1651–1656), Marseille 1675.
– *Les Avantages que les femmes peuvent rececoir de la philosophie et principalement de la morale,* Paris 1667.
Lhéritier de Villandon, Marie-Jeanne, *Le triomphe de Madame Des-Houlières, reçue dixième Muse au Parnasse* (1694), in: E. Le Noble, *Oeuvres,* Bd. XV, Paris 1718, S. 403–419.
– *Oeuvres meslées,* contenant L'innocente tromperie, L'Avare puni, Les Enchantements de l'éloquence, les Aventures de Finette, et autres ouvrages en vers et en prose de Mlle L–H^{+++} ..., Paris 1696.
– *Les enchantements de l'éloquence* (1696), in: Ch. Perrault, *Contes,* hg. von G. Rouger, Paris 1967, S. 239–265.
– *L'adroite princesse* (1696), abgedr. in: Ch. Perrault, *Oeuvres choisies,* Paris 1826, S. 112–149.
– *L'apothéose de Mademoiselle de Scudéry* par Mademoiselle L'H^{+++}, Paris 1702.
– *Les caprices du destin ou recueil d'histoires singulières et amusantes arrivées de nos jours par Mademoiselle l'H*$^{+++}$, Paris 1712, Amsterdam 1719.
– *La tour ténébreuse et les jours lumineux, contes anglois* (1705), Amsterdam 1706.
Liancourt, Jeanne de Schomberg, duchesse de, *Règlement donné par une dame de haute qualité à N. ... sa petite fille* (geschr. 1665, veröff. 1694), hg. von Mme de Forbin d'Oppède, Paris 1881.
Linage, Marie, *Questions d'Amour* (um 1661), in: L. Ansmann, *Die Maximen von La Rochefoucauld,* München 1972, S. 288–300.
Louvencourt, Mlle de, s. Vertron.
Maintenon, Françoise d'Aubigné, Mme de, *Entretiens sur l'Éducation des filles* par Mme de Maintenon recueillis et publiés pour la première fois d'après les manuscrits et copies authentiques, avec un commentaire et des notes par M. Th. Lavallée, Paris 1854.
– *Extraits de ses lettres, avis, entretiens, conversations et proverbes* (1884), hg. von O. Gréard, Paris 1885[3].
– *Madame de Maintenon institutrice. Extraits se ses lettres, avis, entretiens, conversations et proverbes sur l'éducation,* hg. von E. Faguet, Paris 1887.
Ménestrier, C.-F., le père, *Traité des tovrnois, iovstes, carrovsels et avtres spectacles pvblics,* Lyon 1669.

Mercure Galant, Février 1656, Juin 1685, Janvier 1696, Mai 1698; *Extraordinaire,* Quartier de Janvier 1678, Août 1695.

Méré, A. Gombaud, chevalier de, *Les conversations* (1668). *Les discours* (1677). *Oeuvres posthumes* (1700), 3 Bde., hg. von Ch.-H. Boudhors, Paris 1930.

Molière, J. B. Poquelin, *Oeuvres complètes,* hg. von R. Jouanny, 2 Bde., Paris 1962.

Morvan de Bellegarde, J.-B. abbé, *Lettres curieuses de littérature et de morale* (1702), La Haye 1730[4].

Motteville, Françoise Bertault, dame Langlois de, *Mémoires* de Mme de Motteville sur Anne d'Autriche et sa cour (Erstdruck 1723), nouv. éd. d'après le mscr. de Conrart, avec une ann., ... des éclaircissements et un index par M. F. Riaux et une Notice sur Mme de Motteville par M. Sainte-Beuve, 4 Bde., Paris 1855.

Murat, Henriette Julie de Castelnau, Mme de, *Contes de fées,* dédiez à S.A.S. Mme la princesse douairiere de Conty, par Mme la Comtesse de M^{+++}, Paris 1698.

– *Les nouveaux Contes de fées* (1698), in: *Contes de Fées* par Ch. Perrault et Madame la Comtesse de Murat, Vienne 1792, S. 217–435.

– *Histoires sublimes et allégoriques* par Mme la comtesse D^{+++}, *dédiées aux fées modernes,* Paris 1699.

– *Voyage de Campagne,* 2 Bde., Paris 1699 (darin Bd. 1, S. 119–173 ein Märchen).

Ourlens, Mme d', s. Vertron.

Pascal, B., *Pensées,* hg. von Ch.-M. des Granges, Paris 1964.

Pascal, Jacqueline, *Règlement pour les enfants de Port-Royal* (1657), abgedr. in: V. Cousin, *Jacqueline Pascal. Premières études sur les femmes illustres et la société du XVIIe siècle* (1844), Paris 1869[7], S. 360–424.

Pascal, Jacqueline et Mme Périer, *Lettres, opuscules et mémoires* de Madame Périer et de Jacqueline, soeurs de Pascal, et de Marguerite Périer, sa nièce, publ. par M. P. Faugère, Paris 1845.

Perrault, Ch., *Parallèle des Anciens et des Modernes* (1690), hg. von H. R. Jauß, München 1964.

– *Apologie des femmes* (1694), in: ders., *Oeuvres choisies,* hg. von Collin de Plancy, Paris 1826, S. 259–267.

– *Contes,* hg. von G. Rouger, Paris 1967.

Platbuisson, Mme de, s. Vertron.

Poullain de la Barre, F., *De l'égalité des deux sexes, discours physique et moral, où l'on voit l'importance de se défaire des Préjugez* (1673), Paris 1676[2].

– *De l'éducation des dames pour la conduite de l'esprit dans les sciences et dans les moeurs,* entretiens (1674), Paris 1679[2].

Pringy, Mme de, *Les différents caractères de l'amour,* Paris 1685.

Pure, M. de, *La prétieuse ou le mystère des ruelles* (1656), hg. von E. Magne, 2 Bde., Paris 1938.

Rapin, R., *Les réflexions sur la poétique de ce temps et sur les ouvrages des poètes anciens et modernes* (1675), hg. von E. R. Dubois, Genf 1970.

Recueil des opera, des balets, & des plus belles pièces en musique qui ont été représentées depuis dix ou douze ans jusqu' à présent devant sa Majesté Très-Chrétienne, Amsterdam 1684.

Recueil de quelques pièces curieuses, tant en prose qu'en vers, Cologne 1670.

Recueil de pièces galantes en prose et en vers de Mme la Comtesse de la Suze ... et de M. Pellisson (1668), 5 Bde., Paris 1695.

Recueil de pièces en prose, les plus agréables de ce temps, composées par divers autheurs (= Recueil Sercy), Paris 1658.

Recueil de divers rondeaux, Paris 1639 und *Nouveau recueil de divers rondeaux,* Paris 1650.

Saint-Évremond, Ch. de Saint-Denis, Seigneur de, *Oeuvres,* hg. von R. de Planhol, 3 Bde., Paris 1927.

– *Textes choisis,* hg. von A. Niderst, Paris 1970.

Saint-Simon, Louis de Rouvroy, duc de, *Mémoires,* hg. v. G. Truc, 7 Bde., Paris 1948–1961.

Schlegel, J. A., *Von dem Wunderbaren der Poesie, besonders der Epopoe,* in: ders. *Herrn Abt Batteux' Einschränkung der Schönen Künste auf einen einzigen Grundsatz,* a. d. Französischen übersetzt und mit verschiedenen eigenen damit verbundenen *Abhandlungen* begleitet, Bd. I, Leipzig 1779[3].

Scudéry, G. de, *Le Cabinet de M. de Scudery,* Gouverneur de Nostre-Dame de la Garde, Paris 1646, Nachdr. Genf 1973.

Segrais, J. Regnauld de, *Nouvelles françoises ou les divertissemens de la princesse Aurélie* (1656), 2 Bde., Paris 1722.

– *Oeuvres diverses* de Mr. de Segrais, 2 Bde., Amsterdam 1723.

– *Oeuvres,* 2 Bde., (1755), Nachdr. Genf 1968.

Serment, Louise de, s. Vertron.

Sévigné, Marie de Rabutin-Chantal, Mmė de, *Correspondance* (1646–1696), hg. von R. Duchêne, 3 Bde., Paris 1972, 1974 und 1978.

Sorel, Ch., *Le Berger extravagant, ov parmy des fantaisies amovrevses on void les impertinences des Romans & de la Poësie* (1627) und *Remarques sur les XIIII livres du Berger extravagant* (1628), hg. von H. D. Bechade, Genf 1972.

– *La Maison des Ieux où se trouuent les Diuertissemens d'vne Compagnie, par des Narrations agreables, & par des Ieux d'Esprit, & autres Entretiens d'vne honneste conuersation* (1642), Paris 1657, hg. von D.-A. Gajda, Genf 1977.

– *Description de l'Isle de portraiture et de la ville des portraits* (1659), in: *Voyages Imaginaires. Songes, visions et romans cabalistiques,* Bd. XXVI, IIIe division ..., Amsterdam 1788, S. 339–400.

– *La Bibliothèque françoise ou le Choix et l'examen des livres français qui traitent de l'éloquence, de la philosophie, de la dévotion et de la conduite des moeurs* (1664), hg. von M. Kocher, 2 Bde., Ann Arbor 1965.

– *De la connoissance des bons livres, ou examen de plusieurs auteurs* (1671), hg. von L. Moretti Cenerini, Rom 1974.

Straparola, Giovan Francesco, *Le piacevoli notti* a cura di Giuseppe Rusa, Bari 1927.

Straparola, G. F. / Louveau, J. / Larivey, P., *Les facétieuses nuits du Seigneur J. F. Straparole,* übers von J. Louveau (1573) und P. Larivey (1576), Nachdr. von G. Brunet, 4 Bde., Paris 1882.

Taillemont, C. de, *Discours des champs faez à l'honneur et l'exaltation de l'amour et des dames,* Lyon 1533.

Tallemant des Réaux, G., *Historiettes* (1659); Erstdruck 1834–1835, hg. von A. Adam, 2 Bde., Paris 1960–1961.

Vertron, C. Ch. Guyonnet de, *La Nouvelle Pandore ou les femmes illustres du siècle de Louis le Grand.* Recueil de Pièces Académiques, en Prose & en Vers sur la préference des séxes. Dedié aux Dames. Par M. de Vertron, 2 Bde., Paris 1698.

Vigne, Anne de La, s. Vertron.

Villedieu, Marie-Catherine Desjardins, dame de, *Mémoires de la vie de Henriette-Sylvie de Molière* (1671), publ. du groupe d'étude du XVIIe siècle, Univ. de Tours 1977.

Villiers, P. de, *Entretiens sur les contes de fées et sur quelques autres ouvrages du temps* pour servir de préservatif contre le mauvais goût. Dédiez à Messieurs de l'Académie françoise, Paris 1699.

Vives, J. L. – P. de Changy, *Livre de l'institution de la femme chrétienne,* tant en son enfance que mariage et viduité aussi de l'office du mary (1523), übers. a. d. Lat. von P. de Changy (1542), hg. von A. Delbouille, Le Havre 1891, Nachdr. Genf 1970.

Voiture, V., *Oeuvres* (1650), 2 Bde., nouv. éd. ... par M. Ubicini, Paris 1855, Nachdr. Genf 1967.

Voltaire, F. M. Arouet, *Le siècle de Louis XIV* (1751), 2 Bde., Paris 1966.

Wieland, Ch.-M., *Dschinnistan oder auserlesene Feen- und Geistermärchen,* in: *Wielands Werke,* hg. von S. Mauermann, Bd. 18, Berlin 1938.

4. *Forschung und Literaturkritik ab 1800*

Abensour, L., Histoire générale du féminisme. Des origines à nos jours (1921), Nachdr. Paris–Genf 1979.
– *La femme et le féminisme avant la Révolution,* Paris 1923.
Adam, A., »Baroque et préciosité«, in: *Rschum,* 1949, S. 208–224.
– »La préciosité«, in: *CAIEF* 1, 1951, S. 35–47.
– »Le sentiment de la nature au XVIIe siècle en France dans la littérature et dans les arts«, in: *CAIEF* 6, 1954, S. 1–15.
– *Histoire de la littérature française au XVIIe siècle,* 5 Bde., Paris 1962.
– *Les libertins au XVIIe siècle,* Paris 1964.
– *Du mysticisme à la révolte. Les jansénistes du XVIIe siècle,* Paris 1968.
– *L'âge classique I (1624–1660),* Paris 1968.
Adhémar, J., *Les salons littéraires au XVIIe siècle,* Paris 1968.
Albistur, M. – Armogathe, D., *Histoire du féminisme français du moyen âge à nos jours,* Paris 1977.
Alcover, M., »The Indecency of Knowledge«, in: *RUSt* LXIV, 1, 1978, S. 25–39.
Alewyn, R., *Das große Welttheater,* Hamburg 1959.
Alter, J. V., *Les origines de la satire antibourgeoise en France,* Bd. II: *L'esprit antibourgeois sous l'Ancien Régime.* Littérature et tensions sociales aux XVIIe et XVIIIe siècles, Genf 1970.
Amiguet, Ph., *Une princesse à l'école du Cid. La Grande Mademoiselle et son siècle d'après ses mémoires,* Paris 1957.
Angenot, M., *Les champions des femmes. Examen du discours sur la supériorité des femmes (1400–1800),* Montréal 1977.
Angot, E., »Mme Deshoulières et l'intrigue de Rocroy«, in: *RHLF* 27, 1920, S. 371–393.
Ansmann, L., *Die »Maximen« von La Rochefoucauld.* Anhang: Marie Linage »Questions d'Amour«, Münchener Romanistische Arbeiten, 39, München 1972.
Apel, F., *Die Zaubergärten der Phantasie. Zur Theorie und Geschichte des Kunstmärchens,* Heidelberg 1978.
– »Die bezauberte Vernunft«, Vorw. zu *Das Kabinett der Feen. Französische Märchen des 17. und 18. Jahrhunderts,* hg. von F. Apel und N. Miller, Darmstadt 1984, S. 5–40.
Apostolidès, J.-M., *Le Roi-Machine. Spectacle et politique au temps de Louis XIV,* Paris 1981.
Aragonnès, C., *Madeleine de Scudéry. Reine du Tendre,* Paris 1934.
Ariès, Ph., *L'enfant et la vie familiale sous l'Ancien Régime* (1960), Paris 1973.
– »Problèmes de l'éducation«, in: *La France et les Français,* Paris 1972, S. 871–961.
Armengaud, A., »L'unité monarchique«, in: *La France et les Français,* Paris 1972, S. 1022–1067.
Armogathe, J.-R., »Jeux licites et jeux interdits«, in: *Le jeu au XVIIIe siècle ...,* a.a.O., S. 23–32.
Aronson, N., »Mademoiselle de Scudéry et l'histoire romaine dans *Clelie*«, in: *RF* 88, 1976, S. 183–194.
– »Plotine ou la précieuse dans *Clelie*«, in: *PFSCL* 4, 1976, S. 81–100.
– »Les héroïnes de Mlle de Scudéry: entre l'*Astrée* et *La Princesse de Clèves*«, in: *PFSCL* Winter 1977–1978, S. 95–116.
– *Mademoiselle de Scudéry,* Boston 1978.
– »Amour et mariage dans les oeuvres de Mlle de Scudéry«, in: *EsCr* XIX, 1, 1979, S. 26–39.
Ascoli, G., »Bibliographie pour servir à l'histoire des idées féministes depuis le milieu du XVIe jusqu' à la fin du XVIIIe siècle«, in: *RSh* 13, 1906, S. 99–106.
– »Essai sur l'histoire des idées féministes en France. Du XVIe siècle à la Révolution.« 3e partie: »Le féminisme rationnel. Ses origines cartésiennes. Ses progrès au XVIIIe siècle«, in: *RSh* 13, 1906, S. 161–184.

Aubé, L. A., *Aspects of Reality in the »Grand Cyrus« of Madeleine de Scudéry,* Case Western Reserve University, Univ. Microf., Ann Arbor/Michigan 1970.
Aubert, J.-M., *La femme. Antiféminisme et christianisme,* Paris 1975.
Die französische Autorin vom Mittelalter bis zur Gegenwart, hg. von R. Baader – D. Fricke, Wiesbaden 1979.
Avigdor, E., »La vraie préciosité d'une véritable précieuse«, in: *XVIIe Siècle* 102–109, 1974–1975, S. 59–74.
Baader, H., »Hofadel, Melancholie und Petrarkismus in Spanien, in: *Petrarca (1304–1374). Beiträge zu Werk und Wirkung,* hg. von F. Schalk, Frankfurt 1975, S. 1-32.
– *Der spanische Roman im goldenen Zeitalter* (1972), Frankfurt 1973.
Baader, R., »La polémique anti-baroque dans la doctrine classique«, in: *Baroque* 6, 1973, S. 133–148.
– »Frauenbild, Frauenbildung und Frauenliteratur im Ancien Régime«, in: *Bildung und Ausbildung in der Romania,* Bd. I, hg. von R. Kloepfer u.a., München 1979, S. 356–370.
– »Streitbar und unzeitgemäß. Die Moralistik der Marie de Gournay«, in: *Die französische Autorin ...,* a.a.O., S. 77–88.
– »Molière in Wirkung und Kritik, in: dies. (Hg.), *Molière,* Darmstadt 1980, S. 1–21.
– »Die Literatur der Frau oder die Aufklärung der kleinen Schritte«, in: J. v. Stackelberg (Hg.), *Neues Handbuch der Literaturwissenschaft,* Bd. XIII: *Europäische Aufklärung,* T. III, Wiesbaden 1980, S. 79–106.
– »Chevalier Voiturio. Die *Lettres* und *Vers en vieux langage* (1640–1641)«, in: *Rezeptionsgeschichte mittelalterlicher Literatur in der Neuzeit,* Begleitband II des *GRLMA,* hg. v. R. Grimm, im Druck.
Baldensperger, G., »L'arrière-plan espagnol des *Maximes* de La Rochefoucauld«, in: *RLC* 16, 1936, S. 45–62.
Bannister, M., *Privileged Mortals. The French Heroic Novel 1630–1660,* Oxford 1983.
Barchilon, J., *Perrault's Tales of Mother Goose. The Dedication Manuscript of 1695,* New York 1956.
– »›Précieux‹ Elements in the Fairy Tale of the Seventeenth Century«, in: *EsCr* III, 3, 1963, S. 99–107.
– *Le conte merveilleux français de 1690 à 1790,* Paris 1975.
Bardèche, M., *Histoire des femmes,* 2 Bde., Paris 1968.
Bardon, F., *Le portrait mythologique à la cour de France sous Henri IV et Louis XIII. Mythologie et politique,* Paris 1974.
Barthélemy, E. de, *La comtesse de Maure, sa vie et sa correspondance,* Paris 1863.
– *Les amis de la Marquise de Sablé. Recueil de lettres,* Paris 1865.
– *Sapho. Le Mage de Sidon. Zénocrate. Étude sur la société précieuse,* Paris 1880.
Battifol, L., *La Duchesse de Chevreuse,* Paris 1945.
Baudin, H., »L'Italianisme dans les ›Lettres‹ de Madame de Sévigné«, in: *L'Italianisme en France au XVIIe siècle,* hg. von G. Mirandola, Supp. zu Nr. 35 der *Studi Francesi* 1968, S. 109–118.
Baumal, F., *Le féminisme au temps de Molière,* Paris 1921.
– *Molière auteur précieux,* Paris 1925.
Beaujour, M., *Miroirs d'encre. Rhétorique de l'autoportrait,* Paris 1980.
Beaunier, A., »Madame de La Fayette et Mademoiselle de Scudéry«, in: *Revue critique des idées et des livres* XXVIII, 162, 1920, S. 5–13.
Beit, H. v., *Symbolik des Märchens.* Versuch einer Deutung (1952), Bern 1967³.
Bénichou, P., *Morales du grand siècle* (1948), Paris 1973.
Bergmann, H., *Madame d'Aulnoy und Spanien,* Diss. Würzburg 1934.
Bernasconi, M., *Histoire des énigmes* (1964), Paris 1970².
Bettelheim, B., *The Uses of Enchantment. The Meanings and Importance of Fairy Tales,* London 1976.

Beugnot, B., *L'entretien au XVIIe siècle,* Montréal 1971.
– »Vie Mondaine et Retraite au Temps de Louis XIV«, in: *Revue du Pacifique* 1975, S. 13–32.
– Besprechung von A. Niderst, *Madeleine de Scudéry* ..., in: *XVIIe Siècle* 121, 30, 4, 1978, S. 319–324.
– »Y a-t-il une problématique féminine de la retraite?«, in: *Onze études sur l'image de la femme* ..., S. 29–49.
Bilz, J., »Menschliche Reifung im Sinnbild« (1943), in: *Märchenforschung und Tiefenpsychologie* ..., a.a.O., S. 161–187.
– »Märchengeschehen und Reifungsvorgänge unter tiefenpsychologischem Gesichtspunkt« (1958), in: *Märchenforschung und Tiefenpsychologie* ..., a.a.O., S. 379–385.
Bittner, G., »Über die Symbolik weiblicher Reifung im Volksmärchen« (1963), in: *Märchenforschung und Tiefenpsychologie* ..., a.a.O., S. 410–417.
Blunt, A., »The Hypnerotomachia Poliphili in 17th Century France«, in: *Journal of the Warburg Institute* 1, London 1937–1938, S. 117–137.
Böhmer, U., »Konversation und Literatur: Zur Rolle der Frau im französischen Salon des 18. Jahrhunderts«, in: *Die französische Autorin* ..., a.a.O., S. 109–129.
Borgerhoff, E. B. O., *The Freedom of French Classicism,* Princeton UP 1950.
Boursier, N., »*La promenade de Versailles:* Un texte reversible?«, in: *Voyages. Récits et imaginaire,* Actes de Montréal hg. v. B. Beugnot, *PFSCL, Biblio* 17, Paris–Seattle–Tübingen 1984, S. 101–114.
Bourciez, E., *Les moeurs polies et la littérature de cour sous Henri II,* Paris 1886, Nachdr. Genf 1967.
Bray, B., »Le dialogue comme forme littéraire au XVIIe siècle, in: *CAIEF* 24, 1972, S. 9-29.
– »L'épistolier et son public en France au XVIIe siècle«, in: *TLL* XI, 2, 1973, S. 7–17.
Bray, R., *La préciosité et les précieux de Thibaut de Champagne à Jean Giraudoux,* Paris 1948.
– »La préciosité«, in: *CAIEF* 1, 1951, S. 49–55.
– *La formation de la doctrine classique en France,* Paris (1926) 1963.
Brengues, J., »La casuistique du jeu au XVIIIe siècle«, in: *Le jeu au XVIIIe Siècle* ..., a.a.O., S. 17–22.
Bridgman, N., »L'aristocratie française et le ballet de cour«, in: *CAIEF* 9, 1957, S. 9–21.
Brown, G. J., *Modes of Aesthetic Experience in the »Ballet de Cour«, 1581–1650,* Univ. of Illinois 1973, Univ. Microf., Ann Arbor/Michigan 1974.
Büff, R., *Ruelle und Realität. Preziöse Liebes- und Ehekonzeptionen und ihre Hintergründe,* Heidelberg 1979.
Burkhardt, H., *Die Beziehungen der Geschlechter bei den französischen Moralisten im 16. und 17. Jahrhundert,* Diss. München 1965.
Caillois, R., *Les jeux et les hommes (Le masque et le vertige),* Paris 1958.
Cairncross, J., *Molière bourgeois et libertin,* Paris 1963.
Cassirer, E., *Descartes, Corneille, Christine de Suède,* Paris 1942.
Chabaud, L., *Les précurseurs du féminisme. Mesdames de Maintenon, de Genlis et Campan. Leur rôle dans l'éducation chrétienne de la femme,* Paris 1901.
Charlier, G., »La fin de l'hôtel de Rambouillet«, in: *Revue belge de philologie et d'histoire* XVIII, 1939, S. 409–426.
Chaunu, P., *La civilisation de l'Europe classique,* Paris 1970.
Chedozeau, B., »Les ›petites écoles‹ de Pierre Nicole«, in: *Le XVIIe siècle et l'éducation* ..., 1972, S. 15–22.
Cherbuliez, V., »Le roman français: L'honnête homme et la précieuse. *Le Grand Cyrus* et *La Clélie«,* in *RddM* LXXX, 5, 55, 1910, S. 789–803.
Christout, M.-F., »Réception offerte le 6 septembre 1656 à Essonnes à la Reine Christine de Suède«, in: *CAIEF* 9, 1957, S. 22–43.

– *Le ballet de cour de Louis XIV (1643–1672),* Paris 1967.

Cison, O. S. F. Sister M. B., »*The Samedis« of Mademoiselle de Scudéry,* Fordham University/New York, Univ. Microf., Ann Arbor/Michigan 1967.

Clarac, P., *L'âge classique II (1660–1680),* Paris 1969.

Cognet, L., *La spiritualité moderne,* I: *L'essor: 1500–1650,* Paris 1966.

Cohen Rosenfield, L., *From Beast-Machine to Man-Machine. The Theme of Animal Soul in French Letters from Descartes to La Mettrie,* Oxford 1940.

Collinet, J.-P., »Allégorie et préciosité«, in: *CAIEF* 28, 1976, S. 103–116.

Colombey, E., *Ruelles, salons et cabarets. Histoire anecdotique de la littérature française,* Paris 1858.

Cottez, H., »Sur Molière et Mlle de Scudéry«, in: *RhPh* 11, 1943, S. 340–364.

Coulet, H., *Le roman jusqu'à la Révolution,* Bd. I, Paris 1967.

Cousin, V., *Jacqueline Pascal. Premières études sur les femmes illustres et la société du XVIIe siècle,* Paris 1869[7].

– *Madame de Longueville. La jeunesse de Madame de Longueville,* Paris 1859[4].

– *Madame de Longueville pendant la Fronde,* Paris 1867[2].

– *Madame de Sablé. Études sur les femmes illustres et la société du XVIIe siècle,* Paris 1854.

– *Madame de Chevreuse. Nouvelles études sur les femmes illustres et la société du XVIIe siècle,* Paris 1862[2].

– »Clef inédite du *Grand Cyrus,* roman de Mlle de Scudéry«, in: *Journal des Savants,* I: Avril 1857, S. 209–221; II.: Octobre 1857, S. 633–655; III.: Novembre 1857, S. 689–708; IV.: Décembre 1857, S. 763–782; V.: Janvier 1858, S. 41–64.

– »De l'importance historique du *Grand Cyrus,* roman de Mlle de Scudéry«, in: *RddM* XXVIII, seconde période, 13, 1858, S. 920–937.

– *La société française au XVIIe siècle d'après le »Grand Cyrus« de Mlle de Scudéry,* 2 Bde., Paris 1858.

Cronk, N., »Metapher and Metamorphosis«, in: *Newsl* 6, 1984, S. 179–189.

Cuénin, M. (Hg.), *Molière. Les Précieuses Ridicules. Documents contemporains. Lexique du vocabulaire précieux,* Genf–Paris 1973.

– *Roman et société sous Louis XIV: Mme de Villedieu* (Marie-Catherine Desjardins 1640–1683), 2 Bde., Thèse Paris, Lille–Paris 1979.

Dammann, G., »Conte de[s] fées«, in: *Enzyklopädie des Märchens,* Bd. 2, Berlin–New York 1979, S. 131–149.

Danahy, M., »Le roman est-il chose femelle?«, in: *Poétique* VII, 1976, S. 85–106.

Debû-Bridel, J., *Anne-Geneviève de Bourbon, Duchesse de Longueville,* Paris 1938.

– »La préciosité. Conception héroïque de la vie«, in: *La Revue de France* V, 18, 1938, S. 195–216.

Decaux, A., *Histoire des Françaises,* 2 Bde., I.: *La soumission,* II.: *La révolte,* Paris 1972.

Delaporte, P. V., *Du merveilleux dans la littérature française sous le règne de Louis XIV,* Paris 1891, Nachdr. Genf 1968.

Delarue, P., *Le conte populaire français.* Cataloque raisonné des versions de France et des pays de langue française d'outre-mer ..., 2 Bde., Paris 1957.

Deloffre, F., *La nouvelle en France à l'âge classique,* Paris 1967.

Delpech, J., *L'âme de la Fronde: Madame de Longueville,* Paris 1957.

Dens, J.-P., »La conversation au XVIIe siècle«, in: *LR* XXVII, 1, 1973, S. 215–221.

Despois, E., »Le roman d'autrefois: Mademoiselle de Scudéry«, in: *RddM* XVI, nouv. série, 13, 1846, S. 790–817.

Deulin, Ch., *Les contes de ma mère l'oye avant Perrault,* Paris 1879, Nachdr. Genf 1969.

Dezon-Jones, E., »Marie de Gournay: le je/u/ palimpseste«, in: *EsCr* XXIII, 2, 1983, S. 26–35.

Dieckmann, H., »Die symbolische Sprache des Märchens« (1966), in: *Märchenforschung und Tiefenpsychologie ...,* a.a.O., S. 442–470.

Di Scanno, T., *Les contes de fées à l'époque classique (1680–1715),* Neapel 1975.

Doolittle, J., »A Royal Diversion: Mademoiselle and Lauzun«, in: *Paths to Freedom.* Studies in French Classicism in honor of E. B. O. Borgerhoff, ed. by R. W. Tobin and J. D. Erickson, in: *EsCr* XI, 2, 1971, S. 123–140.
Doumic, R., »Le féminisme au temps de la Renaissance«, in: *RddM* LXVIII, 149, 1898, S. 921–932.
Dubois, C.-G., *Le Baroque. Profondeurs de l'apparence,* Paris 1973.
Dubois, E. T., »The Education of Women in Seventeenth-Century France«, in: *FSt* XXXII, 1, 1978, S. 1–19.
– »›Votre sexe n'est là que pour la dépendance‹: Women and Marriage in Seventeenth-Century France«, in: *Newsl* 4, 1982, S. 14–26.
Ducasse, A., *La grande Mademoiselle,* 1627–1693, Paris 1964.
Duchêne, R., *Réalité vécue et art épistolaire. Madame de Sévigné et la lettre d'amour,* Paris 1970.
– »L'école des femmes au XVIIe siècle«, in: *Mélanges historiques et littéraires sur le XVIIe siècle* offerts à G. Mongrédien par ses amis, Paris 1974, S. 143–154.
– »Le lecteur de lettres«, in *RHLF* 78, 1978, 6, S. 977–993.
Dulong, C., *L'amour au XVIIe siècle,* Paris 1969.
Dumonceaux, P., *Langue et sensibilité au XVIIe siècle. L'évolution du vocabulaire affectif,* Genf–Paris 1975.
Dunkley, J., »Les jeux de hasard et la loi au XVIIIe siècle«, in: *Le jeu au XVIIIe siècle ...,* a.a.O., S. 9–16.
Du Plessis, J., »Éducation et culture féminines au XVIIe siècle«, in: *La Quinzaine* LXVI, 1905, S. 457–476.
Duplessis-Le Guélinel, G., »L'âge du mariage à la fin de l'Ancien Régime«, in: Michel, A. (Hg.), *La sociologie de la famille,* Paris–La Haye 1970, S. 141–148.
Dupront, A., »Vie et création religieuses dans la France moderne (XIVe–XVIIIe Siècle)« in: *La France et les Français,* Paris 1972, S. 491–577.
Edelman, N., *Attitudes of Seventeenth-Century France toward the Middle Ages,* New York 1946.
Ehrmann, J., *Un paradis désespéré. L'amour et l'illusion dans »L'Astrée«,* New Haven–Paris 1963.
Elias, N., *Die höfische Gesellschaft. Untersuchungen zur Soziologie des Königtums und der höfischen Aristokratie* (1969), Darmstadt–Neuwied 1979^4.
Escholier, M., *Port-Royal,* Paris 1965.
Onze études sur l'image de la femme dans la littérature française du dix-septième siècle, hg. von W. Leiner, Tübingen–Paris 1978.
Fagniez, G., »La société polie et la formation du goût dans la première moitié du XVIIe siècle«, in: *La revue hebdomadaire* 49, 27, 1918, S. 5–46 und S. 170–193.
– *La femme et la société française dans la première moitié du XVIIe siècle,* Paris 1929.
La femme dans la littérature française et les traductions en français du XVIe siècle, textes choisis et prés. par L. Guillerm-Curutchet et al., Lille 1971.
Flandrin, J.-L., »La cellule familiale et l'oeuvre de procréation dans l'ancienne société«, in: *XVIIe Siècle* 102–103, 1974, S. 3–14.
– *Familles. Parenté, maison, sexualité dans l'ancienne société,* Paris 1976.
– »Amour et mariage«, in: *Dix-huitième siècle* 12, 1980, S. 163–176.
Floeck, W., *Die Literarästhetik des französischen Barock. Entstehung–Entwicklung–Auflösung,* Berlin 1979.
Foucault, M., *Histoire de la folie à l'âge classique* (1972), Paris 1979.
Fooken, I., *Frauen im Alter. Eine Analyse intra- und interindividueller Differenzen,* Frankfurt 1980.
– »Biographische Faktoren des Alterserlebens lediger und langjährig verwitweter Frauen«, in: *Zeitschrift für Gerontologie* 13, 5, 1980, S. 475–490.
Foulché-Delbosc, R., »Madame d'Aulnoy et l'Espagne«, in: ders. (Hg.), *Madame d'Aulnoy. Relation du voyage d'Espagne ...,* Paris 1926, S. 1–151.

Fournel, V., *La littérature indépendante et les écrivains oubliés. Essais de critique et d'érudition sur le XVIIe siècle,* Paris 1862, Nachdr. Genf 1968.
– »Madame Deshoulières et sa bergerie«, in: ders., *De Malherbe à Bossuet,* Paris 1885, S. 235–249.
France, A., »Madame de Sablière«, in: ders., *Pages d'histoire et de littérature I, Oeuvres complètes,* Bd. XXIV, Paris 1934, S. 5–27.
– »Madame de Sablière d'après des documents inédits«, in: ders., *La vie littéraire,* 4 Bde., Bd. IV, Paris o. J., S. 325–346.
Franz, A., *Das literarische Porträt in Frankreich,* Diss. Jena 1905.
Franz, M.-L. v., »Bei der schwarzen Frau. Deutungsversuch eines Märchens« (1955), in: *Märchenforschung und Tiefenpsychologie ...,* a.a.O., S. 299–344.
Frenzel, E., *Stoffe der Weltliteratur,* Stuttgart 1976^{4}.
Freudmann, F. R., *The Memoirs of Madame de la Guette. A Study,* Genf–Paris 1957.
Fuchs, H.-J., *Entfremdung und Narzißmus. Semantische Untersuchungen zur Geschichte der Selbstbezogenheit als Vorgeschichte von französisch »amour propre«,* Stuttgart 1977.
Fukui, Y., *Raffinement précieux dans la poésie française du 17e siècle,* Paris 1964.
Fumaroli, M., »Les mémoires du XVIIe siècle au carrefour des genres en prose«, in: *XVIIe Siècle* 1971, 94–95, S. 7–37.
– »Microcosme comique et macrocosme solaire: Molière, Louis XIV, et *L'Impromptu de Versailles*«, in: *RSchum* 1972, S. 95–114.
– »*Animus et Anima:* l'instance féminine dans l'apologétique de la langue française au XVIIe siècle«, in: *XVIIe Siècle* (»Les pouvoirs féminins au XVIIe siècle«) 144, 36, 3, 1984, S. 233–240.
Gaudemet, J., »Législation canonique et attitudes séculières à l'égard du lien matrimonial au XVIIe siècle«, in: *XVIIe Siècle* 102–103, 1974, S. 15–30.
Gélis, J. – Lacet, M. – Morel, M.-F., *Entrer dans la vie. Naissances et enfances dans la France traditionnelle,* Paris 1978.
Gérard-Gailly, M., »Le sentiment de la nature au XVIIe siècle en France«, in: *CAIEF* 6, 1954, S. 17–25.
Gérard, M., »Art épistolaire et art de la conversation: les vertus de la familiarité«, in: *RHLF* 78, 1978, 6, S. 958–975.
Gere Mason, A., *The Women of the French Salons,* London 1891.
Gerlach-Nielsen, M., »Portrait littéraire et anthropologie. Méthodes et résultats«, in: *Actes du 6e Congrès des Romanistes Scandinaves (1975),* Upsala 1977, S. 91–102.
Gillot, H., *La Querelle des Anciens et des Modernes en France. De la »Défense et Illustration de la langue française« aux »Parallèles des anciens et des modernes«,* Nancy 1914, Nachdr. Genf 1968.
Girdlestone, C.-M., »Tragédie et tragédie en musique«, in: *CAIEF* 17, 1965, S. 9–23.
Godenne, R., *Histoire de la nouvelle française aux XVIIe et XVIIIe siècles,* Genf 1970.
– »Les débuts de la nouvelle narrée à la première personne (1645–1800)«, in: *RF* 82, 1970, S. 253–267.
– »Les nouvelles de Mademoiselle de Scudéry«, in: *RSchum* 145–148, 1972, S. 503–514.
– »La part du jeu dans les *Amusements des eaux* des années 1730–1740«, in: *Le jeu au XVIIIe siècle ...,* S. 129–140.
– *Les romans de Mademoiselle de Scudéry,* Genf 1983.
Goebel, G., *Poeta Faber. Erdichtete Architektur in der italienischen, spanischen und französischen Literatur der Renaissance und des Barock,* Heidelberg 1971.
Goldmann, L., *Weltflucht und Politik. Dialektische Studien zu Pascal und Racine,* (a. d. Französ.), Neuwied 1967.
Goubert, P., *Louis XIV et vingt millions de Français* (1966), Paris 1977.
– *L'Ancien Régime,* 2 Bde., Bd. I.: *La société,* Paris 1969.

Gouesse, J.-M., »La formation du couple en Basse-Normandie«, in: *XVIIe Siècle* 102–103, 1974, S. 45–58.
Goulemot, J.-M., »Démons, merveilles et philosophie à l'âge classique«, in: *Studies on Voltaire* CXCI, 1980, S. 1009–1015.
Graber, G. H., *Die Frauenseele. Das Ewig-Weibliche in Mädchen, Frau und Mutter,* Zürich–Stuttgart 1951.
Grant Duff, F. F., »*Schneewittchen.* Versuch einer psychoanalytischen Deutung« (1934), in: *Märchenforschung und Tiefenpsychologie ...,* a.a.O., S. 88–99.
Grappin, H., »Notes sur un féministe oublié: le cartésien Poullain de la Barre«, in: *RHLF* 20, 1913, S. 852–867.
Gréard, O., *L'éducation des femmes par les femmes. Études et portraits* (1830), Paris 1897[5].
Greenberg, C., »The World of Prose and Female Self-Inscription: Scudéry's *Les femmes illustres*«, in: *EsCr* XXIII, 2, 1983, S. 37–44.
– »Mistress, Monster, Text: Sorel's Metaphorical Portrait«, in: *La femme au XVIIe siècle,* Actes de Fordham, hg. v. J. Macary, *PFSCL, Biblio* 17, Paris–Seattle–Tübingen 1983, S. 211–221.
Grimm, J. und W., *Anmerkungen zu den Kinder- und Hausmärchen,* neu bearb. von J. Bolte und G. Polívka, 5 Bde., Leipzig 1913–1932.
Grubbs, H.-A., »La genèse des *Maximes* de La Rochefoucauld«, in: *RHLF* 40, 1933, S. 17–37.
Guénoun, S., »*Clelie:* Terres inconnues et imaginaires. Pour une épistémologie du transport«, in: *Voyages. Récits et imaginaire,* Actes de Montréal, hg. v. B. Beugnot, *PFSCL, Biblio* 17, Paris–Seattle–Tübingen 1984, S. 59–99.
Gueudré, G., *Au coeur des spiritualités: Catherine Ranquet, mystique et éducatrice* (1602–1651), Paris 1951.
Gueudre, M.-C., »La femme et la vie spirituelle«, in: *XVIIe Siècle* 62–63, 1964, S. 47–77.
Gutter, A., *Märchen und Märe. Psychologische Deutung und pädagogische Wertung,* Solothurn 1968.
Gutton, J.-P., »Dévots et petites écoles: l'exemple du Lyonnais«, in: *Le XVIIe siècle et l'éducation ...,* 1972, S. 9–14.
Hain, M., *Rätsel,* Stuttgart 1966.
Hansen, Ch., *Frauenbildung im 17. Jahrhundert in Frankreich nach den Briefen von Mme de Sévigné,* Diss. Heidelberg, Kopenhagen 1910.
Hautecoeur, L., *Littérature et peinture en France du XVIIe au XXe siècle* (1942), Paris 1963[2].
– *Les jardins des dieux et des hommes,* Paris 1959.
Hazard, P., *La crise de la conscience européenne (1680–1715),* 3 Bde., Paris 1935.
Hecker, E. A., *A Short History of Women's Rights.* From the Days of Augustus to the Present Time. With special Reference to England and the United States, Westport/Conn. 1910.
Heier, E., »The Literary Portrait as a Device of Characterization«, in: *Neophilologus* 60, 1976, S. 321–333.
Henein, E., »Mademoiselle de Montpensier à la recherche du temps perdu«, in: *PFSCL* 6, 1976–1977, S. 37–52.
Henri-Robert, »La grande Mademoiselle«, in: ders., *Les grands procès de l'histoire,* Bd. 4, Paris 1925, S. 9–48.
Hepp, N., »La belle et la bête ou la femme et le pédant dans l'univers romanesque du XVIIe siècle«, in: *RHLF* 77, 3–4, 1977, S. 564–577.
– »La notion d'héroïne«, in: *Onze études sur l'image de la femme ...,* S. 9-27.
– »A propos de la *Clelie:* Mélancolie et perfection féminine«, in: *Mélanges offerts à Georges Couton,* Lyon 1981, S. 161–168.

Herrmann, C., *Les voleuses de langue,* Paris 1977.
Hess, G., *Zur Entstehung der »Maximen« La Rochefoucaulds,* Arbeitsgemeinschaft für Forschung des Landes Nordrhein-Westfalen, Geisteswiss., Heft 67, Köln–Opladen 1957.
Hillmann, H., »Wunderbares in der Dichtung der Aufklärung. Untersuchungen zum französischen und deutschen Feenmärchen«, in: *DVJs* 43, 1969, S. 76–113.
–*Die schlafende Schöne. Französische und deutsche Feenmärchen des 18. Jahrhunderts,* mit Nachw. hg. von H. H., München–Hamburg 1970.
Himelfarb, H., »›Palais‹ et ›châteaux‹ chez les mémorialistes du règne de Louis XIV«, in: *XVIIe Siècle* 118–119, 1978, S. 73–99.
Hipp, M.-Th., *Mythes et réalités. Enquête sur le roman et les mémoires (1660–1700),* Paris 1976.
Hobert, E., *Die französische Frauensatire 1600–1800* unter Berücksichtigung der antiken Tradition, Diss. Marburg 1967.
Hoffmann, P., »Préciosité et féminisme dans le roman de Michel de Pure«, in: *TLL* V, 2, 1967, S. 23–34.
– »Féminisme cartésien«, in: *TLL* VII, 2, 1969, S. 83–105.
– *La femme dans la pensée des Lumières,* préf. de G. Gusdorf, Paris 1977.
– »L'idée de la femme parfaite dans la deuxième moitié du XVIIe siècle«, in: *IL* 29, 1977, 2, S. 55–62.
Hough, G., »Gracián's *Oráculo Manual* and the *Maximes* of Mme de Sablé«, in: *HR* IV, 1936, S. 68–72.
Houillon, H., »La femme en France aux XVIIe et XVIIIe siècles«, in: P. Grimal (Hg.)., *Histoire mondiale de la femme,* Bd. 1, Paris 1966, S. 7–98.
Hourcade, Ph., »La présentation de la femme dans *La Prétieuse«,* in: *RHLF* 77, 3–4, 1977, S. 470–477.
Howells, R. J., »The Uses of Versailles in the *Parallèle des Anciens et des Modernes«,* in: *Newsl* 5, 1983, S. 70–77.
Hubert, J. D., »Les nouvelles françaises de Sorel et de Segrais«, in: *CAIEF* 18, 1966, S. 31–40.
Huizinga, J., *Homo ludens. Versuch einer Bestimmung des Spielelements der Kultur,* a. d. Niederl. übers., Basel–Brüssel–Köln–Wien 1949³.
Irmen, F., *Liebe und Freundschaft in der französischen Literatur des 17. Jahrhunderts,* Diss. Heidelberg 1937.
Ivanoff, N., *La marquise de Sablé et son salon,* Paris 1927.
Jacquiot, J., »La littérature et les médailles«, in: *CAIEF* 24, 1972, S. 201–213.
Jacquot, J., »La reine Henriette-Marie et l'influence française dans les spectacles à la cour de Charles Ier«, in: *CAIEF* 9, 1957, S. 128–160.
Jan, E. v., »De la poësie Françoise« in: *Romanica. Festschrift für Fritz Neubert,* Berlin 1948, S. 161–184.
Jauß, H. R., *Ästhetische Erfahrung und literarische Hermeneutik,* Frankfurt 1982.
Le jeu au XVIIIe siècle, Centre Aixois d'études et de recherches sur le XVIIIe siècle, Aix 1976.
Jöckel, B., »Das Reifungserlebnis im Märchen« (1948), in: *Märchenforschung und Tiefenpsychologie ...,* a.a.O., S. 195–211.
Jolles, A, *Einfache Formen,* Darmstadt 1958³.
Jones, H., »Du portrait dans l'art et la littérature classiques«, in: *RSchum* 133, 1969, S. 197–211.
Karlinger, F., *Einführung in die romanische Volksliteratur,* Bd. I: *Die romanische Volksprosa,* München 1969.
Klöne, U., *Die Aufnahme des Märchens in der italienischen Kunstprosa von Straparola bis Basile,* Diss. Marburg 1961.
Klotz, V., »Weltordnung im Märchen«, in: *Neue Rundschau,* 1970, S. 73–91.

Koechlin, E., *Wesenszüge des deutschen und des französischen Volksmärchens.* Eine vergleichende Studie zum Märchentypus von »Amor und Psyche«, Basel 1945.

Köhler, E., »›Je ne sais quoi‹. Ein Kapitel aus der Begriffsgeschichte des Unbegreiflichen« (1953/54), in: ders., *Esprit und arkadische Freiheit. Aufsätze aus der Welt der Romania,* Frankfurt 1966, S. 230–284.

– »Belle Négligence«, in: *Festschrift Kurt Baldinger zum 60. Geburtstag,* hg. von M. Höfler, H. Vernay und L. Wolf, Tübingen 1979, S. 407–428.

Krailsheimer, A. J., *Studies in Self-Interest. From Descartes to La Bruyère,* Oxford 1962.

Krauss, W., *Fontenelle und die Aufklärung,* Müchen 1969.

Krüger, H., *Die Märchen von Charles Perrault und ihre Leser,* Diss. Kiel 1969.

Krüger, K., *Die Märchen der Baronin d'Aulnoy,* Diss. Leipzig 1914.

Kruse, M., *Die Maxime in der französischen Literatur. Studien zum Werk La Rochefoucaulds und seiner Nachfolger.* Hamburger Romanistische Studien, Reihe A, Bd. 44, 1960.

– »›Le Banquet des sept Sages‹. Mlle de Scudéry, Plutarch und die ›Questioni d'Amore‹«, in: *RJb* XI, 1960, S. 204–226.

Laborde, A. M., *L'esthétique circéenne.* Étude critique suivie d'un choix des textes relatifs à l'esthétique circéenne (1686–1800), Paris 1969.

Lachèvre, F., *Bibliographie des recueils collectifs de poésies publiés de 1597 à 1700,* 4 Bde., Paris 1901–1905, Nachdr. Genf 1967.

– »La galerie des portraits de Mademoiselle de Montpensier«, in: *Revue biblio-iconographique* 1903, S. 18–31.

– *Les derniers libertins,* Paris 1924.

Lafond, J. D., »Les techniques du portrait dans le *Recueil des portraits et éloges* de 1659«, in: *CAIEF* 18, 1966, S. 139–148.

– »La beauté et la grâce. L'esthétique ›platonicienne‹ des *Amours de Psyché*«, in: *RHLF* 69, 1969, S. 475–491.

La Force, Duc de, *La grande Mademoiselle,* Paris 1952.

Laiblin, W., »Symbolik der Wandlung im Märchen« (1956), in: *Märchenforschung und Tiefenpsychologie* ..., a.a.O., S. 365–371.

Lathuillère, R., *La préciosité. Étude historique et linguistique,* Bd. I: *Position du problème: Les origines,* Paris–Genf 1966.

– »Voiture et le ›bon usage‹ à l'Hôtel de Rambouillet«, in: *CAIEF* 14, 1962, S. 63–78.

– »La préciosité, état présent«, in: *Oeuvres et critique* I, 1, 1978, 8–23.

Laufer, R. – Lecherbonnier, B., *Littérature et langage. Les genres et les thèmes,* 2 Bde., Paris 1974.

Lebrun, F., *Le XVIIe siècle,* Paris 1967.

– *La vie conjugale sous l'Ancien Régime,* Paris 1975.

Lecigne, C., *Mademoiselle de Montpensier,* Paris 1910.

Lehr, U., »Die Situation der älteren Frau – psychologische und soziale Aspekte«, in: dies. (Hg.), *Seniorinnen. Zur Situation der älteren Frau,* Darmstadt 1978, S. 6–26.

– »Lebenssituation älterer Frauen«, in: *Gerontologie und Gesellschaftspolitik,* Berlin 1979, S. 207–235.

Lelièvre, J., *L'éducation en France,* du seizième au dix-septième siècle, Bruxelles 1975.

Le Maître, H., *Essai sur le Mythe de Psyché dans la Littérature Française des Origines à 1890,* Persan 1939.

Lenôtre, G., »La mère de l'oiseau bleu«, in: ders., *Existences d'artistes. De Molière à Victor Hugo,* Paris 1940, S. 35–39.

Lepenies, W., *Melancholie und Gesellschaft* (1969), Frankfurt 1972.

Lever, M., *La fiction narrative en prose au XVIIe siècle. Répertoire bibliographique du genre romanesque en France (1600–1700),* Paris 1976.

– *Le roman français au XVIIe siècle,* Paris 1981.

Levi, A., *French Moralists. The Theory of the Passions 1585 to 1649,* Oxford 1964.

Leyen, F. von der, »Traum und Märchen« (1901), in: *Märchenforschung und Tiefenpsychologie ...*, a.a.O., S. 1–12.
– »Zum Problem der Form beim Märchen« (1924), in: *Wege der Märchenforschung ...*, a.a.O., S. 74–83.
– »Neue Beiträge zur Märchenforschung« (1954), in: *Wege der Märchenforschung ...*, a.a.O., S. 273–294.
Liot Backer, D. A., *Precious Women*, New York 1974.
Loeffler-Delachaux, M., *Le symbolisme des contes de fées*, Paris 1949.
Lottin, A., »Vie et mort du couple. Difficultés conjugales et divorces dans le Nord de la France aux XVIIe et XVIIIe siècles«, in: *XVIIe Siècle* 102–103, 1974, S. 59–78.
Lougee, C. C., *Le Paradis des Femmes. Women, Salons, and Social Stratification in Seventeenth-Century France*, Princeton 1976.
Lüthi, M., *Das europäische Volksmärchen* (1947), München 1974⁴.
– »Besprechung des Märchenwerks von Hedwig von Beit« (1959), in: *Märchenforschung und Tiefenpsychologie ...*, a.a.O., S. 391–403.
– »Aspekte des Volksmärchens und der Volkssage« (1963), in: *Wege der Märchenforschung ...*, a.a.O., S. 408–427.
– »Psychologie des Märchens« (1964), in: *Märchenforschung und Tiefenpsychologie ...*, a.a.O., S. 421–428.
– *Volksliteratur und Hochliteratur*, München 1970.
Lunin, V., *Kleid und Verkleidung. Untersuchungen zum Verkleidungsmotiv unter besonderer Berücksichtigung der altfranzösischen Literatur*, Diss. Zürich 1954.
Luppé, A. de, *Les jeunes filles à la fin du XVIIIe siècle*, Paris 1925.
Maclean, I., *Woman Triumphant. Feminism in French Literature 1610–1652*, Oxford 1977.
– *The Renaissance Notion of Woman. A Study in the Fortune of Scholasticism and Medical Science in European Intellectual Life*, Cambridge 1980.
– »La voix des précieuses et les détours de l'expression féminine«, in: *Présences féminines*, Coll. de Western Ontario 1986, hg. v. C. Venesoen, im Druck.
Märchenforschung und Tiefenpsychologie, hg. von W. Laiblin, Darmstadt 1975.
Magendie, M., *La politesse mondaine et les théories de l'honnêteté en France au XVIIe siècle de 1600 à 1660*, Bde., Paris 1925.
– *Le roman français au XVIIe siècle. De »l'Astrée« au »Grand Cyrus«*, Paris 1932, Nachdr. Genf 1978.
Magné, B., *Le féminisme de Poullain de la Barre: Origine et signification*, Thèse, 3e cycle (masch. schr.), Univ. de Toulouse 1964.
– »Éducation des femmes et féminisme chez Poullain de la Barre (1647–1723)«, in: *Le XVIIe siècle et l'éducation* ... 1972, S. 117–127.
– *Crise de la littérature française sous Louis XIV: Humanisme et nationalisme*, 2 Bde., Lille–Paris 1976.
Magne, É., *Madame de la Suze (Henriette de Coligny) et la société précieuse*, Paris 1908².
– »Une ruelle précieuse au XVIIe siècle«, in: *Mercure de France* 19, LXXI, janvier-février 1908, S. 242–257.
– *Femmes galantes du XVIIe siècle: Madame de Châtillon (Isabelle-Angélique de Montmorency). Portraits et documents inédits*, Paris 1910.
– »Quelques pénitents mondains de Port-Royal de Paris d'après des documents inédits«, in: *La Revue de Paris* 31, 1924, S. 381–402.
– *Voiture et l'Hôtel de Rambouillet*, Paris 1930.
– *Les plaisirs et les fêtes en France au XVIIe siècle*, Genf 1944.
Mai, W. W. E., *»Le Portrait du Roi«. Staatsportrait und Kunsttheorie in der Epoche Ludwigs XIV.* Zur Gestaltikonographie des spätbarocken Herrscherportraits in Frankreich, Diss. Bonn 1975.

Maistre Welch, M. »La femme, le mariage et l'amour dans les contes de fées mondains du XVIIe siècle français«, in: *PFSCL* X, 1983, 18, S. 47–58.
Mandrou, R., *Magistrats et sorciers en France au XVIIe siècle.* Une analyse de psychologie historique, Paris 1968.
– *La France aux XVIIe et XVIIIe siècles,* Paris 1970.
– *Lous XIV et son temps, 1661–1715,* Paris 1973.
Marion, M., *Dictionnaire des institutions de la France aux XVIIe et XVIIIe siècles* (1923), Paris 1969.
Markale, J., *La femme celte. Mythe et sociologie,* Paris 1972.
Mathieu-Castellani, G., »Les bestiaires dans la poésie amoureuse de l'âge baroque«, in: *CAIEF* 31, 1979, S. 17–34.
Maurel, M., »Esquisse d'un Antéros baroque«, in: *XVIIe Siècle* 84–85, 1969, S. 3–20.
May, G., »L'Histoire a-t-elle engendré le roman?«, in: *RHLF* 55, 2, 1955, S. 155–176.
Mayer, D., »Mademoiselle de Montpensier et l'architecture d'après ses Mémoires«, in: *XVIIe Siècle* 118–119, 1978, 30, S. 57–71.
Mayer, H., *Außenseiter,* Frankfurt 1976.
Mc Dougall, D., *Madeleine de Scudéry. Her Romantic Life and Death,* London 1938.
Mc Gillivray, R. G., »La préciosité: essai de mise au point«, in: *RSchum* 105–108, 1962, S. 15–30.
Mc Gowan, M. M., *L'art du ballet de cour en France 1581–1643,* Paris 1963.
– »Court Ballet: The Nature of its Fantasies«, in: *Newsl* 6, 1984, S. 41–49.
Menjot d'Elbenne, S., *Madame de La Sablière. Ses pensées chrétiennes et ses lettres à l'abbé de Rancé,* Paris 1923.
Merrill, R. V., »The Pléiade and the Androgyne«, in: *CL* I, 2, 1949, S. 97–112.
Mesnard, J., »Madeleine de Scudéry et la société du Marais«, in: *Mélanges offerts à Georges Couton,* Lyon 1981, S. 169–188.
Michel, A., *Le féminisme,* Paris 1979.
Misch, G., »Die Autobiographie der französischen Aristokratie des siebzehnten Jahrhunderts«, in: *DVJs,* 1, 1, 1923, S. 173–213.
Moiset, M. Ch., »Mademoiselle de Montpensier à Saint-Fargeau. Mouvement intellectuel et distractions au Château de Saint-Fargeau au milieu du XVIIe siècle«, in: *Bulletin de la Société des Sciences historiques et naturelles de l'Yonne* 44, 1890, S. 469–478.
Molino, J., »L'éducation vue à travers l'examen des esprits du docteur Huarte«, in: *Le XVIIe siècle et l'éducation ...,* 1972, S. 105–115.
Mondadon, L. de, »Les Françaises du dix-septième siècle«, in: *Études* 70, 214, 1933, S. 579–592 (I, II) und S. 703–720 (III).
Mongrédien, G., »Une Précieuse: Madame du Vigean (1600–1682)«, in: *Revue de France* 8, 1, 1928, S. 666–691.
– »Une Précieuse: La Comtesse de Brégy. Documents inédits«, in: *La Revue de France* 9, 5, sept.-oct. 1929, S. 36–66.
– »Une rivale de la Marquise de Rambouillet: La Vicomtesse d'Auchy. Documents inédits«, in: *Mercure de France* 42, 227, 1931, S. 355–380.
– »Bibliographie des oeuvres de Georges et de Madeleine de Scudéry«, in: *RHLF* 40, 1933, S. 224–236; Suite: S. 412–425, Suite et fin: S. 538–565; Supplément: *RHLF* 42, 1935, S. 547–549.
– *Les précieux et les précieuses.* Textes choisis et présentés avec intr. et notices ..., Paris 1939.
– *Madeleine de Scudéry et son salon.* D'après des documents inédits, Paris 1946.
– *La vie littéraire au XVIIe siècle,* Paris 1947.
– *La vie de société aux XVIIe et XVIIIe siècles,* Paris 1950.
Montégut, E., »Des fées et de leur littérature en France«, in: *RddM* XXXII, 38 1862, S. 648–675.

Moog-Grünewald, M., *Metamorphosen der Metamorphosen.* Rezeptionsarten der ovidischen Verwandlungsgeschichten in Italien und Frankreich im XVI. und XVII. Jahrhundert, Heidelberg 1979.

Moore, W. G., »Le goût de la cour«, in: *CAIEF* 9, 1957, S. 172–182.

Moreau, H., »Nature féminine et culture dans le théâtre de Molière«, in: *Le XVIIe siècle et l'éducation ...,* 1972, S. 161–168.

Morlet, Ch., »Mort d'un personnage«, in: *RHLF* 77, 3–4, 1977, S. 459–469.

Morlet-Chantalat, Ch., »Châteaux et romans au XVIIe siècle«, in: *XVIIe Siècle* 118–119, 30, 1978, S. 101–111.

Mouligneau, G., »›Nostre amitié ne finira que quand nous finirons‹. Madame de La Fayette et Ménage«, in: *XVIIe Siècle* 109, 1975, S. 67–91.

Mousnier, R., »L'Ancien Régime démographique«, in: *La France et les Français,* Paris 1972, S. 1297–1330.

– *Les institutions de la France sous la monarchie absolue 1598–1789,* 2 Bde., Paris 1974.

– *La famille, l'enfant et l'éducation en France et en Grande-Bretagne du XVIe au XVIIIe siècle,* 2 Bde., Paris 1975.

– »Les survivances médiévales dans la France du XVIIe siècle«, in: *XVIIe Siècle* 106–107, 1975, S. 59–79.

Naudin, M., »Tragédie et opéra«, in: *CAIEF* 24, 1972, S. 187–199.

Naumann,H., »Sage und Märchen« (1922), in: *Wege der Märchenforschung ...,* a.a.O., S. 61–83.

Neumann, E. (Hg.), Apuleius: *Amor und Psyche* mit einem Kommentar von E. Neumann: *Ein Beitrag zur seelischen Entwicklung des Weiblichen,* Zürich 1952.

Newmark Mayfield, S., *The House of Games: The Fictional Works of Charles Sorel,* Ph. D. 1975, Univ. Microf. Ann Arbor/Michigan 1979.

Niderst, A., »Une source du *Misanthrope*«, in: *Missions et démarches de la critique.* Mélanges offerts au Professeur J. A. Vier, Paris 1973, S. 361–365.

– *Madeleine de Scudéry, Paul Pellisson et leur monde,* Paris 1976.

– »L'Histoire dans les romans de Mlle de Scudéry«, in: *Le roman historique (XVIIe–XXe* Siècles), Actes de Marseille hg. v. P. Ronzeaud, *PFSCL, Biblio* 17, Paris–Seattle–Tübingen 1983, S. 11–21.

Nies, F., *Gattungspoetik und Publikumsstruktur. Zur Geschichte der Sévignébriefe,* München 1972.

– *Genres mineurs. Texte zur Theorie und Geschichte nichtkanonischer Literatur* (vom 16. Jahrhundert bis zur Gegenwart), München 1978.

– »Un genre féminin?«, in: *RHLF* 78, 1978, 6, S. 994–1005.

Nikliborg, A., »Madame de Maintenon et ses proverbes«, in: *Romanica Wratislaviensia* IX, 1973, S. 3–14.

Nunn, R. R., *Mlle de Scudéry's Clelie,* Columbia Univ. 1966, Univ. Microf. Ann Arbor/ Michigan 1966.

– »Mlle de Scudéry and the Development of the Literary Portrait: Some Unusual Portraits in *Clelie*«, in: *RoNo* 17, 2, 1976, S. 180–184.

Palmer, M. D., *Madame d'Aulnoy in England,* Univ. of Maryland, Univ. Microf. Ann Arbor/Michigan 1969.

– »*The History of Adolphus* (1691): The First French Conte de Fée in English«, in: *PhQ* XLIX, 1970, S. 565–567.

– »Madame d'Aulnoy and Cervantes«, in: *RoNo* XI, 3, 1970, S. 595–598.

– »Madame d'Aulnoy in England«, in: *CL* XXVII, 1975, S. 237–253.

Panzer, F., »Märchen« (1926), in: *Wege der Märchenforschung ...,* a.a.O., S. 84–128.

Paquot, M., »La manière de composer les ballets de cour d'après les premiers théoriciens français«, in: *CAIEF* 9, 1957, S. 183–197.

Paquot, M., *Les étrangers dans les divertissements de la cour. De Beaujoyeulx à Molière (1581–1673).* Publications de l'Académie Royale de Langue et de Littérature Françaises en Belgique, Brüssel 1932.

Der Kleine Pauly, Lexikon der Antike in 5 Bänden, München 1975.
Peach, T., »Une source négligée de l'antiféminisme au XVIe siècle: le *Contra Amores* de Platina et les Dialogues de Jacques Tahureau«, in: *StF* 56, XIX, 1975, S. 201–213.
Pelous, J.-M., *Amour précieux, amour galant (1654–1675). Essai sur la représentation de l'amour dans la littérature et la société mondaines,* Paris 1980.
Petriconi, H., »Der Verzicht auf Liebe« (1965), in: ders., *Metamorphosen der Träume,* Frankfurt 1971, S. 99–114.
Picard, R., *Les salons littéraires et la société française 1610–1789,* New York 1943.
Piettre, M. A., *La condition féminine à travers les âges,* Paris 1974.
Pilon, E., »Madame D'Aulnoy ou la fée des contes«, in: ders., *Muses et bourgeoises de jadis,* Paris 1908, S. 13–38.
Pizzorusso, A., *La poetica del romanzo in Francia (1660–1685),* Rom 1962.
Planhol, R. de, *Les utopistes de l'amour,* Paris 1921.
Plantié, J., »La Rochefoucauld et Climène«, in: *RHLF* 66, 1966, S. 209–222.
– »L'éducation par la prédication vers la fin du XVIIe siècle d'après l'*Art de prêcher* de l'abbé de Villiers«, in: *Le XVIIe siècle et l'éducation ...,* 1972, S. 97–103.
– *La mode du portrait littéraire en France dans la société mondaine (1641–1681),* Thèse d'État (masch. schr.), Paris–Sorbonne 1975.
– »Hauts lieux de Provence dans *Le Grand Cyrus*«, in: *TLL* XIII, 1, 1975, S. 129–139.
Pollitzer, M., *Les amazones de la Fronde,* Paris 1959.
Pomeau, R., *L'âge classique III (1680–1720),* Paris 1971.
Pop, M., »Nationaler Charakter und historische Schichtungen im Stil der Volksmärchen« (1965), in: *Wege der Märchenforschung ...,* a.a.O., S. 394–407.
Portemer, J., »La femme dans la législation royale des deux derniers siècles de l'Ancien Régime«, in: *Études d'histoire du droit privé, offertes à P. Petot,* Paris 1959, S. 441–454.
– »Réflexions sur les pouvoirs de la femme selon le droit français au XVIIe siècle«, in: *XVIIe Siècle* (»Les pouvoirs féminins au XVIIe siècle«) 144, 36, 3, 1984, S. 189–202.
Preisendanz, W., »Dialog zwischen *naïveté* und *esprit du monde.* Zu den *Histoires ou Contes du temps passé* von Charles Perrault«, in: *Französische Klassik. Theorie – Literatur – Malerei,* hg. v. F. Nies und K. Stierle, München 1985, S. 395–418.
Propp, V., *Morphologie du conte* suivi de *Les transformations des Contes merveilleux,* a. d. Russ. (1928; 1969), übers. von M. Derrida u.a., Paris 1970².
Rank, O., *Psychoanalytische Beiträge zur Märchenforschung.* Gesammelte Studien aus den Jahren 1912 bis 1914, Leipzig–Wien 1919.
– *Das Inzest-Motiv in Dichtung und Sage. Grundzüge einer Psychologie des dichterischen Schaffens,* Leipzig–Wien 1926.
Ranum, P. M., »Mademoiselle de Guise, ou les défis de la quenouille«, in: *XVIIe Siècle* (»Les pouvoirs féminins au XVIIe siècle«) 144, 36, 3, 1984, S. 221–231.
Rat, M., *Aventurières et intrigantes du grand siècle,* Paris 1957.
Rathery et Boutron, *Mademoiselle de Scudéry. Sa vie et sa correspondance avec un choix de ses poésies,* Paris 1873, Nachdr. Genf 1971.
Rauch, K. (Hg.), *Rätsel aus aller Welt,* Düsseldorf–Köln 1965.
Raymond, M., *Génies de France,* Neuchâtel 1942.
Reynier, G., *Le roman sentimental avant »l'Astrée«,* Paris 1908, Nachdr. Genf 1970.
– *La femme au XVIIe siècle. Ses ennemis et ses défenseurs,* Paris 1929.
– *Les »Femmes savantes« de Molière,* Paris 1962.
Riese Hubert, R., »Poetic Humor in Madame d'Aulnoy's Fairy Tales«, in: *EsCr* III, 3, 1963, S. 123–129.
– »L'amour et la féerie chez Madame d'Aulnoy«, in: *RF* 75, 1963, S. 1–10.
– »Le sens du voyage dans quelques contes de Madame d'Aulnoy«, in: *FR* XLVI 5, 1973, S. 931–937.
Riklin, F., *Wunscherfüllung und Symbolik im Märchen,* Leipzig–Wien 1908, Nachdr. Neudeln/Liechtenstein 1970.

Roberts, W., »New Light on the Authorship of *Almahide*«, in: *FSt* XXV, 1971, S. 271–280.

Roche-Mazon, J., *Autour des contes de fées. Recueil d'études,* Paris 1968.

– »De qui est ›Riquet à la houppe‹«?, in: *RddM* XCVIII, 7, 46, 1928, S. 404–435.

Röhrich, L., »Märchen und Psychiatrie« (1951), in: *Märchenforschung und Tiefenpsychologie …,* a.a.O., S. 212–213.

– *Märchen und Wirklichkeit,* Wiesbaden 1974³.

Röhrich, L., – Mieder, W., *Sprichwort,* Stuttgart 1977.

Rölleke, H., *Die ältere Märchensammlung der Brüder Grimm.* Synopse der handschriftlichen Urfassung von 1810 und der Erstdrucke von 1812, Coligny–Genf 1975.

Rollet, H., *La condition de la femme dans l'Église. Ces femmes qui ont fait l'Église,* Paris 1975.

Ronzeaud, P., »La femme au pouvoir ou le monde à l'envers«, in: *XVIIe Siècle* 108, 1975, S. 9–33.

Rosso, C., *Virtù e critica della virtù nei moralisti francesi,* Turin 1964.

– »I ›Quiz‹ di Marie Linage. Un processo all'amore nel Seicento«, in: *Scritti in onore di Giovanni Macchia,* Mailand 1983, S. 131–143.

Rouben, C., »Un jeu de société au grand siècle: *Les Questions et les Maximes d'Amour.* Inventaire chronologique«, in: *XVIIe Siècle* 97, 1972, S. 85–104.

Rousselot, P., *Histoire de l'éducation des femmes en France,* 2 Bde., Paris 1883.

Rousset, J., *La littérature de l'âge baroque en France. Circé et le paon* (1954), Paris 1963.

– »L'eau et le soleil dans le paysage des poètes«, in: *CAIEF* 6, 1954, S. 49–55.

– »L'île enchantée. Fête et théâtre au XVIIe siècle«, in: *Mélanges de littérature comparée et de philologie* offerts à M. Brahmer, Warschau 1967, S. 435–441.

– »Les difficultés de l'autoportrait«, in: *RHLF* 69, 1969, S. 540–550.

– »*Psyché* ou le génie de l'artificiel«, in: *Actes du XIe stage international de Tours. Renaissance-Maniérisme-Baroque,* Paris 1972, S. 179–186.

– *L'intérieur et l'extérieur. Essais sur la poésie et sur le théâtre au XVIIe siècle,* nouv, éd., Paris 1976.

– »Rencontrer sans voir dans le roman du XVIIe siècle«, in: *Mélanges offerts à Georges Couton,* Lyon 1981, S. 189–197.

Roy, B., »La belle e[s]t la bête. Aspects du bestiaire féminin au moyen âge«, in: *Études françaises* 10, 3, 1974, S. 319–334.

Rüdiger, H., *Sappho. Ihr Ruf und Ruhm bei der Nachwelt,* Leipzig 1933.

Sainte-Beuve, Ch.-A., *Portraits de femmes,* in: *Oeuvres,* Bd. 2, hg. von M. Leroy, Paris 1951, S. 985–1422.

– *Causeries du Lundi,* 4. Aufl., Paris o. J.

– *Galerie de femmes célèbres tirées des »Causeries du Lundi«,* Paris 1859.

Sallwürk, E. v., *Fénelon und die Litteratur der weiblichen Bildung in Frankreich* von Claude Fleury bis Frau Necker de Saussure, Langensalza 1886.

Samuel, P., *Amazones, guerrières et gaillardes,* préf. de F. d'Eaubonne, Presses Univ. de Grenoble 1976.

Santa Celoria, R., *Le Grand Cyrus. Clelie hystoire romaine.* Épisodes choisis avec le résumé des deux romans et une Introduction, prés. par M. Bonfantini, Turin 1973.

Sayce, R., »Littérature et architecture au XVIIe siècle«, in: *CAIEF* 24, 1972, S. 233–251.

Scheel, H. L., »Versailles als dichterisches Thema und als Symbol«, in: *RF* 72, 1960, S. 277–321.

Schiff, M., *La fille d'alliance de Montaigne: Marie de Gournay,* Paris 1910.

Schlumbohm, Ch., *Jocus und Amor. Liebesdiskussionen vom mittelalterlichen »joc partit« bis zu den preziösen »questions d'amour«,* Diss. Hamburg 1974.

– »Der Typus der Amazone und das Frauenbild im 17. Jahrhundert. Zur Selbstdarstellung der Grande Mademoiselle«, in: *RJb* XXIX, 1978, S. 77–99.

Schmidt, L., »Kulturgeschichtliche Gedanken zur Musik im Märchen« (1950), in: *Wege der Märchenforschung …,* a.a.O., S. 210–219.

Schneider, M., *La littérature fantastique en France,* Paris 1964.

Schumacher, H., *Narziß an der Quelle. Das romantische Kunstmärchen,* Wiesbaden 1977.

Schweitzer, J. W., »The Scudérys Revisited: Georges de Scudéry (1601–1667)«, in: *Renaissance and other Studies in Honor of W. L. Wiley,* ed. by G. Daniel, Chapel Hill, Univ. of North Carolina Press 1968, S. 203–214.

Shirt, M. T., *The Evolution of the Epistolary Genre in France in the Seventeenth-Century,* Diss. Univ of Newcastle upon Tyne 1970.

Le XVIIe siècle et l'éducation, Suppl. au n° 88 de la *Revue Marseille,* 1972.

Silin, Ch. I., *Benserade and his »Ballets de Cour«, Baltimore 1940.*

Simpson, J. G., *Le Tasse et la littérature et l'art baroques en France,* Paris 1962.

Slater, M., »Madame d'Aulnoy and the Adult Fairy-Tale«, in: *Newsl* 4, 1982, S. 69–75.

Snyders, G., *La pédagogie en France aux XVIIe et XVIIIe siècles,* Paris 1965.

Soriano, M., *Les contes de Perrault. Culture savante et traditions populaires,* Paris 1968.

– *Le dossier Ch. Perrault,* Paris 1972.

– Art. »Aulnoy ... baronne de«, in: *Enzyklopädie des Märchens,* Bd. 1, Berlin–New York 1977, S. 1020–1024.

Spahr, B. L., »Madeleine de Scudéry and Sibylla Ursula, Herzogin von Braunschweig–Lüneburg: The Correspondence of two Femmes Savantes«, in: *Theatrum Europaeum,* Festschrift für E. M. Szarota, hg. von R. Brinkmann, München 1982, S. 343–362.

Stackelberg, J. v., »Psyche in Amors Schloß. Zu Pierre Corneilles Altersbarock«, in: *Arcadia* 6, 1971, S. 257–266.

Stanton, D. C., *The Aristocrat as Art. A Study of the »Honnête Homme« and the Dandy in Seventeenth-and Nineteenth-Century French Literature,* New York 1980.

– »Women as Object and Subject of Exchange: Marie de Gournay's *Le Proumenoir* (1594)«, in: *EsCr* XXIII, 2, 1983, S. 9–25.

Starobinski, J., *Histoire du traitement de la mélancolie des origines à 1900,* Thèse Lausanne 1960.

– »Fable et mythologie, aux XVIIe et XVIIIe siècles. Dans la littérature et la réflexion théorique«, in: *Dictionnaire des mythologies,* Paris 1981, S. 1–23.

Steegmüller, F., *La grande Mademoiselle,* London 1955.

Steiner, A., »Les idées esthétiques de Mlle de Scudéry«, in: *RR* XVI, 1925, S. 174–184.

Steinmetz, R., *Untersuchungen zur Thematik französischer Erzählliteratur von 1660–1700* (»nouvelles historiques« und »nouvelles galantes«), Diss. Göttingen 1976.

Stierle, K., »Die Modernität der französischen Klassik. Negative Anthropologie und funktionaler Stil«, in: *Französische Klassik. Theorie – Literatur – Malerei,* hg. v. F. Nies und K. Stierle, München 1985, S. 81–133.

Storer, M.-E., *La mode des contes de fées (1685–1700),* Paris 1928.

– »Madame Deshoulières jugée par ses contemporains«, in: *RR* XXV, 1934, S. 367–374.

Streckenbach, M., »Madame d'Aulnoy, ihre Novellen und Romane«, in: *RF* 45, 1931, S. 145–256.

Strosetzki, Ch., *Konversation. Ein Kapitel gesellschaftlicher und literarischer Pragmatik im Frankreich des 17. Jahrhunderts,* Frankfurt 1978.

Sullerot, É., *Histoire et mythologie de l'amour.* Huit siècles d'écrits féminins, Paris 1974.

Tapié, V.-L., »Baroque ou classicisme? Les enseignements d'une fête royale (26 août 1660)«, in: *RSchum* 1949, S. 185–197.

Tegethoff, E., *Studien zum Märchentypus von Amor und Psyche,* Bonn–Leipzig 1922.

Teyssèdre, B., *L'Art au siècle de Louis XIV,* Paris 1967.

Thelander, D. R., »Mother Goose and her Goslings: The France of Louis XIV as seen through the Fairy Tale«, in: *Modern History* 54, 1982, S. 467–496.

Thomas, T. H., *French Portrait Engraving of the XVIIth and XVIIIth Centuries,* London 1910.

Tilley, A., »Préciosité after *Les Précieuses ridicules«,* in: *MLR* XI, 1, 1916, I.: S. 33–48; II.: S. 176–185; III.: S. 302–315.

Tingle Keating, R., *The Literary Portraits in the Novels of Mlle de Scudéry,* Yale Univ., Univ. Microf. Ann Arbor/Michigan 1970.

Toso Rodinis, G., *Madame de Sablé: Les Maximes,* Padua 1971.

Treloar, B., »Some Feminist Views in France in the Seventeenth Century«, in: *AUMLA* X, 1959, S. 152–159.

Tucker Mitchell, J., *A Thematic Analysis of Mme d'Aulnoy's »Contes de fées«,* Univ. of North Carolina at Chapel Hill 1974.

Van Beekom, W. L., *De la formation intellectuelle et morale de la femme d'après Molière,* Thèse Lille, Paris 1922.

Van Delft, L., »Sur les débuts de Gracián en France«, in: *XVIIe Siècle* 112, 1976, S. 31–39.

Vanuxem, J., »Des fêtes de Louis XIV au baroque allemand«, in: *CAIEF* 9, 1957, S. 91–102.

– »Les fêtes théâtrales de Louis XIV et le Baroque de la ›Finta Pazza‹ à ›Psyché‹ (1645–1671)«, in: *Le Baroque au théâtre et la théâtralité du Baroque,* Journées internationales d'études du Baroque, Montauban 2, 1967, S. 31–43.

Varga, Kibédi A., »Romans d'amour, romans de femmes, à l'époque classique«, in: *RSchum* XLIV 168, 1977, S. 517–524.

Verchaly, A., »Les ballets de cour d'après les recueils de musique vocale (1600–1643)«, in: *CAIEF* 9, 1957, S. 198–218.

Verdier, G., »Mademoiselle de Montpensier et le plaisir du texte«, in: *PFSCL* X, 1983, 18, S. 10–33.

Viguerie, J. de, *L'institution des enfants: l'éducation en France, seizième-dix-huitième siècle,* Paris 1978.

Vincent, M., »Le ›Mercure galant‹ et son public féminin«, in: *RZLG* 3, 1979, 1–2, S. 76–85.

– »Le ›Mercure galant‹ témoin des pouvoirs de la femme du monde«, in: *XVIIe Siècle* (»Les pouvoirs féminins au XVIIe siècle«) 144, 36, 3, 1984, S. 241–248.

Völker, L., *Langweile. Untersuchungen zur Vorgeschichte eines literarischen Motivs,* München 1975.

Vovelle, M., »Maggiolo en Provence: peut-on mesurer l'alphabétisation au début du XVIIIe siècle?«, in: *Le XVIIe siècle et l'éducation …,* 1972, S. 55–62.

Wadsworth, Ph. A., »The Composition of *Psyché«,* in: *RUSt* 53, 4, 1967, S. 69–76.

Waldberg, M. v., *Der empfindsame Roman in Frankreich.* Erster Theil, Straßburg–Berlin 1906.

Watts, D. A., »Self-Portrayal in Seventeenth-Century Memoirs«, in: *Australian Journal of French Studies* XII, 3, 1975, S. 263–285.

Warnke, K. (Hg.), *Die Lais der Marie de France,* Halle 1925.

Wear, A. J., »Aspects of Seventeenth-Century French Medicine«, in: *Newsl* 4, 1982, S. 118–132.

Wege der Märchenforschung, hg. von F. Karlinger, Darmstadt 1973.

Wetzel, H. H., *Märchen in den französischen Novellensammlungen der Renaissance,* Berlin 1974.

– *Die romanische Novelle bis Cervantes,* Stuttgart 1977.

Wind, E., »Studies in Allegorical Portraiture I«, in: *Journal of the Warburg Institute* 1, 1937–1938, S. 138–162.

Winterstein, A., »Die Pubertätsriten der Mädchen und ihre Spuren im Märchen« (1928), in: *Märchenforschung und Tiefenpsychologie …,* a.a.O., S. 56–70.

Wittgenstein, O. Graf, *Märchen–Träume–Schicksale,* Düsseldorf–Köln 1965.

Wolfe, Ph. J., *Dialogue et société: Le genre du dialogue en France de 1630 à 1671,* Princeton Univ., Univ. Microf. Ann Arbor/Michigan 1974.

– »Mlle de Scudéry lectrice de La Mothe le Vayer«, in: *RoNo* XX, 3, 1980, S. 371–376.

Woodrough, E., »Marseille ville romanesque d'après *Le Grand Cyrus* de Mlle de Scudéry«, in: *Marseille* 3e trim. 122, 1980, S. 139–144.

– »Georges and Madeleine de Scudéry: ›Mer d'Inimitié‹, ›Lac d'Indifférence‹ or ›Amitié tendre‹?«, in: *Newsl* 4, 1982, S. 76–86.
Zeller, Sister M., O. S. F., *New Aspects of Style in the Maxims of La Rochefoucauld,* Washington 1954.
Zimmer, W., *Die literarische Kritik am Preziösentum,* Meisenheim am Glan 1978.
Zumthor, P., »La Carte de Tendre«, in: *Trivium* VI, 1948, S. 263–273.

Namensregister

Erfaßt sind die Namen, die der zeitgenössischen Dokumentation dienen, nicht die der neueren Forschung. Die zeitliche Grenze von 1800 wird nur im jeweiligen Einzelfall (Sainte-Beuve) überschritten, wenn es um meinungs(um)bildende Urteile späterer Autoren geht. Die von A. Niderst und J. Plantié vorgeschlagenen (kontroversen) Entschlüsselungen sind aus den Anmerkungen zu ersehen, und nur einige unverhüllte oder durch die gleichzeitige Rezeption (Montpensier) bestätigte Dechiffrierungen *(Parthenie)* wurden eigens oder bei dem jeweiligen Namen berücksichtigt. Auf die Aufnahme solcher Namen, die – allein im Sinne einer weiterführenden Information – erst- oder einmalig in den Anmerkungen erscheinen (La Roche-Guilhen), wurde ebenso verzichtet wie auf die ebenfalls dort aufgeführten, im übrigen unbekannten »précieuses« bei Somaize oder »savantes« bei La Forge. Die wichtigsten Beispiele der Scudéryschen Anamorphose (*Sapho*/Sappho), der beziehungsreichen historischen Kontamination *(Brutus, Tarquin; Lucrèce, Tullie)* oder aber die Namen einiger Wortführer *(Plotine, Amilcar)* aufzunehmen, war durch die zeitgenössische Bezugnahme (Sévigné: *Tullie*) und das Interesse der gegenwärtigen Forschung, für die anhaltend die kritischen Editionen fehlen, geboten. Auf die Anmerkungen wird nur dann – [ ] – verwiesen, wenn dadurch zusätzliche, aus dem fortlaufenden Text nicht zwingend zu erwartende Zusammenhänge sichtbar werden. Ebenso sind nur die Titel von Sammelwerken *(Guirlande de Julie)* berücksichtigt, die nicht, wie die *Divers portraits,* Gegenstand eigener Kapitel sind.

Illustrationen

Folgende Abbildungen (Abraham BOSSE) wurden nach Genehmigung des Kupferstichkabinetts im Museum Berlin–Dahlem veröffentlicht (Fotos: Jörg P. Anders): Seiten 24, 27, 31, 33, 115, 129, 149, 174 links u. rechts, 204, 262. Der Abbildung Seite II liegt die Erlaubnis und Bildvorlage des Musée des Arts décoratifs (Paris) zugrunde. Die Abbildung Seite 38 entstammt M. Th. Lavallée, *Histoire de la Maison Royale de Saint-Cyr,* Paris 1854, die Abbildung Seite 250 den *Cahiers Renault-Barrault* 101, 1981. Die Rechte für die Abbildungen auf den Seiten 72, 83, 238 wurden bei der Bibliothèque Nationale (Paris), die für die Abbildungen auf den Seiten 254 und 256 bei der Bibliothèque de l'Arsenal (Paris) eingeholt. Die Bildvorlagen hierfür erstellte Max Kohlhaas (Bonn), der auch die Fotos zu den Abbildungen auf den Seiten 38, 250, 118 (nach einem modernen Nachdruck) und 133 (nach einem anonymen Kupferstich des 17. Jahrhunderts, Privatbesitz) anfertigte.

Verzeichnis der Abbildungen

Romanistische Abhandlungen

Hans-Hagen Hildebrandt
Becketts Proust-Bilder
Erinnerung und Identität
Band 2.
1980. VI, 156 Seiten, gebunden.
ISBN 3-476-00448-1

Peter Müller
Émile Zola - Der Autor im Spannungsfeld seiner Epoche
Apologie, Gesellschaftskritik und soziales Sendungsbewußtsein in seinem Denken und literarischem Werk
Band 3.
1981. X, 201 Seiten, gebunden.
ISBN 3-476-00477-5

Heinz Nöding
Verlorene Illusionen - verlorene Erfahrung
Verdinglichung als literarisches Thema im Jahrhundert Baudelaires
Band 1.
1980. VI, 218 Seiten, gebunden.
ISBN 3-476-00446-5

Hermann H. Wetzel
Rimbauds Dichtung
Ein Versuch, »die rauhe Wirklichkeit zu umarmen«
Band 4.
1985. VIII, 254 Seiten, gebunden.
ISBN 3-476-00579-8